たまひよ

# 名づけ博士《はかせ》

## 1年間使い放題
## web鑑定サービス

**完全版**

## ログインID
## パスワード

「たまひよ名づけ博士」web鑑定サービスの全メニューをお使いになれます。

「読み指定検索」「イメージ指定検索」「漢字指定検索」の名前例検索と
姓に合わせた「候補名鑑定」があります。

キリトリ線を切ると、中にあなた専用のログインID、パスワードが印刷されています。

ぜひ、赤ちゃんの名づけに役立ててくださいね。

# ご利用方法

※P.18～22にスマホ画面での使い方を掲載

1. 「たまひよ名づけ博士」web鑑定のページにアクセスし、左記のログインIDとパスワードを入力します。

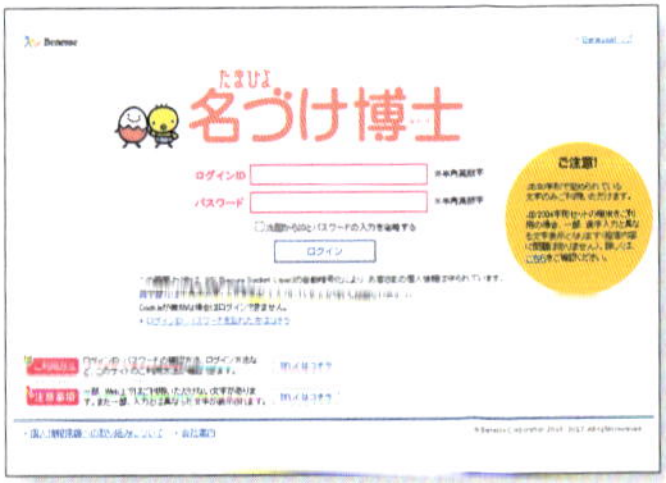


［アクセス方法］

または直接アクセス
https://st.benesse.ne.jp/hakaseweb/

2. 初回のみ、お客様の姓の設定が必要です。

＊一度設定した姓は変更できません。間違いのないようにご入力ください。
＊web上で入力できない漢字は、一度代わりの漢字を入力したあと、元の字の画数を指定してください。
＊姓の設定後、1年間お使いになれます。

3. 姓の設定が終わりましたら、「読み指定検索」「イメージ指定検索」「漢字指定検索」「候補名鑑定」に進めます。

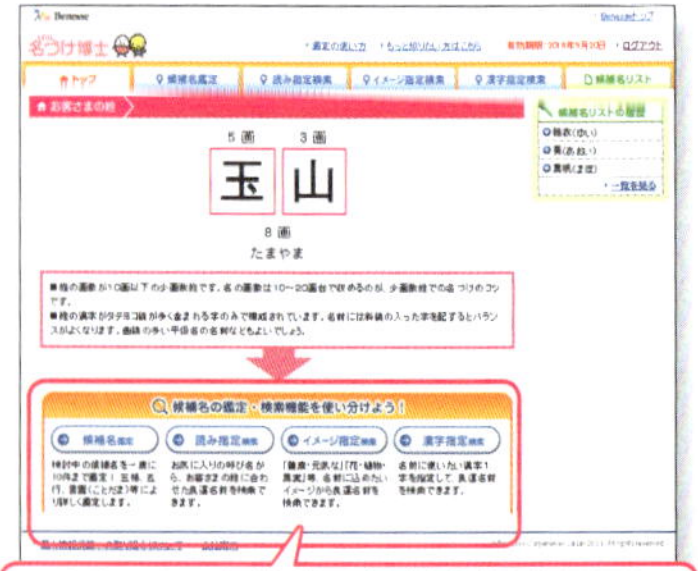


こちらから、各検索・候補名鑑定画面に進めます。

たまひよ
# 名づけ博士《はかせ》

**1年間使えます**

## web鑑定用ログインID・パスワードのお知らせ

| | |
|---|---|
| ログインID | **k6m913x7** |
| パスワード | **Q96o3i5N** |

※ログインID・パスワードは再発行できません。大切に保管してください。

※「たまひよ名づけ博士」web鑑定サービスのすべての機能をご利用できるログインID・パスワードとなります。ベネッセの他のサービスにはご利用になれません。

※web鑑定サービスをお使いになれるのは、姓の設定後1年間です。

## ■注意事項

- 姓に使われていたり、名づけに使える漢字であってもweb上では表示できない文字があります。また、お使いのパソコン、スマートフォンによっては入力と異なる字形の文字が表示される場合があります。ご了承ください。
- 姓は、一度設定したら変更はできません。間違いのないようにご入力ください。
- 名づけ博士の名前例はたまひよの商品・サービスをご利用のお客さまからお寄せいただいた実例です。あて字も含まれていますので、ご注意ください。
- 推奨動作環境は下の表のとおりです。
- スマートフォン以外の携帯電話からはお使いになれません。

### 推奨動作環境

| デバイス | OS/ブラウザ |
|---|---|
| パソコン | Windows10以上<br>・Internet Explorer 11<br>・Gouglo Chrome 最新<br>・Microsoft Edge 最新<br>Mac OSX(10.15)以上<br>・Safari 最新 |
| スマートフォン | iOS 13以上<br>Android 9以上<br>・標準ブラウザ |

※1）ただし、左記の環境でも、お客様の接続環境などにより、一部の機能が動作しない場合や画面が正常に表示されない場合があります。

※2）このサイトでは、Cookie、JavaScriptおよびスタイルシートを使用しております。ブラウザの設定でCookie、JavaScriptおよびスタイルシートを有効にした上でご利用ください。

※3）JIS90字形で定められている文字のみご利用いただけます。JIS2004字形セットのパソコンをご利用の場合、一部、入力と異なる文字表示となります。

キリトリ線

2020年

# たまひよ 名前ランキング

「たまひよ」で2005年～2020年の人気名前ランキングがチェックできます!
➡https://st.benesse.ne.jp/namae/

2020年1月から9月までに「たまひよ」に寄せられた赤ちゃんの名前19万7940件を集計し、人気順に発表します! 本書とともに名づけの参考にしてくださいね。

監修／栗原里央子先生 たまひよ しあわせ名前研究所 顧問

調査データ 2020年1月1日より2020年9月29日生まれの赤ちゃんのお名前をまとめております。たまひよの商品・サービスをご利用のお客さまからお寄せいただいたお子さまのお名前を集計しております。集計にあたっては、お子さまのお名前の部分のみを統計的に使用しました。
※調査母数19万7940件(男の子9万9073件、女の子9万8867件)
同一の漢字の組み合わせで複数の読みがある場合、最も多い読みを紹介しています。

## 人気名前ランキング ベスト100

### 男の子

|  |  |  |
|---|---|---|
| 1位 | 蓮 | れん |
| 2位 | 陽翔 | はると |
| 3位 | 蒼 | あおい |
| 4位 | 樹 | いつき |
| 5位 | 湊 | みなと |
| 6位 | 悠真 | ゆうま |
| 7位 | 大翔 | ひろと |
| 8位 | 律 | りつ |
| 9位 | 朝陽 | あさひ |
| 10位 | 結翔 | ゆいと |

### 女の子

|  |  |  |
|---|---|---|
| 1位 | 陽葵 | ひまり |
| 2位 | 結菜 | ゆいな |
| 3位 | 莉子 | りこ |
| 4位 | 芽依 | めい |
| 5位 | 紬 | つむぎ |
| 6位 | 葵 | あおい |
| 7位 | 陽菜 | ひな |
| 8位 | 凛 | りん |
| 9位 | 結月 | ゆづき |
| 10位 | 澪 | みお |

## 男の子 11位〜

| | | |
|---|---|---|
| 11位 | 湊斗 | みなと |
| 12位 | 颯真 | そうま |
| 13位 | 碧 | あお |
| 14位 | 陽太 | ひなた |
| 15位 | 大和 | やまと |
| 16位 | 伊織 | いおり |
| 17位 | 陽大 | ひなた |
| | 暖 | だん |
| 19位 | 颯 | はやて |
| 20位 | 新 | あらた |
| 21位 | 陽向 | ひなた |
| 22位 | 悠人 | ゆうと |
| | 蒼大 | そうた |
| 24位 | 悠 | はる |
| 25位 | 朔 | さく |
| 26位 | 凪 | なぎ |
| 27位 | 陽 | はる |
| 28位 | 陸 | りく |
| 29位 | 陽斗 | はると |
| 30位 | 奏太 | そうた |
| 31位 | 悠斗 | ゆうと |
| 32位 | 旭 | あさひ |
| | 奏汰 | かなた |
| 34位 | 蒼真 | そうま |
| 35位 | 颯太 | そうた |
| 36位 | 岳 | がく |
| | 晴 | はる |
| 38位 | 葵 | あおい |
| 39位 | 結斗 | ゆいと |
| 40位 | 蒼空 | そら |
| 41位 | 琉生 | るい |
| 42位 | 陸斗 | りくと |
| 43位 | 颯人 | はやと |
| | 碧人 | あおと |
| 45位 | 瑛太 | えいた |
| 46位 | 海翔 | かいと |
| 47位 | 怜 | れい |
| 48位 | 絢斗 | あやと |
| 48位 | 大智 | だいち |
| 50位 | 瑛斗 | えいと |
| 51位 | 律希 | りつき |
| 52位 | 櫂 | かい |
| 53位 | 悠翔 | はると |
| 54位 | 大晴 | たいせい |
| 55位 | 悠生 | ゆうせい |
| 56位 | 仁 | じん |
| 57位 | 翔 | しょう |
| | 奏多 | かなた |
| 59位 | 一颯 | いぶき |
| | 蒼生 | あおい |
| 61位 | 晴翔 | はると |
| 62位 | 遥斗 | はると |
| 63位 | 海斗 | かいと |
| 64位 | 楓 | かえで |
| 65位 | 蒼太 | そうた |
| 66位 | 碧斗 | あおと |
| 67位 | 慧 | けい |
| 68位 | 壮真 | そうま |
| 69位 | 大雅 | たいが |
| 70位 | 颯斗 | はやと |
| 71位 | 健人 | けんと |
| 72位 | 颯汰 | そうた |
| | 蒼士 | そうし |
| 74位 | 理人 | りひと |
| | 煌 | こう |
| 76位 | 湊翔 | みなと |
| 77位 | 涼真 | りょうま |
| 78位 | 結人 | ゆいと |
| 79位 | 悠希 | はるき |
| | 湊太 | そうた |
| | 歩 | あゆむ |
| 82位 | 健 | たける |
| 83位 | 凌久 | りく |
| | 湊大 | そうた |
| | 慶 | けい |
| 86位 | 蒼人 | あおと |
| 87位 | 光 | ひかる |
| | 奏翔 | かなと |
| 89位 | 翼 | つばさ |
| 90位 | 善 | ぜん |
| | 太陽 | たいよう |
| | 奏 | かなで |
| 93位 | 優 | ゆう |
| | 奏斗 | かなと |
| 95位 | 柊 | しゅう |
| 96位 | 遼 | りょう |
| | 空 | そら |
| | 迅 | じん |
| 99位 | 陸人 | りくと |
| 100位 | 光希 | こうき |
| | 瑛大 | えいた |

## 女の子 11位〜

| | | |
|---|---|---|
| 11位 | 咲良 | さくら |
| 12位 | 結衣 | ゆい |
| 13位 | 結愛 | ゆあ |
| 14位 | 美月 | みつき |
| 15位 | 杏 | あん |
| 16位 | 美桜 | みお |
| 17位 | 詩 | うた |
| 18位 | 朱莉 | あかり |
| 19位 | 彩葉 | いろは |
| 20位 | 琴葉 | ことは |
| | 凪 | なぎ |
| 22位 | 凜 | りん |
| 23位 | 芽生 | めい |
| 24位 | 杏奈 | あんな |
| 25位 | 花 | はな |
| 26位 | 心春 | こはる |
| 27位 | さくら | さくら |
| 28位 | 心陽 | こはる |
| 29位 | 楓 | かえで |
| 30位 | 咲茉 | えま |
| 31位 | 心結 | みゆ |
| 32位 | 柚葉 | ゆずは |
| 33位 | 一花 | いちか |
| 34位 | 花音 | かのん |
| 35位 | 琴音 | ことね |
| 36位 | 紬希 | つむぎ |
| 37位 | 陽菜乃 | ひなの |
| 38位 | 莉緒 | りお |
| 39位 | 一華 | いちか |
| 40位 | 鈴 | すず |
| 41位 | ひかり | ひかり |
| 42位 | 柚希 | ゆずき |
| 43位 | 愛菜 | まな |
| 44位 | あかり | あかり |
| 45位 | 莉央 | りお |
| | 紗菜 | さな |
| 47位 | 和花 | わか |
| 48位 | 菫 | すみれ |
| 48位 | 美結 | みゆ |
| 50位 | 菜月 | なつき |
| 51位 | ひなた | ひなた |
| 52位 | 結 | ゆい |
| 53位 | 愛莉 | あいり |
| 54位 | 陽咲 | ひなた |
| 55位 | 蘭 | らん |
| | 紗良 | さら |
| 57位 | 咲希 | さき |
| | ひまり | ひまり |
| 59位 | 桜 | さくら |
| | 依茉 | えま |
| 61位 | 七海 | ななみ |
| 62位 | 百花 | ももか |
| 63位 | 玲奈 | れな |
| 64位 | 紗奈 | さな |
| 65位 | 詩乃 | しの |
| 66位 | 美琴 | みこと |
| 67位 | 柚月 | ゆづき |
| 68位 | 光莉 | ひかり |
| 69位 | 雫 | しずく |
| 70位 | 華 | はな |
| | 明莉 | あかり |
| | 心晴 | こはる |
| 73位 | 碧 | あおい |
| 74位 | 莉愛 | りあ |
| | 美羽 | みう |
| 76位 | 葉月 | はづき |
| 77位 | すず | すず |
| 78位 | 怜奈 | れいな |
| 79位 | 栞奈 | かんな |
| 80位 | 結心 | ゆい |
| | 彩羽 | いろは |
| 82位 | 柚花 | ゆずか |
| | 日葵 | ひまり |
| 84位 | いろは | いろは |
| 85位 | 葵衣 | あおい |
| 86位 | 莉帆 | りほ |
| 86位 | 音羽 | おとは |
| | 咲花 | えみか |
| | 乃愛 | のあ |
| 90位 | 夏帆 | かほ |
| | 咲那 | さな |
| | 美咲 | みさき |
| 93位 | 和奏 | わかな |
| | すみれ | すみれ |
| 95位 | 翠 | すい |
| 96位 | 凪紗 | なぎさ |
| 97位 | 心遥 | こはる |
| | 唯愛 | ゆあ |
| | 優月 | ゆづき |
| 100位 | 柚羽 | ゆずは |
| | 心音 | ここね |
| | 心咲 | みさき |
| | 穂香 | ほのか |
| | 千晴 | ちはる |

男の子
&
女の子

たまひよ

赤ちゃんの

# しあわせ名前事典

最新2021~2022年版

たまごクラブ特別編集

## 名前は赤ちゃんへの最初のプレゼント

「生まれてくるわが子に、最高の名前をプレゼントしたい！」
それはすべてのママ・パパの願いですね。
たまひよ読者の人気名前ランキング＆
実例名前を紹介するこの本と、
姓に合った名前検索が簡単にできるweb鑑定で
世界にたった一つのすてきな名前を
赤ちゃんにプレゼントできますように。

この本に使われている漢字の画数は「福武漢和辞典」「ベネッセ新修漢和辞典」（ともにベネッセコーポレーション刊）を参考にしていますが、お使いになる辞典、姓名判断の流派によっては画数の異なる場合があります。名前をつけられる際に、ご自分でしっかり確認されることをおすすめします。

# の方法を見つけよう！

チェックが多かった名づけ方法のページへ！

プをチェック！　あなたに合った名づけ方法が見つかるはず♪

## 音にこだわるタイプ

P.10へ

たまひよ名づけ博士web鑑定の「読み指定検索」なら、お気に入りの読みや、その読みを含めた良運の名前が、約3万件の豊富な名前例の中から探せます！（詳しくはP.18～22）

- ■ 響きのいい名前にしたい
- ■ 胎児ネームがある
- ■ 呼びたい愛称がある
- ■ 音の持つパワーにこだわりたい

## 画数にこだわるタイプ

P.11へ

たまひよ名づけ博士web鑑定の「漢字指定検索」「候補名鑑定」なら、良運の名前を探したり、運勢を鑑定したりできます。面倒な画数計算が不要で便利！（詳しくはP.18～22）

- ■ 運勢のいい画数が気になる
- ■ 姓名判断による名前の吉凶を調べたい
- ■ 姓と相性のいい名前をつけたい
- ■ 陰陽五行説による名前の吉凶も気になる

＼タイプ別 チェックテストで／

# あなたにピッタリの名づけ

「何から考えていけばいいのかわからない…」。そんな人は、下記のタイ

## 漢字にこだわるタイプ

P.12へ

たまひよ名づけ博士web鑑定の**「漢字指定検索」**なら、**使いたい漢字を含んだ良運の名前を、約3万件の豊富な名前例の中から探せます！**（詳しくはP.18〜22）

- □ すでに使いたい漢字が決まっている
- □ 親や祖父母などの名からとりたい漢字がある
- □ 漢字が持つ意味にこだわりたい
- □ 使う漢字に親の願いを込めたい

---

## イメージにこだわるタイプ

P.13へ

たまひよ名づけ博士web鑑定の**「イメージ指定検索」**なら、**イメージに合う良運の名前を、約3万件の豊富な名前例の中から探せます！**（詳しくはP.18〜22）

- □ こんな子になってほしいという強い願いがある
- □ イメージのいい名前をつけてあげたい
- □ 夫婦の趣味にちなんでつけたい
- □ 好きなものから発想を広げたい

## 直感派の人向け

# 音にこだわるタイプ

「読み」や「愛称」を重視する人向け。音の持つイメージは、その人の印象や性格にも影響するといわれています。一生を通してその音で呼ばれるので、親しみのある名前を選んで。

スマホでも探せる！

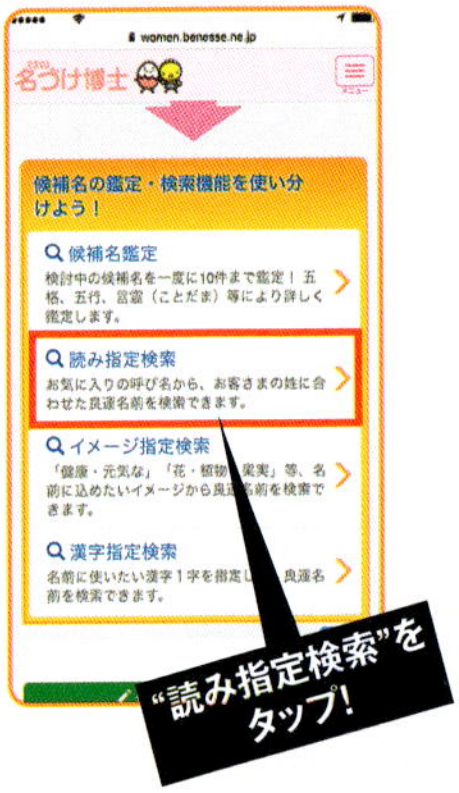


名前決定までのアプローチ

## STEP 1 呼びたい響きから考える

まずは好きな響き、いいなと思う読み方をリストアップ。思いついた名前は実際に声に出して、その名前が発音しづらくないか、聞き取りやすいかどうかを確認します。「れんくん」「ひなちゃん」など、気に入った愛称から考えてもOK。

## STEP 2 名前例をたくさん見る

たとえば「ひな」にしたいと読みが決まっている人は、「ひな」の名前例を見てみて。愛称を「ひなちゃん」や「ひな」にしたい人は、「ひなか」「ひなこ」「ひなた」などの名前例もチェック。いくつか読みの候補があって迷っている人は、候補の読みの名前例をたくさん見て、気に入ったものに○をつけていきながら絞るのもよいでしょう。

音から選ぶ名づけ　女の子名　ひ　ひさき～ひびき

| | | | | | | | | |
|---|---|---|---|---|---|---|---|---|
| ひさき | 日咲 | 妃咲 | 陽咲 | ひとか | 一花 | 仁花 | ひとみ | ひとみ |
| | 13 | 15 | 21 | | 8 | 11 | | 7 |
| 日奈 | 比奈 | 妃那 | 妃奈 | 日菜 | 妃南 | 比菜 | 妃夏 | 妃菜 |
| 12 | 12 | 13 | 14 | 15 | 15 | 15 | 16 | 17 |
| 緋奈 | 陽菜 | 陽愛 | ひなか | 日向佳 | 日菜花 | 日菜香 | 陽菜花 | 陽菜香 |
| 22 | 23 | 25 | | 18 | 22 | 24 | 30 | 32 |
| 妃那子 | 日夏子 | 日菜子 | 妃南子 | 妃菜子 | 雛子 | 陽奈子 | 陽菜子 | ひなた |
| 16 | 17 | 18 | 18 | 20 | 21 | 23 | 26 | |

## STEP 3 決まった読みに漢字をあてはめる

読みが決まったら、それに合う漢字を考えていきます。明るいイメージなら「陽南」、かわいいイメージなら「日菜」など、漢字の組み合わせで与える印象も変わります。「読み別漢字リスト」（P.197参照）や「万葉仮名風漢字一覧」（P.214参照）も活用してみて。ただし、こだわりすぎて読みにくくならないように注意。音の持つパワー、「ことだま（言霊）で見る名前」（P.74参照）も参考に。

| | | | | | | | | | | | | | | | |
|---|---|---|---|---|---|---|---|---|---|---|---|---|---|---|---|
| ひさき | 日咲 | 妃咲 | 陽咲 | ひとか | 一花 | 仁花 | ひとみ | ひとみ | 仁実 | 仁美 | 瞳 | 瞳美 | ひな | ひな | 日那 |
| | 13 | 15 | 21 | | 8 | 11 | | 7 | 12 | 13 | 17 | 26 | | 7 | 11 |
| 日奈 | 比奈 | 妃那 | 妃奈 | 日菜 | 妃南 | 比菜 | 妃夏 | 妃菜 | 姫花 | 姫奈 | 陽名 | 陽奈 | 緋那 | 桧菜 | 陽南 |
| 12 | 12 | 13 | 14 | 15 | 15 | 15 | 16 | 17 | 17 | 18 | 18 | 20 | 21 | 21 | 21 |

## STEP 4 姓とのバランスを確認

あてはめた漢字の意味や読みがおかしくないかチェックしましょう。「みつき」を「海月」とした場合、「くらげ」とも読めます。また、姓と合わせると「大庭佳代（おおばかよ）」のような意図しない意味になってしまうこともありますから、実際に書いたり、読み上げたりして確認するのがおすすめ。

詳しくはP.71へ

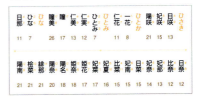

占いが好きな人向け

# 画数にこだわるタイプ

赤ちゃんの幸せを願って、つけたい名前の画数が吉数(運勢のいい画数)になる名前を考える方法。姓名判断は、流派がいろいろあるので、一つの流派に決めて考えるとよいでしょう。

名前決定までのアプローチ

## STEP 1 画数名づけを確認する

姓名を構成する文字の画数を5つの部位ごとに計算した「五格」を基本とします。まず五格それぞれの意味と数え方を理解しましょう(P.217参照)。姓と名前の文字数が違う場合、「仮成数《かせいすう》」(P.218参照)を加える必要があるので、該当する人は確認しておきましょう。「陰陽五行」(P.220参照)も気になる人は参考にしてみて。

## STEP 2 「姓別吉数リスト」と「画数組み合わせリスト」を活用

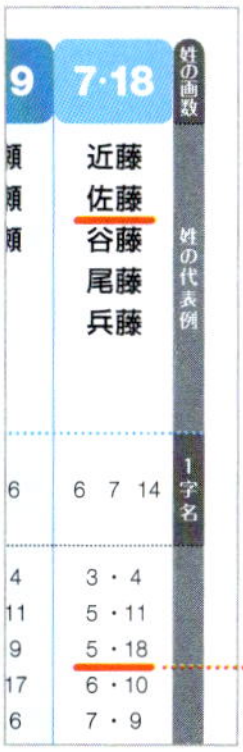

画数を重要視するなら、「姓別吉数リスト」(P.241参照)を活用！ 姓に合う名前の画数がわかるリストです。いい画数、吉数がわかったら、今度は「画数組み合わせリスト」(P.279参照)を活用。たとえば佐藤の「姓別吉数リスト」の中の5・18を「画数組み合わせリスト」で探すと、「未織」「史織」などの名前が見つかります。

スマホでも探せる！

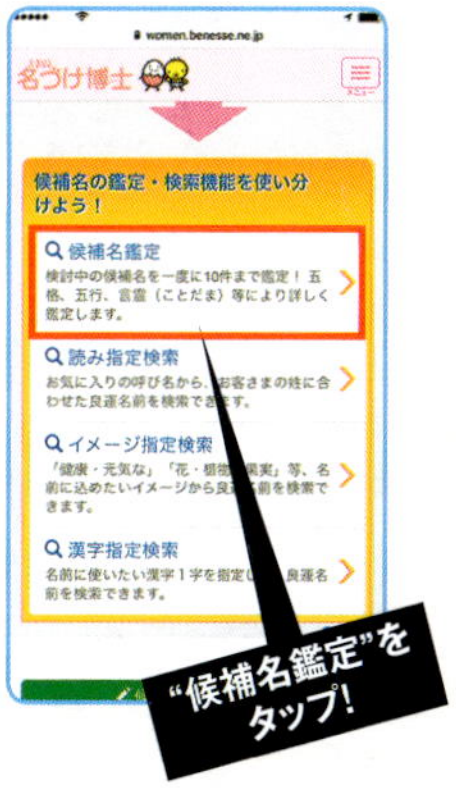


## STEP 3 吉数になるよう組み合わせを探す

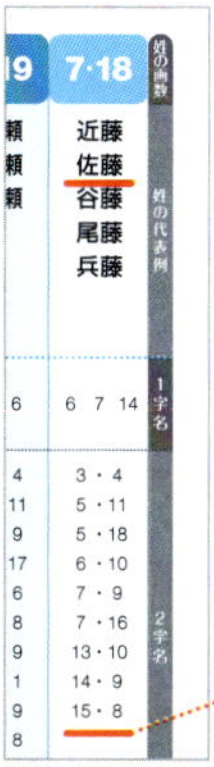


つけたい読みがある場合、吉数の漢字を探してみて。たとえば「佐藤」さんが「まい」とつけたい場合、「姓別吉数リスト」(P.241参照)の吉数の組み合わせの中の15・8を「音から選ぶ女の子の名前リスト」(P.87参照)から探すと、「舞依」が該当します。使いたい漢字がある場合は、その漢字の画数を基にして、組み合わせる漢字を「おすすめ漢字から選ぶ名づけ」(P.327参照)から選んでいきます。

## STEP 4 響きや漢字を決めたあと画数をチェックする

画数を重視するあまり、読みや漢字など、全体的にバランスが悪くなっていないかチェックしましょう。また、音や漢字重視の名前でも、画数が気になる場合は、最後にチェックしてみて。画数重視で名前を決めていく以外では、吉数になる確率は高くはないので、あまりこだわりすぎないように。吉数にしたい場合は、漢字を1字変更するとうまくいく場合も。



詳しくはP.215へ

意味重視の人向け

# 漢字にこだわるタイプ

使いたい漢字が決まっている人向け。漢和辞典を使いこなすのは大変ですが、「おすすめ漢字から選ぶ名づけ」(P.327参照)には、画数、主な読み、意味、願い、名前例があって便利！

＼名前決定までのアプローチ／

## STEP 1 使いたい漢字から考える

好きな漢字を書き出してみましょう。「ママやパパの名前の1字を使いたい」「生まれる季節にちなんだ漢字を」「願いを込めたい」など、思いついたものを書き出してみて。「おすすめ漢字から選ぶ名づけ」(P.327参照)を見ながら、好きな漢字を抜き出していっても。

## STEP 2 漢字の意味や願いをチェック

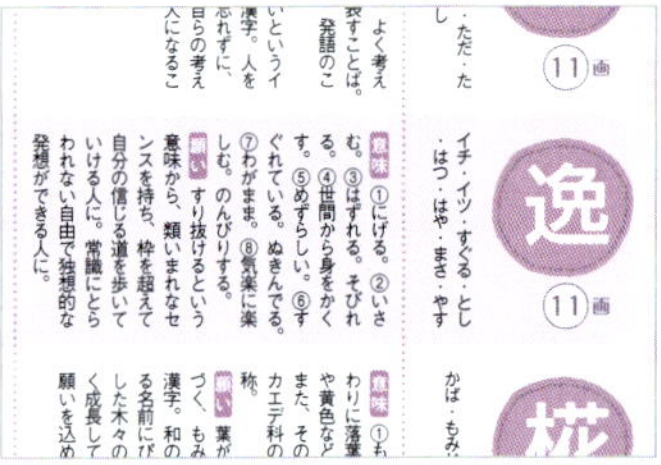
・ただ・た
し
11画
よく考え
表すことば。
発語のこ
いというイ
漢字。人を
忘れずに、
自らの考え
人になるこ

逸 11画
イチ・イツ・すぐる・とし・はつ・はや・まさ・やす
意味 ①にげる。②いさむ。③はずれる。そびれる。④世間から身をかくす。⑤めずらしい。⑥すぐれている。ぬきんでる。⑦わがまま。⑧気楽に楽しむ。のんびりする。
願い すり抜けるという意味から、類いまれなセンスを持ち、枠を超えて自分の信じる道を歩いていける人に。常識にとらわれない自由で独想的な発想ができる人に。

かば・もみ
意味 ①も
わりに落葉
や黄色など
また、その
カエデ科の
称。
願い 葉が
づく、もみ
漢字。和の
る名前にぴ
した木々の
く成長して
願いを込め

使いたい漢字の意味を「おすすめ漢字」や市販の漢和辞典で調べてみましょう。たとえば「逸」は「すぐれている、ぬきんでる」などのいい意味もありますが、「はずれる、わがまま」などのマイナスの意味も。辞典によって載っている意味は異なりますが、悔いのない範囲で調べておいて。「おすすめ漢字」内の「願い」も参考に。

＼スマホでも探せる！／

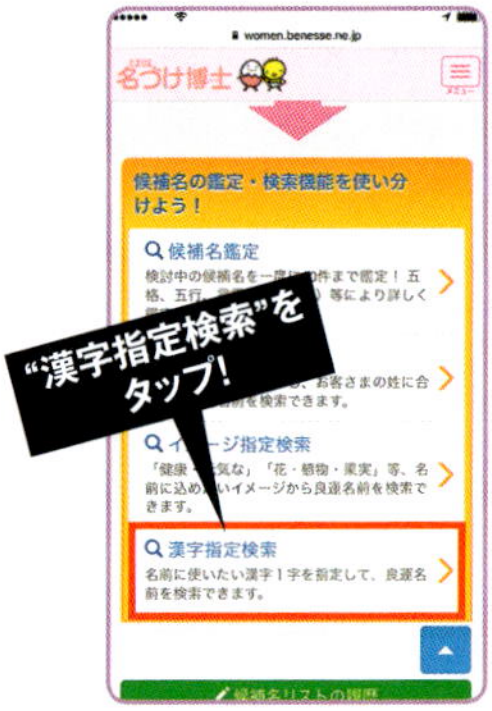


## STEP 3 メインの漢字に組み合わせる漢字を選ぶ

メインの漢字が決まったら、組み合わせる漢字を選びます。「おすすめ漢字」からもう1字選んでもいいでしょう。「おすすめ漢字」には名前例もありますから、それも見てみて。「添え字一覧」(P.142、P.196参照)や「人気添え字から引く名前」(P.210参照)も参考にしてください。

## STEP 4 姓とのバランスを最終確認

名前が決まったら姓と名前を書いてみて。漢字の意味や願いにこだわりすぎて、不本意な名前になっていないか、バランスが悪くないかをチェックしてみましょう。さらに声に出して、読んでみましょう。気になる場合は画数も最後にチェックしてみて。

詳しくはP.327へ

\ 名前決定までのアプローチ /

## STEP 1 どんなイメージがいいか考える

「明るい子に」と願いを込めたり、パパとママの共通の趣味から考えたり、赤ちゃんが生まれる季節や干支《えと》にちなんだり。海や花、音楽など、パパやママが好きなものから発想を広げていってもいいですね。

願いを込めたい人向け

## イメージにこだわるタイプ

季節、自然、子どもへの願いなど、まずイメージを決定。そこからイメージを表す漢字と名前例を探していきます。ほかに、漢字の持つ意味からイメージを広げていく方法もあります。

## STEP 2 イメージから連想する名前例をチェック

「イメージから選ぶ名づけ」(P.423参照)には、季節、干支、自然、込めたい願いなど、いろいろなイメージから連想される「イメージ漢字」と「名前例」があります。これを読んでみて、気に入ったものを見つけたり、さらに発想を広げていったりしてもいいでしょう。

\ スマホでも探せる！ /

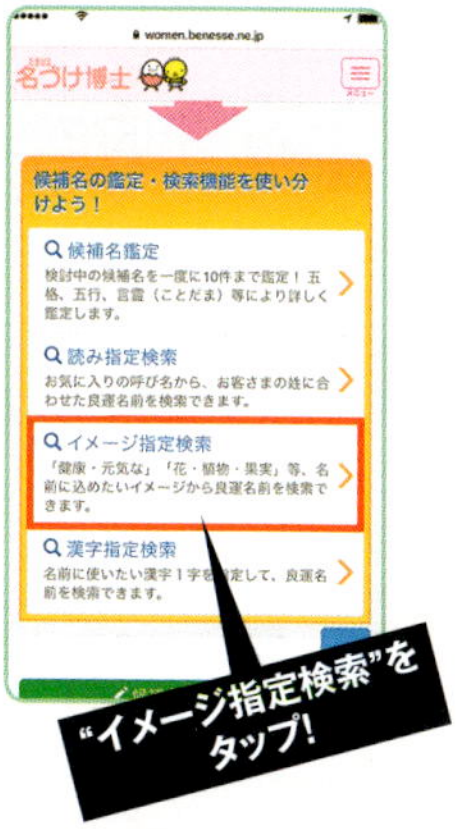


"イメージ指定検索"をタップ!

## STEP 3 イメージの漢字から発想を広げる

「幸福」のイメージでつけたいなら、そのイメージの漢字を探してみます。たとえば、「幸」「和」「祥」「慶」。メイン漢字を決めたら、それに合う漢字を探します。「笑う」という意味のある「咲」を合わせて「咲幸(さゆき)」、添え字をつけて「幸乃(ゆきの)」などのように考えてみましょう。名前例から選んでもOK。

## STEP 4 姓とのバランスを最終確認

名前だけのイメージにこだわりすぎて、姓とのバランスが悪くなっている場合もあります。必ず紙に書いて確認してみましょう。また、声に出して読んでみるのも大事。姓とのイメージがあまりにかけはなれているのも考えものです。気になる場合は画数も最後にチェックしてみて。



詳しくはP.423へ

ほかにも
# 名づけのヒントはいっぱい！

名づけの方法はまだまだたくさんあります。
下記にヒントを挙げましたので、選択肢を広げてみてください。

## 人気のある名前にしたい！人気のある名前は避けたい

2020年のたまひよ名前ランキングでは、人気名前、人気読み、人気漢字、人気共通名前、人気頭音（「ゆ」など）、1字名の人気名前などを紹介しています。「人気の名前は避けたいけど、音が好きだから別の漢字にしよう」「人気漢字からヒントをもらおう」など、ランキングも使い方はいろいろ。ぜひ、参考にしてみてください。

▶ ランキング とじ込みシート、P.27、P.29、P.47、P.52

## 最後の文字（添え字）から決めてみる

女の子だったら「子」がつく名前、男の子だったら「郎」がつく名前にしたいという人は、「人気添え字から引く名前」で名前例をチェック！　「添え字一覧」を見て添え字を決めてから、組み合わせる漢字を考えるという方法もあります。

▶ 人気添え字から引く名前 P.210
▶ 添え字一覧 P.142、P.196

## 国際的な名前にしたい！

「国際的な名前にしたい」という人は、「イメージから選ぶ名づけ・国際的」のページの名前例を見てみましょう。注意する点はP.41やP.470にも載っているので、押さえておいて。国際的な名前は、漢字・かなだけでなく、ローマ字でも書いてみるのが◎。そのときは、P.42、43も参考にしてください。

▶ 名づけに「外国語感覚の名前」をうまく取り入れる P.41
▶ イメージから選ぶ名づけ・国際的 P.470

## 異体字（旧字）も取り入れたい

「特徴のある字にしたい」ときは、異体字を使う手も。中でも「来」の旧字「來」は、とても人気があります。また、「つけたい名前が人気名前だったので避けたい」「つけたい名前の画数がよくない」などの場合も、異体字にしてみてもいいでしょう。上手に取り入れてみて。

▶ 名前に使える人名用漢字の異体字 P.35

# Contents

## 第2章 音から選ぶ名づけ

## 第3章 画数から選ぶ名づけ



## 第4章 おすすめ漢字から選ぶ名づけ

## 第5章 イメージから選ぶ名づけ



### [本書について]

**字形**

本書で使われている漢字の字形については、法務省の定めた字形に基づいています。書体により微細な相違点はありますが、それらの相違は活字のデザイン上の相違に属するもので、字体の違いではないと考えられるものを使用しています。

**読み方**

名前の漢字の読み方に関しては、漢和辞典にない読み方をしているものもありますので、ご注意ください。

**届け出の受理**

名前の届け出が受理されるかどうかは、各自治体により判断が異なります。掲載した名前の例が必ず受理されるとは限りませんので、ご了承ください。

**画数**

本書に使われている漢字の画数は『福武漢和辞典』『ベネッセ新修漢和辞典』（以上ベネッセコーポレーション刊）と監修者の栗原里央子先生の見解を参考にしていますが、お使いになる辞典、姓名判断の流派によっては、画数の異なる場合があります。名づけの際に、ご自分でしっかりと確認されることをおすすめします。

**名前例・データ**

本書で紹介している名前やデータは、2005年1月から2020年9月までに、たまひよの商品・サービスに寄せられた赤ちゃんのお名前の中から、テーマに合ったものを抽出して掲載しています。

**Staff**
表紙デザイン／フロッグキングスタジオ
本文デザイン／小出大介（COLORS）
表紙・扉イラスト／加藤愛里
校正／聚珍社、岡田 啓、くすのき舎
本文イラスト／mahicotori、新家亜樹、仲川かな、Cotton's（田岡佳純、瀬戸枝里子、大塚悦子、roxo、近藤みずほ）、小倉ともこ、ふじわらてるえ

# たまひよ名づけ博士web鑑定の使い方

START

まずは、スマホまたはパソコンで

st.benesse.ne.jp/hakaseweb

にアクセス

## 手順1 ログインIDとパスワードを入力します

※ スマホ画面の場合で説明します。

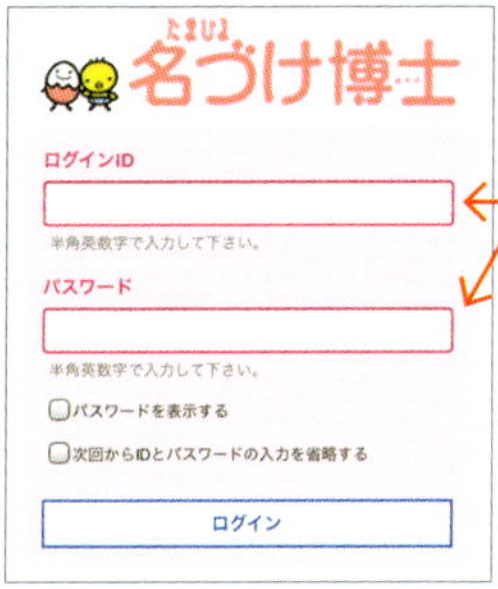


ここに入力

この袋とじの中のログインIDとパスワードを確認

## 手順2 初回のみ「姓」を設定します

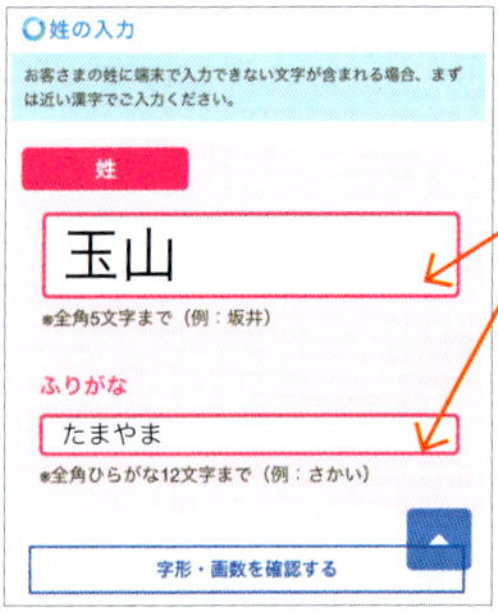


ここに入力

**＼必ず確認を／**

●一度設定した姓は変更できません。間違いのないように十分注意して、入力してください

●web上で入力できない漢字は、一度代わりの漢字を入力したあと、元の字の画数を指定してください

**webサービスは、姓の設定後、1年間使えます**

## 手順3 読みor漢字orイメージ指定検索、候補名鑑定から好みのweb鑑定をやってみよう

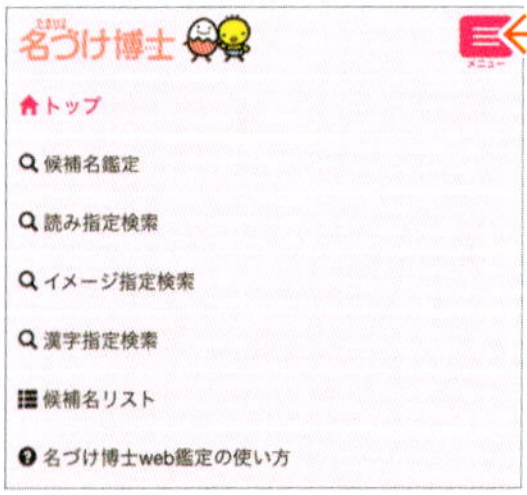


**ここをタップするとこの画面に。やってみたい項目をタップします**

下にスクロールすると出てくる「候補名の鑑定・検索機能を使い分けよう！」内をタップしてもそれぞれの機能を使えます

★パソコンの場合は画面上部のタブか下部にある「候補名の鑑定・検索機能を使い分けよう！」内の各ボタンをクリック

●ログインIDとパスワードを入力すれば、スマホとパソコンなど複数の端末で利用することも可能です。

## 本書＋webで最高の名前探しができます！

約3万件のデータから名前例検索が簡単にできる「たまひよ名づけ博士web鑑定」は候補の絞り込みや姓に合わせた鑑定ができて便利！名づけに関する知識が詰まった本書で赤ちゃんの名前候補を挙げ、さらに名前例が豊富なwebを併用すれば、わが子にぴったりの最高の名前が見つかります。

### たまひよ名づけ博士web鑑定って？

**約3万件のデータから姓の画数に合った名前例を検索できるサービスです**

気になる「読み」「漢字」「イメージ」の条件を選択するだけで、あなたの姓に合った名前例が検索できます。また、候補名を入力して鑑定することも！

**●読み指定検索**

「はるちゃん」「ゆうくん」など、呼び方や名前の読み方、音の響きから検索できます。

**●漢字指定検索**

「悠」「幸」など名前に使いたい漢字がある場合に、漢字1字から検索できます。

**●イメージ指定検索**

「健康・元気な」など、名前のイメージから検索できます。

**●候補名鑑定**

「悠真」など具体的な候補名を画数、その名になったときの性格、運勢など、総合的に鑑定できます。

※ 名づけ博士の名前例は実例です。あて字も含まれていますのでご注意ください。

# 読みを指定して検索したい

「ゆうま」といった名前そのものの読みや、「ゆう」という読みを一部に使いたい、名前の最初の音を「ゆ」にしたい場合などは「読み指定検索」で探せます。

## 手順1 メニューを開いて「読み指定検索」をタップします

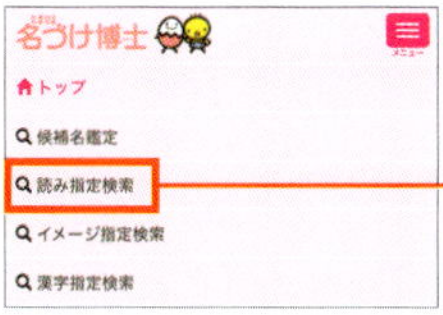


★パソコンの場合は画面上部のタブか下部のボタンをクリック

ここをタップ

## 手順2 「読み」を入力して「一致条件」

(それぞれの説明は下記参照)

「性別」を選択。
最後に「検索する」をタップします

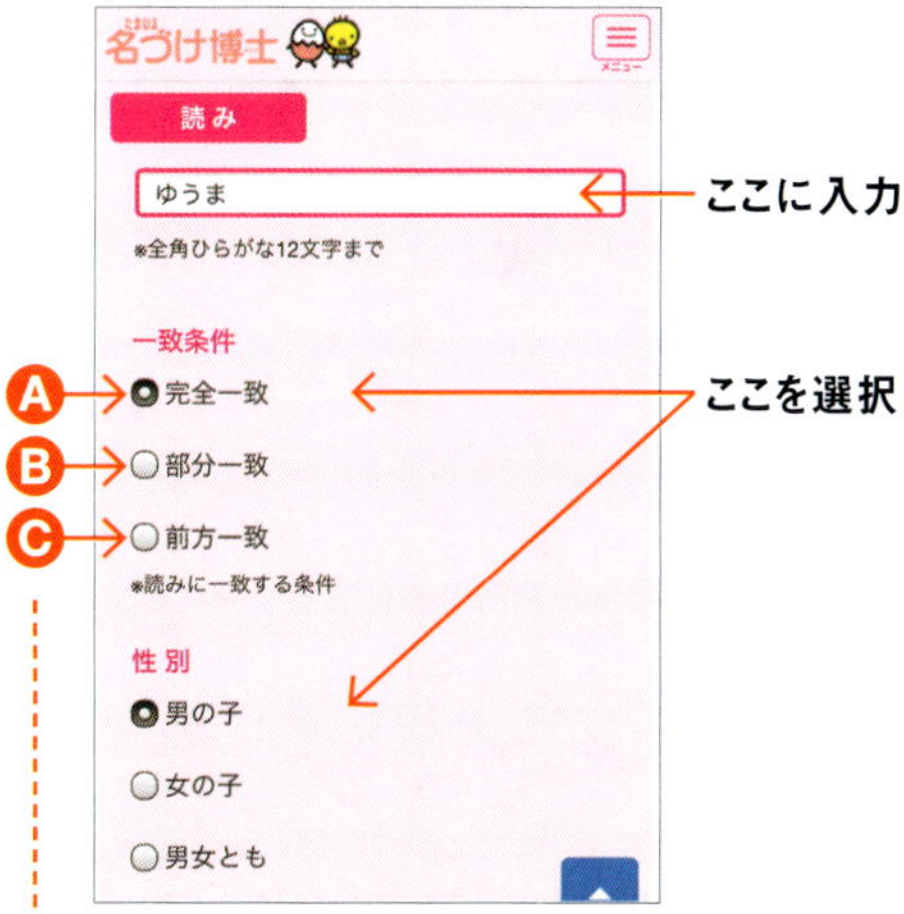


## 手順3 候補名が表示されます。さらに詳しい説明を見たい場合は「候補名鑑定」をタップ。お気に入りの名前は「候補名リスト」に登録

(詳しくはP.22参照)

### A 完全一致

名前の読み方そのものを検索するときは、これを選択。たとえば「ゆうま」で検索した場合は「由真」「夕真」など、読み方に一致した名前が出てきます。

### B 部分一致

その読みが含まれている名前を検索するときは、これを選択。たとえば「ゆう」で検索した場合は「史悠(しゆう)」「友基(ゆうき)」など、「ゆう」が含まれる名前が出てきます。

### C 前方一致

その読みから始まる名前を検索するとき、または最初の音だけ決まっている場合は、これを選択。たとえば「ゆ」で検索すると「千翔(ゆきと)」など「ゆ」で始まる名前が出てきます。

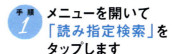

# イメージを指定して検索したい

「季節にちなみたい」「願いを込めたい」など具体的なイメージが決まっている場合は、「イメージ指定検索」を使って探してみましょう。

## 手順1 「イメージ指定検索」をタップします

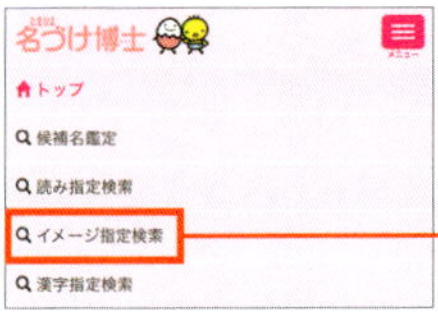


★パソコンの場合は画面上部のタブか下部のボタンをクリック

ここをタップ

## 手順2 好きなイメージを選択します

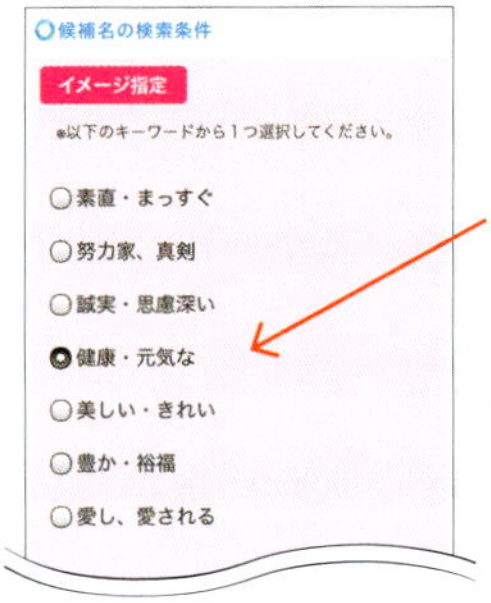


どれか1つを選択

下にスクロールしていくと全部で30のイメージがあります。好きなものを1つ選んで

## 手順3 下にスクロールして性別を選択し「検索する」をタップ

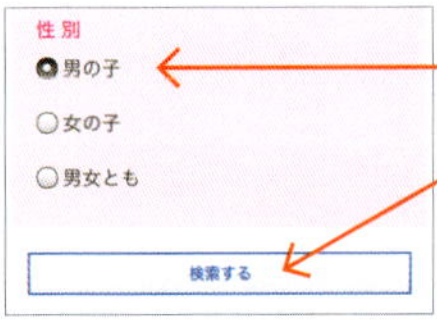


どれか1つを選択

ここをタップ

# 漢字を指定して検索したい

使いたい漢字が決まっている場合は、「漢字指定検索」を使って。好きな漢字を1字入力すると、候補名が表示されます。

## 手順1 「漢字指定検索」をタップします

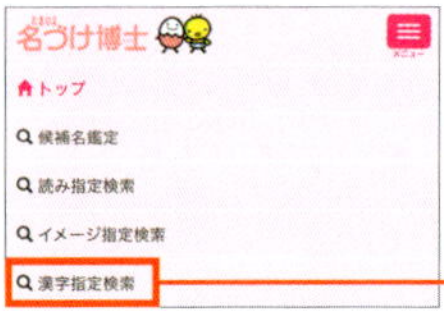


★パソコンの場合は画面上部のタブか下部のボタンをクリック

ここをタップ

## 手順2 使いたい漢字を1字入力して「性別」を選択。「字形を確認する」をタップ

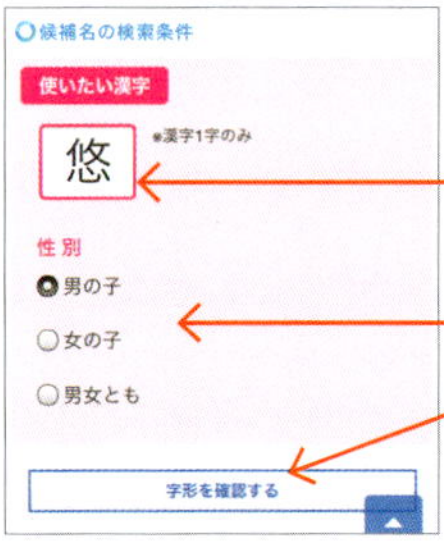


漢字を入力

どれか1つを選択

最後にここをタップ

## 手順3 入力した漢字が正しく表示されているか確認したあと「検索する」をタップ

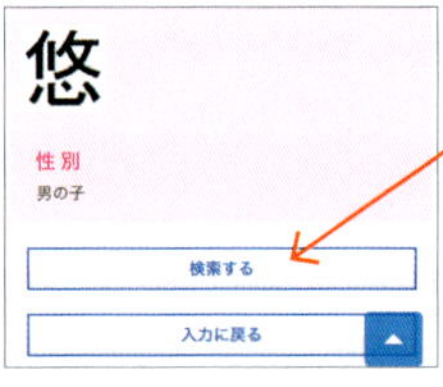


ここをタップ

※入力内容が違っていた場合は「入力に戻る」をタップ

## 手順4 候補名が表示されます。さらに詳しい説明を見たい場合は「候補名鑑定」をタップ。お気に入りの名前は「候補名リスト」に登録

（詳しくはP.22参照）

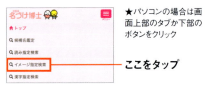

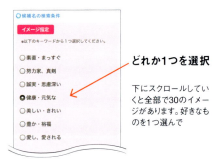

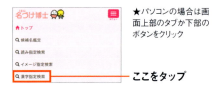

# 候補名を鑑定したい

「悠真」など具体的な候補名を漢字の意味、画数のよさ、その名になったときの性格、運勢などとのバランスまで総合的に鑑定したい場合は「候補名鑑定」を活用して。

## 手順1 「候補名鑑定」をタップします

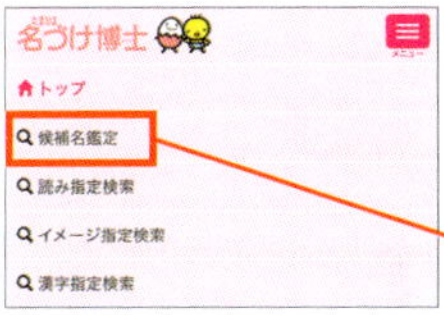


★パソコンの場合は画面上部のタブか下部のボタンをクリック

ここをタップ

## 手順2 候補名を入力

1回につき最大10件まで入力できます

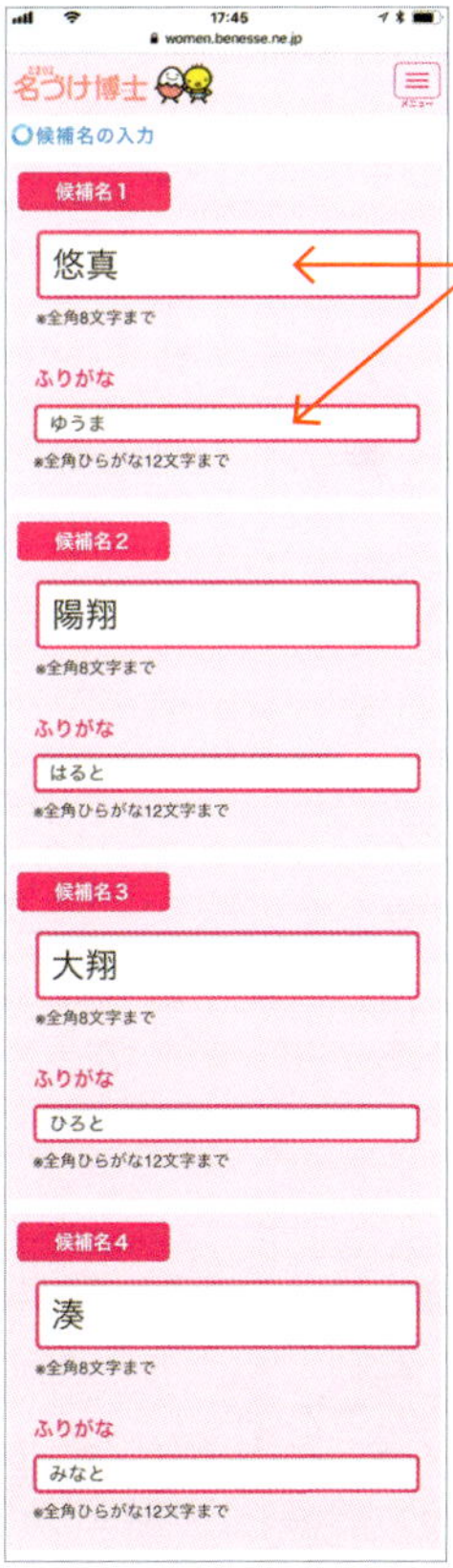


ここに入力

## 手順3 下にスクロールして「字形を確認する」をタップして候補名が正しく表示されているか確認したあと「鑑定する」をタップ

ここをタップ

※入力内容が違っていた場合は「入力に戻る」をタップ

## 手順4 鑑定結果が表示されます。お気に入りの名前は「候補名リスト」に登録

（詳しくはP.22参照）

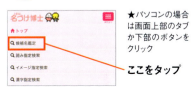

# 「候補名鑑定」で詳しい「鑑定結果」が！リスト登録もOK！

読みor漢字orイメージ指定検索で表示される名前例の下の「候補名鑑定」をタップするか、P.21のように「候補名鑑定」を活用すると詳しい鑑定結果が！　候補名は100件までリストに登録できるので、その中から検討してくださいね。

**最大100件まで「候補名リスト」に登録できます**

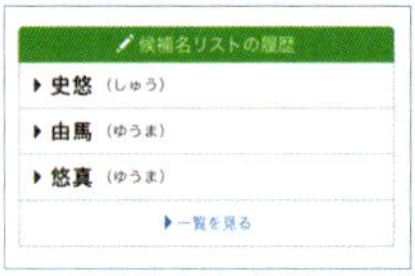


トップ画面で「候補名リストの履歴」が確認できます

**「候補名リスト」の表示はメニューをタップして選択**

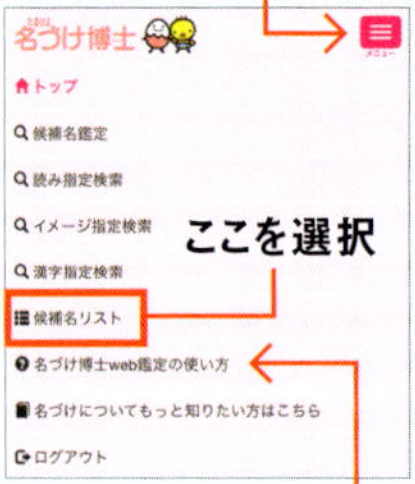


**ここを選択**

使い方が
わからなくなったら
ここを見て

**気に入った名前はここをタップ**

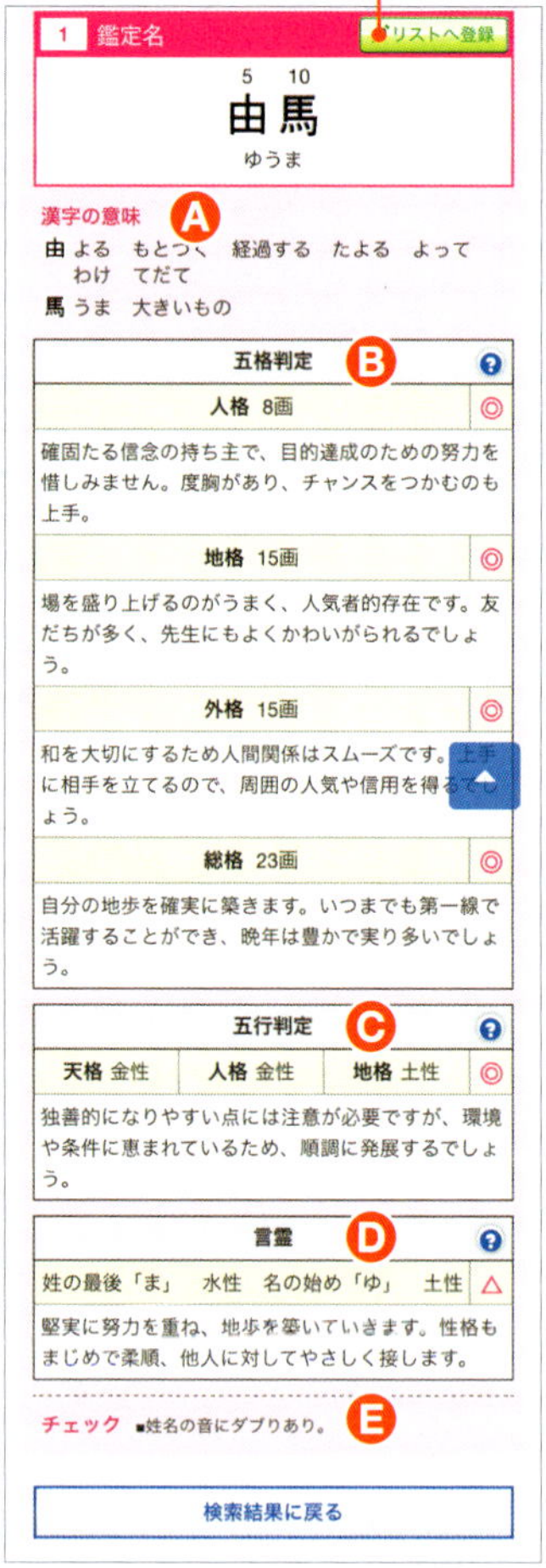


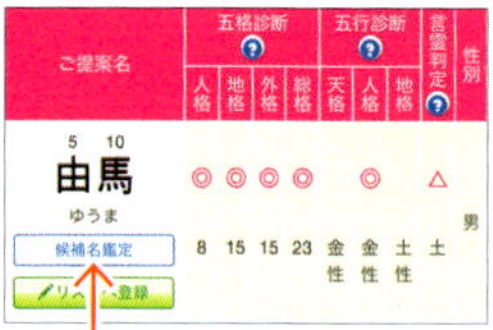


**ここをタップすると左記の詳しい鑑定が出てきます**

### A 漢字の意味

名前にふさわしくない意味が含まれていないか、ここで確認

### B 五格《ごかく》判定

すべてが◎になる名前には限りがあります。五格の詳細はP.217でチェック

### C 五行判定

陰陽五行占いの結果。詳細はP.220をチェック

### D 言霊《ことだま》

音が持つパワー占いの結果。詳細はP.74をチェック

### E チェック

画数の多少や音のダブりなど、全体的なバランスについてのアドバイス

第1章

# 名づけの基礎知識

ここでは、名づけにおける注意点や出生届の書き方・出し方、
名づけに関しての素朴な疑問などをまとめて紹介しています。
名前を考え始めるとき、
そして決まった名前の最終チェックのときに読んでください。

# 最高の名前をつけるための第一歩
# 名づけの基本

名づけにはいろいろ気をつけなくてはいけないことがあります。
ここでは、注意点や出生届の書き方・出し方、名づけに関しての素朴な疑問などを紹介。
名前を考え始めるときや最終チェックのときに読んでください。

## 最高の名前をつけてあげるために

赤ちゃんが一生つき合っていく名前だから、あれこれ悩むのは当然のことです。ママとパパの思いを込めた名前であることはもちろんですが、それ以外にも押さえるべきポイントがあります。

赤ちゃんに贈る最初のプレゼントが名前。数文字の組み合わせではありますが、赤ちゃんの幸せを思う気持ちと、こんな人に育ってほしいという願いがたくさん込められたもの。心を込めてつけてあげたいですね。

**パパとママの気に入った名前である**

**BESTな名前**

**響きや文字の意味、画数などがよいかどうか**

名前に使われる文字自体がどんな意味を持つか、響きがどんなイメージを持つかも大切な要素。漢字の名前をつける場合は、その漢字を意味や画数の面などから多角的に調べることが大切です。

**赤ちゃんが将来親しんでくれる名前かどうか**

ママ、パパの思いを込めるのはもちろんですが、名前と一生つき合っていく赤ちゃん自身が、その名前を好きになってくれるかどうかということも、ちゃんと配慮してあげましょう。

コレを押さえておけば名づけは成功!

# 名づけで押さえておく3つのポイント

## 1 名前に使える漢字は決まっています

名前に使える漢字は、戸籍法で決められているものだけです。それ以外の漢字を使った名前では、役所に受け付けてもらえません。届け出の前に、使える漢字かどうか必ずチェックしておきましょう。

現在、名前に使える漢字は常用漢字と人名用漢字合わせて約3000字体です(P.471〜参照)。使える漢字は字形も定められています。詳しくは法務省のホームページの「戸籍統一文字情報」を参考にしてください。このコーナーの検索機能を使えば、名前に使える漢字の字形が正しく判別できます。

## 2 外国の文字や記号を使用するときは…

アルファベットなど、外国の文字は基本的に使用できないことになっています。また、算用数字、ローマ数字、記号も基本的には使えません。ただし、「イチロー」のような長音符号「ー」や「奈々子」、「寧々」のような繰り返し符号「々」「ゞ」は使うことができます。この場合、姓の最後の字を繰り返して名前の1字目に使用することはできません。

## 3 漢字における自由と制限

**●読み方** 漢字の読み方は自由で、制限はありません。実際、「飛翔」と書いて「つばさ」と読ませるような当て字の例もありますが、常識の範囲内のほうがいいでしょう。また、漢字には音読み、訓読みのほか、「名のり」と呼ばれる名前だけに用いられる読み方があります。「大」=「ひろし、まさる」などがそうです。

**●長さ** 名前の長さも法律上では決まりはなく、凝った長い名前も可能ではあります。ただし、あまり長い名前だと、読んだり書いたりするときに、子どもにも負担がかかってしまいます。

名づけのルールを知りましょう

# 名前を決めるときの注意点27

自由な発想で赤ちゃんに最高の名前をつけてあげたいものですが、まずは名づけの注意点を知りましょう。

## 1 平凡な姓では平凡な名を避ける

人気の名前をつけようと思っている場合は、その前にちょっと自分の姓を見直してみましょう。人気がある名前は、言い換えれば平凡な名前でもあります。

もし、姓が下の表にあるような日本人に多いものであるなら、気づけば「同姓同名がたくさんいる」という状態になりかねません。平凡な姓の場合、人気名前は避け、少し凝ったものにしてみてもよいでしょう。

## 2 読みにくい姓では人気名をアレンジ

読みにくい姓の場合、名前にまで凝ってしまうと、姓、名前とも読みにくく、赤ちゃんが将来、社会生活を送るうえでもとても不便なことになってしまいます。

このような場合は、人気の名前も大いに参考にしてください。姓が読めなくても名前で呼びかけてもらえるでしょう。

「人気の名前をそのままつけるのはちょっと……」というなら、読みはそのままに、その名前の漢字を一部変えてみるなど、少しアレンジしてみてはいかがでしょうか。

男の子にも
女の子にも大人気！

## 人気共通名前 読みトップ10

| 順位 | 読み | 男の子例 | | 女の子例 | |
|---|---|---|---|---|---|
| 1位 | あおい | 蒼 | 蒼生 | 葵 | 葵衣 |
| 2位 | ひなた | 陽向 | 日向 | ひなた | 日菜多 |
| 3位 | はる | 晴 | 陽 | はる | 春 |
| 4位 | りお | 理央 | 璃央 | 莉緒 | 莉央 |
| 5位 | そら | 空 | 昊 | そら | 奏良 |
| 6位 | あさひ | 朝陽 | 旭 | あさひ | 朝日 |
| 7位 | りん | 凛 | 倫 | 鈴 | りん |
| 8位 | れい | 怜 | 礼 | 澪 | 麗 |
| 9位 | みつき | 光希 | 充輝 | 美月 | みつき |
| 10位 | ゆづき | 悠月 | 結月 | 柚月 | 優月 |

ここ数年の名づけの傾向として、男の子、女の子の区別がはっきりとつく名前とともに、中性的な名前が好まれています。ここでは、男の子、女の子のどちらにも読み方が人気の名前を挙げました。

※2020年たまひよ調べ

## 3 姓の画数とのバランス

### ●少画数の姓の場合

たとえば「川田」は姓だけで8画です。姓の画数の合計が10画未満の場合は、少画数と考えてよいでしょう。

ただし、「辻」などの1字姓はこの例に当てはまりません。

少画数の姓の場合、「大介（だいすけ）」など同じように少画数の名前にすると、頼りない感じになってしまいます。この場合、「大輔（だいすけ）」のようにほどほどの画数の名を考えたほうがいいでしょう。目標とする画数は、名前の合計画数が15～20画ぐらいです。

女の子の名前の場合は、ひらがなでまとめるというのも、一つの方法です。

### ●多画数の姓の場合

逆に、たとえば「遠藤」は姓だけで31画です。通常、姓の画数が30画以上なら、多画数姓と考えてよいでしょう。こうした姓で、名前にもまた多画数のものを持ってくると、見た目がベタッと黒っぽい姓名になってしまいます。

かといって、あまりに名前の画数が少なすぎるのも、頭でっかちで不安定な感じを与えます。

多画数の姓の場合、名前の画数は10～20画くらいで収めるのがコツです。

## 4 1字姓の場合の名前のつけ方

「林」「原」「辻」などの1字姓では、名前は2字名または3字名でまとめるのが無難です。1字姓1字名では、見た目があまりにも寸詰まりの感じを受けてしまいます。

1字姓3字名はバランスが悪そうに思いがちですが、姓にくらべて名前の文字数が多いので、安定感のある名前になります。

## 5 3字姓の場合の名前のつけ方

「長谷川」「佐々木」などの3字姓には、2字名がフィットします。3字姓3字名では、いかにも長い感じがしますし、かといって1字名では、見た目が頭でっかちの、少し落ち着きの悪い名前になってしまいます。

とくに女の子の場合は、万葉仮名風の名前やひらがなの名前は3字名になりやすいので、避けたほうがいいかもしれません。

## 6 置き換えが起こりやすい姓

ケースとしてはあまり多くありませんが、置き換えが起こりやすい姓というものがあります。「中山」「松村」などの姓がそうです。

これらの姓は、「中山」→「山中」、「松村」→「村松」といった具合に勘違いされやすいものです。

こうした姓で、名前にもまた置き換えが起こりやすい、「理恵（りえ）」→「恵理（えり）」や「和敏（かずとし）」→「敏和（としかず）」などを持ってくると、一度では覚えてもらえないような名前になってしまいますので、名前には置き換えが起きにくいものを考えましょう。

ただし、「貴大（たかひろ）」や「大貴（だいき）」のように、読みが異なる場合はこのかぎりではありませんが、避けたほうが賢明です。

### 人気頭音ランキング ベスト5

男の子

| | | |
|---|---|---|
| 1位 | り | 律《りつ》・陸《りく》・陸斗《りくと》 |
| 2位 | ゆ | 結翔《ゆいと》・悠真《ゆうま》・悠人《ゆうと》 |
| 3位 | は | 陽翔《はると》・陽斗《はると》・晴《はる》 |
| 4位 | あ | 朝陽《あさひ》・新《あらた》・蒼《あおい》 |
| 5位 | そ | 颯真《そうま》・蒼真《そうま》・颯太《そうた》 |

女の子

| | | |
|---|---|---|
| 1位 | ゆ | 結月《ゆづき》・結衣《ゆい》・結菜《ゆいな》 |
| 2位 | あ | 葵《あおい》・杏《あん》・杏奈《あんな》 |
| 3位 | み | 澪《みお》・美月《みつき》・美結《みゆ》 |
| 4位 | り | 莉子《りこ》・凛《りん》・莉緒《りお》 |
| 5位 | ひ | 陽菜《ひな》・陽菜乃《ひなの》・ひかり |

※2020年たまひよ調べ

## 7 姓の持つイメージを考えて

漢字は元来、表意文字ですから、文字それぞれがイメージを持っています。「小田大成」（おだたいせい）、「北沢南」（きたざわみなみ）などのように、文字のイメージを無視した結果、姓と名のイメージがあまりにも懸け離れてしまうような名前をつけるのは考えものです。

また、「山田登」（やまだのぼる）、「大川渡」（おおかわわたる）などのように、

あまりに合っていれば逆に、ふざけたような印象を与えることになるでしょう。

芸名ならともかく、本名の場合、安易な発想で名づけをするのは禁物です。

### 姓と名の意味が違いすぎる

| | | |
|---|---|---|
| 細川 | 大河 | ほそかわ たいが |
| 細井 | 太一 | ほそい たいち |
| 湯本 | 水江 | ゆもと みずえ |
| 石黒 | 純白 | いしぐろ ましろ |
| 深井 | 浅海 | ふかい あさみ |

### 姓と名の意味が合いすぎる

| | | |
|---|---|---|
| 剛田 | 猛 | ごうだ たけし |
| 旭日 | 昇 | あさひ のぼる |
| 青井 | 大空 | あおい おおぞら |
| 木野 | 芽衣 | きの めい |
| 森 | 緑 | もり みどり |
| 秋野 | 楓 | あきの かえで |
| 草野 | 花 | くさの はな |
| 福岡 | 湊 | ふくおか みなと |

## 8 姓と名の切れをよくする

姓と名の切れの悪い名前があります。たとえば「堀江美子」の場合、「堀江・美子」なのか「堀・江美子」なのかわかりません。

このようなときは姓と名の「切れ」がはっきりする別の名前にしたほうがよいのですが、どうしてもこだわりがあるのなら、「堀江芳子」「堀英美子」などとしてみる方法もあります。

## 9 姓名のタテワレを避ける

「松浦沙紀（まつうらさき）」のように、姓名を構成している文字が左右に割れてしまうことを「タテワレ」（縦割れ）といいます。

姓名を横書きにするとあまり感じませんが、縦書きにしてみると、左右がバラバラな印象を受けます。こうした姓の場合は、名前に左右をつなぐ線のある漢字を使うと、落ち着きが出ます。

**例**

**松浦沙紀**

← **松浦由美**

## 10 姓名の濁音は2音まで

濁音が姓名のなかに多すぎると、濁った音になります。姓に濁音があるときは、できれば名前には濁音を使わないほうがよいでしょう。目安は、姓名を合わせて、濁音は2音まで。

たとえば「曽我部一成（そがべかずしげ）」と「曽我部康成（そがべやすなり）」という2つの名前を比べてみると印象の違いは一目瞭然です。

### 左右対称の名前

最近ではタレントの芸名といっても、本名か本名をもじったものが多いですが、以前は左右対称の名前が好まれていました。理由はよくわかりませんが、バランスがいい、字形が安定しているなど、験（げん）をかついだのでしょう。

たしかに、左右のバランスはいいのですが、あまりに対称的だと、おもしろみがないともいえます。とくに「大木」「吉田」のような左右対称の姓に組み合わせてしまうと、バランスのよさというより、むしろ偏りと感じることも。

| 男の子 | | 女の子 | |
|---|---|---|---|
| 一平 | いっぺい | 亜美 | あみ |
| 一喜 | かずき | 杏奈 | あんな |
| 圭介 | けいすけ | 華音 | かのん |
| 幸介 | こうすけ | 朋美 | ともみ |
| 大喜 | だいき | 真央 | まお |
| 太市 | だいち | 真奈 | まな |
| 立春 | たつはる | 未来 | みき |
| 日出人 | ひでと | 美貴 | みき |
| 文太 | ぶんた | 里奈 | りな |
| 元章 | もとあき | 菫 | すみれ |

## 11 姓と名の構成文字のダブりに気をつけて

名前ばかりに注意をとられていて陥りやすいのが、漢字を構成しているへん（偏）やつくり（旁）が姓名でダブってしまうことです。たとえば「池沢浩江（いけざわひろえ）」などでは、「さんずい」ばかりが並び、見た目によくありません。

このようなときは「池沢裕恵（いけざわひろえ）」などに変えると、ずっとよくなります。名前の候補が決まったら、一度、姓と名を縦書きにしてチェックしましょう。

例
池沢浩江
↓
池沢裕恵

## 12 植物系の姓の名は慎重に

最近、とくに女の子の名前では植物をイメージした名前が人気です。ここで気をつけたいのは、「松村」「森」など、植物系の漢字を含んだ姓の場合。

たとえば、「松村楓（まつむらかえで）」という名前だと、木の名前が1つの名前に2つも入ってしまい、違和感がありますね。また、「きへん」ばかりが続いてしまいますね。植物系の名前をつけるなら、姓が「きへん」なら名を「くさかんむり」にするなどバランスをとって。

## 13 フリガナが必要となるような読みにくい名前は避ける

「弥麗」「索真」「聡計」……。それぞれ「いより」「もとまさ」「としかず」と読みます。このように、フリガナなしで読めない名前はやはり損。なぜ素直に「伊代里」「元雅」「俊和」でないのでしょう。

名前に凝るということと、読めない読みをつけるということとは、別のものです。

漢字には音読みや訓読み以外に名前だけに用いられる「名のり」がありますが、これもごく一般的なもの以外は避けたほうが無難です。

また、法的に認められた〝名前に使える文字〟を使用すれば読み方は自由なので「絹」と書いて「しるく」と読ませるなど、いわゆる「当て字」を使うことも可能です。ただし、読みにくい当て字は、将来子どもが苦労することにもなりますので、やはり漢字の読みは音訓を主体に考えましょう。

## 14 姓名の総画は40画以内に

一般的に、姓名の画数は総画数で20～30画台に集中しています。姓名の合計画数が20画未満だと、すっきりしすぎた感じになりやすく、40画を超えると、全体的に黒々として重い印象を受けがちです。姓の画数が多い場合は、名前の画数が増えすぎないようにするとよいでしょう。

姓名の総画数を40画以内に抑えるというのを目安にすると、名前が決めやすいかもしれません。

## 15 文字をきちんと伝えられるか考える

メールやファクスのやりとりが多くなったこのごろとはいえ、電話で名前の確認をしなければいけないこともあるでしょう。「斉藤」「斎藤」、「川野」「河野」など、説明の必要な姓も多くあります。このようなとき「令・玲・怜・伶」、「巳・己」のような、似た漢字の多い名前をつけると、1字ごとに説明しなければならなかったり、間違えられてしまうことも。伝えやすいかも考えてみて。

また、漢字にこだわりすぎて名前をつけた場合も、書いて見せることができないときに苦労してしまうという例も少なくありません。自分ではちゃんと説明できたつもりでも、相手にうまく伝わらずに、不愉快な思いをする場合も多いのです。日常生活であまり見なかったり、使用しないような漢字を名前につけるのは避けたほうが賢明でしょう。

### 説明しにくい名前の例

書いて見せることができれば、説明にも苦労しないのですが、電話などの口頭で名前を説明しなければならないときに困る名前もあります。なるべくなら、説明しにくい漢字は避けたほうが賢明です。

| 男の子 | | 女の子 | |
|---|---|---|---|
| 欣爾 | きんじ | 慧 | けい |
| 朔太郎 | さくたろう | 乃々花 | ののか |
| 智嗣 | ともつぐ | 雪寧 | ゆきね |
| 肇 | はじめ | 友鞠 | ゆま |
| 惇 | まこと | 琉璃 | るり |
| 亨 | とおる | 黎子 | れいこ |
| 稜太 | りょうた | | |

## 16 タテ・ヨコの線のみの姓の場合

「田中由里（たなかゆり）」という姓名の場合、いかにも角張った印象を受けます。この「田中」のように、タテ・ヨコの線ばかりでできている姓では、斜線の入った漢字を配するとバランスがよくなります。

「田中由里」も「田中友梨（たなかゆり）」とすると、ずいぶん印象が変わります。女の子の名前では、曲線の多いひらがなの名前などもよいでしょう。

これとは別に、「八木」「大木」などの左右に開いた文字で構成されている姓の場合は、名前にそういった文字は不向きです。「八木大介（やぎだいすけ）」「大木未来（おおきみき）」など、見た目が落ち着きのない名前になってしまいます。

読みや漢字の意味だけでなく、書いたときの見た目もチェックしましょう。

## 17 多画数漢字を使いたいときは

「舞」「樹」のような、15画以上になる多画数漢字を名前に使いたいときは、組み合わせる字を15画未満に抑えたほうがいいでしょう。多画数漢字を2文字組み合わせると、名前だけで30画を超え、重々しい感じになってしまいます。

複雑な文字が続くと、実際に書くのも大変です。たとえば「としき」と名づけるとき、「駿樹」とするよりは「俊樹」としたほうがすっきりします。

## 18 画数差のある姓では字の配置に注意

たとえば「藤井」の場合、「藤」が18画なのに対して、「井」は4画、14画の差があります。このとき「藤井大樹（ふじいだいき）」とすると、見た目がアンバランスな感じに。このように姓を構成している字に画数差があるときは、重い字と軽い字を交互に配置することによってバランスがとれます。この場合も「藤井隆之（ふじいたかゆき）」とすると印象が変わるでしょう。

# 名前に使える人名用漢字の異体字

使いたい漢字の画数が合わない場合はその漢字の異体字（旧字）をあたってみてもいいでしょう。
ただ異体字のなかには、名前には避けたい「悪」というような字も含まれているので、
ここでは名づけに活用できそうな字の一部を紹介しています。

| 旧字 | 画数 | 新字 | 画数 | 読み |
|---|---|---|---|---|
| 亞 | 8 | 亜 | 7 | あ |
| 櫻 | 21 | 桜 | 10 | おう |
| 樂 | 15 | 楽 | 13 | がく |
| 器 | 16 | 器 | 15 | き |
| 勳 | 16 | 勲 | 15 | くん |
| 劍 | 15 | 剣 | 10 | けん |
| 嚴 | 20 | 厳 | 17 | げん |
| 兒 | 8 | 児 | 7 | じ |
| 祝 | 10 | 祝 | 9 | しゅく |
| 涉 | 10 | 渉 | 11 | しょう |
| 讓 | 24 | 譲 | 20 | じょう |
| 盡 | 14 | 尽 | 6 | じん |
| 莊 | 10 | 荘 | 9 | そう |
| 燈 | 16 | 灯 | 6 | とう |
| 勉 | 9 | 勉 | 10 | べん |
| 每 | 7 | 毎 | 6 | まい |
| 龍 | 16 | 竜 | 10 | りゅう |
| 朗 | 11 | 朗 | 10 | ろう |
| 琢 | 12 | 琢 | 11 | たく |
| 逸 | 12 | 逸 | 11 | いつ |
| 溫 | 13 | 温 | 12 | おん |
| 寬 | 14 | 寛 | 13 | かん |
| 響 | 22 | 響 | 20 | きょう |
| 薰 | 17 | 薫 | 16 | くん |
| 顯 | 23 | 顕 | 18 | けん |
| 廣 | 15 | 広 | 5 | こう |
| 社 | 8 | 社 | 7 | しゃ |
| 緖 | 15 | 緒 | 14 | しょ |
| 奬 | 14 | 奨 | 13 | しょう |
| 神 | 10 | 神 | 9 | じん |
| 粹 | 14 | 粋 | 10 | すい |
| 靜 | 16 | 静 | 14 | せい |
| 藏 | 18 | 蔵 | 15 | ぞう |
| 德 | 15 | 徳 | 14 | とく |
| 步 | 7 | 歩 | 8 | ほ |
| 謠 | 17 | 謡 | 16 | よう |
| 祐 | 10 | 祐 | 9 | ゆう |
| 海 | 10 | 海 | 9 | かい |
| 氣 | 10 | 気 | 6 | き |
| 曉 | 16 | 暁 | 12 | ぎょう |
| 惠 | 12 | 恵 | 10 | けい |
| 驗 | 23 | 験 | 18 | けん |
| 壽 | 14 | 寿 | 7 | じゅ |
| 將 | 11 | 将 | 10 | しょう |
| 條 | 11 | 条 | 7 | じょう |
| 穗 | 17 | 穂 | 15 | ほ |
| 禪 | 17 | 禅 | 13 | ぜん |
| 都 | 12 | 都 | 11 | と |
| 梅 | 11 | 梅 | 10 | ばい |
| 飜 | 21 | 翻 | 18 | ほん |
| 來 | 8 | 来 | 7 | らい |
| 壘 | 18 | 塁 | 12 | るい |
| 彌 | 17 | 弥 | 8 | び |
| 穰 | 22 | 穣 | 18 | じょう |
| 應 | 17 | 応 | 7 | おう |
| 祈 | 9 | 祈 | 8 | き |
| 藝 | 18 | 芸 | 7 | げい |
| 國 | 11 | 国 | 8 | こく |
| 祥 | 11 | 祥 | 10 | しょう |
| 壯 | 7 | 壮 | 6 | そう |
| 福 | 14 | 福 | 13 | ふく |
| 郞 | 10 | 郎 | 9 | ろう |
| 渚 | 12 | 渚 | 11 | しょ |
| 敍 | 11 | 叙 | 9 | じょ |

# 19 発音しづらい名前は聞き取りにくい

漢字の組み合わせはよくても、声に出してみると発音しづらかったり、聞き取りにくい場合があります。発音しづらい名前は、聞いたほうも理解しにくいものです。

名前だけで見ていると気づかないもの。姓名の組み合わせでチェックすることが大切です。

**●カ行・サ行・タ行・ハ行**

カ行・サ行・タ行・ハ行の音が姓名のなかに多いと耳障りで聞き取りにくい名前になります。とくに「キ、ク、シ、チ、ツ、ヒ、フ」などは母音が無声化するため、聞き取りにくくなります。「佐々木」（ささき）、「加来」（かく）など、姓がこうした音でできている場合は、名前の音にも気をつけたほうがいいでしょう。

**●ラ行**

ラ行の音が姓名のなかに多いと、発音しづらい名前になります。たとえば「川原蘭（かわはら・らん）」を声に出してみると、発音しづらいのがわかります。姓の最後がラ行の人は、名前の最初の音はラ行を避けたほうが賢明です。

## 聞き間違えやすい名前の例

**男の子**

| | |
|---|---|
| えいじ ↔ | れいじ |
| しょう ↔ | そう |
| しょうた ↔ | そうた |
| りゅう ↔ | ゆう |
| りゅうへい ↔ | ゆうへい |
| りょう ↔ | りお |
| りょうすけ ↔ | ようすけ |

**女の子**

| | |
|---|---|
| あみ ↔ | まみ |
| みお ↔ | みよ |
| みう ↔ | みゆ |
| | みゆう |
| まりい ↔ | まり |

## 20 似た響きの名前がないかもチェック

たとえば「せいあ」と「せいや」、「りお」と「りょう」など、声に出したときに聞き取りづらい名前があります。文字にするとまったく違っても、同じ母音を持っていると似た音に聞こえがちです。

神経質になる必要はありませんが、聞き間違いが起こる可能性があるということを頭に入れておきましょう。

## 21 姓と名の音のダブりにも注意

姓名の音は10音にも満たないものです。わずかにこれだけのなかで、いくつも音がダブっていると、これもやはり音感を悪くします。まず、気をつけたいのは2音のダブりで、

★高橋孝夫（たかはし・たかお）
★大友朋美（おおとも・ともみ）

などがそうです。音感を損ない、ダブり具合によっては発音しづらいこともあります。

1音のダブりで気をつけたいのは、

★森田達也（もりた・たつや）
★川上美咲（かわかみ・みさき）

のように、とくに姓の最後の音と名前の最初の音が同音になるケースです。これもやはり避けたいものです。

こうしたことを防ぐ意味でも、名前を考えついたら一度仮名書きにしてみることをおすすめします。

### 姓と名の音がダブっている名前の例

| | | |
|---|---|---|
| 男の子 | 野島　昌樹 | のじま・まさき |
| | 大橋　勝太 | おおはし・しょうた |
| | 生田　太陽 | いくた・たいよう |
| 女の子 | 丸山　真由 | まるやま・まゆ |
| | 井上　恵美子 | いのうえ・えみこ |
| | 宇佐美　美樹 | うさみ・みき |

## 22 何通りかに読める姓は一発で読める名を

たとえば「角田」のように「かどた」「つのだ」「かくた」などと何通りかに読める姓に「裕紀」という名前をつけたとしましょう。

すると、「ひろのり」「ひろき」「ゆうき」と、名前も複数に読まれてしまい、場合によっては性別もわからないこともあります。読みが何通りもある姓では、「博則」などのように、ひと通りにしか読めないものを選びましょう。

## 23 あだ名になりやすいものを避ける

どんな名前がついてもニックネームは生まれるものです。ただ、明らかに奇異な連想を生むような名前はいじめやからかいを生じないともかぎりません。「真平」など読み方から連想を生むもの、イニシャルにしたときに「W・C」「N・G」となるようなものなどです。

また、「大場佳奈子」（大バカな子）など、姓名を合わせたときにおかしくないかチェックしておくことが大切です（61ページに例があります）。

## 24 愛称が同じ人が周囲にいないかもチェック

名前が違っても愛称が同じになってしまうことはよくあります。たとえば「こうた」「こうすけ」「こうじ」「こういち」「こうへい」……これらの名前の子の愛称は、みな「こうちゃん」になってしまいがち。近所やスーパーなどの外出先で子どもを呼ぶとき、「こうちゃーん」と呼ぶと何人もの子どもが振り向くといったことも考えられます。せめて、身近なところに同じ愛称になる人がいないかを確かめて。

### 複数の読み方がある名前の例

| 漢字 | 読み方 |
| --- | --- |
| 有紀 | ゆき／ゆうき |
| 美月 | みつき／みづき |
| 詳子 | あきこ／しょうこ |
| 智子 | ともこ／さとこ |
| 麻美 | あさみ／まみ |
| 幸 | さち／ゆき |
| 伸也 | しんや／のぶや |
| 晶 | あきら／しょう |
| 歩 | あゆむ／あゆみ |
| 亘 | わたる／こう |

## 25 キャラクターや芸能人の名前からつける場合

珍しい名前をつけたいという理由から、アニメやゲームのキャラクターから名前をとる人も多いのですが、キャラクターの名前や、芸能人の芸名と同じものをつけたい場合は注意が必要です。漢字の名前の場合、実際には使えない漢字を名前に用いている場合があるからです。漢字が使えるかどうかを確かめずに出生届を出しに行ったばかりに、出生届を受理してもらえない場合もあるのです。

また、アニメやゲームのキャラクターなどは、架空の存在なので、その世界観を表すために、（たとえ名前に使える漢字であったとしても）忌み嫌われがちな意味や内容を持つ文字を使用している場合もあります。

キャラクターや芸能人の芸名からとって名づけるときは、その漢字の意味も必ず調べるようにしましょう。

## 26 性別がわかりづらい名前の場合

「男は男らしく、女は女らしく」というより、男女の区別がつきづらい、中性的な名前を好む人も多いようです。中性的な名前には個性的なものが多いようですが、やはり、人に名前を告げたときに性別を間違われることが多いもの。

とくに小さいうちは、顔立ちや髪型では判断できにくく、赤ちゃんが一緒にいるときに名前を伝えても、性別を間違われやすいということを頭に入れておいたほうがいいでしょう。

## 27 親が気に入った名前を

名づけのポイントの最後は、「赤ちゃんの名前は親が気に入った名前であること」です。

ここまで、いい名前をつけるためのポイントを述べてきました。なかにはぜひ守ってほしいものもあります。

しかし、これらはあくまでガイドラインにすぎません。それに縛られすぎて、没個性的な名前をつけるより、多少は枠からはみ出しても存在を主張できる名前だってあるのです。

そして、なにより名づけで最も大切なのは、赤ちゃんの親がいかにその名前を気に入り、何度も呼びたくなるかどうかなのです。

満足のいく名づけができるよう頑張ってください!

# 名づけに「外国語感覚の名前」をうまく取り入れる

「海外で活躍して」「外国の人と自由に交流できるような子に」といった願いを名づけに託すママやパパが増えています。そんなときには外国語感覚の名前探しの旅を。

## 「音」から入るアプローチ中心に

従来の日本語にない「音」の組み合わせが、外国語にはたくさんあります。個性的でちょっとカッコいい感じの名づけなら、この「外国語の音→日本語の音や意味に当てはめる」やり方はおすすめの一つです。

「音」「意味」を取り入れるにも主に2つの方法があります。

一つは、外国語の人名・地名・形容詞などの「音」をそのまま日本語に当てはめていくこと。アンナ（女性の人名）→杏奈、アリス（物語の主人公）→亜璃寿、カレン（英語で「流行の」意）→華恋、ナイル（地名）→乃琉、ルイ（男性の人名）→類・瑠以などがこれに当てはまります。注意すべきは、元の単語が人名の場合、同じ性別のものを選んで。レオ（男性）は、「怜緒」なら女の子にも使えそうですが、やはり「礼央」などで男の子に使うのが無難。

## 注意するポイントは…

もう一つは「外国語感覚の当て字」です。その単語の「音」だけでなく「意味」まで含めて日本語にはめ込む方法です。名前の読みは自由という法則を最大限に利用していく超訳なので、これはかなり注意が必要。

たとえば、run→走（らん）、luna→月（るな）などですが、将来、子どもが幼稚園や小学校に通うときに担任の先生が1回で正しく読んでくれるかどうかは、あやしいでしょう。

また、せっかくつけた外国語感覚の名前が、「外国で通用するか」についてもよく吟味する必要があります。たとえば、イタリア語で「カツオ」は男性自身を、フランス語では「コン」が女性の局部を意味し、ひんしゅくを買ってしまうからです。

また別の観点からいうと、フランス語の場合、h（アッシュ）は発音しませんから、日本語でハ行の音から始まる名前の人はア行の音で呼ばれる可能性が大です。ハル（陽）くんは「アル」くんと呼ばれたりするわけです。

外国語感覚の名づけは、ぜひ決定前に辞書で調べたり、語学に強い人にアドバイスをもらってくださいね！

# ヘボン式ローマ字一覧表

名前は漢字やカナだけでなく、ローマ字表記することも多いもの。
名づけのときはもちろん、赤ちゃんのパスポートを取得するときに役立ててください。

## ヘボン式ローマ字つづり一覧表

| | | | | |
|---|---|---|---|---|
| あ a | い i | う u | え e | お o |
| か ka | き ki | く ku | け ke | こ ko |
| さ sa | し shi | す su | せ se | そ so |
| た ta | ち chi | つ tsu | て te | と to |
| な na | に ni | ぬ nu | ね ne | の no |
| は ha | ひ hi | ふ fu | へ he | ほ ho |
| ま ma | み mi | む mu | め me | も mo |
| や ya | | ゆ yu | | よ yo |
| ら ra | り ri | る ru | れ re | ろ ro |
| わ wa | | | | を o |
| ん n(m) | | | | |
| が ga | ぎ gi | ぐ gu | げ ge | ご go |
| ざ za | じ ji | ず zu | ぜ ze | ぞ zo |
| だ da | ぢ ji | づ zu | で de | ど do |
| ば ba | び bi | ぶ bu | べ be | ぼ bo |
| ぱ pa | ぴ pi | ぷ pu | ぺ pe | ぽ po |

| | | |
|---|---|---|
| きゃ kya | きゅ kyu | きょ kyo |
| しゃ sha | しゅ shu | しょ sho |
| ちゃ cha | ちゅ chu | ちょ cho |
| にゃ nya | にゅ nyu | にょ nyo |
| ひゃ hya | ひゅ hyu | ひょ hyo |
| みゃ mya | みゅ myu | みょ myo |
| りゃ rya | りゅ ryu | りょ ryo |
| ぎゃ gya | ぎゅ gyu | ぎょ gyo |
| じゃ ja | じゅ ju | じょ jo |
| びゃ bya | びゅ byu | びょ byo |
| ぴゃ pya | ぴゅ pyu | ぴょ pyo |

# ヘボン式ローマ字表記で注意する点

ヘボン式ローマ字の表記には、いくつかのルールがあります。
ルールをマスターして正しく表記しましょう。

## 1 撥《はつ》音《おん》（“ん” で表記する音）

ヘボン式ではB・M・Pの前に
Nの代わりにMを置きます。

例 **Jumma**（じゅんま）

## 2 促《そく》音《おん》（つまる音。“つ”）では子音を重ねて示します。

例 **Ippei**（いっぺい）　**Issa**（いっさ）

※ただし、チ（chi）、チャ（cha）、チュ（chu）、
チョ（cho）音にかぎり、その前にtを加えます。

## 3 長音表記

「おう」または「おお」はOかOHによる
長音表記のいずれかを選択できます。

| 氏名のふりがな | パスポートに記載することができる表記一覧 | |
|---|---|---|
| | ヘボン式ローマ字表記 | OHによるローマ字表記 |
| オオ | O | OH |
| オオノ | ONO | OHNO |
| コオリ | KORI | KOHRI |
| オウ | O | OH |
| コウノ | KONO | KOHNO |
| オウギ | OGI | OHGI |
| カトウ | KATO | KATOH |
| ヨウコ | YOKO | YOHKO |

※ヘボン式ローマ字表記またはOHによる長音表記のいずれかの表記をパスポートでいったん選択したら、それ以降のパスポートの申請は必ず選択した方式を一貫して使用し、途中で変更することがないようにしましょう。

※長音が入る姓の人で、家族間で姓の表記が異なっている場合、外国に入国する際にトラブルが生じる場合があります。姓の表記の選択では、家族が同一の表記になるように注意しましょう。

ポイントを押さえれば、スムーズに！

# 賢く考える名づけテク

「名づけには制限があって大変……！」という人のために、名づけをスムーズにするためのテクニックをお教えします。決めかねているときにも活用してくださいね。

## 1 添え字と好きな漢字を組み合わせて

使いたい漢字があっても、なかなか名前を思いつかないときは、添え字を有効に使うといいでしょう。添え字とは、「健太（けんた）」の「太」、「夕奈（ゆうな）」の「奈」などのことです。たとえば、「英」という漢字を使いたいときは、ここにどんどん添え字を合わせてみることによって「英太、英人、英輔、英輝、英悟、英作……」などと次々にできます。

人気のある添え字がある一方で、あまり使われていない添え字もあります。添え字を上手に使うと個性度もアップするでしょう（添え字一覧　女の子…142ページ、男の子…196ページ）。

## 2 50音表をフル活用してみよう

女の子の場合、男の子に比べて名前に適する漢字が限られてしまいます。そのため、ひらがなの名前も多いのですが、どうしても常識的な名前になりがち。せっかくですから、個性的な響きを探したいものです。そんなとき、50音表で音を次々と組み合わせてみては？　たとえば、「なみ」にもう1音を組み合わせると、なみえ・なみか・なみき、など個性的な名前ができ上がります。そのままひらがなの名前にしてもいいし、漢字を当てはめてみるのもいいでしょう。

## 3 3字名は「挟み字」を利用

万葉仮名風の名前のとき、1字目には同じような字が使われていることが多いもの。そこで、まずはこれらの字を1字目に置き、3字目に通常の添え字を持ってきて名前としてまとめます。たとえば「麻○香」としてみます。その次に○の部分に、次々と万葉仮名風漢字一覧（214ページ参照）で漢字を探して、入れてみます。「麻衣香、麻奈香、麻保香……」と印象の違うさまざまな名前ができます。これが挟み字のテクニックです。

## 4 音を生かして万葉仮名風の名前に

万葉仮名とは、『万葉集』などに用いられている表現法で、漢字の音訓によって、日本語の発音を写したものです。ここでいう万葉仮名風の名前とは、「亜紗美」（あさみ）のように1字が1音を表す名前のことです。

最近では、女の子の名前によく使われていますが、男の子の名前に用いてみても新鮮です。

### たまひよ読者の新・万葉仮名

名前の音が決まっても、ぴったりの漢字が見つからないこともあります。本来の音訓や名のり一覧表からは多少ずれるものも含まれていますが、音を表す文字として、たまひよ読者の間で使用例が多い最近の漢字や名づけ例を紹介します。

**あ　杏、愛、彩**
杏実（あみ）、杏里紗（ありさ）、彩結（あゆ）、愛花莉（あかり）、愛美（あみ）、愛優（あゆ）

**え　愛**
愛真（えま）、愛美里（えみり）、佳愛（かえ）

**お　桜**
咲桜里（さおり）、詩桜（しお）、美桜（みお）

**せ　星**
星詩流（せしる）、星那（せな）、星奈（せな）

**と　音**
和音（かずと）、雷音（らいと）

**み　望、海**
望央（みお）、七海（ななみ）

## 5 人気名前をアレンジして

人気名前をそのままつけたくはないものの、今風の名前にしたい人には、人気名前のアレンジがおすすめです。字をアレンジする方法、音をアレンジする方法と二通りあります。

たとえば女の子に人気の「明日香（あすか）」。字のアレンジなら「香」の代わりに「加、佳、果、華、歌……」などが使えます。

音をアレンジするなら「香」のところに「希、菜、乃、葉、穂、美」などを持ってくることができるでしょう。新鮮な名前が数多くできます。

添え字一覧（女の子…142ページ、男の子…196ページ）を参考にして、個性的な名前にすることを考えてみてはどうでしょうか。

## 6 男の子のひらがな・カタカナ名前

ひらがな・カタカナの名前というと、女の子のものというイメージが強いのですが、これからは男の子の名前にも使われるようになってくるでしょう。現に芸名では「氷川きよし」「藤井フミヤ」など違和感もなくなっています。これを一歩先取りしてみてはどうでしょうか。

ただし、この場合、特徴のシャープさを生かすなら3文字までにとどめておいたほうが無難です。

## 7 人気の1字名の名づけテク

人気の1字名ですが、これもどうもみんなが同じような発想をするので、特定の漢字に人気が集中しています。思いのほか、個性的な名前が少ないのが現状です。見慣れた漢字ではなく、新鮮な漢字を選びたいときは、常用漢字ではなく人名用漢字から選ぶとよいでしょう。

「旭（あさひ）」「苺（いちご）」など、新鮮で個性的な印象を与える漢字が少なくありません。

# 1字名の人気名前

最近、ひそかに人気なのが1字名です。呼びやすさが理由のよう。
2020年の「たまひよ」の調査では以下の1字名が人気でした。

**男の子 BEST名前**

1位 蓮《れん》
2位 蒼《あおい》
3位 樹《いつき》

**女の子 BEST名前**

1位 紬《つむぎ》
2位 葵《あおい》
3位 凛《りん》

## 男の子

晴《はる》 遼《りょう》 諒《りょう》 陽《はる》 歩《あゆむ》 善《ぜん》 湊《みなと》 陸《りく》 櫂《かい》 優《ゆう》 凪《なぎ》 仁《じん》 翼《つばさ》 颯《そう》 悠《ゆう》 翔《しょう》

律《りつ》 心《しん》 凌《りょう》 葵《あおい》 奏《かなで》 暖《だん》 昊《そら》 楓《かえで》 匠《たくみ》 煌《こう》 空《そら》 響《ひびき》 碧《あお》 健《たける》 柊《しゅう》 光《ひかる》

慧《けい》 朔《さく》 岳《がく》 旭《あさひ》 司《つかさ》 晃《あきら》 慶《けい》 涼《りょう》 聖《しょう》 新《あらた》 侑《ゆう》 怜《れい》 昴《すばる》 迅《じん》 舜《しゅん》 瞬《しゅん》 旬《しゅん》 潤《じゅん》

## 女の子

雫《しずく》 栞《しおり》 唯《ゆい》 咲《さき》 蘭《らん》 希《のぞみ》 優《ゆう》 桜《さくら》 凛《りん》 心《こころ》 杏《あん》 奏《かなで》 遥《はるか》 結《ゆい》 愛《あい》 楓《かえで》

和《なごみ》 藍《あい》 蒼《あおい》 光《ひかり》 茜《あかね》 琳《りん》 碧《あおい》 桃《もも》 柚《ゆず》 澪《みお》 雅《みやび》 華《はな》 悠《はるか》 鈴《すず》 舞《まい》 彩《あや》

翠《すい》 花《はな》 蓮《れん》 陽《はる》 詩《うた》 歩《あゆみ》 梓《あずさ》 萌《もえ》 菫《すみれ》 綾《あや》 晴《はる》 麗《うらら》 凪《なぎ》 空《そら》 渚《なぎさ》 翠《みどり》

※4位以降は順不同です。

# 8 漢字にこだわる名づけテク

## A こだわりの漢字 人名に使える？

名前に使えるのは常用漢字と人名用漢字の2種類だけです。漢字は1文字1文字意味があるので、その漢字に対して強い思い入れがあることも。好きな漢字や使いたい漢字があるなら、そこから名前を考えるのも名づけの早道です。

ただ、注意しなければならないのは、人名に使える漢字には制限があるということ。使いたい漢字が人名に使える漢字かどうかもきちんと調べましょう。また、当て字の名前を役所で受け付けてもらえなかったケースも。名づけはママ&パパの特権ですが、名は法的な役割があることも知っておきたいですね。

## B 読み方・漢字の組み合わせの工夫を

名前を考えるとき、気をつけたいのは姓とのバランス。名前を考えたら、フルネームを紙に書き出してみましょう。

字形のバランスが悪かったり、声に出して読みにくいときは検討の余地がある証拠。字形が悪いときは、同じ読み方ができる別の漢字に入れ替えてみるのも一つの方法。偏が違う漢字にするのもいいですね。

名前に使える漢字であれば、読み方には制限がありません。漢字は気に入っているのに読みづらいときは、常識の範囲内で、当て字としてその漢字を使う方法もあります。

## C 意味や画数の確認

名前の読み方や意味も検討する必要があります。たとえば「雄大（ゆうだい）」くんは、英語では“You die.”（あなたは死ぬ）と聞こえてしまいます。「沙倫」も字形はきれいですが、神経ガスの一種サリンを連想してしまいます。また、たとえば（姓）水田＋（名前）真理では、続けて読むと「水たまり」になってしまうから注意。

最近は気にしない人も増えていますが、祖父母に聞かれたときに答えられるように、名前の意味や画数も確認しておくとよいでしょう。

## D 漢字名づけ最終チェック

一度つけた名前は大きな理由がないかぎり、改名しにくいもの。最終決定の前にミスがないかどうか、見直すことをおすすめします。とくに使用漢字は注意が必要。使っているのは人名に使える漢字ですか？　もし、使えない漢字のときは、出生届を受理してもらえませんから、念には念を入れて確認を。「己」「巳」「巴」のようによく似た漢字を混同していないかも注意。ほかに、読みやすいか、聞き取りやすいか、変な意味はないかなども、二重三重にチェックして。

### 訓読み　漢字を日本語として読み下した読み方

訓読みは「縦横」を「たてよこ」、「生物」を「いきもの」と読む読み方です。「歩く」「開く」「香る」のように、多くの場合、送りがながつきます。ただし、「橋」「森」「星」のように送りがながないものも。漢和辞典では、ひらがなで表記されています。

### 音読み　漢字を中国の読みそのままで読んだもの

音読みとは、たとえば「縦横」を「じゅうおう」、「生物」を「せいぶつ」と読む読み方です。漢字を音のまま読むので、送りがなはありません。どの漢和辞典でも「縦」は「ジュウ」、「横」は「オウ」というように、音読みは必ずカタカナで表記されているので、訓読みとの見分けはすぐにつきます。

### 当て字　漢字に好きな読み方を当てたもの

「心愛」を「ここあ」、「大空」を「そら」など、漢字の本来の読みとは関係なく、その漢字の意味などから好きな読み方をつけるのが当て字です。好きな読み方とはいっても、凝りすぎて難読名前になってしまうと子どもが苦労することも。その漢字の読みや意味とつながりのある読み方にしておきましょう。

### 名のり　名前に使うときだけに用いられる読み

音読み・訓読み以外の読み方で、名前に使うときだけに用いられる特別な読み方のことです。たとえば「優」は音読みで「ユウ」、訓読みで「やさしい」「すぐれる」ですが、「まさる」と読むのは名のりでの読み方です。辞典では「人の名」「名のり」または、その辞典で定めた記号などで示されています。

# 9 漢和辞典を使いこなそう

## A 漢和辞典は名づけの強い味方

漢和辞典は漢字の宝庫です。使用漢字の確認や画数などを調べるのはもちろんですが、ぱらぱらめくれば、今まで気がつかなかった漢字に出合えたり、知らなかった漢字の意味がわかったりします。

また、一般の漢字の読みのほかに、人の名に使える特殊な読み方（名のり）も紹介されています。名づけのヒントがいっぱい詰まった漢和辞典をフルに活用してください。

## B 使える漢字を知っておきましょう

人名に使える漢字かどうかを調べるには、漢和辞典を活用してみましょう。1文字ごとに、その漢字が名づけに使える常用漢字や人名用漢字であるかが明記されています。名前を考えるときは、常に漢和辞典を手元に置きながら、まめにチェックしてください。

画数が変わった漢字もいくつかあるので、なるべく新しい辞典を用意すると安心です。ちなみに、ここでは『福武漢和辞典』を使用しています。

### 人名用漢字

常用漢字以外で名前に使うことが認められている漢字のことです。この漢和辞典では「囚」と表示してありますが、辞典によっては違うマークで示していることもあります。辞典を使う前に、凡例（マークの解説など、その辞典の使い方の説明）をチェックしておきましょう。

一0 【一】 (1) 教 常 イチ 呉 イツ 漢 質

常用音訓 イチ・イツ ひと・ひとつ

なりたち 指事 一 横線一本で数の「ひとつ」の意を表す。ひいて「はじめ」、ひとまとめ、同じなどの意に用いる。

意味 ①ひとつ。(ア)物や事のひとつ。(イ)もうひとつ。片方。「一半《イッパン》」(ウ)ある。別の。「一夜《イチヤ》」 ②ひとたび。(ア)いちど。「人一能レ之、己百レ之《ひとひとたびこれをよくすれば、おのれこれをヒャクたびす》」〔中庸〕(イ)いったん…すると。「一怒而諸

こと。「誠一《セイイツ》」⑨わずか。すこし。「一握《イチアク》」⑩いつに。いったい。なんと。語勢を強める助字「一何《イツになんぞ》」《国語》ひとつ。ためしに。

人の名 おさむ・か・かず・かつ・くに・すすむ・ただ・ち・のぶ・はじむ・はじめ・ひ・ひで・ひとし・まこと・まさし・もと

参考 金銭証書などには、「壱（壹）」を用いることがある。

1676

## 常用漢字

一般の社会生活の中で、日常的に使う漢字の目安として定められた漢字のことです。この辞典では「常」と表示されています。

常用漢字のうち、小学校で学習するものを「教育漢字」といい、「教」で示している辞典もあります。常用漢字はすべての文字を名前に使うことができます。

艹9 【葵】 (12) 人 艹9【葵】 キ 漢 因

なりたち 形声 艹（くさ）と、音を表す癸《キ》（めぐる意）とで、茎の周りに順に花をつける植物の名、「あおい」の意を表す。

意味 ①あおい（あふひ）。アオイ科の多年草。②「山葵《サンキ》」は、わさび。アブラナ科の多年草。根は香辛料になる。

人の名 あおい・まもる

1610

## 画数

この辞典では漢字の下に総画数、漢字の上に部首を除いた画数の画数が記されています。辞典によって表示のしかたが違うこともありますので気をつけて。

## 人の名

音読み・訓読み以外の、名前だけに使われる漢字の読み方です。「名のり」と記されていたり、記号で示されている辞書もあるので、各辞典の凡例を確認しておきましょう。

## 意味

その漢字の持っている意味が記されています。327ページ以降でも漢字の意味の一部を紹介していますが、1つの文字でも実にさまざまな意味があるので、漢和辞典もチェックしてみて。なかにはよくない意味の漢字もあります。漢字を決めるときは、ぜひ目を通して。

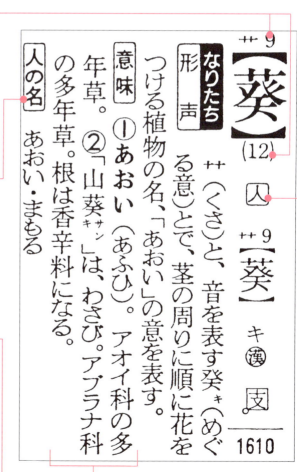

たまひよ読者の

# 人気漢字とかな

2020年の「たまひよ」の調査から、
男の子・女の子それぞれによく使われる人気の漢字とかなトップ50を紹介。

## 男の子

| | | | | | |
|---|---|---|---|---|---|
| 1位 | 翔 | 18位 | 琉 | 35位 | 叶 |
| 2位 | 大 | 19位 | 仁 | 36位 | 朗 |
| 3位 | 斗 | 20位 | 樹 | 37位 | 律 |
| 4位 | 太 | 21位 | 空 | 38位 | 志 |
| 5位 | 陽 | 22位 | 輝 | 39位 | 瑛 |
| 6位 | 真 | 23位 | 結 | 40位 | 音 |
| 7位 | 人 | 24位 | 介 | 41位 | 都 |
| 8位 | 悠 | 25位 | 優 | 42位 | 也 |
| 9位 | 蒼 | 26位 | 汰 | 43位 | 央 |
| 10位 | 一 | 27位 | 碧 | 44位 | 誠 |
| 11位 | 晴 | 28位 | 和 | 45位 | 理 |
| 12位 | 颯 | 29位 | 士 | 46位 | 朔 |
| 13位 | 生 | 30位 | 海 | 47位 | 成 |
| 14位 | 希 | 31位 | 佑 | 48位 | 遥 |
| 15位 | 湊 | 32位 | 心 | 49位 | 煌 |
| 16位 | 郎 | 33位 | 葵 | 50位 | 月 |
| 17位 | 奏 | 34位 | 蓮 | | |

## 女の子

| | | | | | |
|---|---|---|---|---|---|
| 1位 | 花 | 18位 | 月 | 35位 | 千 |
| 2位 | 菜 | 19位 | 茉 | 36位 | 和 |
| 3位 | 莉 | 20位 | 子 | 37位 | 帆 |
| 4位 | 結 | 21位 | 夏 | 38位 | 梨 |
| 5位 | 愛 | 22位 | 紗 | 39位 | 凛 |
| 6位 | 奈 | 23位 | 華 | 40位 | り |
| 7位 | 美 | 24位 | 依 | 41位 | 琴 |
| 8位 | 乃 | 24位 | 衣 | 42位 | 凪 |
| 9位 | 咲 | 26位 | 優 | 43位 | 日 |
| 10位 | 心 | 27位 | 那 | 44位 | な |
| 11位 | 陽 | 28位 | 香 | 45位 | 真 |
| 12位 | 彩 | 29位 | 羽 | 46位 | 佳 |
| 13位 | 音 | 30位 | 柚 | 47位 | 穂 |
| 14位 | 桜 | 31位 | 里 | 48位 | 紬 |
| 15位 | 葉 | 32位 | 実 | 48位 | 唯 |
| 16位 | 葵 | 33位 | 芽 | 50位 | み |
| 17位 | 希 | 34位 | 杏 | | |

# 間違えやすい漢字

×がついている漢字は名前には使えない字体です。使える漢字とよく似ているので、とくに注意が必要。出生届を提出するときに指摘されて、「画数が変わってしまった」「考え直さなくてはならなくなった」ということがないよう、よく確認しておきましょう。

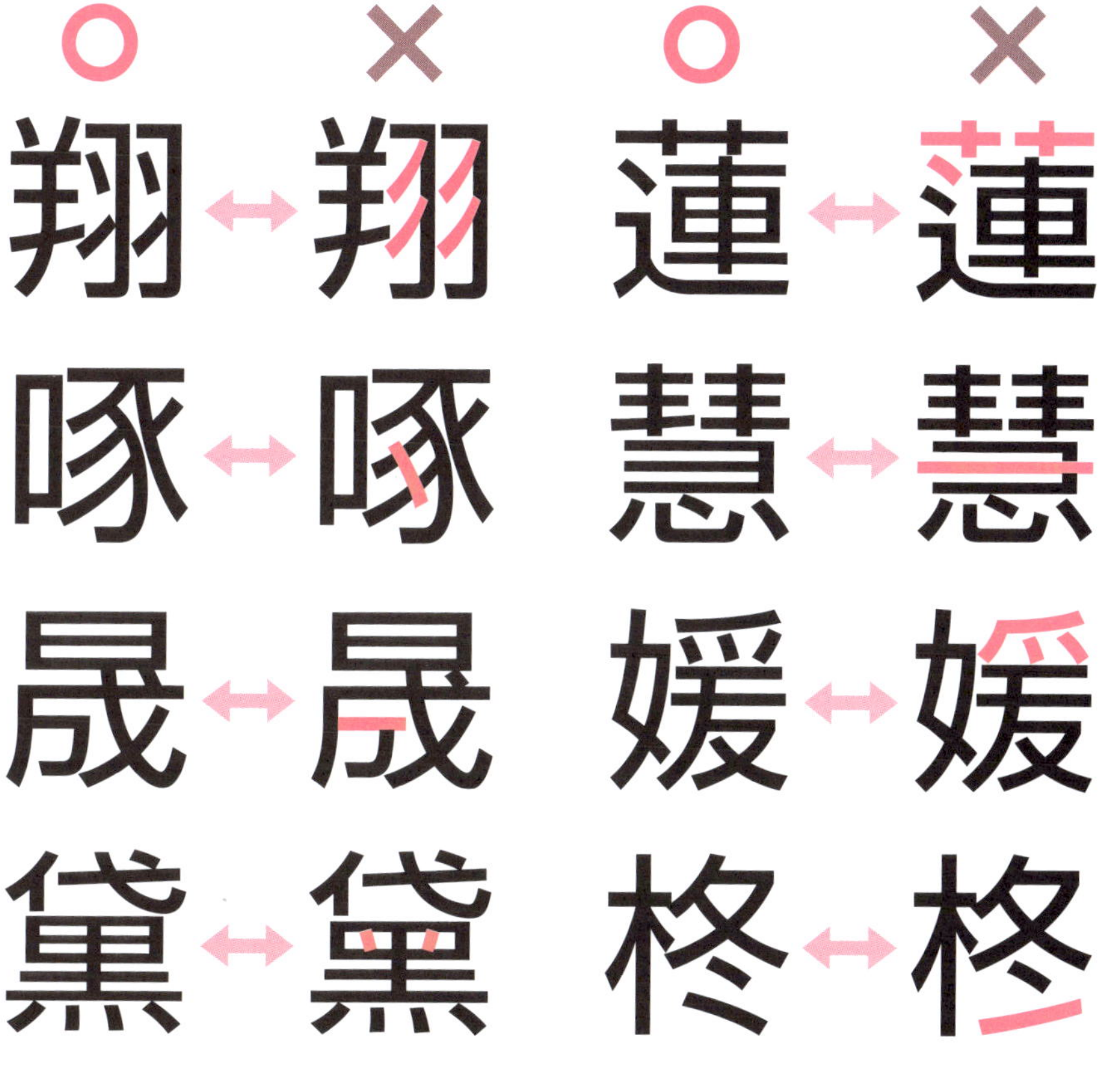

新米ママ・パパにもすぐわかる！

# 名づけなんでもQ&A

初めて名づけをするママ・パパにとっては、わからないことだらけ。これまで、新米ママ・パパたちから、たまごクラブ編集部に多く寄せられた疑問の数々に、監修の栗原里央子先生が答えてくれました。

## Q1 よい画数の名前をつけないと不幸せな子どもになる？

音の響きがかわいらしいので、女の子に「楓（かえで）」という名前をつけたいのですが、姓の「大下」と合わせると、あまりよい画数ではありません。

画数のよい名前をつけないと、子どもが不幸になってしまうということが本当にあるのでしょうか？

**A** 名前は画数だけで吉凶が決まってしまうわけではありません。姓名判断では、画数以上に字形や字音なども重要視しています。人の名前は、何度となく口にされ、何度となく書かれていきます。口にしたときや書いたときの感じなども「いい名前」を決めるために大切なこと。

名づけが単なる画数合わせだけに終わってしまっては、それこそ「いい名前」から離れてしまいます。

## Q2 親子間で相性のよい名前を

私は父と折り合いが悪く、しょっちゅうケンカばかりしていました。そのせいもあって、子どもとはなんとかうまくやっていきたいと思っています。親子間で相性のよい名前をつけることは可能でしょうか？

**A** 親の名前から1字をもらう方法がありますが、その場合、発音も同時にもらってしまったほうがいいでしょう。発音が近いと、耳から入ったり、口にしたときに親近感を覚えやすいものです。

ただ、親から1字もらう場合、その字の応用度が高いかどうかがポイントになります。応用しにくい字を無理して使うと誤読されやすくなります。「親の名から1字もらうと、親を超えられない」というのはまったくの迷信です。

## Q3 兄弟仲よくやっていける名前を

昨年長男が生まれ、おおらかな心の広い子になるようにと「広大（こうだい）」とつけました。続いて2人目を妊娠、数カ月後には生まれるのですが、兄弟末永く仲よくしてほしいと願っています。

兄弟間で相性のよい名前をつけることは可能でしょうか？　もしくは、兄弟で対になるような、呼びやすい名前がつけられたらと思うのですが……。

**A** この場合なら、ファミリーネーム風に「大」の字で統一してみたらどうでしょう？　「大」の字は、ダイ、ヒロという読み方で男の子に人気のある漢字です。幸い、この字は応用のきく字ですから、「大○」とする方法も考えられます。

いくつかサンプルを挙げますので参考にしてください。

例：大輔（だいすけ）、大地（だいち）、
大成（たいせい）、大貴（だいき）、
大和（やまと）、大海（ひろみ）

## Q4 3姉妹におそろいのかわいらしい名前を

私は男兄弟に囲まれて育ちましたが、姉妹のほうが大人になってからいろいろと相談できていいみたい。先日、今、妊娠している子が女の子とわかりました。

前から子どもは3人欲しいと思っていたので、続けて女の子を3人産みたいと勝手なことを考えています。今から3人の名前を考えておきたいのですが、おそろいのかわいらしい名前はないでしょうか？

**A** 3兄弟に「太平洋」の文字を1字ずつ使った人がいますが、このように3人の名前を合わせてある言葉になるというのも一つのアイデアですね。あるいは、一つのイメージをつくり出し、そのなかから1文字ずつ当てはめてもいいでしょう。たとえば日・月・星のイメージから左のような名前が候補に挙がります。

例：日……日菜子（ひなこ）・日登美（ひとみ）
月……美月（みづき）・歌月（かづき）
星……星子（せいこ）・星羅（せいら）

## Q5 双子の子どもにおそろいの名前を

双子がおなかにいます。2人まとめて呼びやすい、おそろいの名前をつけたいのですが、何かよいアイデアはないでしょうか？　男の子と女の子とそれぞれ教えてください。

**A** 双子の場合、せっかくですから2人の名前になんらかの共通項を持たせるのもいいでしょう。2人とも1字名で決めてみる方法、おそろいの添え字でまとめてみる方法などが考えられます。

ここでは後者の例を挙げてみます。人気の添え字を使う場合は、平凡になりすぎないよう、組み合わせる字にひと工夫が必要です。

例：男の子同士の双子……北斗《ほくと》・勇斗《ゆうと》
　女の子同士の双子……真帆《まほ》・志帆《しほ》
　男の子と女の子の双子
　……将希《まさき》・美沙希《みさき》

## Q6 かわいらしい名前は年を取ったら変？

女の子に「里菜（りな）」という名前をつけたいのですが、パパと冗談で「この子がおばあさんになったら『りなばあさん』だね。何か変かなあ」という話になりました。やはり、子どもの名前は年を取ったときのことを考えてつけなければならないのでしょうか？

**A** 「里菜」という名前、とてもかわいいですね。おばあさんになったときのことまで考えるのは考えすぎというもの。そのころになったら「里菜ばあさん」「翼じいさん」も多いですから、なんの違和感も感じないはずです。

## Q7 歴史上の人物と同じ名前を

主人は、男の子なら男らしい名前を、と考えており、歴史に残る武将の名前をつけたいと言っています。「将門」「家康」「信長」などの候補を挙げていますが、私は古くさいのではと反対です。主人を説得できるような、別の男の子らしい名前があればと思うのですが……。

**A** 歴史上の人物にあやかる場合は、すでに業績がわかっているため、つけたあとにいやな思いをするなどの心配がありません。あやかるには安心な名前ですね。ただ、さすがにこれらの名前は現代人の名前としては古めかしいようにも思います。むしろ幕末から明治にかけて活躍した人になら現代にも通用する名前が見られます。

例：竜馬、晋作、新平、博文、隆盛

## Q8 長男ではないのに「二」を使ってもよい？

2人目の男の子を出産しました。長男は「拓也（たくや）」という名前ですぐ決まったのですが、二男はなかなかよい名前が浮かばず、夫婦でやっと合意に達したのが「星一（せいいち）」という名前。

でも「二男に『一』を使ったらまぎらわしいのでは？」という夫の両親の意見もあり、迷っています。

年子ということもあり、二男が長男に間違われる心配もあるので、やめたほうがよいでしょうか？

**A** 長男に二郎、二男に一郎とつけても法的に問題はありません。ただ、数詞は通常、序列を表していますから、間違いのもとであることは事実です。

上のお子さんが「拓也」なのでしたら、下のお子さんもこれに合わせる意味で「星一」の「星」をとって「星也（せいや）」とするのはどうでしょうか？　「也」は人気の添え字ですが、「星也」なら人気の名前ベスト100にも入っておらず、新鮮な名前です。

## Q9 結婚して姓が変わってもおかしくない名前を

私の名前は「由子（ゆうこ）」。結婚前は「黒崎」という画数が多い姓だったので、「由子」という名前でもバランスがよかったのですが、結婚したら「山田由子」になってしまい、なんとなく間の抜けた感じです。娘にはこんなことがないように、姓が変わってもそれなりにバランスのよい名前にしたいと思うのですが、いまの「山田」という姓だけで考えてしまってよいでしょうか？

**A** 結婚後に姓が変わることを考え始めたら切りがありません。また、夫婦別姓の時代も間もなくやってくるかもしれません。ですから、基本的には今の姓で考えればいいでしょう。

気になるようなら、日本人の姓に多く使われている字を参考にして、これらの字、字形の似ている字を避けては？　使用頻度の高いものは、田・藤・山・野・川・木・井・村・本・中です。

## Q10 代々伝わる名の漢字で工夫をしたい

夫の家は代々、男の子に「義」の字を使うのがしきたりになっているらしく、祖父は「義助」、父は「義太郎」、主人は「義雄」、主人の弟は「義彦」です。当然、私たちの子どもも「義」を使うものと決められており、ちょっと憂うつです。

私は「翔（しょう）」や「歩（あゆむ）」など1字の現代的な名前をつけたかったのですが、やはり夫の家への手前もあり、「義」の字を使わざるをえないようです。古くて堅いイメージの「義」ですが、なんとか読み方や組み合わせる字で今風の名前にできませんか？

**A** 「義」の字の意味自体はとてもいいものですから、あまり憂うつにならないで。発音的には「ぎ」より「よし」の音をとると今風に。

例：義生（よしき）、義登（よしと）、
　義弥（よしや）

## Q11 ミドルネームはつけられる？

私の姓は「鈴木」。子どもにはなるべく個性的な名前をつけたいと思っています。ふと思いついたのが欧米人の名前でよく見かける「ミドルネーム」。

日本人でミドルネームがあればかなりインパクトの強い名前になると思うのですが、日本の法律では認められているのでしょうか？

**A** 基本的には、ミドルネームや名前の長さについて、法律上の決まりはありません。ただ、姓が平凡だからという理由で「鈴木キャサリン優香」という名前を届け出て、戸籍上に登録されると、キャサリン優香という名前を今後、ずっと書き続けなければなりません。子どもにとってもかなりな負担です。やはり外国人との子どもの場合は別として、ミドルネームは避けたほうが無難です。

## Q12 名前にアルファベットは使える？

子どもにアニメの主人公の名前をつけた友人の話を夫にしていたところ、「じゃあ、おれたちは子どもにはQ太郎とつけるか！」と冗談で言っていました。

そういえば、アルファベットを使った名前は見かけたことがありません。名前に使える文字は法律で決まっているそうですが、実際にアルファベットは名前に使えるのでしょうか？

**A** アルファベットは名前には使えません。名前に使える文字は常用漢字、人名用漢字、ひらがな、カタカナのみです。そのほか、例外として「奈々」の「々」、「すゞ子」の「ゞ」などの繰り返し符号、「ヨーコ」の長音符号の「ー」などは使用することができますが、これも名前のいちばん上の文字としては使えません。

また、数字のうち、漢数字（一、二、三……壱、弐、参……）は常用漢字ですから使うことができます。算用数字（1、2……）、ローマ数字（Ⅰ、Ⅱ……）、○や☆などの記号は使用できません。

## Q13 名前の読みはいっさい自由？

名前に使える文字なら、読み方は自由であると聞いています。たとえば、「一郎」を「じろう」と読ませるような極端な読み方も許されているのでしょうか？　許容の範囲がどのくらいであるのか、教えてください。

**A** 原則として読み方は自由です。現実に当て字を用い、「飛翔」と書いて「つばさ」、「恋愛」と書いて「らぶ」と読ませるような名前が見受けられます。ただ、これも常識上、社会理念上認められる範囲であって、「一郎」を「じろう」と読ませたり、「低」を「たかし」と読ませたりといった極端なケースでは、役所の窓口で受理されないこともあります。

私も名づけ相談をしていて思うのですが、なぜ他人が読めないような無理な読み方をしたがるのか、少し理解に苦しむところがあります。もっとも、あまり厳密に考えすぎると、「優香」に「ゆか」の読みはない、ということにもなってしまいます。音訓を主体にして、その他は常識や慣用の範囲内で、ということになるのでしょう。

## Q14 旧字体の場合、何画と数えるのが正しい？

わが家では、ふだんは「小沢」と表記していますが、戸籍上では「小澤」です。子どもの名前を考えるに当たって、姓の画数はどちらが基準ですか？

**A** この場合、字が2つあるということではなく、字体が2種類あるととらえます。姓については決まりがないため、1字1字体とは限らないからです。従って戸籍上が「小澤」であれば、「小澤」で画数を数えるのが基本です。しかし、姓名判断とは姓名全体の画数で占うものです。ふだん、姓を書くときに常に「小沢」と表記しているならば、「小沢」で画数を数えるのが実際的でしょう。

なお、姓の旧字体を新字体に改めることもできます。この場合は、戸籍の筆頭者とその配偶者が連名で、本籍地の役所の戸籍係に書面で申し込みます。

## Q15 ひらがなの名前をつけるコツは？

私の名前は、ひらがなで「かおり」です。これが結構気に入っているので、できれば子どもにもひらがなの名前をつけたいと思っています。しかし、意外に難しく、よい名前が浮かんできません。ひらがなの名前をつけるときのコツを教えてください。

また、男の子の場合、ひらがなの名前はやわらかすぎるでしょうか？ もし、男の子に合うひらがなの名づけ方があれば、それも教えてください。

**A** ひらがなの名前は、全体としてまだそれほど多くはありませんが、字の意味にとらわれる必要がないことから女の子の名前として好まれているようです。

漢字の意味にとらわれる必要がないということは、音だけの勝負ともいえ、ユニークな名前が生まれる可能性は大いにあります。ただ、そうはいっても、その音を考え出すのがひと苦労です。一般的には、まず漢字で考えたものをひらがなに直すというのが、とっかかりがいいかもしれません。

男の子の名前としては、ひらがなの名前はまだまだ少ないのですが、ひらがなの名前があっても少しも不思議ではありません。ひらがなの名前の俳優に「大沢たかお」さんがいますが、こうして見ても違和感は感じないでしょう。

男の子のひらがなの名前の場合、音でいえば3音程度で、通常漢字1字で表記されるような名前を考えてみるとよいでしょう。

## Q16 夫の両親がつけた名前が気に入らない

夫の両親にとっては、初孫の長男が佐々木家に誕生し、義父も義母も大喜び。さっそく以前から決めていたとかで、奉書紙に書いた「英夫（ひでお）」を披露。義父の「英治」からとった名前だそうですが、私たちは男の子なら「翼（つばさ）」と決めていたため、お互いに顔を見合わせてしまいました。しこりが残らないようにうまく説得したいのですが……。

A 「英夫」という名前自体は悪いものではないのですが、今の子どもというよりは、親の世代に多い名前ですね。姓名を合わせると「(佐々) 木英夫」という具合に似た形の字が並ぶので、バランスはあまりよくありません。

そこで、ご両親を説得するのにいちばんいいのは、姓名判断という方法です。「英夫」は12画で「薄縁逆境の苦難数」といわれています。

一方、「翼」は17画で「積極的、地位と財産を築く」といわれる吉数です。それをお話しすれば、ご両親も考えを変えられるかもしれませんね。

## Q17 「艹」くさかんむりの数え方

子どもの名に「薫」という漢字を使いたいと思っています。くさかんむりは3画と思っていましたが、パパはくさかんむりを4画だと言います。どちらが正しいのでしょうか?

A 姓名判断で文字の画数を数える場合は、名については公認された文字（常用漢字・人名漢字）の見たままの字体の画数で数える。これが基本です。

くさかんむりについては常用漢字・人名用漢字についてはともに字体は3画となっています。ですから、お尋ねの「薫」については16画と数えましょう。また姓に関しては日常使用している字体で画数を数えます。

# 避けたほうがいい名前

「名前だけだととてもいい名前なのに、姓と続けて読むとへんてこだった」

「いい響きだと思ったのに、NGな意味だった」……

ということがないように多角的に見てみましょう。

## その候補の名前は大丈夫ですか？

漢字というのは表意文字なので、組み合わせによっては、おかしな意味になってしまうことも。名前だけを一生懸命考えていると本来の意味をうっかり忘れてしまうこともあるのでよく注意して。親の教養まで疑われかねません。

とくに男の子の名前ではこのようなことが起こりがちなので、変なあだ名をつけられたり、からかわれたりする可能性もあります。名前を思いついたら、漢和辞典で漢字の意味や単語なども確認してみましょう。

### 男の子

**和尚**　かずなお
……おしょう

**完治**　かんじ
……かんち＝病気が治ること

**公司**　こうじ
……コンス＝中国語で会社の意味

**信士**　しんじ
……仏門に入った男性、戒名に添える語

**心太**　しんた
……ところてん

**徳利**　のりとし
……とっくり

**佳人**　よしひと
……かじん＝美女のこと

**良人**　よしと
……りょうじん＝夫のこと

**陵**　りょう
……天皇、皇后の墳墓

### 女の子

**麻賀恵里**　あさか・えり
……朝帰り

**大場佳奈子**　おおば・かなこ
……大バカな子

**小田真理**　おだ・まり
……お黙り

**原　真紀**　はら・まき
……腹巻き

**中田留美**　なかた・るみ
……中だるみ

**中川留衣**　なかがわ・るい
……仲が悪い

**水田真理**　みずた・まり
……水たまり

**海月**　みつき
……くらげ

**梨園**　りえん
……演劇界、とくに歌舞伎の世界

これでバッチリ！　スムーズな提出

# 出生届の書き方と出し方

**赤ちゃんの名前が決まったら、速やかに出生届を提出しなければいけません。スムーズに出せるよう、これでばっちり予習をしておきましょう。**

## どこでもらうの？

出生届の用紙は、役所の戸籍係の窓口に備えられているほか、病院や産院にも用意されています。出産入院前に確認してもらっておきましょう。

## だれが届けるの？

法律では「届け出義務者」が定められており、①子の父親または母親、②子の母親の同居者、③出産に立ち会った医師、助産師、またはその他の者、となっています。なお、ここでいう「届け出義務者」とは、出生届の「届出人」の欄に記名、押印する人のことで、窓口に提出するのは代理人でも可能です。

## いつ届けるの？

赤ちゃんが生まれた日から数えて14日以内に提出します。たとえば、10月1日に生まれた場合は、10月1日を1日目として数え、10月14日が提出期限となります。この期間の土・日・祝日も含めて数えますが、14日目が役所の休日や連休に当たった場合は、休み明けの日まで延長されます。役所は通常午後5時までですが、出生届は夜間窓口でも受け付けてもらえます。

## どこに届けるの？

提出するところは、現在の居住地の役所とはかぎらず、親の本籍地、親の住民票がある地、子どもの出生地、親の滞在地のいずれかに提出できます。ですから、実家に里帰りして出産した場合でも、実家の所在地の役所に届け出られますし、夫の転勤先で出産した場合も、その土地の役所に提出することができます。

※2016年から運用開始のマイナンバー制度により、今後、手続きや書類が変更になる可能性があります。

## 提出時に必要なものは？

さあ、提出！　持っていくものに不備はないか、再度確認しましょう。

出生届を提出したあとには、母子健康手帳の「出生届出済証明」に役所の証明をもらうことを忘れずに。

- □ **医師の証明がある出生証明書と記入済みの出生届**
  ※親の本籍地に提出する場合でも、それ以外のところで提出する場合でも1通でかまいません。
- □ **届け出人の印鑑**
- □ **母子健康手帳**
- □ **国民健康保険証**（加入者のみ）

## 名づけ＆主な行事タイムスケジュール

**出生届の提出期限をうっかり忘れてしまうことのないように、あらかじめチェックしておきましょう。お祝い事の行事日程も参考にしてね。**

**スタート**　妊娠

▼

### 予定日までに候補選び

名前は赤ちゃんの顔を見てからという人も、出産予定日までには男女それぞれの候補をいくつかずつは考えておいたほうが安心です。出産後14日間なんて、あっという間ですよ。

▼

### 1日目　誕生　○月○日

赤ちゃんとの対面はどうでしたか？　赤ちゃんにぴったりの名前を選んであげましょう。まだ考えていなかった人は、これからが勝負！　期限に間に合うように急いで考えましょう。

▼

### 7日目　お七夜　○月○日

赤ちゃんの命名式とお披露目を行います。誕生した日から7日目に行うのがしきたりですが、最近では日にこだわらなくても。半紙や奉書紙に赤ちゃんの名前を書いて、神棚や床の間などへ。

▼

### 14日目　出生届提出期限　ゴール

市区町村の役所に出生届、印鑑、母子健康手帳を持参して、出生届を提出します。提出期限が役所の休日の場合は、休み明けが提出期限となります。くれぐれも遅れないように！

▼

### 30日前後　お宮参り　○月○日

お宮参りとは、赤ちゃんが生後30日前後のころに神社にお参りをする習慣のこと。現在ではあまり時期にこだわらず、赤ちゃん・ママの体調のいいときにお参りすることも増えています。

▼

### 100～120日　お食い初め　○月○日

一生食べ物に困らないように、健康に過ごせますようにとの願いを込めて、初めておっぱい・ミルク以外のものを食べさせる行事。実際にはお赤飯などを食べさせるまねをします。

記入するとき、提出する前には必ずチェック！

# 出生届記入のポイント

出生届の書き込みが不完全だと、役所で受理されない場合があります。提出する前には記入もれ、記入ミスがないか、よく見直しておくことが大切です。

記入前、記入後には必ずチェック！
これで名づけは終了です。

**記入の注意**

鉛筆や消えやすいインキで書かないでください。

子が生まれた日からかぞえて14日以内に出してください。

届書は、1通でさしつかえありません。

子の名は、常用漢字、人名用漢字、かたかな、ひらがなで書いてください。

よみかたは、戸籍には記載されません。住民票の処理上必要ですから書いてください。

□には、あてはまるものに☑のようにしるしをつけてください。

筆頭者の氏名には、戸籍のはじめに記載されている人の氏名を書いてください。

届け出られた事項は、人口動態調査（統計法に基づく指定統計第5号、厚生労働省所管）にも用いられます。

子の父または母が、まだ戸籍の筆頭者となっていない場合は、新しい戸籍がつくられますので、この欄に希望する本籍を書いてください。

**◎届出人は、原則として子の父又は母です。届出人が署名押印した後、届書を持参する方は親族、その他の方でもさしつかえありません。**

**◎母子健康手帳と届出人の印をご持参下さい。**

| | |
|---|---|
| 連絡先 | |
| 電話（　　） | 番 |
| 自宅・勤務先・呼出 | 方 |

## 出生証明書

**記入の注意**

| | | | | |
|---|---|---|---|---|
| | 子の氏名 | | 男女の別 | 1男　2女 |
| | 生まれたとき | 令和　年　月　日　午前／午後　時　分 | | |
| (10) | 出生したところ及びその種別 | 出生したところの種別 | 1病院　2診療所　3助産所　4自宅　5その他 | |
| | | 出生したところ | 番地／番　号 | |
| | | （出生したところの種別1～3）施設の名称 | | |
| (11) | 体重及び身長 | 体重　グラム | 身長　センチメートル | |
| (12) | 単胎・多胎の別 | 1単胎　2多胎（　子中第　子） | | |
| (13) | 母の氏名 | | 妊娠週数 | 満　週　日 |
| (14) | この母の出産した子の数 | 出生子（この出生子及び出生後死亡した子を含む）　人 | | |
| | | 死産児（妊娠満22週以後）　胎 | | |
| (15) | 1医師　2助産師　3その他 | 上記のとおり証明する。令和　年　月　日（住所）　番地／番　号（氏名）　印 | | |

夜の12時は「午前0時」、昼の12時は「午後0時」と書いてください。

体重及び身長は、立会者が医師又は助産師以外の者で、わからなければ書かなくてもかまいません。

この母の出産した子の数は、当該母又は家人などから聞いて書いてください。

この出生証明書の作成者の順序は、この出生の立会者が例えば医師・助産師ともに立ち会った場合には医師が書くように1、2、3の順序に従って書いてください。

「出生証明書」は出産した施設で記入してもらいます。

## 赤ちゃんの名前の読み方

出生届には赤ちゃんの名前の読み方を記入しますが、これは住民票の処理のために必要なもので、戸籍には記載されません。特殊な読み方でも、ほとんどの場合、受理されます。

## 嫡出子って？

「嫡出子」とは、正式に婚姻の手続きをした夫婦の間に生まれた子のことを指します。「嫡出でない子」とは、正式に婚姻の手続きをしていない女性から生まれた子を指します。婚姻届を出す前に赤ちゃんが生まれた場合は、出生届と同時に婚姻届を出せば「嫡出子」として記載されます。ただし、婚姻届を出していなければ、認知した子も認知していない子も「嫡出でない子」となります。

## 日付

出生日の記入ではなく、役所に提出する日を記入します。提出当日の最終チェックの際に記入するのがベストです。

## 生まれたところ

赤ちゃんが生まれた産院の所在地になります。都道府県から記入しましょう。

## 世帯主の欄

世帯主がパパでなく、赤ちゃんの祖父の場合は、祖父の氏名を記入し、「世帯主との続き柄」には「子の子」と記入します。

## 年月日は元号で

父母の生年月日などは、昭和、平成などの元号で書く決まりになっています。西暦表記ではないので注意しましょう。

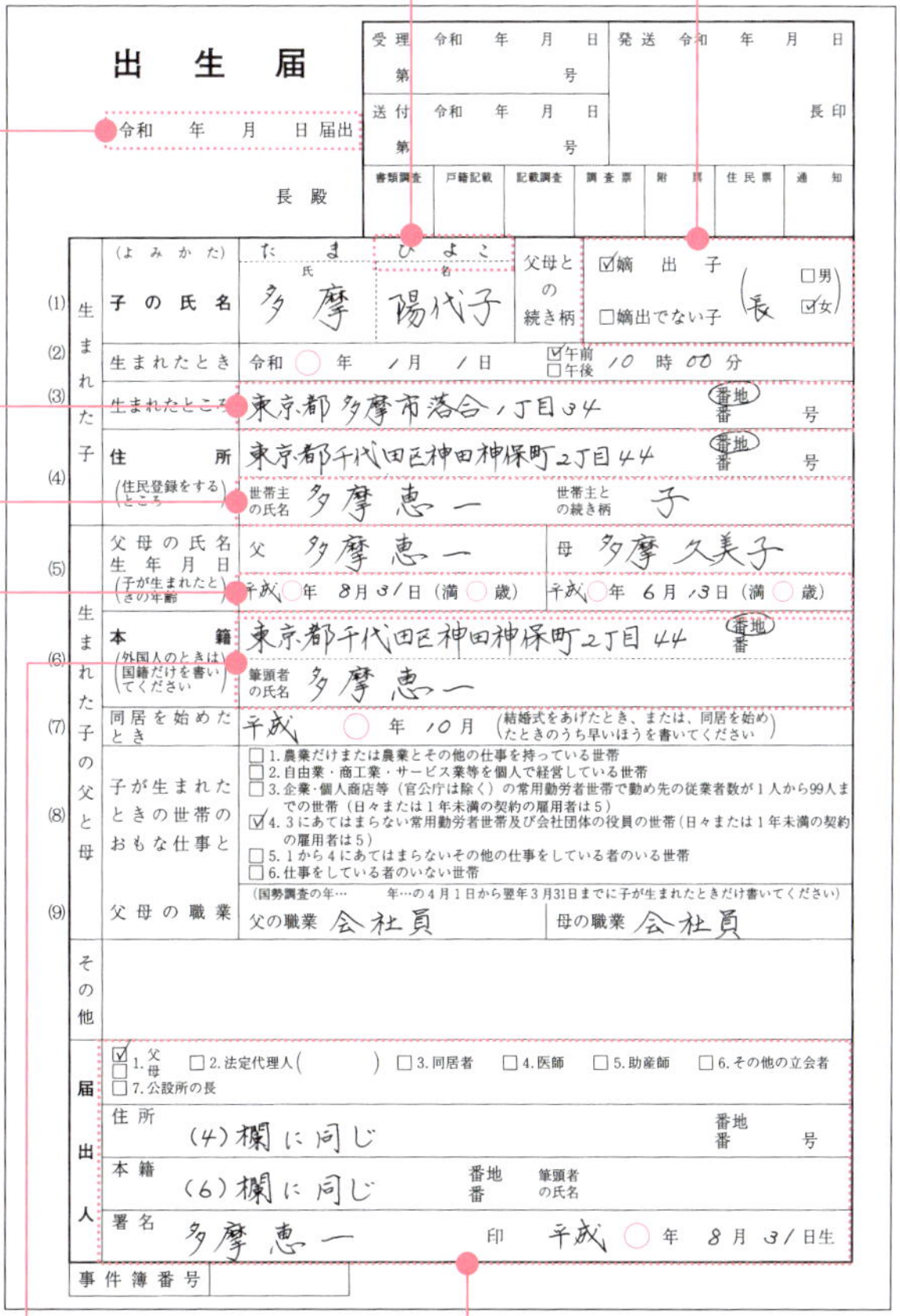
出生届
令和　年　月　日届出
長殿
受理　令和　年　月　日　第　号
送付　令和　年　月　日　第　号
発送　令和　年　月　日
長印
書類調査　戸籍記載　記載調査　調査票　附票　住民票　通知
生まれた子
(1) 子の氏名（よみかた）　氏 たま　名 ひよこ　多摩　陽代子
父母との続き柄　☑嫡出子　□嫡出でない子　（長　□男　☑女）
(2) 生まれたとき　令和○年 1月 1日　☑午前 □午後 10時 00分
(3) 生まれたところ　東京都多摩市落合1丁目34　番地 番　号
(4) 住所（住民登録をするところ）　東京都千代田区神田神保町2丁目44　番地 番　号
世帯主の氏名　多摩恵一　世帯主との続き柄　子
生まれた子の父と母
(5) 父母の氏名 生年月日（子が生まれたときの年齢）　父 多摩恵一　平成○年 8月31日（満○歳）　母 多摩久美子　平成○年 6月13日（満○歳）
(6) 本籍（外国人のときは国籍だけを書いてください）　東京都千代田区神田神保町2丁目44　番地 番
筆頭者の氏名　多摩恵一
(7) 同居を始めたとき　平成○年 10月（結婚式をあげたとき、または、同居を始めたときのうち早いほうを書いてください）
(8) 子が生まれたときの世帯のおもな仕事と
□1. 農業だけまたは農業とその他の仕事を持っている世帯
□2. 自由業・商工業・サービス業等を個人で経営している世帯
□3. 企業・個人商店等（官公庁は除く）の常用勤労者世帯で勤め先の従業者数が1人から99人までの世帯（日々または1年未満の契約の雇用者は5）
☑4. 3にあてはまらない常用勤労者世帯及び会社団体の役員の世帯（日々または1年未満の契約の雇用者は5）
□5. 1から4にあてはまらないその他の仕事をしている者のいる世帯
□6. 仕事をしている者のいない世帯
(9) 父母の職業（国勢調査の年…　年…の4月1日から翌年3月31日までに子が生まれたときだけ書いてください）　父の職業 会社員　母の職業 会社員
その他
届出人
☑1. 父 □母　□2. 法定代理人（　）　□3. 同居者　□4. 医師　□5. 助産師　□6. その他の立会者　□7. 公設所の長
住所　(4)欄に同じ　番地 番　号
本籍　(6)欄に同じ　番地 番　筆頭者の氏名
署名　多摩恵一　印　平成○年 8月31日生
事件簿番号

## 本籍の欄

本籍と現住所が違い、本籍が正しくわからない場合は、本籍地が記載された住民票をもらって確認しましょう。筆頭者とは、戸籍のいちばん初めに記載されている人のこと。

## 届出人

届出人とは役所の窓口に持参した人を指すのではありません。法律で決められた「届け出義務者」（62ページの「だれが届けるの？」を参照）を指し、赤ちゃんの父親か母親となるのが一般的です。

こんなところもチェックして！

# 出生届を出すまでの注意点

記入上、注意するところ以外にも気を配らなければならないところがあります。

## 1 わかりやすく読みやすい字で記入しましょう

役所では、出生届に書かれた赤ちゃんの名前を戸籍に書き記します。出生届に書かれた名前の字が読みにくいと、戸籍のほうに誤って記載されてしまう可能性もあります。くずし字や行書はやめ、読みやすい楷書で記入しましょう。

とくにカタカナの「ツ」と「シ」、「ソ」と「ン」「リ」、「ハ」と「ル」、「ク」と「ワ」などは間違えやすいので、意識して書き分けたほうがいいでしょう。

## 2 名前に使える字かどうか、再確認しましょう

名前に使える字以外のものが使われていると、出生届を受理してもらえません。一見、使えそうに思えるものでも、実は使えないという漢字もいくつかあります。

使える漢字かどうかを、471ページからの「名前に使える漢字リスト」でもう一度、チェックしておきましょう。

### 簡単に変えられない名前

名前は、単に気に入らない、画数が悪いなどの理由から簡単に変えられるものではありません。一度戸籍に記載されてしまった名前は、家庭裁判所に「名の変更許可」の申し立てをしなければなりません。

「名の変更許可申請書」の中には、「申し立ての実情」の欄があり、次の8項目が載っています。

①奇妙な名である
②難しくて正確に読まれない
③同姓同名者がいて不便である
④異性と紛らわしい
⑤外国人と紛らわしい
⑥×年×月神官・僧侶となった（辞めた）

# 3 14日以内に名前が決まらなかったら…

出産後14日たっても、どうしても名前が決まらなかった場合、次の方法が考えられます。

その方法とは、出生届の「子の氏名」欄だけ空白のまま届け、後日、名前が決まった時点で追完手続きを行うというものです。追完手続きとは、出生届を提出した役所に「○月○日に提出した出生届の赤ちゃんの名前は△△です」という追完届を提出することです。

ただし、この場合、戸籍には、名前の届け出が遅れたという記載が残ります。これはよほどやむをえない場合のときの制度として覚えておくことはいいのですが、最初から当てにすべきものではありません。

また正当な理由がないのに提出期限を大幅に過ぎてしまうと、簡易裁判所に通知され、過料に処せられる場合も。

あらかじめ、男の子の場合、女の子の場合と、ある程度候補を絞っておくなどの準備は必要です。

## 注意 提出が大幅に過ぎてしまうと……

### 5万円以下の過料が科せられる場合があります

14日以内に届け出ができなかった場合でも受理はしてもらえます。

ただし、1日でも遅れたら「戸籍届出期間経過通知書」に遅れた理由を記入しなければならず、戸籍には届け出が遅れたことが記載されます。

遅延の理由が、災害などの正当なものでない場合を除いては、届け出義務者に5万円以下の過料が科せられる場合もあるので要注意！

⑦通称として長年使用した
⑧その他

これらのいずれかに当てはまったとしても、それが「正当な事由」と認められなければ、改名することはできません。改名するための労力や精神的な負担を考えると、改名しないですむに越したことはありません。

ただし、旧字体で届けてしまった名前を新字体に改めたい場合は、役所への手続きでできます。同様に、姓の旧字体、俗字もそれぞれ、新字体、正字に改めることは役所への手続きで可能です。

こんなときはどうすればいい？

# 出生届なんでもQ&A

出生届の提出にまつわる疑問を集めてみました。参考にしてみてください。
また、わからないことがあれば役所に尋ねてみましょう。

## Q1 実家の近くの産院でお産。出生届はどこへ？

私は、実家の両親が住んでいる栃木県宇都宮市の産院で出産をしました。本籍および現住所は東京都板橋区で、主人は、現在１人で東京におります。

出生届は、だれが、どこへ届ければよいのでしょうか？

**A** この場合、出生届の提出先は、板橋区でも宇都宮市でもかまいません。

赤ちゃんの父親が板橋区で提出するなら、産院でもらった「出生証明書」を郵送しなければなりません。

そのような余裕がなければ、宇都宮市に提出するとよいでしょう。その場合でも届出人の欄には赤ちゃんの父親の名を記入してかまいません。

また、実際に届けに行くのは母親でも祖父でもＯＫです。

## Q2 海外で出産をした場合

妊娠がわかって間もなく、夫のアメリカ転勤が決まりました。

私もついていこうと思うのですが、アメリカは生まれたところが国籍となる国と聞いていますので、自分の子どもがアメリカ国籍になってしまうのでは、と不安です。現地ではどういう手続きを取ればよいでしょうか？

**A** 海外で出産した場合は、その国にある日本大使館などで用紙をもらい、出生届を提出します。この場合も、赤ちゃんが生まれた産院で「出生証明書」を書いてもらい、出生届に添えて生後3カ月以内に提出します。このとき注意したいのは、ご質問のアメリカなど、生まれたところを国籍とする国では、出生届の「その他」の欄に「日本国籍を留保する」と明記し、届出人の署名、押印をすることです。現地の在外公館で手続きすると、本籍地の戸籍に登載されるまでかなりの時間がかかってしまいます。また、海外では出生証明書は独立した書面であることがほとんどで、和訳をつけて提出しなければなりません。その他、記入上の注意点は現地の大使館などで確認を。

## Q3 届けてすぐに間違いに気がついた

よい画数を、と考えに考えて「里紗（りさ）」と命名。ところが、出生届を提出するときにうっかりして「里沙」と書いてしまいました。翌日になって間違いに気がつきましたが、すぐに申し出れば訂正がきくでしょうか?

**A** もし、まだ戸籍に記載されていなければ、印鑑を持参して窓口に行けば訂正がきく可能性があります。しかし、一度、戸籍に記載されてしまうと、そう簡単には直すことができません。

どうしても訂正したい場合は、家庭裁判所に「名の変更許可」を申し立てる必要があります。

ただ、「画数がよくない」という理由では難しい場合が多いでしょう。画数がよくないからといっても、それで運命が決まってしまうわけではありません。無理に改名するよりは、現在のままをおすすめします。

## Q4 双子の場合は2通必要？

双子を出産しました。この場合、出生届も2通必要なのでしょうか?

**A** もちろんです。1枚の出生届に2人分の記入欄はありません。双子が生まれたら、出生証明書も忘れずに2通もらっておきましょう。そして、出生届にも、1人ずつ、間違いのないように記入します。

# '13年～'19年 人気名前ランキング

| | 2013年（平成25年） | 2014年（平成26年） | 2015年（平成27年） | 2016年（平成28年） | 2017年（平成29年） | 2018年（平成30年） | 2019年（令和元年） |
|---|---|---|---|---|---|---|---|
| **男の子** | | | | | | | |
| 1位 | 大翔 | 悠真 | 悠真 | 蓮 | 大翔 | 蓮 | 蓮 |
| 2位 | 蓮 | 蓮/悠人 | 湊 | 大翔 | 蓮 | 陽翔/陽太 | 律 |
| 3位 | 悠真 | | 蓮 | 陽翔 | 樹 | | 湊 |
| 4位 | 湊 | 大翔 | 陽向/大和 | 湊 | 悠真 | 樹/悠人 | 樹 |
| 5位 | 陽斗 | 颯真 | | 悠真 | 陽太 | | 蒼 |
| 6位 | 翔太 | 陽太/陽翔 | 悠人/大翔 | 樹 | 蒼 | 湊 | 陽翔/悠真 |
| 7位 | 悠斗 | | | 悠人 | 湊/颯真 | 大翔 | |
| 8位 | 陽翔 | 湊 | 颯真 | 奏太/陽太 | | 蒼/朝陽 | 大翔 |
| 9位 | 颯真 | 駿 | 陽翔 | | 陽翔/陽斗 | | 新 |
| 10位 | 颯太/陽向 | 陽斗 | 朝陽 | 悠 | | 陽斗/颯真/奏太 | 大和 |
| **女の子** | | | | | | | |
| 1位 | 結菜 | 陽菜 | 葵 | 陽葵 | 陽葵 | 陽葵 | 陽葵 |
| 2位 | 陽菜 | 結愛 | 結菜 | 陽菜 | 葵 | 芽依 | 凜 |
| 3位 | 葵 | 結菜 | 凜/結愛 | 結愛 | 陽菜 | 莉子 | 芽依 |
| 4位 | 結愛 | 葵 | | 咲良 | 結衣 | 葵 | 結菜 |
| 5位 | 結衣 | さくら | 陽葵 | さくら | 凜 | 澪/結菜/凜 | 紬 |
| 6位 | 凜 | 結衣 | 結衣 | 結菜 | 咲良/結菜 | | 咲良 |
| 7位 | 愛莉 | 凜 | 陽菜 | 凜 | | | 莉子 |
| 8位 | 心春 | 愛莉 | さくら/芽生 | 葵 | 結愛 | 結愛/琴音 | 葵 |
| 9位 | 愛梨 | 芽依 | | 結衣/凜 | 心春 | | 澪 |
| 10位 | 芽依 | 陽葵 | 咲良 | | 杏/紬 | 陽菜 | 結月 |

第2章

# 音から選ぶ名づけ

「こんな響きの名前をつけたい！」

といったこだわりの音がある人は、音から名前を考えてみましょう。

この章では、音の持つ性格や実例から名前を考えていきます。

※読み仮名の「ず」「づ」の区別については実例に基づいています。

# 音から選ぶ名づけについて

**名づけの決め手ではずせないのが「音」。響きによって印象が変わってくるからこだわりたいところです。発音のしやすさや、呼び名なども考え、すてきな名前を見つけてね。**

## 耳に残った音や響きが決め手に

名づけを考えるときに、漢字（字形）よりも先に音が決まっているという人はもちろん、なんとなく「こんな呼び名（音）がいいな」とおぼろげな候補がある人も多いと思います。思いついた名前があったら、まずは、読みやすい名前かどうか、声に出してみましょう。

その際、発声する音量によって印象も変わってきますから、大きな声で呼んだり、小さな声で呼んだり、変化をつけてみるとよいでしょう。

また、名前だけでなく姓から通して呼んだときの印象はどうか、その名前をつけたとき将来どんな愛称で呼ばれるようになるかを考えておくのも大切です。

次に、音が決まったら、その音に合う漢字（字形）を選びましょう。選んだ字の印象が呼び名に合っているかどうかをチェックすることも忘れずに。

音から字を選ぶときは、字を区切る場所をいろいろ変えてみるのもおすすめです。

たとえば、「なつみ」ならば漢字を「な・つみ」と当てるのか、「なつ・み」とするのか、また「な・つ・み」と1音に1字を当てる万葉仮名風漢字（214ページを参照）にするのかでも違ってきます。

バランスや意味も考えて音にふさわしい字を探しましょう。

# 音から選ぶ名づけのコツ

## 1 好きな響きを声に出して候補を選定

好きな響きを思いつくまま挙げてみましょう。思いついた名前は何度も繰り返し声に出すのがコツ。また、「こうくん」「なっち」など、こんなふうに呼んでほしいという愛称の響きから考えてみるのも◎。

## 2 全体的なバランスがとれているか確認

名前が決まったら、姓から通した名前を紙に書き、氏名全体の漢字（字形）の組み合わせや、読み上げて響きのバランスを確認します。このときに、漢字と響きの統一感があるかも確認しましょう。

## 3 響きが決まったら漢字を選ぼう

気に入った響きが見つかったら、次にその名前に漢字をあてましょう。思ったような漢字が浮かばないときは、字を区切る場所をいろいろ変えて探してみるのがおすすめです（327～422ページを参照）。

## 4 人名に使える漢字？もう一度最終チェック！

最後に画数など気になるところをチェックして。また、せっかく名前を決めても、実は人名に使用できない漢字ということも。出生届を提出する前に、漢字の見直しも忘れずに（471～480ページを参照）。

## たまひよ調べランキング 読み別人気名前

| 順位 | 男の子 | 順位 | 女の子 |
|---|---|---|---|
| 1位 | はると | 1位 | めい |
| 2位 | そうた | 2位 | えま |
| 3位 | はるき | 3位 | ゆい |
| 4位 | みなと | 4位 | みお |
| 5位 | りく | 5位 | あおい |
| 6位 | あおと | 6位 | ひまり |
| 7位 | ゆいと | 7位 | つむぎ |
| 8位 | ゆうと | 8位 | あかり |
| 9位 | あおい | 9位 | ほのか |
| 10位 | いつき | 9位 | いちか |
| 11位 | ひなた | 11位 | こはる |
| 12位 | そうま | 12位 | さな |
| 13位 | こうき | 13位 | りお |
| 14位 | そうすけ | 14位 | はな |
| 15位 | はる | 15位 | りこ |

**コメント**

男の子は3音の名前、とくに「○○と」「○○き」が人気の傾向。女の子は昨年から引き続き、「い」の段（い、り、ぎ）で終わる名前が人気で、10位以内に6つの名前がランクインしました。

※2020年たまひよ調べ

# ことだま（言霊）で見る名前

「候補は挙がったけれどどれにしよう」など名前を決める際に迷ってしまったら、音の持つパワー「ことだま」を用いて絞り込むのもいいでしょう。どんな子に育ってほしいか考えながら選んでね。

## ことだまとは？

### 文字に画数のパワーがあるように、音にもパワーが

音（言葉）にはそれぞれパワーが宿っているといわれていました。そのパワーをことだま（言霊）といいます。文字の場合の画数のパワーは、名前を書くたびに増していきますが、同様にことだまは名前を呼ばれることでそのパワーを増します。

呼ばれる頻度が高いほど、その音のパワーが増すわけですから、愛称と名前が違う場合は、よく呼ばれる愛称の音のパワーが増す、ということになります。人の一生のなかでは、書くことより呼ばれることのほうがはるかに多いため、ことだまのパワーは大切になってくるのです。

### 姓名判断では音は5つに分類されます

ことだまは大きく分けて「木性」「火性」「土性」「金性」「水性」の5つに分けられます。とくに名前の第1音が大切で、その人の性格に大きく影響してきます。

名前をことだまで見るときは、まず、第1音がどれに分類されるかを、ことだま早見表で探し出してください。その後、第2音、第3音……と見ていくといいでしょう。

### ことだま早見表

| | |
|---|---|
| 土性 | アイウエオ |
| 木性 | カキクケコ |
| 金性 | サシスセソ |
| 火性 | タチツテト |
| 火性 | ナニヌネノ |
| 水性 | ハヒフヘホ |
| 水性 | マミムメモ |
| 土性 | ヤユヨ |
| 火性 | ラリルレロ |
| 土性 | ワヲ |
| 土性 | ン |

※濁音（゛）、半濁音（゜）の音は、清音と同じに。また、「キョ」「イッ」などの拗音や促音はそれぞれ「キ」「イ」と考えます。

## ことだまを名づけに生かすには

### 姓のいちばん下の音と隣り合う性の音から名前の第1音を選ぶのがベスト

姓と名のつながりにことだまを生かすことができます。5つの性は右下の図のようになり、隣り合う音同士は相性がいいとされています。とくに、矢印は調和の関係を示しています。

ことだまを名づけに生かすには、この性の関係をもとに、姓のいちばん下の音に隣り合う性の音を、名前の第1音に持ってくるようにすればいいのです。

たとえば、「クリハラ・ユイ」という姓名の場合、姓のいちばん下の音は「ラ」で火性です。名前のいちばん上の音は「ユ」でヤ行なので土性となり、隣り合う性同士なのでことだま的にも音のつながりがいいことになります。

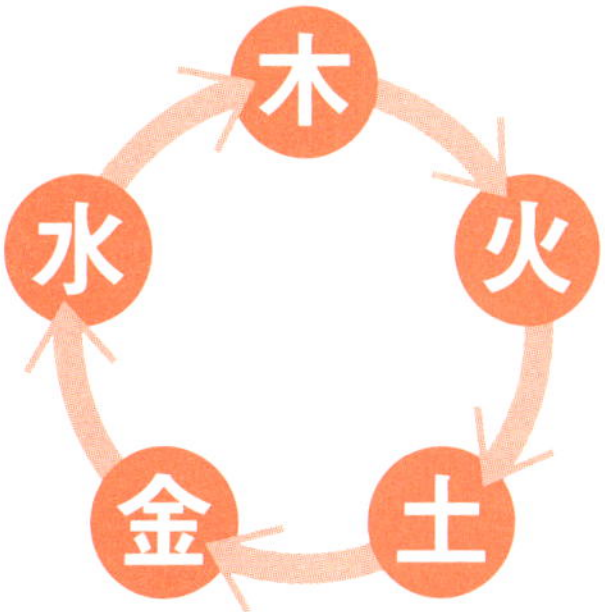


ことだまの性の関係は、画数における五行の考え方と同じです。隣り合う性同士の関係がよく、矢印の関係は調和を表し、とくによい関係とされます。

**例**

近《コン》藤《ドウ》颯《ソウ》太《タ》

姓のいちばん下の1音 ← ア行（土性）

名前の第1音 ← サ行（金性）

※例に挙げた「近藤颯太」という名前を見ると、姓のいちばん下の1音は「ウ」でア行、名前の第1音は「ソ」でサ行となり、ことだま早見表で見ると、それぞれ、土性と金性であることがわかります。これを右の図に当てはめると、隣り合う性同士で調和の関係になりますから、例の名前はことだまで見るといい名前であるといえます。

## ことだまの頼りすぎにご注意

ことだまは、名づけを考えるときのいいヒントとなりますが、ことだまだけにとらわれてしまっては、名づけの本来の意味を見失ってしまうことになりかねません。

生まれてきた赤ちゃんに贈る最初のプレゼントが名前です。ママ、パパの願いや、感覚を大切にしてください。なお、名前の候補をいくつか挙げたうえで、そのなかの1つを決めるときの最後の絞り込みのためにことだまを使う、という方法をおすすめします。

## 木性 カキクケコ

### 意志が強く向上心にあふれる

カ行は「牙音《がおん》」とも呼ばれ、息が奥歯に触れて出てくる音です。木性の音で始まる名前は「カイト」「コウタ」「ケンジ」などの男の子の名前が多く、女の子の名前でも木性音で始まる「カナ」「キョウコ」などがありますが、男の子の名前ほど数は多くありません。

名前の第1音が木性音の人は早熟型で早いうちから運気が開けるでしょう。交際範囲も広く、社交的なので、いろいろな人とのつき合いを通じてネットワークを広げていきます。社会的にも信用や人望を得るでしょう。人間関係においては話術が巧みなことと、温和な性格が手伝って、だれからも好かれる人になります。その半面、肝心なときに優柔不断になったり、重要な場面で逃げ腰になって、度胸に欠けることがあります。また、考えすぎてチャンスを逃したり、器用貧乏になりやすいところもあります。

## 火性 タチツテト ナニヌネノ ラリルレロ

### 知識欲が旺盛で美的センスにすぐれる

火性音は「舌音《ぜつおん》」とも呼ばれるように、舌で発する音です。男の子の名前では「タクミ」「ナオユキ」「リョウ」、女の子では「チナミ」「ナナコ」「レイカ」などがそうです。

名前の第1音が火性の人は、頭の回転が速く、知識欲が旺盛です。知識の収集に熱心なため、学問や研究を好みます。知識欲はファッションなどにも向けられ、美的センスも磨かれておしゃれなので周囲に華やかな印象を与えるでしょう。

半面、華やかさを好むあまり、生活が華美になったり、浪費しやすいので、経済観念をしっかり持つことが大切です。華やかさは人間関係にも及び、いつも周囲の目を集めようとしますが、つき合いが長続きせず、広く浅くの交際を繰り返すことになりがちです。また、すぐ感情を表に出しがちな傾向もあるでしょう。

## 土性 アイウエオ ヤユヨ ワヲン

### きまじめな努力家 潤滑油の役割も果たす

「喉音《こうおん》」とも呼ばれ、喉から発する音が土性です。男女ともに人気のある音で、男の子では「ユウキ」「ユウタ」など「ユウ」で始まる名前が、女の子では「アヤカ」のように明朗感のあるア音で始まる名前が人気です。

名前の第1音が土性の人は、他人に優しく、奉仕的に接します。人の輪の中で、潤滑油的な役割に向いています。努力型で、着実に地位を築いていきます。一見地味ですが、最終的にはそれまでの努力が実を結び、大きな成功を収める人です。人生設計も堅実で、危なげがないのも特徴です。

ただ、きまじめさが裏目に出て、視野が狭くなりがちです。思い込みも激しく頑固なので、一度こうと思ったらなかなか他人の意見に耳を貸しません。

また、自分からすすんで新しいことに挑戦するようなことも少ないでしょう。

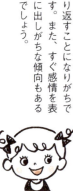

## 金性 サシスセソ

### リーダーシップを取れる人生エンジョイ型

「歯音《しおん》」と呼ばれ、息が前歯に触れて出る音です。音感が硬いので、名前を音で分けた場合、数はそれほど多くありません。男の子では「ショウ」や「ソウタ」、女の子では「サキ」や「サクラ」などが人気です。

名前の第1音が金性音の人は活発で行動力があります。人をまとめ、先導する力があるので、人の上に立つようになるでしょう。経済観念も発達していて豊かな生活が送れます。動き回ることで運気を引き寄せられる人なので、よく働きよく稼ぐことで人生を楽しむことができるでしょう。

交際範囲が広く、目上の人にかわいがられたり、有力者からの引き立ても受けそうです。

半面、自分の実力以上のことをしようとする面があります。度が過ぎると社会的信用を失いがち。さらに過労や美食が過ぎて健康を損ねやすい面もあります。

## 水性 ハヒフヘホ マミムメモ

### コツコツと努力をしどんな環境にも順応

「唇音《しんおん》」と呼ばれ、息が唇に触れて出てくる音が水性の音です。女の子の場合は、土性音に次いで人気のある音です。よく使われる名前では「ハルキ」「マサシ」「ミホ」「モモカ」などがあります。

第1音が水性音の人は、どんな環境にも順応できる能力があります。また、小さなことから始め、しだいに大きくしていくといった創業者的な気質も備えています。

華やかさを嫌い、人に見えないところで着実に努力を重ねていくので、気がつくとかなりの成功を収めているでしょう。

その半面、気苦労が多かったり、ネガティブ思考の傾向もあります。困難にぶつかったときに、安易に逃避する道を選んだり、人を拒絶して引きこもりがちになることもあります。対人関係は淡泊ですが、相手の気持ちをとらえるのは上手です。

## 名前の第1音以外の音にも意味があります

第1音はその人の性格形成に大きく影響することはこれまでに述べてきましたが、この第1音が願いを込められた理想の性格とすると、第2音にはその人がいちばん自然でいるときの性格を、第3音には最終的にたどりつく性格を表します（2音の名前の場合は、左図のように第2音を最後の音と考えます）。

50音が持つそれぞれの意味については、78～86ページに掲載していますので、それを参考にしてください。

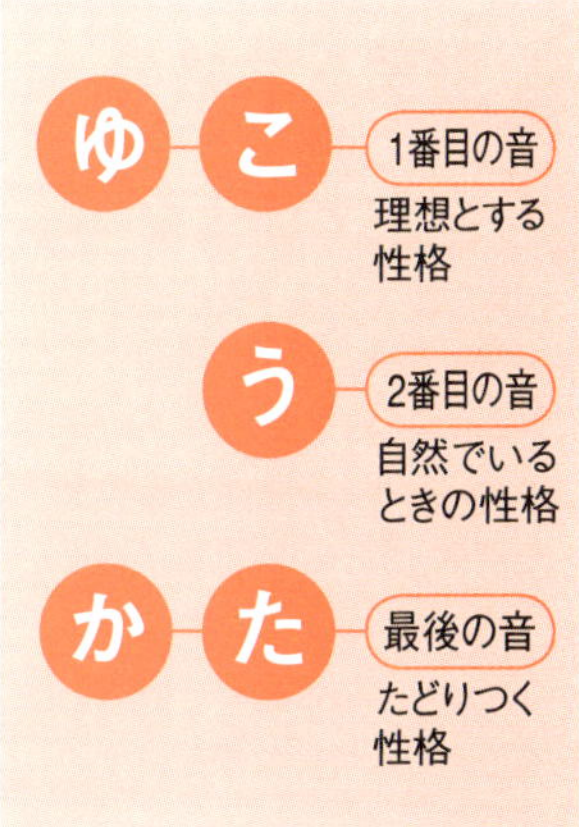

# 50音別 響きによる性格の違い

響きひとつで性格も変わってきます。
とくに名前の最初の音は、とても重要。
あなたはどんな願いを込めますか……？

## あ

### 前向きに発展するすべての音の始まり

50音の始まりの音「あ」が名前につく人は、発展的な性格です。創造力や決断力にすぐれ、何事にも前向き。実行力もあるためリーダーシップを発揮します。一方、自己主張が強く、独断で強引に物事を推し進めようとすると、人との間で争いを起こし、孤立してしまうことも。

## い

### 静穏な性格の内に強さを秘めています

穏やかで控えめな性格。外には目立って表れないものの、粘り強さもあります。困難にも負けず地道な努力を続けて成功を収めるタイプですが、引っ込み思案が過ぎればせっかくの運も逃しがち。だれからも愛されますが、求められると断りきれないところも。異性とのつき合いは慎重に！

## う

### 縁の下の力持ち。大事なものを守ります

思いやりのある優しい性格。親孝行で自分の家族を大切に守ります。社交性があるとはいえないため、人の上に立って大きな事業を成し遂げるのは苦手ですが、コツコツと几《き》帳《ちょう》面《めん》に自分の役目をこなします。消極的で心配性、優柔不断な一面もあり、クヨクヨ思い悩まないことが大切です。

## え

### 明朗快活に困難にも立ち向かいます

明るく活発な人です。多少の困難や苦労にもめげずに、積極的に立ち向かっていく行動力で成功を収めます。ただし、移り気で集中力が持続しないところもあり、失敗を恐れて逃げ腰になってしまうと、さらに失敗を重ねる悪循環に陥ります。また、人に利用されて苦労することもあります。

## お・を

### 簡単には譲れないこだわりがあります

こだわりが強く、綿密に計画を立ててから熱心に打ち込むタイプ。仕事の面でも成功します。おおらかで温和な態度を身につければ人から好かれますが、強情な面が出すぎるとトラブルに。人を信頼できずに心の中に不満をためると、ささいなことでも腹を立ててしまいます。

## か 気配りと決断力で信頼を集め躍進します

穏やかで万事によく気が回り、冷静な判断ができるので周囲の信頼を集めます。一度取りかかったことは、たとえ困難があってもそれを乗り越え、成功に導く能力を秘めています。しかし、しっかりしているようで気弱な部分もあり、実行力が伴わない場合は中途半端に終わってしまうことも。

## き 外見はとても華やかですが内面は寂しがり屋

華やかな雰囲気をまとい、たいていのことでは成功を収める知力・体力にも恵まれています。ただ、他人の意見を聞き入れず、性急に自分の思いどおりに事を運ぼうとすると、友人や家族からも疎まれがちになりそう。交友関係はにぎやかですが、内面は寂しがり屋です。

## く 社交的で負けず嫌い。周囲の人から支えられ成功します

意志が強く負けず嫌いな性格です。社交的で人当たりもよく、才気に恵まれていますから、まわりの人たちから引き立てや援助を受けて困難なことも成し遂げることができます。ただし、飽きっぽい性格が前面に出ると、何をしても長続きせず、大きな成功を収めることはできません。

## け 人生の浮き沈みも持ち前の明るい性格でクリア

明朗快活な性格です。情に厚く、誠実で人から信頼されます。ただし盛運と衰運を繰り返す暗示もあります。ついているときも調子に乗りすぎず、不運なときに備えることが大切です。活発さが短気・粗暴というマイナスの形で現れることもあり、浮き沈みの激しい人生を送る可能性も。

## こ 用心深く、努力家で堅実な人生を歩み人気者になります

物静かで誠実な性格がだれからも好感を持たれます。コツコツと努力を続け、大きな失敗や波乱も少ない堅実な人生を歩みます。消極的で小心なため、いつも周囲に遠慮しすぎてチャンスを逃しがち。用心深く、リスクはできる限り避けようとするので、大きな成功は難しいかもしれません。

## さ

### 知らない土地に行っても笑顔と向上心で成功します

陽気で華やかなことが好き。常に向上心を忘れず、実行力もあるため周囲からリーダーとして頼りにされます。独立心も旺盛で、自分をアピールする才能にも恵まれているので成功します。故郷を離れてより大きく発展する暗示があります。ただし陽気さを失うと不運に見舞われることも。

## し

### 広く浅いつき合いよりも長く続く人間関係を結べます

表向き温和な態度が人から好意を持たれますが、実は頑固で警戒心の強い性格。交際範囲はあまり広がることはありませんが、誠実にじっくりとつき合うことができます。潜在的な能力を秘めていますから、不平不満を抑えて能力を発揮するように心がければ成功を収めることができます。

## す

### 気前よく散財してしまう、NOと言えないお人好し

世話好きでお人好し。頼まれるとイヤと言えない性格で、損な役回りを引き受けてしまうことも多いでしょう。また、派手好きで、気前よく散財する傾向があります。意志の強さを発揮して、こまかいことに悩まず、自信を持って物事に取り組んでいけば幸運が訪れます。

## せ

### プライドの高い情熱的な野心家。抜群の行動力で成功します

頭脳明晰で情熱にも満ちあふれています。野心を持って物事に意欲的に取り組みますから、学業や仕事でまずまずの成果を上げることができます。ただし、高望みをしすぎたり、プライドの高さが災いして失敗することも。地道な努力を続けていれば、平穏無事で幸福な日々を送れます。

## そ

### だれとでも仲よくなれるなごみ系。平和を愛する正直者です

穏やかな性格の平和主義者です。だれとでも平等に正直につき合い、友好的な関係を保てますが、それが過ぎれば八方美人と言われることもあります。また何事もよく考えたうえで慎重に行動するタイプです。他人と争うのが苦手で、大きな勝負や競争の激しい仕事にはあまり向いてません。

## た 曲がったことは許せない正義感の強い猪突猛進タイプ

外見は温和な印象を与えますが、内には闘争心を秘めて、走りだすと止まらないタイプです。計画性もあり、熱心に働くので成功を収めます。正義感が強く、自分とは直接かかわりがなくても、曲がったことは見逃せずに人と衝突することも。異性関係でも思い込んだら一途になるタイプです。

## ち 持ち前の勤勉さで身につけた知識や技術で成功します

意志が強く努力を惜しまない人です。探究心や知識欲も旺盛で、すぐれた技術を身につけることができます。困難を物ともせずに目標に向かってやりぬく力を持っています。多少の苦労やトラブルはあるものの、年齢を重ねるにつれて成果が現れ、経済的にも豊かになっていきます。

## つ 自分の意見を持ち強気で自我を押し通します

自我が強く、人の助言に耳を貸したがらないタイプ。強い性格がよい方向に向かえば、能力もありますから大きな成功を収めることができます。虚栄心や頑固な面が出すぎると、独裁者になるおそれも。対人関係でトラブルを起こしたり、自分も他人も平穏ではいられなくなるので気をつけて。

## て 交際上手で人から好かれ、いつも真剣に挑戦します

何事にも真剣に取り組み、困難も乗り越えることができる性格。誠実で人当たりもいいため対人関係もスムーズで、成功への足がかりとなるでしょう。ただし、見《み》栄《え》を張って浪費したり、思うように成果が上がらないことにあせると、苦労を重ねたにもかかわらず失敗が続くことがあります。

## と 慎重さと気配り・根気強さで成功します

冷静沈着。根気強く忍耐力もあります。こまかいところにもよく心配りが行き届き、成功を手にすることができます。しかし、あまりに消極的になってしまうと、せっかくの努力も効果が上がらず、チャンスを逃してうまくいかないことも。異性関係では用心深い反面、気が多いところも。

## ぬ 消極的で引っ込み思案。チャンスを生かせば幸運に

知性や才能もありますが、意志が弱く優柔不断でうまく生かされません。ここぞというときにためらってしまったり、踏み切れずにチャンスを逃しがちです。引っ込み思案もほどほどにして、ときには勇気を出して目標に向かっていく努力をすれば、運が開けていきます。

## な 常に進歩を続ける頑張り屋。人より一歩先をめざします

負けず嫌いで、常に他人より一歩進んだポジションを取ろうとします。何事にも全力を傾け、熱心に取り組みますから成功を収めます。ただし、その性格が悪いほうに出てしまうと、短気で意地悪になりがち。家族や周囲の人たちとトラブルを起こして、停滞してしまうので注意が必要です。

## ね 人に好かれる穏やかな性格。和を大切にします

穏やかで人と争うことをしないため、だれにでも好かれます。力のある先輩や上司の引き立てがあって成功します。また円満な家庭を築くこともできます。しかし、積極性や自立心が足りないと、何事も中途半端で終わりがち。あれこれ思い悩むより、まず行動を起こすことも大切です。

## の 頼りになる冷静沈着な知恵者。優しさもあります

広い視野を持ち、落ち着いて判断することができる人です。包容力があり、人情に厚い性格で、他人からも慕われ、頼りにされます。ときにはその寛容さをうまく利用されることもありますが、全般的に幸運を手に入れることができます。ただし、冷静さが表に出すぎると嫌われてしまいます。

## に リーダーを陰で支える責任感の強い努力家です

温和で責任感の強い性格です。人を引っ張っていくより、トップを補佐する立場に向いています。とても思慮深く人情にも厚いため、周囲からの人望を集めます。ただし、怠け心に負けると責任逃れな態度が目立つようになり、何事もうまくいかなくなるおそれがあります。

## ふ 批判にもめげず自分の道を進んでいきます

直感力にすぐれ、聡明で決断も速い人です。人の言葉に惑わされず、自分の進むべき道に迷いがないので、交渉事も有利に運ぶことができます。ただし理想が高すぎると思わぬ失敗を招くことも。手が届かないと思えば早々にあきらめてしまい、判断が早急すぎることもあります。

## は 自分の道は自分で開く、独立心の旺盛な行動派です

思ったことはすぐに行動に移す、積極的な性格です。社交的で交際上手。強い意志を持ち、自分で道を切り開いて成功につなげます。半面、強引でひとりよがりな行動に走ってしまうと、対人関係がうまくいかなくなったり、家族ともギクシャクして孤独を感じてしまう場合もあるようです。

## へ あわてず騒がず慎重に行動。晩年に運が開けます

どんなときもよく考えて慎重に行動する人です。経済観念が発達し、無駄づかいを嫌ってコツコツと努力を続けます。中年期までは苦労も多いですが、しだいに運が開けて晩年には恵まれた生活を送ることができます。ただし、困難から逃避しようとすれば、不運が続きます。

## ひ 強運の持ち主。満ち足りた生活を手に入れます

目標に向かい地道な努力を重ねるタイプです。どんな困難にもくじけずに自分の信念を貫き、強運にも守られて成功を手にします。物質的・精神的にも満たされた幸福な生活が送れます。しかし、頑固な性格が表に出ると、他人との関係につまずき、努力しても報われない不運を嘆くことに。

## ほ クリエイティブな才能があり努力を重ねて成功します

創造力に恵まれ、高い技術を身につけることができます。派手なパフォーマンスはありませんが、堅実な努力に結果が伴います。しかし、人間関係ではあまり深いかかわりを好まず、他人を信じられずに非社交的になってしまうことも。人とうまくつき合うようにすれば、幸運に恵まれます。

## ま 何事にも熱心。話術が巧みでみんなの人気者に

頭の回転が速く、ウイットに富んだ会話も得意です。仕事にも誠実に取り組み、熱意が実を結んで成功するでしょう。才知におぼれず謙虚であれば周囲の人からも好かれます。口先だけで、着実に努力を続けることを怠ると、成果は上がらず、不遇な生活に甘んじることになってしまいます。

## み 華やかでおはなし好き。美的センスのある情熱家

明るくにぎやかなことが好きな性格。情熱的で美的な才能に恵まれています。熱意と明るさがプラスになって仕事では成功し、家庭生活も豊かなものに。しかし、軽はずみなおしゃべりや他人の悪口をつい口にしてしまい、誤解を受けることも。嫉《しっ》妬《と》心からの異性とのトラブルにも注意。

## む 外見は控えめ。しんの通った強さを持っています

温厚で控えめな性格。家庭に恵まれ、円満に暮らすことができます。知的でよく考えてから行動に移すタイプで、自分の意志を貫く強さも持っているため、人知れずいつのまにか成功を収めています。しかし積極性に欠けるため、せっかくのチャンスを逃したり、目立たず孤独を感じることも。

## め 穏やかなようで内面には情熱を秘めています

おとなしく温和な印象を与えますが、内面の感情の起伏は激しい人です。そのエネルギーを前向きな行動に向ければ成功への道が開けます。物事を悲観的にとらえ、不安におそわれて心の平静を失ったり、見栄を張って失敗することも。勇気を出して積極的に物事に取り組むことが大切です。

## も 魅力的でみんなに好かれます。一途なところも

社交的で人をひきつける魅力があります。体も丈夫で精力的に働くので、多くの人からの信頼を得られます。人脈をつくることも得意なので成功するでしょう。ただ、自分の才能を過信したり、情にもろく、異性に一途になりがちな面も。異性とのつき合いには注意が必要です。

## ら 頭の回転が速く世渡り上手。気まぐれな一面も

頭脳明晰、世渡りが上手で、物事を自分に有利に運べる才能があります。まとまった財産を築くこともできるでしょう。しかし、気まぐれな言動で、他人に不誠実な印象を与えてしまうと、寂しい晩年を送ることになります。誠意のある振る舞いを心がけていれば、心豊かに暮らせます。

## り さばさばした性格。華やかな雰囲気を好みます

性格は明るく華やかなことを好みます。たくさんの人に囲まれているのが好きで、交友関係は広く浅く……。思うところははっきりと主張しますが、あまりに自分の考え方にこだわりすぎれば、まわりの人から敬遠され、人間関係がうまくいかなくなることも。協調することも大切です。

## る 目立つことは苦手ですが平凡な幸せをつかみます

おとなしく、あっさりした性格。平凡でも穏やかな生活を好みます。人を出し抜こうという野心を持たないタイプ。誠実な人柄が好感を呼び、目上の人からなにかと引き立てがあり、仕事面での成功につながります。異性関係などでは、消極的で人頼みな性格が災いすることもあります。

## や チャンスを自分の味方につけ抜群の実行力で活躍します

精力的に仕事をこなすやり手タイプ。知識も豊富で実行力があり、チャンスをつかんで成功します。強い運があり、たいていのことはうまくやり遂げる才覚もあります。ただし、わがままや自我を押し通しすぎると、周囲の人たちとトラブルを起こしたり、人望を失って失敗につながります。

## ゆ 自分の感性を頼りに先を見通す賢さがあります

感受性が強く、先見の明があります。上手に時流に乗って成功を収めることができます。困難に直面してもあきらめない根気強さを身につければ、何事もうまくいきます。また、頑固なところがあり、一度思い込むと人の意見を聞く耳を持ちません。新しいことに挑戦するのもやや苦手です。

## よ 周囲の人を笑顔にする思いやりにあふれています

思いやりがあり、人のためになることを喜んでするタイプです。円満な人柄でだれからも信頼され、人と人との間をうまく取り持ったり、リーダーとして慕われることも多いでしょう。賢さと熱意も備わって成功を収めますが、情が深く、異性関係では、深みにはまって思わぬ失敗も。

## れ　豊富な知識と賢さでリーダーのサポート役に

頭脳明晰で知識欲があり、鋭い洞察力を持っています。事務的な仕事を処理する能力にすぐれ、リーダーを補佐する役目に向いています。その一方で、やきもちやきなところもあるため、家族や仲間から疎まれることも。心をおおらかに他人を受け入れるようにすると運も開けてきます。

## ろ　責任感の強さと誠実さで自然とみんなのリーダーに

責任感が強く、誠実な人柄でまわりの人から尊敬を集めます。リーダーとなってその才能や指導力を思う存分発揮し、大いに活躍するでしょう。地位や財産を手に入れ、充実した人生を送ることができます。しかし、自分のプライドにこだわりすぎると、周囲の人に嫌われてしまいます。

## わ　気配りができお金に困らない財運の持ち主

頭がよく、タフな精神力の持ち主。金銭を手に入れる才覚と財運に恵まれ、豊かな一生を送ることができます。何事にも細心の注意を払って大きな成功を収めますが、したたかな印象をもたれがちなので、物欲に走ると、周囲から油断のならない人物と見られてしまいます。

## ん　まじめな努力を続けることでいつか報われます

まじめで優しい性格です。派手なところはありませんが、人知れずに地道な努力を続けて、いつかその才能が開花します。他人に対してもよく気づかいするので、だれからも好かれます。自分が思い込んだことは、容易に変えようとしないため、回り道をすることもあるでしょう。

# 音から選ぶ 女の子の名前リスト

## あ

### あい

| 名前 | 画数 | 地格 |
|---|---|---|
| あい | 3・2 | 5 |
| 和 | 8 | 8 |
| 亜衣 | 7・6 | 13 |
| 愛 | 13 | 13 |
| 杏衣 | 7・6 | 13 |
| 亜依 | 7・8 | 15 |
| 彩生 | 11・5 | 16 |
| 明依 | 8・8 | 16 |
| 彩衣 | 11・6 | 17 |
| 愛生 | 13・5 | 18 |
| 藍 | 18 | 18 |
| 愛依 | 13・8 | 21 |
| 愛唯 | 13・11 | 24 |
| 藍衣 | 18・6 | 24 |

### あいか

| 名前 | 画数 | 地格 |
|---|---|---|
| あいか | 3・2・3 | 8 |
| 和花 | 8・7 | 15 |
| 和香 | 8・9 | 17 |
| 亜衣加 | 7・6・5 | 18 |
| 愛加 | 13・5 | 18 |
| 愛禾 | 13・5 | 18 |
| 愛花 | 13・7 | 20 |
| 愛佳 | 13・8 | 21 |
| 愛果 | 13・8 | 21 |
| 愛香 | 13・9 | 22 |
| 愛夏 | 13・10 | 23 |
| 愛華 | 13・10 | 23 |
| 彩衣花 | 11・6・7 | 24 |
| 藍花 | 18・7 | 25 |
| 藍果 | 18・8 | 26 |
| 藍香 | 18・9 | 27 |
| 藍華 | 18・10 | 28 |

### あいこ

| 名前 | 画数 | 地格 |
|---|---|---|
| 愛子 | 13・3 | 16 |
| 藍子 | 18・3 | 21 |

### あいさ

| 名前 | 画数 | 地格 |
|---|---|---|
| 愛紗 | 13・10 | 23 |
| 愛彩 | 13・11 | 24 |
| 藍咲 | 18・9 | 27 |
| 愛依紗 | 13・8・10 | 31 |

### あいな

| 名前 | 画数 | 地格 |
|---|---|---|
| あいな | 3・2・5 | 10 |
| 愛七 | 13・2 | 15 |
| 和奈 | 8・8 | 16 |
| 愛那 | 13・7 | 20 |
| 亜衣奈 | 7・6・8 | 21 |
| 愛奈 | 13・8 | 21 |
| 杏衣奈 | 7・6・8 | 21 |
| 愛菜 | 13・11 | 24 |
| 藍凪 | 18・6 | 24 |
| 藍那 | 18・7 | 25 |
| 藍奈 | 18・8 | 26 |
| 愛依菜 | 13・8・11 | 32 |

### あいね

| 名前 | 画数 | 地格 |
|---|---|---|
| 愛音 | 13・9 | 22 |
| 藍音 | 18・9 | 27 |

### あいの

| 名前 | 画数 | 地格 |
|---|---|---|
| あいの | 3・2・1 | 6 |
| 愛乃 | 13・2 | 15 |
| 藍乃 | 18・2 | 20 |

### あいは

| 名前 | 画数 | 地格 |
|---|---|---|
| 愛羽 | 13・6 | 19 |
| 藍羽 | 18・6 | 24 |
| 愛葉 | 13・12 | 25 |

### あいみ

| 名前 | 画数 | 地格 |
|---|---|---|
| あいみ | 3・2・3 | 8 |
| 愛未 | 13・5 | 18 |
| 愛実 | 13・8 | 21 |
| 愛海 | 13・9 | 22 |
| 亜依美 | 7・8・9 | 24 |
| 藍海 | 18・9 | 27 |

### あいら

| 名前 | 画数 | 地格 |
|---|---|---|
| あいら | 3・2・3 | 8 |
| 愛来 | 13・7 | 20 |
| 愛良 | 13・7 | 20 |
| 愛來 | 13・8 | 21 |

※漢字の右側の数字は画数です。名前下の数字は「仮成数」を加えていない地格になります。
※実例の名前ですので、あて字も含まれています。ご注意ください。
※ここでは「仮成数」を加えて吉数にする場合も考えて、画数としてそのままでは吉数ではない名前例も掲載しています

愛13 桜10 23
藍18 良7 25
愛13 羅19 32
愛13 蘭19 32

### あいり

あ3 い2 り2 7
和8 里7 15
和8 莉10 18
愛13 里7 20
明8 衣6 里7 21
愛13 莉10 23
亜7 衣6 梨11 24
愛13 梨11 24
愛13 理11 24
彩11 衣6 里7 24
碧14 莉10 24
明8 衣6 莉10 24
藍18 里7 25
愛13 鈴13 26
愛13 璃15 28
愛13 衣6 莉10 29
藍18 梨11 29
愛13 依8 莉10 31
藍18 璃15 33

### あいる

あ3 い2 る3 8
愛13 留10 23
愛13 琉11 24
愛13 瑠14 27
藍18 琉11 29
愛13 依8 琉11 32
藍18 瑠14 32

### あお

あ3 お4 7
青8 8
亜7 央5 12
青8 央5 13
蒼13 13
碧14 14
彩11 央5 16
亜7 桜10 17
葵12 央5 17
愛13 央5 18
蒼13 央5 18
碧14 央5 19
亜7 緒14 21
愛13 桜10 23
蒼13 桜10 23
碧14 桜10 24

### あおい

あ3 お4 い2 9
葵12 12
蒼13 13
碧14 14
青8 依8 16
葵12 衣6 18
蒼13 生5 18
葵12 依8 20
碧14 衣6 20
蒼13 依8 21
蒼13 泉9 22
碧14 依8 22
亜7 桜10 衣6 23
葵12 惟11 23
葵12 彩11 23
葵12 唯11 23
碧14 泉9 23
愛13 央5 衣6 24
蒼13 彩11 24
蒼13 唯11 24
藍18 衣6 24
碧14 彩11 25
碧14 唯11 25
亜7 緒14 衣6 27
彩11 緒14 衣6 31

### あおか

葵12 花7 19
葵12 佳8 20
碧14 花7 21
碧14 夏10 24
碧14 華10 24

### あおな

葵12 南9 21
蒼13 奈8 21
碧14 那7 21
葵12 菜11 23
碧14 菜11 25

### あおね

葵12 音9 21
碧14 音9 23

### あおの

葵12 乃2 14
蒼13 乃2 15
碧14 乃2 16

### あおは

あ3 お4 は4 11

葵12巴4 16
葵12羽6 18
碧14巴4 18
碧14芭7 21
葵12晴12 24
葵12葉12 24
蒼13葉12 25
碧14葉12 26

### あおば

あ3お4ば6 13
青8波8 16
葵12羽6 18
碧14巴4 18
青8葉12 20
碧14羽6 20
蒼13波8 21
碧14芭7 21
碧14波8 22
葵12葉12 24
蒼13葉12 25
碧14葉12 26

### あかね

茜9 9
あ3か3ね4 10
朱6音9 15
明8音9 17
茜9音9 18
明8花7音9 24

### あかり

灯6 6
あ3か3り2 8
朱6李7 13
朱6里7 13
灯6里7 13
明8李7 15
明8里7 15
茜9里7 16
朱6莉10 16
灯6莉10 16
燈16 16
朱6梨11 17
朱6理11 17
明8莉10 18
明8梨11 19
亜7花7里7 21
杏7花7里7 21
朱6璃15 21
明8璃15 23
明8凛15 23
亜7花7莉10 24
明8香9里7 24
彩11花7里7 25
明8花7莉10 25
明8花7梨11 26
明8佳8梨11 27
明8香9莉10 27
愛13香9里7 29
愛13果8莉10 31

### あき

あ3き4 7
瑛12 12
晶12 12
亜7希7 14
亜7季8 15
明8希7 15
亜7紀9 16
彩11生5 16
明8季8 16
彩11希7 18
愛13希7 20
愛13季8 21
彩11喜12 23
彩11稀12 23
愛13稀12 25

### あきな

明8奈8 16
晃10奈8 18
明8菜11 19
晶12奈8 20
晃10菜11 21
陽12菜11 23

### あきの

秋9乃2 11
翠14乃2 16

### あきは

陽12花7 19
晶12葉12 24
陽12葉12 24

### あきほ

晃10帆6 16
明8歩8 16
明8穂15 23
晶12穂15 27

### あきら

瑛12 12
暁12 12

- 晶(12) — 12
- 翠(14) — 14

### あこ

- あ(3)こ(2) — 5
- 亜(7)子(3) — 10
- 杏(7)子(3) — 10
- 杏(7)心(4) — 11
- 葵(12)子(3) — 15
- 彩(11)心(4) — 15
- 亜(7)香(9) — 16
- 愛(13)心(4) — 17
- 愛(13)來(8) — 21
- 彩(11)瑚(13) — 24

### あさ

- あ(3)さ(3) — 6
- 朝(12) — 12
- 亜(7)咲(9) — 16
- 安(6)紗(10) — 16
- 杏(7)咲(9) — 16
- 亜(7)紗(10) — 17
- 明(8)桜(10) — 18
- 朝(12)咲(9) — 21
- 愛(13)咲(9) — 22
- 葵(12)彩(11) — 23
- 愛(13)彩(11) — 24

### あさひ

- 旭(6) — 6
- あ(3)さ(3)ひ(2) — 8
- 朝(12)日(4) — 16
- 旭(6)陽(12) — 18
- 明(8)咲(9)日(4) — 21
- 朝(12)陽(12) — 24
- 彩(11)咲(9)陽(12) — 32

### あさみ

- 麻(11)未(5) — 16
- 愛(13)紗(10)美(9) — 32

### あず

- あ(3)ず(5) — 8
- 杏(7)寿(7) — 14
- 愛(13)珠(10) — 23

### あすか

- あ(3)す(3)か(3) — 9
- 明(8)日(4)禾(5) — 17
- 明(8)日(4)花(7) — 19
- 飛(9)鳥(11) — 20
- 明(8)日(4)香(9) — 21
- 明(8)日(4)華(10) — 22
- 彩(11)日(4)香(9) — 24

### あずき

- あ(3)ず(5)き(4) — 12
- 梓(11)希(7) — 18

### あずさ

- あ(3)ず(5)さ(3) — 11
- 梓(11) — 11
- 杏(7)紗(10) — 17
- 梓(11)沙(7) — 18
- 杏(7)彩(11) — 18
- 梓(11)咲(9) — 20
- 梓(11)桜(10) — 21
- 梓(11)紗(10) — 21
- 明(8)日(4)咲(9) — 21
- 梓(11)彩(11) — 22

### あすな

- 明(8)日(4)奈(8) — 20
- 明(8)日(4)南(9) — 21
- 明(8)日(4)菜(11) — 23

### あすは

- 明(8)日(4)羽(6) — 18
- 明(8)日(4)晴(12) — 24
- 明(8)日(4)葉(12) — 24

### あずは

- 杏(7)羽(6) — 13
- 梓(11)羽(6) — 17
- 梓(11)花(7) — 18
- 梓(11)葉(12) — 23

### あすみ

- 有(6)純(10) — 16
- 杏(7)純(10) — 17
- 明(8)純(10) — 18
- 明(8)日(4)海(9) — 21
- 明(8)日(4)美(9) — 21
- 明(8)澄(15)美(9) — 32

### あずみ

- あ(3)ず(5)み(3) — 11
- 杏(7)実(8) — 15
- 梓(11)未(5) — 16
- 有(6)純(10) — 16
- 彩(11)純(10) — 21

### あづき

- あ(3)づ(3)き(4) — 10
- 杏(7)月(4) — 11
- 彩(11)月(4) — 15
- 葵(12)月(4) — 16
- 絢(12)月(4) — 16
- 愛(13)月(4) — 17
- 梓(11)希(7) — 18

**あの**

愛13 乃2　15

**あのん**

あ3 の1 ん2　6
杏7 音9　16
彩11 音9　20
愛13 音9　22
愛13 乃2 音9　24
彩11 暖13　24

**あまね**

周8　8
弥8　8
あ3 ま4 ね4　11
天4 音9　13
明8 弥8　16
弥8 音9　17

**あみ**

あ3 み3　6
亜7 実8　15
杏7 実8　15
亜7 美9　16
杏7 海9　16
杏7 美9　16
彩11 未5　16
愛13 未5　18
彩11 実8　19
愛13 実8　21
愛13 海9　22
愛13 望11　24

**あみか**

亜7 美9 佳8　24
愛13 美9 香9　31
綾14 美9 香9　32

**あみな**

愛13 海9 菜11　33
愛13 美9 菜11　33

**あむ**

彩11 結12　23
愛13 結12　25
愛13 夢13　26

**あめり**

あ3 め2 り2　7
天4 莉10　14

**あや**

文4　4
礼5　5
あ3 や3　6
采8　8
彩11　11
亜7 矢5　12
絢12　12
綾14　14
綺14　14
亜7 弥8　15
亜7 耶9　16
彩11 矢5　16
愛13 弥8　21

**あやか**

あ3 や3 か3　9
文4 香9　13
礼5 佳8　13
礼5 果8　13
礼5 華10　15
彩11 加5　16
彩11 禾5　16
彩11 花7　18
絢12 花7　19
彩11 佳8　19
彩11 香9　20
絢12 香9　21
綾14 花7　21
彩11 夏10　21
彩11 華10　21
綾14 香9　23
綾14 夏10　24
綾14 華10　24
綺14 夏10　24

**あやこ**

文4 子3　7
彩11 子3　14
絢12 子3　15
綾14 子3　17
綺14 子3　17

**あやさ**

彩11 咲9　20
彩11 紗10　21
綾14 咲9　23

**あやせ**

彩11 世5　16
絢12 世5　17
彩11 聖13　24

**あやな**

あ3 や3 な5　11
文4 奈8　12
彩11 七2　13
礼5 奈8　13

| | | |
|---|---|---|
| 礼菜 | 5 11 | 16 |
| 彩那 | 11 7 | 18 |
| 彩奈 | 11 8 | 19 |
| 絢奈 | 12 8 | 20 |
| 綾那 | 14 7 | 21 |
| 彩夏 | 11 10 | 21 |
| 綾奈 | 14 8 | 22 |
| 彩菜 | 11 11 | 22 |
| 絢菜 | 12 11 | 23 |
| 綾菜 | 14 11 | 25 |

## あやね

| | | |
|---|---|---|
| あやね | 3 3 4 | 10 |
| 文音 | 4 9 | 13 |
| 郁音 | 9 9 | 18 |
| 彩音 | 11 9 | 20 |
| 亜矢音 | 7 5 9 | 21 |
| 絢音 | 12 9 | 21 |
| 綾音 | 14 9 | 23 |
| 綺音 | 14 9 | 23 |
| 亜弥音 | 7 8 9 | 24 |
| 彩寧 | 11 14 | 25 |

## あやの

| | | |
|---|---|---|
| 文乃 | 4 2 | 6 |
| あやの | 3 3 1 | 7 |
| 礼乃 | 5 2 | 7 |
| あや乃 | 3 3 2 | 8 |
| 郁乃 | 9 2 | 11 |
| 彩乃 | 11 2 | 13 |
| 絢乃 | 12 2 | 14 |
| 綾乃 | 14 2 | 16 |
| 彩也乃 | 11 3 2 | 16 |
| 綺乃 | 14 2 | 16 |

## あやは

| | | |
|---|---|---|
| 彩巴 | 11 4 | 15 |
| 文葉 | 4 12 | 16 |
| 彩羽 | 11 6 | 17 |
| 彩葉 | 11 12 | 23 |
| 絢葉 | 12 12 | 24 |

## あやみ

| | | |
|---|---|---|
| あやみ | 3 3 3 | 9 |
| 礼実 | 5 8 | 13 |
| 絢心 | 12 4 | 16 |
| 彩未 | 11 5 | 16 |
| 彩実 | 11 8 | 19 |
| 彩海 | 11 9 | 20 |
| 彩美 | 11 9 | 20 |
| 絢海 | 12 9 | 21 |
| 絢美 | 12 9 | 21 |
| 綾美 | 14 9 | 23 |

## あやめ

| | | |
|---|---|---|
| あやめ | 3 3 2 | 8 |
| 菖 | 11 | 11 |
| 礼芽 | 5 8 | 13 |
| 采芽 | 8 8 | 16 |
| 彩芽 | 11 8 | 19 |
| 絢芽 | 12 8 | 20 |
| 綾芽 | 14 8 | 22 |
| 綺芽 | 14 8 | 22 |
| 絢萌 | 12 11 | 23 |
| 彩愛 | 11 13 | 24 |
| 菖蒲 | 11 13 | 24 |

## あやり

| | | |
|---|---|---|
| 彩里 | 11 7 | 18 |
| 彩莉 | 11 10 | 21 |
| 絢莉 | 12 10 | 22 |
| 絢梨 | 12 11 | 23 |
| 綾莉 | 14 10 | 24 |

## あゆ

| | | |
|---|---|---|
| あゆ | 3 3 | 6 |
| 歩 | 8 | 8 |
| 彩友 | 11 4 | 15 |
| 彩由 | 11 5 | 16 |
| 愛由 | 13 5 | 18 |
| 彩結 | 11 12 | 23 |
| 亜優 | 7 17 | 24 |
| 愛悠 | 13 11 | 24 |
| 杏優 | 7 17 | 24 |
| 愛結 | 13 12 | 25 |
| 明優 | 8 17 | 25 |
| 愛優 | 13 17 | 30 |

## あゆか

| | | |
|---|---|---|
| 歩叶 | 8 5 | 13 |
| 歩花 | 8 7 | 15 |
| 歩佳 | 8 8 | 16 |
| 歩果 | 8 8 | 16 |
| 歩華 | 8 10 | 18 |
| 愛由花 | 13 5 7 | 25 |
| 愛結花 | 13 12 7 | 32 |
| 彩結香 | 11 12 9 | 32 |
| 愛優花 | 13 17 7 | 37 |

## あゆな

| | | |
|---|---|---|
| あゆな | 3 3 5 | 11 |
| 歩那 | 8 7 | 15 |
| 歩奈 | 8 8 | 16 |
| 彩由奈 | 11 5 8 | 24 |
| 愛結菜 | 13 12 11 | 36 |

### あゆは
- 歩8 羽6 14
- 歩8 華10 18
- 愛13 結12 羽6 31

### あゆみ
- 歩8 8
- あ3 ゆ3 み3 9
- 愛13 弓3 16
- 歩8 実8 16
- 歩8 海9 17
- 歩8 美9 17
- 彩11 結12 美9 32
- 愛13 結12 実8 33
- 愛13 優17 美9 39

### あゆむ
- 歩8 8
- 歩8 結12 20
- 歩8 夢13 21

### あゆり
- 歩8 莉10 18
- 愛13 友4 莉10 27
- 愛13 結12 里7 32

### ありさ
- あ3 り2 さ3 8
- 有6 沙7 13
- 有6 咲9 15
- 有6 桜10 16
- 有6 紗10 16
- 有6 彩11 17
- 杏7 里7 沙7 21
- 杏7 里7 紗10 24
- 有6 梨11 沙7 24
- 有6 里7 彩11 24
- 愛13 里7 紗10 30
- 愛13 梨11 沙7 31
- 愛13 理11 沙7 31
- 愛13 里7 彩11 31
- 彩11 梨11 咲9 31
- 愛13 莉10 咲9 32
- 彩11 梨11 紗10 32
- 愛13 莉10 紗10 33
- 愛13 理11 彩11 35

### ありす
- ア2 リ2 ス2 6
- あ3 り2 す3 8
- 愛13 莉10 珠10 33

### あん
- ア2 ン2 4
- あ3 ん2 5
- 杏7 7
- 晏10 10
- 杏7 音9 16

### あんじゅ
- 安6 寿7 13
- 杏7 朱6 13
- 杏7 寿7 14
- 安6 珠10 16
- 晏10 朱6 16
- 杏7 珠10 17
- 明8 珠10 18
- 杏7 樹16 23

### あんず
- 杏7 7
- あ3 ん2 ず5 10
- 杏7 子3 10

### あんな
- あ3 ん2 な5 10
- 安6 那7 13
- 杏7 凪6 13
- 杏7 那7 14
- 杏7 奈8 15
- 杏7 南9 16
- 杏7 夏10 17
- 杏7 菜11 18

### あんり
- あ3 ん2 り2 7
- 安6 里7 13
- 杏7 吏6 13
- 杏7 里7 14
- 安6 莉10 16
- 杏7 浬10 17
- 杏7 莉10 17
- 杏7 梨11 18
- 杏7 理11 18
- 晏10 梨11 21
- 晏10 理11 21
- 杏7 璃15 22
- 杏7 凜15 22

## い

### いお
- い2 お4 6
- 一1 桜10 11
- 依8 央5 13
- 惟11 央5 16

衣桜 6 10 16
唯央 11 5 16
彩桜 11 10 21

### いおな

依央奈 8 5 8 21
衣緒菜 6 14 11 31

### いおり

いおり 2 4 2 8
衣栞 6 10 16
一桜里 1 10 7 18
一織 1 18 19
衣央莉 6 5 10 21
伊織 6 18 24
依央梨 8 5 11 24
衣織 6 18 24
依織 8 18 26
泉織 9 18 27
彩織 11 18 29
唯織 11 18 29

### いくみ

いくみ 2 1 3 6
育実 8 8 16
郁実 9 8 17
郁美 9 9 18

### いずみ

泉 9 9
いずみ 2 5 3 10
泉水 9 4 13
和泉 8 9 17
泉海 9 9 18
泉美 9 9 18
泉澄 9 15 24

### いちか

一禾 1 5 6
いちか 2 3 3 8
一花 1 7 8
一果 1 8 9
一香 1 9 10
一夏 1 10 11
一華 1 10 11
一千花 1 3 7 11
一栞 1 10 11
いち花 2 3 7 12
一千香 1 3 9 13
苺禾 8 5 13
一楓 1 13 14
いち華 2 3 10 15
市華 5 10 15
苺花 8 7 15
衣千花 6 3 7 16
一知花 1 8 7 16
唯禾 11 5 16
苺佳 8 8 16
苺果 8 8 16
苺香 8 9 17
依千花 8 3 7 18
衣千香 6 3 9 18
唯花 11 7 18
苺華 8 10 18
依千華 8 3 10 21
衣知花 6 8 7 21
唯華 11 10 21
唯千花 11 3 7 21
依知佳 8 8 8 24
維千花 14 3 7 24
唯千夏 11 3 10 24
唯千華 11 3 10 24

### いちの

一乃 1 2 3
市乃 5 2 7
伊千乃 6 3 2 11
依千乃 8 3 2 13
莞千乃 10 3 2 15

### いちは

いちは 2 3 4 9
一華 1 10 11
一葉 1 12 13
市葉 5 12 17

### いつき

いつき 2 1 4 7
一希 1 7 8
乙希 1 7 8
伊月 6 4 10
依月 8 4 12
一葵 1 12 13
乙葵 1 12 13
泉月 9 4 13
惟月 11 4 15
唯月 11 4 15
樹 16 16
維月 14 4 18
樹希 16 7 23
樹季 16 8 24
樹葵 16 12 28

### いと

いと 2 2 4

一1叶5　6
糸6　6
絃11　11
綸14　14
衣6音9　15
依8采8　16
伊6都11　17
依8音9　17
衣6都11　17
依8都11　19
維14音9　23
維14都11　25

### いとか

糸6花7　13
絃11禾5　16
糸6華10　16

絃11花7　18
絃11夏10　21

### いとの

糸6乃2　8
絃11乃2　13
綸14乃2　16

### いとは

い2・と2・は4　8
絃11巴4　15
絃11羽6　17
絃11花7　18
愛13羽6　19
絃11葉12　23

### いのり

い2・の1・り2　5
祈8　8

祈8里7　15
祈8莉10　18

### いぶき

い2・ぶ6・き4　12
伊6吹7　13
依8吹7　15
彩11吹7　18
依8蕗16　24

### いまり

い2・ま4・り2　8
未5莉10　15
伊6万3里7　16
伊6茉8莉10　24

### いよ

い2・よ3　5
衣6代5　11

依8世5　13

### いろは

い2・ろ2・は4　8
彩11巴4　15
い2・ろ2・葉12　16
彩11羽6　17
彩11花7　18
彩11芭7　18
色6葉12　18
彩11晴12　23
彩11葉12　23

## う

### うい

羽6衣6　12

初7衣6　13
羽6依8　14
羽6惟11　17
羽6唯11　17
羽6維14　20

### ういか

初7花7　14
初7果8　15
初7香9　16
初7華10　17

### うた

う2・た4　6
唄10　10
詠12　12
詩13　13
歌14　14

### うたこ

詠12子3　15
詩13子3　16

### うたの

詩13乃2　15
歌14乃2　16

### うたは

唄10羽6　16
詠12巴4　16
詩13羽6　19
詠12葉12　24
詩13葉12　25

### うみ

う2・み3　5
海9　9
羽6未5　11

| | | |
|---|---|---|
| 海心 | 9・4 | 13 |
| 羽海 | 6・9 | 15 |
| 羽美 | 6・9 | 15 |
| 羽望 | 6・11 | 17 |
| 海美 | 9・9 | 18 |
| 優海 | 17・9 | 26 |

### うみか

| | | |
|---|---|---|
| 海禾 | 9・5 | 14 |
| 海花 | 9・7 | 16 |
| 海佳 | 9・8 | 17 |
| 海香 | 9・9 | 18 |
| 海夏 | 9・10 | 19 |

### うらら

| | | |
|---|---|---|
| うらら | 2・3・3 | 8 |
| 麗 | 19 | 19 |
| 羽麗 | 6・19 | 25 |
| 麗来 | 19・7 | 26 |

### うるは

| | | |
|---|---|---|
| 美羽 | 9・6 | 15 |
| 麗羽 | 19・6 | 25 |
| 麗葉 | 19・12 | 31 |

## え

### えいか

| | | |
|---|---|---|
| 英佳 | 8・8 | 16 |
| 英香 | 8・9 | 17 |
| 瑛香 | 12・9 | 21 |

### えいみ

| | | |
|---|---|---|
| えいみ | 3・2・3 | 8 |
| 瑛末 | 12・5 | 17 |
| 瑛美 | 12・9 | 21 |
| 詠美 | 12・9 | 21 |

### えな

| | | |
|---|---|---|
| えな | 3・5 | 8 |
| 永那 | 5・7 | 12 |
| 衣那 | 6・7 | 13 |
| 永奈 | 5・8 | 13 |
| 依那 | 8・7 | 15 |
| 英那 | 8・7 | 15 |
| 依奈 | 8・8 | 16 |
| 英奈 | 8・8 | 16 |
| 恵凪 | 10・6 | 16 |
| 咲那 | 9・7 | 16 |
| 映奈 | 9・8 | 17 |
| 恵那 | 10・7 | 17 |
| 笑那 | 10・7 | 17 |
| 恵奈 | 10・8 | 18 |
| 笑奈 | 10・8 | 18 |
| 瑛奈 | 12・8 | 20 |
| 瑛南 | 12・9 | 21 |
| 恵菜 | 10・11 | 21 |
| 笑菜 | 10・11 | 21 |
| 瑛菜 | 12・11 | 23 |

### えま

| | | |
|---|---|---|
| エマ | 3・2 | 5 |
| えま | 3・4 | 7 |
| 永茉 | 5・8 | 13 |
| 恵万 | 10・3 | 13 |
| 衣茉 | 6・8 | 14 |
| 永真 | 5・10 | 15 |
| 瑛万 | 12・3 | 15 |
| 依茉 | 8・8 | 16 |
| 衣真 | 6・10 | 16 |
| 永麻 | 5・11 | 16 |
| 英茉 | 8・8 | 16 |
| 衣麻 | 6・11 | 17 |
| 映茉 | 9・8 | 17 |
| 咲茉 | 9・8 | 17 |
| 依真 | 8・10 | 18 |
| 依眞 | 8・10 | 18 |
| 恵茉 | 10・8 | 18 |
| 笑茉 | 10・8 | 18 |
| 咲真 | 9・10 | 19 |
| 瑛茉 | 12・8 | 20 |
| 詠茉 | 12・8 | 20 |
| 絵茉 | 12・8 | 20 |
| 恵真 | 10・10 | 20 |
| 笑真 | 10・10 | 20 |
| 愛茉 | 13・8 | 21 |
| 衣舞 | 6・15 | 21 |
| 恵麻 | 10・11 | 21 |
| 笑麻 | 10・11 | 21 |
| 瑛麻 | 12・11 | 23 |
| 絵麻 | 12・11 | 23 |
| 咲舞 | 9・15 | 24 |
| 恵舞 | 10・15 | 25 |
| 笑舞 | 10・15 | 25 |
| 瑛舞 | 12・15 | 27 |
| 絵舞 | 12・15 | 27 |

### えみ

| | | |
|---|---|---|
| えみ | 3・3 | 6 |
| 咲 | 9 | 9 |
| 永実 | 5・8 | 13 |
| 咲心 | 9・4 | 13 |
| 恵末 | 10・5 | 15 |

| 名前 | 画数 | 総画 |
|---|---|---|
| 笑末 | 10・5 | 15 |
| 依美 | 8・9 | 17 |
| 瑛末 | 12・5 | 17 |
| 咲実 | 9・8 | 17 |
| 恵実 | 10・8 | 18 |
| 咲美 | 9・9 | 18 |
| 笑実 | 10・8 | 18 |
| 恵美 | 10・9 | 19 |
| 瑛実 | 12・8 | 20 |
| 瑛美 | 12・9 | 21 |
| 絵美 | 12・9 | 21 |

## えみか

| 名前 | 画数 | 総画 |
|---|---|---|
| 笑叶 | 10・5 | 15 |
| 咲花 | 9・7 | 16 |
| 咲果 | 9・8 | 17 |
| 笑花 | 10・7 | 17 |
| 咲香 | 9・9 | 18 |
| 咲華 | 9・10 | 19 |
| 英美佳 | 8・9・8 | 25 |

## えみな

| 名前 | 画数 | 総画 |
|---|---|---|
| えみな | 3・3・5 | 11 |
| 咲那 | 9・7 | 16 |
| 咲奈 | 9・8 | 17 |
| 笑奈 | 10・8 | 18 |
| 咲菜 | 9・11 | 20 |
| 笑菜 | 10・11 | 21 |
| 恵美奈 | 10・9・8 | 27 |

## えみり

| 名前 | 画数 | 総画 |
|---|---|---|
| えみり | 3・3・2 | 8 |
| 咲里 | 9・7 | 16 |
| 笑里 | 10・7 | 17 |
| 咲莉 | 9・10 | 19 |
| 笑梨 | 10・11 | 21 |
| 英美里 | 8・9・7 | 24 |
| 恵美莉 | 10・9・10 | 29 |
| 笑美莉 | 10・9・10 | 29 |
| 絵美莉 | 12・9・10 | 31 |
| 愛咲莉 | 13・9・10 | 32 |

## えみる

| 名前 | 画数 | 総画 |
|---|---|---|
| 咲瑠 | 9・14 | 23 |
| 笑瑠 | 10・14 | 24 |
| 恵美留 | 10・9・10 | 29 |

## えり

| 名前 | 画数 | 総画 |
|---|---|---|
| 衣里 | 6・7 | 13 |
| 英里 | 8・7 | 15 |
| 恵里 | 10・7 | 17 |
| 依莉 | 8・10 | 18 |
| 恵莉 | 10・10 | 20 |
| 恵梨 | 10・11 | 21 |
| 恵理 | 10・11 | 21 |
| 笑梨 | 10・11 | 21 |
| 瑛莉 | 12・10 | 22 |
| 絵莉 | 12・10 | 22 |
| 瑛梨 | 12・11 | 23 |
| 絵理 | 12・11 | 23 |
| 愛理 | 13・11 | 24 |
| 恵璃 | 10・15 | 25 |

## えりか

| 名前 | 画数 | 総画 |
|---|---|---|
| エリカ | 3・2・2 | 7 |
| 英里香 | 8・7・9 | 24 |
| 恵里花 | 10・7・7 | 24 |
| 絵里香 | 12・7・9 | 28 |
| 恵理佳 | 10・11・8 | 29 |
| 恵莉香 | 10・10・9 | 29 |
| 恵梨香 | 10・11・9 | 30 |
| 絵梨香 | 12・11・9 | 32 |

## えりな

| 名前 | 画数 | 総画 |
|---|---|---|
| えりな | 3・2・5 | 10 |
| 英里奈 | 8・7・8 | 23 |
| 衣里菜 | 6・7・11 | 24 |
| 恵里那 | 10・7・7 | 24 |
| 瑛里奈 | 12・7・8 | 27 |
| 絵里奈 | 12・7・8 | 27 |
| 恵莉那 | 10・10・7 | 27 |
| 恵梨奈 | 10・11・8 | 29 |
| 恵理奈 | 10・11・8 | 29 |
| 愛莉奈 | 13・10・8 | 31 |
| 瑛梨奈 | 12・11・8 | 31 |
| 絵梨奈 | 12・11・8 | 31 |
| 絵理奈 | 12・11・8 | 31 |

## えりん

| 名前 | 画数 | 総画 |
|---|---|---|
| 笑鈴 | 10・13 | 23 |

## えれな

| 名前 | 画数 | 総画 |
|---|---|---|
| エレナ | 3・1・2 | 6 |
| えれな | 3・3・5 | 11 |
| 恵礼奈 | 10・5・8 | 23 |
| 英怜奈 | 8・8・8 | 24 |
| 英玲那 | 8・9・7 | 24 |
| 英玲奈 | 8・9・8 | 25 |
| 恵怜奈 | 10・8・8 | 26 |
| 恵玲奈 | 10・9・8 | 27 |
| 愛玲菜 | 13・9・11 | 33 |
| 恵麗奈 | 10・19・8 | 37 |

## えれん

| 名前 | 画数 | 総画 |
|---|---|---|
| えれん | 3・3・2 | 8 |
| 映蓮 | 9・13 | 22 |

恵(10)蓮(13) 23
瑛(12)蓮(13) 25
絵(12)蓮(13) 25

## お

### おうか
央(5)佳(8) 13
央(5)華(10) 15
旺(8)花(7) 15
桜(10)禾(5) 15
凰(11)禾(5) 16
桜(10)花(7) 17
凰(11)花(7) 18
桜(10)香(9) 19
桜(10)華(10) 20

凰(11)華(10) 21
桜(10)嘉(14) 24
桜(10)歌(14) 24

### おと
お(4)と(2) 6
音(9) 9
桜(10)叶(5) 15
央(5)都(11) 16
凰(11)叶(5) 16
桜(10)采(8) 18
桜(10)音(9) 19
桜(10)都(11) 21
緒(14)音(9) 23
音(9)澄(15) 24

### おとか
乙(1)華(10) 11
乙(1)歌(14) 15
音(9)花(7) 16
音(9)佳(8) 17
音(9)果(8) 17
音(9)香(9) 18
音(9)奏(9) 18
音(9)華(10) 19

### おとね
乙(1)音(9) 10
乙(1)寧(14) 15
音(9)寧(14) 23

### おとは
乙(1)羽(6) 7
乙(1)葉(12) 13
音(9)巴(4) 13
音(9)羽(6) 15
音(9)芭(7) 16
音(9)波(8) 17
音(9)晴(12) 21
音(9)葉(12) 21

## か

### かいり
浬(10) 10
海(9)李(7) 16
海(9)里(7) 16
快(7)莉(10) 17
海(9)莉(10) 19
海(9)璃(15) 24

### かえ
禾(5)依(8) 13
花(7)衣(6) 13
花(7)依(8) 15
叶(5)笑(10) 15
夏(10)衣(6) 16
花(7)咲(9) 16
華(10)衣(6) 16
花(7)笑(10) 17
果(8)恵(10) 18

### かえで
か(3)え(3)で(4) 10
楓(13) 13

### かお
花(7)央(5) 12
佳(8)央(5) 13
果(8)央(5) 13
可(5)桜(10) 15
夏(10)央(5) 15
華(10)央(5) 15
華(10)生(5) 15
花(7)桜(10) 17
佳(8)桜(10) 18
果(8)緒(14) 22
香(9)緒(14) 23
夏(10)緒(14) 24
華(10)緒(14) 24

### かおり
か(3)お(4)り(2) 9
香(9)里(7) 16
香(9)央(5)里(7) 21
圭(6)織(18) 24
佳(8)桜(10)里(7) 25
花(7)織(18) 25

佳8 織18 26
香9 織18 27

### かおる

薫16 16
馨20 20

### かおるこ

薫16 子3 19
馨20 子3 23

### かおん

花7 音9 16
夏10 音9 19
華10 音9 19
歌14 音9 23
花7 穏16 23

### かこ

佳8 子3 11
果8 子3 11
華10 子3 13
栞10 子3 13
佳8 香9 17
嘉14 子3 17
歌14 子3 17
夏10 瑚13 23

### かずさ

か3 ず5 さ3 11
一1 紗10 11
和8 沙7 15
和8 紗10 18

### かずな

一1 那7 8
和8 那7 15
和8 奈8 16

### かずは

一1 羽6 7
一1 華10 11
一1 葉12 13
和8 羽6 14
和8 波8 16
和8 葉12 20

### かすみ

か3 す3 み3 9
可5 純10 15
禾5 純10 15
叶5 純10 15
花7 純10 17
佳8 純10 18
果8 純10 18
華10 純10 20
花7 澄15 22
佳8 澄15 23
歌14 純10 24
香9 澄15 24
華10 澄15 25

### かづき

香9 月4 13
華10 月4 14
嘉14 月4 18

### かな

か3 な5 8
奏9 9
加5 那7 12
加5 奈8 13
可5 奈8 13
禾5 奈8 13
叶5 奈8 13
佳8 那7 15
果8 那7 15
花7 奈8 15
佳8 奈8 16
加5 菜11 16
夏10 凪6 16
果8 奈8 16
香9 那7 16
佳8 南9 17
夏10 那7 17
珂9 奈8 17
華10 那7 17
香9 奈8 17
佳8 夏10 18
夏10 奈8 18
果8 夏10 18
花7 菜11 18
華10 奈8 18
栞10 奈8 18
佳8 菜11 19
香9 菜11 20
夏10 菜11 21
楓13 菜11 24
嘉14 菜11 25

### かなう

叶5 5
奏9 羽6 15

### かなえ

叶5 恵10 15
奏9 衣6 15
佳8 苗8 16

香(9)苗(8) 17
夏(10)苗(8) 18
奏(9)恵(10) 19
奏(9)笑(10) 19
奏(9)瑛(12) 21
奏(9)絵(12) 21
花(7)菜(11)恵(10) 28
佳(8)菜(11)恵(10) 29

### かなこ

奏(9)子(3) 12
加(5)奈(8)子(3) 16
可(5)奈(8)子(3) 16
佳(8)那(7)子(3) 18
佳(8)奈(8)子(3) 19
華(10)奈(8)子(3) 21
佳(8)菜(11)子(3) 22
香(9)菜(11)子(3) 23
夏(10)菜(11)子(3) 24

### かなで

奏(9) 9
か(3)な(5)で(4) 12
花(7)奏(9) 16
果(8)奏(9) 17

### かなは

奏(9)羽(6) 15
奏(9)花(7) 16
叶(5)葉(12) 17
奏(9)葉(12) 21

### かなほ

奏(9)帆(6) 15
奏(9)歩(8) 17
奏(9)穂(15) 24

### かなみ

か(3)な(5)み(3) 11
叶(5)実(8) 13
奏(9)心(4) 13
花(7)波(8) 15
叶(5)望(11) 16
奏(9)実(8) 17
華(10)波(8) 18
奏(9)海(9) 18
奏(9)美(9) 18
佳(8)奈(8)実(8) 24

### かなめ

要(9) 9
叶(5)芽(8) 13
奏(9)芽(8) 17
奏(9)愛(13) 22

### かの

禾(5)乃(2) 7
叶(5)乃(2) 7
花(7)乃(2) 9
佳(8)乃(2) 10
果(8)乃(2) 10
香(9)乃(2) 11
奏(9)乃(2) 11
夏(10)乃(2) 12
華(10)乃(2) 12
栞(10)乃(2) 12
椛(11)乃(2) 13
楓(13)乃(2) 15
嘉(14)乃(2) 16
歌(14)乃(2) 16
樺(14)乃(2) 16

### かのあ

叶(5)彩(11) 16
叶(5)愛(13) 18

### かのこ

か(3)の(1)こ(2) 6
佳(8)乃(2)子(3) 13
果(8)乃(2)子(3) 13
華(10)乃(2)子(3) 15
栞(10)乃(2)子(3) 15

### かのは

叶(5)羽(6) 11
叶(5)葉(12) 17

### かのん

か(3)の(1)ん(2) 6
叶(5)音(9) 14
花(7)音(9) 16
佳(8)音(9) 17
果(8)音(9) 17
香(9)音(9) 18
奏(9)音(9) 18
夏(10)音(9) 19
華(10)音(9) 19
花(7)暖(13) 20
佳(8)暖(13) 21
果(8)暖(13) 21
花(7)穏(16) 23

### かほ

か(3)ほ(5) 8
禾(5)帆(6) 11
花(7)帆(6) 13
佳(8)帆(6) 14
果(8)帆(6) 14

| 名前 | 画数 | 総画 |
|---|---|---|
| 花歩 | 7・8 | 15 |
| 香帆 | 9・6 | 15 |
| 奏帆 | 9・6 | 15 |
| 佳歩 | 8・8 | 16 |
| 夏帆 | 10・6 | 16 |
| 果歩 | 8・8 | 16 |
| 華帆 | 10・6 | 16 |
| 夏歩 | 10・8 | 18 |
| 華歩 | 10・8 | 18 |
| 栞歩 | 10・8 | 18 |
| 花穂 | 7・15 | 22 |
| 佳穂 | 8・15 | 23 |
| 果穂 | 8・15 | 23 |
| 香穂 | 9・15 | 24 |
| 夏穂 | 10・15 | 25 |
| 華穂 | 10・15 | 25 |

## かや

| 名前 | 画数 | 総画 |
|---|---|---|
| 茅 | 8 | 8 |
| 花弥 | 7・8 | 15 |
| 伽耶 | 7・9 | 16 |
| 果弥 | 8・8 | 16 |
| 花耶 | 7・9 | 16 |
| 果耶 | 8・9 | 17 |
| 香弥 | 9・8 | 17 |
| 果椰 | 8・13 | 21 |

## かやの

| 名前 | 画数 | 総画 |
|---|---|---|
| 茅乃 | 8・2 | 10 |
| 華也乃 | 10・3・2 | 15 |
| 佳弥乃 | 8・8・2 | 18 |

## かよ

| 名前 | 画数 | 総画 |
|---|---|---|
| 佳世 | 8・5 | 13 |
| 佳代 | 8・5 | 13 |

## かりな

| 名前 | 画数 | 総画 |
|---|---|---|
| 佳里奈 | 8・7・8 | 23 |
| 香里奈 | 9・7・8 | 24 |
| 香里菜 | 9・7・11 | 27 |
| 香莉奈 | 9・10・8 | 27 |
| 夏梨菜 | 10・11・11 | 32 |

## かりん

| 名前 | 画数 | 総画 |
|---|---|---|
| かりん | 3・2・2 | 7 |
| 花梨 | 7・11 | 18 |
| 花鈴 | 7・13 | 20 |
| 果鈴 | 8・13 | 21 |
| 花凜 | 7・15 | 22 |
| 香鈴 | 9・13 | 22 |
| 佳凜 | 8・15 | 23 |
| 夏鈴 | 10・13 | 23 |
| 果凜 | 8・15 | 23 |
| 華鈴 | 10・13 | 23 |
| 香凜 | 9・15 | 24 |
| 夏凜 | 10・15 | 25 |
| 華凜 | 10・15 | 25 |

## かれん

| 名前 | 画数 | 総画 |
|---|---|---|
| カレン | 2・1・2 | 5 |
| かれん | 3・3・2 | 8 |
| 花怜 | 7・8 | 15 |
| 花恋 | 7・10 | 17 |
| 佳恋 | 8・10 | 18 |
| 禾蓮 | 5・13 | 18 |
| 華怜 | 10・8 | 18 |
| 叶蓮 | 5・13 | 18 |
| 香恋 | 9・10 | 19 |
| 花蓮 | 7・13 | 20 |
| 華恋 | 10・10 | 20 |
| 佳蓮 | 8・13 | 21 |
| 可憐 | 5・16 | 21 |
| 楓怜 | 13・8 | 21 |
| 香蓮 | 9・13 | 22 |
| 夏蓮 | 10・13 | 23 |
| 華蓮 | 10・13 | 23 |

## かんな

| 名前 | 画数 | 総画 |
|---|---|---|
| カンナ | 2・2・2 | 6 |
| かんな | 3・2・5 | 10 |
| 柑那 | 9・7 | 16 |
| 栞凪 | 10・6 | 16 |
| 柑奈 | 9・8 | 17 |
| 栞那 | 10・7 | 17 |
| 柑南 | 9・9 | 18 |
| 栞奈 | 10・8 | 18 |
| 栞和 | 10・8 | 18 |
| 柑菜 | 9・11 | 20 |
| 栞菜 | 10・11 | 21 |
| 栞愛 | 10・13 | 23 |
| 環那 | 17・7 | 24 |
| 環奈 | 17・8 | 25 |
| 環菜 | 17・11 | 28 |

# き

## きい

| 名前 | 画数 | 総画 |
|---|---|---|
| きい | 4・2 | 6 |
| 希生 | 7・5 | 12 |
| 希衣 | 7・6 | 13 |
| 季生 | 8・5 | 13 |
| 希依 | 7・8 | 15 |
| 季依 | 8・8 | 16 |

桔(10)衣(6) 16
絆(11)生(5) 16
葵(12)生(5) 17
絆(11)衣(6) 17
葵(12)衣(6) 18
喜(12)衣(6) 18
希(7)唯(11) 18
稀(12)衣(6) 18
葵(12)唯(11) 23

## きき

希(7)生(5) 12
妃(6)希(7) 13
葵(12)々(3) 15
季(8)希(7) 15
希(7)紀(9) 16
希(7)姫(10) 17

## きこ

希(7)子(3) 10
希(7)心(4) 11
季(8)子(3) 11
紀(9)子(3) 12
葵(12)子(3) 15
喜(12)子(3) 15
希(7)來(8) 15
貴(12)子(3) 15
希(7)香(9) 16
樹(16)子(3) 19

## きさ

希(7)沙(7) 14
希(7)咲(9) 16
希(7)紗(10) 17
喜(12)咲(9) 21

## きさき

妃(6)咲(9) 15
希(7)咲(9) 16
季(8)咲(9) 17
貴(12)咲(9) 21
綺(14)咲(9) 23

## きずな

絆(11) 11
絆(11)菜(11) 22
絆(11)愛(13) 24

## きっか

桔(10)花(7) 17

## きづき

希(7)月(4) 11
葵(12)月(4) 16
綺(14)月(4) 18

## きな

妃(6)奈(8) 14
希(7)奈(8) 15
來(8)那(7) 15
葵(12)南(9) 21
樹(16)奈(8) 24

## きの

基(11)乃(2) 13
葵(12)乃(2) 14
綺(14)乃(2) 16
樹(16)乃(2) 18

## きはる

希(7)春(9) 16
喜(12)春(9) 21
葵(12)晴(12) 24
葵(12)陽(12) 24

## きほ

希(7)帆(6) 13
來(8)帆(6) 14
希(7)歩(8) 15
紀(9)帆(6) 15
希(7)保(9) 16
季(8)歩(8) 16
葵(12)帆(6) 18
喜(12)帆(6) 18
稀(12)歩(8) 20
輝(15)帆(6) 21
希(7)穂(15) 22
綺(14)歩(8) 22
季(8)穂(15) 23
紀(9)穂(15) 24
貴(12)穂(15) 27

## きょう

杏(7) 7
京(8) 8

## きょうか

杏(7)花(7) 14
杏(7)佳(8) 15
杏(7)果(8) 15
叶(5)華(10) 15
京(8)花(7) 15
杏(7)香(9) 16
京(8)佳(8) 16
杏(7)華(10) 17
京(8)香(9) 17
恭(10)花(7) 17
京(8)夏(10) 18
京(8)華(10) 18

恭10 佳8 18
杏7 歌14 21
京8 楓13 21

## きょうこ

杏7 子3 10
京8 子3 11
恭10 子3 13
馨20 子3 23

## きよか

清11 花7 18
清11 華10 21
聖13 華10 23

## きわ

希7 羽6 13
希7 和8 15
季8 和8 16

# く

## くみ

久3 実8 11
久3 美9 12
來8 未5 13

## くらん

來8 蘭19 27
紅9 蘭19 28

## くるみ

く1 る3 み3 7
来7 未5 12
來8 未5 13
来7 実8 15
来7 美9 16
來8 実8 16
來8 美9 17
来7 望11 18
胡9 桃10 19

## くれあ

來8 愛13 21
紅9 愛13 22

## くれは

紅9 羽6 15
紅9 芭7 16
紅9 葉12 21

# け

## けい

圭6 6
恵10 10
啓11 11
景12 12
慧15 15
恵10 衣6 16

## けいか

恵10 花7 17
桂10 花7 17
恵10 歌14 24

## けいこ

恵10 子3 13
敬12 子3 15
景12 子3 15
慶15 子3 18

## けいと

恵10 叶5 15
佳8 音9 17
恵10 都11 21
景12 都11 23

## けいな

圭6 那7 13
佳8 那7 15
佳8 奈8 16
桂10 奈8 18

# こ

## こう

光6 6
幸8 8
紅9 9
香9 9
虹9 9
倖10 10

## ここ

瑚13 々3 16
瑚13 子3 16
瑚13 心4 17
心4 瑚13 17

## ここあ

心4 彩11 15
心4 愛13 17

## ここな

心4 那7 11
心4 奈8 12
心4 菜11 15
心4 々3 奈8 15
心4 絆11 15

| | | |
|---|---|---|
| 心愛 | 4・13 | 17 |
| 瑚々奈 | 13・3・8 | 24 |
| 瑚々菜 | 13・3・11 | 27 |

## ここね

| | | |
|---|---|---|
| ここね | 2・2・4 | 8 |
| 心音 | 4・9 | 13 |
| 心寧 | 4・14 | 18 |

## ここは

| | | |
|---|---|---|
| 心華 | 4・10 | 14 |
| 心晴 | 4・12 | 16 |
| 心葉 | 4・12 | 16 |

## ここみ

| | | |
|---|---|---|
| ここみ | 2・2・3 | 7 |
| 心実 | 4・8 | 12 |
| 心海 | 4・9 | 13 |
| 心美 | 4・9 | 13 |
| 心々実 | 4・3・8 | 15 |
| 心望 | 4・11 | 15 |

## こころ

| | | |
|---|---|---|
| 心 | 4 | 4 |
| こころ | 2・2・2 | 6 |

## こずえ

| | | |
|---|---|---|
| こずえ | 2・5・3 | 10 |
| 梢 | 11 | 11 |
| 梢恵 | 11・10 | 21 |

## こと

| | | |
|---|---|---|
| こと | 2・2 | 4 |
| 琴 | 12 | 12 |
| 心都 | 4・11 | 15 |
| 琴都 | 12・11 | 23 |
| 湖都 | 12・11 | 23 |
| 瑚都 | 13・11 | 24 |

## ことか

| | | |
|---|---|---|
| 采花 | 8・7 | 15 |
| 琴花 | 12・7 | 19 |
| 琴香 | 12・9 | 21 |
| 琴楓 | 12・13 | 25 |

## ことこ

| | | |
|---|---|---|
| 琴子 | 12・3 | 15 |

## ことな

| | | |
|---|---|---|
| 采那 | 8・7 | 15 |
| 寿奈 | 7・8 | 15 |
| 采奈 | 8・8 | 16 |
| 琴凪 | 12・6 | 18 |
| 琴那 | 12・7 | 19 |
| 琴奈 | 12・8 | 20 |
| 琴南 | 12・9 | 21 |
| 琴菜 | 12・11 | 23 |

## ことね

| | | |
|---|---|---|
| ことね | 2・2・4 | 8 |
| 寿音 | 7・9 | 16 |
| 采音 | 8・9 | 17 |
| 琴音 | 12・9 | 21 |
| 心都音 | 4・11・9 | 24 |
| 琴寧 | 12・14 | 26 |

## ことの

| | | |
|---|---|---|
| ことの | 2・2・1 | 5 |
| こと乃 | 2・2・2 | 6 |
| 琴乃 | 12・2 | 14 |
| 小都乃 | 3・11・2 | 16 |

## ことは

| | | |
|---|---|---|
| ことは | 2・2・4 | 8 |
| 琴巴 | 12・4 | 16 |
| 琴羽 | 12・6 | 18 |
| 琴春 | 12・9 | 21 |
| 琴葉 | 12・12 | 24 |

## ことみ

| | | |
|---|---|---|
| ことみ | 2・2・3 | 7 |
| こと美 | 2・2・9 | 13 |
| 采未 | 8・5 | 13 |
| 琴心 | 12・4 | 16 |
| 采実 | 8・8 | 16 |
| 寿美 | 7・9 | 16 |
| 琴未 | 12・5 | 17 |
| 采美 | 8・9 | 17 |
| 琴実 | 12・8 | 20 |
| 琴海 | 12・9 | 21 |
| 琴美 | 12・9 | 21 |
| 琴望 | 12・11 | 23 |
| 心都実 | 4・11・8 | 23 |

## ことり

| | | |
|---|---|---|
| 采莉 | 8・10 | 18 |
| 琴莉 | 12・10 | 22 |
| 琴梨 | 12・11 | 23 |

## こなつ

| | | |
|---|---|---|
| こなつ | 2・5・1 | 8 |
| 小夏 | 3・10 | 13 |
| 心夏 | 4・10 | 14 |
| 湖夏 | 12・10 | 22 |
| 瑚夏 | 13・10 | 23 |

## このか

| | | |
|---|---|---|
| このか | 2・1・3 | 6 |
| 好花 | 6・7 | 13 |
| 好香 | 6・9 | 15 |
| 心乃香 | 4・2・9 | 15 |
| 心乃華 | 4・2・10 | 16 |

- 瑚乃香（13・2・9）24

### このは
- このは（2・1・4）7
- 好花（6・7）13
- 心晴（4・12）16
- 心乃華（4・2・10）16
- 心葉（4・12）16
- 好葉（6・12）18
- 心乃葉（4・2・12）18

### このみ
- このみ（2・1・3）6
- 心乃美（4・2・9）15
- 心望（4・11）15

### こはく
- こはく（2・4・1）7
- 琥珀（12・9）21

### こはな
- 心花（4・7）11
- 來花（8・7）15
- 虹花（9・7）16
- 瑚花（13・7）20
- 瑚華（13・10）23

### こはね
- 心羽（4・6）10
- 虹羽（9・6）15
- 倖羽（10・6）16
- 小羽音（3・6・9）18
- 瑚羽（13・6）19

### こはる
- こはる（2・4・3）9
- 小春（3・9）12
- 心春（4・9）13
- 小晴（3・12）15
- 小遥（3・12）15
- 小陽（3・12）15
- 杏春（7・9）16
- 心晴（4・12）16
- 心遥（4・12）16
- 心陽（4・12）16
- 来春（7・9）16
- 心暖（4・13）17
- 來春（8・9）17
- 香春（9・9）18
- 香陽（9・12）21

### こゆき
- 心幸（4・8）12
- 小雪（3・11）14
- 心雪（4・11）15
- 来幸（7・8）15
- 來幸（8・8）16
- 恋雪（10・11）21

### こよみ
- こよみ（2・3・3）8
- 暦（14）14
- 暦美（14・9）23

## さ

### さあや
- 紗礼（10・5）15
- 沙彩（7・11）18
- 紗采（10・8）18
- 沙絢（7・12）19
- 咲彩（9・11）20
- 沙綾（7・14）21
- 咲絢（9・12）21
- 桜彩（10・11）21
- 紗彩（10・11）21
- 彩絢（11・12）23
- 咲綾（9・14）23
- 紗綾（10・14）24

### さいか
- 彩加（11・5）16
- 彩花（11・7）18
- 彩華（11・10）21

### さえ
- 冴（7）7
- 沙英（7・8）15
- 咲衣（9・6）15
- 紗永（10・5）15
- 紗衣（10・6）16
- 沙恵（7・10）17
- 咲英（9・8）17
- 紗依（10・8）18
- 紗英（10・8）18
- 紗栄（10・9）19
- 紗恵（10・10）20
- 彩恵（11・10）21
- 彩笑（11・10）21
- 彩瑛（11・12）23
- 彩絵（11・12）23

### さえこ
- 咲栄子（9・9・3）21
- 紗英子（10・8・3）21
- 紗恵子（10・10・3）23
- 彩恵子（11・10・3）24

### さお

紗10 央5　15
彩11 桜10　21
咲9 緒14　23

### さおり

沙7 央5 梨11　23
彩11 央5 里7　23
早6 織18　24
沙7 織18　25
紗10 央5 莉10　25
咲9 織18　27
紗10 織18　28
彩11 織18　29

### さき

さ3 き4　7
咲9　9
沙7 妃6　13
早6 希7　13
沙7 希7　14
沙7 季8　15
咲9 妃6　15
紗10 生5　15
早6 紀9　15
沙7 紀9　16
咲9 希7　16
咲9 来7　16
紗10 妃6　16
咲9 季8　17
咲9 來8　17
桜10 希7　17
紗10 希7　17
彩11 希7　18
咲9 紀9　18
桜10 季8　18
紗10 季8　18
早6 稀12　18
彩11 季8　19
咲9 葵12　21
咲9 稀12　21
咲9 貴12　21
紗10 葵12　22
沙7 樹16　23
彩11 葵12　23
咲9 輝15　24
咲9 樹16　25

### さきか

咲9 花7　16
咲9 佳8　17

### さきな

咲9 那7　16
咲9 奈8　17
咲9 南9　18
咲9 希7 奈8　24

### さきほ

咲9 帆6　15
咲9 穂15　24

### さく

朔10　10
紗10 久3　13
咲9 来7　16
咲9 空8　17

### さくら

さ3 く1 ら3　7
桜10　10
咲9 来7　16
咲9 良7　16
沙7 久3 良7　17
朔10 良7　17
桜10 良7　17
桜10 來8　18
櫻21　21
咲9 楽13　22
桜10 楽13　23
紗10 来7 良7　24

### さくらこ

桜10 子3　13
桜10 瑚13　23
櫻21 子3　24

### さこ

咲9 心4　13
紗10 子3　13
咲9 幸8　17
咲9 香9　18

### ささ

紗10 々3　13
咲9 沙7　16
紗10 彩11　21

### さち

幸8　8
紗10 千3　13
沙7 知8　15
紗10 知8　18
沙7 智12　19
咲9 智12　21
紗10 智12　22
彩11 智12　23

### さちか

倖(10)禾(5) 15
幸(8)花(7) 15
倖(10)花(7) 17
幸(8)香(9) 17
幸(8)夏(10) 18

### さつき

さ(3)つ(1)き(4) 8
沙(7)月(4) 11
皐(11) 11
咲(9)月(4) 13
彩(11)月(4) 15
皐(11)月(4) 15
颯(14)希(7) 21

### さと

さ(3)と(2) 5
沙(7)都(11) 18
紗(10)都(11) 21

### さとか

怜(8)花(7) 15
里(7)香(9) 16
聡(14)花(7) 21

### さとみ

さ(3)と(2)み(3) 8
怜(8)未(5) 13
里(7)実(8) 15
里(7)海(9) 16
里(7)美(9) 16
怜(8)実(8) 16
怜(8)美(9) 17
智(12)美(9) 21
聡(14)美(9) 23

### さな

さ(3)な(5) 8
早(6)那(7) 13
沙(7)那(7) 14
沙(7)奈(8) 15
沙(7)南(9) 16
咲(9)那(7) 16
咲(9)奈(8) 17
紗(10)那(7) 17
沙(7)菜(11) 18
彩(11)那(7) 18
咲(9)南(9) 18
桜(10)奈(8) 18
紗(10)奈(8) 18
彩(11)奈(8) 19
紗(10)南(9) 19
咲(9)菜(11) 20
紗(10)菜(11) 21

### さなえ

沙(7)苗(8) 15
咲(9)苗(8) 17
紗(10)苗(8) 18

### さなこ

咲(9)菜(11)子(3) 23
紗(10)菜(11)子(3) 24

### さほ

沙(7)帆(6) 13
咲(9)帆(6) 15
桜(10)帆(6) 16
紗(10)帆(6) 16
彩(11)帆(6) 17
咲(9)歩(8) 17
早(6)穂(15) 21
咲(9)穂(15) 24
紗(10)穂(15) 25
彩(11)穂(15) 26

### さや

さ(3)や(3) 6
紗(10)也(3) 13
沙(7)弥(8) 15
紗(10)矢(5) 15
沙(7)耶(9) 16
彩(11)矢(5) 16
咲(9)耶(9) 18
紗(10)弥(8) 18
紗(10)耶(9) 19
紗(10)彩(11) 21
彩(11)椰(13) 24

### さやか

さ(3)や(3)か(3) 9
沙(7)也(3)花(7) 17
彩(11)花(7) 18
沙(7)也(3)香(9) 19
沙(7)矢(5)香(9) 21
彩(11)夏(10) 21
咲(9)也(3)香(9) 21
清(11)華(10) 21
紗(10)也(3)香(9) 22
彩(11)也(3)香(9) 23
紗(10)也(3)夏(10) 23
紗(10)弥(8)加(5) 23
沙(7)弥(8)香(9) 24
紗(10)矢(5)香(9) 24
早(6)耶(9)香(9) 24

沙7 耶9 香9 25
沙7 弥8 華10 25
紗10 弥8 花7 25
紗10 弥8 香9 27

### さやこ
沙7 也3 子3 13
咲9 也3 子3 15
紗10 也3 子3 16
紗10 弥8 子3 21

### さゆ
紗10 夕3 13
紗10 由5 15
咲9 結12 21
紗10 結12 22
彩11 結12 23
沙7 優17 24

### さゆき
咲9 幸8 17
沙7 雪11 18
紗10 幸8 18
咲9 雪11 20
紗10 雪11 21
紗10 由5 季8 23

### さゆみ
紗10 弓3 13
紗10 由5 美9 24

### さゆり
さ3 ゆ3 り2 8
小3 百6 合6 15
早6 百6 合6 18
紗10 友4 里7 21
紗10 友4 莉10 24

咲9 優17 里7 33

### さよ
さ3 よ3 6
沙7 代5 12
紗10 世5 15
紗10 代5 15
彩11 世5 16
彩11 代5 16

### さら
さ3 ら3 6
沙7 良7 14
沙7 來8 15
咲9 来7 16
咲9 良7 16
咲9 來8 17
桜10 良7 17
紗10 来7 17
紗10 良7 17
彩11 良7 18
桜10 來8 18
紗10 來8 18
颯14 良7 21
彩11 楽13 24
沙7 羅19 26
咲9 羅19 28
紗10 羅19 29
彩11 羅19 30

### さり
咲9 里7 16
沙7 莉10 17
紗10 里7 17
彩11 莉10 21
紗10 梨11 21

### さりな
桜10 里7 奈8 25
紗10 里7 奈8 25

### さわ
沙7 羽6 13
佐7 和8 15
沙7 和8 15
咲9 羽6 15
咲9 芭7 16
桜10 羽6 16
紗10 羽6 16
彩11 羽6 17
咲9 和8 17
桜10 和8 18
紗10 和8 18

### さわこ
沙7 羽6 子3 16
沙7 和8 子3 18
桜10 和8 子3 21
紗10 和8 子3 21

## し

### しい
椎12 12
栞10 衣6 16
詩13 唯11 24

### しいな
椎12 奈8 20
詩13 奈8 21
椎12 菜11 23

詩13菜11　24

**しお**

汐6　6
史5桜10　15
志7桜10　17
紫12央5　17
詩13央5　18
志7緒14　21
詩13桜10　23

**しおな**

汐6那7　13

**しおね**

汐6音9　15

**しおり**

しおり1 4 2　7
栞10　10
汐6里7　13
史5栞10　15
汐6莉10　16
志7栞10　17
汐6梨11　17
栞10里7　17
栞10莉10　20
汐6璃15　21
栞10梨11　21
史5織18　23
詩13栞10　23
志7桜10里7　24
汐6織18　24
志7織18　25
栞10璃15　25
栞10織18　28
紫12織18　30
詩13織18　31
詩13桜10莉10　33

**しおん**

しおん1 4 2　7
史5音9　14
志7音9　16
心4温12　16
紫12音9　21
詩13音9　22
志7穏16　23
紫12温12　24
詩13穏16　29

**しき**

四5季8　13
志7季8　15
詩13季8　21

**しずく**

しずく1 5 1　7
雫11　11
雫11月4　15
澪16　16
雫11玖7　18
雫11来7　18

**しづき**

志7月4　11
雫11月4　15
紫12月4　16
詩13月4　17

**しの**

しの1 1　2
史5乃2　7
志7乃2　9
紫12乃2　14
詩13乃2　15
志7野11　18
詩13野11　24

**しほ**

しほ1 5　6
史5帆6　11
史5歩8　13
志7帆6　13
志7歩8　15
志7保9　16
栞10帆6　16
紫12帆6　18
詩13帆6　19
詩13歩8　21
志7穂15　22
紫12穂15　27
詩13穂15　28

**しま**

志7茉8　15
詩13万3　16
志7麻11　18
詩13茉8　21
詩13真10　23

**しゅう**

心4結12　16
志7優17　24

**しゅうか**

秀7佳8　15
朱6華10　16
柊9花7　16

柊(9)香(9)　18

## しゅな

朱(6)那(7)　13
珠(10)奈(8)　18

## しゅり

朱(6)李(7)　13
朱(6)里(7)　13
朱(6)莉(10)　16
朱(6)梨(11)　17
朱(6)理(11)　17
珠(10)里(7)　17
朱(6)璃(15)　21

## じゅな

寿(7)奈(8)　15
珠(10)那(7)　17
珠(10)奈(8)　18
珠(10)菜(11)　21
樹(16)奈(8)　24

## じゅり

珠(10)里(7)　17
寿(7)莉(10)　17
珠(10)莉(10)　20
珠(10)梨(11)　21
樹(16)里(7)　23
樹(16)莉(10)　26

## じゅん

純(10)　10
絢(12)　12
潤(15)　15

## じゅんな

純(10)那(7)　17
純(10)奈(8)　18
純(10)菜(11)　21
潤(15)奈(8)　23

# す

## すい

粋(10)　10
彗(11)　11
翠(14)　14

## すず

すず(3)(5)　8
紗(10)　10
寿(7)々(3)　10
涼(11)　11
珠(10)々(3)　13
鈴(13)　13
珠(10)寿(7)　17

## すずか

すずか(3)(5)(3)　11
紗(10)加(5)　15
紗(10)花(7)　17
寿(7)々(3)花(7)　17
涼(11)花(7)　18
涼(11)佳(8)　19
寿(7)々(3)夏(10)　20
涼(11)香(9)　20
涼(11)華(10)　21
鈴(13)香(9)　22
鈴(13)華(10)　23
涼(11)楓(13)　24

## すずな

すずな(3)(5)(5)　13
紗(10)奈(8)　18
寿(7)々(3)菜(11)　21
鈴(13)奈(8)　21
鈴(13)菜(11)　24

## すずね

すずね(3)(5)(4)　12
紗(10)音(9)　19
涼(11)音(9)　20
鈴(13)音(9)　22
紗(10)寧(14)　24

## すずの

涼(11)乃(2)　13
鈴(13)乃(2)　15

## すずは

すずは(3)(5)(4)　12
涼(11)羽(6)　17
涼(11)葉(12)　23
鈴(13)葉(12)　25

## すずほ

涼(11)帆(6)　17
鈴(13)穂(15)　28

## すみか

純(10)禾(5)　15
純(10)花(7)　17
純(10)佳(8)　18
澄(15)香(9)　24

## すみれ

菫(11)　11
純(10)令(5)　15
菫(11)礼(5)　16
純(10)怜(8)　18
純(10)蓮(13)　23

# せ

## せいか

| | | |
|---|---|---|
| 星花 | 9・7 | 16 |
| 星香 | 9・9 | 18 |
| 聖加 | 13・5 | 18 |
| 星歌 | 9・14 | 23 |
| 聖華 | 13・10 | 23 |

## せいな

| | | |
|---|---|---|
| 星七 | 9・2 | 11 |
| 星那 | 9・7 | 16 |
| 星奈 | 9・8 | 17 |
| 星菜 | 9・11 | 20 |
| 聖那 | 13・7 | 20 |
| 惺奈 | 12・8 | 20 |
| 聖奈 | 13・8 | 21 |
| 誠奈 | 13・8 | 21 |
| 晴菜 | 12・11 | 23 |
| 惺菜 | 12・11 | 23 |
| 聖菜 | 13・11 | 24 |

## せいら

| | | |
|---|---|---|
| 星来 | 9・7 | 16 |
| 星良 | 9・7 | 16 |
| 星來 | 9・8 | 17 |
| 聖來 | 13・8 | 21 |
| 晴楽 | 12・13 | 25 |
| 星羅 | 9・19 | 28 |
| 聖羅 | 13・19 | 32 |
| 聖蘭 | 13・19 | 32 |

## せな

| | | |
|---|---|---|
| 星七 | 9・2 | 11 |
| 世奈 | 5・8 | 13 |
| 世菜 | 5・11 | 16 |
| 星那 | 9・7 | 16 |
| 星奈 | 9・8 | 17 |
| 星南 | 9・9 | 18 |
| 聖奈 | 13・8 | 21 |
| 聖菜 | 13・11 | 24 |
| 瀬奈 | 19・8 | 27 |
| 瀬菜 | 19・11 | 30 |

## せり

| | | |
|---|---|---|
| せり | 3・2 | 5 |
| 芹 | 7 | 7 |
| 世莉 | 5・10 | 15 |
| 世梨 | 5・11 | 16 |
| 聖莉 | 13・10 | 23 |
| 瀬莉 | 19・10 | 29 |

## せりか

| | | |
|---|---|---|
| 芹佳 | 7・8 | 15 |
| 芹果 | 7・8 | 15 |
| 芹香 | 7・9 | 16 |
| 芹華 | 7・10 | 17 |

## せりな

| | | |
|---|---|---|
| せりな | 3・2・5 | 10 |
| 芹那 | 7・7 | 14 |
| 芹奈 | 7・8 | 15 |
| 芹南 | 7・9 | 16 |
| 芹菜 | 7・11 | 18 |
| 世莉奈 | 5・10・8 | 23 |
| 世梨奈 | 5・11・8 | 24 |

## せんり

| | | |
|---|---|---|
| 千里 | 3・7 | 10 |
| 千莉 | 3・10 | 13 |

# そ

## そな

| | | |
|---|---|---|
| 奏那 | 9・7 | 16 |
| 想奈 | 13・8 | 21 |
| 蒼奈 | 13・8 | 21 |
| 想菜 | 13・11 | 24 |
| 蒼菜 | 13・11 | 24 |

## その

| | | |
|---|---|---|
| 奏乃 | 9・2 | 11 |
| 爽乃 | 11・2 | 13 |
| 想乃 | 13・2 | 15 |
| 蒼乃 | 13・2 | 15 |

## そのか

| | | |
|---|---|---|
| 園佳 | 13・8 | 21 |
| 想乃香 | 13・2・9 | 24 |

## そよ

| | | |
|---|---|---|
| そよ | 3・3 | 6 |
| 爽世 | 11・5 | 16 |
| 想世 | 13・5 | 18 |

## そよか

| | | |
|---|---|---|
| そよか | 3・3・3 | 9 |
| 颯花 | 14・7 | 21 |
| 想代花 | 13・5・7 | 25 |

## そら

| | | |
|---|---|---|
| そら | 3・3 | 6 |
| 空 | 8 | 8 |
| 空良 | 8・7 | 15 |
| 奏来 | 9・7 | 16 |
| 奏良 | 9・7 | 16 |
| 奏來 | 9・8 | 17 |

- 爽良 11・7 18
- 蒼来 13・7 20
- 想空 13・8 21
- 想來 13・8 21
- 蒼空 13・8 21
- 蒼來 13・8 21
- 奏楽 9・13 22
- 颯空 14・8 22

## た

### たえ

- 妙 7 7
- 多映 6・9 15
- 多恵 6・10 16
- 多笑 6・10 16

### たお

- 大桜 3・10 13
- 太凰 4・11 15
- 多桜 6・10 16

### たまき

- 珠生 10・5 15
- 珠妃 10・6 16
- 環 17 17
- 珠希 10・7 17
- 珠季 10・8 18
- 環希 17・7 24

## ち

### ちあ

- 千愛 3・13 16
- 知愛 8・13 21

### ちあき

- 千明 3・8 11
- 千晃 3・10 13
- 千瑛 3・12 15
- 千晶 3・12 15
- 千陽 3・12 15
- 千亜希 3・7・7 17

### ちえ

- ちえ 3・3 6
- 千笑 3・10 13
- 千絵 3・12 15
- 知恵 8・10 18
- 智恵 12・10 22
- 智瑛 12・12 24
- 智絵 12・12 24

### ちえみ

- 千笑 3・10 13
- 智咲 12・9 21

### ちお

- 千桜 3・10 13
- 千緒 3・14 17

### ちおり

- 千織 3・18 21
- 千桜莉 3・10・10 23

### ちか

- ちか 3・3 6
- 千佳 3・8 11
- 千果 3・8 11
- 千香 3・9 12
- 千夏 3・10 13
- 千華 3・10 13
- 千賀 3・12 15
- 知花 8・7 15
- 知佳 8・8 16
- 千歌 3・14 17
- 知香 8・9 17
- 知夏 8・10 18
- 知華 8・10 18
- 智佳 12・8 20
- 智華 12・10 22

### ちかこ

- 千花子 3・7・3 13
- 知花子 8・7・3 18
- 智香子 12・9・3 24

### ちさ

- 千咲 3・9 12
- 千紗 3・10 13
- 千彩 3・11 14
- 知沙 8・7 15
- 知紗 8・10 18
- 智咲 12・9 21
- 智彩 12・11 23

### ちさき

- 千咲 3・9 12
- 知咲 8・9 17
- 千彩希 3・11・7 21
- 千咲紀 3・9・9 21
- 千紗季 3・10・8 21
- 智咲 12・9 21
- 知紗希 8・10・7 25

### ちさこ

- 千紗子 3・10・3 16
- 智紗子 12・10・3 25

### ちさと
ちさと　3・3・2　8
千怜　3・8　11
千智　3・12　15
知里　8・7　15
千聖　3・13　16
千咲都　3・9・11　23
千咲登　3・9・12　24
千紗都　3・10・11　24

### ちさの
千紗乃　3・10・2　15
智紗乃　12・10・2　24

### ちせ
知世　8・5　13
千聖　3・13　16
智世　12・5　17
知聖　8・13　21

### ちづる
千弦　3・8　11
千鶴　3・21　24

### ちとせ
ちとせ　3・2・3　8
千歳　3・13　16

### ちな
千奈　3・8　11
知那　8・7　15
千愛　3・13　16
知奈　8・8　16
智菜　12・11　23

### ちなつ
千夏　3・10　13
知夏　8・10　18

### ちなみ
ちなみ　3・5・3　11
千波　3・8　11
千菜海　3・11・9　23

### ちはな
千英　3・8　11
千華　3・10　13
知花　8・7　15
知華　8・10　18

### ちはや
千颯　3・14　17

### ちはる
千温　3・12　15
千晴　3・12　15
千遥　3・12　15
千陽　3・12　15
知春　8・9　17
智春　12・9　21

### ちひろ
ちひろ　3・2・2　7
千紘　3・10　13
千尋　3・12　15
千陽　3・12　15
千寛　3・13　16
知紘　8・10　18
千優　3・17　20
智尋　12・12　24
知優　8・17　25

### ちほ
知歩　8・8　16
千穂　3・15　18
智帆　12・6　18
知穂　8・15　23
智穂　12・15　27

### ちゆ
千結　3・12　15
知優　8・17　25

### ちよ
千代　3・5　8
千陽　3・12　15

## つ

### つかさ
つかさ　1・3・3　7
司紗　5・10　15

### つき
月希　4・7　11
都葵　11・12　23

### つきか
月花　4・7　11
月香　4・9　13
月華　4・10　14

### つきの
月乃　4・2　6

### つきひ
月柊　4・9　13
月陽　4・12　16

### つくし
つくし　1・1・1　3
月詩　4・13　17

### つぐみ
つぐみ　1・3・3　7
紡末　10・5　15

紬末 11・5 16

### つばき

つばき 1・6・4 11
椿 13 13
椿生 13・5 18
椿季 13・8 21
椿姫 13・10 23

### つばさ

翼 17 17
翼沙 17・7 24
翼紗 17・10 27

### つぼみ

蕾 16 16
蕾末 16・5 21

### つむぎ

つむぎ 1・4・6 11
紬 11 11
紬生 11・5 16
紡希 10・7 17
紬希 11・7 18
紬葵 11・12 23

## と

### とあ

とあ 2・3 5
叶彩 5・11 16
永愛 5・13 18
叶愛 5・13 18

### とうか

冬華 5・10 15
灯華 6・10 16
桃花 10・7 17
菫禾 12・5 17
橙花 16・7 23
橙佳 16・8 24

### とうこ

透子 10・3 13
菫子 12・3 15

### とき

とき 2・4 6
都希 11・7 18

### とも

友 4 4
朋 8 8

### ともえ

友恵 4・10 14
朋恵 8・10 18

### ともか

友花 4・7 11
友香 4・9 13
知花 8・7 15
朋花 8・7 15
朋佳 8・8 16
朋香 8・9 17
智香 12・9 21
智華 12・10 22

### ともこ

朋子 8・3 11
智子 12・3 15

### ともの

友乃 4・2 6

### ともは

朋芭 8・7 15
朋葉 8・12 20
智葉 12・12 24

### ともみ

友美 4・9 13
知実 8・8 16
朋美 8・9 17
智美 12・9 21

### ともよ

知世 8・5 13
智代 12・5 17

### とわ

とわ 2・3 5
十和 2・8 10
叶羽 5・6 11
叶和 5・8 13
永遠 5・13 18

### とわこ

十和子 2・8・3 13

## な

### なお

尚 8 8
直 8 8
奈央 8・5 13
奈生 8・5 13
菜央 11・5 16
菜生 11・5 16
七緒 2・14 16
那桜 7・10 17
奈桜 8・10 18
菜桜 11・10 21

那7緒14 21
直8緒14 22
奈8緒14 22
菜11緒14 25

### なおか

直8花7 15
那7桜10佳8 25

### なおこ

直8子3 11
奈8央5子3 16
奈8桜10子3 21
奈8緒14子3 25

### なおみ

ナ2オ3ミ3 8
直8実8 16
直8美9 17

### なぎ

凪6 6
な5ぎ6 11
梛11 11

### なぎさ

渚11 11
凪6沙7 13
凪6咲9 15
凪6紗10 16
凪6彩11 17
渚11沙7 18
渚11紗10 21

### なこ

奈8子3 11
菜11子3 14
菜11心4 15
菜11湖12 23
菜11瑚13 24

### なごみ

和8 8
和8未5 13
和8実8 16
和8美9 17

### なずな

な5ず5な5 15
菜11絆11 22

### なつ

な5つ1 6
夏10 10
七2都11 13
那7津9 16
奈8津9 17
夏10都11 21
菜11都11 22

### なつか

夏10禾5 15
夏10花7 17
夏10佳8 18
夏10果8 18

### なつき

那7月4 11
奈8月4 12
夏10月4 14
夏10生5 15
菜11月4 15
夏10妃6 16
夏10希7 17
夏10來8 18
夏10姫10 20
夏10稀12 22
奈8津9希7 24

### なつこ

夏10子3 13
菜11津9子3 23

### なつな

夏10那7 17
夏10奈8 18
夏10菜11 21

### なつね

夏10寧14 24

### なつは

夏10羽6 16
夏10波8 18
夏10葉12 22

### なつほ

な5つ1ほ5 11
夏10帆6 16
夏10歩8 18
夏10穂15 25

### なつみ

七2海9 11
夏10未5 15
夏10実8 18
夏10望11 21
菜11摘14 25
菜11都11美9 31

### なつめ

な5つ1め2 8
夏10芽8 18
夏10萌11 21

### なな

| | | |
|---|---|---|
| なな | 5・5 | 10 |
| 七奈 | 2・8 | 10 |
| 奈々 | 8・3 | 11 |
| 七菜 | 2・11 | 13 |
| 菜々 | 11・3 | 14 |
| 奈那 | 8・7 | 15 |
| 那奈 | 7・8 | 15 |
| 那南 | 7・9 | 16 |
| 南那 | 9・7 | 16 |
| 菜名 | 11・6 | 17 |
| 奈南 | 8・9 | 17 |
| 南奈 | 9・8 | 17 |
| 菜那 | 11・7 | 18 |
| 那菜 | 7・11 | 18 |
| 菜南 | 11・9 | 20 |

### ななえ

| | | |
|---|---|---|
| 奈苗 | 8・8 | 16 |
| 奈々江 | 8・3・6 | 17 |
| 奈々恵 | 8・3・10 | 21 |
| 菜々恵 | 11・3・10 | 24 |

### ななお

| | | |
|---|---|---|
| 七緒 | 2・14 | 16 |
| 奈直 | 8・8 | 16 |
| 奈々緒 | 8・3・14 | 25 |

### ななか

| | | |
|---|---|---|
| 七香 | 2・9 | 11 |
| 七夏 | 2・10 | 12 |
| 七華 | 2・10 | 12 |
| ななか | 5・5・3 | 13 |
| 七歌 | 2・14 | 16 |
| 菜々花 | 11・3・7 | 21 |
| 奈々華 | 8・3・10 | 21 |
| 菜々香 | 11・3・9 | 23 |
| 菜々華 | 11・3・10 | 24 |
| 奈那香 | 8・7・9 | 24 |

### ななこ

| | | |
|---|---|---|
| 七菜子 | 2・11・3 | 16 |
| 菜々子 | 11・3・3 | 17 |
| 奈那子 | 8・7・3 | 18 |
| 菜那子 | 11・7・3 | 21 |
| 那菜子 | 7・11・3 | 21 |
| 菜南子 | 11・9・3 | 23 |

### ななせ

| | | |
|---|---|---|
| 七星 | 2・9 | 11 |
| ななせ | 5・5・3 | 13 |
| 七聖 | 2・13 | 15 |
| 七瀬 | 2・19 | 21 |

### ななは

| | | |
|---|---|---|
| 七葉 | 2・12 | 14 |
| 那々羽 | 7・3・6 | 16 |
| 奈々葉 | 8・3・12 | 23 |
| 菜那羽 | 11・7・6 | 24 |

### ななほ

| | | |
|---|---|---|
| 七帆 | 2・6 | 8 |
| ななほ | 5・5・5 | 15 |
| 七穂 | 2・15 | 17 |
| 奈々帆 | 8・3・6 | 17 |

### ななみ

| | | |
|---|---|---|
| 七海 | 2・9 | 11 |
| 七泉 | 2・9 | 11 |
| 七美 | 2・9 | 11 |
| ななみ | 5・5・3 | 13 |
| 七望 | 2・11 | 13 |
| 奈々未 | 8・3・5 | 16 |
| 那々実 | 7・3・8 | 18 |
| 菜々海 | 11・3・9 | 23 |
| 菜々美 | 11・3・9 | 23 |
| 奈那実 | 8・7・8 | 23 |
| 奈那美 | 8・7・9 | 24 |
| 那奈美 | 7・8・9 | 24 |
| 菜那美 | 11・7・9 | 27 |

### なの

| | | |
|---|---|---|
| 奈乃 | 8・2 | 10 |
| 菜乃 | 11・2 | 13 |

### なのか

| | | |
|---|---|---|
| 奈乃花 | 8・2・7 | 17 |
| 奈乃佳 | 8・2・8 | 18 |
| 菜乃佳 | 11・2・8 | 21 |
| 菜乃果 | 11・2・8 | 21 |

### なのは

| | | |
|---|---|---|
| 菜巴 | 11・4 | 15 |
| 七乃葉 | 2・2・12 | 16 |
| 奈乃羽 | 8・2・6 | 16 |
| 菜羽 | 11・6 | 17 |
| 那乃葉 | 7・2・12 | 21 |
| 菜晴 | 11・12 | 23 |

### なほ

| | | |
|---|---|---|
| 那帆 | 7・6 | 13 |
| 奈帆 | 8・6 | 14 |
| 那歩 | 7・8 | 15 |
| 南帆 | 9・6 | 15 |
| 奈歩 | 8・8 | 16 |
| 菜帆 | 11・6 | 17 |
| 奈穂 | 8・15 | 23 |
| 南穂 | 9・15 | 24 |

### なみ

| | | |
|---|---|---|
| なみ | 5・3 | 8 |
| 七海 | 2・9 | 11 |
| 奈未 | 8・5 | 13 |
| 那実 | 7・8 | 15 |
| 奈実 | 8・8 | 16 |
| 那海 | 7・9 | 16 |
| 那美 | 7・9 | 16 |
| 奈海 | 8・9 | 17 |
| 奈美 | 8・9 | 17 |
| 菜海 | 11・9 | 20 |
| 菜美 | 11・9 | 20 |

### なゆ

| | | |
|---|---|---|
| 奈由 | 8・5 | 13 |
| 菜結 | 11・12 | 23 |
| 奈優 | 8・17 | 25 |

### なる

| | | |
|---|---|---|
| 成 | 6 | 6 |
| 奈瑠 | 8・14 | 22 |
| 夏瑠 | 10・14 | 24 |
| 菜瑠 | 11・14 | 25 |

### なるみ

| | | |
|---|---|---|
| 成実 | 6・8 | 14 |
| 成海 | 6・9 | 15 |
| 成美 | 6・9 | 15 |
| 奈留美 | 8・10・9 | 27 |

## に

### にいな

| | | |
|---|---|---|
| 仁那 | 4・7 | 11 |
| 仁奈 | 4・8 | 12 |
| 仁菜 | 4・11 | 15 |
| 仁衣奈 | 4・6・8 | 18 |
| 新奈 | 13・8 | 21 |
| 仁衣菜 | 4・6・11 | 21 |
| 仁唯奈 | 4・11・8 | 23 |
| 新菜 | 13・11 | 24 |

### にか

| | | |
|---|---|---|
| 仁花 | 4・7 | 11 |
| 仁香 | 4・9 | 13 |
| 仁華 | 4・10 | 14 |

### にき

| | | |
|---|---|---|
| 仁希 | 4・7 | 11 |
| 仁葵 | 4・12 | 16 |
| 仁稀 | 4・12 | 16 |

### にこ

| | | |
|---|---|---|
| にこ | 3・2 | 5 |
| 仁心 | 4・4 | 8 |
| 仁胡 | 4・9 | 13 |
| 仁香 | 4・9 | 13 |
| 虹心 | 9・4 | 13 |
| 日香 | 4・9 | 13 |
| 二瑚 | 2・13 | 15 |
| 仁瑚 | 4・13 | 17 |

### にじか

| | | |
|---|---|---|
| 虹花 | 9・7 | 16 |
| 虹架 | 9・9 | 18 |

### にじの

| | | |
|---|---|---|
| 虹乃 | 9・2 | 11 |

### にな

| | | |
|---|---|---|
| 仁那 | 4・7 | 11 |
| 仁奈 | 4・8 | 12 |
| 仁南 | 4・9 | 13 |
| 仁菜 | 4・11 | 15 |

## ね

### ねいろ

| | | |
|---|---|---|
| 音色 | 9・6 | 15 |
| 寧彩 | 14・11 | 25 |

### ねお

| | | |
|---|---|---|
| 音緒 | 9・14 | 23 |
| 寧桜 | 14・10 | 24 |

### ねね

| | | |
|---|---|---|
| ねね | 4・4 | 8 |
| 音々 | 9・3 | 12 |
| 寧々 | 14・3 | 17 |
| 祢音 | 9・9 | 18 |
| 音寧 | 9・14 | 23 |
| 寧音 | 14・9 | 23 |

## の

### のあ

| | | |
|---|---|---|
| 乃彩 | 2・11 | 13 |
| 乃愛 | 2・13 | 15 |
| 乃蒼 | 2・13 | 15 |
| 望愛 | 11・13 | 24 |

### のい

| | | |
|---|---|---|
| 乃衣 | 2・6 | 8 |
| 乃依 | 2・8 | 10 |
| 乃唯 | 2・11 | 13 |
| 乃維 | 2・14 | 16 |

### のぞみ

| | | |
|---|---|---|
| 希 | 7 | 7 |

望11 — 11
希7 未5 — 12
希7 実8 — 15
希7 海9 — 16
希7 美9 — 16
希7 望11 — 18
望11 海9 — 20
望11 美9 — 20

### のどか

の1 ど4 か3 — 8
和8 — 8
和8 禾5 — 13
和8 花7 — 15
和8 香9 — 17

### のの

乃2 々3 — 5
望11 乃2 — 13
暖13 乃2 — 15

### ののか

の1 の1 か3 — 5
乃2 々3 佳8 — 13
乃2 々3 果8 — 13
乃2 々3 華10 — 15
乃2 々3 栞10 — 15
希7 乃2 花7 — 16
希7 乃2 香9 — 18

### ののは

の1 の1 は4 — 6
希7 乃2 羽6 — 15
乃2 々3 華10 — 15
乃2 々3 晴12 — 17
乃2 々3 葉12 — 17

### のん

の1 ん2 — 3
乃2 音9 — 11
暖13 — 13

## は

### はお

羽6 桜10 — 16

### はすみ

羽6 純10 — 16
羽6 澄15 — 21
蓮13 実8 — 21
葉12 澄15 — 27

### はづき

は4 づ3 き4 — 11
葉12 月4 — 16
遥12 月4 — 16

### はつね

初7 音9 — 16
初7 寧14 — 21

### はな

花7 — 7
英8 — 8
華10 — 10
巴4 那7 — 11
羽6 那7 — 13
花7 那7 — 14
花7 奈8 — 15
巴4 菜11 — 15
波8 奈8 — 16
羽6 菜11 — 17
華10 那7 — 17
華10 奈8 — 18
葉12 南9 — 21

### はなえ

花7 咲9 — 16
花7 恵10 — 17
英8 恵10 — 18
華10 絵12 — 22

### はなか

花7 佳8 — 15
花7 果8 — 15
花7 香9 — 16
花7 夏10 — 17

### はなこ

華10 子3 — 13
華10 奈8 子3 — 21

### はなの

華10 乃2 — 12
羽6 奈8 乃2 — 16

### はなみ

花7 実8 — 15
花7 海9 — 16
華10 実8 — 18

### はのん

羽6 音9 — 15
波8 音9 — 17
葉12 音9 — 21

### はる

は4 る3 — 7
春9 — 9
華10 — 10
悠11 — 11

| 名前 | 各字画数 | 総画数 |
|---|---|---|
| 温 | 12 | 12 |
| 晴 | 12 | 12 |
| 陽 | 12 | 12 |
| 暖 | 13 | 13 |
| 波瑠 | 8・14 | 22 |
| 春瑠 | 9・14 | 23 |
| 晴琉 | 12・11 | 23 |
| 葉琉 | 12・11 | 23 |
| 華瑠 | 10・14 | 24 |
| 葉瑠 | 12・14 | 26 |

### はるあ

| 名前 | 各字画数 | 総画数 |
|---|---|---|
| 悠愛 | 11・13 | 24 |
| 陽愛 | 12・13 | 25 |

### はるか

| 名前 | 各字画数 | 総画数 |
|---|---|---|
| 悠 | 11 | 11 |
| 遥 | 12 | 12 |
| 春佳 | 9・8 | 17 |
| 春果 | 9・8 | 17 |
| 晴加 | 12・5 | 17 |
| 遥加 | 12・5 | 17 |
| 春香 | 9・9 | 18 |
| 悠花 | 11・7 | 18 |
| 悠香 | 11・9 | 20 |
| 遥佳 | 12・8 | 20 |
| 陽佳 | 12・8 | 20 |
| 晴香 | 12・9 | 21 |
| 暖佳 | 13・8 | 21 |
| 悠夏 | 11・10 | 21 |
| 悠華 | 11・10 | 21 |
| 遥香 | 12・9 | 21 |
| 陽香 | 12・9 | 21 |
| 晴夏 | 12・10 | 22 |

### はるき

| 名前 | 各字画数 | 総画数 |
|---|---|---|
| 春希 | 9・7 | 16 |
| 悠希 | 11・7 | 18 |
| 遥希 | 12・7 | 19 |
| 陽希 | 12・7 | 19 |
| 陽貴 | 12・12 | 24 |

### はるこ

| 名前 | 各字画数 | 総画数 |
|---|---|---|
| 晴子 | 12・3 | 15 |
| 遥子 | 12・3 | 15 |

### はるな

| 名前 | 各字画数 | 総画数 |
|---|---|---|
| はるな | 4・3・5 | 12 |
| 春凪 | 9・6 | 15 |
| 春奈 | 9・8 | 17 |
| 春菜 | 9・11 | 20 |
| 晴奈 | 12・8 | 20 |
| 遥奈 | 12・8 | 20 |
| 陽奈 | 12・8 | 20 |
| 遥南 | 12・9 | 21 |
| 晴菜 | 12・11 | 23 |
| 遥菜 | 12・11 | 23 |
| 陽菜 | 12・11 | 23 |

### はるね

| 名前 | 各字画数 | 総画数 |
|---|---|---|
| 春音 | 9・9 | 18 |
| 晴音 | 12・9 | 21 |
| 遥音 | 12・9 | 21 |
| 陽音 | 12・9 | 21 |
| 春寧 | 9・14 | 23 |

### はるの

| 名前 | 各字画数 | 総画数 |
|---|---|---|
| はるの | 4・3・1 | 8 |
| 春乃 | 9・2 | 11 |
| 悠乃 | 11・2 | 13 |
| 晴乃 | 12・2 | 14 |
| 遥乃 | 12・2 | 14 |
| 陽乃 | 12・2 | 14 |
| 暖乃 | 13・2 | 15 |
| 波瑠乃 | 8・14・2 | 24 |

### はるひ

| 名前 | 各字画数 | 総画数 |
|---|---|---|
| 春妃 | 9・6 | 15 |
| 遥妃 | 12・6 | 18 |
| 春陽 | 9・12 | 21 |
| 悠陽 | 11・12 | 23 |
| 遥陽 | 12・12 | 24 |

### はるみ

| 名前 | 各字画数 | 総画数 |
|---|---|---|
| 春海 | 9・9 | 18 |
| 晴海 | 12・9 | 21 |
| 晴美 | 12・9 | 21 |
| 遥海 | 12・9 | 21 |
| 陽美 | 12・9 | 21 |

### はんな

| 名前 | 各字画数 | 総画数 |
|---|---|---|
| はんな | 4・2・5 | 11 |
| 帆那 | 6・7 | 13 |
| 帆奈 | 6・8 | 14 |
| 帆南 | 6・9 | 15 |
| 帆菜 | 6・11 | 17 |
| 絆那 | 11・7 | 18 |
| 絆菜 | 11・11 | 22 |

## ひ

### ひいろ

| 名前 | 各字画数 | 総画数 |
|---|---|---|
| ひいろ | 2・2・2 | 6 |
| 日彩 | 4・11 | 15 |
| 陽彩 | 12・11 | 23 |
| 緋彩 | 14・11 | 25 |

### ひおり

ひ2お4り2 8
日4桜10莉10 24
妃6織18 24
陽12央5里7 24
陽12央5莉10 27
姫10織18 28
陽12織18 30

### ひかり

光6 6
ひ2か3り2 7
光6莉10 16
日4花7里7 18
光6璃15 21
日4香9梨11 24
陽12禾5里7 24
陽12香9莉10 31

### ひかる

光6 6
ひ2か3る3 8

### ひさき

日4咲9 13
妃6咲9 15
陽12咲9 21

### ひじり

聖13 13

### ひづき

柊9月4 13
陽12月4 16

### ひとは

一1葉12 13
仁4葉12 16

### ひとみ

ひ2と2み3 7
仁4美9 13
瞳17 17

### ひな

ひ2な5 7
日4那7 11
日4奈8 12
妃6那7 13
妃6奈8 14
日4菜11 15
妃6南9 15
妃6夏10 16
妃6菜11 17
姫10奈8 18
陽12奈8 20
緋14那7 21
陽12南9 21
緋14奈8 22
陽12菜11 23
陽12愛13 25

### ひなか

陽12菜11佳8 31
陽12菜11香9 32

### ひなこ

日4向6子3 13
日4奈8子3 15
日4南9子3 16
妃6奈8子3 17
日4菜11子3 18
雛18子3 21
陽12奈8子3 23
陽12菜11子3 26

### ひなせ

陽12奈8世5 25
陽12奈8星9 29

### ひなた

日4向6 10
ひ2な5た4 11
日4奈8多6 18
日4菜11多6 21
陽12咲9 21
妃6菜11多6 23
陽12葵12 24
陽12詩13 25
陽12菜11多6 29

### ひなつ

妃6夏10 16
陽12夏10 22
緋14夏10 24

### ひなの

ひ2な5の1 8
日4那7乃2 13
日4南9乃2 15
妃6那7乃2 15
妃6奈8乃2 16
日4菜11乃2 17
雛18乃2 20
陽12那7乃2 21
陽12南9乃2 23
陽12菜11乃2 25

### ひなみ

ひ2な5み3 10
日4南9 13

陽12南9 21
妃6奈8美9 23
日4菜11美9 24
陽12菜11実8 31
陽12菜11美9 32

## ひなり

妃6菜11里7 24
陽12奈8里7 27
陽12菜11莉10 33

## ひの

日4乃2 6
陽12乃2 14
緋14乃2 16

## ひばり

ひ2ば6り2 10
陽12葉12里7 31

## ひびき

妃6々3希7 16
響20 20
陽12日4希7 23

## ひまり

ひ2ま4り2 8
日4毬11 15
一1茉8里7 16
日4葵12 16
日4万3莉10 17
妃6茉8里7 21
陽12莉10 22
日4真10莉10 24
妃6茉8莉10 24
陽12葵12 24
陽12万3莉10 25
陽12茉8里7 27
陽12茉8梨11 31
陽12茉8理11 31
陽12真10莉10 32

## ひまわり

向6日4葵12 22

## ひめか

ひ2め2か3 7
妃6花7 13
妃6香9 15
妃6華10 16
姫10花7 17
姫10佳8 18
姫10華10 20
姫10歌14 24
陽12芽8花7 27

## ひより

ひ2よ3り2 7
日4和8 12
陽12依8 20
陽12和8 20
妃6依8里7 21
妃6依8莉10 24
陽12世5里7 24
陽12代5里7 24
陽12依8梨11 31
陽12葉12里7 31

## ひろか

弘5佳8 13
紘10加5 15
紘10禾5 15
洋9香9 18

## ひろな

弘5奈8 13
紘10奈8 18
紘10菜11 21

## ひろの

央5乃2 7
裕12乃2 14
寛13乃2 15

# ふ

## ふう

風9 9
芙7羽6 13
楓13 13
風9羽6 15

## ふうか

芙7香9 16
風9花7 16
風9佳8 17
風9香9 18
風9奏9 18
楓13花7 20
楓13佳8 21
楓13夏10 23
楓13華10 23
風9歌14 23

## ふうこ

芙7羽6子3 16
楓13子3 16

## ふうな

風9奈8 17

- 楓那 13・7 20
- 楓奈 13・8 21
- 楓菜 13・11 24

### ふき
- 芙希 7・7 14
- 芙季 7・8 15
- 蕗 16 16

### ふたば
- 双芭 4・7 11
- 二葉 2・12 14
- 双葉 4・12 16

### ふみ
- 史 5 5
- ふみ 4・3 7
- 芙実 7・8 15
- 芙弥 7・8 15
- 芙美 7・9 16

### ふみか
- 史佳 5・8 13
- 文香 4・9 13
- 史香 5・9 14
- 史華 5・10 15
- 芙佳 7・8 15
- 芙美香 7・9・9 25

### ふみな
- 史奈 5・8 13
- 文菜 4・11 15

### ふみの
- 文乃 4・2 6
- 史乃 5・2 7
- 郁乃 9・2 11
- 芙美乃 7・9・2 18

### ふゆ
- 芙由 7・5 12
- 芙侑 7・8 15
- 芙優 7・17 24
- 歩優 8・17 25

### ふゆか
- 冬香 5・9 14
- 冬華 5・10 15

## ほ

### ほたる
- 蛍 11 11

### ほなみ
- 帆波 6・8 14
- 帆南 6・9 15
- 穂波 15・8 23
- 穂南 15・9 24
- 穂奈実 15・8・8 31
- 穂奈美 15・8・9 32
- 穂菜美 15・11・9 35

### ほの
- 帆乃 6・2 8
- 萌乃 11・2 13
- 穂乃 15・2 17

### ほのか
- 帆花 6・7 13
- 帆佳 6・8 14
- 帆香 6・9 15
- 帆奏 6・9 15
- 歩花 8・7 15
- 帆乃佳 6・2・8 16
- 帆乃果 6・2・8 16
- 帆栞 6・10 16
- 歩香 8・9 17
- 帆乃華 6・2・10 18
- 歩乃果 8・2・8 18
- 穂花 15・7 22
- 穂佳 15・8 23
- 穂香 15・9 24
- 穂乃花 15・2・7 24
- 穂華 15・10 25
- 穂乃佳 15・2・8 25
- 穂乃果 15・2・8 25
- 穂乃歌 15・2・14 31

### ほのみ
- 歩乃未 8・2・5 15
- 帆乃実 6・2・8 16
- 穂乃実 15・2・8 25

### ほまれ
- 帆希 6・7 13
- 誉 13 13

## ま

### まあさ
- 真麻 10・11 21
- 眞麻 10・11 21

### まあや
- 真彩 10・11 21
- 眞彩 10・11 21
- 麻絢 11・12 23
- 真綾 10・14 24
- 麻綾 11・14 25

### まい

| | | |
|---|---|---|
| 茉衣 | 8 6 | 14 |
| 真生 | 10 5 | 15 |
| 舞 | 15 | 15 |
| 真衣 | 10 6 | 16 |
| 眞衣 | 10 6 | 16 |
| 茉依 | 8 8 | 16 |
| 麻衣 | 11 6 | 17 |
| 真依 | 10 8 | 18 |
| 真唯 | 10 11 | 21 |
| 舞衣 | 15 6 | 21 |
| 舞依 | 15 8 | 23 |

### まいか

| | | |
|---|---|---|
| 苺花 | 8 7 | 15 |
| 苺香 | 8 9 | 17 |
| 舞花 | 15 7 | 22 |
| 舞佳 | 15 8 | 23 |
| 茉衣香 | 8 6 9 | 23 |
| 真衣佳 | 10 6 8 | 24 |
| 舞香 | 15 9 | 24 |
| 舞華 | 15 10 | 25 |

### まいこ

| | | |
|---|---|---|
| 苺子 | 8 3 | 11 |
| 舞子 | 15 3 | 18 |
| 舞衣子 | 15 6 3 | 24 |

### まお

| | | |
|---|---|---|
| まお | 4 4 | 8 |
| 万桜 | 3 10 | 13 |
| 茉央 | 8 5 | 13 |
| 茉生 | 8 5 | 13 |
| 真央 | 10 5 | 15 |
| 真生 | 10 5 | 15 |
| 眞央 | 10 5 | 15 |
| 麻央 | 11 5 | 16 |
| 茉桜 | 8 10 | 18 |
| 真桜 | 10 10 | 20 |
| 麻桜 | 11 10 | 21 |
| 茉緒 | 8 14 | 22 |
| 愛桜 | 13 10 | 23 |
| 真緒 | 10 14 | 24 |
| 眞緒 | 10 14 | 24 |
| 舞桜 | 15 10 | 25 |

### まおり

| | | |
|---|---|---|
| 茉桜里 | 8 10 7 | 25 |
| 茉織 | 8 18 | 26 |
| 真織 | 10 18 | 28 |
| 真緒里 | 10 14 7 | 31 |
| 舞織 | 15 18 | 33 |

### まかな

| | | |
|---|---|---|
| 茉叶 | 8 5 | 13 |
| 真叶 | 10 5 | 15 |
| 茉奏 | 8 9 | 17 |
| 茉叶奈 | 8 5 8 | 21 |

### まき

| | | |
|---|---|---|
| 茉希 | 8 7 | 15 |
| 真希 | 10 7 | 17 |
| 真葵 | 10 12 | 22 |
| 真輝 | 10 15 | 25 |

### まこ

| | | |
|---|---|---|
| 茉子 | 8 3 | 11 |
| 真子 | 10 3 | 13 |
| 眞子 | 10 3 | 13 |
| 茉来 | 8 7 | 15 |
| 茉瑚 | 8 13 | 21 |
| 真瑚 | 10 13 | 23 |

### まこと

| | | |
|---|---|---|
| 茉琴 | 8 12 | 20 |
| 真琴 | 10 12 | 22 |
| 眞琴 | 10 12 | 22 |
| 麻琴 | 11 12 | 23 |

### まさき

| | | |
|---|---|---|
| 茉咲 | 8 9 | 17 |
| 舞咲 | 15 9 | 24 |

### ましろ

| | | |
|---|---|---|
| 茉白 | 8 5 | 13 |
| 真白 | 10 5 | 15 |
| 眞白 | 10 5 | 15 |

### まち

| | | |
|---|---|---|
| 真千 | 10 3 | 13 |
| 万智 | 3 12 | 15 |
| 茉知 | 8 8 | 16 |

### まつり

| | | |
|---|---|---|
| 茉莉 | 8 10 | 18 |
| 茉璃 | 8 15 | 23 |

### まどか

| | | |
|---|---|---|
| まどか | 4 4 3 | 11 |
| 円花 | 4 7 | 11 |
| 円香 | 4 9 | 13 |

### まな

| | | |
|---|---|---|
| 万奈 | 3 8 | 11 |
| 愛 | 13 | 13 |
| 茉那 | 8 7 | 15 |
| 茉奈 | 8 8 | 16 |
| 真那 | 10 7 | 17 |
| 真奈 | 10 8 | 18 |
| 眞奈 | 10 8 | 18 |

莉10奈8 18
愛13奈8 21
真10菜11 21
眞10菜11 21
真10愛13 23
愛13菜11 24

## まなか

愛13佳8 21
愛13果8 21
愛13華10 23
愛13栞10 23
茉8那7香9 24

## まなほ

愛13歩8 21

## まなみ

愛13未5 18

愛13実8 21
茉8奈8実8 24

## まのあ

茉8乃2彩11 21
茉8乃2愛13 23

## まひろ

まひろ4 2 2 8
茉8央5 13
茉8紘10 18
麻11尋12 23
茉8優17 25
真10優17 27

## まほ

真10帆6 16
眞10帆6 16
茉8歩8 16

茉8朋8 16
舞15帆6 21
茉8穂15 23
真10穂15 25
眞10穂15 25

## まみ

真10未5 15
茉8実8 16
茉8美9 17
真10実8 18

## まや

まや4 3 7
茉8弥8 16
茉8耶9 17
真10弥8 18
舞15弥8 23

## まゆ

まゆ4 3 7
茉8夕3 11
茉8由5 13
真10侑8 18
真10悠11 21
茉8優17 25
真10優17 27
舞15優17 32

## まゆか

茉8由5佳8 21
真10由5香9 24
真10結12香9 31
真10結12華10 32

## まゆこ

茉8由5子3 16

茉8結12子3 23
真10悠11子3 24

## まゆな

麻11由5奈8 24
茉8結12菜11 31

## まゆみ

真10弓3 13
真10由5美9 24

## まゆり

茉8優17里7 32
真10優17莉10 37

## まり

まり4 2 6
茉8里7 15
麻11里7 18
茉8莉10 18

真10梨11 21
茉8璃15 23

## まりあ

茉8莉10愛13 31
満12里7愛13 32

## まりか

真10里7花7 24
茉8里7香9 24
茉8莉10花7 25
茉8莉10香9 27
真10莉10香9 29

## まりこ

万3梨11子3 17
茉8莉10子3 21
真10莉10子3 23
真10理11子3 24

### まりな

| | | |
|---|---|---|
| まりな | 4 2 5 | 11 |
| 万里奈 | 3 7 8 | 18 |
| 茉里奈 | 8 7 8 | 23 |
| 真里奈 | 10 7 8 | 25 |
| 満里奈 | 12 7 8 | 27 |
| 真莉菜 | 10 10 11 | 31 |
| 真梨菜 | 10 11 11 | 32 |
| 舞莉奈 | 15 10 8 | 33 |

### まりの

| | | |
|---|---|---|
| 毬乃 | 11 2 | 13 |
| 茉梨乃 | 8 11 2 | 21 |
| 真梨乃 | 10 11 2 | 23 |

### まりん

| | | |
|---|---|---|
| 万鈴 | 3 13 | 16 |
| 茉鈴 | 8 13 | 21 |
| 真鈴 | 10 13 | 23 |
| 茉凜 | 8 15 | 23 |
| 麻鈴 | 11 13 | 24 |
| 真凜 | 10 15 | 25 |

### まれ

| | | |
|---|---|---|
| 希 | 7 | 7 |
| 茉礼 | 8 5 | 13 |

## み

### みあ

| | | |
|---|---|---|
| みあ | 3 3 | 6 |
| 美亜 | 9 7 | 16 |
| 美杏 | 9 7 | 16 |
| 未愛 | 5 13 | 18 |
| 実愛 | 8 13 | 21 |
| 弥愛 | 8 13 | 21 |
| 美愛 | 9 13 | 22 |
| 望愛 | 11 13 | 24 |

### みい

| | | |
|---|---|---|
| 美衣 | 9 6 | 15 |
| 美依 | 9 8 | 17 |

### みいな

| | | |
|---|---|---|
| 美凪 | 9 6 | 15 |
| 美衣奈 | 9 6 8 | 23 |
| 美依那 | 9 8 7 | 24 |
| 未唯奈 | 5 11 8 | 24 |
| 実依菜 | 8 8 11 | 27 |

### みう

| | | |
|---|---|---|
| みう | 3 2 | 5 |
| 心羽 | 4 6 | 10 |
| 未羽 | 5 6 | 11 |
| 海羽 | 9 6 | 15 |
| 美宇 | 9 6 | 15 |
| 美羽 | 9 6 | 15 |
| 珠羽 | 10 6 | 16 |
| 望生 | 11 5 | 16 |
| 美侑 | 9 8 | 17 |
| 望羽 | 11 6 | 17 |
| 美海 | 9 9 | 18 |
| 心優 | 4 17 | 21 |
| 美結 | 9 12 | 21 |
| 実優 | 8 17 | 25 |

### みお

| | | |
|---|---|---|
| みお | 3 4 | 7 |
| 実央 | 8 5 | 13 |
| 実生 | 8 5 | 13 |
| 未桜 | 5 10 | 15 |
| 光桜 | 6 10 | 16 |
| 望央 | 11 5 | 16 |
| 望生 | 11 5 | 16 |
| 澪 | 16 | 16 |
| 実桜 | 8 10 | 18 |
| 心緒 | 4 14 | 18 |
| 美音 | 9 9 | 18 |
| 弥桜 | 8 10 | 18 |
| 美桜 | 9 10 | 19 |
| 望桜 | 11 10 | 21 |
| 美緒 | 9 14 | 23 |
| 望緒 | 11 14 | 25 |

### みおう

| | | |
|---|---|---|
| 未桜 | 5 10 | 15 |
| 実桜 | 8 10 | 18 |
| 美桜 | 9 10 | 19 |

### みおか

| | | |
|---|---|---|
| 澪花 | 16 7 | 23 |
| 美桜叶 | 9 10 5 | 24 |
| 澪香 | 16 9 | 25 |

### みおこ

| | | |
|---|---|---|
| 実桜子 | 8 10 3 | 21 |
| 美桜子 | 9 10 3 | 22 |
| 実緒子 | 8 14 3 | 25 |

### みおな

| | | |
|---|---|---|
| 未央奈 | 5 5 8 | 18 |
| 澪那 | 16 7 | 23 |
| 澪奈 | 16 8 | 24 |
| 美桜奈 | 9 10 8 | 27 |
| 美緒奈 | 9 14 8 | 31 |

### みおね

| | | |
|---|---|---|
| 澪音 | 16 9 | 25 |

### みおり

美(9)央(5)里(7)　21
未(5)織(18)　23
澪(16)里(7)　23
光(6)織(18)　24
美(9)央(5)莉(10)　24
実(8)織(18)　26
美(9)織(18)　27
美(9)桜(10)莉(10)　29
美(9)緒(14)莉(10)　33

### みおん

心(4)音(9)　13
実(8)音(9)　17
海(9)音(9)　18
美(9)音(9)　18
心(4)穏(16)　20
美(9)穏(16)　25

### みか

心(4)花(7)　11
実(8)花(7)　15
光(6)華(10)　16
実(8)佳(8)　16
実(8)果(8)　16
美(9)花(7)　16
弥(8)佳(8)　16
美(9)佳(8)　17
美(9)果(8)　17
弥(8)香(9)　17
実(8)華(10)　18
美(9)香(9)　18

### みかこ

実(8)日(4)子(3)　15
実(8)花(7)子(3)　18
美(9)香(9)子(3)　21

### みき

光(6)希(7)　13
実(8)希(7)　15
美(9)妃(6)　15
美(9)希(7)　16
未(5)稀(12)　17
美(9)紀(9)　18
美(9)貴(12)　21
美(9)輝(15)　24
美(9)樹(16)　25

### みく

未(5)来(7)　12
未(5)空(8)　13
未(5)來(8)　13
実(8)玖(7)　15
実(8)來(8)　16
美(9)玖(7)　16
美(9)来(7)　16
美(9)空(8)　17
美(9)來(8)　17
望(11)来(7)　18

### みくり

み(3)く(1)り(2)　6
美(9)空(8)里(7)　24

### みくる

み(3)く(1)る(3)　7
未(5)來(8)　13
実(8)来(7)　15

### みこ

み(3)こ(2)　5
珠(10)子(3)　13
美(9)心(4)　13
望(11)心(4)　15
実(8)香(9)　17
美(9)湖(12)　21
美(9)瑚(13)　22

### みこと

み(3)こ(2)と(2)　7
未(5)采(8)　13
心(4)琴(12)　16
弥(8)采(8)　16
美(9)采(8)　17
未(5)琴(12)　17
実(8)琴(12)　20
海(9)琴(12)　21
美(9)琴(12)　21
美(9)心(4)都(11)　24
美(9)瑚(13)都(11)　33

### みさ

心(4)咲(9)　13
実(8)沙(7)　15
心(4)彩(11)　15
未(5)紗(10)　15
光(6)紗(10)　16
美(9)沙(7)　16
未(5)彩(11)　16
実(8)紗(10)　18
美(9)咲(9)　18

### みさき

心(4)咲(9)　13
光(6)咲(9)　15
実(8)咲(9)　17

弥8咲9 17
海9咲9 18
美9咲9 18
望11咲9 20
美9沙7希7 23
実8咲9希7 24
美9咲9妃6 24
美9沙7紀9 25
美9咲9希7 25
美9紗10貴12 31

### みさと

み3さ3と2 8
実8里7 15
実8怜8 16
美9里7 16
美9怜8 17

美9智12 21
美9慧15 24

### みずき

泉9希7 16
瑞13生5 18
瑞13希7 20
瑞13季8 21
瑞13來8 21
瑞13姫10 23
美9寿7希7 23
瑞13葵12 25
瑞13貴12 25

### みすず

み3す3ず5 11
心4鈴13 17
末5鈴13 18

実8鈴13 21
弥8鈴13 21
美9鈴13 22
望11鈴13 24

### みずな

み3ず5な5 13
瑞13奈8 21

### みずは

水4葉12 16
瑞13葉12 25

### みずほ

み3ず5ほ5 13
瑞13歩8 21
瑞13穂15 28

### みそら

美9天4 13

末5空8 13
実8空8 16
弥8空8 16
海9空8 17
美9空8 17

### みちか

充6花7 13
充6華10 16
実8千3花7 18
美9知8花7 24

### みつき

み3つ1き4 8
光6希7 13
充6希7 13
美9月4 13
光6紀9 15

充6紀9 15
深11月4 15
望11月4 15
光6姫10 16
光6葵12 18
光6稀12 18
充6葵12 18
充6稀12 18
光6輝15 21

### みづき

弥8月4 12
美9月4 13
湊12月4 16
瑞13月4 17

### みつは

み3つ1は4 8

三3葉12 15
光6葉12 18
充6葉12 18
満12葉12 24

### みつほ

光6穂15 21

### みと

心4都11 15
美9杜7 16
末5都11 16
美9都11 20
美9翔12 21
美9澄15 24

### みどり

翠14 14
碧14 14

- 翠(14)莉(10) 24

## みな

- みな(3・5) 8
- 心(4)那(7) 11
- 未(5)奈(8) 13
- 実(8)那(7) 15
- 心(4)菜(11) 15
- 美(9)凪(6) 15
- 実(8)奈(8) 16
- 美(9)那(7) 16
- 弥(8)奈(8) 16
- 美(9)奈(8) 17

## みなと

- 湊(12) 12
- 湊(12)音(9) 21
- 湊(12)都(11) 23

## みなみ

- 南(9) 9
- みなみ(3・5・3) 11
- 心(4)南(9) 13
- みな(3・5)実(8) 16
- 実(8)波(8) 16
- 美(9)波(8) 17
- 美(9)南(9) 18

## みのり

- みのり(3・1・2) 6
- 光(6)乃(2)里(7) 15
- 実(8)里(7) 15
- 穂(15) 15
- 心(4)乃(2)莉(10) 16
- 実(8)乃(2)里(7) 17
- 実(8)莉(10) 18
- 美(9)乃(2)里(7) 18
- 実(8)乃(2)梨(11) 21
- 美(9)乃(2)莉(10) 21

## みはな

- 心(4)花(7) 11
- 実(8)花(7) 15
- 未(5)華(10) 15
- 弥(8)花(7) 15
- 美(9)花(7) 16
- 実(8)華(10) 18
- 望(11)花(7) 18

## みはね

- みはね(3・4・4) 11
- 未(5)羽(6) 11
- 美(9)羽(6) 15
- 美(9)羽(6)音(9) 24

## みはる

- 心(4)春(9) 13
- 心(4)晴(12) 16
- 心(4)遥(12) 16
- 心(4)陽(12) 16
- 未(5)悠(11) 16
- 美(9)春(9) 18
- 海(9)晴(12) 21
- 美(9)晴(12) 21
- 美(9)遥(12) 21
- 美(9)陽(12) 21
- 望(11)陽(12) 23

## みひろ

- みひろ(3・2・2) 7
- 珠(10)央(5) 15
- 未(5)紘(10) 15
- 心(4)尋(12) 16
- 実(8)紘(10) 18
- 美(9)紘(10) 19
- 心(4)優(17) 21
- 美(9)尋(12) 21

## みふゆ

- 実(8)冬(5) 13
- 美(9)冬(5) 14

## みほ

- 未(5)帆(6) 11
- 未(5)歩(8) 13
- 美(9)帆(6) 15
- 実(8)歩(8) 16
- 望(11)帆(6) 17
- 実(8)穂(15) 23
- 美(9)穂(15) 24

## みま

- 実(8)茉(8) 16
- 美(9)茉(8) 17
- 珠(10)茉(8) 18
- 美(9)舞(15) 24

## みや

- 未(5)弥(8) 13
- 実(8)弥(8) 16
- 美(9)弥(8) 17
- 美(9)耶(9) 18

## みやび

- 雅(13) 13
- 雅(13)姫(10) 23

## みゆ

- みゆ(3・3) 6
- 美(9)友(4) 13

実8佑7　15
美9有6　15
望11友4　15
心4結12　16
美9佑7　16
未5悠11　16
美9侑8　17
未5結12　17
美9柚9　18
美9祐9　18
実8結12　20
海9結12　21
実8夢13　21
心4優17　21
美9結12　21
望11結12　23
実8優17　25
美9優17　26

### みゆう

みゆう3 3 2　8
望11友4　15
心4結12　16
美9侑8　17
未5結12　17
実8結12　20
美9悠11　20
心4優17　21
美9結12　21
望11結12　23
実8優17　25
弥8優17　25
美9優17　26

### みゆか

実8結12花7　27
美9結12華10　31

### みゆき

幸8　8
実8幸8　16
美9幸8　17
美9雪11　20
美9由5紀9　23
美9優17希7　33
美9優17紀9　35

### みゆな

みゆな3 3 5　11
心4結12奈8　24
実8結12菜11　31
望11結12奈8　31

### みゆり

みゆり3 3 2　8
美9百6合6　21
美9優17莉10　36

### みよ

実8世5　13
美9世5　14

### みら

みら3 3　6
未5來8　13
美9来7　16
美9良7　16
美9楽13　22
美9羅19　28

### みらい

みらい3 3 2　8
未5来7　12
未5來8　13
実8來8　16
美9来7　16
美9來8　17
望11来7　18
美9蕾16　25

### みらん

心4蘭19　23
未5蘭19　24
美9蘭19　28
望11蘭19　30

### みり

みり3 2　5
心4莉10　14
未5莉10　15
実8莉10　18
美9莉10　19
望11莉10　21
美9璃15　24
美9凛15　24

### みりあ

みりあ3 2 3　8
美9梨11亜7　27
美9璃15亜7　31
美9莉10愛13　32
美9梨11愛13　33

### みれい

みれい3 3 2　8
心4玲9　13
未5怜8　13
美9礼5　14

実8怜8 16
美9伶7 16
実8玲9 17
美9怜8 17
海9玲9 18
美9玲9 18
心4麗19 23
美9玲9衣6 24
美9麗19 28

### みわ

み3わ3 6
未5羽6 11
未5和8 13
美9羽6 15
実8和8 16
美9和8 17

## む

### むぎ

麦7 7
む4ぎ6 10

### むつき

睦13月4 17
夢13月4 17
睦13希7 20
睦13季8 21
睦13葵12 25

### むつみ

睦13 13
睦13実8 21
睦13望11 24

## め

### めい

め2い2 4
明8 8
芽8以5 13
芽8生5 13
芽8衣6 14
芽8依8 16
恵10衣6 16
萌11生5 16
明8依8 16
芽8郁9 17
萌11衣6 17
愛13依8 21

### めいか

明8花7 15
明8佳8 16
芽8香9 17
明8香9 17
明8華10 18
明8楓13 21
芽8衣6香9 23
芽8衣6夏10 24
芽8依8香9 25

### めいこ

芽8生5子3 16
芽8衣6子3 17

### めいさ

め2い2さ3 7
明8沙7 15

芽8咲9 17
明8咲9 17
明8紗10 18
芽8衣6紗10 24

### めいな

芽8那7 15
芽8奈8 16
明8奈8 16
芽8生5奈8 21
芽8依8那7 23
芽8依8奈8 24
萌11衣6奈8 25

### めぐみ

め2ぐ3み3 8
恵10 10
恵10実8 18

## も

### もあ

萌11亜7 18
萌11杏7 18
萌11愛13 24
望11愛13 24

### もえ

も3え3 6
萌11 11
萌11衣6 17
萌11恵10 21
萌11笑10 21
萌11瑛12 23
萌11絵12 23

### もえか

| | | |
|---|---|---|
| 萌叶 | 11 5 | 16 |
| 萌花 | 11 7 | 18 |
| 萌果 | 11 8 | 19 |
| 萌夏 | 11 10 | 21 |
| 萌栞 | 11 10 | 21 |
| 萌楓 | 11 13 | 24 |

### もか

| | | |
|---|---|---|
| 百花 | 6 7 | 13 |
| 桃禾 | 10 5 | 15 |
| 百香 | 6 9 | 15 |
| 百華 | 6 10 | 16 |
| 萌香 | 11 9 | 20 |
| 萌華 | 11 10 | 21 |
| 萌栞 | 11 10 | 21 |
| 望華 | 11 10 | 21 |
| 萌歌 | 11 14 | 25 |

### もな

| | | |
|---|---|---|
| 桃奈 | 10 8 | 18 |
| 萌那 | 11 7 | 18 |
| 萌菜 | 11 11 | 22 |

### もね

| | | |
|---|---|---|
| 百音 | 6 9 | 15 |
| 萌音 | 11 9 | 20 |
| 萌寧 | 11 14 | 25 |

### もみじ

| | | |
|---|---|---|
| 椛 | 11 | 11 |
| 紅葉 | 9 12 | 21 |

### もも

| | | |
|---|---|---|
| もも | 3 3 | 6 |
| 桃 | 10 | 10 |
| 桃々 | 10 3 | 13 |
| 百桃 | 6 10 | 16 |

### ももえ

| | | |
|---|---|---|
| 桃衣 | 10 6 | 16 |
| 百恵 | 6 10 | 16 |
| 百笑 | 6 10 | 16 |

### ももか

| | | |
|---|---|---|
| 百禾 | 6 5 | 11 |
| 百花 | 6 7 | 13 |
| 杏果 | 7 8 | 15 |
| 桃禾 | 10 5 | 15 |
| 百香 | 6 9 | 15 |
| 杏香 | 7 9 | 16 |
| 百華 | 6 10 | 16 |
| 百々花 | 6 3 7 | 16 |
| 百栞 | 6 10 | 16 |
| 桃花 | 10 7 | 17 |
| 百椛 | 6 11 | 17 |
| 桃佳 | 10 8 | 18 |
| 桃果 | 10 8 | 18 |
| 百々香 | 6 3 9 | 18 |
| 桃香 | 10 9 | 19 |
| 萌々香 | 11 3 9 | 23 |
| 桃歌 | 10 14 | 24 |
| 萌々華 | 11 3 10 | 24 |

### ももこ

| | | |
|---|---|---|
| ももこ | 3 3 2 | 8 |
| 桃子 | 10 3 | 13 |
| 萌々子 | 11 3 3 | 17 |

### ももな

| | | |
|---|---|---|
| ももな | 3 3 5 | 11 |
| 百那 | 6 7 | 13 |
| 百奈 | 6 8 | 14 |
| 杏奈 | 7 8 | 15 |
| 桃那 | 10 7 | 17 |
| 百々奈 | 6 3 8 | 17 |
| 桃奈 | 10 8 | 18 |
| 桃菜 | 10 11 | 21 |

### ももね

| | | |
|---|---|---|
| 百音 | 6 9 | 15 |
| 杏音 | 7 9 | 16 |
| 萌々音 | 11 3 9 | 23 |
| 桃寧 | 10 14 | 24 |

### ももは

| | | |
|---|---|---|
| 杏羽 | 7 6 | 13 |
| 百芭 | 6 7 | 13 |
| 桃羽 | 10 6 | 16 |
| 百葉 | 6 12 | 18 |
| 百々葉 | 6 3 12 | 21 |

## や

### やえ

| | | |
|---|---|---|
| 八咲 | 2 9 | 11 |
| 八重 | 2 9 | 11 |
| 弥恵 | 8 10 | 18 |

### やよい

| | | |
|---|---|---|
| やよい | 3 3 2 | 8 |
| 弥生 | 8 5 | 13 |

## ゆ

### ゆあ

| | | |
|---|---|---|
| ゆあ | 3 3 | 6 |
| 有杏 | 6 7 | 13 |

柚9亜7 16
柚9杏7 16
友4愛13 17
悠11杏7 18
由5愛13 18
結12彩11 23
唯11愛13 24
優17亜7 24
優17杏7 24
悠11愛13 24
結12愛13 25
優17愛13 30

## ゆあん

侑8杏7 15
柚9杏7 16
優17杏7 24

## ゆい

ゆ3い2 5
唯11 11
由5衣6 11
結12 12
佑7衣6 13
由5依8 13
友4唯11 15
柚9衣6 15
悠11生5 16
由5唯11 16
結12以5 17
結12生5 17
唯11衣6 17
悠11衣6 17
柚9依8 17
結12衣6 18
裕12衣6 18
結12依8 20
結12惟11 23
結12唯11 23
優17衣6 23
優17依8 25
優17維14 31

## ゆいか

ゆ3い2か3 8
由5栞10 15
唯11禾5 16
唯11花7 18
由5衣6花7 18
結12香9 21
唯11夏10 21
唯11華10 21
結12夏10 22
結12華10 22
唯11衣6花7 24
悠11衣6花7 24
結12衣6花7 25
優17依8花7 32
優17衣6香9 32

## ゆいこ

結12子3 15
由5依8子3 16
結12衣6子3 21

## ゆいな

由5奈8 13
由5菜11 16
唯11那7 18
結12那7 19
唯11奈8 19
結12奈8 20
由5依8奈8 21
結12菜11 23
結12衣6那7 25
結12衣6菜11 29
結12依8菜11 31
結12唯11奈8 31
優17衣6奈8 31
優17依8奈8 33

## ゆいね

結12音9 21
唯11寧14 25

## ゆいの

唯11乃2 13
由5衣6乃2 13
結12乃2 14

## ゆいは

唯11羽6 17
唯11葉12 23
結12葉12 24

## ゆいほ

結12帆6 18
結12歩8 20

## ゆいり

由5莉10 15
唯11莉10 21
結12莉10 22
結12梨11 23
悠11衣6里7 24
結12衣6里7 25

| | |
|---|---|
| 結12璃15 | 27 |

## ゆう

| | |
|---|---|
| ゆ3う2 | 5 |
| 侑8 | 8 |
| 柚9 | 9 |
| 悠11 | 11 |
| 由5羽6 | 11 |
| 結12 | 12 |
| 優17 | 17 |
| 悠11羽6 | 17 |
| 結12羽6 | 18 |
| 優17羽6 | 23 |

## ゆうあ

| | |
|---|---|
| 友4愛13 | 17 |
| 由5愛13 | 18 |
| 結12彩11 | 23 |
| 優17亜7 | 24 |
| 優17杏7 | 24 |
| 悠11愛13 | 24 |
| 結12愛13 | 25 |
| 優17愛13 | 30 |

## ゆうか

| | |
|---|---|
| 夕3華10 | 13 |
| 侑8禾5 | 13 |
| 佑7果8 | 15 |
| 有6香9 | 15 |
| 侑8花7 | 15 |
| 佑7香9 | 16 |
| 侑8果8 | 16 |
| 侑8香9 | 17 |
| 悠11花7 | 18 |
| 柚9香9 | 18 |
| 祐9香9 | 18 |
| 悠11香9 | 20 |
| 結12香9 | 21 |
| 悠11華10 | 21 |
| 優17花7 | 24 |
| 優17香9 | 26 |

## ゆうき

| | |
|---|---|
| 有6希7 | 13 |
| 夕3稀12 | 15 |
| 侑8希7 | 15 |
| 友4葵12 | 16 |
| 祐9希7 | 16 |
| 侑8季8 | 16 |
| 悠11希7 | 18 |
| 結12希7 | 19 |
| 優17妃6 | 23 |
| 悠11葵12 | 23 |
| 結12葵12 | 24 |
| 優17希7 | 24 |
| 優17姫10 | 27 |

## ゆうこ

| | |
|---|---|
| 侑8子3 | 11 |
| 悠11子3 | 14 |
| 結12子3 | 15 |
| 優17子3 | 20 |

## ゆうな

| | |
|---|---|
| 友4那7 | 11 |
| 由5奈8 | 13 |
| 佑7奈8 | 15 |
| 侑8奈8 | 16 |
| 柚9奈8 | 17 |
| 祐9奈8 | 17 |
| 結12凪6 | 18 |
| 悠11那7 | 18 |
| 侑8菜11 | 19 |
| 裕12奈8 | 20 |
| 結12菜11 | 23 |
| 優17那7 | 24 |
| 優17奈8 | 25 |
| 優17菜11 | 28 |
| 優17羽6奈8 | 31 |

## ゆうの

| | |
|---|---|
| 悠11乃2 | 13 |
| 結12乃2 | 14 |

## ゆうは

| | |
|---|---|
| 結12羽6 | 18 |
| 優17羽6 | 23 |
| 悠11葉12 | 23 |
| 結12葉12 | 24 |

## ゆうひ

| | |
|---|---|
| 夕3陽12 | 15 |
| 悠11妃6 | 17 |
| 優17妃6 | 23 |
| 結12陽12 | 24 |
| 優17陽12 | 29 |

## ゆうほ

| | |
|---|---|
| 優17帆6 | 23 |
| 優17歩8 | 25 |
| 優17穂15 | 32 |

## ゆうみ

| | |
|---|---|
| 友4望11 | 15 |
| 結12心4 | 16 |
| 悠11未5 | 16 |
| 侑8実8 | 16 |

侑8 美9　17
結12 海9　21
優17 未5　22
優17 海9　26
優17 美9　26

### ゆうら

侑8 來8　16
悠11 良7　18

### ゆうり

有6 里7　13
夕3 莉10　13
友4 梨11　15
由5 莉10　15
侑8 里7　15
由5 梨11　16
悠11 李7　18
悠11 里7　18
侑8 莉10　18
結12 里7　19
悠11 莉10　21
結12 莉10　22
結12 梨11　23
優17 里7　24
優17 莉10　27
優17 梨11　28

### ゆか

由5 佳8　13
夕3 夏10　13
由5 夏10　15
由5 華10　15
柚9 花7　16
柚9 香9　18
結12 香9　21
優17 花7　24
優17 華10　27

### ゆかり

ゆ3 か3 り2　8
紫12　12
縁15　15
優17 花7 里7　31

### ゆき

ゆ3 き4　7
雪11　11
友4 希7　11
有6 希7　13
由5 紀9　14
有6 紀9　15
侑8 希7　15
柚9 希7　16
祐9 希7　16
悠11 希7　18
結12 希7　19
結12 葵12　24
優17 希7　24
優17 季8　25

### ゆきな

幸8 那7　15
幸8 奈8　16
雪11 那7　18
幸8 菜11　19
有6 希7 奈8　21
有6 希7 菜11　24
柚9 希7 奈8　24
優17 妃6 奈8　31
優17 希7 菜11　35

### ゆきね

幸8 音9　17
優17 希7 音9　33

### ゆきの

千3 乃2　5
ゆ3 き4 の1　8
雪11 乃2　13
友4 希7 乃2　13
有6 希7 乃2　15
由5 季8 乃2　15
薫16 乃2　18
結12 希7 乃2　21
結12 来7 乃2　21
優17 希7 乃2　26
優17 葵12 乃2　31

### ゆきは

雪11 葉12　23
由5 希7 葉12　24

### ゆきほ

幸8 歩8　16
雪11 帆6　17
幸8 穂15　23

### ゆこ

結12 心4　16
優17 心4　21

### ゆず

ゆ3 ず5　8
柚9　9
柚9 子3　12
有6 寿7　13
夕3 珠10　13

由珠 5・10 15
結珠 12・10 22
優寿 17・7 24

### ゆずか

ゆずか 3・5・3 11
柚花 9・7 16
柚香 9・9 18
柚夏 9・10 19
柚華 9・10 19
柚子香 9・3・9 21

### ゆずき

柚妃 9・6 15
柚希 9・7 16
柚季 9・8 17
柚咲 9・9 18
柚姫 9・10 19
柚葵 9・12 21
柚稀 9・12 21

### ゆずな

ゆずな 3・5・5 13
柚那 9・7 16
柚奈 9・8 17
柚菜 9・11 20
柚子菜 9・3・11 23

### ゆずね

柚音 9・9 18
柚寧 9・14 23

### ゆずは

柚巴 9・4 13
柚羽 9・6 15
柚花 9・7 16
柚葉 9・12 21

### ゆずほ

柚帆 9・6 15
柚歩 9・8 17

### ゆづき

ゆづき 3・3・4 10
柚月 9・4 13
唯月 11・4 15
悠月 11・4 15
結月 12・4 16
柚希 9・7 16
優月 17・4 21

### ゆな

由奈 5・8 13
佑奈 7・8 15
友菜 4・11 15
柚那 9・7 16
由菜 5・11 16
侑奈 8・8 16
柚奈 9・8 17
悠那 11・7 18
悠奈 11・8 19
結奈 12・8 20
結菜 12・11 23
優奈 17・8 25
優菜 17・11 28

### ゆの

由乃 5・2 7
柚乃 9・2 11
唯乃 11・2 13
悠乃 11・2 13
結乃 12・2 14
優乃 17・2 19

### ゆま

夕茉 3・8 11
友茉 4・8 12
由茉 5・8 13
由真 5・10 15
侑茉 8・8 16
柚茉 9・8 17
結茉 12・8 20
優茉 17・8 25
優舞 17・15 32

### ゆみ

侑未 8・5 13
佑実 7・8 15
悠未 11・5 16
祐実 9・8 17
結美 12・9 21
優実 17・8 25
優海 17・9 26

### ゆめ

夢 13 13
由芽 5・8 13
佑芽 7・8 15
侑芽 8・8 16
悠芽 11・8 19
結芽 12・8 20
夢芽 13・8 21
結夢 12・13 25
優芽 17・8 25

### ゆめか

夢叶 13・5 18
夢佳 13・8 21
夢香 13・9 22

夢華 13/10 23
優芽花 17/8/7 32

### ゆめな
夢奈 13/8 21
夢菜 13/11 24
結芽菜 12/8/11 31

### ゆめの
友芽乃 4/8/2 14
夢乃 13/2 15
由芽乃 5/8/2 15

### ゆら
ゆら 3/3 6
由良 5/7 12
悠来 11/7 18
悠良 11/7 18
結良 12/7 19
優来 17/7 24
結楽 12/13 25
優來 17/8 25

### ゆり
ゆり 3/2 5
百合 6/6 12
夕莉 3/10 13
友莉 4/10 14
友梨 4/11 15
由莉 5/10 15
由梨 5/11 16
悠里 11/7 18
悠莉 11/10 21
結莉 12/10 22
優里 17/7 24
優莉 17/10 27

### ゆりあ
ゆりあ 3/2/3 8
有莉亜 6/10/7 23
結莉愛 12/10/13 35

### ゆりえ
友莉恵 4/10/10 24
有里絵 6/7/12 25

### ゆりか
百合香 6/6/9 21
友梨香 4/11/9 24
侑里香 8/7/9 24

### ゆりこ
百合子 6/6/3 15
由里子 5/7/3 15
友梨子 4/11/3 18
由莉子 5/10/3 18

### ゆりな
ゆりな 3/2/5 10
友里奈 4/7/8 19
由莉奈 5/10/8 23
優里奈 17/7/8 32
優莉奈 17/10/8 35

### ゆりの
友里乃 4/7/2 13
結莉乃 12/10/2 24
悠梨乃 11/11/2 24
優莉乃 17/10/2 29

### ゆわ
侑和 8/8 16
結和 12/8 20
優羽 17/6 23
優和 17/8 25

## よ

### よう
葉 12 12
陽 12 12
瑶 13 13

### ようこ
葉子 12/3 15
陽子 12/3 15
蓉子 13/3 16

### よしの
由乃 5/2 7
佳乃 8/2 10
美乃 9/2 11
淑乃 11/2 13

## ら

### らいか
来果 7/8 15
來花 8/7 15
來夏 8/10 18
來華 8/10 18

### らいむ
來夢 8/13 21

### らな
らな 3/5 8
來那 8/7 15
來奈 8/8 16

### らら
らら 3/3 6

- 來々（8・3）11
- 來良（8・7）15
- 蘭楽（19・13）32

**らん**
- 藍（18）18
- 蘭（19）19

**らんか**
- 蘭香（19・9）28
- 蘭華（19・10）29

**らんな**
- 蘭奈（19・8）27

## り

**りあ**
- 莉亜（10・7）17
- 梨亜（11・7）18
- 莉彩（10・11）21
- 莉愛（10・13）23
- 梨愛（11・13）24
- 璃愛（15・13）28

**りあな**
- 莉亜那（10・7・7）24
- 莉愛奈（10・13・8）31

**りあん**
- 莉杏（10・7）17
- 璃杏（15・7）22

**りい**
- 莉生（10・5）15
- 莉衣（10・6）16
- 梨衣（11・6）17
- 莉唯（10・11）21

**りいさ**
- 莉衣沙（10・6・7）23
- 梨衣沙（11・6・7）24
- 里依紗（7・8・10）25
- 莉依沙（10・8・7）25
- 梨依紗（11・8・10）29
- 莉唯紗（10・11・10）31

**りいな**
- 莉衣那（10・6・7）23
- 理衣那（11・6・7）24
- 里衣菜（7・6・11）24
- 莉衣奈（10・6・8）24
- 梨衣奈（11・6・8）25
- 璃依奈（15・8・8）31

**りえ**
- 里依（7・8）15
- 梨恵（11・10）21

**りお**
- 莉央（10・5）15
- 莉生（10・5）15
- 吏桜（6・10）16
- 梨央（11・5）16
- 理央（11・5）16
- 理生（11・5）16
- 里桜（7・10）17
- 莉桜（10・10）20
- 李緒（7・14）21
- 里緒（7・14）21
- 莉緒（10・14）24
- 梨緒（11・14）25
- 理緒（11・14）25
- 璃桜（15・10）25

**りおな**
- 莉央奈（10・5・8）23
- 梨央奈（11・5・8）24
- 梨生奈（11・5・8）24
- 理央奈（11・5・8）24
- 里桜奈（7・10・8）25
- 梨桜奈（11・10・8）29
- 里緒菜（7・14・11）32
- 莉緒奈（10・14・8）32
- 梨緒奈（11・14・8）33
- 理緒奈（11・14・8）33

**りおん**
- 李音（7・9）16
- 里音（7・9）16
- 莉音（10・9）19
- 璃音（15・9）24
- 凜音（15・9）24

**りか**
- 里佳（7・8）15
- 莉花（10・7）17
- 梨花（11・7）18
- 莉佳（10・8）18
- 莉香（10・9）19
- 梨香（11・9）20
- 梨華（11・10）21
- 璃香（15・9）24

**りかこ**
- 里佳子（7・8・3）18
- 梨花子（11・7・3）21
- 梨華子（11・10・3）24

**りく**
- 莉久（10・3）13

里7 來8 15
莉10 玖7 17
璃15 久3 18
莉10 來8 18
璃15 來8 23

**りこ**

莉10 子3 13
梨11 子3 14
理11 子3 14
莉10 心4 14
璃15 子3 18
莉10 來8 18
莉10 瑚13 23

**りさ**

リ2 サ3 5
り2 さ3 5
里7 咲9 16
里7 紗10 17
莉10 沙7 17
梨11 沙7 18
里7 彩11 18
莉10 紗10 20
梨11 紗10 21
理11 紗10 21

**りさこ**

莉10 紗10 子3 23
梨11 紗10 子3 24
理11 紗10 子3 24

**りせ**

莉10 世5 15
梨11 世5 16
理11 世5 16
莉10 聖13 23
璃15 星9 24

**りつ**

律9 9
里7 都11 18
莉10 都11 21

**りっか**

六4 花7 11
立5 果8 13
立5 夏10 15
律9 花7 16

**りつか**

立5 華10 15
律9 花7 16
律9 果8 17
律9 香9 18

**りつき**

莉10 月4 14
梨11 月4 15
律9 季8 17

**りつな**

立5 奈8 13
律9 奈8 17

**りつは**

律9 羽6 15
律9 芭7 16

**りつほ**

律9 帆6 15
律9 歩8 17
律9 穂15 24

**りと**

里7 都11 18
莉10 都11 21

**りな**

り2 な5 7
李7 奈8 15
里7 奈8 15
莉10 那7 17
梨11 那7 18
里7 菜11 18
莉10 奈8 18
璃15 奈8 23

**りなこ**

里7 菜11 子3 21
莉10 奈8 子3 21

**りの**

り2 の1 3
莉10 乃2 12
梨11 乃2 13
璃15 乃2 17
凜15 乃2 17

**りのあ**

梨11 乃2 彩11 24
莉10 乃2 愛13 25

**りのか**

梨11 乃2 佳8 21
莉10 乃2 香9 21

**りのは**

莉10 乃2 羽6 18
莉10 乃2 葉12 24

**りのん**

り2 の1 ん2 5
莉10 暖13 23
璃15 音9 24

凛15音9　24

**りほ**

りほ2 5　7
李7帆6　13
里7帆6　13
里7歩8　15
莉10帆6　16
理11帆6　17
莉10歩8　18
凛15帆6　21
里7穂15　22
凛15歩8　23

**りま**

里7茉8　15
莉10茉8　18
凛15茉8　23

莉10舞15　25

**りみ**

莉10未5　15
璃15海9　24

**りゆ**

莉10由5　15
梨11結12　23
莉10優17　27

**りよ**

里7依8　15
莉10世5　15
莉10代5　15
梨11代5　16
理11世5　16

**りょう**

りょう2 3 2　7
玲9　9
涼11　11
綾14　14

**りょうか**

怜8花7　15
涼11花7　18
涼11華10　21

**りょうこ**

凉10子3　13
諒15子3　18

**りら**

りら2 3　5
莉10良7　17
梨11良7　18
莉10來8　18
璃15來8　23

**りり**

莉10々3　13
里7莉10　17
莉10里7　17
璃15々3　18

**りりあ**

里7莉10亜7　24
莉10々3愛13　26
梨11里7愛13　31
凛15々3愛13　31

**りりか**

りりか2 2 3　7
莉10々3華10　23
璃15々3花7　25
凛15々3花7　25
凜15々3花7　25

梨11里7香9　27

**りりこ**

莉10々3子3　16
理11莉10子3　24

**りりな**

莉10々3奈8　21
莉10々3菜11　24
莉10里7奈8　25

**りる**

莉10瑠14　24
麗19瑠14　33

**りん**

りん2 2　4
鈴13　13
稟13　13
凛15　15

凛15　15

**りんか**

梨11花7　18
凛15花7　22
鈴13華10　23
凛15果8　23
凛15香9　24
凛15華10　25

**りんこ**

琳12子3　15
凛15子3　18

**りんな**

凛15奈8　23
稟13菜11　24

**りんね**

凛15音9　24

# る

### るあ

| | | |
|---|---|---|
| 瑠亜 | 14・7 | 21 |
| 琉愛 | 11・13 | 24 |

### るい

| | | |
|---|---|---|
| るい | 3・2 | 5 |
| 留衣 | 10・6 | 16 |
| 琉衣 | 11・6 | 17 |
| 留依 | 10・8 | 18 |
| 瑠衣 | 14・6 | 20 |
| 瑠泉 | 14・9 | 23 |
| 瑠唯 | 14・11 | 25 |

### るいな

| | | |
|---|---|---|
| 琉衣那 | 11・6・7 | 24 |
| 瑠衣菜 | 14・6・11 | 31 |
| 瑠依菜 | 14・8・11 | 33 |

### るか

| | | |
|---|---|---|
| 琉禾 | 11・5 | 16 |
| 琉花 | 11・7 | 18 |
| 琉夏 | 11・10 | 21 |
| 琉華 | 11・10 | 21 |
| 瑠花 | 14・7 | 21 |
| 瑠香 | 14・9 | 23 |
| 瑠夏 | 14・10 | 24 |
| 瑠華 | 14・10 | 24 |

### るな

| | | |
|---|---|---|
| るな | 3・5 | 8 |
| 琉那 | 11・7 | 18 |
| 瑠那 | 14・7 | 21 |
| 瑠奈 | 14・8 | 22 |
| 琉愛 | 11・13 | 24 |
| 瑠菜 | 14・11 | 25 |

### るの

| | | |
|---|---|---|
| 琉乃 | 11・2 | 13 |
| 瑠乃 | 14・2 | 16 |

### るみ

| | | |
|---|---|---|
| るみ | 3・3 | 6 |
| 琉海 | 11・9 | 20 |
| 瑠海 | 14・9 | 23 |
| 瑠美 | 14・9 | 23 |

### るり

| | | |
|---|---|---|
| るり | 3・2 | 5 |
| 琉莉 | 11・10 | 21 |
| 瑠里 | 14・7 | 21 |
| 瑠莉 | 14・10 | 24 |
| 瑠璃 | 14・15 | 29 |

### るりか

| | | |
|---|---|---|
| 瑠莉花 | 14・10・7 | 31 |
| 琉梨華 | 11・11・10 | 32 |

### るりこ

| | | |
|---|---|---|
| 瑠里子 | 14・7・3 | 24 |
| 瑠璃子 | 14・15・3 | 32 |

# れ

### れあ

| | | |
|---|---|---|
| 玲亜 | 9・7 | 16 |
| 玲杏 | 9・7 | 16 |
| 礼愛 | 5・13 | 18 |
| 玲愛 | 9・13 | 22 |

### れい

| | | |
|---|---|---|
| れい | 3・2 | 5 |
| 礼 | 5 | 5 |
| 伶 | 7 | 7 |
| 怜 | 8 | 8 |
| 玲 | 9 | 9 |
| 礼衣 | 5・6 | 11 |
| 伶衣 | 7・6 | 13 |
| 礼依 | 5・8 | 13 |
| 玲衣 | 9・6 | 15 |
| 怜依 | 8・8 | 16 |
| 澪 | 16 | 16 |
| 玲依 | 9・8 | 17 |
| 麗 | 19 | 19 |

### れいあ

| | | |
|---|---|---|
| 玲杏 | 9・7 | 16 |
| 怜愛 | 8・13 | 21 |
| 羚愛 | 11・13 | 24 |
| 麗愛 | 19・13 | 32 |

### れいか

| | | |
|---|---|---|
| 令華 | 5・10 | 15 |
| 怜花 | 8・7 | 15 |
| 礼華 | 5・10 | 15 |
| 伶香 | 7・9 | 16 |
| 怜佳 | 8・8 | 16 |
| 玲花 | 9・7 | 16 |
| 伶華 | 7・10 | 17 |
| 怜香 | 8・9 | 17 |
| 玲佳 | 9・8 | 17 |
| 玲果 | 9・8 | 17 |
| 怜華 | 8・10 | 18 |
| 玲香 | 9・9 | 18 |
| 玲衣香 | 9・6・9 | 24 |
| 麗禾 | 19・5 | 24 |

## れいな

令5 奈8 13
礼5 奈8 13
伶7 奈8 15
怜8 那7 15
怜8 奈8 16
玲9 那7 16
玲9 奈8 17
玲9 菜11 20
玲9 衣6 奈8 23
麗19 奈8 27
麗19 衣6 奈8 33

## れいら

怜8 良7 15
怜8 來8 16
玲9 来7 16
玲9 良7 16
玲9 來8 17

## れお

玲9 央5 14
怜8 桜10 18

## れおな

礼5 央5 奈8 18
怜8 央5 奈8 21
玲9 央5 那7 21
玲9 緒14 奈8 31
麗19 央5 奈8 32

## れな

令5 奈8 13
礼5 奈8 13
伶7 奈8 15
伶7 南9 16
怜8 奈8 16
玲9 那7 16
礼5 菜11 16
玲9 奈8 17
玲9 菜11 20
麗19 奈8 27

## れの

玲9 乃2 11
麗19 乃2 21

## れみ

怜8 未5 13
玲9 心4 13
伶7 美9 16
怜8 実8 16
怜8 美9 17
玲9 海9 18
玲9 美9 18
麗19 未5 24

## れん

恋10 10
蓮13 13

## れんか

蓮13 禾5 18
蓮13 香9 22
蓮13 夏10 23
蓮13 華10 23

# わ

## わか

和8 禾5 13
羽6 香9 15
和8 花7 15
羽6 華10 16
和8 香9 17
和8 夏10 18
和8 華10 18
和8 歌14 22

## わかこ

和8 日4 子3 15
和8 花7 子3 18
和8 夏10 子3 21

## わかな

わ3 か3 な5 11
和8 叶5 13
羽6 奏9 15
若8 奈8 16
和8 奏9 17
若8 菜11 19
和8 花7 奈8 23
和8 佳8 奈8 24
和8 果8 奈8 24
和8 香9 那7 24
和8 香9 奈8 25

## わかば

わ3 か3 ば6 12
若8 葉12 20
和8 花7 葉12 27

## わこ

和8 子3 11
和8 心4 12
和8 來8 16
和8 香9 17
和8 瑚13 21

使いたい字や読みに添え字を合わせて

# 添え字一覧 女の子編

あらかじめ使いたい字や読みが決まっていて名前をつけたいときは、
その文字や読みに添え字をプラスしてみましょう。
万葉仮名風3文字の名前をつけるときにも添え字は活躍します。
（添え字一覧の男の子編は196ページにあります）

## 女の子の添え字 1文字

| | |
|---|---|
| あ | 亜安阿 |
| い | 衣依伊維為委唯惟緯椅 |
| え | 恵絵英栄江枝重永瑛衛慧笑 |
| お | 緒央生旺王於 |
| おり | 織 |
| か | 香佳加花華夏歌果霞茄河可樺袈嘉珂珈榎 |
| が | 賀芽雅 |
| き | 紀希貴喜季基規岐生来起城樹幾己葵揮輝伎暉毅祈煕嬉槻軌機稀黄磯気旗其埼箕 |
| こ | 古湖鼓瑚己小子胡仔乎 |
| さ | 左佐沙紗作早小嵯瑳 |
| す | 寸寿須素数朱州洲珠栖諏 |
| すみ | 澄純　※「ずみ」でも使用 |
| せ | 勢世瀬 |
| ち | 知智千稚茅治致 |
| つ | 津都鶴通　※「づ」でも使用 |
| つき | 月　※「づき」でも使用 |
| と | 十登都杜斗途 |
| な | 奈菜那名南納七梛 |
| なみ | 浪波 |
| ね | 根音子年峰嶺祢 |
| の | 乃野之能濃埜 |
| は | 波羽葉巴 |
| ひ | 妃日比飛陽斐緋 |
| ぶ | 武舞部分歩 |
| ほ | 穂帆歩保甫浦朋圃 |
| ま | 麻真万茉末摩磨満 |
| み | 美実未三深海見視巳弥魅箕 |
| め | 芽女 |
| も | 百茂母最 |
| や | 矢哉也弥耶冶八夜谷野椰 |
| ゆ | 由裕有柚宥右夕優結祐佑悠愉遊唯 |
| よ | 代世予余夜与依 |
| ら | 羅良 |
| り | 里理利梨璃莉李俐浬哩 |
| る | 留瑠流琉 |
| わ | 和輪 |

## 女の子の添え字 2文字

| | |
|---|---|
| えこ | 江子　枝子　栄子　恵子 |
| かこ | 香子　佳子　加子　歌子 |
| きこ | 希子　紀子　喜子　貴子 |
| くこ | 久子　玖子 |
| さこ | 佐子　沙子　紗子 |
| ちこ | 知子　智子 |
| つえ | 津江　津枝　※「づえ」でも使用 |
| つこ | 津子　※「づこ」でも使用 |
| つよ | 津代　津世　※「づよ」でも使用 |
| みこ | 美子　実子 |
| よこ | 代子　世子 |
| りこ | 里子　利子　理子　梨子 |
| わこ | 和子 |

# 音から選ぶ男の子の名前リスト

## あ

### あいき

| | |
|---|---|
| 和8 希7 | 15 |
| 愛13 輝15 | 28 |
| 愛13 樹16 | 29 |
| 藍18 輝15 | 33 |

### あいと

| | |
|---|---|
| 愛13 斗4 | 17 |
| 和8 音9 | 17 |
| 愛13 叶5 | 18 |
| 藍18 人2 | 20 |
| 藍18 斗4 | 22 |
| 藍18 叶5 | 23 |
| 愛13 都11 | 24 |
| 愛13 翔12 | 25 |
| 藍18 翔12 | 30 |

### あいのすけ

| | |
|---|---|
| 和8 之3 介4 | 15 |
| 愛13 之3 助7 | 23 |
| 藍18 之3 介4 | 25 |

### あお

| | |
|---|---|
| 青8 | 8 |
| 蒼13 | 13 |
| 碧14 | 14 |
| 蒼13 央5 | 18 |
| 蒼13 生5 | 18 |

### あおい

| | |
|---|---|
| 葵12 | 12 |
| 蒼13 | 13 |
| 碧14 | 14 |
| 青8 依8 | 16 |
| 葵12 生5 | 17 |
| 葵12 衣6 | 18 |
| 蒼13 生5 | 18 |
| 蒼13 依8 | 21 |
| 葵12 惟11 | 23 |
| 葵12 唯11 | 23 |
| 葵12 偉12 | 24 |
| 蒼13 惟11 | 24 |
| 蒼13 唯11 | 24 |
| 蒼13 偉12 | 25 |
| 碧14 唯11 | 25 |

### あおき

| | |
|---|---|
| 蒼13 生5 | 18 |
| 碧14 希7 | 21 |
| 葵12 稀12 | 24 |
| 蒼13 稀12 | 25 |
| 碧14 輝15 | 29 |

### あおし

| | |
|---|---|
| 仰6 志7 | 13 |
| 葵12 士3 | 15 |
| 蒼13 士3 | 16 |
| 碧14 士3 | 17 |
| 蒼13 史5 | 18 |
| 蒼13 志7 | 20 |
| 碧14 志7 | 21 |
| 葵12 詩13 | 25 |
| 蒼13 詩13 | 26 |
| 碧14 詩13 | 27 |

### あおと

| | |
|---|---|
| 葵12 人2 | 14 |
| 葵12 士3 | 15 |
| 蒼13 人2 | 15 |
| 葵12 仁4 | 16 |
| 葵12 斗4 | 16 |
| 蒼13 士3 | 16 |
| 蒼13 大3 | 16 |
| 碧14 人2 | 16 |
| 蒼13 仁4 | 17 |
| 蒼13 斗4 | 17 |
| 碧14 士3 | 17 |
| 蒼13 叶5 | 18 |
| 碧14 仁4 | 18 |
| 碧14 斗4 | 18 |
| 葵12 音9 | 21 |
| 碧14 杜7 | 21 |
| 葵12 都11 | 23 |
| 碧14 音9 | 23 |

※漢字の右側の数字は画数です。名前下の数字は「仮成数」を加えていない地格になります。
※実例の名前ですので、あて字も含まれています。ご注意ください。
※ここでは「仮成数」を加えて吉数にする場合も考えて、画数としてそのままでは吉数ではない名前例も掲載しています

碧14 飛9 23
葵12 翔12 24
蒼13 都11 24
蒼13 翔12 25
碧14 都11 25

### あおは

蒼13 巴4 17
葵12 羽6 18
葵12 晴12 24
蒼13 葉12 25

### あおば

青8 波8 16
葵12 羽6 18
青8 葉12 20
碧14 羽6 20
蒼13 波8 21

碧14 芭7 21
蒼13 馬10 23
葵12 葉12 24
碧14 馬10 24
蒼13 葉12 25
碧14 葉12 26

### あおま

蒼13 真10 23
碧14 真10 24

### あおや

碧14 哉9 23
葵12 陽12 24
蒼13 陽12 25

### あかり

燈16 16
明8 璃15 23

### あき

明8 8
晃10 10
瑛12 12
暁12 12
陽12 12
煌13 13
明8 希7 15
明8 輝15 23
明8 樹16 24

### あきと

明8 人2 10
晃10 人2 12
晃10 士3 13
章11 人2 13
晄10 士3 13

瑛12 人2 14
暁12 人2 14
晃10 斗4 14
陽12 人2 14
瑛12 士3 15
暁12 士3 15
章11 斗4 15
誠13 人2 15
煌13 人2 15
瑛12 斗4 16
暁12 仁4 16
暁12 斗4 16
彰14 人2 16
聡14 人2 16
陽12 仁4 16
陽12 斗4 16

明8 希7 人2 17
煌13 斗4 17
彰14 仁4 18
彰14 斗4 18
明8 翔12 20
亮9 翔12 21
晃10 翔12 22
瑛12 都11 23
暁12 都11 23
章11 翔12 23
陽12 都11 23
瑛12 翔12 24
暁12 登12 24
暁12 翔12 24
晶12 翔12 24
陽12 翔12 24

誠13 翔12 25

### あきひさ

明8 久3 11
晃10 久3 13
瑛12 久3 15
晃10 寿7 17

### あきひと

昭9 仁4 13
章11 人2 13
晃10 仁4 14
章11 仁4 15
瑛12 仁4 16
暁12 仁4 16
彰14 人2 16
陽12 仁4 16
彰14 仁4 18

| 読み | 名前 | 各字の画数 | 総画 |
|---|---|---|---|
| あきひろ | 晃大 | 10・3 | 13 |
| | 明弘 | 8・5 | 13 |
| | 瑛大 | 12・3 | 15 |
| | 暁大 | 12・3 | 15 |
| | 晃弘 | 10・5 | 15 |
| | 明宏 | 8・7 | 15 |
| | 陽大 | 12・3 | 15 |
| | 晃宏 | 10・7 | 17 |
| | 暁洋 | 12・9 | 21 |
| | 明優 | 8・17 | 25 |
| あきふみ | 明史 | 8・5 | 13 |
| | 瑛文 | 12・4 | 16 |
| あきほ | 晃帆 | 10・6 | 16 |
| | 朗歩 | 10・8 | 18 |
| あきまさ | 明正 | 8・5 | 13 |
| | 明将 | 8・10 | 18 |
| | 明優 | 8・17 | 25 |
| あきや | 瑛也 | 12・3 | 15 |
| | 暁也 | 12・3 | 15 |
| | 明弥 | 8・8 | 16 |
| あきら | 昂 | 8 | 8 |
| | 明 | 8 | 8 |
| | 晃 | 10 | 10 |
| | 朗 | 10 | 10 |
| | 章 | 11 | 11 |
| | 彬 | 11 | 11 |
| | 瑛 | 12 | 12 |
| | 暁 | 12 | 12 |
| | 晶 | 12 | 12 |
| | 滉 | 13 | 13 |
| | 彰 | 14 | 14 |
| | 輝 | 15 | 15 |
| | 慧 | 15 | 15 |
| | 明良 | 8・7 | 15 |
| | 晃良 | 10・7 | 17 |
| あさき | 旭生 | 6・5 | 11 |
| | 旭希 | 6・7 | 13 |
| | 朝暉 | 12・13 | 25 |
| | 朝輝 | 12・15 | 27 |
| あさと | 旭人 | 6・2 | 8 |
| | 亜沙人 | 7・7・2 | 16 |
| | 朝斗 | 12・4 | 16 |
| | 明怜 | 8・8 | 16 |
| | 朝翔 | 12・12 | 24 |
| あさひ | 旭 | 6 | 6 |
| | 旭飛 | 6・9 | 15 |
| | 朝日 | 12・4 | 16 |
| | 旭陽 | 6・12 | 18 |
| | 朝飛 | 12・9 | 21 |
| | 朝陽 | 12・12 | 24 |
| あすか | 飛鳥 | 9・11 | 20 |
| | 明日翔 | 8・4・12 | 24 |
| あすと | 明日斗 | 8・4・4 | 16 |
| | 明日翔 | 8・4・12 | 24 |
| あずま | 梓真 | 11・10 | 21 |
| | 梓馬 | 11・10 | 21 |
| あつき | 充希 | 6・7 | 13 |
| | 敦己 | 12・3 | 15 |
| | 淳生 | 11・5 | 16 |
| | 敦生 | 12・5 | 17 |
| | 惇希 | 11・7 | 18 |
| | 篤生 | 16・5 | 21 |
| | 敦紀 | 12・9 | 21 |
| | 惇貴 | 11・12 | 23 |
| | 篤季 | 16・8 | 24 |
| | 敦稀 | 12・12 | 24 |
| | 敦貴 | 12・12 | 24 |
| | 篤紀 | 16・9 | 25 |
| | 敦暉 | 12・13 | 25 |
| | 篤貴 | 16・12 | 28 |
| | 敦樹 | 12・16 | 28 |
| | 篤輝 | 16・15 | 31 |
| | 篤樹 | 16・16 | 32 |
| あつし | 惇 | 11 | 11 |
| | 敦 | 12 | 12 |
| | 敦士 | 12・3 | 15 |
| | 淳史 | 11・5 | 16 |
| | 篤 | 16 | 16 |
| | 惇史 | 11・5 | 16 |
| | 敦史 | 12・5 | 17 |
| | 篤史 | 16・5 | 21 |
| | 篤志 | 16・7 | 23 |

### あつと
淳11人2 13
惇11人2 13
惇11斗4 15
敦12仁4 16
敦12斗4 16
篤16人2 18
篤16斗4 20
敦12翔12 24

### あつのり
篤16紀9 25

### あつひこ
敦12彦9 21

### あつひと
温12仁4 16
敦12仁4 16
篤16人2 18

### あつひろ
敦12大3 15
篤16弘5 21
篤16宏7 23

### あつや
敦12也3 15
敦12哉9 21
篤16弥8 24
篤16哉9 25

### あつろう
淳11朗10 21
篤16郎9 25

### あまと
天4飛9 13
天4翔12 16

### あまね
周8 8
天4音9 13

### あやた
絢12太4 16
綾14汰7 21
綺14汰7 21

### あやと
文4人2 6
礼5人2 7
郁9人2 11
彩11人2 13
彪11人2 13
絢12人2 14
絢12士3 15
彩11仁4 15
彩11斗4 15
絢12仁4 16
絢12斗4 16
綾14人2 16
彩11叶5 16
文4翔12 16
綺14人2 16
綾14斗4 18
絢12飛9 21
絢12都11 23
綾14音9 23
彩11翔12 23
絢12登12 24
絢12翔12 24
綾14都11 25
綾14翔12 26

### あゆき
歩8希7 15
歩8輝15 23
歩8樹16 24

### あゆた
歩8大3 11
歩8太4 12
歩8汰7 15

### あゆと
歩8叶5 13
歩8杜7 15
歩8音9 17
歩8翔12 20

### あゆま
歩8真10 18
歩8磨16 24

### あゆむ
歩8 8
歩8武8 16
歩8睦13 21
歩8夢13 21

### あらた
新13 13
新13大3 16
新13太4 17
新13汰7 20

### あれん
亜7蓮13 20
空8蓮13 21
明8廉13 21

### あんじ
庵11士3 14

- 庵司（11・5）16
- 晏慈（10・13）23
- 庵慈（11・13）24

## い

### いお
- 惟央（11・5）16
- 唯央（11・5）16
- 唯生（11・5）16
- 偉央（12・5）17
- 唯桜（11・10）21

### いおり
- 庵（11）11
- 一央利（1・5・7）13
- 一桜利（1・10・7）18

- 伊織（6・18）24
- 依央理（8・5・11）24
- 依織（8・18）26
- 惟織（11・18）29
- 唯織（11・18）29

### いくと
- 郁人（9・2）11
- 郁仁（9・4）13
- 郁斗（9・4）13
- 郁登（9・12）21
- 郁翔（9・12）21
- 幾登（12・12）24

### いくま
- 生真（5・10）15
- 郁真（9・10）19
- 郁磨（9・16）25

### いくや
- 育弥（8・8）16
- 郁弥（9・8）17
- 郁哉（9・9）18

### いしん
- 唯心（11・4）15
- 維心（14・4）18
- 維新（14・13）27

### いずみ
- 泉（9）9
- 伊純（6・10）16
- 一澄（1・15）16
- 伊澄（6・15）21
- 泉澄（9・15）24

### いち
- 一（1）1
- 壱（7）7
- 偉千（12・3）15
- 依知（8・8）16
- 唯智（11・12）23

### いちか
- 一禾（1・5）6
- 一翔（1・12）13
- 一嘉（1・14）15
- 一千翔（1・3・12）16

### いちご
- 一護（1・20）21
- 壱護（7・20）27

### いちた
- 一太（1・4）5
- 一汰（1・7）8
- 壱汰（7・7）14

### いちと
- 一仁（1・4）5
- 一叶（1・5）6
- 一登（1・12）13
- 一翔（1・12）13
- 壱都（7・11）18

### いちのしん
- 一之心（1・3・4）8
- 一之進（1・3・11）15

### いちのすけ
- 一乃介（1・2・4）7
- 一之助（1・3・7）11
- 一之亮（1・3・9）13
- 壱乃介（7・2・4）13

### いちや
- 一哉（1・9）10
- 壱弥（7・8）15
- 壱哉（7・9）16

### いちよう
- 一葉（1・12）13
- 一陽（1・12）13

### いちろう
- 一朗（1・10）11
- 伊知朗（6・8・10）24

### いっき
- 一希（1・7）8
- 一葵（1・12）13
- 一喜（1・12）13
- 一稀（1・12）13
- 一貴（1・12）13
- 一輝（1・15）16
- 一樹（1・16）17

### いつき

- 一1 絆11　12
- 惟11 月4　15
- 唯11 月4　15
- 偉12 月4　16
- 一1 輝15　16
- 樹16　16
- 維14 月4　18
- 稜13 生5　18
- 樹16 生5　21
- 壱7 樹16　23
- 樹16 希7　23
- 樹16 季8　24

### いづき

- 惟11 月4　15
- 偉12 月4　16
- 維14 月4　18

### いっけい

- 一1 敬12　13
- 一1 慶15　16
- 一1 慧15　16

### いっさ

- 一1 沙7　8
- 一1 冴7　8
- 一1 颯14　15
- 壱7 颯14　21

### いっしん

- 一1 心4　5
- 一1 芯7　8
- 一1 真10　11
- 壱7 心4　11
- 壱7 信9　16

### いっせい

- 一1 生5　6
- 一1 成6　7
- 一1 晟10　11
- 一1 晴12　13
- 一1 惺12　13
- 壱7 成6　13
- 一1 聖13　14
- 一1 誠13　14

### いっと

- 一1 斗4　5
- 壱7 斗4　11
- 一1 翔12　13

### いっぺい

- 一1 平5　6
- 逸11 平5　16

### いづる

- 一1 弦8　9
- 壱7 弦8　15
- 依8 弦8　16

### いと

- 絃11　11
- 惟11 人2　13
- 依8 杜7　15
- 唯11 斗4　15
- 維14 人2　16
- 伊6 都11　17
- 維14 斗4　18

### いぶき

- 一1 吹7　8
- い2 ぶ6 き4　12
- 伊6 吹7　13
- 依8 吹7　15
- 一1 颯14　15
- 一1 歩8 希7　16
- 勇9 吹7　16
- 惟11 吹7　18
- 唯11 吹7　18
- 維14 吹7　21
- 一1 歩8 輝15　24
- 一1 歩8 樹16　25

## う

### うきょう

- 右5 京8　13
- 右5 恭10　15
- 佑7 京8　15

### うた

- 詠12　12
- 宇6 汰7　13
- 羽6 汰7　13
- 詩13　13
- 羽6 泰10　16
- 詩13 大3　16
- 雅13 楽13　26

### うみ

- 海9　9
- 宇6 海9　15
- 羽6 海9　15

### うみと

- 海9 斗4　13
- 海9 音9　18
- 海9 翔12　21

# え

## えいいち
英8一1　9
瑛12一1　13

## えいいちろう
栄9一1朗10　20
瑛12一1朗10　23

## えいき
英8希7　15
栄9輝15　24
瑛12貴12　24

## えいきち
永5吉6　11
瑛12吉6　18

## えいご
永5悟10　15
英8吾7　15
永5護20　25

## えいさく
英8作7　15
瑛12朔10　22

## えいし
瑛12士3　15
英8志7　15
瑛12司5　17

## えいじ
英8士3　11
英8司5　13
瑛12士3　15
英8志7　15
栄9志7　16
瑛12仁4　16
英8治8　16
瑛12司5　17
永5慈13　18
瑛12志7　19
英8慈13　21

## えいしろう
瑛12士3郎9　24
英8志7郎9　24
瑛12士3朗10　25

## えいしん
栄9心4　13
永5真10　15
瑛12心4　16
詠12心4　16
瑛12信9　21
瑛12新13　25

## えいすけ
英8介4　12
栄9佑7　16
瑛12介4　16
詠12介4　16
英8祐9　17
瑛12亮9　21
栄9輔14　23
瑛12輔14　26

## えいせい
瑛12世5　17
英8政9　17
瑛12星9　21
英8誠13　21

## えいた
栄9太4　13
永5泰10　15
瑛12大3　15
英8汰7　15
瑛12太4　16
詠12太4　16
瑛12多6　18
榮14太4　18

## えいだい
英8大3　11
瑛12大3　15

## えいたろう
英8太4郎9　21
瑛12太4郎9　25
詠12太4郎9　25

## えいと
永5人2　7
栄9斗4　13
瑛12人2　14
瑛12士3　15
永5都11　16
瑛12仁4　16
瑛12斗4　16
榮14人2　16
永5翔12　17
瑛12叶5　17
栄9翔12　21
瑛12音9　21
瑛12都11　23
瑛12登12　24
瑛12翔12　24

えいま
永真 5 10 15
瑛真 12 10 22

えにし
縁 15 15
縁士 15 3 18

# お

おう
央 5 5
凰 11 11

おうが
央雅 5 13 18
桜河 10 8 18
旺雅 8 13 21
桜雅 10 13 23
凰雅 11 13 24
桜駕 10 15 25

おうき
旺生 8 5 13
旺希 8 7 15
桜希 10 7 17
桜季 10 8 18
央樹 5 16 21
旺輝 8 15 23
桜輝 10 15 25

おうし
桜志 10 7 17
凰志 11 7 18

おうしろう
旺史朗 8 5 10 23
桜士朗 10 3 10 23
旺志郎 8 7 9 24
桜史郎 10 5 9 24
凰士朗 11 3 10 24
旺志朗 8 7 10 25

おうしん
旺心 8 4 12
桜心 10 4 14
凰心 11 4 15

おうすけ
央佑 5 7 12
旺介 8 4 12
央祐 5 9 14
桜介 10 4 14
旺佑 8 7 15
凰介 11 4 15
旺祐 8 9 17
桜佑 10 7 17
央輔 5 14 19
應介 17 4 21
桜輔 10 14 24

おうせい
央成 5 6 11
旺生 8 5 13
旺成 8 6 14
央晟 5 10 15
桜生 10 5 15
桜成 10 6 16
央惺 5 12 17
央誠 5 13 18
旺誠 8 13 21
桜誠 10 13 23
凰聖 11 13 24

おうた
旺太 8 4 12
桜大 10 3 13
凰太 11 4 15
桜汰 10 7 17

おうだい
旺大 8 3 11
桜大 10 3 13

おうたろう
央太郎 5 4 9 18
旺太郎 8 4 9 21
桜太朗 10 4 10 24
凰太郎 11 4 9 24

おうり
旺李 8 7 15
央理 5 11 16
桜吏 10 6 16

おさむ
修 10 10
理 11 11

おと
央人 5 2 7
凰斗 11 4 15
音翔 9 12 21
桜都 10 11 21

おとや
音弥 9 8 17
音哉 9 9 18

おりと
織人 18 2 20
織士 18 3 21

# か

## かい

快7 7
海9 9
開12 12
楷13 13
魁14 14
可5 惟11 16
櫂18 18
夏10 惟11 21
夏10 唯11 21
夏10 維14 24

## かいし

海9 志7 16
開12 志7 19
櫂18 志7 25

## かいじ

海9 司5 14
櫂18 司5 23

## かいしん

海9 心4 13
凱12 心4 16

## かいせい

快7 成6 13
海9 生5 14
海9 成6 15
快7 星9 16
快7 晟10 17
海9 星9 18
快7 誠13 20
海9 晴12 21
海9 惺12 21
海9 聖13 22
櫂18 生5 23
櫂18 成6 24

## かいち

嘉14 一1 15
海9 智12 21

## かいと

快7 人2 9
快7 斗4 11
海9 人2 11
海9 斗4 13
凱12 士3 15
禾5 紘11 16
魁14 人2 16
凱12 斗4 16
海9 音9 18
海9 飛9 18
海9 渡12 21
海9 翔12 21
櫂18 士3 21
櫂18 斗4 22
開12 翔12 24
凱12 翔12 24

## かいり

浬10 10
海9 吏6 15
海9 李7 16
海9 里7 16
快7 理11 18
凱12 吏6 18
魁14 利7 21
海9 璃15 24

## かいる

海9 琉11 20
海9 瑠14 23
凱12 琉11 23

## かえで

楓13 13

## かおる

薫16 16
馨20 20

## かける

翔12 12
駆14 14
駈15 15
翔12 琉11 23

## かずあき

和8 明8 16
和8 晃10 18
一1 耀20 21

## かずおみ

一1 臣7 8
和8 臣7 15

## かずき

一1 希7 8
一1 葵12 13
一1 喜12 13
一1 稀12 13
一1 貴12 13
和8 生5 13
和8 希7 15
一1 輝15 16

壱7紀9　16
和8季8　16
一1樹16　17
和8紀9　17
千3輝15　18
和8貴12　20
和8暉13　21
和8輝15　23
和8樹16　24

**かずし**

一1志7　8
和8志7　15
和8詩13　21

**かずたか**

和8孝7　15
和8貴12　20

**かずと**

和8人2　10
一1登12　13
一1翔12　13
千3翔12　15
和8虎8　16
和8飛9　17
和8翔12　20

**かずとし**

一1寿7　8
和8寿7　15
和8俊9　17

**かずなり**

一1成6　7
和8也3　11
和8成6　14

**かずは**

一1葉12　13
和8芭7　15

**かずはる**

一1晴12　13
和8治8　16
和8陽12　20

**かずひと**

一1仁4　5
和8仁4　12

**かずひろ**

一1弘5　6
千3紘10　13
和8宏7　15

**かずふみ**

和8史5　13

**かずほ**

和8帆6　14
一1穂15　16
和8穂15　23

**かずま**

一1真10　11
一1馬10　11
一1眞10　11
一1磨16　17
和8真10　18
和8馬10　18
和8眞10　18
和8磨16　24

**かずまさ**

和8正5　13
和8将10　18
和8優17　25

**かずや**

和8也3　11
和8弥8　16
和8哉9　17

**かずゆき**

千3幸8　11
和8志7　15
和8幸8　16

**かずよし**

一1義13　14
和8義13　21
和8慶15　23

**かつき**

翔12月4　16
克7樹16　23

**かづき**

翔12月4　16
嘉14月4　18

**かつや**

克7弥8　15
克7哉9　16

**かなた**

叶5大3　8
奏9大3　12
哉9太4　13
奏9太4　13
奏9多6　15
夏10向6　16
哉9汰7　16
奏9汰7　16
夏10那7太4　21

| 読み | 名前 | 各字の画数 | 総画 |
|---|---|---|---|
| かなで | 奏 | 9 | 9 |
| かなと | 叶人 | 5・2 | 7 |
| かなと | 哉人 | 9・2 | 11 |
| かなと | 奏人 | 9・2 | 11 |
| かなと | 奏仁 | 9・4 | 13 |
| かなと | 奏斗 | 9・4 | 13 |
| かなと | 叶都 | 5・11 | 16 |
| かなと | 叶翔 | 5・12 | 17 |
| かなと | 奏音 | 9・9 | 18 |
| かなと | 奏都 | 9・11 | 20 |
| かなと | 夏那斗 | 10・7・4 | 21 |
| かなと | 奏翔 | 9・12 | 21 |
| かなめ | 要 | 9 | 9 |
| かなめ | 叶芽 | 5・8 | 13 |
| かなめ | 奏芽 | 9・8 | 17 |
| かん | 寛 | 13 | 13 |
| かん | 幹 | 13 | 13 |
| かん | 環 | 17 | 17 |
| かんげん | 寛玄 | 13・5 | 18 |
| かんげん | 寛弦 | 13・8 | 21 |
| かんすけ | 勘介 | 11・4 | 15 |
| かんすけ | 寛介 | 13・4 | 17 |
| かんすけ | 勘助 | 11・7 | 18 |
| かんた | 勘太 | 11・4 | 15 |
| かんた | 貫太 | 11・4 | 15 |
| かんた | 寛大 | 13・3 | 16 |
| かんた | 幹大 | 13・3 | 16 |
| かんた | 敢太 | 12・4 | 16 |
| かんた | 寛太 | 13・4 | 17 |
| かんた | 幹太 | 13・4 | 17 |
| かんた | 栞汰 | 10・7 | 17 |
| かんた | 貫汰 | 11・7 | 18 |
| かんた | 環太 | 17・4 | 21 |
| かんたろう | 貫太郎 | 11・4・9 | 24 |
| かんたろう | 栞太朗 | 10・4・10 | 24 |
| かんたろう | 寛大郎 | 13・3・9 | 25 |
| かんたろう | 幹太朗 | 13・4・10 | 27 |
| がく | 学 | 8 | 8 |
| がく | 岳 | 8 | 8 |
| がく | 楽 | 13 | 13 |
| がく | 賀久 | 12・3 | 15 |
| がく | 樂 | 15 | 15 |
| がく | 雅久 | 13・3 | 16 |
| がくと | 岳斗 | 8・4 | 12 |
| がくと | 岳杜 | 8・7 | 15 |
| がくと | 楽人 | 13・2 | 15 |
| がくと | 楽斗 | 13・4 | 17 |
| がくと | 岳翔 | 8・12 | 20 |

## き

| 読み | 名前 | 各字の画数 | 総画 |
|---|---|---|---|
| きいち | 希一 | 7・1 | 8 |
| きいち | 桔一 | 10・1 | 11 |
| きいち | 葵一 | 12・1 | 13 |
| きいち | 喜一 | 12・1 | 13 |
| きいち | 稀一 | 12・1 | 13 |
| きいち | 貴一 | 12・1 | 13 |
| きいち | 紀壱 | 9・7 | 16 |
| きいち | 輝一 | 15・1 | 16 |
| きいち | 喜市 | 12・5 | 17 |
| きいち | 樹一 | 16・1 | 17 |
| きしん | 絆心 | 11・4 | 15 |
| きしん | 喜心 | 12・4 | 16 |
| きしん | 輝真 | 15・10 | 25 |
| きすけ | 葵介 | 12・4 | 16 |
| きすけ | 喜介 | 12・4 | 16 |
| きすけ | 希輔 | 7・14 | 21 |
| きずな | 絆 | 11 | 11 |
| きちのすけ | 吉之介 | 6・3・4 | 13 |
| きちのすけ | 吉之助 | 6・3・7 | 16 |
| きっぺい | 吉平 | 6・5 | 11 |
| きっぺい | 桔平 | 10・5 | 15 |
| きはる | 希春 | 7・9 | 16 |
| きはる | 稀悠 | 12・11 | 23 |
| きはる | 喜晴 | 12・12 | 24 |
| きはる | 稀陽 | 12・12 | 24 |
| きひろ | 希紘 | 7・10 | 17 |
| きひろ | 希優 | 7・17 | 24 |

## きょう

匡6　6
京8　8
恭10　10
響20　20

## きょういち

恭10一1　11
響20一1　21

## きょういちろう

京8一1郎9　18
恭10一1朗10　21
響20一1郎9　30

## きょうご

京8吾7　15
恭10吾7　17
恭10梧11　21

## きょうじ

京8司5　13
恭10士3　13
恭10司5　15

## きょうしろう

京8士3朗10　21
恭10司5郎9　24
京8志7朗10　25

## きょうすけ

京8介4　12
匡6佑7　13
恭10介4　14
京8佑7　15
恭10丞6　16
恭10佑7　17
杏7輔14　21
恭10輔14　24
響20介4　24

## きょうた

杏7太4　11
恭10太4　14
響20太4　24

## きょうたろう

京8太4郎9　21
恭10太4郎9　23

## きょうのすけ

杏7之3介4　14
京8之3介4　15

## きょうへい

匡6平5　11
京8平5　13
恭10平5　15

## きょうや

京8也3　11
恭10也3　13
杏7弥8　15
匡6哉9　15
恭10矢5　15
京8弥8　16
恭10弥8　18

## きよと

清11斗4　15
清11登12　23
清11翔12　23
聖13都11　24

## きよはる

清11陽12　23
聖13晴12　25

## きりと

桐10人2　12
桐10都11　21

# く

## くうが

空8我7　15
空8河8　16
空8雅13　21

## くうや

空8也3　11
空8弥8　16
空8哉9　17

## くおん

久3遠13　16
玖7音9　16
空8穏16　24

## くらのすけ

蔵15之3介4　22
蔵15之3助7　25

## くんぺい

薫16平5　21

# け

## けい

圭6　6
佳8　8
京8　8
恵10　10
啓11　11

| 名前 | 画数 | 総画 |
| --- | --- | --- |
| 彗 | 11 | 11 |
| 敬 | 12 | 12 |
| 景 | 12 | 12 |
| 慶 | 15 | 15 |
| 慧 | 15 | 15 |
| 圭偉 | 6・12 | 18 |

**けいいち**

| 名前 | 画数 | 総画 |
| --- | --- | --- |
| 圭一 | 6・1 | 7 |
| 恵一 | 10・1 | 11 |
| 慶一 | 15・1 | 16 |
| 慧一 | 15・1 | 16 |

**けいいちろう**

| 名前 | 画数 | 総画 |
| --- | --- | --- |
| 圭一朗 | 6・1・10 | 17 |
| 佳一郎 | 8・1・9 | 18 |
| 啓一郎 | 11・1・9 | 21 |
| 恵一朗 | 10・1・10 | 21 |
| 慶一郎 | 15・1・9 | 25 |

**けいご**

| 名前 | 画数 | 総画 |
| --- | --- | --- |
| 圭伍 | 6・6 | 12 |
| 圭吾 | 6・7 | 13 |
| 佳吾 | 8・7 | 15 |
| 圭悟 | 6・10 | 16 |
| 恵伍 | 10・6 | 16 |
| 圭梧 | 6・11 | 17 |
| 恵吾 | 10・7 | 17 |
| 啓吾 | 11・7 | 18 |
| 啓悟 | 11・10 | 21 |
| 恵梧 | 10・11 | 21 |
| 慶伍 | 15・6 | 21 |
| 慶吾 | 15・7 | 22 |
| 慶悟 | 15・10 | 25 |
| 慧悟 | 15・10 | 25 |

**けいし**

| 名前 | 画数 | 総画 |
| --- | --- | --- |
| 圭志 | 6・7 | 13 |
| 佳志 | 8・7 | 15 |
| 啓史 | 11・5 | 16 |
| 啓志 | 11・7 | 18 |
| 慶士 | 15・3 | 18 |
| 啓詩 | 11・13 | 24 |

**けいじ**

| 名前 | 画数 | 総画 |
| --- | --- | --- |
| 慶士 | 15・3 | 18 |
| 慶司 | 15・5 | 20 |
| 慶次 | 15・6 | 21 |
| 慶治 | 15・8 | 23 |
| 啓慈 | 11・13 | 24 |

**けいじゅ**

| 名前 | 画数 | 総画 |
| --- | --- | --- |
| 圭寿 | 6・7 | 13 |
| 慶樹 | 15・16 | 31 |

**けいしょう**

| 名前 | 画数 | 総画 |
| --- | --- | --- |
| 圭将 | 6・10 | 16 |
| 慶昇 | 15・8 | 23 |
| 慶翔 | 15・12 | 27 |

**けいしろう**

| 名前 | 画数 | 総画 |
| --- | --- | --- |
| 啓士郎 | 11・3・9 | 23 |
| 啓士朗 | 11・3・10 | 24 |
| 慶志朗 | 15・7・10 | 32 |

**けいじろう**

| 名前 | 画数 | 総画 |
| --- | --- | --- |
| 啓次郎 | 11・6・9 | 26 |
| 慶次郎 | 15・6・9 | 30 |

**けいしん**

| 名前 | 画数 | 総画 |
| --- | --- | --- |
| 啓心 | 11・4 | 15 |
| 敬心 | 12・4 | 16 |
| 慶心 | 15・4 | 19 |
| 啓真 | 11・10 | 21 |
| 慶信 | 15・9 | 24 |

**けいすけ**

| 名前 | 画数 | 総画 |
| --- | --- | --- |
| 圭佑 | 6・7 | 13 |
| 恵介 | 10・4 | 14 |
| 啓介 | 11・4 | 15 |
| 圭祐 | 6・9 | 15 |
| 敬介 | 12・4 | 16 |
| 恵佑 | 10・7 | 17 |
| 佳輔 | 8・14 | 22 |
| 恵輔 | 10・14 | 24 |
| 慶祐 | 15・9 | 24 |
| 慶亮 | 15・9 | 24 |
| 啓輔 | 11・14 | 25 |

**けいせい**

| 名前 | 画数 | 総画 |
| --- | --- | --- |
| 啓生 | 11・5 | 16 |
| 慶成 | 15・6 | 21 |
| 啓誠 | 11・13 | 24 |
| 慶星 | 15・9 | 24 |

**けいた**

| 名前 | 画数 | 総画 |
| --- | --- | --- |
| 圭太 | 6・4 | 10 |
| 佳大 | 8・3 | 11 |
| 佳太 | 8・4 | 12 |
| 圭汰 | 6・7 | 13 |
| 恵大 | 10・3 | 13 |
| 恵太 | 10・4 | 14 |
| 京汰 | 8・7 | 15 |
| 啓太 | 11・4 | 15 |
| 恵多 | 10・6 | 16 |
| 敬太 | 12・4 | 16 |
| 景太 | 12・4 | 16 |
| 惠太 | 12・4 | 16 |
| 啓汰 | 11・7 | 18 |

| | | |
|---|---|---|
| 慶大 | 15 3 | 18 |
| 慶太 | 15 4 | 19 |
| 慧太 | 15 4 | 19 |
| 慶多 | 15 6 | 21 |

**けいたろう**

| | | |
|---|---|---|
| 啓太郎 | 11 4 9 | 24 |
| 恵太朗 | 10 4 10 | 24 |
| 啓太朗 | 11 4 10 | 25 |
| 敬太郎 | 12 4 9 | 25 |
| 景太郎 | 12 4 9 | 25 |
| 慶太朗 | 15 4 10 | 29 |

**けいと**

| | | |
|---|---|---|
| 圭人 | 6 2 | 8 |
| 啓人 | 11 2 | 13 |
| 恵斗 | 10 4 | 14 |
| 啓仁 | 11 4 | 15 |
| 啓斗 | 11 4 | 15 |
| 敬斗 | 12 4 | 16 |
| 惠斗 | 12 4 | 16 |
| 圭都 | 6 11 | 17 |
| 慶人 | 15 2 | 17 |
| 慧人 | 15 2 | 17 |
| 圭登 | 6 12 | 18 |
| 圭翔 | 6 12 | 18 |
| 恵都 | 10 11 | 21 |
| 恵翔 | 10 12 | 22 |
| 啓翔 | 11 12 | 23 |
| 景都 | 12 11 | 23 |
| 景翔 | 12 12 | 24 |
| 慶翔 | 15 12 | 27 |

**けいま**

| | | |
|---|---|---|
| 圭真 | 6 10 | 16 |
| 啓真 | 11 10 | 21 |
| 慶真 | 15 10 | 25 |
| 慧真 | 15 10 | 25 |

**けいや**

| | | |
|---|---|---|
| 圭弥 | 6 8 | 14 |
| 慶也 | 15 3 | 18 |
| 慧弥 | 15 8 | 23 |
| 慶哉 | 15 9 | 24 |

**けん**

| | | |
|---|---|---|
| 健 | 11 | 11 |
| 憲 | 16 | 16 |
| 賢 | 16 | 16 |
| 謙 | 17 | 17 |

**けんいち**

| | | |
|---|---|---|
| 健一 | 11 1 | 12 |
| 賢一 | 16 1 | 17 |

**けんご**

| | | |
|---|---|---|
| 健吾 | 11 7 | 18 |
| 健悟 | 11 10 | 21 |
| 賢吾 | 16 7 | 23 |
| 謙吾 | 17 7 | 24 |

**けんし**

| | | |
|---|---|---|
| 健志 | 11 7 | 18 |
| 憲志 | 16 7 | 23 |
| 謙志 | 17 7 | 24 |

**けんじ**

| | | |
|---|---|---|
| 健司 | 11 5 | 16 |
| 健志 | 11 7 | 18 |
| 賢治 | 16 8 | 24 |

**けんしょう**

| | | |
|---|---|---|
| 健生 | 11 5 | 16 |
| 健将 | 11 10 | 21 |
| 健翔 | 11 12 | 23 |

**けんしろう**

| | | |
|---|---|---|
| 健士朗 | 11 3 10 | 24 |
| 健志郎 | 11 7 9 | 27 |
| 謙志郎 | 17 7 9 | 33 |

**けんしん**

| | | |
|---|---|---|
| 剣心 | 10 4 | 14 |
| 健心 | 11 4 | 15 |
| 絢心 | 12 4 | 16 |
| 堅心 | 12 4 | 16 |
| 健真 | 11 10 | 21 |
| 謙心 | 17 4 | 21 |
| 健慎 | 11 13 | 24 |
| 賢信 | 16 9 | 25 |
| 謙信 | 17 9 | 26 |
| 謙真 | 17 10 | 27 |

**けんすけ**

| | | |
|---|---|---|
| 健介 | 11 4 | 15 |
| 絢介 | 12 4 | 16 |
| 健佑 | 11 7 | 18 |
| 賢祐 | 16 9 | 25 |

**けんせい**

| | | |
|---|---|---|
| 健生 | 11 5 | 16 |
| 健成 | 11 6 | 17 |
| 賢生 | 16 5 | 21 |
| 賢誠 | 16 13 | 29 |

**けんた**

| | | |
|---|---|---|
| 健大 | 11 3 | 14 |
| 絢大 | 12 3 | 15 |
| 健太 | 11 4 | 15 |
| 健汰 | 11 7 | 18 |
| 謙太 | 17 4 | 21 |

### けんたろう
- 健11 太4 郎9　24
- 健11 太4 朗10　25
- 憲16 太4 郎9　29
- 謙17 太4 郎9　30

### けんと
- 健11 人2　13
- 健11 斗4　15
- 絢12 斗4　16
- 賢16 人2　18
- 謙17 人2　19
- 賢16 斗4　20
- 健11 翔12　23

### けんや
- 絢12 哉9　21
- 賢16 弥8　24

### けんゆう
- 健11 友4　15
- 絢12 友4　16
- 賢16 侑8　24

### げん
- 元4　4
- 玄5　5
- 弦8　8
- 絃11　11
- 源13　13

### げんき
- 元4 気6　10
- 弦8 希7　15
- 元4 貴12　16
- 絃11 希7　18
- 元4 輝15　19
- 弦8 輝15　23

### げんしん
- 源13 心4　17
- 弦8 新13　21

### げんせい
- 玄5 晴12　17
- 弦8 誠13　21

### げんた
- 元4 太4　8
- 舷11 太4　15
- 源13 大3　16
- 源13 太4　17

### げんと
- 元4 杜7　11
- 絃11 人2　13
- 元4 翔12　16
- 玄5 都11　16
- 玄5 翔12　17

## こ

### こう
- 巧5　5
- 光6　6
- 孝7　7
- 昊8　8
- 皇9　9
- 洸9　9
- 晃10　10
- 紘10　10
- 航10　10
- 滉13　13
- 煌13　13

### こういち
- 光6 一1　7
- 幸8 一1　9
- 晃10 一1　11
- 耕10 一1　11
- 航10 一1　11

### こういちろう
- 孝7 一1 郎9　17
- 航10 一1 朗10　21

### こうが
- 幸8 雅13　21
- 凰11 雅13　24
- 煌13 雅13　26

### こうき
- 光6 希7　13
- 幸8 希7　15
- 晃10 生5　15
- 航10 生5　15
- 虹9 希7　16
- 洸9 希7　16
- 倖10 希7　17
- 晃10 希7　17
- 航10 希7　17
- 晄10 希7　17
- 光6 輝15　21
- 孝7 樹16　23
- 幸8 輝15　23
- 昂8 輝15　23
- 昊8 輝15　23
- 昂8 樹16　24
- 航10 輝15　25

| | | | | |
|---|---|---|---|---|
| 煌貴 | 13 | 12 | | 25 |
| 煌樹 | 13 | 16 | | 29 |

### こうし

| | | | | |
|---|---|---|---|---|
| 光志 | 6 | 7 | | 13 |
| 晃士 | 10 | 3 | | 13 |
| 幸志 | 8 | 7 | | 15 |
| 浩志 | 10 | 7 | | 17 |

### こうじ

| | | | | |
|---|---|---|---|---|
| 光志 | 6 | 7 | | 13 |
| 晃司 | 10 | 5 | | 15 |
| 恒志 | 9 | 7 | | 16 |

### こうしろう

| | | | | |
|---|---|---|---|---|
| 幸士朗 | 8 | 3 | 10 | 21 |
| 幸史朗 | 8 | 5 | 10 | 23 |
| 航史郎 | 10 | 5 | 9 | 24 |
| 康志郎 | 11 | 7 | 9 | 27 |

### こうすけ

| | | | | |
|---|---|---|---|---|
| 孝介 | 7 | 4 | | 11 |
| 光佑 | 6 | 7 | | 13 |
| 洸介 | 9 | 4 | | 13 |
| 航介 | 10 | 4 | | 14 |
| 幸助 | 8 | 7 | | 15 |
| 康介 | 11 | 4 | | 15 |
| 孝祐 | 7 | 9 | | 16 |
| 煌介 | 13 | 4 | | 17 |
| 康佑 | 11 | 7 | | 18 |
| 晃輔 | 10 | 14 | | 24 |
| 浩輔 | 10 | 14 | | 24 |
| 康輔 | 11 | 14 | | 25 |

### こうせい

| | | | | |
|---|---|---|---|---|
| 光星 | 6 | 9 | | 15 |
| 晃正 | 10 | 5 | | 15 |
| 康生 | 11 | 5 | | 16 |
| 康成 | 11 | 6 | | 17 |
| 弘誠 | 5 | 13 | | 18 |
| 煌世 | 13 | 5 | | 18 |
| 煌生 | 13 | 5 | | 18 |
| 好誠 | 6 | 13 | | 19 |
| 煌成 | 13 | 6 | | 19 |
| 幸聖 | 8 | 13 | | 21 |
| 幸誠 | 8 | 13 | | 21 |
| 康晴 | 11 | 12 | | 23 |
| 晃誠 | 10 | 13 | | 23 |
| 康誠 | 11 | 13 | | 24 |
| 煌聖 | 13 | 13 | | 26 |

### こうた

| | | | | |
|---|---|---|---|---|
| 孝太 | 7 | 4 | | 11 |
| 宏太 | 7 | 4 | | 11 |
| 幸大 | 8 | 3 | | 11 |
| 幸太 | 8 | 4 | | 12 |
| 光汰 | 6 | 7 | | 13 |
| 航大 | 10 | 3 | | 13 |
| 虹太 | 9 | 4 | | 13 |
| 洸太 | 9 | 4 | | 13 |
| 晃太 | 10 | 4 | | 14 |
| 航太 | 10 | 4 | | 14 |
| 幸汰 | 8 | 7 | | 15 |
| 康太 | 11 | 4 | | 15 |
| 昂汰 | 8 | 7 | | 15 |
| 昊汰 | 8 | 7 | | 15 |
| 煌大 | 13 | 3 | | 16 |
| 晃汰 | 10 | 7 | | 17 |
| 航汰 | 10 | 7 | | 17 |
| 煌太 | 13 | 4 | | 17 |

### こうだい

| | | | | |
|---|---|---|---|---|
| 功大 | 5 | 3 | | 8 |
| 広大 | 5 | 3 | | 8 |
| 幸大 | 8 | 3 | | 11 |
| 昂大 | 8 | 3 | | 11 |
| 昊大 | 8 | 3 | | 11 |
| 航大 | 10 | 3 | | 13 |
| 煌大 | 13 | 3 | | 16 |

### こうたろう

| | | | | |
|---|---|---|---|---|
| 孝太朗 | 7 | 4 | 10 | 21 |
| 幸太郎 | 8 | 4 | 9 | 21 |
| 倖太郎 | 10 | 4 | 9 | 23 |
| 光汰朗 | 6 | 7 | 10 | 23 |
| 晃太郎 | 10 | 4 | 9 | 23 |
| 航太郎 | 10 | 4 | 9 | 23 |
| 洸太朗 | 9 | 4 | 10 | 23 |
| 康太郎 | 11 | 4 | 9 | 24 |
| 耕太朗 | 10 | 4 | 10 | 24 |
| 航太朗 | 10 | 4 | 10 | 24 |

### こうへい

| | | | | |
|---|---|---|---|---|
| 光平 | 6 | 5 | | 11 |
| 幸平 | 8 | 5 | | 13 |
| 昂平 | 8 | 5 | | 13 |
| 晃平 | 10 | 5 | | 15 |
| 紘平 | 10 | 5 | | 15 |
| 航平 | 10 | 5 | | 15 |
| 康平 | 11 | 5 | | 16 |
| 滉平 | 13 | 5 | | 18 |
| 煌平 | 13 | 5 | | 18 |

### こうめい

| | | | | |
|---|---|---|---|---|
| 弘明 | 5 | 8 | | 13 |
| 孝明 | 7 | 8 | | 15 |

| 名前 | 画数 | 総画 |
|---|---|---|
| 幸明 | 8・8 | 16 |
| 昂明 | 8・8 | 16 |
| 煌明 | 13・8 | 21 |

### こうや

| 名前 | 画数 | 総画 |
|---|---|---|
| 晃也 | 10・3 | 13 |
| 紘也 | 10・3 | 13 |
| 航也 | 10・3 | 13 |
| 昊矢 | 8・5 | 13 |
| 光哉 | 6・9 | 15 |
| 幸弥 | 8・8 | 16 |
| 昂弥 | 8・8 | 16 |
| 昊弥 | 8・8 | 16 |
| 滉也 | 13・3 | 16 |
| 煌也 | 13・3 | 16 |

### こうよう

| 名前 | 画数 | 総画 |
|---|---|---|
| 向陽 | 6・12 | 18 |
| 虹陽 | 9・12 | 21 |

### こころ

| 名前 | 画数 | 総画 |
|---|---|---|
| 心 | 4 | 4 |

### こじろう

| 名前 | 画数 | 総画 |
|---|---|---|
| 小次郎 | 3・6・9 | 18 |
| 虎次郎 | 8・6・9 | 23 |
| 琥士朗 | 12・3・10 | 25 |

### こたろう

| 名前 | 画数 | 総画 |
|---|---|---|
| 心太朗 | 4・4・10 | 18 |
| 虎太郎 | 8・4・9 | 21 |
| 虎大朗 | 8・3・10 | 21 |
| 虎太朗 | 8・4・10 | 22 |
| 虎汰郎 | 8・7・9 | 24 |
| 琥大郎 | 12・3・9 | 24 |
| 琥太郎 | 12・4・9 | 25 |
| 琥大朗 | 12・3・10 | 25 |
| 琥太朗 | 12・4・10 | 26 |

### こてつ

| 名前 | 画数 | 総画 |
|---|---|---|
| 虎哲 | 8・10 | 18 |
| 虎鉄 | 8・13 | 21 |
| 虎徹 | 8・15 | 23 |

### こはく

| 名前 | 画数 | 総画 |
|---|---|---|
| 虎白 | 8・5 | 13 |
| 虎珀 | 8・9 | 17 |
| 琥白 | 12・5 | 17 |
| 琥珀 | 12・9 | 21 |

### ごう

| 名前 | 画数 | 総画 |
|---|---|---|
| 郷 | 11 | 11 |
| 豪 | 14 | 14 |

### ごうき

| 名前 | 画数 | 総画 |
|---|---|---|
| 豪己 | 14・3 | 17 |
| 剛輝 | 10・15 | 25 |

## さ

### さきと

| 名前 | 画数 | 総画 |
|---|---|---|
| 咲人 | 9・2 | 11 |
| 咲斗 | 9・4 | 13 |
| 咲翔 | 9・12 | 21 |

### さく

| 名前 | 画数 | 総画 |
|---|---|---|
| 朔 | 10 | 10 |
| 朔久 | 10・3 | 13 |
| 咲玖 | 9・7 | 16 |
| 咲空 | 9・8 | 17 |
| 朔玖 | 10・7 | 17 |
| 朔空 | 10・8 | 18 |

### さくた

| 名前 | 画数 | 総画 |
|---|---|---|
| 咲太 | 9・4 | 13 |
| 朔大 | 10・3 | 13 |
| 朔太 | 10・4 | 14 |

### さくたろう

| 名前 | 画数 | 総画 |
|---|---|---|
| 咲太郎 | 9・4・9 | 22 |
| 咲太朗 | 9・4・10 | 23 |
| 朔太郎 | 10・4・9 | 23 |
| 朔太朗 | 10・4・10 | 24 |
| 咲多朗 | 9・6・10 | 25 |

### さくと

| 名前 | 画数 | 総画 |
|---|---|---|
| 咲人 | 9・2 | 11 |
| 朔人 | 10・2 | 12 |
| 咲斗 | 9・4 | 13 |
| 朔士 | 10・3 | 13 |
| 朔斗 | 10・4 | 14 |
| 咲都 | 9・11 | 20 |
| 咲翔 | 9・12 | 21 |
| 朔都 | 10・11 | 21 |
| 朔登 | 10・12 | 22 |
| 朔翔 | 10・12 | 22 |

### さくのすけ

| 名前 | 画数 | 総画 |
|---|---|---|
| 咲之介 | 9・3・4 | 16 |
| 朔之介 | 10・3・4 | 17 |

### さくま

| 名前 | 画数 | 総画 |
|---|---|---|
| 咲真 | 9・10 | 19 |
| 朔真 | 10・10 | 20 |
| 朔馬 | 10・10 | 20 |

### さくや

| 名前 | 画数 | 総画 |
|---|---|---|
| 咲也 | 9・3 | 12 |
| 朔也 | 10・3 | 13 |
| 朔矢 | 10・5 | 15 |
| 咲弥 | 9・8 | 17 |
| 咲哉 | 9・9 | 18 |

- 朔10 弥8　18
- 朔10 哉9　19

### さすけ

- 冴7 介4　11
- 颯14 介4　18

### さつき

- 皐11　11
- 皐11 月4　15
- 颯14 希7　21
- 颯14 貴12　26

### さとし

- 怜8　8
- 智12　12
- 聡14　14
- 慧15　15
- 智12 士3　15
- 哲10 史5　15
- 悟10 志7　17
- 智12 志7　19
- 聡14 志7　21

### さとる

- 悟10　10
- 惺12　12
- 聡14　14
- 慧15　15

## し

### しおう

- 士3 桜10　13
- 志7 旺8　15
- 詩13 桜10　23

### しおん

- 士3 恩10　13
- 史5 恩10　15
- 志7 音9　16
- 心4 温12　16
- 志7 恩10　17
- 志7 温12　19
- 史5 穏16　21
- 紫12 音9　21
- 詩13 音9　22
- 志7 穏16　23

### しずく

- 雫11　11
- 雫11 玖7　18

### しづき

- 志7 月4　11
- 紫12 月4　16

### しどう

- 士3 道12　15
- 志7 道12　19
- 獅13 堂11　24

### しのぶ

- 忍7　7
- 志7 信9　16

### しゅう

- 秀7　7
- 周8　8
- 柊9　9
- 修10　10
- 珠10 生5　15
- 柊9 羽6　15
- 珠10 羽6　16

### しゅう

- 史5 侑8　13
- 志7 勇9　16
- 志7 優17　24

### しゅういち

- 秀7 一1　8
- 柊9 一1　10
- 修10 一1　11

### しゅういちろう

- 秀7 一1 郎9　17
- 柊9 一1 郎9　19
- 修10 一1 郎9　20

### しゅうえい

- 修10 永5　15
- 秀7 英8　15
- 脩11 詠12　23

### しゅうき

- 柊9 希7　16
- 柊9 貴12　21
- 秀7 輝15　22

### しゅうご

- 秀7 伍6　13
- 周8 吾7　15
- 柊9 吾7　16
- 修10 吾7　17
- 秀7 悟10　17
- 脩11 吾7　18
- 修10 悟10　20

### しゅうじ

- 柊9 司5　14
- 修10 司5　15
- 柊9 志7　16

柊治 9 8 17

## しゅうすけ

秀介 7 4 11
柊介 9 4 13
秀祐 7 9 16

## しゅうせい

秀成 7 6 13
秀征 7 8 15
柊成 9 6 15
柊星 9 9 18
柊惺 9 12 21

## しゅうた

秀太 7 4 11
柊太 9 4 13
修太 10 4 14
柊汰 9 7 16

## しゅうたろう

秀太朗 7 4 10 21
柊太郎 9 4 9 22
柊太朗 9 4 10 23

## しゅうと

秀斗 7 4 11
柊人 9 2 11
柊仁 9 4 13
柊斗 9 4 13
修斗 10 4 14
秀都 7 11 18
秀翔 7 12 19
柊都 9 11 20
柊翔 9 12 21

## しゅうのすけ

柊之介 9 3 4 16

## しゅうへい

秀平 7 5 12
周平 8 5 13
柊平 9 5 14
修平 10 5 15
脩平 11 5 16

## しゅうま

秀真 7 10 17
周真 8 10 18
柊真 9 10 19
柊馬 9 10 19
修真 10 10 20
脩真 11 10 21
秀磨 7 16 23
柊摩 9 15 24
柊磨 9 16 25

## しゅうや

宗也 8 3 11
柊也 9 3 12
修也 10 3 13
秀弥 7 8 15
秀哉 7 9 16
周哉 8 9 17
柊弥 9 8 17
修弥 10 8 18
柊哉 9 9 18

## しゅん

旬 6 6
俊 9 9
洵 9 9
峻 10 10
隼 10 10
竣 12 12
舜 13 13
駿 17 17
瞬 18 18

## しゅんいち

俊一 9 1 10
隼一 10 1 11
駿一 17 1 18

## しゅんえい

俊瑛 9 12 21
駿栄 17 9 26

## しゅんき

隼生 10 5 15
俊希 9 7 16
駿希 17 7 24
隼輝 10 15 25
駿貴 17 12 29

## しゅんご

俊吾 9 7 16
舜悟 13 10 23
駿吾 17 7 24

## しゅんじ

峻司 10 5 15
隼史 10 5 15

## しゅんすけ

俊介 9 4 13
俊佑 9 7 16
竣介 12 4 16
隼佑 10 7 17
俊亮 9 9 18
隼亮 10 9 19
駿介 17 4 21

俊9輔14　23
峻10輔14　24
駿17佑7　24
隼10輔14　24

**しゅんせい**

隼10成6　16
春9晴12　21
竣12星9　21
隼10誠13　23

**しゅんた**

俊9太4　13
竣12太4　16
隼10汰7　17
駿17太4　21

**しゅんたろう**

隼10太4郎9　23
峻10太4朗10　24
隼10太4朗10　24
駿17太4朗10　31

**しゅんと**

俊9斗4　13
舜13人2　15
竣12斗4　16
俊9翔12　21
駿17斗4　21

**しゅんのすけ**

俊9之3介4　16
駿17之3介4　24

**しゅんぺい**

旬6平5　11
俊9平5　14
隼10平5　15

**しゅんま**

旬6真10　16
俊9真10　19

**しゅんや**

隼10也3　13
旬6哉9　15
俊9哉9　18
峻10弥8　18
隼10弥8　18
舜13弥8　21
駿17弥8　25

**しょう**

匠6　6
尚8　8
昇8　8
将10　10
祥10　10
渉11　11
晶12　12
翔12　12
奨13　13
聖13　13
樟15　15
翔12央5　17
翔12生5　17
紫12陽12　24

**しょういち**

祥10一1　11
翔12一1　13
彰14一1　15

**しょういちろう**

匠6一1郎9　16
祥10一1朗10　21
翔12一1郎9　22
翔12一1朗10　23

**しょうえい**

匠6栄9　15
尚8英8　16
将10英8　18
翔12瑛12　24

**しょうき**

翔12己3　15
奨13己3　16
翔12生5　17
翔12葵12　24
翔12稀12　24
翔12貴12　24
翔12輝15　27

**しょうご**

尚8吾7　15
昇8吾7　15
正5悟10　15
匠6悟10　16
将10伍6　16
省9吾7　16
将10吾7　17
章11吾7　18
翔12伍6　18
翔12吾7　19
彰14吾7　21
奨13悟10　23

**しょうすけ**

尚8助7　15
翔12介4　16

**しょうせい**

将10成6 16
翔12成6 18
翔12星9 21

**しょうた**

昇8大3 11
匠6汰7 13
将10大3 13
祥10大3 13
翔12大3 15
勝12太4 16
翔12太4 16
彰14太4 18

**しょうだい**

昇8大3 11
将10大3 13

---

翔12大3 15

**しょうたろう**

尚8太4郎9 21
祥10太4郎9 23
将10太4朗10 24
祥10太4朗10 24
章11太4郎9 24
翔12大3郎9 24
勝12太4郎9 25
翔12太4郎9 25
翔12太4朗10 26

**しょうと**

翔12斗4 16
匠6翔12 18

**しょうのすけ**

匠6之3介4 13

---

昇8之3介4 15
将10之3介4 17

**しょうへい**

昇8平5 13
昌8平5 13
将10平5 15
祥10平5 15
渉11平5 16
翔12平5 17

**しょうま**

正5真10 15
匠6真10 16
匠6馬10 16
尚8真10 18
昇8馬10 18
将10真10 20

---

祥10真10 20
翔12真10 22
翔12馬10 22
奨13真10 23
聖13真10 23
昇8磨16 24
昌8磨16 24

**しょうや**

昇8也3 11
将10也3 13
翔12也3 15
奨13也3 16
翔12矢5 17
翔12哉9 21

**しょうよう**

翔12陽12 24

---

**しょうり**

昇8利7 15
翔12吏6 18
奨13李7 20

**しりゅう**

子3龍16 19
司5龍16 21
志7龍16 23

**しん**

心4 4
伸7 7
芯7 7
信9 9
真10 10
眞10 10
進11 11

---

慎13 13
新13 13

**しんいち**

心4一1 5
信9一1 10
真10一1 11
慎13一1 14
新13一1 14

**しんいちろう**

伸7一1朗10 18
信9一1朗10 20
慎13一1郎9 23
新13一1朗10 24

**しんげん**

心4玄5 9
信9元4 13

心4 紘11 15
真10 弦8 18

### しんご
心4 吾7 11
信9 吾7 16
真10 伍6 16
真10 吾7 17
慎13 吾7 20

### しんじ
晋10 司5 15
真10 司5 15
信9 志7 16
心4 慈13 17
慎13 司5 18
真10 治8 18
慎13 治8 21

### しんじろう
真10 司5 郎9 24
進11 仁4 郎9 24
進11 次6 郎9 26

### しんすけ
真10 佑7 17
信9 輔14 23

### しんた
心4 大3 7
心4 汰7 11
慎13 大3 16
慎13 太4 17

### しんたろう
心4 太4 郎9 17
心4 太4 朗10 18
信9 太4 朗10 23
真10 太4 朗10 24
進11 太4 郎9 24
慎13 太4 郎9 26
慎13 太4 朗10 27

### しんのすけ
心4 之3 介4 11
心4 之3 丞6 13
真10 之3 介4 17
慎13 之3 介4 20
心4 之3 輔14 21
慎13 之3 助7 23
慎13 之3 輔14 30

### しんぺい
心4 平5 9
慎13 平5 18
新13 平5 18

### しんや
真10 也3 13
伸7 哉9 16
慎13 也3 16
真10 弥8 18
慎13 弥8 21
慎13 哉9 22

### じゅん
旬6 6
准10 10
純10 10
淳11 11
準13 13
潤15 15

### じゅんいち
准10 一1 11
純10 一1 11
潤15 一1 16

### じゅんき
純10 基11 21
純10 輝15 25
潤15 樹16 31

### じゅんせい
淳11 生5 16
潤15 成6 21
洵9 惺12 21

### じゅんた
純10 太4 14
淳11 太4 15
潤15 太4 19

### じゅんのすけ
淳11 之3 介4 18
純10 之3 助7 20
潤15 乃2 介4 21

### じゅんぺい
純10 平5 15
淳11 平5 16
惇11 平5 16
潤15 平5 20

### じゅんや
純10 也3 13
絢12 也3 15
純10 弥8 18

### じょう
丈3 3
丞6 6
穣18 18
譲20 20

| 読み | 名前 | 画数 |
|---|---|---|
| じょうじ | 丈3士3 | 6 |
| | 穣18士3 | 21 |
| | 穣18司5 | 23 |
| | 譲20司5 | 25 |
| じょうたろう | 丈3太4郎9 | 16 |
| | 丞6汰7朗10 | 23 |
| じん | 仁4 | 4 |
| | 迅6 | 6 |
| じんた | 仁4太4 | 8 |
| | 尋12太4 | 16 |
| じんと | 仁4人2 | 6 |
| | 仁4登12 | 16 |
| | 仁4翔12 | 16 |
| じんのすけ | 仁4之3介4 | 11 |
| | 仁4之3亮9 | 16 |

## す

| 読み | 名前 | 画数 |
|---|---|---|
| すい | 粋10 | 10 |
| | 彗11 | 11 |
| | 翠14 | 14 |
| すぐる | 卓8 | 8 |
| | 傑13 | 13 |
| | 優17 | 17 |
| すずと | 涼11斗4 | 15 |
| | 涼11翔12 | 23 |
| すすむ | 丞6 | 6 |
| | 進11 | 11 |
| すばる | 昂8 | 8 |
| | 昴9 | 9 |
| | 昴9琉11 | 20 |
| | 昴9晴12 | 21 |
| | 澄15春9 | 24 |
| | 澄15晴12 | 27 |
| すみと | 菫11斗4 | 15 |
| | 澄15人2 | 17 |

## せ

| 読み | 名前 | 画数 |
|---|---|---|
| せい | 生5 | 5 |
| | 成6 | 6 |
| | 星9 | 9 |
| | 晟10 | 10 |
| | 晴12 | 12 |
| | 惺12 | 12 |
| | 聖13 | 13 |
| | 誠13 | 13 |
| せいいち | 惺12一1 | 13 |
| | 聖13一1 | 14 |
| | 誠13一1 | 14 |
| せいいちろう | 成6一1郎9 | 16 |
| | 晴12一1朗10 | 23 |
| | 惺12一1朗10 | 23 |
| | 誠13一1朗10 | 24 |
| せいご | 成6吾7 | 13 |
| | 正5悟10 | 15 |
| | 成6悟10 | 16 |
| | 星9吾7 | 16 |
| | 清11吾7 | 18 |
| | 晴12吾7 | 19 |
| | 惺12吾7 | 19 |
| せいじ | 征8士3 | 11 |
| | 誠13士3 | 16 |
| | 聖13司5 | 18 |
| | 誠13司5 | 18 |
| | 誠13志7 | 20 |
| | 誠13治8 | 21 |
| せいしろう | 正5志7郎9 | 21 |
| | 晴12士3郎9 | 24 |
| | 清11士3朗10 | 24 |
| | 清11史5郎9 | 25 |
| | 誠13士3郎9 | 25 |
| | 誠13志7郎9 | 29 |
| せいた | 成6汰7 | 13 |
| | 晴12大3 | 15 |
| | 清11太4 | 15 |
| | 晴12太4 | 16 |

| | | |
|---|---|---|
| 誠大 | 13・3 | 16 |
| 惺太 | 12・4 | 16 |
| 誠太 | 13・4 | 17 |

## せいだい

| | | |
|---|---|---|
| 晴大 | 12・3 | 15 |
| 惺大 | 12・3 | 15 |

## せいたろう

| | | |
|---|---|---|
| 清太郎 | 11・4・9 | 24 |
| 晴太郎 | 12・4・9 | 25 |
| 誠太朗 | 13・4・10 | 27 |

## せいと

| | | |
|---|---|---|
| 星斗 | 9・4 | 13 |
| 聖人 | 13・2 | 15 |

## せいのすけ

| | | |
|---|---|---|
| 成之介 | 6・3・4 | 13 |
| 誠之助 | 13・3・7 | 23 |

## せいや

| | | |
|---|---|---|
| 晴也 | 12・3 | 15 |
| 聖也 | 13・3 | 16 |
| 誠也 | 13・3 | 16 |
| 晴矢 | 12・5 | 17 |
| 聖矢 | 13・5 | 18 |
| 晴哉 | 12・9 | 21 |
| 惺哉 | 12・9 | 21 |

## せいりゅう

| | | |
|---|---|---|
| 成龍 | 6・16 | 22 |
| 聖竜 | 13・10 | 23 |

## せな

| | | |
|---|---|---|
| 成那 | 6・7 | 13 |
| 星凪 | 9・6 | 15 |
| 星那 | 9・7 | 16 |
| 惺成 | 12・6 | 18 |
| 聖那 | 13・7 | 20 |
| 惺南 | 12・9 | 21 |

## せら

| | | |
|---|---|---|
| 世來 | 5・8 | 13 |
| 星良 | 9・7 | 16 |
| 聖羅 | 13・19 | 32 |

## せんり

| | | |
|---|---|---|
| 泉李 | 9・7 | 16 |
| 泉里 | 9・7 | 16 |
| 千璃 | 3・15 | 18 |

## ぜん

| | | |
|---|---|---|
| 善 | 12 | 12 |
| 然 | 12 | 12 |
| 禅 | 13 | 13 |

## ぜんた

| | | |
|---|---|---|
| 善太 | 12・4 | 16 |
| 善汰 | 12・7 | 19 |

# そ

## そう

| | | |
|---|---|---|
| 壮 | 6 | 6 |
| 奏 | 9 | 9 |
| 爽 | 11 | 11 |
| 創 | 12 | 12 |
| 湊 | 12 | 12 |
| 想 | 13 | 13 |
| 蒼 | 13 | 13 |
| 颯 | 14 | 14 |
| 蒼生 | 13・5 | 18 |

## そういち

| | | |
|---|---|---|
| 奏一 | 9・1 | 10 |
| 創一 | 12・1 | 13 |
| 湊一 | 12・1 | 13 |
| 蒼一 | 13・1 | 14 |
| 聡一 | 14・1 | 15 |
| 颯一 | 14・1 | 15 |

## そういちろう

| | | |
|---|---|---|
| 壮一郎 | 6・1・9 | 16 |
| 宗一郎 | 8・1・9 | 18 |
| 宗一朗 | 8・1・10 | 19 |
| 奏一郎 | 9・1・9 | 19 |
| 創一朗 | 12・1・10 | 23 |
| 蒼一郎 | 13・1・9 | 23 |
| 湊一朗 | 12・1・10 | 23 |
| 総一郎 | 14・1・9 | 24 |
| 颯一郎 | 14・1・9 | 24 |
| 聡一朗 | 14・1・10 | 25 |

## そうき

| | | |
|---|---|---|
| 壮希 | 6・7 | 13 |
| 奏希 | 9・7 | 16 |
| 蒼己 | 13・3 | 16 |
| 創喜 | 12・12 | 24 |
| 奏輝 | 9・15 | 24 |
| 蒼稀 | 13・12 | 25 |
| 蒼輝 | 13・15 | 28 |
| 蒼樹 | 13・16 | 29 |

## そうげん

| | | |
|---|---|---|
| 創玄 | 12・5 | 17 |
| 奏弦 | 9・8 | 17 |
| 蒼玄 | 13・5 | 18 |
| 蒼弦 | 13・8 | 21 |

## そうご

| | | |
|---|---|---|
| 壮吾 | 6・7 | 13 |

- 宗吾 8・7 15
- 奏伍 9・6 15
- 壮悟 6・10 16
- 颯吾 14・7 21
- 蒼悟 13・10 23

## そうし

- 壮史 6・5 11
- 壮志 6・7 13
- 宗志 8・7 15
- 創士 12・3 15
- 奏至 9・6 15
- 湊士 12・3 15
- 奏志 9・7 16
- 蒼士 13・3 16
- 颯士 14・3 17
- 蒼司 13・5 18
- 蒼史 13・5 18
- 総司 14・5 19
- 蒼志 13・7 20
- 颯志 14・7 21

## そうじ

- 壮志 6・7 13
- 総司 14・5 19

## そうしろう

- 壮史朗 6・5・10 21
- 奏士郎 9・3・9 21
- 湊士郎 12・3・9 24
- 創士朗 12・3・10 25
- 奏志郎 9・7・9 25
- 蒼士郎 13・3・9 25
- 湊士朗 12・3・10 25
- 颯志朗 14・7・10 31

## そうじろう

- 宗次郎 8・6・9 23
- 蒼士郎 13・3・9 25
- 蒼司朗 13・5・10 28

## そうしん

- 奏心 9・4 13
- 創心 12・4 16
- 湊心 12・4 16
- 蒼心 13・4 17
- 颯心 14・4 18

## そうすけ

- 宗介 8・4 12
- 奏介 9・4 13
- 壮亮 6・9 15
- 創介 12・4 16
- 奏佑 9・7 16
- 湊介 12・4 16
- 想介 13・4 17
- 蒼介 13・4 17
- 奏祐 9・9 18
- 聡介 14・4 18
- 颯介 14・4 18
- 蒼佑 13・7 20
- 聡佑 14・7 21
- 蒼祐 13・9 22
- 奏輔 9・14 23
- 颯亮 14・9 23

## そうた

- 壮太 6・4 10
- 壮汰 6・7 13
- 奏太 9・4 13
- 創大 12・3 15
- 奏多 9・6 15
- 爽太 11・4 15
- 湊大 12・3 15
- 創太 12・4 16
- 奏汰 9・7 16
- 想大 13・3 16
- 蒼大 13・3 16
- 湊太 12・4 16
- 想太 13・4 17
- 蒼太 13・4 17
- 颯大 14・3 17
- 爽汰 11・7 18
- 聡太 14・4 18
- 颯太 14・4 18
- 蒼汰 13・7 20
- 颯汰 14・7 21

## そうだい

- 湊大 12・3 15
- 想大 13・3 16
- 蒼大 13・3 16
- 颯大 14・3 17

## そうたろう

- 宗太郎 8・4・9 21
- 奏太朗 9・4・10 23
- 湊大郎 12・3・9 24
- 創太郎 12・4・9 25
- 爽太朗 11・4・10 25
- 湊太郎 12・4・9 25
- 蒼太郎 13・4・9 26
- 蒼太朗 13・4・10 27
- 颯太郎 14・4・9 27
- 聡太朗 14・4・10 28

颯太朗 14 4 10　28

## そうのすけ

宗之介 8 3 4　15
颯之介 14 3 4　21
蒼之助 13 3 7　23

## そうへい

壮平 6 5　11
爽平 11 5　16
湊平 12 5　17
蒼平 13 5　18
颯平 14 5　19

## そうま

壮真 6 10　16
壮馬 6 10　16
奏真 9 10　19
奏馬 9 10　19
創真 12 10　22
湊真 12 10　22
想真 13 10　23
蒼真 13 10　23
蒼馬 13 10　23
蒼眞 13 10　23
聡真 14 10　24
聡馬 14 10　24
颯真 14 10　24
颯馬 14 10　24
颯眞 14 10　24
奏磨 9 16　25

## そうめい

奏明 9 8　17
想明 13 8　21
蒼明 13 8　21
聡明 14 8　22

## そうや

創也 12 3　15
壮哉 6 9　15
湊也 12 3　15
蒼也 13 3　16
奏弥 9 8　17
颯也 14 3　17
蒼矢 13 5　18
創哉 12 9　21
想弥 13 8　21
蒼弥 13 8　21

## そうわ

奏和 9 8　17
想和 13 8　21
蒼和 13 8　21

## そら

空 8　8
宙 8　8
昊 8　8
壮良 6 7　13
空良 8 7　15
奏良 9 7　16
爽良 11 7　18
想良 13 7　20
蒼空 13 8　21
颯良 14 7　21

## そらと

昊叶 8 5　13
天翔 4 12　16
奏良人 9 7 2　18
空翔 8 12　20
蒼良斗 13 7 4　24

# た

## たいが

大河 3 8　11
大賀 3 12　15
大翔 3 12　15
太賀 4 12　16
大雅 3 13　16
泰河 10 8　18
大駕 3 15　18
泰雅 10 13　23

## たいき

太希 4 7　11
泰生 10 5　15
大稀 3 12　15
泰希 10 7　17
泰季 10 8　18
大輝 3 15　18
大樹 3 16　19
泰基 10 11　21
泰輝 10 15　25

## たいし

大士 3 3　6
大志 3 7　10
太志 4 7　11
泰士 10 3　13
泰司 10 5　15
泰史 10 5　15
泰至 10 6　16
大詩 3 13　16

| 読み | 名前 | 画数 | 総画 |
|---|---|---|---|
| | 泰志 | 10・7 | 17 |
| たいじゅ | 大寿 | 3・7 | 10 |
| | 大珠 | 3・10 | 13 |
| | 泰寿 | 10・7 | 17 |
| | 大樹 | 3・16 | 19 |
| たいしん | 大心 | 3・4 | 7 |
| | 太心 | 4・4 | 8 |
| | 大新 | 3・13 | 16 |
| たいすけ | 太亮 | 4・9 | 13 |
| | 泰介 | 10・4 | 14 |
| | 泰佑 | 10・7 | 17 |
| | 太輔 | 4・14 | 18 |
| | 泰輔 | 10・14 | 24 |
| たいせい | 大成 | 3・6 | 9 |
| | 大晟 | 3・10 | 13 |
| | 泰世 | 10・5 | 15 |
| | 泰正 | 10・5 | 15 |
| | 泰生 | 10・5 | 15 |
| | 大晴 | 3・12 | 15 |
| | 大惺 | 3・12 | 15 |
| | 太晴 | 4・12 | 16 |
| | 泰成 | 10・6 | 16 |
| | 大聖 | 3・13 | 16 |
| | 大誠 | 3・13 | 16 |
| | 泰聖 | 10・13 | 23 |
| | 泰誠 | 10・13 | 23 |
| たいち | 太一 | 4・1 | 5 |
| | 汰一 | 7・1 | 8 |
| | 泰一 | 10・1 | 11 |
| | 大知 | 3・8 | 11 |
| | 泰千 | 10・3 | 13 |
| | 大智 | 3・12 | 15 |
| | 太智 | 4・12 | 16 |
| | 泰地 | 10・6 | 16 |
| | 泰知 | 10・8 | 18 |
| | 泰智 | 10・12 | 22 |
| たいと | 泰斗 | 10・4 | 14 |
| | 大翔 | 3・12 | 15 |
| | 泰都 | 10・11 | 21 |
| たいよう | 大洋 | 3・9 | 12 |
| | 大遥 | 3・12 | 15 |
| | 大陽 | 3・12 | 15 |
| | 太陽 | 4・12 | 16 |
| | 泰洋 | 10・9 | 19 |
| | 大耀 | 3・20 | 23 |
| | 太耀 | 4・20 | 24 |
| たいら | 平 | 5 | 5 |
| | 泰良 | 10・7 | 17 |
| | 平羅 | 5・19 | 24 |
| たいり | 泰吏 | 10・6 | 16 |
| | 泰理 | 10・11 | 21 |
| たお | 汰央 | 7・5 | 12 |
| | 汰生 | 7・5 | 12 |
| | 太鳳 | 4・14 | 18 |
| たかおみ | 隆臣 | 11・7 | 18 |
| | 鷹臣 | 24・7 | 31 |
| たかし | 隆志 | 11・7 | 18 |
| | 貴志 | 12・7 | 19 |
| | 鷹志 | 24・7 | 31 |
| たかと | 孝斗 | 7・4 | 11 |
| | 隆人 | 11・2 | 13 |
| | 隆斗 | 11・4 | 15 |
| | 貴仁 | 12・4 | 16 |
| | 孝翔 | 7・12 | 19 |
| | 貴翔 | 12・12 | 24 |
| たかなり | 孝成 | 7・6 | 13 |
| | 貴也 | 12・3 | 15 |
| たかのり | 孝徳 | 7・14 | 21 |
| | 隆徳 | 11・14 | 25 |
| たかはる | 天晴 | 4・12 | 16 |
| | 孝陽 | 7・12 | 19 |
| | 貴晴 | 12・12 | 24 |
| たかひと | 隆仁 | 11・4 | 15 |
| | 貴仁 | 12・4 | 16 |
| たかひろ | 貴大 | 12・3 | 15 |
| | 隆弘 | 11・5 | 16 |
| | 貴裕 | 12・12 | 24 |
| | 尊裕 | 12・12 | 24 |

たかふみ
- 隆11文4 15
- 貴12史5 17

たかまさ
- 隆11将10 21
- 貴12優17 29

たかや
- 隆11矢5 16
- 尊12哉9 21

たかゆき
- 貴12之3 15
- 孝7幸8 15
- 貴12行6 18

たから
- 宝8 8
- 宝8良7 15

たき
- 多6希7 13
- 多6喜12 18
- 多6輝15 21

たく
- 拓8 8
- 太4玖7 11

たくと
- 巧5人2 7
- 拓8人2 10
- 拓8斗4 12
- 匠6音9 15
- 匠6翔12 18
- 拓8翔12 20

たくま
- 逞11 11
- 巧5真10 15
- 巧5馬10 15
- 匠6真10 16
- 拓8真10 18
- 拓8馬10 18
- 琢11真10 21
- 拓8磨16 24
- 琢11磨16 27

たくみ
- 巧5 5
- 匠6 6
- 拓8巳3 11
- 拓8未5 13
- 匠6海9 15
- 巧5望11 16
- 拓8実8 16
- 拓8海9 17

たくや
- 卓8也3 11
- 拓8也3 11
- 拓8矢5 13
- 匠6哉9 15
- 拓8哉9 17

たくろう
- 拓8郎9 17
- 琢11朗10 21

たけし
- 武8史5 13
- 岳8志7 15
- 武8志7 15

たけと
- 健11人2 13
- 丈3登12 15
- 健11翔12 23

たけとら
- 丈3虎8 11
- 武8虎8 16

たけはる
- 丈3晴12 15

たけひろ
- 岳8大3 11
- 岳8洋9 17
- 健11寛13 24

たける
- 岳8 8
- 武8 8
- 健11 11
- 尊12 12
- 武8流10 18
- 尊12琉11 23
- 健11瑠14 25

たすく
- 匡6 6
- 丞6 6
- 佑7 7
- 侑8 8
- 祐9 9
- 侑8久3 11
- 翼17 17

たつおみ
- 竜10臣7 17
- 龍16臣7 23

たつき
- 竜10生5 15

樹(16)　16
達(12)希(7)　19
樹(16)生(5)　21
龍(16)生(5)　21
樹(16)希(7)　23
辰(7)樹(16)　23
龍(16)希(7)　23
達(12)貴(12)　24
竜(10)輝(15)　25
龍(16)輝(15)　31
龍(16)樹(16)　32

**たつのすけ**

辰(7)之(3)助(7)　17
龍(16)之(3)介(4)　23

**たつみ**

竜(10)己(3)　13

達(12)海(9)　21
龍(16)海(9)　25

**たつや**

竜(10)也(3)　13
達(12)也(3)　15
達(12)哉(9)　21

**たろう**

太(4)郎(9)　13
太(4)朗(10)　14
汰(7)朗(10)　17

**だい**

大(3)　3
橙(16)　16

**だいき**

大(3)希(7)　10
大(3)喜(12)　15
大(3)稀(12)　15
大(3)貴(12)　15
大(3)暉(13)　16
大(3)輝(15)　18
大(3)樹(16)　19
大(3)騎(18)　21

**だいご**

大(3)吾(7)　10
大(3)悟(10)　13
大(3)瑚(13)　16
大(3)護(20)　23

**だいし**

大(3)志(7)　10
大(3)嗣(13)　16

**だいじろう**

大(3)仁(4)郎(9)　16
大(3)治(8)朗(10)　21

**だいすけ**

大(3)介(4)　7
大(3)佑(7)　10
大(3)祐(9)　12
大(3)輔(14)　17

**だいち**

大(3)地(6)　9
大(3)知(8)　11
大(3)智(12)　15
太(4)智(12)　16
大(3)馳(13)　16

**だいと**

大(3)斗(4)　7
大(3)登(12)　15
大(3)翔(12)　15

**だいや**

大(3)也(3)　6
大(3)弥(8)　11
大(3)哉(9)　12

**だん**

暖(13)　13

## ち

**ちあき**

千(3)晃(10)　13
千(3)瑛(12)　15
千(3)暁(12)　15
千(3)陽(12)　15
千(3)彰(14)　17
智(12)瑛(12)　24

**ちから**

力(2)　2
主(5)税(12)　17

**ちさと**

千(3)聖(13)　16
千(3)慧(15)　18
知(8)聖(13)　21
智(12)慧(15)　27

**ちはや**

千(3)隼(10)　13
千(3)颯(14)　17
知(8)隼(10)　18

**ちはる**

千(3)春(9)　12
千(3)晴(12)　15
千(3)陽(12)　15

智12陽12　24

**ちひろ**
千3紘10　13
千3尋12　15
千3博12　15
千3裕12　15
智12大3　15
智12尋12　24

## つ

**つかさ**
司5　5
吏6　6

**つきと**
月4斗4　8
月4翔12　16

**つばき**
椿13　13
椿13生5　18

**つばさ**
翼17　17
翼17冴7　24

**つむぎ**
紬11　11
紡10生5　15
紬11生5　16
紬11希7　18
紬11喜12　23
紬11貴12　23

**つむぐ**
紡10　10
紬11　11

**つよし**
剛10司5　15
剛10志7　17

## て

**てつ**
哲10　10
徹15　15

**てっしょう**
鉄13生5　18
哲10翔12　22

**てっしん**
哲10心4　14
鉄13心4　17

**てった**
哲10大3　13
哲10太4　14

**てつと**
哲10人2　12
哲10斗4　14
徹15人2　17

**てっぺい**
哲10平5　15
鉄13平5　18
徹15平5　20

**てつや**
哲10也3　13
哲10弥8　18
徹15也3　18
哲10哉9　19

**てる**
照13　13
輝15　15

**てるま**
照13馬10　23
輝15真10　25

**てるや**
照13也3　16
輝15哉9　24

**てんしょう**
天4翔12　16
天4聖13　17
天4彰14　18

**てんせい**
天4成6　10
天4晴12　16
天4惺12　16

**てんま**
天4真10　14
天4馬10　14
天4眞10　14
天4誠13　17

**てんよう**
天4洋9　13
天4陽12　16

## と

**とあ**
斗4亜7　11
斗4蒼13　17
翔12空8　20

| | | |
|---|---|---|
| **とうい** | | |
| 斗唯 | 4・11 | 15 |
| 十維 | 2・14 | 16 |
| **とうご** | | |
| 冬悟 | 5・10 | 15 |
| 東吾 | 8・7 | 15 |
| 柊吾 | 9・7 | 16 |
| 橙吾 | 16・7 | 23 |
| **とうじ** | | |
| 橙士 | 16・3 | 19 |
| 橙志 | 16・7 | 23 |
| **とうま** | | |
| 斗真 | 4・10 | 14 |
| 斗眞 | 4・10 | 14 |
| 叶真 | 5・10 | 15 |
| 冬真 | 5・10 | 15 |
| 冬馬 | 5・10 | 15 |
| 柊真 | 9・10 | 19 |
| 透真 | 10・10 | 20 |
| 登真 | 12・10 | 22 |
| 統真 | 12・10 | 22 |
| 柊磨 | 9・16 | 25 |
| 橙真 | 16・10 | 26 |
| **とうや** | | |
| 桐也 | 10・3 | 13 |
| 斗哉 | 4・9 | 13 |
| 透也 | 10・3 | 13 |
| 橙矢 | 16・5 | 21 |
| 橙弥 | 16・8 | 24 |
| **とうり** | | |
| 柊李 | 9・7 | 16 |
| 桃李 | 10・7 | 17 |
| 橙利 | 16・7 | 23 |
| 橙李 | 16・7 | 23 |
| **とうわ** | | |
| 柊羽 | 9・6 | 15 |
| 透和 | 10・8 | 18 |
| 橙和 | 16・8 | 24 |
| **とおる** | | |
| 透 | 10 | 10 |
| 徹 | 15 | 15 |
| **とき** | | |
| 斗希 | 4・7 | 11 |
| 都希 | 11・7 | 18 |
| 斗輝 | 4・15 | 19 |
| **ときお** | | |
| 時央 | 10・5 | 15 |
| 時生 | 10・5 | 15 |
| **ときや** | | |
| 凱也 | 12・3 | 15 |
| 季弥 | 8・8 | 16 |
| **としあき** | | |
| 寿明 | 7・8 | 15 |
| 俊明 | 9・8 | 17 |
| **としき** | | |
| 寿樹 | 7・16 | 23 |
| 俊輝 | 9・15 | 24 |
| **としや** | | |
| 隼也 | 10・3 | 13 |
| 寿弥 | 7・8 | 15 |
| 寿哉 | 7・9 | 16 |
| **とむ** | | |
| 叶夢 | 5・13 | 18 |
| 翔夢 | 12・13 | 25 |
| **とも** | | |
| 友 | 4 | 4 |
| 智 | 12 | 12 |
| **ともあき** | | |
| 友瑛 | 4・12 | 16 |
| 智陽 | 12・12 | 24 |
| **ともき** | | |
| 友希 | 4・7 | 11 |
| 知希 | 8・7 | 15 |
| 朋希 | 8・7 | 15 |
| 友基 | 4・11 | 15 |
| 友葵 | 4・12 | 16 |
| 友喜 | 4・12 | 16 |
| 友貴 | 4・12 | 16 |
| 智生 | 12・5 | 17 |
| 智希 | 12・7 | 19 |
| 友輝 | 4・15 | 19 |
| 友樹 | 4・16 | 20 |
| 智紀 | 12・9 | 21 |
| 知輝 | 8・15 | 23 |
| 智基 | 12・11 | 23 |
| 朋輝 | 8・15 | 23 |
| 知樹 | 8・16 | 24 |
| 智貴 | 12・12 | 24 |
| 朋樹 | 8・16 | 24 |
| 智輝 | 12・15 | 27 |
| 智樹 | 12・16 | 28 |
| **ともはる** | | |
| 友悠 | 4・11 | 15 |
| 友晴 | 4・12 | 16 |
| 智晴 | 12・12 | 24 |
| 智陽 | 12・12 | 24 |

### ともひと

智(12)仁(4) 16

### ともひろ

知(8)宏(7) 15
智(12)大(3) 15
智(12)弘(5) 17
智(12)博(12) 24
智(12)裕(12) 24

### ともや

友(4)也(3) 7
朋(8)也(3) 11
友(4)哉(9) 13
智(12)也(3) 15
知(8)弥(8) 16
朋(8)弥(8) 16
智(12)哉(9) 21

### ともゆき

智(12)之(3) 15
智(12)行(6) 18

### ともる

燈(16) 16

### ともろう

友(4)郎(9) 13
智(12)朗(10) 22

### とらのすけ

虎(8)之(3)介(4) 15
虎(8)之(3)助(7) 18
虎(8)之(3)輔(14) 25

### とわ

叶(5)羽(6) 11
叶(5)和(8) 13
杜(7)和(8) 15
飛(9)羽(6) 15
飛(9)和(8) 17
永(5)遠(13) 18
翔(12)和(8) 20

## な

### なお

尚(8) 8
直(8) 8
尚(8)央(5) 13
尚(8)生(5) 13
直(8)央(5) 13
直(8)生(5) 13

### なおあき

直(8)明(8) 16
直(8)晃(10) 18

### なおき

直(8)己(3) 11
直(8)生(5) 13
尚(8)希(7) 15
直(8)希(7) 15
直(8)紀(9) 17
尚(8)貴(12) 20
尚(8)暉(13) 21
尚(8)輝(15) 23
直(8)毅(15) 23
直(8)輝(15) 23
尚(8)樹(16) 24
直(8)樹(16) 24

### なおたか

尚(8)孝(7) 15
直(8)孝(7) 15
尚(8)隆(11) 19
直(8)隆(11) 19

### なおたろう

直(8)太(4)郎(9) 21
直(8)太(4)朗(10) 22

### なおと

尚(8)人(2) 10
直(8)人(2) 10
直(8)斗(4) 12
直(8)央(5)人(2) 15
尚(8)翔(12) 20
直(8)登(12) 20
直(8)翔(12) 20

### なおひと

尚(8)仁(4) 12
直(8)仁(4) 12

### なおひろ

尚(8)弘(5) 13
直(8)央(5) 13
直(8)弘(5) 13
尚(8)宏(7) 15
直(8)洋(9) 17
直(8)優(17) 25

### なおふみ

尚(8)文(4) 12
直(8)史(5) 13

### なおまさ

直(8)正(5) 13
尚(8)政(9) 17
直(8)政(9) 17
直(8)将(10) 18

### なおや
- 尚[8]也[3] 11
- 直[8]也[3] 11
- 直[8]矢[5] 13
- 尚[8]弥[8] 16
- 直[8]弥[8] 16
- 尚[8]哉[9] 17
- 直[8]哉[9] 17

### なおゆき
- 直[8]之[3] 11
- 直[8]志[7] 15
- 尚[8]幸[8] 16
- 直[8]幸[8] 16

### なぎ
- 凪[6] 6
- 梛[11] 11

### なぎさ
- 渚[11] 11
- 凪[6]紗[10] 16

### なぎと
- 凪[6]人[2] 8
- 凪[6]斗[4] 10
- 渚[11]人[2] 13
- 梛[11]人[2] 13
- 渚[11]斗[4] 15
- 凪[6]都[11] 17
- 凪[6]翔[12] 18

### なつ
- 夏[10] 10
- 七[2]都[11] 13
- 那[7]津[9] 16
- 凪[6]都[11] 17

### なつき
- 那[7]月[4] 11
- 梛[11]月[4] 15
- 夏[10]希[7] 17
- 夏[10]絆[11] 21
- 夏[10]暉[13] 23
- 夏[10]輝[15] 25
- 夏[10]樹[16] 26

### ななせ
- 七[2]星[9] 11
- 七[2]聖[13] 15
- 七[2]瀬[19] 21

### ななと
- 七[2]斗[4] 6
- 七[2]音[9] 11
- 七[2]都[11] 13
- 七[2]翔[12] 14

### なみと
- 波[8]斗[4] 12
- 波[8]音[9] 17

### なゆた
- 那[7]有[6]大[3] 16
- 那[7]由[5]太[4] 16

### なる
- 成[6] 6
- 七[2]瑠[14] 16
- 成[6]琉[11] 17
- 那[7]瑠[14] 21

### なるき
- 成[6]希[7] 13
- 成[6]喜[12] 18
- 成[6]輝[15] 21

### なるみ
- 成[6]海[9] 15

## ね

### ねいと
- 寧[14]人[2] 16
- 寧[14]斗[4] 18

## の

### のあ
- 希[7]空[8] 15
- 乃[2]蒼[13] 15

### のぞみ
- 希[7] 7
- 望[11] 11
- 希[7]実[8] 15
- 希[7]海[9] 16

### のぞむ
- 希[7] 7
- 望[11] 11
- 希[7]望[11] 18
- 希[7]夢[13] 20
- 望[11]夢[13] 24

## は

### はく
- 珀[9] 9
- 羽[6]玖[7] 13
- 珀[9]玖[7] 16

### はくと

| 名前 | 画数 | 総画 |
|---|---|---|
| 珀人 | 9・2 | 11 |
| 珀仁 | 9・4 | 13 |
| 珀斗 | 9・4 | 13 |
| 博斗 | 12・4 | 16 |
| 珀音 | 9・9 | 18 |
| 珀翔 | 9・12 | 21 |

### はじめ

| 名前 | 画数 | 総画 |
|---|---|---|
| 一 | 1 | 1 |
| 元 | 4 | 4 |
| 朔 | 10 | 10 |
| 創 | 12 | 12 |
| 肇 | 14 | 14 |

### はづき

| 名前 | 画数 | 総画 |
|---|---|---|
| 晴月 | 12・4 | 16 |
| 葉月 | 12・4 | 16 |
| 蓮月 | 13・4 | 17 |

### はやせ

| 名前 | 画数 | 総画 |
|---|---|---|
| 逸世 | 11・5 | 16 |
| 隼成 | 10・6 | 16 |

### はやた

| 名前 | 画数 | 総画 |
|---|---|---|
| 隼大 | 10・3 | 13 |
| 隼汰 | 10・7 | 17 |
| 颯太 | 14・4 | 18 |

### はやて

| 名前 | 画数 | 総画 |
|---|---|---|
| 颯 | 14 | 14 |
| 颯天 | 14・4 | 18 |
| 隼颯 | 10・14 | 24 |

### はやと

| 名前 | 画数 | 総画 |
|---|---|---|
| 隼 | 10 | 10 |
| 勇人 | 9・2 | 11 |
| 隼人 | 10・2 | 12 |
| 隼士 | 10・3 | 13 |
| 隼斗 | 10・4 | 14 |
| 颯人 | 14・2 | 16 |
| 駿仁 | 17・4 | 21 |
| 駿斗 | 17・4 | 21 |
| 隼都 | 10・11 | 21 |
| 隼翔 | 10・12 | 22 |
| 駿登 | 17・12 | 29 |

### はる

| 名前 | 画数 | 総画 |
|---|---|---|
| 春 | 9 | 9 |
| 悠 | 11 | 11 |
| 温 | 12 | 12 |
| 晴 | 12 | 12 |
| 遥 | 12 | 12 |
| 陽 | 12 | 12 |
| 暖 | 13 | 13 |
| 巴琉 | 4・11 | 15 |
| 羽琉 | 6・11 | 17 |
| 巴瑠 | 4・14 | 18 |
| 春琉 | 9・11 | 20 |
| 悠流 | 11・10 | 21 |
| 波瑠 | 8・14 | 22 |
| 春瑠 | 9・14 | 23 |
| 晴琉 | 12・11 | 23 |
| 葉琉 | 12・11 | 23 |

### はるあき

| 名前 | 画数 | 総画 |
|---|---|---|
| 春陽 | 9・12 | 21 |
| 悠瑛 | 11・12 | 23 |
| 悠暁 | 11・12 | 23 |

### はるおみ

| 名前 | 画数 | 総画 |
|---|---|---|
| 悠臣 | 11・7 | 18 |
| 晴臣 | 12・7 | 19 |

### はるか

| 名前 | 画数 | 総画 |
|---|---|---|
| 悠 | 11 | 11 |
| 遥 | 12 | 12 |
| 遼 | 15 | 15 |

### はるき

| 名前 | 画数 | 総画 |
|---|---|---|
| 晴己 | 12・3 | 15 |
| 明希 | 8・7 | 15 |
| 春希 | 9・7 | 16 |
| 悠生 | 11・5 | 16 |
| 陽生 | 12・5 | 17 |
| 春紀 | 9・9 | 18 |
| 大輝 | 3・15 | 18 |
| 悠希 | 11・7 | 18 |
| 晴希 | 12・7 | 19 |
| 遥希 | 12・7 | 19 |
| 陽希 | 12・7 | 19 |
| 春貴 | 9・12 | 21 |
| 晴紀 | 12・9 | 21 |
| 遥紀 | 12・9 | 21 |
| 悠稀 | 11・12 | 23 |
| 悠貴 | 11・12 | 23 |
| 治樹 | 8・16 | 24 |
| 春輝 | 9・15 | 24 |
| 晴喜 | 12・12 | 24 |
| 晴稀 | 12・12 | 24 |
| 晴貴 | 12・12 | 24 |
| 悠暉 | 11・13 | 24 |
| 遥稀 | 12・12 | 24 |
| 遥貴 | 12・12 | 24 |
| 陽葵 | 12・12 | 24 |
| 陽稀 | 12・12 | 24 |
| 陽貴 | 12・12 | 24 |

春(9)樹(16) 25
悠(11)輝(15) 26
晴(12)輝(15) 27
悠(11)樹(16) 27
遥(12)輝(15) 27
陽(12)輝(15) 27
晴(12)樹(16) 28
陽(12)樹(16) 28

### はるく

悠(11)玖(7) 18
晴(12)空(8) 20

### はるせ

悠(11)世(5) 16
晴(12)成(6) 18
陽(12)成(6) 18
遥(12)星(9) 21

### はるた

春(9)太(4) 13
晴(12)大(3) 15
悠(11)太(4) 15
遥(12)大(3) 15
陽(12)大(3) 15
晴(12)太(4) 16
暖(13)大(3) 16
遥(12)太(4) 16
陽(12)太(4) 16

### はるたか

悠(11)天(4) 15
悠(11)孝(7) 18
悠(11)貴(12) 23

### はると

春(9)人(2) 11
春(9)仁(4) 13
春(9)斗(4) 13
悠(11)人(2) 13
晴(12)人(2) 14
遥(12)人(2) 14
陽(12)人(2) 14
大(3)翔(12) 15
暖(13)人(2) 15
悠(11)仁(4) 15
悠(11)斗(4) 15
遥(12)士(3) 15
遥(12)大(3) 15
陽(12)大(3) 15
晴(12)仁(4) 16
晴(12)斗(4) 16
遥(12)仁(4) 16
遥(12)斗(4) 16
陽(12)仁(4) 16
陽(12)斗(4) 16
暖(13)斗(4) 17
悠(11)杜(7) 18
春(9)翔(12) 21
遥(12)音(9) 21
陽(12)音(9) 21
悠(11)翔(12) 23
遥(12)都(11) 23
陽(12)都(11) 23
晴(12)渡(12) 24
晴(12)登(12) 24
晴(12)翔(12) 24
遥(12)翔(12) 24
陽(12)登(12) 24
陽(12)翔(12) 24
晴(12)琉(11)人(2) 25

### はるなり

陽(12)也(3) 15
晴(12)成(6) 18

### はるのすけ

春(9)之(3)介(4) 16
悠(11)之(3)介(4) 18
晴(12)之(3)祐(9) 24

### はるひ

春(9)陽(12) 21
陽(12)飛(9) 21
悠(11)陽(12) 23
遥(12)陽(12) 24

### はるひこ

春(9)彦(9) 18
晴(12)彦(9) 21
陽(12)彦(9) 21

### はるひさ

悠(11)久(3) 14
晴(12)久(3) 15
陽(12)久(3) 15
晴(12)悠(11) 23
陽(12)悠(11) 23

### はるひと

悠(11)人(2) 13
晴(12)人(2) 14
遥(12)人(2) 14
悠(11)仁(4) 15
晴(12)仁(4) 16
遥(12)仁(4) 16
陽(12)仁(4) 16

## はるふみ

悠11 文4　15
悠11 史5　16
陽12 史5　17

## はるま

明8 真10　18
春9 真10　19
春9 馬10　19
悠11 真10　21
悠11 馬10　21
悠11 眞10　21
晴12 真10　22
晴12 馬10　22
遥12 真10　22
陽12 真10　22
暖13 真10　23
春9 磨16　25
遼15 真10　25
遼15 馬10　25

## はるまさ

晴12 正5　17
悠11 匡6　17
陽12 匡6　18

## はるみち

悠11 道12　23
晴12 道12　24
陽12 道12　24

## はるや

晴12 也3　15
遥12 也3　15
陽12 也3　15
暖13 也3　16
春9 弥8　17
晴12 矢5　17
陽12 矢5　17
陽12 弥8　20
晴12 哉9　21
遥12 哉9　21
陽12 哉9　21

## はるゆき

悠11 之3　14
晴12 之3　15
陽12 之3　15
晴12 行6　18
陽12 由5 樹16　33

## はるよし

悠11 由5　16
陽12 義13　25

# ひ

## ひいろ

陽12 色6　18
陽12 彩11　23

## ひかり

光6　6
輝15　15
光6 璃15　21

## ひかる

光6　6
晃10　10
晄10　10
輝15　15
光6 琉11　17

## ひさき

悠11 希7　18
悠11 暉13　24

## ひさし

寿7　7
寿7 志7　14
悠11 史5　16

## ひさと

寿7 人2　9
悠11 人2　13
久3 都11　14
久3 登12　15
久3 翔12　15
悠11 斗4　15

## ひじり

聖13　13

## ひだか

飛9 高10　19
陽12 貴12　24
陽12 嵩13　25
飛9 鷹24　33

## ひづき

飛9 月4　13
柊9 月4　13
緋14 月4　18

## ひであき

秀7 明8　15
英8 明8　16
秀7 朗10　17
英8 晃10　18

## ひでかず

秀7 一1　8

| 読み | 名前 | 画数 | 総画 |
|---|---|---|---|
| | 秀和 | 7・8 | 15 |
| ひでき | 秀輝 | 7・15 | 22 |
| | 英輝 | 8・15 | 23 |
| | 英樹 | 8・16 | 24 |
| ひでと | 秀人 | 7・2 | 9 |
| | 秀仁 | 7・4 | 11 |
| | 秀斗 | 7・4 | 11 |
| ひでとし | 英寿 | 8・7 | 15 |
| | 秀俊 | 7・9 | 16 |
| | 英俊 | 8・9 | 17 |
| ひでのり | 秀典 | 7・8 | 15 |
| | 秀徳 | 7・14 | 21 |
| ひではる | 秀治 | 7・8 | 15 |
| | 英春 | 8・9 | 17 |
| ひでゆき | 秀行 | 7・6 | 13 |
| | 秀幸 | 7・8 | 15 |
| | 英幸 | 8・8 | 16 |
| ひとし | 仁 | 4 | 4 |
| | 仁志 | 4・7 | 11 |
| ひなた | 日向 | 4・6 | 10 |
| | 日向太 | 4・6・4 | 14 |
| | 陽大 | 12・3 | 15 |
| | 日奈太 | 4・8・4 | 16 |
| | 陽太 | 12・4 | 16 |
| | 陽向 | 12・6 | 18 |
| | 陽向大 | 12・6・3 | 21 |
| | 陽奏 | 12・9 | 21 |
| | 陽向汰 | 12・6・7 | 25 |
| | 陽詩 | 12・13 | 25 |
| ひなと | 陽斗 | 12・4 | 16 |
| | 陽翔 | 12・12 | 24 |
| ひびき | 響 | 20 | 20 |
| | 響己 | 20・3 | 23 |
| | 響生 | 20・5 | 25 |
| | 響希 | 20・7 | 27 |
| | 響紀 | 20・9 | 29 |
| ひびと | 陽人 | 12・2 | 14 |
| | 響仁 | 20・4 | 24 |
| ひゅうが | 日向 | 4・6 | 10 |
| | 彪我 | 11・7 | 18 |
| | 彪雅 | 11・13 | 24 |
| ひゅうま | 彪真 | 11・10 | 21 |
| | 彪馬 | 11・10 | 21 |
| | 飛雄馬 | 9・12・10 | 31 |
| ひろ | 紘 | 10 | 10 |
| | 比呂 | 4・7 | 11 |
| | 寛 | 13 | 13 |
| | 陽路 | 12・13 | 25 |
| ひろあき | 弘明 | 5・8 | 13 |
| | 弘晃 | 5・10 | 15 |
| | 寛明 | 13・8 | 21 |
| ひろおみ | 広臣 | 5・7 | 12 |
| | 洋臣 | 9・7 | 16 |
| ひろかず | 弘和 | 5・8 | 13 |
| | 宏和 | 7・8 | 15 |
| | 紘和 | 10・8 | 18 |
| ひろき | 大希 | 3・7 | 10 |
| | 紘生 | 10・5 | 15 |
| | 洋希 | 9・7 | 16 |
| | 浩希 | 10・7 | 17 |
| | 紘希 | 10・7 | 17 |
| | 大輝 | 3・15 | 18 |
| | 広樹 | 5・16 | 21 |
| | 宏樹 | 7・16 | 23 |
| | 拓輝 | 8・15 | 23 |
| | 裕喜 | 12・12 | 24 |
| | 裕貴 | 12・12 | 24 |
| ひろし | 弘 | 5 | 5 |
| | 洋志 | 9・7 | 16 |
| ひろたか | 弘隆 | 5・11 | 16 |
| | 紘孝 | 10・7 | 17 |
| | 洋貴 | 9・12 | 21 |
| ひろと | 広人 | 5・2 | 7 |
| | 宏人 | 7・2 | 9 |
| | 紘人 | 10・2 | 12 |

啓11 人2　13
悠11 人2　13
寛13 人2　15
啓11 仁4　15
大3 登12　15
大3 翔12　15
広5 都11　16
尋12 斗4　16
博12 斗4　16
央5 翔12　17
寛13 仁4　17
広5 翔12　17
優17 斗4　21
寛13 都11　24
博12 翔12　24
裕12 翔12　24

### ひろむ

弘5 武8　13
大3 睦13　16
大3 夢13　16
広5 夢13　18
紘10 夢13　23

### ひろや

大3 也3　6
丈3 哉9　12
紘10 也3　13
寛13 弥8　21
裕12 哉9　21

### ひろゆき

弘5 幸8　13
浩10 之3　13
寛13 幸8　21

## ふ

### ふう

楓13　13
風9 羽6　15

### ふうが

風9 雅13　22
楓13 翔12　25
楓13 雅13　26

### ふうた

楓13 大3　16
楓13 太4　17
颯14 太4　18

### ふうと

楓13 斗4　17
楓13 音9　22
楓13 翔12　25

### ふうま

風9 真10　19
楓13 真10　23
楓13 馬10　23
風9 磨16　25

### ふく

福13　13
福13 久3　16

### ふみと

文4 人2　6
史5 人2　7
史5 斗4　9
文4 都11　15
史5 都11　16
文4 翔12　16

### ふみや

史5 也3　8
史5 弥8　13
文4 哉9　13
史5 哉9　14
郁9 弥8　17

### ぶんた

文4 太4　8
文4 汰7　11

## ほ

### ほずみ

歩8 純10　18
穂15 澄15　30

### ほたか

帆6 高10　16
歩8 岳8　16
帆6 貴12　18
穂15 高10　25
穂15 貴12　27
穂15 尊12　27

### ほだか

帆6 高10　16
帆6 貴12　18
歩8 嵩13　21
穂15 高10　25

### ほまれ

帆6 希7　13
誉13　13
歩8 希7　15

## ま

### まいと
舞15人2 17
真10絃11 21

### まお
真10央5 15
真10生5 15
真10旺8 18

### まきと
槙14人2 16
真10輝15人2 27
真10輝15斗4 29

### まこと
真10 10
眞10 10
慎13 13
誠13 13
誠13人2 15
諒15 15

### まさおみ
正5臣7 12
将10臣7 17
雅13臣7 20

### まさかず
正5和8 13
真10和8 18

### まさき
将10己3 13
将10生5 15
将10希7 17
正5輝15 20
将10基11 21
正5樹16 21
雅13紀9 22
真10暉13 23
昌8樹16 24
雅13貴12 25
将10輝15 25
真10輝15 25
将10樹16 26
雅13樹16 29

### まさし
正5志7 12
将10志7 17

### まさたか
真10孝7 17
将10隆11 21
将10貴12 22

### まさと
正5人2 7
将10人2 12
真10人2 12
眞10人2 12
理11人2 13
雅13人2 15
聖13人2 15
雅13斗4 17
正5翔12 17
聖13斗4 17
優17斗4 21
真10聡14 24
雅13翔12 25

### まさなり
正5成6 11
将10成6 16
真10成6 16

### まさのり
雅13典8 21
将10徳14 24

### まさはる
正5悠11 16
正5陽12 17
雅13治8 21
真10悠11 21
将10晴12 22
雅13晴12 25

### まさひこ
真10彦9 19
雅13彦9 22

### まさひと
将10仁4 14
優17仁4 21

### まさひろ
将10大3 13
真10大3 13
雅13大3 16
将10寛13 23

### まさふみ
将10史5 15
雅13文4 17

### まさむね
正5宗8 13
政9宗8 17
将10宗8 18

## まさや

- 昌8也3　11
- 将10也3　13
- 真10也3　13
- 正5弥8　13
- 雅13也3　16
- 雅13矢5　18
- 将10弥8　18

## まさゆき

- 真10之3　13
- 昌8幸8　16
- 誠13之3　16
- 真10幸8　18

## まさよし

- 正5義13　18
- 将10義13　23

## まさる

- 大3　3
- 将10　10
- 勝12　12
- 優17　17

## まなと

- 真10斗4　14
- 真10叶5　15
- 愛13斗4　17
- 真10那7斗4　21
- 眞10那7斗4　21
- 真10翔12　22
- 真10南9斗4　23
- 愛13翔12　25

## まなや

- 愛13也3　16
- 愛13弥8　21

## まひろ

- 真10大3　13
- 眞10大3　13
- 真10広5　15
- 真10宏7　17
- 真10拓8　18
- 真10宙8　18
- 真10紘10　20
- 真10尋12　22
- 真10裕12　22
- 真10優17　27

## まもる

- 守6　6
- 衛16　16
- 護20　20

# み

## みおと

- 海9音9　18
- 澪16斗4　20

## みきと

- 幹13人2　15
- 幹13斗4　17
- 幹13登12　25

## みきや

- 未5来7也3　15
- 幹13也3　16
- 樹16矢5　21

## みこと

- 尊12　12
- 海9琴12　21

## みさき

- 岬8　8

## みずき

- 瑞13　13
- 瑞13己3　16
- 瑞13生5　18
- 瑞13希7　20
- 瑞13季8　21
- 瑞13基11　24
- 瑞13葵12　25
- 瑞13喜12　25
- 瑞13稀12　25
- 瑞13貴12　25
- 瑞13輝15　28
- 瑞13樹16　29

## みずと

- 瑞13人2　15
- 瑞13士3　16
- 瑞13斗4　17

## みずほ

- 瑞13歩8　21

## みちひろ

- 道12大3　15
- 道12宏7　19

## みつき

- 充6生5　11
- 光6希7　13
- 充6希7　13
- 充6紀9　15
- 湊12月4　16
- 光6稀12　18

光貴 6 12 18
充稀 6 12 18
光輝 6 15 21
充輝 6 15 21
充樹 6 16 22
実輝 8 15 23
実樹 8 16 24

### みつひろ

充宏 6 7 13
光洋 6 9 15

### みつる

充 6 6
実弦 8 8 16

### みなと

湊 12 12
南斗 9 4 13
湊人 12 2 14
湊士 12 3 15
湊仁 12 4 16
湊斗 12 4 16
湊叶 12 5 17
海那人 9 7 2 18
湊音 12 9 21
湊都 12 11 23
湊登 12 12 24
湊翔 12 12 24

### みなみ

南 9 9
南海 9 9 18

### みのる

実 8 8
稔 13 13

### みはる

心陽 4 12 16
実晴 8 12 20
海晴 9 12 21

### みやび

雅 13 13

### みらい

未来 5 7 12
光来 6 7 13
未來 5 8 13
海來 9 8 17

## む

### むさし

武蔵 8 15 23

### むつき

睦月 13 4 17
睦生 13 5 18
睦希 13 7 20
睦季 13 8 21
睦基 13 11 24
睦貴 13 12 25

### むつと

睦人 13 2 15
睦斗 13 4 17

## め

### めい

芽生 8 5 13
盟 13 13

### めぐる

環 17 17
恵琉 10 11 21

## も

### もとき

元希 4 7 11
元葵 4 12 16
基希 11 7 18

### もとなり

元就 4 12 16
基成 11 6 17

### もとはる

元春 4 9 13
元晴 4 12 16
基晴 11 12 23

## や

### やすあき

泰明 10 8 18
康明 11 8 19

### やすたか

康貴 11 12 23

### やひろ

弥大 8 3 11
弥広 8 5 13
八尋 2 12 14

### やまと

大和 3 8 11
大翔 3 12 15

# ゆ

## ゆい

惟11 11
唯11 11
結12 12
結12生5 17

## ゆいた

結12大3 15
唯11太4 15
結12太4 16

## ゆいと

惟11人2 13
唯11人2 13
結12人2 14
結12士3 15
唯11仁4 15
唯11斗4 15
由5衣6斗4 15
結12仁4 16
結12斗4 16
唯11音9 20
結12音9 21
唯11都11 22
結12都11 23
結12依8斗4 24
結12登12 24
結12翔12 24

## ゆう

友4 4
有6 6
佑7 7
侑8 8
勇9 9
祐9 9
悠11 11
結12 12
裕12 12
勇9羽6 15
結12友4 16
悠11生5 16
優17 17
悠11宇6 17
悠11羽6 17
結12羽6 18
悠11佑7 18
優17羽6 23
優17有6 23

## ゆういち

佑7一1 8
勇9一1 10
悠11一1 12
優17一1 18

## ゆういちろう

佑7一1郎9 17
悠11一1郎9 21
裕12一1朗10 23
雄12一1朗10 23
優17一1郎9 27

## ゆうが

悠11河8 19
勇9雅13 22
悠11賀12 23
悠11雅13 24
雄12賀12 24
優17翔12 29
優17雅13 30

## ゆうき

佑7己3 10
友4希7 11
侑8己3 11
侑8生5 13
祐9生5 14
佑7季8 15
勇9気6 15
侑8希7 15
勇9希7 16
悠11生5 16
祐9希7 16
結12生5 17
悠11希7 18
友4樹16 20
侑8貴12 20
悠11起10 21
有6輝15 21
雄12紀9 21
侑8暉13 21
佑7樹16 23
悠11喜12 23
悠11稀12 23
悠11貴12 23
裕12基11 23
雄12基11 23
侑8輝15 23
結12葵12 24

結12喜12 24
結12貴12 24
優17希7 24
勇9輝15 24
悠11暉13 24
祐9輝15 24
裕12貴12 24
侑8樹16 24
勇9樹16 25
祐9樹16 25
悠11輝15 26
結12輝15 27
悠11樹16 27
裕12輝15 27
優17貴12 29
優17輝15 32
優17樹16 33

### ゆうげん

侑8玄5 13
悠11元4 15
悠11玄5 16
優17元4 21

### ゆうご

勇9伍6 15
友4梧11 15
侑8吾7 15
勇9吾7 16
宥9吾7 16
有6悟10 16
祐9吾7 16
悠11伍6 17
悠11吾7 18
勇9悟10 19
悠11悟10 21
優17吾7 24

### ゆうさく

友4作7 11
祐9作7 16
悠11作7 18
悠11朔10 21
優17作7 24

### ゆうし

侑8史5 13
佑7志7 14
悠11士3 14
雄12士3 15
侑8志7 15
勇9志7 16
悠11司5 16
悠11史5 16
結12史5 17
悠11志7 18
雄12志7 19
優17士3 20
優17志7 24
悠11嗣13 24
悠11詩13 24

### ゆうじ

侑8司5 13
勇9志7 16
悠11司5 16
悠11史5 16
裕12司5 17
雄12司5 17

### ゆうしろう

侑8志7郎9 24
雄12志7朗10 29
優17志7郎9 33

### ゆうじろう

勇9士3郎9 21
裕12二2郎9 23
裕12次6郎9 27

### ゆうしん

友4心4 8
佑7心4 11
侑8心4 12
勇9心4 13
悠11心4 15
結12心4 16
雄12心4 16
佑7真10 17
悠11伸7 18
悠11信9 20
優17心4 21
悠11真10 21
悠11慎13 24
悠11新13 24
優17真10 27

### ゆうじん

勇9仁4 13
悠11人2 13
悠11仁4 15
優17仁4 21

### ゆうすけ

佑7介4 11
勇9介4 13

| 名前 | 画数 | 総画数 |
|---|---|---|
| 友亮 | 4・9 | 13 |
| 佑典 | 7・8 | 15 |
| 悠介 | 11・4 | 15 |
| 祐丞 | 9・6 | 15 |
| 佑亮 | 7・9 | 16 |
| 宥佑 | 9・7 | 16 |
| 裕介 | 12・4 | 16 |
| 雄介 | 12・4 | 16 |
| 侑亮 | 8・9 | 17 |
| 勇祐 | 9・9 | 18 |
| 悠佑 | 11・7 | 18 |
| 悠亮 | 11・9 | 20 |
| 優介 | 17・4 | 21 |
| 裕亮 | 12・9 | 21 |
| 雄亮 | 12・9 | 21 |
| 悠輔 | 11・14 | 25 |

## ゆうせい

| 名前 | 画数 | 総画数 |
|---|---|---|
| 佑成 | 7・6 | 13 |
| 侑生 | 8・5 | 13 |
| 侑成 | 8・6 | 14 |
| 勇成 | 9・6 | 15 |
| 祐成 | 9・6 | 15 |
| 悠世 | 11・5 | 16 |
| 悠生 | 11・5 | 16 |
| 結生 | 12・5 | 17 |
| 佑晟 | 7・10 | 17 |
| 友聖 | 4・13 | 17 |
| 悠成 | 11・6 | 17 |
| 祐星 | 9・9 | 18 |
| 雄成 | 12・6 | 18 |
| 悠星 | 11・9 | 20 |
| 勇晴 | 9・12 | 21 |
| 悠晟 | 11・10 | 21 |
| 祐晴 | 9・12 | 21 |
| 優生 | 17・5 | 22 |
| 勇聖 | 9・13 | 22 |
| 勇誠 | 9・13 | 22 |
| 優成 | 17・6 | 23 |
| 悠晴 | 11・12 | 23 |
| 悠惺 | 11・12 | 23 |
| 悠聖 | 11・13 | 24 |
| 悠誠 | 11・13 | 24 |
| 優星 | 17・9 | 26 |
| 優晟 | 17・10 | 27 |
| 優聖 | 17・13 | 30 |
| 優誠 | 17・13 | 30 |

## ゆうた

| 名前 | 画数 | 総画数 |
|---|---|---|
| 佑太 | 7・4 | 11 |
| 勇太 | 9・4 | 13 |
| 宥太 | 9・4 | 13 |
| 柚太 | 9・4 | 13 |
| 祐太 | 9・4 | 13 |
| 佑汰 | 7・7 | 14 |
| 悠太 | 11・4 | 15 |
| 雄大 | 12・3 | 15 |
| 結太 | 12・4 | 16 |
| 裕太 | 12・4 | 16 |
| 雄太 | 12・4 | 16 |
| 結汰 | 12・7 | 19 |
| 優大 | 17・3 | 20 |
| 優太 | 17・4 | 21 |
| 悠詩 | 11・13 | 24 |

## ゆうだい

| 名前 | 画数 | 総画数 |
|---|---|---|
| 佑大 | 7・3 | 10 |
| 侑大 | 8・3 | 11 |
| 勇大 | 9・3 | 12 |
| 祐大 | 9・3 | 12 |
| 悠大 | 11・3 | 14 |
| 結大 | 12・3 | 15 |
| 裕大 | 12・3 | 15 |
| 雄大 | 12・3 | 15 |
| 優大 | 17・3 | 20 |
| 悠泰 | 11・10 | 21 |

## ゆうたろう

| 名前 | 画数 | 総画数 |
|---|---|---|
| 佑太朗 | 7・4・10 | 21 |
| 祐太郎 | 9・4・9 | 22 |
| 祐太朗 | 9・4・10 | 23 |
| 悠太郎 | 11・4・9 | 24 |
| 悠大朗 | 11・3・10 | 24 |
| 悠太朗 | 11・4・10 | 25 |
| 裕太郎 | 12・4・9 | 25 |
| 結太朗 | 12・4・10 | 26 |
| 雄太朗 | 12・4・10 | 26 |
| 優太郎 | 17・4・9 | 30 |
| 優太朗 | 17・4・10 | 31 |

## ゆうと

| 名前 | 画数 | 総画数 |
|---|---|---|
| 佑人 | 7・2 | 9 |
| 侑人 | 8・2 | 10 |
| 佑斗 | 7・4 | 11 |
| 勇人 | 9・2 | 11 |
| 祐人 | 9・2 | 11 |
| 勇仁 | 9・4 | 13 |
| 勇斗 | 9・4 | 13 |
| 悠人 | 11・2 | 13 |
| 祐斗 | 9・4 | 13 |
| 結人 | 12・2 | 14 |

| | | |
|---|---|---|
| 裕人 | 12 2 | 14 |
| 雄人 | 12 2 | 14 |
| 友都 | 4 11 | 15 |
| 悠仁 | 11 4 | 15 |
| 悠斗 | 11 4 | 15 |
| 結仁 | 12 4 | 16 |
| 結斗 | 12 4 | 16 |
| 友翔 | 4 12 | 16 |
| 悠叶 | 11 5 | 16 |
| 裕斗 | 12 4 | 16 |
| 雄斗 | 12 4 | 16 |
| 佑都 | 7 11 | 18 |
| 優人 | 17 2 | 19 |
| 優士 | 17 3 | 20 |
| 悠音 | 11 9 | 20 |
| 結音 | 12 9 | 21 |
| 優仁 | 17 4 | 21 |
| 優斗 | 17 4 | 21 |
| 勇翔 | 9 12 | 21 |
| 悠都 | 11 11 | 22 |
| 悠登 | 11 12 | 23 |
| 悠翔 | 11 12 | 23 |
| 結翔 | 12 12 | 24 |
| 優杜 | 17 7 | 24 |
| 裕登 | 12 12 | 24 |
| 裕翔 | 12 12 | 24 |
| 雄登 | 12 12 | 24 |
| 優音 | 17 9 | 26 |
| 優登 | 17 12 | 29 |
| 優翔 | 17 12 | 29 |

### ゆうのしん

| | | |
|---|---|---|
| 悠之真 | 11 3 10 | 24 |
| 優之進 | 17 3 11 | 31 |

### ゆうのすけ

| | | |
|---|---|---|
| 有之介 | 6 3 4 | 13 |
| 勇之介 | 9 3 4 | 16 |
| 悠乃介 | 11 2 4 | 17 |
| 悠之介 | 11 3 4 | 18 |
| 悠之助 | 11 3 7 | 21 |
| 優之介 | 17 3 4 | 24 |

### ゆうは

| | | |
|---|---|---|
| 優羽 | 17 6 | 23 |
| 悠晴 | 11 12 | 23 |
| 悠葉 | 11 12 | 23 |

### ゆうひ

| | | |
|---|---|---|
| 夕陽 | 3 12 | 15 |
| 佑飛 | 7 9 | 16 |
| 友陽 | 4 12 | 16 |
| 優日 | 17 4 | 21 |
| 雄飛 | 12 9 | 21 |
| 悠陽 | 11 12 | 23 |
| 結陽 | 12 12 | 24 |
| 裕陽 | 12 12 | 24 |
| 雄陽 | 12 12 | 24 |
| 優陽 | 17 12 | 29 |

### ゆうへい

| | | |
|---|---|---|
| 侑平 | 8 5 | 13 |
| 悠平 | 11 5 | 16 |

### ゆうほ

| | | |
|---|---|---|
| 勇歩 | 9 8 | 17 |
| 悠歩 | 11 8 | 19 |
| 優帆 | 17 6 | 23 |

### ゆうま

| | | |
|---|---|---|
| 友真 | 4 10 | 14 |
| 由眞 | 5 10 | 15 |
| 有真 | 6 10 | 16 |
| 佑真 | 7 10 | 17 |
| 佑馬 | 7 10 | 17 |
| 侑真 | 8 10 | 18 |
| 侑馬 | 8 10 | 18 |
| 侑眞 | 8 10 | 18 |
| 勇真 | 9 10 | 19 |
| 祐馬 | 9 10 | 19 |
| 悠真 | 11 10 | 21 |
| 悠馬 | 11 10 | 21 |
| 悠眞 | 11 10 | 21 |
| 結真 | 12 10 | 22 |
| 裕真 | 12 10 | 22 |
| 悠誠 | 11 13 | 24 |
| 優真 | 17 10 | 27 |
| 優馬 | 17 10 | 27 |
| 優眞 | 17 10 | 27 |
| 悠磨 | 11 16 | 27 |
| 優磨 | 17 16 | 33 |

### ゆうや

| | | |
|---|---|---|
| 友也 | 4 3 | 7 |
| 侑也 | 8 3 | 11 |
| 祐也 | 9 3 | 12 |
| 悠也 | 11 3 | 14 |
| 結也 | 12 3 | 15 |
| 佑哉 | 7 9 | 16 |
| 悠矢 | 11 5 | 16 |
| 侑弥 | 8 8 | 16 |
| 祐弥 | 9 8 | 17 |
| 裕矢 | 12 5 | 17 |
| 勇哉 | 9 9 | 18 |

優也 17 3 20
結哉 12 9 21
裕哉 12 9 21
優弥 17 8 25
優哉 17 9 26

### ゆうら

悠良 11 7 18
悠楽 11 13 24

### ゆうり

佑吏 7 6 13
勇吏 9 6 15
侑李 8 7 15
悠吏 11 6 17
悠利 11 7 18
悠李 11 7 18
悠里 11 7 18

悠理 11 11 22
優李 17 7 24

### ゆうわ

侑和 8 8 16
悠和 11 8 19
優羽 17 6 23
優和 17 8 25

### ゆきと

幸人 8 2 10
幸士 8 3 11
幸斗 8 4 12
雪斗 11 4 15
千翔 3 12 15
幸翔 8 12 20
悠希人 11 7 2 20
結希人 12 7 2 21

悠季人 11 8 2 21
悠紀斗 11 9 4 24
優希斗 17 7 4 28

### ゆきなり

幸也 8 3 11
幸成 8 6 14
幸誠 8 13 21

### ゆきひろ

幸大 8 3 11
幸弘 8 5 13

### ゆきまさ

幸正 8 5 13
幸将 8 10 18

### ゆきや

幸也 8 3 11
幸弥 8 8 16

幸哉 8 9 17
悠希也 11 7 3 21

### ゆずき

柚希 9 7 16
柚葵 9 12 21
柚貴 9 12 21
柚輝 9 15 24

### ゆずと

柚斗 9 4 13
柚翔 9 12 21

### ゆずる

弦 8 8
譲 20 20

### ゆたか

豊 13 13
由隆 5 11 16

### ゆづき

佑月 7 4 11
柚月 9 4 13
悠月 11 4 15
結月 12 4 16
裕月 12 4 16
優月 17 4 21

### ゆづる

由弦 5 8 13
優弦 17 8 25

### ゆめと

夢叶 13 5 18
夢翔 13 12 25

### ゆら

侑良 8 7 15
侑來 8 8 16

悠良 11 7 18
由楽 5 13 18
由羅 5 19 24

## よ

### よう

洋 9 9
葉 12 12
陽 12 12
燿 18 18
耀 20 20

### よういちろう

陽一朗 12 1 10 23
瑶一郎 13 1 9 23
耀一朗 20 1 10 31

### ようすけ
洋 9 介 4 13
陽 12 介 4 16
陽 12 亮 9 21
洋 9 輔 14 23

### ようせい
洋 9 成 6 15
陽 12 生 5 17
陽 12 成 6 18

### ようた
洋 9 太 4 13
陽 12 大 3 15
葉 12 太 4 16
遥 12 太 4 16
陽 12 太 4 16
耀 20 大 3 23
耀 20 太 4 24

### ようだい
洋 9 大 3 12
陽 12 大 3 15
耀 20 大 3 23

### ようたろう
洋 9 太 4 朗 10 23
遥 12 太 4 郎 9 25
陽 12 太 4 郎 9 25
耀 20 太 4 郎 9 33

### ようへい
洋 9 平 5 14
遥 12 平 5 17
陽 12 平 5 17

### よしあき
良 7 明 8 15
義 13 明 8 21
慶 15 明 8 23

### よしき
佳 8 希 7 15
由 5 樹 16 21
佳 8 輝 15 23
芳 7 樹 16 23
良 7 樹 16 23
佳 8 樹 16 24
義 13 貴 12 25

### よしたか
孝 7 高 10 17
義 13 隆 11 24

### よしと
義 13 人 2 15
嘉 14 人 2 16

### よしなり
義 13 仁 4 17
慶 15 人 2 17
由 5 翔 12 17
義 13 也 3 16
慶 15 成 6 21

### よしはる
由 5 晴 12 17
慶 15 春 9 24
善 12 晴 12 24
義 13 晴 12 25

### よしひこ
喜 12 彦 9 21
慶 15 彦 9 24

### よしひと
嘉 14 人 2 16

### よしひろ
喜 12 仁 4 16
善 12 仁 4 16
義 13 仁 4 17
佳 8 宏 7 15
慶 15 浩 10 25

### よしふみ
佳 8 史 5 13
喜 12 文 4 16

### よしまさ
義 13 政 9 22
義 13 将 10 23

### よしゆき
佳 8 之 3 11
義 13 幸 8 21
慶 15 幸 8 23

## ら

### らい
来 7 7
來 8 8
徠 11 11
頼 16 16
蕾 16 16

### らいき
來 8 希 7 15
徠 11 希 7 18
頼 16 生 5 21
來 8 暉 13 21
来 7 樹 16 23
來 8 輝 15 23

## らいと

來(8)叶(5) 13
徠(11)斗(4) 15
来(7)飛(9) 16
頼(16)人(2) 18
来(7)翔(12) 19
來(8)翔(12) 20

## らいむ

来(7)夢(13) 20
來(8)夢(13) 21
頼(16)武(8) 24
徠(11)夢(13) 24

## らく

楽(13) 13
良(7)玖(7) 14
樂(15) 15

# り

## りいち

莉(10)一(1) 11
理(11)一(1) 12
璃(15)一(1) 16
理(11)壱(7) 18

## りお

俐(9)央(5) 14
凌(10)央(5) 15
莉(10)央(5) 15
莉(10)生(5) 15
吏(6)桜(10) 16
理(11)央(5) 16
璃(15)央(5) 20
琳(12)凰(11) 23

## りおと

吏(6)音(9) 15
李(7)音(9) 16
理(11)央(5)人(2) 18
理(11)央(5)斗(4) 20
璃(15)音(9) 24
璃(15)央(5)翔(12) 32

## りおん

吏(6)恩(10) 16
璃(15)音(9) 24
凜(15)音(9) 24

## りき

力(2) 2
力(2)輝(15) 17
理(11)希(7) 18
理(11)貴(12) 23
里(7)樹(16) 23
莉(10)輝(15) 25
理(11)樹(16) 27

## りきと

力(2)斗(4) 6
力(2)翔(12) 14
璃(15)希(7)人(2) 24

## りきや

力(2)也(3) 5
力(2)哉(9) 11

## りく

陸(11) 11
睦(13) 13
吏(6)玖(7) 13
凌(10)久(3) 13
莉(10)久(3) 13
理(11)久(3) 14
里(7)來(8) 15
稜(13)久(3) 16
莉(10)玖(7) 17
理(11)玖(7) 18
璃(15)久(3) 18
凌(10)空(8) 18
莉(10)空(8) 18
凜(15)久(3) 18
璃(15)空(8) 23
凜(15)空(8) 23

## りくと

吏(6)久(3)斗(4) 13
陸(11)人(2) 13
睦(13)人(2) 15
陸(11)斗(4) 15
理(11)久(3)人(2) 16
睦(13)斗(4) 17
莉(10)久(3)斗(4) 17
里(7)玖(7)斗(4) 18
陸(11)音(9) 20
陸(11)登(12) 23
陸(11)翔(12) 23
睦(13)翔(12) 25

## りくや

陸(11)也(3) 14
陸(11)矢(5) 16

## りた

理(11)太(4) 15
莉(10)汰(7) 17
理(11)汰(7) 18

- 璃15大3　18

### りつ

- 律9　9
- 吏6津9　15
- 里7津9　16
- 吏6都11　17
- 李7都11　18
- 里7都11　18
- 莉10都11　21
- 凜15津9　24

### りつき

- 莉10月4　14
- 律9希7　16
- 律9季8　17
- 立5葵12　17
- 立5貴12　17
- 立5輝15　20
- 律9葵12　21
- 律9貴12　21
- 立5樹16　21

### りっと

- 律9人2　11
- 律9斗4　13
- 立5翔12　17
- 律9登12　21
- 律9翔12　21

### りと

- 梨11斗4　15
- 理11斗4　15
- 吏6都11　17
- 璃15人2　17
- 吏6翔12　18
- 李7都11　18
- 璃15斗4　19
- 莉10翔12　22
- 理11翔12　23
- 璃15音9　24

### りひと

- 利7仁4　11
- 理11人2　13
- 莉10仁4　14
- 理11仁4　15
- 璃15人2　17
- 凜15人2　17
- 璃15仁4　19

### りゅう

- 竜10　10
- 琉11　11
- 隆11　11
- 龍16　16
- 琉11羽6　17

### りゅういち

- 隆11一1　12
- 龍16一1　17

### りゅうが

- 琉11我7　18
- 琉11翔12　23
- 龍16我7　23
- 龍16冴7　23
- 琉11雅13　24
- 龍16河8　24
- 龍16雅13　29

### りゅうき

- 琉11生5　16
- 琉11希7　18
- 龍16己3　19
- 龍16生5　21
- 竜10暉13　23
- 龍16希7　23
- 琉11暉13　24
- 龍16來8　24
- 竜10輝15　25
- 琉11輝15　26
- 隆11樹16　27
- 竜10騎18　28
- 龍16輝15　31
- 龍16樹16　32

### りゅうく

- 琉11空8　19
- 龍16玖7　23

### りゅうご

- 琉11吾7　18
- 龍16吾7　23

### りゅうし

- 琉11志7　18
- 龍16志7　23

### りゅうじ

- 竜10司5　15
- 琉11司5　16
- 龍16二2　18
- 龍16司5　21
- 龍16史5　21
- 龍16志7　23

### りゅうしょう

- 琉11翔12　23
- 龍16昇8　24

## りゅうしん

| | | |
|---|---|---|
| 琉心 | 11 4 | 15 |
| 隆心 | 11 4 | 15 |
| 瑠心 | 14 4 | 18 |
| 龍心 | 16 4 | 20 |
| 琉真 | 11 10 | 21 |
| 隆真 | 11 10 | 21 |
| 竜慎 | 10 13 | 23 |
| 龍臣 | 16 7 | 23 |

## りゅうすけ

| | | |
|---|---|---|
| 竜介 | 10 4 | 14 |
| 隆介 | 11 4 | 15 |
| 竜佑 | 10 7 | 17 |
| 竜輔 | 10 14 | 24 |

## りゅうせい

| | | |
|---|---|---|
| 琉世 | 11 5 | 16 |
| 琉生 | 11 5 | 16 |
| 竜成 | 10 6 | 16 |
| 琉成 | 11 6 | 17 |
| 隆成 | 11 6 | 17 |
| 琉星 | 11 9 | 20 |
| 琉晟 | 11 10 | 21 |
| 隆晟 | 11 10 | 21 |
| 龍生 | 16 5 | 21 |
| 龍成 | 16 6 | 22 |
| 竜聖 | 10 13 | 23 |
| 竜誠 | 10 13 | 23 |
| 瑠星 | 14 9 | 23 |
| 琉聖 | 11 13 | 24 |
| 隆聖 | 11 13 | 24 |
| 龍青 | 16 8 | 24 |
| 龍星 | 16 9 | 25 |

## りゅうた

| | | |
|---|---|---|
| 竜大 | 10 3 | 13 |
| 竜太 | 10 4 | 14 |
| 琉太 | 11 4 | 15 |
| 隆太 | 11 4 | 15 |
| 琉汰 | 11 7 | 18 |
| 龍太 | 16 4 | 20 |
| 瑠汰 | 14 7 | 21 |

## りゅうだい

| | | |
|---|---|---|
| 竜大 | 10 3 | 13 |
| 琉大 | 11 3 | 14 |
| 隆大 | 11 3 | 14 |
| 龍大 | 16 3 | 19 |

## りゅうたろう

| | | |
|---|---|---|
| 琉太郎 | 11 4 9 | 24 |
| 隆太郎 | 11 4 9 | 24 |
| 琉太朗 | 11 4 10 | 25 |
| 龍太郎 | 16 4 9 | 29 |
| 龍太朗 | 16 4 10 | 30 |

## りゅうと

| | | |
|---|---|---|
| 琉人 | 11 2 | 13 |
| 隆人 | 11 2 | 13 |
| 琉仁 | 11 4 | 15 |
| 琉斗 | 11 4 | 15 |
| 隆斗 | 11 4 | 15 |
| 龍人 | 16 2 | 18 |
| 瑠仁 | 14 4 | 18 |
| 琉音 | 11 9 | 20 |
| 龍斗 | 16 4 | 20 |
| 龍永 | 16 5 | 21 |
| 龍冬 | 16 5 | 21 |
| 竜翔 | 10 12 | 22 |
| 琉翔 | 11 12 | 23 |
| 龍飛 | 16 9 | 25 |
| 龍翔 | 16 12 | 28 |

## りゅうのすけ

| | | |
|---|---|---|
| 竜乃介 | 10 2 4 | 16 |
| 竜之介 | 10 3 4 | 17 |
| 琉之介 | 11 3 4 | 18 |
| 隆之介 | 11 3 4 | 18 |
| 隆之助 | 11 3 7 | 21 |
| 龍之介 | 16 3 4 | 23 |
| 龍之丞 | 16 3 6 | 25 |

## りゅうへい

| | | |
|---|---|---|
| 竜平 | 10 5 | 15 |
| 琉平 | 11 5 | 16 |
| 隆平 | 11 5 | 16 |
| 龍平 | 16 5 | 21 |

## りゅうま

| | | |
|---|---|---|
| 琉真 | 11 10 | 21 |
| 琉馬 | 11 10 | 21 |
| 琉眞 | 11 10 | 21 |
| 隆真 | 11 10 | 21 |
| 龍真 | 16 10 | 26 |
| 龍磨 | 16 16 | 32 |

## りゅうや

| | | |
|---|---|---|
| 竜也 | 10 3 | 13 |
| 竜矢 | 10 5 | 15 |
| 琉矢 | 11 5 | 16 |
| 龍也 | 16 3 | 19 |
| 隆哉 | 11 9 | 20 |
| 龍矢 | 16 5 | 21 |
| 龍弥 | 16 8 | 24 |
| 龍哉 | 16 9 | 25 |

## りょう

- 良（7）　7
- 怜（8）　8
- 亮（9）　9
- 凌（10）　10
- 涼（11）　11
- 陵（11）　11
- 崚（11）　11
- 諒（15）　15
- 遼（15）　15
- 嶺（17）　17

## りょういち

- 良（7）一（1）　8
- 亮（9）一（1）　10
- 凌（10）一（1）　11
- 綾（14）一（1）　15

## りょうえい

- 良（7）栄（9）　16
- 凌（10）英（8）　18

## りょうが

- 亮（9）賀（12）　21
- 亮（9）雅（13）　22
- 凌（10）雅（13）　23
- 龍（16）河（8）　24
- 涼（11）雅（13）　24
- 凌（10）駕（15）　25
- 諒（15）雅（13）　28

## りょうご

- 怜（8）吾（7）　15
- 亮（9）吾（7）　16
- 涼（11）吾（7）　18
- 綾（14）吾（7）　21
- 稜（13）悟（10）　23

## りょうじ

- 怜（8）司（5）　13
- 稜（13）司（5）　18
- 諒（15）士（3）　18
- 稜（13）治（8）　21

## りょうすけ

- 亮（9）介（4）　13
- 涼（11）介（4）　15
- 陵（11）介（4）　15
- 亮（9）佑（7）　16
- 亮（9）典（8）　17
- 稜（13）介（4）　17
- 亮（9）祐（9）　18
- 諒（15）介（4）　19
- 亮（9）輔（14）　23

## りょうせい

- 良（7）成（6）　13
- 怜（8）生（5）　13
- 亮（9）成（6）　15
- 凌（10）成（6）　16
- 涼（11）正（5）　16
- 稜（13）生（5）　18
- 亮（9）晴（12）　21
- 諒（15）成（6）　21
- 遼（15）成（6）　21
- 涼（11）晴（12）　23
- 遼（15）星（9）　24

## りょうた

- 亮（9）太（4）　13
- 凌（10）大（3）　13
- 涼（11）太（4）　15
- 亮（9）汰（7）　16
- 綾（14）太（4）　18
- 僚（14）太（4）　18
- 諒（15）大（3）　18
- 遼（15）太（4）　19
- 龍（16）太（4）　20

## りょうだい

- 凌（10）大（3）　13
- 遼（15）大（3）　18

## りょうたろう

- 亮（9）太（4）朗（10）　23
- 凌（10）太（4）朗（10）　24
- 涼（11）太（4）郎（9）　24
- 崚（11）太（4）郎（9）　24
- 諒（15）太（4）郎（9）　28
- 遼（15）太（4）郎（9）　28

## りょうと

- 涼（11）斗（4）　15
- 稜（13）人（2）　15
- 凌（10）都（11）　21

## りょうへい

- 良（7）平（5）　12
- 亮（9）平（5）　14
- 凌（10）平（5）　15
- 稜（13）平（5）　18
- 諒（15）平（5）　20
- 遼（15）平（5）　20

## りょうま

- 令（5）真（10）　15
- 怜（8）真（10）　18
- 亮（9）真（10）　19
- 竜（10）馬（10）　20

涼11 真10 21
稜13 真10 23
綾14 真10 24
涼11 誠13 24
諒15 真10 25
遼15 真10 25
遼15 馬10 25
龍16 馬10 26

りょうや
亮9 也3 12
涼11 矢5 16
稜13 也3 16
亮9 哉9 18
凌10 弥8 18
遼15 也3 18
遼15 哉9 24

りん
倫10 10
凜15 15
凛15 15
麟24 24

りんた
琳12 太4 16
凛15 大3 18

りんたろう
倫10 太4 郎9 23
倫10 太4 朗10 24
琳12 太4 郎9 25
凜15 太4 郎9 28
凜15 太4 朗10 29

りんと
凜15 人2 17
倫10 都11 21
琳12 翔12 24
凜15 音9 24

りんのすけ
倫10 之3 介4 17
凜15 之3 助7 25
麟24 之3 介4 31

## る

るい
塁12 12
琉11 生5 16
琉11 衣6 17
類18 18
瑠14 生5 19
瑠14 衣6 20
琉11 唯11 22
瑠14 威9 23
瑠14 唯11 25

るいと
琉11 斗4 15
塁12 斗4 16
琉11 衣6 斗4 21
琉11 翔12 23
琉11 唯11 人2 24

るか
琉11 可5 16
琉11 叶5 16
琉11 伽7 18
琉11 夏10 21
琉11 楓13 24

るき
琉11 生5 16
琉11 希7 18
琉11 葵12 23

るきや
琉11 希7 也3 21
瑠14 輝15 也3 32

## れ

れい
令5 5
礼5 5
伶7 7
怜8 8
玲9 9
怜8 生5 13
零13 13
澪16 16
嶺17 17

れいじ
礼5 志7 12
怜8 司5 13
怜8 史5 13
怜8 志7 15
玲9 志7 16
怜8 慈13 21

れいた
玲9 太4 13

れいと
怜8 人2 10
伶7 斗4 11

玲9斗4 13
零13斗4 17
玲9翔12 21

### れいま
礼5真10 15
怜8真10 18
玲9真10 19

### れいや
怜8也3 11
零13也3 16
玲9哉9 18
麗19弥8 27

### れお
礼5央5 10
怜8央5 13
怜8生5 13

礼5旺8 13
玲9央5 14
玲9生5 14
羚11王4 15
羚11央5 16
怜8皇9 17
零13央5 18
蓮13央5 18
麗19央5 24

### れおん
伶7恩10 17
怜8音9 17
怜8恩10 18
玲9音9 18
蓮13恩10 23
麗19音9 28

### れのん
怜8音9 17
玲9音9 18

### れん
怜8 8
廉13 13
蓮13 13
錬16 16
怜8音9 17

### れんじ
廉13士3 16
蓮13士3 16
蓮13司5 18

### れんじゅ
蓮13寿7 20
蓮13樹16 29

### れんた
廉13大3 16
蓮13大3 16
蓮13太4 17

### れんたろう
怜8太4郎9 21
連10太4朗10 24
蓮13太4朗10 27

### れんと
廉13人2 15
蓮13人2 15
蓮13士3 16
蓮13仁4 17
蓮13斗4 17
蓮13叶5 18
蓮13都11 24

廉13翔12 25
蓮13翔12 25

### れんや
廉13也3 16
蓮13也3 16
蓮13弥8 21

## ろ

### ろい
呂7伊6 13
呂7維14 21

### ろく
禄12 12
禄12久3 15
麓19 19

## わ

### わく
和8久3 11
羽6玖7 13
羽6空8 14
和8玖7 15
和8来7 15
和8空8 16
和8來8 16

### わたる
亘6 6
弥8 8
航10 10
渉11 11

使いたい字や読みに添え字を合わせて

# 添え字一覧 男の子編

（添え字一覧の女の子編は142ページにあります）

## 男の子の添え字 1文字

| | |
|---|---|
| あき | 晶明晃陽秋彬章爽昭映暁旭彰鑑亮 |
| いち | 一市壱逸 |
| お | 緒央生雄旺夫王於巨男 |
| おみ | 臣 |
| が | 賀芽雅我 |
| かず | 一寿和員量数 |
| き | 紀希貴喜季基規岐生来起城樹幾己葵揮輝伎暉毅祈熙嬉槻軌機稀器黄磯気旗木期寄幹麒畿 |
| きち | 吉 |
| ご | 五吾悟護伍梧瑚午 |
| さく | 作策索朔 |
| さと | 知里利怜悟郷智敏賢諭聡理覚 |
| し | 史志司士思偲梓四詞誌視資姿至市旨始獅此 |
| じ | 治二次児路司爾滋慈蒔時侍 |
| しげ | 成慈茂重滋繁栄盛 |
| すけ | 介丞助祐佑佐甫亮資輔相典左右 |
| ぞう | 三造蔵 |
| た | 多太汰 |
| だい | 大 |
| たか | 貴孝尚尭高崇教隆挙敬尊喬鷹嵩峻 |
| たけ | 丈武岳健剛豪毅偉猛赳建威孟竹 |
| つぐ | 二次貢嗣継 |
| てる | 照輝瑛晴明耀映暉皓光 |
| と | 人斗十登都杜途刀 |
| とし | 年寿俊利敏歳淑稔聡季理 |
| とも | 共友供朋伴委具知朝智倫皆茂 |
| なり | 也斉成業就 |
| のぶ | 伸述宣延叙信展暢允 |
| のり | 典武法規則宜紀格訓矩教徳範憲 |
| はる | 明春晴治張遥青陽榛 |
| ひこ | 彦 |
| ひさ | 久寿尚亘永玖常悠 |
| ひで | 英秀栄 |
| ひと | 人仁 |
| ひろ | 広弘大宏拡拓洋浩啓博紘寛裕尋 |
| ぶ | 武舞部分歩 |
| ふみ | 典史文書章　※「ぶみ」でも使用 |
| へい | 平兵並併　※「べい」でも使用 |
| ほ | 穂帆歩保甫浦輔補朋 |
| ま | 麻真万茉末摩磨満 |
| み | 美実未三深海見視弥魅 |
| みち | 径迪通道路途倫 |
| みつ | 三光密充満 |
| む | 六夢霧武務 |
| もん | 門紋 |
| や | 矢哉也弥耶冶八夜谷野陽椰埜 |
| やす | 妥安易保泰庸康恭靖廉 |
| ゆき | 之行幸如雪征維往 |
| よし | 由可巧允好快吉良宜尚芳佳美祥能喜慶儀嘉善義 |
| ろう | 郎朗 |

## 男の子の添え字 2文字

| | |
|---|---|
| いちろう | 一郎　一朗 |
| さく | 作久 |
| じろう | 二郎　次郎　二朗　次朗 |
| たろう | 太郎　太朗　多郎　汰郎 |
| のすけ | 之介　乃助　乃輔 |
| ひこ | 比古 |

# 読み別 漢字リスト

常用漢字や人名用漢字のなかから、名づけにふさわしい漢字を選び、50音順に並べてみました。音読み・訓読みを主体とし、さらに一般的な名のり（人名に用いられる読み方）も紹介します。

※漢字の下の数字は画数です。

## あ行

**あ**　安 6　有　亜 7　吾　阿 8　娃 9

**あい**　娃 9　挨 10　愛 13　藍 18

**あお**　青 8　蒼 13　碧 14

**あおい**　葵 12

**あか**　朱 6　赤 7　明 8　紅 9

**あかね**　茜 9

**あき(ら)**　旭 6　明 8　亮 9　映　昭　秋　晃 10　朗　哲　章 11　彬　晶 12　暁　陽　瑛　暉 13　彰 14　瞭 17　顕 18

**あきら**　亨 7　明 8　英　聖 13　幌　輝 15

**あけ**　朱 6　明 8　暁 12　緋 14

**あさ**　旭 6　浅 9　麻 11　朝 12

**あさひ**　旭 6

**あし**　芦 7

**あずさ**　梓 11

**あずま**　東 8

**あつ**　斡 14

**あつ(し)**　厚 9　純 10　淳 11　惇　敦 12　温　渥　篤 16

**あや**　文 4　礼 5　朱 6　采 8　紋 10　彩 11　絢 12　綾 14

**あゆ**　歩 8　鮎 16

**あゆみ(あゆむ)**　歩 8

**あらた**　新 13

**あり**　有 6

**あん**　安 6　杏 7　案 10　晏　庵 11

**あんず**　杏 7

**い**　以 5　生　衣 6　伊　似 7　依 8　委　威 9　唯 11

惟 11
尉
偉 12
椅
維 14
緯 16

**いお**
庵 11

**いおり**
庵 11

**いく**
生 5
行 6
育 8
郁 9
幾 12

**いさ**
功 5
勇 9
勲 15

**いさお**
功 5
勲 15

**いさみ**
**(いさむ)**
勇 9

**いずみ**
泉 9

**いずる**
出 5

**いたる**
至 6
到 8
格 10

**いち**
一 1
市 5
壱 7

**いちご**
苺 8

**いつ**
一 1
逸 11

**いつき**
樹 16

**いと**
糸 6
弦 8
絃 11
綸 14

**いわ(お)**
岩 8
磐 15
巌 20

**う**
右 5
卯
宇 6
有
羽
佑 7
雨 8

**うい**
初 7

**うた**
唄 10
詠 12
詩 13
歌 14
謡 16

**うみ**
海 9

**うめ**
梅 10

**うら**
裡 12

**うるう**
閏 12

**うん**
運 12
雲

**え**
江 6
衣
枝 8
英
依
映 9
栄 9
重
柄
恵 10
笑
絵 12
瑛
慧 15
衛 16

**えい**
永 5
英 8
映 9
栄
詠 12
営
瑛
鋭 15
影
衛 16

**えつ**
悦 10
越 12

**えのき**
榎 14

**えみ**
笑 10

**えん**
円 4
延 8
苑
遠 13
園
薗 16

**お**
小 3
夫 4
生 5
央
男 7
於 8
郎 9
音
朗 10
雄 12
緒 14

**おう**
王 4
央 5
欧 8
旺
桜 10

**おき**
沖 7
興 16

**おさむ**
収 4
司 5
治 8
修 10
理 11
統 12

**おと**
乙 1
音 9
響 20

**おみ**
臣 7

**おり**
折 7
織 18

**おん**
苑 8
音 9
恩 10
薗 16

## か行

**か**
日 4
加 5
可
花 7
伽
佳 8
果
茄
河

珈(9) 珂 迦 香 華(10) 夏 榎(14) 歌 嘉 駕(15) 霞(17)

**が**

牙(4) 我(7) 芽(8) 賀(12) 雅(13)

**かい**

介(4) 快(7) 改 恢(9) 海(9) 開(12) 絵 魁(14)

**がい**

凱(12) 鎧(18)

**かいり**

浬(10)

**かえで**

楓(13)

**かおる（かおり）**

香(9) 薫(16) 馨(20)

**かく**

拡(8) 格(10) 覚(12)

**がく**

学(8) 岳(8) 楽(13)

**かけ(る)**

駈(15)

**かげ**

景(12) 影(15)

**かず**

一(1) 和(8) 知 計(9) 数(13)

**かすみ**

霞(17)

**かずら**

葛(12)

**かぜ**

風(9)

**かつ**

且(5) 克(7) 活(9) 恰 勝(12) 葛

**かつ(て)**

曽(11) 曾(12) 嘗(14)

**かつら**

桂(10)

**かな**

奏(9) 哉

**かなめ**

要(9)

**かね**

兼(10) 謙(17)

**かん**

完(7) 冠(9) 柑 莞(10) 栞 菅(11) 貫 敢(12) 寛(13) 幹 歓(15)

**がん**

岩(8) 巌(20)

**き**

己(3) 木(4) 生(5) 気(6) 伎 企 希(7) 来 岐 季(8) 祈(8) 枝 紀(9) 城 起(10) 記 姫 基(11) 埼 規 貴(12) 喜 稀 揮 幾 期 葵 暉(13) 綺(14) 旗 煕 畿(15) 輝(15) 毅 槻 嬉 器 樹(16) 機 興 徽(17) 騎(18)

**ぎ**

伎(6) 宜(8) 祇(9) 義(13) 儀(15)

**きく**

掬(11) 菊 鞠(17)

**きち**

吉(6)

**きぬ**

衣(6) 絹(13)

**きみ**

公(4) 君(7) 卿(12)

**きゅう**

久(3) 及 究(7) 求 玖 笈(10)

**きよ(し)**

浄(9) 清(11) 淑 聖(13) 精(14) 潔(15) 澄

**きょう** 5 叶 6 共 匡 7 杏 亨 8 享 京 協 供 9 侠 10 恭 11 教 強 梗 郷 12 卿 喬 15 蕎 16 興 20 響

**きり** 10 桐 19 霧

**きん** 7 均 8 金 欣 12 勤 欽 16 錦 17 謹

**ぎん** 7 吟 14 銀

**く** 3 久 7 玖 来 9 紅 14 駆 15 駈

**くう** 8 空

**くす(のき)** 13 楠

**くず** 12 葛

**くに** 7 邦 8 国

**くら** 10 倉 15 蔵

**くん** 7 君 10 訓 15 勲

**ぐん** 9 軍 10 郡 13 群

**けい** 5 兄 6 圭 8 京 9 計 勁 奎 10 恵 桂 11 啓 経 渓 12 卿 敬 景 13 継 15 慶 慧 16 憩

**けつ** 13 傑

**げつ** 4 月

**けん** 9 建 研 10 兼 剣 拳 11 健 12 堅 絢 13 献 15 権 16 賢 17 謙 18 顕

**げん** 4 元 5 玄 8 弦 10 原 11 絃 現 13 源 17 厳

**こ** 3 子 己 小 5 乎 仔 7 来 9 胡 12 湖 13 鼓 瑚

**ご** 4 五 6 伍 7 吾 10 悟 11 梧 13 瑚 20 護

**こい** 10 恋

**こう** 3 工 4 公 5 広 弘 功 巧 甲 6 行 光 好 考 向 7 孝 宏 攻 8 昊 幸 9 厚 恒 恰 香 紅 郊 洸 虹 10 浩 晃 耕 高 航 貢 倖 紘 11 康 梗 12 皓 13 幌 煌 滉 14 構 綱 閤 16 縞 興 鋼 17 鴻

ごう
剛 10　郷 11　豪 14　轟 21

こずえ
梢 11　梶

こと
琴 12

こま
駒 15

これ
之 3　此 6　惟 11

## さ行

さ
小 3　左 5　早 6

佐 7　作　沙　砂 9　咲　紗 10　彩 11　嵯 13　瑳 14

さい
才 3　斉 8　采　哉 9　宰 10　埼 11　彩　斎　菜

さえ
冴 7

さかえ
栄 9

さき
早 6　先　咲 9　埼 11

さく
作 7　咲 9　索 10　朔　策 12

さくら
桜 10

さざなみ
漣 14

さずく
授 11

さだ
定 8　貞 9　禎 13

さだむ
定 8

さち
幸 8　倖 10　祥

さと
里 7　郷 11

さと(し)
知 8　怜　哲 10　悟　敏　覚 12　智　達　聖 13　聡 14　賢 16　諭

さと(る)
了 2　知 8　哲 10　悟　敏　惺 12　覚　智　達　聖 13　聡 14　慧 15　賢 16

さね
実 8　真 10

さら
更 7

さん
珊 9　撰 15

讃 22

し
士 3　仔 5　史　司　示　四　市　糸 6　志 7　孜　施 9　思　詞 12　紫　獅 13　詩　資　嗣

じ
二 2

示 5　次 6　児 7　治 8　滋 12　蒔 13　慈　路　爾 14

しい
椎 12

しお
汐 6　潮 15

しおり
栞 10

しき
式 6　色　識 19

しげ(る)
成 6

茂 8　重 9　滋 12　慈 13　繁 16

しず(か)
静 14

じつ
実 8

しな
品 9　科

しの
篠 17

しのぶ
忍 7　偲 11

しま
嶋 14　縞 16

しゅ
朱 6

10 珠　15 趣

**じゅ**　7 寿　8 受　10 珠　16 樹

**しゅう**　4 収　6 州 舟　7 秀　8 周 宗　9 秋 洲 柊　10 修　11 習 脩　12 集 萩　19 蹴

**じゅう**　2 十　6 充　9 重 柔

**しゅく**　8 叔　9 祝　11 淑

**しゅん**　6 旬　9 春 俊　10 隼 峻　12 竣　13 舜 楯 馴　17 駿　18 瞬

**じゅん**　6 旬　9 洵　10 隼 純　11 淳 惇　12 閏 順　13 楯 準 馴 詢　15 潤 醇 諄

**じょ**　3 女　6 如

**しょう**　5 正　6 匠　7 肖 抄　8 尚 昇 承 昌　9 昭 省　10 将 祥 称　11 章 渉 梢 唱 菖 笙　12 翔 勝 晶 湘　13 照 奨 頌　14 嘗 彰　15 蕉

**じょう**　3 丈　6 丞　8 定　11 常　14 嘗　16 錠 壌　18 穣　20 譲

**しん**　4 心　5 申　7 伸 臣 芯　9 信　10 真 訊 晋 秦　11 進 紳 晨 深　13 慎 新　14 榛　16 親 薪

**じん**　2 人　4 仁 壬　6 尽　9 甚　10 訊 陣　12 尋

**す**　6 州　7 寿　9 洲　10 素　12 須　15 諏

**ず**　11 逗　21 鶴

**すい**　4 水　14 翠

**ずい**　12 随　13 瑞

**すえ**　5 末　8 季

**すが**　11 菅

**すぎ**　7 杉

**すぐる**　8 卓 英　9 俊　13 傑　17 優

**すけ**　4 介　6 丞　7 助 佑　8 昌　9 亮 祐 宥 相　13 資　14 輔

**すず**　11 涼　13 鈴

錫 16

すすむ 晋 10 進 11

すばる 昴 9

すみ 純 10 栖 淑 11 澄 15

せ 世 5 瀬 19

せい 井 4 正 5 生 成 6 西 青 8 斉 征 8 省 9 政 星 晟 10 清 11 盛 惺 12 晴 誠 13 勢 聖 靖 精 14 誓 静

せき 夕 3 石 5 汐 6 隻 10 績 17

せつ 雪 11 節 13 説 14

せり 芹 7

せん 千 3 川 仙 5 宣 9 茜 泉 専 扇 10 船 11 撰 15 鮮 17

ぜん 全 6 善 12 然 禅 13

そ 素 10 曽 11 曾 12

そう 双 4 壮 6 宋 7 走 宗 8 相 9 奏 草 荘 倉 10 曽 11 創 12 窓 爽 曾 惣 湊 12 想 13 聡 14 総 綜 叢 18

ぞう 三 3 造 10 蔵 15

その 苑 8 園 13 薗 16

そめ 染 9

そら 空 8 宙

## た行

た 大 3 太 4 多 6 汰 7

たい 大 3 太 4 汰 7 泰 10

だい 大 3 醍 16

たいら 平 5

たえ 妙 7

たか 考 6 啓 11 鷹 24

たか(し) 天 4 孝 7 尭 8 峻 10 高 崇 11 隆 喬 12 敬 貴 尊 嵩 13

たく 卓 8 拓 琢 11

たくみ 工 3 巧 5 匠 6

たけ 丈 3 竹 6 岳 8 偉 12 嵩 13

たけ(し) 武 8 孟 長 威 9 剛 10 赳 健 11 猛 雄 12 豪 14 毅 15

たすく 匡 6 助 7 佑 輔 14 翼 17

たず(ねる)

訊 10
ただ
祇 9
唯 11
惟
維 14
ただ(し)
中 4
正 5
匡 6
忠 8
貞 9
真 10
ただす
匡 6
たつ
立 5
辰 7
建 9
竜 10
達 12
龍 16

たつき
樹 16
たて
楯 13
たま
玉 5
珠 10
球 11
たまき
環 17
たみ
民 5
たもつ
保 9
ち
千 3
地 6
池
茅 8
知
治
致 10

智 12
稚 13
馳
ちか
史 5
近 7
周 8
睦 13
愛
誓 14
親 16
ちから
力 2
ちく
竹 6
築 16
ちゅう
中 4
仲 6
沖 7
忠 8
宙

ちょう
丁 2
兆 6
長 8
重 9
挺 10
彫 11
張
朝 12
超
蝶 15
つ
津 9
都 11
つかさ
司 5
つき
月 4
槻 15
つぎ
次 6
嗣 13

つぐ
二 2
次 6
亜 7
継 13
嗣
つとむ
努 7
勉 10
務 11
勤 12
つな
綱 14
つね
恒 9
常 11
つばき
椿 13
つばさ
翼 17
つぶら
円 4

圓 13
つや
艶 19
つゆ
露 21
つよし
威 9
剛 10
強 11
健
猛
豪 14
毅 15
つら
連 10
貫 11
つる
鶴 21
で
出 5
てい
丁 2

汀 5
定 8
貞 9
挺 10
悌
逞 11
禎 13
醍 16
てつ
哲 10
鉄 13
徹 15
てる
映 9
照 13
暉
輝 15
てん
天 4
典 8
展 10
でん

伝 6
と
十 2
人
斗 4
杜 7
飛 9
都 11
渡 12
登
とう
刀 2
冬 5
灯 6
東 8
到
桐 10
桃
透
陶 11
萄
登 12

統 12　董　嶋 14　橙 16　瞳 17　藤 18

**どう**
桐 10　堂 11　道 12

**とおる**
亨 7　透 10　通　徹 15

**とき**
迅 6　時 10

**とく**
督 13　徳 14　篤 16

**とし**
年 6　利 7　寿　俊 9　敏 10　淑 11　稔 13　駿 17

**とみ**
富 12

**とも**
友 4　共 6　伴 7　供 8　朋　知　倫 10　智 12　朝

**ともえ**
巴 4

**とよ**
豊 13

**とら**
虎 8　寅 11

## な行

**な**
名 6　那 7　奈 8　南 9　菜 11　梛

**なえ**
苗 8

**なお**
尚 8　直

**なか**
中 4　央 5　仲 6

**なが**
永 5　長 8

**なぎ**
凪 6

**なぎさ**
汀 5　渚 11

**なつ**
夏 10　捺 11

**なな**
七 2

**なみ**
波 8　浪 10

**なり**
也 3　成 6

**なる**
成 6　鳴 14

**な(れる)**
馴 13

**に**
仁 4　弐 6　似 7

**にい**
新 13

**にぎ(わい)**
賑 14

**にじ**
虹 9

**にしき**
錦 16

**にょ**
女 3　如 6

**ね**
祢 9　音　根 10　峯　嶺 17

**ねん**
年 6　念 8　稔 13

**の**
乃 2　之 3　野 11　埜

**のぞみ**
望 11

**のどか**
和 8

**のぶ**
申 5　伸 7　延 8　信 9　宣　展 10　順 12　暢 14

**のぼる**
上 3　昇 8　登 12

**のり**
法 8　典　則 9　紀　乗　矩 10　倫　記　規 11　教　尋 12　徳 14　範 15　憲 16

**の(る)**
駕 15

## は行

**は**
巴 4　羽 6　波 8　葉 12　播 15

**ばい**
苺 8

**はぎ**
萩 12

**はく**
白 5　伯 7　拍 8　博 12

**ばく**
麦 7

**はし**

橋……16

**はじめ**
一……1
元……4
初……7
始……8
朔……10
肇……14

**は(せる)**
馳……13

**はた**
秦……10
旗……14
機……16

**はつ**
初……7
発……9

**はな**
花……7
英……8
華……10

**はま**
浜……10

**はや**
早……6
迅
速……10
逸……11

**はやお**
駿……17

**はやと**
**(はやぶさ)**
隼……10

**はり**
梁……11

**はる**
治……8
春……9
晴……12
陽

**はる(か)**
遥……12
遙……14

**はるか**
悠……11

**はん**
半……5
帆……6
汎
伴……7
絆……11
磐……15
範
繁……16

**ばん**
播……15
磐

**ひ**
比……4
日
妃……6
灯
飛……9
陽……12
緋……14

**び**
美……9

**ひい**
曾……12

**ひかり**
光……6

**ひかる**
光……6
晃……10

**ひこ**
彦……9

**ひさ(し)**
久……3
永……5
寿……7
玖
尚……8

**ひし**
菱……11

**ひじり**
聖……13

**ひで**
秀……7
英……8

**ひと**
一……1
人……2
仁……4

**ひとし**
一……1
仁……4
均……7
斉……8
等……12

**ひとみ**
眸……11
瞳……17

**ひびき**
響……20

**ひら**
平……5

**ひらめ(く)**
閃……10

**ひろ**
宥……9
緩……15
優……17

**ひろ(い)**
汎……6

**ひろ(し)**
大……3
広……5
弘
宏……7
洋……9
洸
浩……10
紘
啓……11
裕……12
博
寛……13
滉

**ひろむ**
弘……5
啓……11
博……12

**ふ**
不……4
布……5
扶……7
芙
吹
歩……8
冨……11
富……12
普

**ぶ**
武……8
葡……12
舞……15
蕪

**ふう**
風……9
楓……13

**ふく**
福……13

**ふさ**
房……8

**ふじ**
藤……18

**ふとし**
太……4

**ふみ**
文……4
史……5
郁……9

**ふゆ**
冬……5

**ぶん**
文……4

**へい**
平……5
兵……7

**べに**
紅……9

**べん**
勉……10

**ほ**
帆……6
甫……7

歩 8　保 9　圃 10　葡 12　蒲 13　輔 14　穂 15

ほう　方 4　邦 7　芳　宝 8　朋　法　峰 10　峯　逢 11　萌　豊 13

ぼう　望 11

ほく　北 5

ほし　星 9

ほたる　蛍 11

ほまれ　誉 13

ほろ　幌 13

## ま行

ま　万 3　茉 8　馬 10　真　麻 11　摩 15　磨 16

まい　舞 15

まいる　哩 10

まき　牧 8　槙 14　薪 16

ま(く)　巻 9　播 15

まこと　允 4　実 8　信 9　真 10　誠 13

まさ　公 4　正 5　匡 6　昌 8　政 9　柾　真 10　将 10　雅 13　優 17

まさし　正 5　政 9　雅 13

まさ(に)　祇 9

まさる　大 3　卓 8　勝 12　優 17

ます　益 10　増 14

まち　町 7　待 9　街 12

まつ　末 5　松 8

まど　円 4　窓 11　圓 13

まどか　円 4　圓 13

まなぶ　学 8

まもる　守 6　保 9　衛 16　護 20

まゆ　繭 18

まり　毬 11

まる　鞠 17　丸 3

まん　万 3　満 12

み　三 3　巳　水 4　未 5　見 7　弥 8　実　美 9　海　視 11　幹 13　魅 15

みお　澪 16

みき　幹 13

みぎわ　汀 5

みさお　操 16

みさき　岬 8

みず　水 4　瑞 13

みち　充 6　通 10　倫　道 12　満　路 13

みつ　三 3　充 6　光　貢 10　満 12　蜜 14

みつぐ　貢 10

みつる　充 6　光　満 12

みどり　緑 14　翠　碧

みな　皆 9

みなと　港 12　湊

みなみ　南 9

みね　峰 10　峯　嶺 17

みのる

実 8
稔 13
穣 18

みやこ
京 8
都 11

みやび
雅 13

みゆき
幸 8

む
六 4
武 8
務 11
夢 13
霧 19

むつ
六 4
陸 11
睦 13

むつみ
睦 13

むね
宗 8
棟 12

むらさき
紫 12

め
女 3
芽 8

めい
明 8
命
盟 13
銘 14

めぐ
恵 10

めぐ(る)
斡 14

めぐみ
恵 10

も
茂 8
萌 11

もう(でる)
詣 13

もえ
萌 11

もと
元 4
本 5
素 10
朔
基 11

もとい
基 11

もとむ
求 7
要 9

もみじ
椛 11

もも
百 6
桃 10

もり
守 6
杜 7
盛 11
森 12
護 20

もん
文 4
門 8
紋 10

## や行

や
八 2
也 3
乎 5
矢
冶 7
弥 8
夜
耶 9
哉
野 11
椰 13

やす
晏 10
廉 13

やす(し)
安 6
保 9
泰 10
恭
康 11
靖 13
寧 14

やな
梁 11

やまと
倭 10

ゆ
愉 12
諭 16

ゆ(う)
夕 3
友 4
由 5
佑 7
柚 9
悠 11
裕 12
結
遊
優 17

ゆい
唯 11
惟
結 12

ゆう
右 5
有 6
邑 7
侑 8
勇 9
宥
柚
祐
湧 12
雄
釉 12
優 17

ゆき
之 3
行 6
幸 8
征
雪 11

ゆずる
譲 20

ゆたか
裕 12
豊 13
穣 18

ゆみ
弓 3

ゆめ
夢 13

よ
与 3
予 4
四 5
世 5
代
余 7
夜 8
誉 13
輿 17

よい
宵 10

よう
要 9
洋
容 10
庸 11
陽 12
葉
遥
蓉 13
瑶
楊
遙 14
養 15
謡 16

18 曜 燿
20 耀

**よし**
5 由
6 吉
7 好 良 芳 芦
8 佳 宜
9 宣 美
10 純 恵 祥
11 啓
12 善 喜
13 義
14 嘉
15 慶

**より**
8 依
16 頼

## ら行

**ら**
7 良
17 螺
19 羅

**らい**
5 礼
7 来
11 徠
13 雷
16 頼 蕾

**らん**
12 嵐
18 藍
19 蘭

**り**
7 利 里 李
10 哩 浬 莉
11 理 梨
12 裡
15 璃

**りき**
2 力

**りく**
11 陸

**りつ**
5 立
9 律

**りゅう**
9 柳
10 流 留 竜
11 笠 隆 琉
15 劉
16 龍

**りょう**
2 了
7 良
9 亮
10 凌 竜
11 梁 涼 菱
12 量
13 稜
14 領 綾 僚
15 遼 諒
16 龍
17 瞭

**りん**
8 林
9 俐
10 倫
12 琳
13 鈴 稟
14 綸
15 凜 凛
18 臨
24 麟

**る**
10 流 留
11 琉
14 瑠

**るい**
12 塁
18 類

**れい**
5 令 礼
7 伶 励
8 怜
9 玲
11 羚
13 鈴
16 澪
17 嶺
19 麗

**れん**
10 連 恋
13 廉 蓮
14 漣
16 錬

**ろ**
7 芦 呂
9 侶
13 路
16 蕗
21 露
24 鷺

**ろう**
9 郎
10 朗 浪 狼

**ろん**
15 論

## わ行

**わ**
8 和
10 倭
15 輪
17 環

**わか**
8 若
13 稚

**わたる**
6 亘
10 航
11 渉
12 渡

# 人気添え字から引く名前

思ったような名前が思い浮かばない……というときは、名前の最後の文字（添え字）を先に決めると考えやすいでしょう。ここでは人気のある添え字を使った女の子、男の子の名前の実例をご紹介します。あわせて「添え字一覧」（女の子142ページ、男の子196ページ）も参考に。

※名前は順不同

## 女の子

### 2画 乃 の

| 名前（画数） | 読み |
| --- | --- |
| 彩(11)乃(2) | あやの |
| 綾(14)乃(2) | あやの |
| 陽(12)菜(11)乃(2) | ひなの |
| 梨(11)乃(2) | りの |
| 雪(11)乃(2) | ゆきの |
| 莉(10)乃(2) | りの |
| 璃(15)乃(2) | りの |
| 理(11)乃(2) | りの |
| 琴(12)乃(2) | ことの |
| 詩(13)乃(2) | しの |
| 夢(13)乃(2) | ゆめの |
| 柚(9)乃(2) | ゆの |
| 由(5)乃(2) | ゆの |
| 結(12)乃(2) | ゆの |
| 妃(6)奈(8)乃(2) | ひなの |
| 日(4)菜(11)乃(2) | ひなの |
| 悠(11)乃(2) | ゆの |
| 一(1)乃(2) | いちの |
| 優(17)乃(2) | ゆの |

### 3画 子 こ

| 名前（画数） | 読み |
| --- | --- |
| 莉(10)子(3) | りこ |
| 璃(15)子(3) | りこ |
| 桃(10)子(3) | ももこ |
| 菜(11)々(3)子(3) | ななこ |
| 愛(13)子(3) | あいこ |
| 桜(10)子(3) | さくらこ |
| 理(11)子(3) | りこ |
| 真(10)子(3) | まこ |
| 日(4)菜(11)子(3) | ひなこ |
| 日(4)向(6)子(3) | ひなこ |
| 結(12)子(3) | ゆいこ |
| 舞(15)子(3) | まいこ |
| 梨(11)子(3) | りこ |
| ひ(2)な(5)子(3) | ひなこ |
| 優(17)子(3) | ゆうこ |
| 凜(15)々(3)子(3) | りりこ |
| 日(4)奈(8)子(3) | ひなこ |
| 晴(12)子(3) | はるこ |
| 亜(7)子(3) | あこ |

### 5画 央 お

| 名前（画数） | 読み |
| --- | --- |
| 莉(10)央(5) | りお |
| 真(10)央(5) | まお |
| 梨(11)央(5) | りお |
| 理(11)央(5) | りお |
| 麻(11)央(5) | まお |
| 奈(8)央(5) | なお |
| 茉(8)央(5) | まお |
| 美(9)央(5) | みお |
| 実(8)央(5) | みお |
| 菜(11)央(5) | なお |
| 弥(8)央(5) | みお |
| 璃(15)央(5) | りお |
| 愛(13)央(5) | まお |
| 望(11)央(5) | みお |
| 詩(13)央(5) | しお |
| 佳(8)央(5) | かお |
| 依(8)央(5) | いお |
| 倫(10)央(5) | りお |

### 6画 衣 い

| 名前（画数） | 読み |
| --- | --- |
| 結(12)衣(6) | ゆい |
| 優(17)衣(6) | ゆい |
| 芽(8)衣(6) | めい |
| 萌(11)衣(6) | めい |
| 葵(12)衣(6) | あおい |
| 由(5)衣(6) | ゆい |
| 真(10)衣(6) | まい |
| 悠(11)衣(6) | ゆい |
| 柚(9)衣(6) | ゆい |
| 玲(9)衣(6) | れい |
| 琉(11)衣(6) | るい |
| 瑠(14)衣(6) | るい |
| 舞(15)衣(6) | まい |
| 麻(11)衣(6) | まい |
| 愛(13)衣(6) | めい |
| 亜(7)衣(6) | あい |

### 7画 花 か

| 名前（画数） | 読み |
| --- | --- |
| 優(17)花(7) | ゆうか |
| 桃(10)花(7) | ももか |
| 百(6)花(7) | ももか |
| 一(1)花(7) | いちか |
| 彩(11)花(7) | あやか |
| 瑠(14)花(7) | るか |
| 穂(15)乃(2)花(7) | ほのか |
| 楓(13)花(7) | ふうか |
| 琉(11)花(7) | るか |
| 風(9)花(7) | ふうか |
| 結(12)花(7) | ゆいか |
| 柚(9)花(7) | ゆずか |
| 穂(15)花(7) | ほのか |
| 唯(11)花(7) | ゆいか |
| 愛(13)花(7) | あいか |
| 和(8)花(7) | のどか |

### 7画 希 き

| 名前（画数） | 読み |
| --- | --- |
| 咲(9)希(7) | さき |
| 柚(9)希(7) | ゆずき |
| 瑞(13)希(7) | みずき |
| 夏(10)希(7) | なつき |
| 紗(10)希(7) | さき |
| 優(17)希(7) | ゆき |
| 美(9)希(7) | みき |
| 彩(11)希(7) | さき |
| 颯(14)希(7) | さつき |
| 光(6)希(7) | みつき |
| 実(8)咲(9)希(7) | みさき |
| 真(10)希(7) | まき |
| 友(4)希(7) | ゆき |
| 沙(7)希(7) | さき |
| 美(9)沙(7)希(7) | みさき |

### 7画 那 な

| 名前（画数） | 読み |
| --- | --- |
| 優(17)那(7) | ゆうな |
| 琉(11)那(7) | るな |
| 菜(11)那(7) | なな |
| 心(4)那(7) | ここな |
| 栞(10)那(7) | かんな |
| 彩(11)那(7) | あやな |
| 瑠(14)那(7) | るな |
| 莉(10)那(7) | りな |
| 怜(8)那(7) | れいな |
| 奈(8)那(7) | なな |
| 柚(9)那(7) | ゆな |
| 妃(6)那(7) | ひな |
| 怜(8)那(7) | れな |
| 絆(11)那(7) | はんな |
| 美(9)那(7) | みな |
| 雪(11)那(7) | ゆきな |

### 7画 里 り

| 名前（画数） | 読み |
| --- | --- |
| 朱(6)里(7) | あかり |
| 樹(16)里(7) | じゅり |
| 優(17)里(7) | ゆり |
| 明(8)里(7) | あかり |
| 友(4)里(7) | ゆり |
| 愛(13)里(7) | あいり |
| 汐(6)里(7) | しおり |
| 悠(11)里(7) | ゆうり |
| 明(8)香(9)里(7) | あかり |
| 栞(10)里(7) | しおり |
| 侑(8)里(7) | ゆり |
| 妃(6)麻(11)里(7) | ひまり |
| 彩(11)里(7) | あやり |
| 莉(10)里(7) | りり |
| 侑(8)里(7) | ゆうり |

※ここでは「仮成数」を加えて吉数にする場合も考えて、画数としてそのままでは吉数ではない名前例も掲載しています。

## 佳 か（8画）

- 桃10佳8　ももか
- 京8佳8　きょうか
- 優17佳8　ゆうか
- 千3佳8　ちか
- 穂15佳8　ほのか
- 乃2々3佳8　ののか
- 愛13佳8　まなか
- 楓13佳8　ふうか
- 知8佳8　ちか
- 穂15乃2佳8　ほのか
- 美9佳8　みか
- 史5佳8　ふみか
- 春9佳8　はるか
- 朋8佳8　ともか
- 柚9佳8　ゆずか
- 瑠14佳8　るか

## 奈 な（8画）

- 優17奈8　ゆうな
- 杏7奈8　あんな
- 莉10奈8　りな
- 栞10奈8　かんな
- 愛13奈8　あいな
- 玲9奈8　れな
- 由5奈8　ゆな
- 紗10奈8　さな
- 里7奈8　りな
- 瑠14奈8　るな
- 真10奈8　まな
- 那7奈8　なな
- 佳8奈8　かな
- 怜8奈8　れな
- 茉8奈8　まな
- 玲9奈8　れいな

## 実 み（8画）

- 愛13実8　まなみ
- 夏10実8　なつみ
- 来7実8　くるみ
- 歩8実8　あゆみ
- 希7実8　のぞみ
- 亜7実8　あみ
- 菜11々3実8　ななみ
- 来7実8　くるみ
- 心4実8　ここみ
- 望11実8　のぞみ
- 杏7実8　あみ
- 珠10実8　たまみ
- 真10実8　まみ
- 知8実8　ともみ
- 佑7実8　ゆみ
- 優17実8　ゆみ

## 香 か（9画）

- 明8日4香9　あすか
- 桃10香9　ももか
- 陽12香9　はるか
- 綾14香9　あやか
- 遥12香9　はるか
- 穂15香9　ほのか
- 結12香9　ゆいか
- 百6香9　ももか
- 優17香9　ゆうか
- 帆6香9　ほのか
- 晴12香9　はるか
- 柚9香9　ゆずか
- 春9香9　はるか
- 絢12香9　あやか
- 彩11香9　あやか
- 楓13香9　ふうか

## 音 ね（9画）

- 琴12音9　ことね
- 絢12音9　あやね
- 彩11音9　あやね
- 心4音9　ここね
- 寧14音9　ねね
- 綾14音9　あやね
- 初7音9　はつね
- 朱6音9　あかね
- 天4音9　あまね
- 涼11音9　すずね
- 鈴13音9　すずね
- 愛13音9　あいね
- 幸8音9　ゆきね
- 百6音9　もね
- 和8音9　かずね
- 綺14音9　あやね

## 美 み（9画）

- 心4美9　ここみ
- 菜11々3美9　ななみ
- 希7美9　のぞみ
- 琴12美9　ことみ
- 愛13美9　まなみ
- 歩8美9　あゆみ
- 亜7美9　あみ
- 成6美9　なるみ
- 七2美9　ななみ
- 仁4美9　ひとみ
- 瑠14美9　るみ
- 優17美9　ゆみ
- 奏9美9　かなみ
- 怜8美9　れみ
- 玲9美9　れみ
- 聡14美9　さとみ

## 海 み（9画）

- 七2海9　ななみ
- 心4海9　ここみ
- 愛13海9　まなみ
- 希7海9　のぞみ
- 夏10海9　なつみ
- 優17海9　ゆうみ
- 奏9海9　かなみ
- 来7海9　くるみ
- 琴12海9　ことみ
- 南9海9　みなみ
- 美9海9　みみ
- 杏7海9　あみ
- 玲9海9　れみ
- 瑚13々3海9　ここみ
- 碧14海9　あみ
- 莉10海9　りみ

## 華 か（10画）

- 瑠14華10　るか
- 愛13華10　あいか
- 百6華10　ももか
- 一1華10　いちか
- 楓13華10　ふうか
- 桃10華10　ももか
- 彩11華10　あやか
- 凜15華10　りんか
- 琉11華10　るか
- 唯11華10　ゆいか
- 姫10華10　ひめか
- 朋8華10　ともか
- 杏7華10　きょうか
- 綾14華10　あやか
- 優17華10　ゆうか
- 心4乃2華10　このか

## 莉 り（10画）

- 愛13莉10　あいり
- 明8莉10　あかり
- 朱6莉10　あかり
- 実8莉10　みのり
- 光6莉10　ひかり
- 杏7莉10　あんり
- 陽12莉10　ひまり
- 由5莉10　ゆり
- 優17莉10　ゆり
- 妃6茉8莉10　ひまり
- 悠11莉10　ゆうり
- 明8花7莉10　あかり
- 汐6莉10　しおり
- 瑠14莉10　るり
- 侑8莉10　ゆり
- 妃6莉10　ひまり

## 菜 な（11画）

- 陽12菜11　ひな
- 結12菜11　ゆな
- 心4菜11　ここな
- 優17菜11　ゆうな
- 愛13菜11　あいな
- 瑠14菜11　るな
- 結12菜11　ゆうな
- 花7菜11　はな
- 陽12菜11　はるな
- 紗10菜11　さな
- 里7菜11　りな
- 杏7菜11　あんな
- 真10菜11　まな
- 由5菜11　ゆな
- 日4菜11　ひな
- 七2菜11　なな

## 葉 は（12画）

- 柚9葉12　ゆずは
- 琴12葉12　ことは
- 乙1葉12　おとは
- 音9葉12　おとは
- 心4葉12　ここは
- 紅9葉12　くれは
- 百6葉12　ももは
- 絢12葉12　あやは
- 夏10葉12　なつは
- 詩13葉12　うたは

よ3つ1葉12　よつは
一1葉12　かずは
優17葉12　ゆうは
和8葉12　かずは
彩11葉12　あやは
愛13葉12　あいは

### 14画　緒　お

莉10緒14　りお
美9緒14　みお
真10緒14　まお
菜11緒14　なお
里7緒14　りお
梨11緒14　りお
理11緒14　りお
奈8緒14　なお
璃15緒14　りお
麻11緒14　まお
七2緒14　なお
実8緒14　みお
那7緒14　なお
音9緒14　ねお
万3緒14　まお
奈8々3緒14　ななお

## 男の子

### 1画　一　いち

太4一1　たいち
諒15一1　りょういち
龍16一1　りゅういち
希7一1　きいち
光6一1　こういち
颯14一1　そういち
伸7一1　しんいち
修10一1　しゅういち
優17一1　ゆういち
慶15一1　けいいち
汰7一1　たいち
泰10一1　たいち
翔12一1　しょういち
貴12一1　きいち
佑7一1　ゆういち
准10一1　じゅんいち
喜12一1　きいち
真10一1　しんいち
純10一1　じゅんいち
航10一1　こういち

### 2画　人　と

悠11人2　ゆうと
隼10人2　はやと
颯14人2　はやと
陸11人2　りくと
健11人2　けんと
優17人2　ゆうと
唯11人2　ゆいと
暖13人2　はると
直8人2　なおと
勇9人2　はやと
陽12人2　はると
慶15人2　けいと
瑛12人2　えいと
寛13人2　ひろと
海9人2　かいと
篤16人2　あつと
結12人2　ゆいと
晴12人2　はると
綾14人2　あやと
湊12人2　みなと
蓮13人2　れんと
遥12人2　はると

### 3画　大　だい

雄12大3　ゆうだい
優17大3　ゆうだい
航10大3　こうだい
悠11大3　ゆうだい
煌13大3　こうだい
侑8大3　ゆうだい
昂8大3　こうだい
広5大3　こうだい
晃10大3　こうだい
滉13大3　こうだい
翔12大3　しょうだい
裕12大3　ゆうだい
幸8大3　こうだい
祐9大3　ゆうだい
昊8大3　こうだい
皓12大3　こうだい
佑7大3　ゆうだい
倖10大3　こうだい

### 3画　也　や

智12也3　ともや
達12也3　たつや
朔10也3　さくや
誠13也3　せいや
潤15也3　じゅんや
翔12也3　しょうや
聖13也3　せいや
優17也3　ゆうや
凌10也3　りょうや
拓8也3　たくや
敦12也3　あつや
隼10也3　しゅんや
悠11也3　ゆうや
晴12也3　はるや
知8也3　ともや
陽12也3　はるや

### 4画　介　すけ

龍16之3介4　りゅうのすけ
蒼13介4　そうすけ
康11介4　こうすけ
颯14介4　そうすけ
奏9介4　そうすけ
涼11介4　りょうすけ
隆11之3介4　りゅうのすけ
悠11介4　ゆうすけ
瑛12介4　えいすけ
駿17介4　しゅんすけ
俊9介4　しゅんすけ
陽12介4　ようすけ
健11介4　けんすけ
京8介4　きょうすけ
竜10之3介4　りゅうのすけ
創12介4　そうすけ
慎13之3介4　しんのすけ
湊12介4　そうすけ

### 4画　太　た

翔12太4　しょうた
颯14太4　そうた
瑛12太4　えいた
優17太4　ゆうた
蒼13太4　そうた
悠11太4　ゆうた
健11太4　けんた
亮9太4　りょうた
涼11太4　りょうた
啓11太4　けいた
奏9太4　そうた
陽12太4　ようた
康11太4　こうた
幹13太4　かんた
聡14太4　そうた
裕12太4　ゆうた
慶15太4　けいた
寛13太4　かんた

### 4画　斗　と

悠11斗4　ゆうと
優17斗4　ゆうと
陸11斗4　りくと
海9斗4　かいと
陽12斗4　はると
遥12斗4　はると
瑛12斗4　えいと
琉11斗4　りゅうと
蓮13斗4　れんと
駿17斗4　はやと
晴12斗4　はると
健11斗4　けんと
拓8斗4　たくと
隼10斗4　はやと
龍16斗4　りゅうと
唯11斗4　ゆいと
快7斗4　かいと
結12斗4　ゆいと

### 5画　生　き

悠11生5　ゆうき
陽12生5　はるき
響20生5　ひびき
樹16生5　いつき
泰10生5　たいき
煌13生5　こうき
瑞13生5　みずき
真10生5　まさき
篤16生5　あつき
倖10生5　こうき
晃10生5　こうき
遥12生5　はるき
拓8生5　ひろき
晴12生5　はるき
智12生5　ともき
朋8生5　ともき
琉11生5　りゅうき
航10生5　こうき
優17生5　ゆうき
充6生5　みつき

## 5画 平 へい

| | | |
|---|---|---|
| 航平 | 10・5 | こうへい |
| 康平 | 11・5 | こうへい |
| 晃平 | 10・5 | こうへい |
| 耕平 | 10・5 | こうへい |
| 恭平 | 10・5 | きょうへい |
| 修平 | 10・5 | しゅうへい |
| 翔平 | 12・5 | しょうへい |
| 遼平 | 15・5 | りょうへい |
| 陽平 | 12・5 | ようへい |
| 耀平 | 20・5 | ようへい |
| 周平 | 8・5 | しゅうへい |
| 昂平 | 8・5 | こうへい |
| 昊平 | 8・5 | こうへい |
| 柊平 | 9・5 | しゅうへい |

## 7画 希 き

| | | |
|---|---|---|
| 優希 | 17・7 | ゆうき |
| 悠希 | 11・7 | ゆうき |
| 柚希 | 9・7 | ゆずき |
| 陽希 | 12・7 | はるき |
| 遥希 | 12・7 | はるき |
| 光希 | 6・7 | こうき |
| 航希 | 10・7 | こうき |
| 晃希 | 10・7 | こうき |
| 祐希 | 9・7 | ゆうき |
| 一希 | 1・7 | かずき |
| 瑞希 | 13・7 | みずき |
| 晴希 | 12・7 | はるき |
| 煌希 | 13・7 | こうき |
| 琉希 | 11・7 | りゅうき |

## 7画 汰 た

| | | |
|---|---|---|
| 颯汰 | 14・7 | そうた |
| 壮汰 | 6・7 | そうた |
| 奏汰 | 9・7 | かなた |
| 蒼汰 | 13・7 | そうた |
| 幸汰 | 8・7 | こうた |
| 悠汰 | 11・7 | ゆうた |
| 航汰 | 10・7 | こうた |
| 圭汰 | 6・7 | けいた |
| 優汰 | 17・7 | ゆうた |
| 光汰 | 6・7 | こうた |
| 健汰 | 11・7 | けんた |
| 昊汰 | 8・7 | こうた |
| 祐汰 | 9・7 | ゆうた |
| 聡汰 | 14・7 | そうた |

## 8画 弥 や

| | | |
|---|---|---|
| 佑弥 | 7・8 | ゆうや |
| 優弥 | 17・8 | ゆうや |
| 悠弥 | 11・8 | ゆうや |
| 拓弥 | 8・8 | たくや |
| 隼弥 | 10・8 | しゅんや |
| 寛弥 | 13・8 | ひろや |
| 智弥 | 12・8 | ともや |
| 朔弥 | 10・8 | さくや |
| 桜弥 | 10・8 | さくや |
| 直弥 | 8・8 | なおや |
| 篤弥 | 16・8 | あつや |
| 京弥 | 8・8 | きょうや |
| 侑弥 | 8・8 | ゆうや |
| 史弥 | 5・8 | ふみや |

## 9画 哉 や

| | | |
|---|---|---|
| 智哉 | 12・9 | ともや |
| 晴哉 | 12・9 | はるや |
| 陽哉 | 12・9 | はるや |
| 佑哉 | 7・9 | ゆうや |
| 友哉 | 4・9 | ゆうや |
| 直哉 | 8・9 | なおや |
| 翔哉 | 12・9 | しょうや |
| 優哉 | 17・9 | ゆうや |
| 咲哉 | 9・9 | さくや |
| 祐哉 | 9・9 | ゆうや |
| 秀哉 | 7・9 | しゅうや |
| 侑哉 | 8・9 | ゆうや |
| 和哉 | 8・9 | かずや |
| 壮哉 | 6・9 | そうや |

## 9画 郎 ろう

| | | |
|---|---|---|
| 虎太郎 | 8・4・9 | こたろう |
| 健太郎 | 11・4・9 | けんたろう |
| 孝太郎 | 7・4・9 | こうたろう |
| 凜太郎 | 15・4・9 | りんたろう |
| 遼太郎 | 15・4・9 | りょうたろう |
| 倫太郎 | 10・4・9 | りんたろう |
| 翔太郎 | 12・4・9 | しょうたろう |
| 幸太郎 | 8・4・9 | こうたろう |
| 悠太郎 | 11・4・9 | ゆうたろう |
| 太郎 | 4・9 | たろう |
| 朔太郎 | 10・4・9 | さくたろう |
| 航太郎 | 10・4・9 | こうたろう |
| 康太郎 | 11・4・9 | こうたろう |
| 慎太郎 | 13・4・9 | しんたろう |

## 10画 真 ま

| | | |
|---|---|---|
| 悠真 | 11・10 | ゆうま |
| 優真 | 17・10 | ゆうま |
| 颯真 | 14・10 | そうま |
| 蒼真 | 13・10 | そうま |
| 一真 | 1・10 | かずま |
| 和真 | 8・10 | かずま |
| 拓真 | 8・10 | たくま |
| 翔真 | 12・10 | しょうま |
| 斗真 | 4・10 | とうま |
| 佑真 | 7・10 | ゆうま |
| 壮真 | 6・10 | そうま |
| 陽真 | 12・10 | はるま |
| 楓真 | 13・10 | ふうま |
| 遥真 | 12・10 | はるま |

## 10画 朗 ろう

| | | |
|---|---|---|
| 虎太朗 | 8・4・10 | こたろう |
| 孝太朗 | 7・4・10 | こうたろう |
| 航太朗 | 10・4・10 | こうたろう |
| 倫太朗 | 10・4・10 | りんたろう |
| 凜太朗 | 15・4・10 | りんたろう |
| 鼓太朗 | 13・4・10 | こたろう |
| 朔太朗 | 10・4・10 | さくたろう |
| 亮太朗 | 9・4・10 | りょうたろう |
| 幸太朗 | 8・4・10 | こうたろう |
| 蒼一朗 | 13・1・10 | そういちろう |
| 一朗 | 1・10 | いちろう |
| 佑一朗 | 7・1・10 | ゆういちろう |
| 俊太朗 | 9・4・10 | しゅんたろう |
| 健太朗 | 11・4・10 | けんたろう |

## 12画 貴 き

| | | |
|---|---|---|
| 悠貴 | 11・12 | ゆうき |
| 大貴 | 3・12 | だいき |
| 優貴 | 17・12 | ゆうき |
| 晴貴 | 12・12 | はるき |
| 煌貴 | 13・12 | こうき |
| 雄貴 | 12・12 | ゆうき |
| 裕貴 | 12・12 | ゆうき |
| 陽貴 | 12・12 | はるき |
| 智貴 | 12・12 | ともき |
| 瑞貴 | 13・12 | みずき |
| 光貴 | 6・12 | みつき |
| 友貴 | 4・12 | ともき |
| 洸貴 | 9・12 | こうき |
| 元貴 | 4・12 | げんき |

## 13画 雅 が

| | | |
|---|---|---|
| 大雅 | 3・13 | たいが |
| 悠雅 | 11・13 | ゆうが |
| 泰雅 | 10・13 | たいが |
| 涼雅 | 11・13 | りょうが |
| 凌雅 | 10・13 | りょうが |
| 太雅 | 4・13 | たいが |
| 優雅 | 17・13 | ゆうが |
| 彪雅 | 11・13 | ひゅうが |
| 桜雅 | 10・13 | おうが |
| 晄雅 | 10・13 | こうが |
| 琉雅 | 11・13 | りゅうが |
| 空雅 | 8・13 | くうが |
| 龍雅 | 16・13 | りゅうが |
| 凰雅 | 11・13 | おうが |

## 15画 輝 き

| | | |
|---|---|---|
| 大輝 | 3・15 | だいき |
| 一輝 | 1・15 | かずき |
| 優輝 | 17・15 | ゆうき |
| 直輝 | 8・15 | なおき |
| 和輝 | 8・15 | かずき |
| 晴輝 | 12・15 | はるき |
| 陽輝 | 12・15 | はるき |
| 夏輝 | 10・15 | なつき |
| 幸輝 | 8・15 | こうき |
| 勇輝 | 9・15 | ゆうき |
| 航輝 | 10・15 | こうき |
| 光輝 | 6・15 | こうき |
| 悠輝 | 11・15 | ゆうき |
| 真輝 | 10・15 | まさき |

## 16画 樹 き

| | | |
|---|---|---|
| 佑樹 | 7・16 | ゆうき |
| 直樹 | 8・16 | なおき |
| 和樹 | 8・16 | かずき |
| 大樹 | 3・16 | だいき |
| 優樹 | 17・16 | ゆうき |
| 春樹 | 9・16 | はるき |
| 一樹 | 1・16 | いっき |
| 晴樹 | 12・16 | はるき |
| 瑞樹 | 13・16 | みずき |
| 悠樹 | 11・16 | ゆうき |
| 侑樹 | 8・16 | ゆうき |
| 祐樹 | 9・16 | ゆうき |
| 勇樹 | 9・16 | ゆうき |
| 篤樹 | 16・16 | あつき |

気に入った名前に当てはめてみよう

# 万葉仮名風漢字一覧

懐かしさや優しさが感じられる万葉仮名。
好きな音や響きは決まったけれど、しっくりくる漢字が見つからないという人は
万葉仮名風の漢字を用いてみるのもオススメです。

| | |
|---|---|
| あ | 亜安阿娃 |
| い | 衣依以伊維偉威五為委唯惟緯尉井猪葦椅 |
| う | 有右宇羽雨卯佑得鵜烏 |
| え | 恵絵英栄江枝重永瑛衛慧笑得 |
| お | 緒央生雄旺夫王於尾御応桜男 |
| か | 香佳加花華夏歌果霞伽茄河可樺袈嘉科珈珂榎乎 |
| が | 賀芽雅峨我牙駕 |
| き | 紀希貴喜季基規岐生来起城樹幾己葵揮輝伎暉毅祈熙嬉槻軌機稀器黄磯気旗木幹箕麒徽譏 |
| ぎ | 義儀宜誼伎技祇 |
| く | 久玖矩九来駈倶琥紅駆 |
| ぐ | 具倶 |
| け | 稀袈 |
| げ | 樺芸 |
| こ | 子古湖鼓瑚己小胡戸児誇虎弧琥乎仔 |
| ご | 五吾悟護伍梧呉瑚互午冴語檎醐 |
| さ | 左佐沙紗作早小嵯裟瑳三参些 |
| ざ | 座 |
| し | 史志司士思糸紫偲枝梓四詩詞誌視資姿仕至市旨始祉此孜仔祇獅柴柿 |
| じ | 治二次児路司爾滋慈蒔持時寺侍而 |
| す | 寸寿須素朱州洲珠栖諏 |
| ず | 寿図瑞逗 |
| せ | 勢世瀬畝施 |
| ぜ | 是 |
| そ | 素礎祖宗楚曽曾蘇 |
| た | 多太汰田他 |
| だ | 妥陀舵梛 |
| ち | 知智千稚茅治致地薙馳 |
| つ | 津都鶴通 |
| て | 手天帝 |
| で | 出 |
| と | 十登都杜人斗途刀土利兎砥兜堵 |
| な | 奈菜那名南納七梛 |
| に | 仁二弐児丹 |
| ぬ | 奴 |
| ね | 根音子年峰嶺稲 |
| の | 乃野之能濃農埜 |
| は | 波羽葉巴八杷芭琶播 |
| ば | 葉場馬芭 |
| ひ | 妃日比飛陽斐緋彼毘檜桧 |
| び | 美微眉備弥枇毘琵梶 |
| ふ | 布夫芙扶婦富普二譜赴輔冨阜賦蒲 |
| ぶ | 武舞部分歩撫葡蕪 |
| へ | 辺部戸 |
| べ | 部倍辺 |
| ほ | 穂帆歩保甫浦輔朋圃蒲葡 |
| ぼ | 慕戊牡 |
| ま | 麻真万茉末摩磨満 |
| み | 美実未三深海見視巳弥御魅箕彌 |
| む | 六夢霧武務牟蕪 |
| め | 芽女銘 |
| も | 百茂 |
| や | 矢哉也弥耶冶八夜野椰埜 |
| ゆ | 由裕有柚宥右夕優結祐佑悠愉遊唯 |
| よ | 代世予余夜与依四容蓉輿 |
| ら | 羅良楽螺 |
| り | 里理利梨璃莉李吏浬俐哩裡 |
| る | 留瑠流琉 |
| れ | 礼令列麗怜玲伶 |
| ろ | 呂露路蕗芦魯鷺櫓侶 |
| わ | 和輪琶吾 |

## 第3章

# 画数から選ぶ名づけ

名づけの際に気になるのは漢字の画数。
この章では、画数の考え方から、画数による姓名判断の考え方、
姓に合った名前や吉画数のリストなどを紹介しています。
画数を重視したい人はここからスタート！

# 画数から選ぶ名づけについて

**画数から考える名づけの方法として、まず基本的な五格という考え方を紹介しています。ただ、画数の出し方にはいろいろな流派があるため、これと決めたら他に惑わされずに。**

## 画数にこだわる名づけの注意

画数にこだわる名づけの第一段階は、姓名を構成するそれぞれの漢字の画数を出すことです。ただ、画数の考え方は、流派や流儀、辞書によって違いますから、どの流派・流儀でも吉運になるように名づけるのは不可能に近いでしょう。

混乱を避けるためにも、いろいろな本を見るより、１つに絞っておくことをおすすめします。

また名前に使える漢字には制限があり、常用漢字、人名用漢字だけしか用いることができません。これ以外の漢字を表外漢字といいますが、姓には制限がありませんので、表外漢字が使われていることもあります。名前に使える漢字の画数は巻末（４７１～４８０ページ）に掲載しています。

## 漢字の画数はこう数える

漢字の画数を数える場合は、名については公認された文字（常用漢字・人名用漢字）の見たままの字体の画数で数える。これが基本です。また、姓の画数に関しては、日ごろ書き、使用している字体で画数を数えましょう。

姓名の総画数は20～30画台が一般的。20画未満だと、あっさりした感じになり、41画以上だと、見た目が黒々として重い感じになります。

### 画数から選ぶ名づけのコツ

**1 姓に合う名前の画数を知る**

あなたの姓と相性のよい名前の画数の組み合わせを調べます。（241～277ページ）

**2 名前の具体例を探す**

①で見つけた画数の組み合わせから名前を探します。（279～326ページ）

**3 画数に合う漢字を探す**

②でベストな名前が見つからなかったら1文字ずつの画数から漢字を探すことができます。（327～422ページ）

# 五格

## 五格とは、姓名の文字の画数を5つの部位ごとにまとめて出し、その数によって姓名判断をしていく考え方です

### 五格の基本

五格は、下記のように計算して出し、その画数によって運命を占っていきます。五格がそれぞれ何を表しているのかの内容も紹介していきましょう。

栗 10
原 10
結 12
衣 6

天格 20
人格 22
地格 18
外格 16（20＋18－22）
総格 38（10＋10＋12＋6）

**天格**

**10＋10＝20**

姓に当たる部分で、先祖から伝えられた天運を表すものですが、吉数、凶数にかかわらず、直接作用することはありません。

**人格**

**10＋12＝22**

姓の末字と名の頭字を合計した画数。性格、才能、個性などを表し、20代～40代の青壮年期の運命を支配する重要な部分。

**地格**

**12＋6＝18**

名に当たる部分です。パーソナリティーやその人の基本的な部分を表し、主に出生から中年に至るまでの運命を支配します。

**外格**

**(10＋10)＋(12＋6)－(10＋12)＝16**

天格と地格の合計から人格を引いた数。人格を助けて補うとともに、異性運や結婚運、子ども運などの対外関係に作用。

※外格が0の場合は人格を外格と考えてください。

**総格**

**10＋10＋12＋6＝38**

姓と名の総画数です。その人の全体運や生涯運を表していますが、主に中年以降の社会運に強い影響を持っています。

### 本によって書いてあることが違うのはどうして？

画数の数え方や運勢の見方にはいくつかの流派があるからです。たとえば、「くさかんむり」1つをとっても6画、4画、3画と数え方が違いますし、「五格」を「五運」という呼び方で表している場合もあります。このように、画数の数え方が違ってくると、同じ名前でも運勢が異なってくることがあるのです。

なので、どの流派でもいい画数の名前にしたいと思うのは無理なこと。割り切って、1つの流派に決め、それを信じて名前を考えてみるのがおすすめです。

# 五格 文字数別五格の数え方

五格の考え方は、2字姓2字名が基本になりますが、姓や名前の構成する文字数が違う場合は、左記のようにバランスをとります。

## 1字姓1字名

平 5
澪 16

- 天格 5
- 人格 21
- 地格 16
- 外格 0
- 総格 21（5＋16）

## 1字姓2字名

① 1
柳 9
佳 8
輝 15

- 天格 10
- 人格 17
- 地格 23
- 外格 16
- 総格 32（9＋8＋15）

## 2字姓1字名

水 4
野 11
響 20
① 1

- 天格 15
- 人格 31
- 地格 21
- 外格 5
- 総格 35（4＋11＋20）

## 2字姓2字名

玉 5
山 3
大 3
悟 10

- 天格 8
- 人格 6
- 地格 13
- 外格 15
- 総格 21（5＋3＋3＋10）

## 3字姓1字名

五 4
十 2
嵐 12
旭 6
② 2

- 天格 18
- 人格 18
- 地格 8
- 外格 8
- 総格 24（4＋2＋12＋6）

## 3字姓2字名

宇 6
田 5
川 3
朝 12
加 5
① 1

- 天格 14
- 人格 15
- 地格 18
- 外格 17
- 総格 31（6＋5＋3＋12＋5）

### 1字姓3字名

②堤 末那美

| 文字 | 画数 |
| --- | --- |
| ② | 2 |
| 堤 | 12 |
| 末 | 5 |
| 那 | 7 |
| 美 | 9 |

天格 14　人格 17　地格 21

外格 18

総格 33（12＋5＋7＋9）

### 2字姓3字名

①市村明日菜

| 文字 | 画数 |
| --- | --- |
| ① | 1 |
| 市 | 5 |
| 村 | 7 |
| 明 | 8 |
| 日 | 4 |
| 菜 | 11 |

天格 13　人格 15　地格 23

外格 21

総格 35（5＋7＋8＋4＋11）

### 3字姓3字名

佐々木希代香

| 文字 | 画数 |
| --- | --- |
| 佐 | 7 |
| 々 | 3 |
| 木 | 4 |
| 希 | 7 |
| 代 | 5 |
| 香 | 9 |

天格 14　人格 11　地格 21

外格 24

総格 35（7＋3＋4＋7＋5＋9）

## 総格と仮成数について

たとえば1字姓の人が1字名をつければそのまま五格を数えられますが、2字名をつける場合は、バランスをとるためにその文字数の「差」に当たる数、1字姓2字名なら2－1＝1を仮成数《かせいすう》（姓と名の文字数が異なる場合、その文字数の差にあたる数）として天格に加えて計算します。右記は代表的な9パターンです。ただし、総格には仮成数を入れないで計算します。

## 五格の考え方とこだわり方

候補名の五格の画数がわかったら、それぞれの運勢を226ページからの「名づけ吉数表」でチェックしてみましょう。

ただ、五格すべてが◎になる名前を考えるのは難しいものです。そこで、男の子なら20代～40代の運命を表す人格・総格を、女の子なら将来結婚して姓が変わる可能性があるので、地格を重視して、これらが吉数になる名前を考えてあげるのがいいでしょう。

この子は男の子
だから人格を
この子は女の子
だから地格を
重視だね！

# 陰陽五行

## 五格のうちの天格、人格、地格を木火土金水に当てはめ、その調和で判断するのが陰陽五行です

### 陰陽五行説の考え方

陰陽五行説とは、宇宙に存在するすべてのものは、木・火・土・金・水の5つの元素でできているという考え方で、姓名も、この五行の支配を受けているとされているのです。

姓名判断の五行とは、五格のなかの天格、人格、地格を木・火・土・金・水に当てはめ、それらの配置が調和しているかどうかで吉凶をみるものです。陰陽五行が表すものは、左ページ下表の5つに分類されます。

### 姓名を支配する五行の見方

五行は姓名を構成する五格のうちの天格、人格、地格のそれぞれの画数の下1桁の数字を木・火・土・金・水に当てはめていきます。数字が1・2であれば木性、3・4なら火性となります（左ページ下表参照）。数字が2桁の場合も下1桁の数字だけを見ていくので、11、21、31は1として木性となります。

具体的に「栗原結衣」の場合で見てみましょう。天格は20の水性、人格は22の木性、地格は18の金性ですから、この場合は水性、木性、金性の支配を受けていることになります。

### 五行の調和と不調和

ここで導いた木・火・土・金・水の配列によって運勢の調和がとれているか、いないか（不調和）を判断していきます（222ページを参照）。

木火土金水のそれぞれの性質から、木→火→土→金→水→木と隣り合うものは調和のとれた関係で吉運ですが、木→土→水→火→金→木という配列は不調和な関係になり、凶運を招くおそれがあります。

組み合わせの吉凶は223ページを参考にしてください。

例

| | | |
|---|---|---|
| 栗 | 10 | |
| | | 天格 20 … 水 |
| 原 | 10 | |
| | | 人格 22 … 木 |
| 結 | 12 | |
| | | 地格 18 … 金 |
| 衣 | 6 | |

## 陰陽五行をうまく活用しましょう

名前を考える最初の段階から「陰陽五行のよい名前を……」と考えていてはなかなか決められません。

名前の候補が挙がったものの、同じように画数がよかったり、響きが気に入ったりして、名前を絞れないときの決め手に陰陽五行を活用しましょう。

| 五行 | 木性 | 火性 | 土性 | 金性 | 水性 |
|---|---|---|---|---|---|
| 支配を受けるもの | 樹木、木製品など、木でつくられたすべてのもの。東の方角。春。青。肝臓。 | 大きなものから小さなものまですべての火。南の方角。夏。赤。心臓。 | 大地のほか土器、壁など、土でつくられたすべてのもの。中央。土用。黄。胃。 | すべての金属と、金属でつくられたすべてのもの。西の方角。秋。白。肺臓。 | 大洋、大河から飲料水、水滴まですべての水。北の方角。冬。黒。 |
| 数字 | 1・2 | 3・4 | 5・6 | 7・8 | 9・0 |

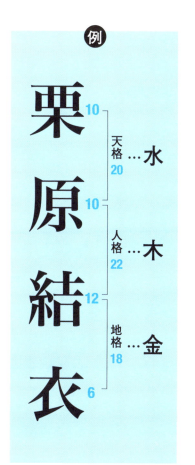

## 五行の関係

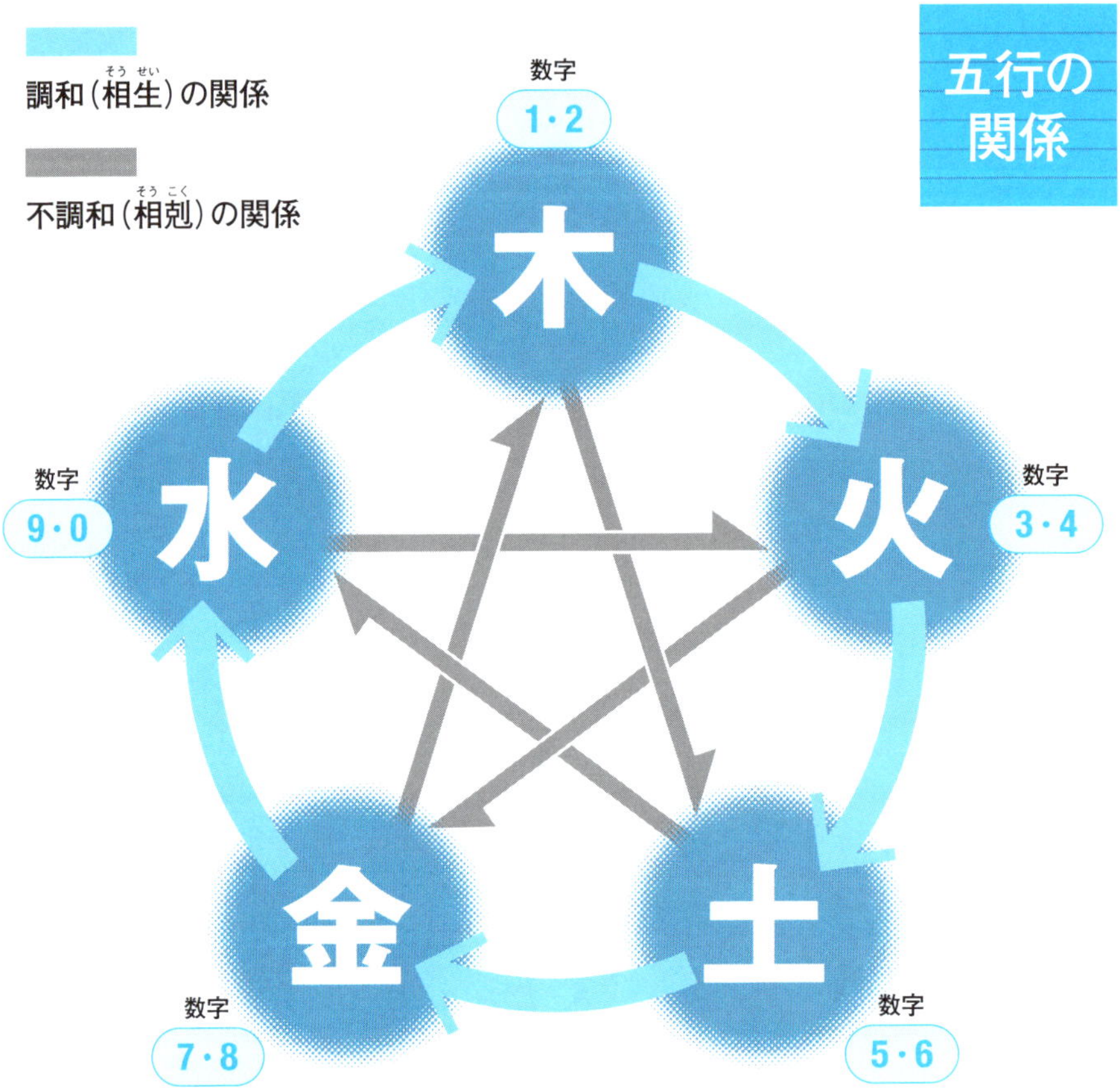


### 調和（相生《そうせい》）の関係

木と木をこすると火が生じ、火が燃え尽きると灰になり、やがて土になります。大地のなかから金が生じるように、すべての鉱物は大地から生まれます。金属は水を引きつけ、水により木は成長します。

このように木→火→土→金→水→木と隣り合う同士は互いを生かし合っていく、調和のとれた関係だといえるのです。

### 不調和（相剋《そうこく》）の関係

木は土の栄養を奪い取って荒らします。このように、木→土→水→火→金→木という配列は、勢いを弱めたり、傷つけたりする不調和な関係といえます。

### 五行にこだわりすぎないで

五行を深く考え始めると、なかなかいい名前が浮かばないということにもなりかねません。あまりこだわりすぎず、参考ぐらいにとどめておきましょう。

# 三才吉凶表

この表は天、人、地3つの格を組み合わせた五行のバランスを吉凶で表しました。
◎は大吉、○は中吉、△は凶を表します。

| 配合 | 吉凶 | 配合 | 吉凶 | 配合 | 吉凶 | 配合 | 吉凶 | 配合 | 吉凶 |
|---|---|---|---|---|---|---|---|---|---|
| 水木木 | ◎ | 金木木 | △ | 土木木 | ○ | 火木木 | ◎ | 木木木 | ◎ |
| 水木火 | ○ | 金木火 | △ | 土木火 | ○ | 火木火 | ◎ | 木木火 | ◎ |
| 水木土 | ◎ | 金木土 | ○ | 土木土 | △ | 火木土 | ◎ | 木木土 | ◎ |
| 水木金 | △ | 金木金 | △ | 土木金 | △ | 火木金 | △ | 木木金 | △ |
| 水木水 | △ | 金木水 | △ | 土木水 | △ | 火木水 | △ | 木木水 | △ |
| 水火木 | △ | 金火木 | △ | 土火木 | ◎ | 火火木 | ◎ | 木火木 | ◎ |
| 水火火 | △ | 金火火 | △ | 土火火 | ○ | 火火火 | ◎ | 木火火 | ○ |
| 水火土 | △ | 金火土 | △ | 土火土 | ◎ | 火火土 | △ | 木火土 | ◎ |
| 水火金 | △ | 金火金 | △ | 土火金 | △ | 火火金 | △ | 木火金 | △ |
| 水火水 | △ | 金火水 | △ | 土火水 | △ | 火火水 | △ | 木火水 | △ |
| 水土木 | △ | 金土木 | △ | 土土木 | △ | 火土木 | △ | 木土木 | △ |
| 水土火 | △ | 金土火 | ○ | 土土火 | ◎ | 火土火 | ◎ | 木土火 | ○ |
| 水土土 | △ | 金土土 | ◎ | 土土土 | ◎ | 火土土 | ◎ | 木土土 | △ |
| 水土金 | ○ | 金土金 | ◎ | 土土金 | ◎ | 火土金 | ○ | 木土金 | △ |
| 水土水 | △ | 金土水 | △ | 土土水 | △ | 火土水 | △ | 木土水 | △ |
| 水金木 | △ | 金金木 | △ | 土金木 | △ | 火金木 | △ | 木金木 | △ |
| 水金火 | △ | 金金火 | △ | 土金火 | △ | 火金火 | △ | 木金火 | △ |
| 水金土 | ◎ | 金金土 | ◎ | 土金土 | ◎ | 火金土 | △ | 木金土 | ○ |
| 水金金 | △ | 金金金 | △ | 土金金 | ◎ | 火金金 | △ | 木金金 | △ |
| 水金水 | △ | 金金水 | △ | 土金水 | △ | 火金水 | △ | 木金水 | △ |
| 水水木 | △ | 金水木 | △ | 土水木 | △ | 火水木 | △ | 木水木 | ◎ |
| 水水火 | △ | 金水火 | △ | 土水火 | △ | 火水火 | △ | 木水火 | △ |
| 水水土 | △ | 金水土 | △ | 土水土 | △ | 火水土 | △ | 木水土 | △ |
| 水水金 | △ | 金水金 | ◎ | 土水金 | △ | 火水金 | △ | 木水金 | △ |
| 水水水 | △ | 金水水 | △ | 土水水 | △ | 火水水 | △ | 木水水 | ○ |

# ひらがな＆カタカナの画数一覧表

ひらがなやカタカナを使った名前は、やわらかいイメージなので、
女の子の名前として根強い人気。「゛（濁音）」は2画、「゜（半濁音）」は1画で数えます。

| | | | | | | | | | |
|---|---|---|---|---|---|---|---|---|---|
| わ 3 | ら 3 | や 3 | ま 4 | は 4 | な 5 | た 4 | さ 3 | か 3 | あ 3 |
| ゐ 3 | り 2 | | み 3 | ひ 2 | に 3 | ち 3 | し 1 | き 4 | い 2 |
| ゑ 5 | る 3 | ゆ 3 | む 4 | ふ 4 | ぬ 4 | つ 1 | す 3 | く 1 | う 2 |
| を 4 | れ 3 | | め 2 | へ 1 | ね 4 | て 2 | せ 3 | け 3 | え 3 |
| ん 2 | ろ 2 | よ 3 | も 3 | ほ 5 | の 1 | と 2 | そ 3 | こ 2 | お 4 |

| | | | | | | | | | | |
|---|---|---|---|---|---|---|---|---|---|---|
| ー 1 | ワ 2 | ラ 2 | ヤ 2 | マ 2 | ハ 2 | ナ 2 | タ 3 | サ 3 | カ 2 | ア 2 |
| ヽ 1 | ヰ 4 | リ 2 | | ミ 3 | ヒ 2 | ニ 2 | チ 3 | シ 3 | キ 3 | イ 2 |
| ヾ 3 | ヱ 3 | ル 2 | ユ 2 | ム 2 | フ 1 | ヌ 2 | ツ 3 | ス 2 | ク 2 | ウ 3 |
| 々 3 | ヲ 3 | レ 1 | | メ 2 | ヘ 1 | ネ 4 | テ 3 | セ 2 | ケ 3 | エ 3 |
| | ン 2 | ロ 3 | ヨ 3 | モ 3 | ホ 4 | ノ 1 | ト 2 | ソ 2 | コ 2 | オ 3 |

※ゐ、ゑ、ヰ、ヱは旧かなですが人名に使えます。

# 間違えやすい 漢字リスト

漢字にはちょっとした違いで意味や画数が変わってくるものが多くあります。
記入するときにしっかり確認しましょう。
下記に間違えやすい漢字をいくつか挙げておきます。

| | | |
|---|---|---|
| 巨 | なお・まさ<br>キョ | 5 |
| 臣 | おみ<br>ジン | 7 |
| 己 | おのれ<br>キ・コ | 3 |
| 巳 | み | 3 |
| 昂 | あきら・たか<br>コウ | 8 |
| 昴 | すばる<br>ボウ | 9 |
| 宣 | のり・よし<br>セン | 9 |
| 宜 | のり・のぶ・<br>よし／カツ | 8 |
| 伶 | レイ | 7 |
| 怜 | さとし<br>レイ | 8 |
| 玲 | あきら<br>レイ | 9 |
| 亨 | とおる<br>コウ | 7 |
| 享 | キョウ | 8 |
| 冶 | や | 7 |
| 治 | おさむ<br>ジ・チ | 8 |
| 彗 | スイ | 11 |
| 慧 | さとる<br>あきら<br>ケイ | 15 |
| 旦 | あした<br>のぼる<br>タン | 5 |
| 亘 | わたる<br>コウ | 6 |
| 郎 | ロウ | 9 |
| 朗 | あきら<br>ロウ | 10 |
| 峻 | シュン | 10 |
| 崚 | リョウ | 11 |
| 泰 | やすし・やす<br>タイ | 10 |
| 秦 | はた<br>シン | 10 |
| 佑 | すけ<br>ユウ | 7 |
| 祐 | すけ・まさ・<br>よし／ユウ | 9 |
| 稜 | いず・たか<br>リョウ | 13 |
| 綾 | あや<br>リョウ | 14 |

# 名づけ吉数表

五格のうち人格、地格、外格、総格の画数を出したら、この吉数表でそれぞれの画数がどのような運勢なのかをチェックしてみましょう。ただし、すべてが大吉になるパーフェクトの名前はそれほどあるものではありません。あまり、こだわりすぎないようにしましょう。

**表の見方**

数字はそれぞれの格の画数を表し、◎は大吉、○は中吉、△は凶を表しています。この吉数表では、1～81画を紹介しています。82画以上になった場合、82画は2画のところを、83画は3画のところを見てください。天格は姓にあたるので、直接作用することはありません。

## 1 ◎

**出世　指導力　行動力**

**地格●**好奇心旺盛で活発、何事も自分でやってみます。周囲から慕われ、人気者になるでしょう。

## 2 △

**災難　別離　孤独**

**人格●**消極的で、優柔不断な性格です。いざというときに決断ができず、思うように事が進みません。

**地格●**飽きっぽいでしょう。すぐに手を差し伸べず、自立心を育てましょう。

**外格●**対人関係に不満をいだきやすく、長続きしない傾向があります。自分から打ち解ける努力が必要です。

**総格●**物事に対するこだわりがしだいに強くなります。身内や親しい人との別離があるかもしれません。

## 3 ◎

**才能　行動的　信頼**

**人格●**頭の回転が速く、明るく行動的な性格。人間関係にも恵まれ、チャンスをつかみます。

**地格●**家庭環境に恵まれ、豊かな幼～青年期でしょう。せっかちなので物事にじっくり取り組みましょう。

**外格●**他人に穏やかに接し、良好な人間関係が築けます。周囲からも信頼され、何事もスムーズに。

**総格●**物質的にも精神的にも安定を得ます。健康や人間関係にも恵まれ、楽しい後半生になるでしょう。

## 7 強い意志 独立心 自尊心 ◎

人格●さっぱりした気性の持ち主。意志が強く、どんな困難も決断力と行動力で乗り切ります。

地格●興味を持つと熱心に取り組みます。独立心旺盛なので親が手を出さず、１人でやらせましょう。

外格●協調精神に乏しいところが。周囲の人の意見に耳を傾けることで、対人関係も円滑になります。

総格●他人の意見を聞く柔軟さを持てば安泰を得られます。権威や名声にも恵まれるでしょう。

## 4 不満 不遇 情緒不安定 △

人格●高い理想を持ち、努力もするのですが、成果が上がりません。ストレスもたまりがちです。

地格●物事を途中で投げ出してしまいがち。うまくできたらほめてあげて、忍耐力を養いましょう。

外格●人づき合いがへたで、誠意が誤解されたりしがち。根気よく接することが大切です。

総格●周囲の人たちとの調和が難しくなってきます。気力も衰え、子どもに見放されたりしがち。

## 8 勤勉 努力 成功 ◎

人格●確固たる信念の持ち主で、目的に向かって努力します。チャンスをつかむのも上手。

地格●強情なところはありますが、我慢強く物事に取り組みます。納得するまでやらせてみて。

外格●人の意見に耳を貸さないところが。柔軟さを忘れなければ、友人知人に恵まれます。

総格●頑固にならなければ周囲から慕われます。今までの経験が後半生でプラスに働きます。

## 5 健康 財産 繁栄 ◎

人格●抜群の行動力と温厚な性格で、周囲の信用を得て順調に発展。健康にも恵まれます。

地格●目上とも目下ともうまく接していきます。子育てにはあまり手がかからないでしょう。

外格●温厚な性格で、つかず離れずの接し方を心得ているため、対人関係は順調です。

総格●家庭を大事にするタイプで、家庭は憩いの場になります。夫婦仲は円満で、人々からも慕われます。

## 9 薄幸 消極的 孤立 △

人格●頭がよく才能もあるのですが、消極的で気分屋なために、世の中に認められにくい傾向が。

地格●すぐれた感受性を持っているのですが、精神的には弱い面も。しかると反抗的な態度になります。

外格●ささいなことにこだわったりしがち。他人の成功を祝福することも大事です。

総格●家族や親しい人たちとの不和や別離を経験するかも。健康面でも十分に注意が必要。

## 6 信頼 誠実 努力 ◎

人格●面倒見がよく、親切。周囲から信頼されて、名誉と財産を手にすることができるでしょう。

地格●家庭環境に恵まれます。若いうちから、なんらかの分野で頭角を現すようになりそう。

外格●面倒見がよくだれにでも親切で、人間関係も仕事も順調。引き立ても期待できそう。

総格●努力が報われ、大きく花開いてきます。経済的にも恵まれ、家庭も円満で、平穏な晩年です。

## 10 多難 大凶 空虚 △

**人格**●何事も悪意に解釈するので、人が離れていきます。物事を成し遂げることが難しいでしょう。

**地格**●子どものころは虚弱体質です。気分が変わりやすく、時に大胆な行動に出ることも。

**外格**●つき合う相手を慎重に選ばないと、利用されることもあり。自分の言葉には責任を持つこと。

**総格**●気力が衰え、怠惰な生活を送ったりしがちです。健康に問題が生じるおそれも。

## 11 幸運 富 地位 ◎

**人格**●強い意志を持ち、着実に発展して富と名声を得ます。傾きかかった物事を立て直す才能も。

**地格**●家庭環境に恵まれ、健康的な幼〜青年期に。向上心が旺盛なので、なんでもやらせてあげて。

**外格**●人間関係を大事にするので、多くの友人知人に恵まれます。援助も期待できます。

**総格**●晩年に趣味の充実や、今までできなかったことなどに挑戦すると充実した人生が送れるでしょう。

## 12 意志薄弱 失敗 病弱 △

**人格**●自分の能力以上に背伸びをする傾向が。意志が弱く、何をやっても中途で挫折しがちです。

**地格**●我慢をしすぎたり、あきらめが悪かったりします。体力的に無理はききません。

**外格**●誘惑に弱く、異性関係では要注意。安請け合いしやすく、トラブルを招くこともありそう。

**総格**●能力をわきまえず、実力以上のことに手を出したがります。失敗すると回復は難しいでしょう。

## 13 円満 名声 人気 ◎

**人格**●状況の変化を読み取るのが上手。感性が豊かで、芸術、学術、芸能などで才能を発揮。

**地格**●物事の理解が速く、子どものころから才能を発揮します。得意分野を見つけてあげて。

**外格**●友人に恵まれますが、人間関係そのものはあっさり。思わぬ飛躍のチャンスをつかみます。

**総格**●高い能力の持ち主ですが、気の迷いも多いので、目標を絞れば成果が期待できます。

## 14 孤立 トラブル 不遇 △

**人格**●几帳面《きちょうめん》で義理堅いのですが、自我が強いため、人間関係のトラブルが多くなります。

**地格**●周囲と打ち解けようとしません。物事がうまくいかないと、すねたり、いじけたりします。

**外格**●逆境に遭うとたちまち人が離れていきます。相手の立場になって考えることです。

**総格**●家族や周囲を犠牲にしてきたツケが回ってきそう。性格的にもひがみっぽくなりがちです。

## 15 人徳 出世 順調 ◎

**人格**●穏和な性格で人の和を大切にするため、自然と発展していきます。経済観念もしっかりしています。

**地格**●場を盛り上げるのがうまく、人気者的存在。友だちが多く、先生にもかわいがられるはずです。

**外格**●和を大切にし、人間関係はスムーズ。上手に相手を立てるので、信用を得るでしょう。

**総格**●思いやりがあるため、人望を得ることができます。成功してもねたまれません。

## 16 人望 逆転成功 大成 ◎

**人格●**面倒見がよく、実力もあるため、リーダーに推し上げられるでしょう。運勢も安定しています。

**地格●**おっとりしていますが、行動力があるので、自然とみんなから頼りにされるでしょう。

**外格●**人の心をつかむのが上手なうえに人望があります。リーダーとして活躍するでしょう。

**総格●**家庭も円満で、安定した後半生です。人望が厚く、実力もあり、リーダーとして活躍します。

## 17 積極性 地位 財産 ◎

**人格●**意志が強く、積極的で行動力があります。チャレンジ精神に富み、初志を貫徹します。

**地格●**行動力があり、体も丈夫ですが、自分の思いどおりにしないと気がすまないところもあります。

**外格●**指導力があり、対人関係においてもリーダー的存在に。謙虚さを心がけることが大切。

**総格●**強い意志と行動力で、希望を達成します。周囲の意見にはもう少し耳を貸すこと。

## 18 信頼性 忍耐 成功 ◎

**人格●**アイデアによって成功をつかみ取ります。精神的にもタフですが、強情な一面も。

**地格●**独立心があり、何事もまず自分でやろうとします。健康にも恵まれ、あまり手がかかりません。

**外格●**誠実なので、自己主張を抑え、相手のよさを認めれば、円滑な人間関係を保てるでしょう。

**総格●**非常に強い意志を持っていますが、他人にも厳しすぎます。周囲に気を配れば大成功します。

## 19 苦労 挫折 障害 △

**人格●**人生に浮き沈みが多いでしょう。うまくいっているように見えても、内実は苦労ばかり。

**地格●**うまくいかないとすぐに気力をなくしてしまいます。ストレスが体調に影響することもあり。

**外格●**何事も損得だけで考えるため、挫折したときに助けてくれる人がいません。

**総格●**障害が多く安らげません。大それたことをねらわず、趣味や家庭生活の充実をはかってあげて。

## 20 社交下手 薄幸 別離 △

**人格●**意欲はあるのですが、優柔不断で、自分から悩みをつくり出してしまうところがあります。

**地格●**頭はいいのに行動力が不足。物事がうまくいかないと、自分の不運や他人のせいにしがちです。

**外格●**協調性に欠けるため、対人関係で孤立するかも。簡単に人を信じて損をすることも。

**総格●**働き者ですが、から回りが多く、実を結びません。人生を楽しむ心の余裕を持ちましょう。

## 21 独立 統率力 名誉 ◎

人格●頭脳明晰で、困難を切り開く強い精神力を持ち、目標に向かって着実に努力を重ねます。

地格●運動神経抜群で体力にも恵まれています。意志の強さと行動力を備え、困難を克服します。

外格●強い意志と実行力があるため、リーダー的立場につくことに。周囲からも信頼を集めます。

総格●若いころの苦労が糧になって、大きく発展します。名誉と地位を手にするでしょう。

## 22 努力不足 衰退 無気力 △

人格●意志が弱く、才能はあるのに器用貧乏になりやすく、不平不満が多くなります。

地格●ささいなことを気に病んだり、人の顔色をうかがったりします。安心感を与えてあげて。

外格●他人の言動に左右されることが多いでしょう。共同して行うことは避けたほうが無難です。

総格●一つのことを追究するだけの気力に欠けています。あれこれ手を出さず、的を絞ることです。

## 23 成功 名誉 創造力 ◎

人格●創造力、企画力にすぐれ、日の出の勢いで発展します。明るい人柄で人の上位に立ちます。

地格●元気がよすぎて暴走することもありそう。持久力は不足ぎみで、我慢することは苦手です。

外格●自信過剰ぎみですが、頼もしさを慕って人が集まってきます。行動力があり、やり手。

総格●自分の地位を確実に築きます。いつまでも第一線で活躍でき、晩年は豊かで実り多いでしょう。

## 24 柔軟性 順調 家庭運 ◎

人格●才能があるうえに、性格もまじめで優しいので、人から慕われ、順調に発展します。

地格●素直で賢く、手がかからない。多くの友人に恵まれ、異性にも人気があります。

外格●温和で才能に恵まれているため、人望を得ることができます。周囲の助力も大きい。

総格●自分のペースで成果を積み重ねていきます。人望があるので、成功してもねたまれません。

## 25 個性 才能 強運 ◎

人格●個性が強く、他人に合わせることは苦手。困難な状況に遭うと闘志を燃やすでしょう。

地格●勉強はできますが、周囲に自分を合わせることはしません。協調精神を養ってあげて。

外格●高い能力を持っていますが、頑固なところがあり、それが摩擦を生む原因になることも。

総格●競り勝って成功する暗示ですが、周囲とのトラブルを招くこともあります。謙虚さを忘れずに。

## 26 波乱万丈 衝突 不安定 △

人格●自分の能力を過信するため、波乱の多い人生。一時的に成功しても長続きしません。

地格●体力がある分、無理をしがちです。まわりを見下したり、衝突を起こしがちな点には注意が必要です。

外格●傲慢な言動をとりやすく、それが人間関係にも波風を立てます。柔軟さも必要です。

総格●波乱傾向です。傲慢になったり、周囲と衝突したりで人が離れていくかもしれません。

## 27 摩擦 孤立 頭脳明晰 ○

人格●自己主張が強いので、周囲との和を保つように気をつければ、成功も夢ではありません。

地格●才能があるうえに、強い意志を持っています。周囲と協調していけば、物事が好転します。

外格●才能と意志の強さを備えています。自己顕示欲を抑え、他人との調和を心がけて。

総格●他人を信頼しきれないので運勢的に伸びきれません。人間関係にも円滑さを欠きます。

## 28 翻弄《ほんろう》 誤解 不和 △

人格●偏った考えをしやすく、自己表現もへたで誤解をされがちです。言動に気を配ることが必要。

地格●わざと人の言うことに逆らうようなところが。体力がないので無理はききません。

外格●わがままで強情。対人関係でしばしば誤解されます。能力も正しく評価されにくい傾向が。

総格●手を広げすぎるため、すべて中途半端になってしまいがちです。目標を絞って力を集中して。

## 29 厳格 才能 完全主義 ○

人格●知的でアイデアに富み、意欲もあるので成功します。他人に批判的なところは注意。

地格●周囲と仲よくしていくことを考えれば、友人にも恵まれます。しかし、うぬぼれは大敵です。

外格●すぐれた知性の持ち主です。物事に完全を求めず、相手の長所を認めれば運が向いてきます。

総格●他人をあまり批判しすぎると援助者を失います。寛容になれば運が開けるでしょう。

## 30 苦境 浮沈 悲運 △

人格●なかなかの野心家で金銭に強い執着があります。地道さを嫌い、勝負に出るため、安定性を欠きます。

地格●他人の言動に左右されがちです。自分で物を考え、行動する習慣を身につけましょう。

外格●他人の言葉に左右されて、損をすることが。もっと自分の意思をしっかり持つことが大切。

総格●一攫千金をねらう傾向があります。そのため、中年期以降も人生が不安定でしょう。

## 31 判断力 社交性 円満 ◎

人格●誠実な人柄のため人望に恵まれます。判断力もすぐれ、指導力を発揮して成功します。

地格●何にでも興味を示します。明るく健康的な家庭に育ち、温厚なため友人も多いでしょう。

外格●欲得抜きで他人に尽くします。周囲からも信頼されて、成功の糸口をつかみます。

総格●誠実で人情味があり、他人から信頼されるでしょう。晩年には地位と名声を手にするでしょう。

## 32 ◎

**独創性**
**金運**
**成功**

人格●独創性があり、わが道を行くタイプ。チャンスや幸運を生かして成功するでしょう。

地格●自分の価値観にこだわるところがありますが、温和な性格のため、友人も多いでしょう。

外格●駆け引きがうまく、思わぬチャンスを物にします。目上運は良好で、援助を得て運が開けます。

総格●周囲に迎合せず、自分の道を追究します。不思議に運が強く、いつの間にか希望を実現します。

## 33 ◎

**開運**
**勇気**
**成功**

人格●強い精神力と豊かな才能を備え、若いうちから頭角を現します。ただし慢心しないように。

地格●才能を伸ばしていける家庭環境。若いうちからなんらかの分野で頭角を現すでしょう。

外格●行動力はありますが、独断的な面も。リーダーの適性はあるので、周囲にも気配りを。

総格●全力で仕事に取り組むため、地位、財産を手に。その分、家庭生活がおろそかになりがちです。

## 34 △

**繊細**
**災難**
**挫折**

人格●あと一歩のところで障害に見舞われたり、一生懸命やったことが裏目に出たりします。

地格●体質的にも精神的にもデリケートです。物事がなかなかスムーズに運びません。

外格●失敗を他人のせいにしたり、他人をねたんだりするので、人望が得られません。

総格●人間関係でのもめ事が多いでしょう。肉親や親しい人との別離を経験するかもしれません。

## 35 ◎

**温厚**
**人望**
**安定**

人格●温和な性格で、知的にすぐれています。芸術や文学、技術、学問などの分野で成功。

地格●平穏な家庭環境に恵まれ、人間関係も円満。聡明ですが、積極性には乏しいようです。

外格●裏表がなく義理堅いので、周囲の信用を得られます。人間関係に恵まれて発展します。

総格●精神的にも安定して、充実した後半生を送れます。面倒見がよく、周囲から慕われます。

## 36 ○

**苦労**
**波乱**
**面倒見がいい**

人格●自分を犠牲にしてでも他人に尽くします。面倒事に巻き込まれないように注意。

地格●年下の面倒をよく見ますが、自分のことがおろそかになりがち。まずは自分を第一に。

外格●面倒見はいいのですが、見守る心づかいも必要。グループよりも独力のほうが力を発揮。

総格●損とわかっていてもひと肌脱がなければ気がすみません。相手を見守るだけの余裕も必要。

## 37 ◎

**現実的**
**才能**
**努力**

人格●有能で人柄も誠実なため、周囲から慕われるように。努力を重ね目標を達成します。

地格●熱中するとわき目も振らずに取り組みます。家庭ではワンマンですが、友人の間では人気者です。

外格●責任感が強く、人から信頼されます。周囲の協力や引き立てを受けて仕事も順調に発展します。

総格●いつまでもチャレンジ精神を失わず、堅実に努力を重ねます。後半生は実りあるものになるでしょう。

## 38 才能 挫折 意志薄弱 ○

人格●豊かな才能を持ち、芸術方面に秀でます。成功するには意志の弱さを克服する必要があります。

地格●ストレスに弱いようです。落ち着いて物事に取り組めるように環境を整えてあげて。

外格●器用で、対人関係もそつなくこなします。交際範囲はあまり広げず自分に有益な人脈を育てて。

総格●あれこれ手を出しがちですが、成果を得にくいでしょう。得意分野を確立することです。

## 39 生命力 大物 成功 ◎

人格●雑草のようにたくましい生命力の持ち主。困難を糧にして大きく成長、発展します。

地格●自分のペースややり方にこだわり、負けず嫌いです。指導力があり、リーダー的存在になります。

外格●社交家ですが、距離を保ったつき合い方をします。人間関係の変化で好機をつかみます。

総格●気持ちが若く、常に新しいものを吸収しようと意欲的です。波乱を乗り越え、成功を収めます。

## 40 自信過剰 異性トラブル 投機的 △

人格●頭がよく、度胸も十分。しかし、自信家で敵が多く、いざというときに助けがないということも。

地格●他人を自分の思いどおりにしようとします。怒りっぽいために、交友関係が不調和。

外格●自信過剰で、敵をつくりやすいでしょう。また、異性関係で問題を起こしがちです。

総格●一発をねらっていくため、浮き沈みが極端です。人生に常にリスクがつきまとうでしょう。

## 41 温和 安定 実り ◎

人格●温厚誠実な人柄です。リーダーとしても尊敬され、堅実な努力を重ねて成功します。

地格●平穏な家庭環境に恵まれ、心身ともに健全に育ちます。何をやっても上手にこなします。

外格●健全なものの考え方をするため、目上からも目下からも慕われます。人脈も豊かになるでしょう。

総格●賢明で判断力にもすぐれています。また、人望もあるので、人の協力を得ることができます。

## 42 器用貧乏 未完成 頭脳明晰 ○

人格●頭脳明晰。物事を最後まで完成させる意志力を養うことが、成功のカギです。

地格●才能はあるので、飽きっぽさやあきらめの早さを克服し、目標を絞りましょう。

外格●常識家で世渡りもそこそこ上手ですが、本当の信頼を得るには、ルーズな点を改めて。

総格●分析力があり、高度な知識があるので、粘り強く物事に取り組む力を養うことが大切です。

## 43 浪費 非現実的 迷い △

人格●経済観念に乏しく、見栄っ張りで浪費家。優柔不断なため、チャンスを逃しやすいでしょう。

地格●気持ちが優しい半面、依頼心が強く優柔不断です。非現実的なことばかり考えがち。

外格●交際で見栄を張る傾向があります。また親しくなると相手に依存しがちです。

総格●経済観念に乏しく、浪費が多いでしょう。人生を自分で切り開くだけの気力も不足しがちです。

## 44 自滅 波乱 辛苦 △

**人格**●才能はあるのですが、企画倒れに終わったり、アイデアが実を結びません。

**地格**●計画的に行動することが苦手。精神面での弱さも目立つので、我慢することを覚えさせましょう。

**外格**●相手に見返りを期待し、かなえられないと失望します。大言壮語する傾向もあります。

**総格**●直感に頼って行動するため、運勢は波乱含み。能力はあるので、落ち着いて取り組むことです。

## 45 不言実行 達成 克服 ◎

**人格**●温厚な性格ですが、強い精神力も持っています。困難を乗り越え、不言実行で目標を達成します。

**地格**●友だちが多数。幼少年期の経験が社会生活でも生きてきます。長じても探究心旺盛。

**外格**●社交的で和を保ち、人間的な魅力も。困難に遭っても周囲の助力が期待できます。

**総格**●ふだんは温厚ですが、いざというときにはパワーを発揮します。家庭も円満で後半生は豊か。

## 46 急転 明暗 苦労 △

**人格**●なぜかチャンスに恵まれません。あと一歩というところで、突然の障害や災難に遭います。

**地格**●勉強や苦しいことから逃避しようとします。うまくいきだすと、すぐに図に乗るところも。

**外格**●遊び友だち以外の苦楽をともにする友人ができません。友人から悪い影響を受けるかもしれません。

**総格**●物事にのめり込みすぎる傾向があります。波乱含みの運勢なので、安定をめざすこと。

## 47 結実 円満 発展 ◎

**人格**●有能で忍耐強いために、努力が実を結びます。協力者や援助者にも恵まれるでしょう。

**地格**●家族や友人に恵まれ、健全な幼少年期を。性格が謙虚なため、常に周囲の助けがあります。

**外格**●協力者や援助者に恵まれ、発展の糸口をつかみます。元気で周囲の人を明るくします。

**総格**●健康で有意義な後半生を送ることができます。後継者や協力者に恵まれ、家庭生活も平穏。

## 48 人望 尊敬 社交的 ◎

**人格**●円満な常識家で、責任感があります。リーダーよりは、補佐的立場で才能を発揮。

**地格**●なかなかの社交上手です。高い能力がありますが、華やかな場に出ることは苦手。

**外格**●有能なうえに人柄も誠実で、多くの人から助力を得ることが可能です。人気運も備えています。

**総格**●有能で謙虚なので、信頼を集めます。危なげなく、安定した後半生が過ごせるでしょう。

## 49 明暗 不安定 不和 △

**人格**●実力を省みず無謀なチャレンジをするでしょう。そのため、人生が不安定です。

**地格**●外面はよいのですが、家庭ではわがまま。甘やかさず、我慢することを教えましょう。

**外格**●人の好き嫌いが極端で、対人関係での衝突も頻繁。感情的になりやすいので、注意が必要です。

**総格**●繁栄と衰退が極端な運勢なので、無謀な試みに出ると、得たものを失いかねません。

## 52 ◎

### 企画力 独創性 財運

**人格**●先見性と度胸があり、チャンスをつかんで大きく飛躍します。企画力があり、独創性も優秀。

**地格**●頭の回転が速く、人の気持ちを読むのが上手です。若いうちから人生の目標が定まります。

**外格**●人を見る目があり、人間関係は平穏。益にならない相手とは交際を持ちません。

**総格**●企画力やアイデアにすぐれているので、勢いに乗れば大財を得ることができます。

## 53 ○

### 虚栄心 見栄 散財

**人格**●虚勢や見栄を張らず、堅実さを心がければ、運勢が安定します。自分にふさわしい人生設計を。

**地格**●実際以上に評価される傾向があります。パフォーマンスに加えて実力が伴えば申し分ありません。

**外格**●必要以上に背伸びをしても、いつかはボロが出ます。自然体で交際するようにして。

**総格**●世間体を気にして背伸びをせず、現実に合わせたライフスタイルを考えましょう。

## 54 △

### 貧困 薄幸 トラブル

**人格**●努力が評価されず、成功の糸口をつかむのが困難。他人に尽くしても報われません。

**地格**●能力はあるのに自分を過小評価する傾向があります。プレッシャーで力を出しきれないことも。

**外格**●他人の助力が期待できず、面倒な問題を押しつけられたりも。協調精神も乏しい。

**総格**●助けを当てにしても、いざというときには頼りにならないもの。健康管理には留意しましょう。

## 50 ○

### 不安定 尻すぼみ 変動

**人格**●何事も初めは順調に進みますが、あとが続かず、尻すぼみになりがち。継続する努力が大切です。

**地格**●熱中できるものを見つけてあげましょう。完成させれば喜びになります。

**外格**●人間関係は初めよくても、それが長続きしない傾向が。交際相手を見極め人脈を育てて。

**総格**●順調なように見えても、長続きしません。状況を見極め、変化に対応していくことが必要。

## 51 ○

### 不安定 変化 危険

**人格**●若くして成功を収めても、おごらないことが大切。常に気を緩めず安定を心がけて。

**地格**●うまくいったときに気を引き締め、好調を持続させて。背伸びをしなければ物事は順調に進むでしょう。

**外格**●人間関係が変わりやすいでしょう。腹を割って語り合える相手を見つけることです。

**総格**●一度は大きな好機を得ます。チャンスに恵まれても気を緩めず、足場を固めて。

## 55 欲張り 軽率 極端 △

人格●盛運と衰運が交互に訪れます。他人からはよく見えても内実は苦しいでしょう。

地格●やることが極端です。自分の気持ちをコントロールすることを学びましょう。

外格●初め仲がよくても、こじれると敵のような関係に。相手を傷つけたり怒らせたりしがちです。

総格●年齢に応じた生き方を心がけること。無理を重ねると、せっかくのチャンスを失います。

## 56 無気力 不誠実 転落 △

人格●うまくいきかけると障害が持ち上がってしまいます。信念や行動力も不足しています。

地格●いつも人のあとからついていこうとします。何か得意なものを見つけて、自信をつけてあげて。

外格●保守的なために、人間関係では損をします。誤解されたり、他人に利用されることもあるでしょう。

総格●体力、気力が衰えてきます。現状を維持しようとしても、ズルズルと衰退します。

## 57 向上心 人望 地位 ◎

人格●目標に向かって努力を惜しみません。強い信念で困難を越え、確実に地歩を築きます。

地格●向上心に富み、努力家です。家族や友人に恵まれ、周囲からの助けも多いでしょう。

外格●穏健で、自然と周囲から慕われるようになります。人脈も年々豊かになっていくでしょう。

総格●向上心や向学心を持ち続けます。長年の経験や人脈を生かせば、後半生は恵まれたものになるでしょう。

## 58 大器晩成 富貴 安定 ◎

人格●若いうちは苦労がありますが、それを糧に大きく飛躍します。結婚によって人生が安定します。

地格●期待されると頑張りすぎる傾向が。遊びや息抜きも必要です。家庭生活に恵まれます。

外格●対人関係で多くの有益な経験をするでしょう。苦楽をともにすることで絆が生まれます。

総格●困難や下積みを経験したあとに、境遇が安定してきます。中年期以降は着実に発展するでしょう。

## 59 意志薄弱 敗北 あきらめ △

地格●我慢が苦手で、すぐにあきらめがち。大きな収穫は、忍耐のあとにやってくるものです。

外格●意思表示をはっきりしないと、金銭的な迷惑を被るかもしれません。愚痴の多さも人を遠ざけます。

総格●家庭や健康上の問題が生じやすいでしょう。困難を克服するだけの気力や忍耐力も不足しがちです。

## 60 △

**不遇**
**悲観**
**破滅**

地格●理屈よりも感情で動くところが……。物事の悪い面ばかりを考え、前に進まなくなります。

外格●人づき合いがへたで、他人の評価ばかりが気になります。交際を楽しめません。

総格●とても心配性です。健康状態がすぐれなかったり、人生の目標を見失ったりしがち。

## 61 △

**うぬぼれ**
**不和**
**破滅**

地格●うまくいくとすぐに得意になって、他人を小バカにするところがあります。和の大切さを教えて。

外格●自信過剰で、傲慢な態度をとるため、人間関係の不和を招きがちです。

総格●意欲も能力もありますが、うぬぼれが強いのが難です。人との和を大切にすれば幸運になります。

## 62 △

**貧困**
**心労**
**トラブル**

地格●家庭の問題が性格形成に影響しやすいので、環境を整えて。物事は最後まで完成させてあげましょう。

外格●言動に裏表があるため、人から信用されません。人間関係においても、孤立無援に。

総格●今まで順調にきている人は、気を引き締める必要が。健康面でも体力を過信しないことです。

## 63 ◎

**温和**
**順調**
**家庭運**

地格●家庭環境に恵まれ、素直に才能を発揮。のびのびした性格で、目上にかわいがられます。

外格●他人に好感を与えます。人間関係も円満で、周囲の協力や援助によって発展します。

総格●富と名声を得て平穏で充実した後半生に。配偶者や子どもにも恵まれて家庭生活も円満に。

## 64 △

**もろさ**
**衰退**
**トラブル**

地格●体力がありそうで案外病弱。家庭生活に問題が起きやすいため、環境を整えてあげて。

外格●人を信用しないため、つき合いも悪く、初めは順調でも途中からぎくしゃくしてきます。

総格●人生後半はペースダウンを。強気に攻めると、思わぬアクシデントから物事が崩壊します。

## 65 ◎

**実り**
**包容力**
**幸運**

地格●恵まれた家庭環境で育ちます。友人も多く、包容力があり、目下の面倒もよく見ます。

外格●包容力と面倒見のよさで自然と人に慕われます。目上の引き立てや周囲の援助も大きいでしょう。

総格●健康で長寿に恵まれます。明るい性格なので、おのずと人望も得て、吉運を呼び込みます。

## 66 △

**苦労 挫折 陰気**

—

**地格**●体が丈夫でないかも。自分から友人をつくったり、何かに取り組む意欲に欠けます。

**外格**●悲観的で陰気な印象なため、人が寄りつきません。周囲から孤立しやすいでしょう。

**総格**●苦労や失敗を繰り返し、なかなか浮かび上がれません。人と気さくに接することも苦手です。

## 67 ◎

**幸運 苦労知らず 前途洋洋**

—

**地格**●子どもにしては大人びていて要領がよいでしょう。家庭環境に恵まれ、順調に成長。

**外格**●人間関係に恵まれて発展。人当たりがよく、目上からは信頼され、目下からは慕われます。

**総格**●順風満帆の後半生。元来が強い運を持っていて、あまり苦労しないでも成功をおさめます。

## 68 ◎

**勤勉 集中力 潜在能力**

—

**地格**●勉強はよくできるほうです。高い潜在能力を持っているので、才能を見いだしてあげて。

**外格**●思慮深く勤勉なため社会的信用を得ます。人間関係は順調で、周囲の協力も期待できるでしょう。

**総格**●知的能力が高く、どんな仕事でも成功。クリエイティブな分野ならさらに才能を発揮します。

## 69 △

**貧乏 災難 没落**

—

**地格**●体質がデリケートで、無気力になりやすいところがあります。励ましてあげることが必要。

**外格**●愚痴や不満ばかりを口にするため、人から敬遠されます。他人に利用されやすい傾向もあります。

**総格**●金運が弱いので無理に追いかけると破綻を招くことに。自分に合った生き方を考えてあげましょう。

## 70 △

**苦境 自滅 孤独**

—

**地格**●学力や才能はあるので、ほめてあげることが大切。認められないと、反発します。

**外格**●世をすねたような言動が多く、まわりから相手にされません。反抗的な態度をとることも。

**総格**●才能や実力はありますが、好機を呼び込む努力が不足しています。困難を克服する意志を持って。

## 71 ○

**小心者 凡庸 平穏無事**

—

**地格**●家庭環境に恵まれ、平穏無事な幼少年期でしょう。しりごみしやすいので、何でもやらせてみて。

**外格**●人間関係は比較的順調ですが、大きな益もないでしょう。他人を補佐する能力にすぐれます。

**総格**●波風のない平穏な後半生でしょう。大それた野心をいだくと、墓穴を掘ることになります。気をつけて。

## 72 明暗 不安定 消極的 ○

――――――

**地格**● 障害に遭うとすぐにあきらめてしまいがちですが、指導者によって大きく変わります。

**外格**● 他人を頼りにしすぎるところがあります。交際面で背伸びをしなければ信用を得られるでしょう。

**総格**● 弱気になったり他人を頼りにすると、よくない結果に。自立自助の精神を忘れないで。

## 73 苦労 晩年幸福 誠実 ○

――――――

**地格**● 才能は普通ですが、努力で能力を身につけます。幼少年期の経験が成人後に開花。

**外格**● 初めは不調でも、誠意を持って人に接し、しだいに信用を得、人脈も広がるでしょう。

**総格**● 後半生は運気が好転し、今までの経験が生きてきます。地道に暮らせば晩年は安定。

## 74 無気力 怠惰 無責任 △

――――――

**地格**● 怠け癖があり、安易な道ばかりを選んだりします。頭はよいのですが、努力が不足。

**外格**● 無責任だったり、失敗を人のせいにしたりするので、人間関係が破綻。誠実に対処して。

**総格**● 年とともに無気力で怠惰になりがち。口先ばかりで、人生を自分で切り開く意欲が不足しがちです。

## 75 保守的 性急 失敗 △

――――――

**地格**● 保守的で温和な性格ですが、分不相応なことに挑戦すると手痛い挫折を味わうことになります。

**外格**● 親しみやすい性格ですが、安請け合いをしたり、やることが雑なために信頼を得にくいでしょう。

**総格**● 守りの姿勢が強く、分をわきまえてさえいれば平穏な後半生を送れます。冒険心は波乱を招きます。

## 76 劣等感 陰気 孤立 △

――――――

**地格**● 劣等感をいだきやすい性格なので、他人と比較してしかるといじけてしまうことが多いでしょう。

**外格**● ひがみやねたみばかりを口にするため、人間関係に円滑さを欠くようになります。

**総格**● 人間関係が狭く、周囲の協力も得にくい。自信のなさから、自分で可能性を閉ざすことにも。

## 77 吉凶運 不安定 明暗 ○

**地格●**交友関係や興味の対象が移りやすいでしょう。物事を完成させることで自信を得ます。

**外格●**熱しやすく冷めやすいため人間関係が変わりやすいでしょう。信頼できる人を見つけて。

**総格●**順調であっても、気を抜かないこと。計画性と見通しがあれば吉運が持続します。

## 78 誠実 信念不足 もろさ ○

**地格●**環境の影響を受けやすいので、家庭生活に配慮する必要が。交友関係は広く浅い傾向があります。

**外格●**誠実ですが、要領の悪さも。その場の状況に流されやすいので、自分の意思をはっきりとさせるように。

**総格●**才能はあってもピンチに弱いので、信念を貫くことが大切です。安易な妥協は避けるようにしましょう。

## 79 消極的 失敗 不安定 △

**地格●**実行力に欠けます。家庭環境にも恵まれない暗示なので、まずは生活を整えることが大切です。

**外格●**のらりくらりとその場だけの対応をするため、信頼を得ることは難しいでしょう。

**総格●**自信のなさが失敗を呼び込みがち。中年以降は優柔不断を改め、自分の意志を強く持つようにしましょう。

## 80 病弱 破綻 苦労 △

**地格●**体質的には弱いほう。物事を悲観的に考えやすいので、周囲が気をつけてあげて。

**外格●**非建設的な言動が多く、人が寄りつきません。人間関係でトラブルに巻き込まれることも。

**総格●**不運が重なり、苦労が絶えないでしょう。慎重に障害を克服していけば、道はきっと開けます。

## 81 大吉 幸運 繁栄 ◎

**地格●**探究心に富み、子どものころからリーダーシップを発揮するでしょう。家庭や健康にも恵まれます。

**外格●**パイオニア精神にあふれ、人間関係においても常にイニシアチブをとります。

**総格●**財産、地位、名誉のすべてを手に。向上心を失わず、常に前向きに努力します。

自分の姓に合う名前の
画数がわかる!

# 姓別吉数リスト

姓名学上から見て、その姓に調和する画数の組み合わせを一覧表にしました。画数が気になる人にはとても便利。自分の姓がサンプルにない人は、まず、その画数を調べるところから始めてください。

## このリストの見方

１字名と２字名は指定した画数の名前が吉。３字名の（　）内の数字は、下２文字の画数の合計を表します。たとえば、4・(11)の場合は、４・５・６でも４・８・３でも組み合わせは自由です。姓の代表例は一般的に多いものをサンプルにしました。「艹」（くさかんむり）はすべて３画で数えています。

※ここで紹介している画数の組み合わせは一部の例です。編集部への個別のご相談には、ご対応できませんので、あらかじめご了承ください。

| 姓の画数 | 1·6 | 1·10 | 2·3 | 2·4 | 2·5 | 2·6 | 2·7 |
|---|---|---|---|---|---|---|---|
| 姓の代表例 | 一色 | 一宮 | 二上<br>入川<br>入山 | 八木<br>二木<br>八戸<br>乃木 | 力田<br>入矢<br>二石 | 二羽<br>入吉<br>入江 | 二村<br>入谷<br>人見 |
| 1字名 | なし | なし | 2 10<br>12 20 | 7 12 17 | 6 10 16 | 5 7 10<br>15 17 | 4 6<br>14 16 |
| 2字名 | 1・15<br>2・14<br>9・7<br>9・15<br>9・16<br>10・6<br>10・7<br>10・14<br>10・15<br>11・5<br>11・14<br>12・4 | 1・4<br>1・5<br>1・12<br>1・20<br>3・2<br>3・10<br>6・7<br>11・2<br>11・10<br>14・7<br>14・10<br>22・2 | 3・13<br>3・15<br>4・14<br>5・11<br>5・13<br>8・5<br>10・6<br>12・4<br>12・6<br>13・3<br>13・5<br>14・4 | 1・16<br>3・4<br>7・11<br>9・6<br>11・4<br>11・14<br>12・5<br>14・3<br>14・11 | 2・14<br>3・13<br>10・6<br>10・14<br>10・15<br>11・5<br>11・6<br>11・13<br>11・14<br>12・4<br>12・13<br>13・3 | 9・14<br>9・15<br>9・16<br>10・5<br>10・6<br>10・13<br>10・14<br>10・15<br>11・4<br>11・5<br>11・14<br>12・4 | 1・5<br>1・14<br>1・15<br>4・11<br>4・19<br>10・5<br>10・6<br>11・4<br>11・5<br>14・1<br>14・9 |
| 3字名 | 2・(14)<br>9・(9)<br>9・(15)<br>9・(16)<br>10・(14)<br>10・(15)<br>11・(14)<br>12・(13) | 1・(4)<br>1・(5)<br>3・(3)<br>3・(21)<br>5・(19)<br>11・(13)<br>13・(11)<br>15・(9) | 2・(14)<br>3・(5)<br>3・(10)<br>3・(13)<br>3・(15)<br>4・(4)<br>4・(12)<br>4・(14)<br>5・(13) | 2・(5)<br>3・(14)<br>3・(15)<br>4・(14)<br>7・(8)<br>7・(10)<br>9・(22)<br>12・(21) | 2・(14)<br>3・(13)<br>3・(22)<br>10・(8)<br>10・(14)<br>10・(15)<br>11・(13)<br>11・(14)<br>12・(13)<br>13・(12) | 1・(14)<br>1・(15)<br>2・(13)<br>2・(14)<br>5・(8)<br>5・(10)<br>5・(18)<br>5・(20)<br>11・(14)<br>12・(13) | 1・(5)<br>1・(14)<br>1・(15)<br>4・(2)<br>4・(12)<br>4・(20)<br>4・(28)<br>10・(5)<br>14・(10)<br>14・(18) |

| 姓の画数 | 姓の代表例 | 1字名 | 2字名 | 3字名 |
|---|---|---|---|---|
| 2·8 | 入岡<br>二松 | 5 7<br>15 23 | 3・3<br>3・22<br>5・16<br>7・14<br>8・13<br>9・6<br>9・16<br>10・1<br>10・3<br>10・5<br>10・11<br>10・15 | 3・(8)<br>3・(10)<br>3・(12)<br>3・(18)<br>5・(8)<br>5・(10)<br>5・(18)<br>8・(15)<br>13・(12)<br>15・(10) |
| 2·10 | 二宮<br>入倉 | 5 6 23 | 1・4<br>1・5<br>1・22<br>3・3<br>3・22<br>11・14<br>14・9<br>14・11<br>21・4<br>22・1<br>22・3 | 1・(20)<br>3・(18)<br>3・(20)<br>5・(8)<br>5・(18)<br>5・(20)<br>11・(10)<br>11・(12)<br>11・(14)<br>13・(10) |
| 2·12·11 | 二階堂 | 6 14 22 | 2・10<br>4・3<br>4・8<br>4・10<br>5・9<br>6・8<br>6・10<br>7・9<br>10・2<br>12・2<br>13・1<br>14・2 | 2・(4)<br>4・(4)<br>4・(19)<br>5・(11)<br>5・(18)<br>6・(10)<br>7・(9)<br>12・(11)<br>13・(10)<br>13・(19) |
| 3·1·4 | 山ノ内 | 3 9 13 | 2・13<br>3・12<br>4・11<br>11・6<br>11・12<br>11・13<br>12・3<br>12・11<br>12・12<br>13・2<br>13・11<br>14・10 | 2・(14)<br>3・(12)<br>3・(13)<br>4・(11)<br>4・(12)<br>4・(21)<br>11・(12)<br>11・(13)<br>11・(14)<br>12・(13) |
| 3·2 | 川又 | なし | 3・10<br>3・13<br>3・15<br>4・12<br>4・14<br>5・13<br>6・10<br>6・12<br>9・4<br>11・5<br>13・5<br>14・4 | 1・(12)<br>3・(13)<br>4・(9)<br>4・(12)<br>4・(14)<br>5・(11)<br>5・(13)<br>6・(12)<br>11・(21) |
| 3·3 | 山口<br>小川<br>丸山<br>小口<br>大山<br>三上 | なし | 2・3<br>3・4<br>4・3<br>5・10<br>8・3<br>10・5<br>10・8<br>12・3<br>12・5<br>13・4<br>14・3<br>15・3 | 3・(4)<br>3・(14)<br>4・(13)<br>5・(13)<br>8・(9)<br>10・(21)<br>12・(19)<br>13・(12) |
| 3·3·4 | 小山内<br>三ツ井<br>三ツ木<br>山之内 | 3 13 14 | 3・11<br>4・1<br>4・10<br>4・11<br>7・8<br>7・16<br>13・1<br>14・1<br>17・6 | 3・(2)<br>3・(12)<br>4・(2)<br>4・(11)<br>7・(18)<br>13・(12)<br>14・(11)<br>17・(18) |

| 姓の画数 | 姓の代表例 | 1字名 | 2字名 | 3字名 |
| --- | --- | --- | --- | --- |
| 3·3·5 | 小山田<br>下山田<br>三ケ尻 | 6　13 | 2・4<br>3・1<br>3・17<br>6・4<br>6・8<br>10・14<br>11・11<br>12・8<br>13・11<br>18・6 | 1・(5)<br>2・(19)<br>3・(18)<br>6・(15)<br>8・(5)<br>10・(11)<br>11・(10)<br>12・(9) |
| 3·3·9 | 大久保<br>小久保 | 6　9　16 | 2・8<br>4・16<br>6・11<br>7・10<br>8・9<br>9・1<br>14・8<br>15・1<br>16・4 | 2・(15)<br>4・(12)<br>6・(12)<br>6・(18)<br>7・(10)<br>7・(11)<br>9・(9)<br>14・(10) |
| 3·4 | 大月<br>大友<br>土井<br>川内<br>山内<br>山中 | なし | 1・15<br>3・8<br>3・14<br>4・12<br>7・10<br>9・8<br>11・5<br>12・4<br>12・5<br>13・12<br>14・2<br>17・8 | 2・(4)<br>3・(13)<br>4・(12)<br>7・(11)<br>11・(13)<br>11・(14)<br>12・(12)<br>13・(11) |
| 3·5 | 上田<br>川本<br>大石<br>山田<br>山本<br>久田 | なし | 1・12<br>3・10<br>6・10<br>8・15<br>10・3<br>10・14<br>11・2<br>11・4<br>12・4<br>12・12<br>13・2<br>16・8 | 3・(4)<br>3・(12)<br>6・(11)<br>8・(17)<br>10・(13)<br>11・(13)<br>12・(13)<br>12・(19) |
| 3·5·4 | 小田切 | なし | 3・9<br>4・8<br>4・16<br>7・16<br>9・14<br>11・9<br>11・12<br>12・8<br>13・7<br>14・6<br>14・9<br>17・6 | 1・(10)<br>2・(9)<br>3・(8)<br>3・(10)<br>4・(7)<br>4・(9)<br>4・(17)<br>7・(16)<br>9・(16)<br>12・(13) |
| 3·5·7 | 三田村 | なし | 6・14<br>6・16<br>8・9<br>8・14<br>8・16<br>9・8<br>9・15<br>10・7<br>10・14<br>11・6<br>14・6<br>14・8 | 6・(10)<br>8・(8)<br>8・(9)<br>8・(10)<br>8・(16)<br>9・(9)<br>9・(15)<br>16・(16) |
| 3·6 | 大竹<br>大西<br>川西<br>久米<br>三宅<br>山名 | なし | 1・15<br>5・2<br>5・3<br>7・8<br>9・15<br>10・5<br>10・14<br>11・4<br>11・5<br>11・12<br>12・3<br>15・8 | 2・(4)<br>2・(14)<br>5・(11)<br>9・(14)<br>10・(14)<br>11・(12)<br>11・(13)<br>12・(11) |

| 姓の画数 | 3・6・3 | 3・7 | 3・8 | 3・8・4 | 3・8・5 | 3・8・10 | 3・8・11 |
| --- | --- | --- | --- | --- | --- | --- | --- |
| 姓の代表例 | 小早川 | 大坂<br>大沢<br>上杉<br>三谷<br>山谷<br>山村 | 大岩<br>上松<br>小沼<br>小林<br>小松<br>山岡<br>土居 | 大河内<br>小岩井<br>小金井<br>小長井 | 大和田<br>小和田 | 大河原<br>小河原<br>小松原 | 小松崎 |
| 1字名 | 3 4 5<br>13 21 | なし | なし | 9 | 1 16 19 | 11 14 | 13 |
| 2字名 | 4・8<br>5・7<br>5・15<br>8・15<br>10・13<br>12・8<br>12・11<br>13・7<br>14・6<br>15・5<br>15・8<br>18・5 | 1・5<br>1・10<br>4・2<br>4・4<br>6・5<br>6・15<br>8・3<br>8・15<br>9・4<br>10・5<br>11・2<br>11・14 | 3・2<br>3・3<br>5・2<br>5・8<br>7・14<br>8・5<br>9・4<br>10・3<br>10・14<br>16・5<br>16・8 | 1・5<br>3・13<br>4・12<br>4・20<br>7・3<br>9・1<br>9・13<br>11・13<br>12・5<br>14・3<br>17・5 | 3・12<br>10・5<br>10・6<br>10・13<br>11・4<br>11・5<br>11・6<br>11・12<br>12・4<br>12・5<br>13・4<br>18・5 | 1・3<br>1・9<br>3・1<br>3・9<br>3・11<br>6・6<br>11・3<br>11・9<br>13・1<br>13・11 | 2・13<br>2・21<br>4・19<br>10・5<br>10・13<br>12・3<br>12・11<br>14・9<br>20・3<br>22・1 |
| 3字名 | 2・(9)<br>3・(8)<br>3・(22)<br>4・(7)<br>4・(9)<br>5・(6)<br>5・(8)<br>5・(16)<br>8・(15)<br>10・(15) | 1・(7)<br>4・(7)<br>6・(9)<br>6・(19)<br>8・(13)<br>9・(12)<br>10・(13)<br>11・(12) | 3・(2)<br>3・(4)<br>5・(19)<br>7・(17)<br>8・(13)<br>9・(12)<br>10・(14)<br>13・(11) | 1・(5)<br>2・(6)<br>3・(14)<br>4・(12)<br>4・(14)<br>9・(7)<br>11・(6)<br>12・(12) | 2・(13)<br>2・(14)<br>3・(12)<br>3・(13)<br>3・(14)<br>8・(13)<br>10・(13)<br>11・(12)<br>11・(14)<br>12・(13) | 1・(10)<br>1・(30)<br>3・(13)<br>3・(21)<br>3・(28)<br>11・(13)<br>11・(20)<br>14・(10) | 2・(13)<br>2・(21)<br>10・(5)<br>10・(13)<br>12・(13)<br>13・(10)<br>13・(12)<br>13・(22)<br>21・(14)<br>22・(13) |

| 姓の画数 | 3·11·6 | 3·11 | 3·10·3 | 3·10 | 3·9·6 | 3·9·5 | 3·9 |
|---|---|---|---|---|---|---|---|
| 姓の代表例 | 小野寺 | 上野<br>大野<br>大堀<br>小野<br>川野<br>山野 | 小宮山 | 上原<br>小島<br>大島<br>川原<br>小宮<br>三浦 | 久保寺 | 久保田<br>万城目 | 大垣<br>大城<br>久保<br>小泉<br>山城<br>土屋 |
| 1字名 | 1 5 11<br>15 19 | なし | 5 15 21 | なし | なし | なし | なし |
| 2字名 | 2・10<br>5・10<br>7・8<br>7・10<br>9・3<br>9・6<br>9・8<br>10・2<br>11・1<br>11・6<br>12・3<br>15・2 | 2・5<br>4・3<br>4・14<br>5・2<br>5・12<br>6・5<br>7・4<br>7・10<br>10・8<br>12・5<br>13・8<br>14・3 | 4・11<br>5・10<br>5・11<br>12・4<br>12・11<br>13・3<br>13・4<br>13・10<br>14・2<br>14・3<br>15・1<br>15・2 | 1・2<br>1・10<br>3・2<br>3・8<br>5・3<br>6・5<br>6・12<br>8・3<br>8・10<br>11・13<br>14・4<br>15・3 | 1・4<br>2・3<br>2・12<br>9・5<br>9・8<br>10・4<br>10・5<br>11・3<br>11・4<br>12・2<br>12・3<br>19・4 | 1・3<br>2・4<br>3・4<br>3・12<br>8・8<br>10・5<br>11・4<br>11・11<br>12・12<br>13・2<br>18・2<br>20・2 | 2・3<br>4・2<br>6・5<br>6・15<br>7・14<br>7・18<br>8・3<br>8・5<br>8・15<br>9・2<br>9・4<br>12・13 |
| 3字名 | 5・(10)<br>5・(27)<br>7・(10)<br>7・(18)<br>7・(25)<br>9・(23)<br>10・(11)<br>10・(27)<br>11・(21)<br>15・(17) | 2・(9)<br>4・(14)<br>5・(13)<br>5・(20)<br>6・(11)<br>7・(11)<br>10・(7)<br>12・(11) | 3・(12)<br>3・(20)<br>4・(11)<br>4・(12)<br>5・(10)<br>5・(11)<br>5・(12)<br>8・(24)<br>10・(11)<br>10・(22) | 1・(4)<br>3・(2)<br>5・(13)<br>6・(12)<br>7・(11)<br>11・(7)<br>11・(13)<br>13・(11) | 1・(4)<br>1・(5)<br>2・(3)<br>2・(4)<br>2・(13)<br>9・(6)<br>10・(5)<br>10・(13) | 2・(5)<br>2・(6)<br>3・(4)<br>3・(5)<br>6・(12)<br>10・(6)<br>11・(13)<br>12・(12) | 2・(3)<br>2・(4)<br>4・(7)<br>7・(14)<br>8・(13)<br>8・(17)<br>9・(12)<br>12・(11) |

| 姓の画数 | 3·11·10 | 3·12 | 3·12·10 | 3·13 |
| --- | --- | --- | --- | --- |
| 姓の代表例 | 小笠原 | 大塚<br>大場<br>大森<br>小森<br>千葉<br>山森 | 大曾根<br>小曾根 | 大滝<br>大園<br>大溝<br>山路<br>川路 |
| 1字名 | 11　21 | なし | 6　14<br>22　23 | なし |
| 2字名 | 3・20<br>5・10<br>5・18<br>6・9<br>6・17<br>13・10<br>14・9<br>15・8<br>15・9<br>21・2 | 1・2<br>1・15<br>3・3<br>4・4<br>4・12<br>5・3<br>6・10<br>6・12<br>9・8<br>9・15<br>11・5<br>12・4 | 3・17<br>3・19<br>5・17<br>6・16<br>6・17<br>11・9<br>13・7<br>13・9<br>14・8<br>14・9<br>15・7<br>15・8 | 4・13<br>5・12<br>8・15<br>10・13<br>10・15<br>11・10<br>11・12<br>11・14<br>12・4<br>12・5<br>12・13 |
| 3字名 | 1・(10)<br>3・(10)<br>5・(10)<br>5・(18)<br>6・(7)<br>6・(9)<br>11・(10)<br>14・(7) | 1・(7)<br>4・(4)<br>4・(12)<br>5・(12)<br>5・(19)<br>6・(11)<br>11・(13)<br>13・(11) | 3・(20)<br>5・(18)<br>6・(10)<br>6・(17)<br>7・(9)<br>8・(8)<br>13・(10)<br>14・(9)<br>14・(18)<br>15・(8) | 2・(14)<br>2・(21)<br>3・(13)<br>3・(14)<br>3・(20)<br>4・(11)<br>4・(12)<br>4・(21)<br>5・(11)<br>5・(20) |

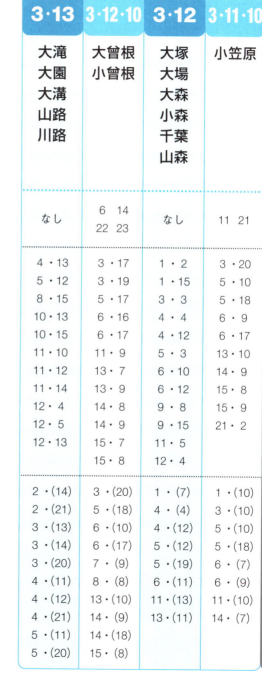

| 姓の画数 | 3·14 | 3·15 | 3·16 | 3·17 | 3·18 | 3·19 | 4·2·12 |
|---|---|---|---|---|---|---|---|
| 姓の代表例 | 大熊<br>大関<br>川端<br>小暮<br>小関<br>山際 | 大蔵<br>大槻<br>小幡<br>三輪 | 大館<br>大橋<br>小橋<br>丸橋<br>土橋<br>三橋 | 大磯<br>小磯<br>小嶺<br>川鍋 | 大藤<br>大藪<br>工藤<br>山藤<br>大類 | 川瀬<br>山瀬<br>大瀬 | 五十嵐 |
| 1字名 | なし | なし | なし | なし | なし | なし | 3　5<br>6　13 |
| 2字名 | 1・5<br>2・5<br>2・13<br>3・3<br>3・13<br>4・12<br>7・8<br>9・15<br>10・5<br>10・8<br>11・4<br>11・5 | 1・2<br>1・4<br>2・3<br>2・4<br>3・3<br>3・12<br>8・5<br>8・15<br>9・4<br>9・8<br>10・3<br>10・5 | 1・4<br>1・5<br>1・12<br>1・15<br>2・3<br>2・4<br>5・8<br>5・13<br>8・5<br>8・8<br>8・10<br>9・4 | 4・13<br>6・15<br>7・8<br>7・10<br>7・14<br>7・18<br>8・13<br>14・3<br>15・2<br>15・10<br>16・5<br>18・3 | 3・8<br>3・13<br>3・15<br>5・13<br>6・5<br>6・10<br>6・18<br>7・4<br>13・3<br>13・5<br>14・4<br>15・3 | 2・13<br>2・21<br>4・21<br>5・8<br>5・10<br>5・18<br>5・20<br>12・3<br>12・13<br>13・2<br>13・10<br>13・12 | 3・4<br>4・10<br>5・1<br>5・10<br>6・9<br>9・6<br>11・4<br>13・4 |
| 3字名 | 1・(7)<br>2・(4)<br>3・(12)<br>4・(2)<br>4・(12)<br>7・(11)<br>11・(7)<br>11・(13) | 2・(3)<br>2・(4)<br>2・(13)<br>3・(3)<br>3・(12)<br>6・(7)<br>6・(9)<br>8・(13) | 1・(4)<br>2・(3)<br>2・(4)<br>2・(11)<br>2・(14)<br>5・(11)<br>5・(13)<br>7・(11) | 4・(13)<br>4・(17)<br>4・(21)<br>6・(9)<br>6・(11)<br>6・(19)<br>7・(14)<br>8・(9)<br>8・(13)<br>8・(17) | 3・(13)<br>5・(11)<br>5・(13)<br>6・(12)<br>7・(9)<br>7・(11)<br>7・(17)<br>13・(11) | 2・(11)<br>2・(13)<br>2・(21)<br>4・(9)<br>4・(19)<br>6・(7)<br>6・(9)<br>6・(17)<br>6・(19)<br>12・(13) | 3・(10)<br>4・(9)<br>5・(10)<br>5・(18)<br>6・(11)<br>6・(15)<br>11・(10)<br>13・(10) |

| 姓の画数 | 姓の代表例 | 1字名 | 2字名 | 3字名 |
| --- | --- | --- | --- | --- |
| 4·3 | 天川<br>井川<br>井上<br>牛山<br>中川 | 4 10 14 | 2・9<br>4・7<br>8・3<br>8・9<br>10・1<br>12・4<br>13・3<br>14・2<br>15・9 | 2・(6)<br>3・(13)<br>5・(11)<br>5・(12)<br>8・(8)<br>8・(16)<br>10・(8)<br>12・(12) |
| 4·4 | 井戸<br>今井<br>木内<br>木戸<br>木元<br>公文 | 7 17 | 1・7<br>3・4<br>3・12<br>9・14<br>11・2<br>12・3<br>12・11<br>12・12<br>13・3<br>14・9 | 3・(10)<br>3・(12)<br>4・(12)<br>7・(10)<br>11・(13)<br>12・(12)<br>13・(10)<br>14・(10) |
| 4·5 | 井田<br>牛込<br>牛田<br>太田<br>今田<br>水田 | 2 12 16 | 1・7<br>3・3<br>3・12<br>6・2<br>8・7<br>11・4<br>12・4<br>13・3<br>16・7 | 2・(6)<br>3・(13)<br>6・(18)<br>8・(8)<br>8・(16)<br>11・(13)<br>12・(12)<br>13・(11) |
| 4·6 | 天地<br>今西<br>中西<br>日向<br>日吉<br>元吉 | 5 7 15 | 5・2<br>7・4<br>7・14<br>9・4<br>9・12<br>10・3<br>10・11<br>11・2<br>12・9 | 1・(6)<br>5・(16)<br>5・(18)<br>9・(12)<br>10・(13)<br>11・(12)<br>12・(11)<br>12・(13) |
| 4·7 | 井沢<br>井村<br>今村<br>中条<br>中谷<br>戸村 | 4 6<br>10 14 | 1・12<br>4・9<br>6・7<br>8・13<br>9・4<br>11・13<br>14・7<br>17・7 | 1・(6)<br>6・(18)<br>8・(13)<br>8・(16)<br>9・(12)<br>10・(11)<br>11・(13)<br>14・(10) |
| 4·8 | 今枝<br>今岡<br>中居<br>中林<br>片岡<br>水沼 | 5 | 3・3<br>7・14<br>8・3<br>9・2<br>9・4<br>9・14<br>10・3<br>10・11<br>13・12<br>16・7<br>17・4 | 3・(2)<br>3・(10)<br>5・(16)<br>7・(6)<br>8・(13)<br>9・(12)<br>10・(13)<br>15・(10) |
| 4·9 | 今泉<br>今津<br>木津<br>中津<br>中畑<br>仁科 | 2 12 22 | 2・1<br>2・3<br>2・9<br>4・7<br>4・20<br>7・17<br>12・12<br>15・9<br>22・2 | 2・(3)<br>2・(30)<br>6・(18)<br>12・(12)<br>12・(20)<br>14・(10)<br>16・(19)<br>22・(13) |

| 姓の画数 | 姓の代表例 | 1字名 | 2字名 | 3字名 |
|---|---|---|---|---|
| 4·10 | 井原<br>片桐<br>木原<br>日高<br>日原<br>水原 | 7 | 3・4<br>5・2<br>6・1<br>6・11<br>7・4<br>8・3<br>11・12<br>13・12<br>14・7<br>14・9<br>15・2 | 3・(18)<br>5・(12)<br>5・(18)<br>6・(11)<br>7・(10)<br>7・(18)<br>8・(10)<br>11・(12) |
| 4·11 | 天野<br>井深<br>片野<br>木野<br>木部<br>中野 | 6 10 20 | 4・12<br>5・11<br>5・13<br>6・2<br>7・9<br>10・14<br>12・4<br>13・11<br>14・3 | 2・(6)<br>5・(12)<br>6・(11)<br>7・(11)<br>10・(6)<br>12・(6)<br>13・(11)<br>14・(10) |
| 4·12 | 犬塚<br>木場<br>中塚<br>中森<br>戸塚<br>水落 | 5 23 | 1・14<br>3・2<br>4・3<br>4・4<br>5・11<br>6・9<br>9・12<br>11・12<br>12・9<br>19・4 | 3・(2)<br>3・(20)<br>4・(11)<br>4・(13)<br>5・(10)<br>5・(11)<br>6・(10)<br>13・(10) |
| 4·13 | 犬飼<br>中園<br>中溝<br>日置 | 4 22 | 2・13<br>3・3<br>3・4<br>3・13<br>4・11<br>4・12<br>5・1<br>5・11<br>12・4<br>12・12 | 2・(13)<br>3・(3)<br>3・(13)<br>4・(2)<br>4・(11)<br>5・(10)<br>5・(11)<br>12・(6) |
| 4·14 | 井熊<br>井関<br>今関<br>日暮<br>比嘉 | なし | 1・2<br>2・1<br>2・3<br>2・13<br>3・2<br>3・3<br>4・1<br>4・2<br>4・11<br>11・2<br>11・4<br>11・12 | 3・(2)<br>3・(3)<br>3・(12)<br>4・(2)<br>4・(11)<br>7・(6)<br>7・(8)<br>7・(16) |
| 4·15 | 木幡 | 2 6 16<br>20 22 | 1・17<br>2・11<br>2・14<br>3・13<br>6・7<br>6・12<br>9・4<br>9・7<br>9・9<br>10・3<br>16・2<br>17・1 | 1・(12)<br>2・(11)<br>2・(16)<br>3・(3)<br>3・(10)<br>3・(13)<br>6・(10)<br>6・(12)<br>8・(8)<br>8・(10) |
| 4·16 | 中橋<br>水橋<br>元橋 | 5 15 | 1・4<br>2・3<br>2・13<br>5・12<br>5・20<br>7・4<br>8・3<br>8・9<br>9・4<br>15・2 | 1・(10)<br>2・(11)<br>2・(19)<br>5・(6)<br>5・(8)<br>7・(6)<br>7・(10)<br>9・(8) |

| 姓の画数 | 5·7 | 5·6 | 5·5 | 5·4 | 5·3 | 5 | 4·18 |
|---|---|---|---|---|---|---|---|
| 姓の代表例 | 石坂<br>市村<br>北沢<br>田坂<br>立花<br>矢沢 | 末次<br>永江<br>永吉<br>本庄<br>本多<br>本吉 | 生田<br>北田<br>正田<br>末田<br>田代<br>立石 | 石井<br>北井<br>田井<br>立木<br>平木<br>永井 | 石上<br>加山<br>白山<br>田子<br>田丸<br>古川 | 台<br>叶<br>北<br>平<br>田 | 木藤<br>木藪<br>内藤<br>仁藤 |
| 1字名 | 4 6 | 5 7 12 | 6 | 4 7<br>12 14 | 5 10 15 | 8 11 13<br>16 18 | 15 17 23 |
| 2字名 | 1・12<br>4・2<br>8・3<br>8・13<br>9・12<br>10・3<br>11・12<br>14・11<br>17・6<br>18・3 | 2・3<br>2・19<br>5・8<br>5・16<br>7・6<br>11・10<br>12・1<br>15・6<br>18・3 | 1・10<br>2・3<br>3・10<br>6・2<br>8・13<br>10・3<br>10・13<br>11・10<br>12・3<br>12・13<br>13・2 | 3・3<br>7・1<br>9・6<br>11・13<br>12・12<br>13・3<br>14・1<br>17・6 | 3・10<br>4・11<br>5・2<br>5・8<br>8・16<br>10・3<br>12・12<br>13・2<br>14・3 | 1・10<br>2・4<br>3・15<br>6・10<br>8・10<br>11・5<br>16・2 | 3・12<br>3・14<br>5・12<br>6・11<br>7・4<br>13・4<br>13・12<br>14・1<br>14・9<br>15・2 |
| 3字名 | 4・(2)<br>4・(9)<br>6・(15)<br>6・(19)<br>8・(15)<br>9・(12)<br>10・(15)<br>11・(10) | 1・(5)<br>2・(11)<br>5・(19)<br>7・(17)<br>9・(12)<br>10・(11)<br>11・(10)<br>12・(9) | 2・(5)<br>3・(5)<br>3・(12)<br>6・(15)<br>10・(11)<br>11・(10)<br>12・(9)<br>13・(10) | 2・(5)<br>3・(12)<br>4・(12)<br>4・(19)<br>7・(9)<br>11・(12)<br>12・(12)<br>13・(11) | 3・(10)<br>4・(9)<br>4・(12)<br>8・(15)<br>8・(17)<br>12・(11)<br>12・(19)<br>14・(10) | 2・(6)<br>2・(14)<br>3・(3)<br>3・(5)<br>3・(15)<br>8・(5)<br>10・(6)<br>12・(6) | 3・(8)<br>3・(20)<br>5・(6)<br>5・(8)<br>6・(11)<br>7・(8)<br>7・(16)<br>13・(10) |

| 姓の画数 | 5・8 | 5・9 | 5・10 | 5・11 | 5・12 | 5・14 | 5・15 |
|---|---|---|---|---|---|---|---|
| 姓の代表例 | 石岡<br>北岡<br>末松<br>平沼<br>平岩<br>平岡 | 石垣<br>石神<br>布施<br>古畑<br>氷室<br>本城 | 石倉<br>加納<br>広島<br>永倉<br>田宮 | 石黒<br>北野<br>平野<br>古野<br>矢野<br>矢部 | 石塚<br>石森<br>加賀<br>甲斐<br>田淵<br>永森 | 石綿<br>石関<br>古関<br>田熊<br>田端<br>本領 | 田幡 |
| 1字名 | 10 | 2　7　23 | 6 | 5　7 | 4　6　20 | 2　4 | 17 |
| 2字名 | 3・8<br>5・3<br>5・19<br>7・11<br>8・10<br>8・16<br>9・2<br>10・8<br>13・11<br>15・3<br>16・8 | 2・19<br>4・19<br>7・11<br>7・18<br>8・10<br>9・12<br>12・11<br>12・13<br>15・8 | 1・16<br>3・13<br>5・11<br>6・2<br>6・11<br>6・18<br>7・10<br>8・8<br>8・16<br>11・6<br>11・13 | 4・11<br>5・3<br>5・11<br>6・10<br>7・8<br>7・16<br>10・6<br>10・11<br>12・11<br>13・8 | 3・12<br>4・3<br>4・12<br>5・10<br>6・2<br>9・6<br>11・13<br>12・12<br>13・11 | 2・3<br>3・2<br>3・10<br>4・1<br>4・12<br>7・6<br>7・11<br>10・6<br>10・8<br>11・2 | 1・16<br>3・18<br>6・11<br>8・13<br>9・6<br>9・8<br>9・12<br>9・16<br>10・11<br>16・1<br>17・8<br>18・3 |
| 3字名 | 3・(2)<br>5・(19)<br>7・(11)<br>7・(17)<br>8・(10)<br>13・(11)<br>13・(19)<br>15・(9) | 2・(9)<br>4・(7)<br>6・(12)<br>7・(10)<br>8・(10)<br>9・(12)<br>12・(11)<br>14・(9) | 1・(7)<br>3・(15)<br>5・(11)<br>5・(19)<br>6・(10)<br>7・(9)<br>8・(10)<br>13・(11) | 2・(5)<br>4・(12)<br>5・(10)<br>5・(12)<br>6・(10)<br>6・(15)<br>10・(11)<br>12・(11) | 3・(5)<br>3・(15)<br>4・(11)<br>4・(12)<br>5・(10)<br>6・(9)<br>9・(15)<br>12・(12) | 2・(11)<br>3・(2)<br>3・(10)<br>4・(9)<br>7・(9)<br>7・(11)<br>9・(9)<br>11・(7) | 2・(19)<br>3・(18)<br>6・(11)<br>6・(15)<br>6・(19)<br>8・(9)<br>8・(17)<br>9・(12)<br>10・(11)<br>10・(15) |

| 姓の画数 | 5・16 | 5・18 | 5・19 | 6 |
|---|---|---|---|---|
| 姓の代表例 | 石橋<br>市橋<br>広橋<br>古館<br>本橋 | 加藤<br>古藤<br>本藤<br>矢藤 | 市瀬<br>加瀬<br>広瀬<br>古瀬 | 旭<br>池<br>芝<br>仲<br>西<br>向 |
| 1字名 | 2　16 | 14 | なし | 11　15 |
| 2字名 | 1・10<br>5・6<br>7・11<br>8・3<br>8・10<br>9・2<br>15・3<br>16・8<br>17・1<br>21・3 | 3・13<br>5・3<br>5・13<br>6・10<br>6・12<br>7・11<br>13・12<br>14・11<br>15・3<br>15・10<br>17・8 | 2・11<br>4・11<br>5・8<br>5・18<br>6・11<br>12・3<br>12・11<br>13・8<br>13・11<br>14・10<br>16・8<br>18・6 | 1・14<br>2・23<br>5・6<br>7・4<br>9・6<br>9・16<br>10・5<br>10・15<br>11・7<br>12・5 |
| 3字名 | 1・(10)<br>2・(9)<br>5・(11)<br>5・(19)<br>7・(9)<br>7・(17)<br>8・(10)<br>9・(9) | 3・(15)<br>5・(11)<br>6・(10)<br>6・(18)<br>7・(9)<br>7・(11)<br>13・(11)<br>14・(10) | 4・(7)<br>4・(17)<br>5・(10)<br>5・(12)<br>5・(18)<br>6・(11)<br>6・(15)<br>12・(11) | 1・(4)<br>2・(5)<br>2・(13)<br>9・(6)<br>10・(5)<br>11・(14)<br>12・(13)<br>19・(14) |

| 姓の画数 | 姓の代表例 | 1字名 | 2字名 | 3字名 |
|---|---|---|---|---|
| 6・3 | 有山<br>有川<br>老川<br>寺川<br>光山<br>西山 | 4 12<br>14 15 | 3・5<br>4・11<br>5・2<br>5・18<br>8・7<br>8・15<br>10・5<br>13・10 | 2・(14)<br>3・(4)<br>4・(11)<br>5・(10)<br>5・(18)<br>8・(16)<br>10・(14)<br>13・(10) |
| 6・4 | 伊丹<br>江戸<br>西井<br>竹中<br>光井<br>吉井 | 7 14 | 1・10<br>2・9<br>3・10<br>3・12<br>4・7<br>9・12<br>11・10<br>12・11<br>13・12<br>14・9 | 2・(6)<br>3・(8)<br>3・(10)<br>4・(9)<br>7・(8)<br>9・(14)<br>11・(10)<br>12・(11) |
| 6・5 | 有田<br>池辺<br>江本<br>竹本<br>西本<br>吉永 | 2 6<br>10 12 | 2・5<br>3・10<br>6・7<br>6・18<br>8・5<br>10・11<br>11・2<br>12・9 | 1・(4)<br>2・(11)<br>3・(4)<br>3・(18)<br>10・(11)<br>11・(10)<br>12・(9)<br>13・(11) |
| 6・5・3 | 宇田川<br>牟田口 | 3 4 | 3・4<br>4・6<br>5・12<br>10・13<br>12・5<br>12・11<br>13・4<br>14・3<br>14・9 | 2・(5)<br>3・(14)<br>3・(20)<br>4・(13)<br>4・(14)<br>5・(12)<br>8・(10)<br>13・(12) |
| 6・6 | 有吉<br>安西<br>江守<br>寺西<br>吉池<br>吉江 | 5 12 | 5・18<br>9・2<br>9・12<br>10・11<br>11・10<br>11・12<br>12・9<br>12・11<br>15・10<br>18・7 | 5・(6)<br>5・(18)<br>7・(14)<br>9・(14)<br>11・(10)<br>11・(14)<br>12・(11)<br>15・(10) |
| 6・7 | 有沢<br>安芸<br>池沢<br>寺村<br>成沢<br>早坂 | 4 10 | 1・7<br>4・7<br>6・5<br>6・12<br>8・10<br>9・9<br>10・1<br>11・7<br>14・10<br>17・7 | 1・(10)<br>4・(14)<br>6・(18)<br>8・(10)<br>8・(24)<br>9・(9)<br>10・(14)<br>14・(18) |
| 6・7・9 | 宇佐美<br>名児耶 | 9 15 23 | 2・21<br>4・11<br>6・9<br>6・11<br>7・10<br>8・7<br>8・9<br>12・3<br>14・3 | 2・(11)<br>4・(11)<br>6・(5)<br>6・(11)<br>7・(4)<br>7・(8)<br>7・(10)<br>8・(5) |

| 姓の画数 | 6・8 | 6・9 | 6・10 | 6・11 | 6・12 | 6・12・10 | 6・13 |
|---|---|---|---|---|---|---|---|
| 姓の代表例 | 安東<br>江波<br>寺岡<br>光岡<br>吉岡<br>吉松 | 安彦<br>会津<br>池畑<br>西海<br>西垣<br>米津 | 安倍<br>有馬<br>伊原<br>寺島<br>西浦<br>吉原 | 安野<br>池野<br>西郷<br>寺崎<br>吉崎<br>吉野 | 安達<br>有賀<br>江間<br>江森<br>宅間<br>西塚 | 伊集院 | 有働<br>安楽<br>伊勢<br>竹腰 |
| 1字名 | 7　10　17 | 2　6　16 | 5　7　15 | 4　6<br>7　14 | 5　6 | なし | 4　5<br>12　20 |
| 2字名 | 3・15<br>5・2<br>5・12<br>7・11<br>8・10<br>9・9<br>9・12<br>10・7<br>13・12 | 6・10<br>7・9<br>8・9<br>8・10<br>9・7<br>9・9<br>12・12<br>14・10<br>15・9 | 3・18<br>5・10<br>5・18<br>6・9<br>7・9<br>8・9<br>11・10<br>13・10<br>14・7 | 4・11<br>5・2<br>6・9<br>6・12<br>7・9<br>10・5<br>13・5<br>14・2 | 3・2<br>4・9<br>4・11<br>5・1<br>5・10<br>6・7<br>9・12<br>11・12<br>12・9<br>13・2 | 5・12<br>6・14<br>6・18<br>7・13<br>8・12<br>8・16<br>11・6<br>11・13<br>13・4<br>14・6<br>15・2<br>15・5 | 3・2<br>3・10<br>4・9<br>4・12<br>5・1<br>5・11<br>8・5<br>11・5 |
| 3字名 | 3・(4)<br>5・(16)<br>7・(10)<br>7・(14)<br>8・(10)<br>9・(8)<br>9・(14)<br>10・(8) | 6・(10)<br>7・(9)<br>7・(11)<br>8・(8)<br>8・(10)<br>9・(8)<br>14・(10)<br>16・(8) | 5・(10)<br>5・(18)<br>6・(9)<br>6・(11)<br>7・(9)<br>7・(18)<br>8・(8)<br>15・(10) | 4・(4)<br>4・(14)<br>5・(10)<br>6・(10)<br>7・(8)<br>10・(8)<br>12・(6)<br>13・(11) | 3・(10)<br>5・(10)<br>6・(9)<br>9・(6)<br>9・(14)<br>11・(10)<br>12・(11)<br>13・(8) | 1・(6)<br>1・(23)<br>3・(14)<br>3・(21)<br>5・(6)<br>5・(19)<br>6・(7)<br>7・(17)<br>11・(13) | 2・(4)<br>2・(11)<br>3・(10)<br>4・(9)<br>5・(8)<br>5・(11)<br>8・(8)<br>10・(6) |

| 姓の画数 | 7·3 | 7·2 | 7 | 6·19 | 6·18 | 6·16 | 6·14 |
|---|---|---|---|---|---|---|---|
| 姓の代表例 | 赤川<br>尾山<br>阪口<br>近山<br>村山<br>谷口 | 坂入 | 沖<br>近<br>車<br>坂<br>杉<br>谷 | 成瀬<br>早瀬<br>安瀬 | 安藤<br>伊藤<br>江藤 | 安積<br>池橋<br>竹橋<br>寺橋 | 池端<br>江端 |
| 1字名 | 5 14 15 | 4 6 14<br>15 16 22<br>23 | 6 8 16 | 6 12<br>14 16 | 7 15 17 | 2 15<br>17 23 | 4 17 |
| 2字名 | 3・4<br>4・9<br>4・11<br>5・6<br>5・10<br>10・11<br>12・9<br>13・8<br>15・6 | 5・11<br>6・9<br>6・10<br>9・6<br>9・14<br>11・4<br>13・10<br>13・11<br>14・9<br>14・10<br>15・8<br>15・9 | 1・15<br>4・12<br>6・10<br>8・10<br>9・7<br>10・6<br>11・6<br>14・4<br>16・2 | 4・2<br>4・19<br>5・2<br>5・11<br>6・2<br>6・10<br>12・11<br>13・10 | 3・5<br>3・10<br>5・12<br>6・5<br>6・15<br>7・10<br>13・10<br>14・9<br>15・2 | 1・12<br>5・10<br>5・12<br>5・18<br>7・18<br>8・5<br>8・7<br>8・15<br>8・17<br>15・10<br>16・7<br>16・9 | 2・9<br>3・2<br>3・12<br>4・9<br>4・11<br>9・2<br>9・12<br>10・5<br>11・10 |
| 3字名 | 2・(5)<br>3・(10)<br>4・(9)<br>5・(8)<br>5・(16)<br>8・(13)<br>10・(13)<br>12・(9) | 1・(15)<br>3・(13)<br>5・(10)<br>6・(9)<br>6・(10)<br>6・(17)<br>9・(15)<br>11・(13)<br>15・(17)<br>16・(16) | 4・(4)<br>4・(14)<br>6・(11)<br>8・(16)<br>9・(9)<br>9・(16)<br>10・(14)<br>11・(13) | 2・(4)<br>2・(14)<br>4・(4)<br>5・(11)<br>5・(18)<br>6・(10)<br>6・(17)<br>12・(11) | 3・(10)<br>3・(14)<br>5・(8)<br>5・(10)<br>5・(16)<br>7・(8)<br>7・(10)<br>13・(10) | 5・(6)<br>5・(8)<br>5・(10)<br>5・(18)<br>5・(30)<br>7・(16)<br>9・(14)<br>9・(16)<br>9・(26) | 2・(11)<br>3・(8)<br>7・(4)<br>7・(6)<br>7・(10)<br>9・(6)<br>10・(11)<br>11・(10) |

| 姓の画数 | 姓の代表例 | 1字名 | 2字名 | 3字名 |
| --- | --- | --- | --- | --- |
| 7·3·4 | 佐々木<br>佐々井 | なし | 1・6<br>2・5<br>3・7<br>3・14<br>4・13<br>7・10<br>9・14<br>11・6<br>11・12<br>12・5<br>13・10<br>17・6 | 1・(6)<br>2・(5)<br>3・(8)<br>3・(14)<br>4・(14)<br>9・(8)<br>11・(7)<br>17・(14) |
| 7·3·12 | 佐久間 | なし | 1・14<br>3・12<br>4・6<br>4・13<br>5・10<br>6・4<br>9・14<br>11・6<br>11・12<br>12・5<br>13・4<br>13・10 | 3・(8)<br>3・(14)<br>4・(11)<br>5・(8)<br>6・(11)<br>9・(6)<br>9・(14)<br>12・(11) |
| 7·4 | 赤井<br>坂元<br>杉井<br>花井<br>花木<br>村内 | 4 7<br>12 14 | 2・4<br>3・10<br>3・18<br>4・9<br>7・6<br>11・10<br>12・9<br>13・11 | 2・(3)<br>3・(10)<br>4・(9)<br>4・(17)<br>7・(17)<br>9・(15)<br>11・(10)<br>12・(9) |
| 7·5 | 足立<br>児玉<br>坂田<br>角田<br>谷本<br>町田 | 6 12 | 1・4<br>2・9<br>3・8<br>3・18<br>10・11<br>11・10<br>12・9<br>13・8<br>13・10<br>16・9 | 2・(9)<br>3・(8)<br>6・(15)<br>8・(5)<br>8・(15)<br>10・(13)<br>12・(9)<br>12・(13) |
| 7·6 | 赤池<br>坂西<br>佐竹<br>沢地<br>住吉<br>谷地 | 5 10 12 | 2・6<br>2・16<br>5・6<br>7・11<br>9・9<br>10・14<br>12・6<br>15・9<br>18・6 | 1・(7)<br>2・(16)<br>5・(13)<br>7・(17)<br>9・(15)<br>10・(8)<br>11・(13)<br>15・(9) |
| 7·7 | 赤坂<br>尾沢<br>志村<br>谷沢<br>花形<br>村尾 | 4 10 | 4・17<br>6・17<br>8・9<br>8・10<br>9・8<br>9・9<br>9・14<br>10・8<br>11・10<br>14・11 | 4・(7)<br>6・(5)<br>8・(10)<br>8・(13)<br>9・(9)<br>10・(13)<br>11・(10)<br>14・(9) |
| 7·8 | 赤沼<br>赤松<br>杉岡<br>杉林<br>別府<br>花岡 | 10 16 17 | 5・1<br>7・9<br>7・11<br>8・9<br>8・10<br>9・8<br>10・8<br>13・11<br>15・9 | 3・(3)<br>3・(13)<br>5・(13)<br>7・(10)<br>7・(17)<br>8・(10)<br>8・(16)<br>15・(9) |

| 姓の画数 | 7·9 | 7·10 | 7·10·3 | 7·11 | 7·12 | 7·15 | 7·16 |
|---|---|---|---|---|---|---|---|
| 姓の代表例 | 赤津<br>赤星<br>更科<br>呉屋<br>花柳<br>坂巻 | 赤倉<br>児島<br>杉浦<br>杉原<br>対馬<br>兵庫 | 吾孫子<br>利根川 | 沖野<br>坂崎<br>佐野<br>近野<br>花崎<br>芳野 | 赤塚<br>坂間<br>佐賀<br>志賀<br>杉森<br>花塚 | 沢幡<br>志摩<br>花輪 | 村橋<br>杉橋 |
| 1字名 | 7 15 16 | 6 7<br>14 15 | なし | 5 6 14 | 5 6<br>12 20 | 10 17 | 2 16 |
| 2字名 | 2・14<br>4・4<br>6・9<br>7・8<br>7・9<br>8・8<br>9・8<br>12・9<br>15・6 | 3・4<br>5・10<br>6・9<br>6・18<br>7・8<br>8・10<br>11・4<br>13・11 | 2・3<br>2・13<br>2・15<br>3・14<br>4・13<br>5・7<br>8・7<br>10・5<br>10・7<br>12・3<br>12・5<br>14・3 | 4・9<br>5・8<br>5・16<br>6・9<br>7・10<br>10・11<br>12・9<br>13・4<br>14・9 | 4・9<br>5・8<br>5・11<br>6・10<br>9・4<br>9・9<br>12・4<br>12・6 | 2・9<br>2・11<br>3・8<br>3・14<br>6・9<br>6・11<br>8・9<br>9・4<br>9・6<br>10・1 | 5・11<br>7・9<br>7・17<br>8・16<br>9・9<br>9・16<br>15・1<br>15・9<br>15・10<br>16・8<br>16・9<br>19・6 |
| 3字名 | 2・(5)<br>4・(13)<br>6・(10)<br>7・(10)<br>8・(13)<br>9・(8)<br>14・(7)<br>15・(8) | 3・(5)<br>3・(13)<br>5・(10)<br>5・(13)<br>6・(9)<br>7・(8)<br>8・(8)<br>8・(16) | 2・(15)<br>3・(8)<br>3・(14)<br>5・(6)<br>5・(16)<br>8・(7)<br>10・(7)<br>13・(8) | 2・(5)<br>4・(17)<br>5・(8)<br>5・(16)<br>6・(9)<br>7・(8)<br>10・(7)<br>12・(9) | 3・(3)<br>3・(15)<br>4・(9)<br>5・(13)<br>6・(7)<br>6・(10)<br>9・(7)<br>11・(7) | 1・(10)<br>2・(9)<br>2・(13)<br>3・(8)<br>3・(10)<br>6・(5)<br>8・(7)<br>10・(5) | 5・(13)<br>7・(17)<br>8・(10)<br>8・(16)<br>8・(17)<br>9・(9)<br>9・(15)<br>9・(16) |

| 姓の画数 | 7·18 | 7·19 | 8 | 8·3 |
|---|---|---|---|---|
| 姓の代表例 | 近藤<br>佐藤<br>谷藤<br>尾藤<br>兵藤 | 貝瀬<br>佐瀬<br>村瀬 | 東<br>岸<br>岡<br>武<br>所<br>林 | 阿川<br>青山<br>岡山<br>金子<br>東山<br>若山 |
| 1字名 | 6　7　14 | 5　6 | 7　8 | なし |
| 2字名 | 3・4<br>5・11<br>5・18<br>6・10<br>7・9<br>7・16<br>13・10<br>14・9<br>15・8 | 2・4<br>2・11<br>4・9<br>4・17<br>5・6<br>5・8<br>6・9<br>12・1<br>12・9<br>13・8 | 3・4<br>5・2<br>5・12<br>7・6<br>8・7<br>9・6<br>9・15<br>10・7<br>13・4<br>16・7 | 2・5<br>3・10<br>4・9<br>5・8<br>5・16<br>8・5<br>8・13<br>10・3<br>12・9<br>14・10<br>15・9<br>18・3 |
| 3字名 | 3・(3)<br>3・(5)<br>3・(13)<br>6・(10)<br>7・(9)<br>13・(10)<br>15・(8)<br>17・(15) | 2・(3)<br>2・(13)<br>4・(3)<br>4・(9)<br>5・(8)<br>5・(10)<br>6・(7)<br>12・(9) | 3・(4)<br>3・(13)<br>5・(11)<br>8・(15)<br>9・(14)<br>9・(16)<br>10・(13)<br>10・(14) | 2・(4)<br>3・(4)<br>4・(2)<br>4・(9)<br>5・(8)<br>8・(16)<br>10・(14)<br>12・(9) |

| 姓の画数 | 8·8 | 8·7·3 | 8·7 | 8·6 | 8·5 | 8·4 | 8·3·9 |
|---|---|---|---|---|---|---|---|
| 姓の代表例 | 青沼<br>岩岡<br>岩波<br>岡林<br>松居<br>若林 | 長谷川<br>長谷山 | 岡村<br>河村<br>妹尾<br>奈良<br>宗形<br>松坂 | 青江<br>河合<br>河西<br>国安<br>松江<br>和光 | 青田<br>岩本<br>岡本<br>国広<br>東田<br>和田 | 青木<br>岩井<br>金井<br>国井<br>長井<br>若木 | 阿久津<br>金久保<br>長久保 |
| 1字名 | なし | 3　5　13 | なし | なし | なし | なし | 4　15 |
| 2字名 | 3・5<br>3・13<br>5・10<br>7・10<br>8・8<br>8・15<br>9・7<br>9・16<br>10・7<br>13・3<br>13・10<br>15・8 | 2・5<br>4・2<br>5・9<br>8・7<br>8・15<br>10・7<br>12・5<br>13・2<br>14・9 | 1・5<br>1・15<br>6・10<br>8・8<br>8・16<br>9・7<br>9・9<br>10・8<br>11・5<br>14・3<br>16・8<br>17・7 | 1・10<br>5・13<br>5・16<br>7・10<br>9・8<br>9・16<br>10・8<br>11・7<br>12・9<br>15・3<br>15・10<br>17・8 | 1・7<br>2・3<br>2・9<br>3・5<br>3・15<br>6・5<br>8・10<br>8・16<br>10・8<br>11・7<br>13・5<br>16・8 | 1・10<br>2・3<br>3・8<br>3・10<br>4・9<br>7・16<br>11・10<br>12・13<br>13・8<br>14・7<br>14・9<br>17・8 | 2・3<br>2・13<br>4・11<br>6・6<br>6・9<br>7・5<br>8・4<br>8・9<br>9・6<br>12・5 |
| 3字名 | 3・(4)<br>3・(14)<br>5・(12)<br>7・(8)<br>7・(14)<br>8・(8)<br>9・(12)<br>10・(6) | 3・(3)<br>3・(10)<br>3・(18)<br>4・(9)<br>4・(17)<br>5・(10)<br>8・(9)<br>12・(9) | 4・(4)<br>4・(12)<br>6・(12)<br>8・(8)<br>8・(16)<br>9・(9)<br>10・(7)<br>10・(14) | 5・(6)<br>5・(16)<br>7・(14)<br>7・(16)<br>9・(8)<br>9・(12)<br>10・(7)<br>11・(12) | 1・(7)<br>2・(6)<br>3・(8)<br>6・(12)<br>8・(16)<br>10・(8)<br>11・(7)<br>12・(12) | 2・(4)<br>3・(8)<br>4・(7)<br>7・(6)<br>7・(14)<br>9・(12)<br>11・(12)<br>12・(9) | 2・(13)<br>4・(7)<br>4・(13)<br>6・(5)<br>7・(6)<br>7・(10)<br>8・(7)<br>9・(6) |

| 姓の画数 | 8・9 | 8・10 | 8・11 | 8・12 | 8・14 | 8・16 | 8・18 |
|---|---|---|---|---|---|---|---|
| 姓の代表例 | 青柳<br>和泉<br>河津<br>長屋<br>金城<br>若狭 | 青島<br>岩倉<br>金原<br>長原<br>松浦<br>若宮 | 阿野<br>阿部<br>青野<br>岡崎<br>東郷<br>松崎 | 青葉<br>岩淵<br>岩間<br>金森<br>若葉<br>若森 | 長嶋<br>松嶋<br>岩熊 | 板橋<br>松橋 | 阿藤<br>斉藤<br>周藤<br>松藤<br>武藤 |
| 1字名 | なし | なし | なし | なし | なし | なし | なし |
| 2字名 | 6・9<br>6・10<br>7・8<br>7・9<br>7・17<br>8・7<br>8・8<br>9・7<br>9・9<br>12・3<br>15・9<br>16・8 | 1・5<br>3・3<br>5・8<br>5・16<br>6・9<br>6・15<br>7・10<br>8・7<br>11・10<br>13・8<br>14・7<br>15・8 | 2・3<br>2・16<br>4・9<br>5・8<br>5・13<br>6・7<br>6・10<br>7・9<br>10・3<br>10・8<br>13・3<br>13・5 | 1・16<br>3・8<br>4・9<br>4・13<br>5・8<br>5・10<br>6・7<br>6・9<br>9・8<br>12・5<br>12・9<br>13・8 | 7・8<br>7・10<br>7・16<br>9・16<br>10・3<br>10・5<br>10・13<br>10・15<br>17・8<br>18・5<br>18・7 | 1・16<br>5・16<br>7・10<br>7・16<br>8・7<br>8・9<br>8・13<br>8・15<br>9・8<br>15・8<br>16・5<br>16・7 | 3・3<br>3・8<br>3・10<br>5・8<br>5・10<br>5・16<br>6・5<br>6・7<br>6・9<br>6・15<br>7・8<br>13・8 |
| 3字名 | 6・(9)<br>6・(12)<br>7・(8)<br>8・(7)<br>8・(8)<br>9・(6)<br>12・(12)<br>16・(8) | 1・(4)<br>3・(4)<br>3・(14)<br>5・(8)<br>5・(16)<br>6・(15)<br>7・(8)<br>8・(9) | 2・(4)<br>2・(14)<br>4・(9)<br>5・(8)<br>6・(12)<br>7・(9)<br>10・(8)<br>12・(6) | 1・(4)<br>3・(8)<br>3・(12)<br>4・(9)<br>5・(12)<br>6・(9)<br>9・(12)<br>11・(14) | 3・(8)<br>3・(14)<br>4・(9)<br>7・(8)<br>7・(16)<br>9・(14)<br>9・(16)<br>10・(15)<br>11・(12)<br>11・(14) | 5・(12)<br>5・(16)<br>7・(14)<br>7・(16)<br>8・(9)<br>8・(15)<br>8・(16)<br>9・(12)<br>9・(14)<br>9・(15) | 3・(2)<br>3・(8)<br>3・(12)<br>5・(6)<br>5・(8)<br>6・(9)<br>7・(8)<br>7・(14) |

| 姓の画数 | 9・7 | 9・6 | 9・5 | 9・4 | 9・3 | 9 | 8・19 |
|---|---|---|---|---|---|---|---|
| 姓の代表例 | 相沢<br>秋谷<br>浅見<br>神尾<br>保坂<br>柳沢 | 秋吉<br>秋好<br>香西<br>春名<br>星名<br>室伏 | 相田<br>浅田<br>信田<br>春田<br>室田<br>持田 | 秋元<br>浅井<br>香月<br>神戸<br>柏木<br>柳井 | 秋山<br>浅川<br>香川<br>品川<br>城山<br>柳川 | 泉<br>県<br>城<br>神<br>畑<br>南 | 岩瀬<br>長瀬<br>若瀬 |
| 1字名 | なし | なし | なし | なし | なし | 7　8　15 | なし |
| 2字名 | 1・15<br>4・4<br>4・12<br>6・15<br>8・8<br>9・8<br>9・16<br>10・7<br>10・15<br>11・6<br>11・12<br>14・7 | 1・7<br>2・4<br>2・14<br>7・9<br>9・7<br>10・6<br>10・7<br>11・6<br>12・6<br>15・9<br>17・7<br>18・6 | 1・6<br>3・14<br>6・12<br>6・15<br>8・9<br>10・7<br>10・15<br>11・6<br>12・9<br>13・8<br>16・7 | 1・4<br>1・7<br>3・8<br>3・15<br>4・14<br>7・4<br>9・9<br>9・15<br>11・7<br>12・6<br>12・12<br>14・4 | 2・9<br>3・8<br>4・2<br>4・7<br>5・16<br>8・15<br>10・15<br>12・9<br>13・12<br>14・9<br>15・6<br>15・8 | 2・5<br>4・4<br>4・12<br>6・10<br>7・16<br>8・7<br>9・7<br>9・15<br>12・12 | 2・3<br>2・16<br>4・17<br>5・3<br>5・13<br>5・16<br>6・15<br>12・9<br>13・5<br>13・8<br>14・7<br>16・5 |
| 3字名 | 6・(11)<br>6・(15)<br>8・(8)<br>8・(15)<br>9・(6)<br>10・(6)<br>10・(15)<br>11・(14) | 1・(5)<br>1・(15)<br>2・(6)<br>2・(14)<br>9・(7)<br>9・(8)<br>10・(7)<br>11・(7) | 1・(6)<br>3・(8)<br>3・(14)<br>6・(15)<br>8・(13)<br>10・(11)<br>12・(6)<br>12・(11) | 2・(3)<br>3・(5)<br>3・(8)<br>4・(7)<br>4・(14)<br>9・(15)<br>11・(13)<br>13・(11) | 2・(3)<br>2・(11)<br>3・(8)<br>4・(7)<br>8・(13)<br>10・(11)<br>10・(15)<br>12・(11) | 2・(4)<br>2・(6)<br>2・(13)<br>4・(4)<br>4・(11)<br>7・(9)<br>8・(15)<br>9・(14) | 2・(4)<br>2・(16)<br>4・(4)<br>4・(14)<br>6・(12)<br>6・(15)<br>12・(6)<br>12・(9) |

| 姓の画数 | 9·8 | 9·9 | 9·10 | 9·11 | 9·12 | 9·16 | 9·18 |
|---|---|---|---|---|---|---|---|
| 姓の代表例 | 浅岡<br>浅沼<br>信岡<br>室岡<br>柳岡<br>柳沼 | 浅海<br>浅香<br>神津<br>草柳<br>神保<br>前畑 | 浅原<br>神原<br>春原<br>星島<br>秋庭<br>前原 | 秋野<br>浅野<br>草野<br>畑野<br>星野<br>春野 | 相葉<br>秋間<br>浅間<br>風間<br>草間<br>南雲 | 草薙<br>美濃<br>前橋<br>柳橋 | 海藤<br>後藤<br>首藤<br>神藤 |
| 1字名 | なし | なし | なし | なし | なし | なし | なし |
| 2字名 | 3・4<br>3・12<br>5・2<br>7・8<br>7・9<br>8・7<br>8・8<br>9・9<br>10・6<br>10・8<br>15・9<br>16・8 | 2・4<br>4・9<br>6・7<br>6・9<br>7・6<br>7・8<br>8・9<br>9・8<br>9・12<br>12・9<br>14・9<br>15・6 | 1・4<br>1・12<br>3・2<br>3・15<br>5・8<br>6・7<br>6・12<br>7・6<br>8・8<br>11・2<br>11・7<br>14・4 | 2・9<br>4・7<br>5・8<br>5・12<br>6・7<br>6・15<br>7・8<br>7・14<br>10・15<br>12・9<br>13・8<br>13・12 | 1・15<br>3・8<br>3・15<br>4・7<br>4・12<br>5・6<br>6・12<br>9・2<br>9・15<br>11・7<br>12・4<br>12・12 | 1・6<br>1・7<br>2・4<br>2・6<br>2・14<br>7・9<br>8・8<br>9・7<br>15・8<br>16・7<br>17・6<br>19・4 | 3・2<br>3・15<br>5・16<br>6・2<br>6・12<br>6・15<br>7・14<br>13・8<br>14・4<br>15・6<br>17・4<br>17・8 |
| 3字名 | 3・(5)<br>5・(3)<br>5・(13)<br>7・(8)<br>7・(11)<br>10・(5)<br>10・(14)<br>13・(11) | 2・(5)<br>2・(13)<br>4・(11)<br>6・(7)<br>8・(5)<br>8・(13)<br>12・(11)<br>15・(8) | 1・(5)<br>3・(3)<br>3・(15)<br>5・(11)<br>5・(13)<br>7・(11)<br>8・(8)<br>11・(7) | 2・(13)<br>4・(7)<br>4・(13)<br>5・(6)<br>6・(11)<br>7・(8)<br>10・(7)<br>12・(13) | 3・(8)<br>3・(15)<br>4・(7)<br>4・(14)<br>5・(11)<br>5・(13)<br>9・(15)<br>11・(13) | 1・(5)<br>1・(6)<br>2・(5)<br>2・(6)<br>2・(14)<br>8・(8)<br>9・(7)<br>15・(8) | 3・(3)<br>3・(5)<br>3・(15)<br>5・(13)<br>6・(15)<br>7・(11)<br>7・(14)<br>13・(8) |

| 姓の画数 | 10 | 10·3 | 10·4 | 10·5 | 10·6 | 10·7 | 10·8 |
|---|---|---|---|---|---|---|---|
| 姓の代表例 | 荻<br>柴<br>島<br>峰<br>宮<br>原 | 浦山<br>桐山<br>原口<br>宮口<br>宮下<br>宮川 | 梅木<br>酒井<br>高井<br>桃井<br>速水<br>宮井 | 家田<br>倉本<br>真田<br>柴田<br>原田<br>宮本 | 桑名<br>高安<br>宮地<br>宮西<br>浜地<br>浜名 | 梅沢<br>梅村<br>島村<br>高見<br>高村<br>宮尾 | 梅林<br>高岡<br>島岡<br>根岸<br>浜岡<br>浜松 |
| 1字名 | 7 8 11 | 2 4 5<br>10 12 | 4 7 17 | 6 10 16 | 5 7<br>15 17 | 6 14 16 | 5 7 15 |
| 2字名 | 1・10<br>3・2<br>3・5<br>5・6<br>5・16<br>6・7<br>7・14<br>8・7<br>11・10 | 2・3<br>3・8<br>4・7<br>5・13<br>8・3<br>10・8<br>13・11 | 4・3<br>4・7<br>7・11<br>9・8<br>11・6<br>11・14<br>12・11<br>13・5<br>14・7 | 1・15<br>3・5<br>3・14<br>6・11<br>8・8<br>10・7<br>11・6<br>11・13<br>13・5 | 2・15<br>5・11<br>7・8<br>9・6<br>10・7<br>11・5<br>12・11<br>17・6 | 1・5<br>4・3<br>4・11<br>8・7<br>9・6<br>10・8<br>11・7<br>17・7<br>18・6 | 3・14<br>5・8<br>7・8<br>8・7<br>9・8<br>9・14<br>10・7<br>13・8<br>15・6 |
| 3字名 | 1・(6)<br>3・(4)<br>3・(5)<br>5・(16)<br>6・(15)<br>6・(19)<br>8・(13)<br>11・(14) | 2・(6)<br>3・(5)<br>4・(4)<br>4・(14)<br>5・(6)<br>8・(10)<br>10・(14)<br>12・(12) | 2・(5)<br>3・(4)<br>4・(14)<br>7・(10)<br>7・(14)<br>9・(14)<br>11・(12)<br>12・(6) | 2・(6)<br>3・(13)<br>6・(10)<br>8・(10)<br>10・(6)<br>10・(7)<br>11・(13)<br>12・(6) | 1・(4)<br>2・(5)<br>2・(13)<br>5・(10)<br>7・(10)<br>9・(12)<br>11・(6)<br>15・(10) | 1・(7)<br>4・(12)<br>6・(10)<br>6・(12)<br>9・(6)<br>10・(6)<br>10・(14)<br>14・(10) | 3・(4)<br>3・(12)<br>5・(12)<br>7・(6)<br>8・(13)<br>9・(12)<br>10・(13)<br>13・(10) |

| | | | | |
|---|---|---|---|---|
| 姓の画数 | 10·9 | 10·10 | 10·11 | 10·12 |
| 姓の代表例 | 財津<br>島津<br>高城<br>高柳<br>根津<br>宮城 | 梅原<br>桐原<br>桜庭<br>島根<br>高原<br>宮脇 | 浦野<br>荻野<br>高野<br>浜崎<br>原野<br>宮崎 | 座間<br>残間<br>高須<br>高森<br>馬淵<br>宮森 |
| 1字名 | 2 12 22 | 5 15 | 4 10<br>12 14 | なし |
| 2字名 | 2・3<br>2・11<br>6・7<br>7・6<br>7・11<br>8・5<br>9・7<br>12・6<br>15・3 | 3・8<br>5・6<br>6・11<br>7・6<br>7・14<br>8・3<br>11・14<br>13・8<br>14・7<br>15・6 | 4・7<br>5・11<br>6・5<br>10・6<br>10・14<br>12・6<br>13・5<br>13・11 | 3・8<br>3・14<br>4・7<br>4・11<br>5・6<br>5・8<br>6・7<br>6・11<br>9・8<br>11・14<br>12・3<br>12・11 |
| 3字名 | 2・(4)<br>2・(14)<br>4・(12)<br>6・(10)<br>6・(12)<br>8・(10)<br>9・(7)<br>12・(6) | 3・(10)<br>3・(14)<br>5・(10)<br>5・(12)<br>7・(10)<br>8・(13)<br>11・(6)<br>13・(12) | 2・(14)<br>4・(12)<br>5・(6)<br>5・(13)<br>6・(10)<br>10・(6)<br>12・(6)<br>14・(10) | 3・(10)<br>3・(12)<br>4・(7)<br>5・(10)<br>5・(12)<br>9・(6)<br>11・(12)<br>13・(10) |

| 姓の画数 | 姓の代表例 | 1字名 | 2字名 | 3字名 |
|---|---|---|---|---|
| 10・13 | 能勢<br>宮路<br>梅園<br>宮腰 | 2 10<br>12 22 | 3・13<br>3・15<br>4・14<br>5・11<br>5・13<br>8・8<br>10・6<br>10・8<br>10・14<br>11・5<br>11・7<br>12・6 | 3・(13)<br>4・(12)<br>4・(14)<br>4・(20)<br>5・(13)<br>8・(10)<br>10・(14)<br>11・(13)<br>11・(14)<br>12・(12) |
| 10・16 | 倉橋<br>栗橋<br>高橋<br>根橋<br>馬橋 | 5 7 15 | 2・5<br>2・11<br>5・6<br>7・8<br>7・14<br>8・3<br>8・7<br>9・6<br>16・5 | 1・(6)<br>2・(4)<br>2・(13)<br>5・(6)<br>7・(14)<br>8・(5)<br>8・(7)<br>9・(6) |
| 10・17 | 真鍋 | 4 6<br>14 20 | 4・14<br>6・15<br>7・1<br>7・11<br>7・14<br>8・13<br>14・7<br>14・11<br>15・3<br>15・6<br>16・5<br>18・3 | 4・(4)<br>4・(14)<br>4・(21)<br>6・(12)<br>7・(14)<br>8・(10)<br>8・(13)<br>15・(10) |
| 11 | 乾<br>梶<br>菅<br>笹<br>都<br>郷 | 5 7 13 | 4・2<br>5・16<br>6・7<br>6・15<br>7・6<br>10・14<br>12・12<br>14・7<br>14・10 | 2・(3)<br>2・(11)<br>4・(9)<br>5・(16)<br>6・(15)<br>7・(14)<br>10・(11)<br>12・(9) |
| 11・3 | 亀山<br>菊川<br>野口<br>深川<br>細川<br>笹川 | なし | 3・4<br>3・14<br>5・6<br>8・10<br>8・13<br>10・13<br>12・6<br>13・5<br>13・12<br>14・7<br>15・6<br>15・10 | 2・(5)<br>4・(19)<br>5・(6)<br>5・(13)<br>8・(9)<br>10・(11)<br>12・(6)<br>12・(19) |
| 11・3・7 | 野々村 | 4 11<br>14 16 | 4・10<br>4・16<br>6・8<br>6・10<br>8・6<br>8・8<br>10・6<br>10・10<br>11・1<br>11・3<br>11・9<br>14・2 | 4・(7)<br>4・(27)<br>6・(10)<br>6・(18)<br>6・(25)<br>8・(10)<br>8・(23)<br>9・(9)<br>10・(21)<br>14・(17) |
| 11・4 | 梶井<br>亀井<br>野木<br>堀井<br>堀木<br>望月 | なし | 1・5<br>3・13<br>4・4<br>4・12<br>7・10<br>9・7<br>11・6<br>12・5<br>12・12<br>13・5<br>14・4<br>14・10 | 2・(4)<br>3・(5)<br>3・(13)<br>4・(12)<br>7・(9)<br>9・(9)<br>11・(13)<br>12・(12) |

| 姓の画数 | 11·12 | 11·11 | 11·10 | 11·8 | 11·7 | 11·6 | 11·5 |
|---|---|---|---|---|---|---|---|
| 姓の代表例 | 笠間<br>菊間<br>黒須<br>鹿間<br>鳥越<br>野間 | 鹿野<br>黒崎<br>紺野<br>笹野<br>船崎 | 笠原<br>梶原<br>菅家<br>菅原<br>野原<br>野島 | 猪股<br>亀岡<br>黒岩<br>菅沼<br>常松<br>盛岡 | 逸見<br>渋沢<br>渋谷<br>野村<br>野沢<br>深沢 | 菊地<br>菊池<br>鳥羽<br>野寺<br>堀江 | 亀田<br>菊本<br>黒田<br>袴田<br>深田<br>船田 |
| 1字名 | なし | なし | なし | なし | なし | なし | なし |
| 2字名 | 3・13<br>4・12<br>6・10<br>9・7<br>11・5<br>11・7<br>11・13<br>12・4<br>12・6<br>12・12<br>13・5<br>13・12 | 4・7<br>4・13<br>5・10<br>5・12<br>6・7<br>7・4<br>7・10<br>10・7<br>10・13<br>12・5<br>13・4<br>13・10 | 1・10<br>3・13<br>5・6<br>6・10<br>6・12<br>7・4<br>8・10<br>11・7<br>11・13<br>13・5<br>14・4<br>14・10 | 3・2<br>3・10<br>3・13<br>5・13<br>7・6<br>8・5<br>8・10<br>9・4<br>9・7<br>10・6<br>13・5<br>16・2 | 1・4<br>4・2<br>6・7<br>8・7<br>8・13<br>9・12<br>10・7<br>11・6<br>11・10<br>14・7<br>16・7<br>17・4 | 1・7<br>2・5<br>5・10<br>5・13<br>9・6<br>10・5<br>10・14<br>11・7<br>12・6<br>12・12<br>17・7<br>18・6 | 1・4<br>3・4<br>3・12<br>6・10<br>8・13<br>10・7<br>11・6<br>11・12<br>12・5<br>12・13<br>13・10<br>16・5 |
| 3字名 | 3・(5)<br>3・(13)<br>4・(12)<br>4・(20)<br>11・(13)<br>12・(12)<br>12・(13)<br>13・(11) | 2・(9)<br>2・(13)<br>4・(9)<br>4・(13)<br>5・(6)<br>6・(9)<br>10・(13)<br>12・(11) | 3・(13)<br>5・(11)<br>5・(13)<br>6・(12)<br>7・(9)<br>7・(11)<br>11・(13)<br>13・(11) | 3・(3)<br>3・(13)<br>5・(11)<br>5・(13)<br>7・(11)<br>9・(9)<br>10・(6)<br>13・(20) | 1・(5)<br>4・(9)<br>4・(13)<br>6・(9)<br>8・(5)<br>8・(13)<br>9・(12)<br>10・(11) | 2・(4)<br>2・(6)<br>5・(11)<br>5・(19)<br>7・(9)<br>9・(6)<br>10・(6)<br>11・(13) | 2・(6)<br>3・(4)<br>3・(12)<br>3・(13)<br>6・(11)<br>8・(13)<br>10・(6)<br>12・(9) |

| 12·5 | 12·4 | 12·3 | 12 | 11·19 | 11·18 | 11·13 | 姓の画数 |
|---|---|---|---|---|---|---|---|
| 朝生<br>須田<br>富永<br>萩本<br>森田<br>森本 | 朝井<br>奥井<br>森井<br>森内<br>森木<br>森元 | 朝川<br>須山<br>富山<br>森川<br>森口<br>湯川 | 越<br>奥<br>堺<br>萩<br>湊<br>渡 | 清瀬<br>黒瀬<br>野瀬<br>深瀬<br>梁瀬 | 斎藤<br>進藤<br>清藤 | 淡路<br>設楽<br>鳥飼 | 姓の代表例 |
| 6 16 20 | 7 | 2 10 20 | 5 6 13 | なし | なし | なし | 1字名 |
| 2・5<br>3・3<br>3・12<br>6・9<br>10・6<br>11・5<br>12・4<br>12・12<br>13・5 | 2・3<br>3・4<br>7・9<br>9・6<br>11・4<br>11・12<br>12・3<br>12・5<br>12・9<br>12・13<br>13・3 | 3・3<br>3・13<br>4・12<br>5・11<br>5・13<br>10・6<br>12・12<br>13・5<br>14・4 | 1・10<br>3・10<br>4・7<br>5・16<br>6・7<br>9・12<br>11・2<br>11・10<br>13・12 | 2・5<br>2・13<br>4・7<br>4・13<br>5・2<br>5・6<br>5・10<br>6・5<br>6・12<br>12・5<br>13・4<br>14・4 | 3・5<br>3・13<br>5・13<br>6・2<br>6・10<br>6・12<br>13・5<br>13・10<br>14・2<br>14・4<br>17・6<br>19・4 | 3・12<br>3・14<br>4・13<br>5・10<br>5・12<br>8・5<br>8・7<br>10・5<br>10・7<br>11・2<br>11・4<br>11・6 | 2字名 |
| 2・(5)<br>3・(4)<br>3・(12)<br>6・(10)<br>6・(12)<br>8・(8)<br>10・(8)<br>12・(12) | 1・(4)<br>2・(5)<br>3・(5)<br>3・(12)<br>4・(11)<br>7・(10)<br>11・(12)<br>12・(11) | 2・(4)<br>3・(5)<br>4・(12)<br>5・(11)<br>5・(19)<br>8・(8)<br>10・(8)<br>12・(12) | 3・(3)<br>4・(19)<br>5・(6)<br>6・(15)<br>9・(14)<br>11・(14)<br>12・(9)<br>12・(11) | 2・(3)<br>2・(9)<br>4・(3)<br>4・(11)<br>5・(6)<br>6・(5)<br>6・(9)<br>6・(11) | 3・(3)<br>3・(5)<br>3・(13)<br>5・(11)<br>5・(13)<br>6・(12)<br>7・(9)<br>7・(11) | 3・(12)<br>4・(9)<br>4・(11)<br>4・(13)<br>4・(19)<br>5・(12)<br>8・(9)<br>8・(13)<br>10・(11)<br>10・(13) | 3字名 |

| 姓の画数 | 12·11 | 12·10 | 12·9 | 12·8·6 | 12·8 | 12·7 | 12·6 |
|---|---|---|---|---|---|---|---|
| 姓の代表例 | 植野<br>雲野<br>奥野<br>塚崎<br>塚野<br>森野 | 朝倉<br>須原<br>塚原<br>間島<br>森脇<br>湯原 | 植草<br>森泉<br>森垣<br>森屋<br>湯浅<br>結城 | 寒河江 | 朝岡<br>飯沼<br>勝沼<br>須長<br>富岡<br>森岡 | 植村<br>奥沢<br>森沢<br>森谷<br>湯沢<br>湯村 | 落合<br>喜多<br>椎名<br>森江<br>森安<br>渡会 |
| 1字名 | 10 12 14 | 15 | 4 12 14 | なし | 5 15 | 4 6<br>14 16 | 5 7<br>15 17 |
| 2字名 | 4・12<br>5・11<br>6・12<br>7・9<br>10・6<br>12・12<br>13・5<br>13・12<br>14・11 | 3・12<br>5・6<br>6・9<br>6・11<br>7・6<br>8・3<br>8・9<br>11・6<br>13・12<br>14・9<br>14・11 | 2・9<br>4・12<br>7・4<br>7・11<br>8・3<br>9・9<br>12・4<br>12・6<br>15・9 | 1・4<br>2・3<br>2・4<br>5・2<br>5・10<br>10・12<br>11・4<br>11・11<br>12・3<br>12・10<br>18・4<br>19・3 | 3・12<br>5・6<br>8・3<br>8・5<br>8・9<br>9・4<br>9・12<br>10・3<br>10・5<br>13・12 | 1・12<br>4・9<br>6・12<br>8・5<br>9・4<br>10・3<br>11・5<br>14・4 | 1・4<br>2・3<br>5・12<br>7・6<br>9・4<br>10・11<br>11・6<br>12・9 |
| 3字名 | 4・(4)<br>5・(11)<br>6・(10)<br>6・(18)<br>7・(11)<br>10・(8)<br>12・(12)<br>13・(12) | 3・(8)<br>3・(12)<br>5・(8)<br>5・(12)<br>6・(11)<br>6・(19)<br>7・(10)<br>11・(12) | 4・(12)<br>6・(10)<br>6・(12)<br>6・(18)<br>7・(11)<br>12・(12)<br>14・(10)<br>16・(8) | 1・(4)<br>1・(12)<br>2・(3)<br>2・(11)<br>2・(19)<br>7・(4)<br>9・(12)<br>10・(5) | 3・(2)<br>3・(8)<br>3・(18)<br>5・(8)<br>5・(10)<br>7・(10)<br>8・(5)<br>13・(8) | 1・(5)<br>4・(2)<br>4・(12)<br>6・(10)<br>8・(5)<br>8・(10)<br>10・(8)<br>11・(22) | 2・(4)<br>2・(11)<br>5・(8)<br>5・(12)<br>7・(8)<br>9・(12)<br>11・(10)<br>12・(11) |

| 姓の画数 | 12·12 | 12·16 | 12·18 | 13 | 13·3 | 13·4 | 13·5 |
|---|---|---|---|---|---|---|---|
| 姓の代表例 | 飯塚<br>飯森<br>越塚<br>須賀<br>塚越<br>番場 | 棚橋<br>富樫 | 須藤 | 楠<br>園 | 愛川<br>塩川<br>滝口<br>新山<br>福川<br>溝口 | 新木<br>塩井<br>鈴木<br>遠井<br>福井<br>福元 | 愛甲<br>遠田<br>滝田<br>福田<br>福本<br>幕田 |
| 1字名 | なし | 5 7 17 | 5 7<br>15 17 | 3 5 8<br>11 18 | なし | なし | なし |
| 2字名 | 1・12<br>3・5<br>3・12<br>4・9<br>4・11<br>5・6<br>6・9<br>9・4<br>9・12<br>11・12<br>12・5<br>12・12 | 1・12<br>1・23<br>2・11<br>5・12<br>5・19<br>7・6<br>8・5<br>8・9<br>9・4<br>15・9<br>16・1<br>19・5 | 3・12<br>5・6<br>5・13<br>6・5<br>6・11<br>7・11<br>13・5<br>14・4 | 2・16<br>3・15<br>4・7<br>4・14<br>5・6<br>8・10<br>8・16<br>10・14<br>11・7<br>12・6<br>12・12<br>18・6 | 2・3<br>3・5<br>5・12<br>8・8<br>10・5<br>12・3<br>12・4<br>12・5<br>12・11<br>13・3<br>13・8<br>14・3 | 1・5<br>2・5<br>3・12<br>4・4<br>4・11<br>7・8<br>11・4<br>12・12<br>13・5<br>13・11<br>14・4<br>14・10 | 1・12<br>3・4<br>3・10<br>3・18<br>8・5<br>10・5<br>10・11<br>11・4<br>11・12<br>12・11<br>13・4<br>13・8 |
| 3字名 | 3・(4)<br>3・(10)<br>5・(10)<br>5・(18)<br>6・(11)<br>9・(8)<br>11・(10)<br>12・(11) | 1・(10)<br>1・(12)<br>2・(5)<br>2・(11)<br>5・(8)<br>5・(12)<br>5・(19)<br>7・(10) | 3・(2)<br>3・(8)<br>3・(12)<br>5・(10)<br>6・(11)<br>6・(12)<br>7・(8)<br>7・(11) | 2・(16)<br>3・(15)<br>3・(21)<br>4・(14)<br>5・(13)<br>5・(19)<br>8・(16)<br>10・(14)<br>10・(22)<br>11・(13) | 2・(3)<br>2・(21)<br>3・(4)<br>4・(11)<br>5・(10)<br>5・(11)<br>12・(11)<br>13・(10) | 2・(4)<br>3・(4)<br>4・(4)<br>4・(11)<br>7・(9)<br>7・(17)<br>11・(7)<br>13・(11) | 2・(4)<br>2・(11)<br>3・(4)<br>3・(10)<br>6・(9)<br>6・(11)<br>10・(11)<br>12・(9) |

| 姓の画数 | 13・10 | 13・9 | 13・8 | 13・7 |
|---|---|---|---|---|
| 姓の代表例 | 楠原<br>嵯峨<br>塩島<br>福島<br>福原 | 豊泉<br>新海<br>新保<br>新津<br>新美<br>福室 | 新居<br>殿岡<br>新妻<br>蓮沼<br>福岡<br>豊岡 | 塩谷<br>新谷<br>鈴村<br>新村<br>福沢<br>福村 |
| 1字名 | なし | なし | なし | なし |
| 2字名 | 3・5<br>5・11<br>6・10<br>6・12<br>7・11<br>7・18<br>8・8<br>11・5<br>13・5<br>13・11<br>14・10<br>15・10 | 2・11<br>4・11<br>4・19<br>7・4<br>7・8<br>8・3<br>8・5<br>9・4<br>9・8<br>12・3<br>12・5<br>12・11 | 3・8<br>5・11<br>7・4<br>7・11<br>8・3<br>8・8<br>8・10<br>9・2<br>10・8<br>13・3<br>15・3<br>16・2 | 1・10<br>4・11<br>6・11<br>8・5<br>9・4<br>9・8<br>10・5<br>10・11<br>11・10<br>14・11<br>17・8<br>18・3 |
| 3字名 | 1・(7)<br>5・(11)<br>6・(10)<br>6・(18)<br>7・(9)<br>8・(10)<br>11・(7)<br>13・(11) | 2・(9)<br>2・(11)<br>4・(7)<br>4・(19)<br>6・(7)<br>6・(9)<br>7・(10)<br>12・(11) | 5・(11)<br>7・(4)<br>7・(9)<br>8・(10)<br>9・(7)<br>9・(9)<br>13・(11)<br>15・(9) | 1・(10)<br>4・(7)<br>4・(11)<br>6・(9)<br>6・(19)<br>8・(9)<br>10・(7)<br>11・(10) |

| 姓の画数 | 14·7 | 14·5 | 14·4 | 14·3 | 14 | 13·18 | 13·11 |
|---|---|---|---|---|---|---|---|
| 姓の代表例 | 稲見<br>稲村<br>熊坂<br>関沢<br>種村<br>増村 | 稲田<br>榎本<br>熊本<br>徳田<br>徳本<br>増田 | 稲井<br>稲毛<br>稲木<br>緒方<br>熊井<br>徳井 | 稲山<br>熊川<br>関口<br>徳丸<br>増山 | 榎<br>窪<br>関<br>槙 | 遠藤<br>新藤 | 塩崎<br>塩野<br>新堀<br>園部<br>遠野<br>豊崎 |
| 1字名 | 4　10<br>14　16 | 6　12　16 | 7　14　17 | 4　14　15 | 7　11　17 | なし | なし |
| 2字名 | 4・7<br>6・10<br>8・3<br>8・10<br>9・7<br>9・9<br>11・7<br>14・2 | 2・11<br>3・10<br>6・7<br>6・10<br>8・10<br>11・7<br>12・4<br>13・3<br>16・2 | 2・3<br>3・10<br>4・3<br>4・9<br>7・10<br>9・4<br>11・4<br>12・3<br>13・10 | 3・4<br>4・11<br>5・3<br>8・7<br>8・10<br>12・4<br>13・2<br>14・4<br>15・9 | 1・10<br>2・5<br>3・14<br>4・7<br>7・10<br>9・12<br>10・7<br>11・6<br>17・4 | 3・5<br>3・18<br>5・11<br>5・12<br>6・10<br>6・11<br>7・10<br>13・4<br>13・8<br>14・3<br>15・2<br>17・4 | 2・11<br>4・11<br>5・8<br>5・10<br>7・4<br>7・8<br>10・3<br>10・5<br>12・3<br>12・5<br>12・11<br>13・8 |
| 3字名 | 4・(20)<br>6・(10)<br>6・(18)<br>8・(8)<br>8・(10)<br>8・(16)<br>14・(10)<br>16・(8) | 2・(3)<br>3・(3)<br>3・(10)<br>6・(10)<br>8・(8)<br>10・(6)<br>10・(8)<br>12・(6) | 3・(3)<br>3・(10)<br>4・(9)<br>7・(8)<br>7・(16)<br>9・(8)<br>11・(10)<br>12・(9) | 3・(3)<br>4・(2)<br>5・(10)<br>8・(8)<br>8・(10)<br>8・(16)<br>10・(6)<br>12・(6) | 2・(5)<br>3・(14)<br>4・(14)<br>7・(11)<br>9・(9)<br>9・(16)<br>10・(11)<br>11・(14) | 3・(3)<br>3・(18)<br>5・(3)<br>5・(11)<br>6・(10)<br>6・(11)<br>7・(9)<br>7・(10) | 2・(9)<br>4・(4)<br>4・(11)<br>5・(3)<br>6・(9)<br>7・(10)<br>10・(11)<br>12・(11) |

| 15・5 | 15・4 | 15・3 | 14・12 | 14・11 | 14・10 | 14・9 | 姓の画数 |
|---|---|---|---|---|---|---|---|
| 熱田<br>蔵田<br>駒田<br>箱田<br>諸田<br>横田 | 駒井 | 影山<br>澄川<br>横川<br>横山 | 稲葉<br>関塚<br>徳富<br>徳間<br>増淵 | 綾部<br>綾野<br>熊崎<br>境野<br>熊野<br>綿貫 | 漆原<br>関根<br>関原<br>徳原<br>徳島<br>箕浦 | 稲垣<br>漆畑<br>関屋<br>徳重 | 姓の代表例 |
| 12 | 2 4 12<br>14 20 | 5 14 15 | 5 6 | 6 10<br>12 14 | 7 15 | 12 14 16 | 1字名 |
| 1・2<br>1・10<br>2・9<br>3・8<br>3・18<br>6・9<br>10・3<br>11・6<br>12・9<br>13・8<br>16・9 | 1・17<br>2・16<br>3・10<br>4・9<br>7・6<br>7・9<br>9・9<br>11・2<br>12・1<br>12・6<br>13・3<br>14・2 | 2・3<br>3・10<br>4・9<br>5・8<br>5・16<br>8・9<br>13・8<br>14・9<br>15・6 | 1・10<br>3・4<br>3・18<br>4・7<br>4・11<br>5・10<br>6・7<br>6・9<br>9・2<br>12・9 | 2・4<br>4・3<br>5・3<br>6・10<br>7・9<br>12・4<br>12・11<br>13・10 | 3・10<br>5・3<br>5・10<br>6・7<br>6・11<br>7・4<br>8・7<br>11・4<br>13・10<br>14・7 | 4・4<br>6・10<br>7・9<br>7・11<br>8・10<br>12・4<br>14・10<br>15・3<br>16・9 | 2字名 |
| 2・(9)<br>2・(15)<br>3・(8)<br>6・(15)<br>8・(7)<br>10・(7)<br>12・(9)<br>16・(9) | 1・(15)<br>1・(17)<br>2・(16)<br>3・(15)<br>4・(9)<br>4・(29)<br>7・(9)<br>9・(9)<br>12・(21)<br>14・(19) | 2・(5)<br>4・(9)<br>4・(19)<br>5・(16)<br>8・(9)<br>8・(15)<br>10・(7)<br>12・(9) | 1・(6)<br>3・(8)<br>3・(18)<br>4・(9)<br>5・(8)<br>5・(16)<br>9・(6)<br>12・(9) | 2・(6)<br>4・(2)<br>4・(3)<br>5・(3)<br>5・(18)<br>6・(10)<br>7・(9)<br>13・(10) | 3・(8)<br>3・(10)<br>5・(8)<br>5・(16)<br>7・(8)<br>7・(10)<br>8・(16)<br>11・(10) | 2・(6)<br>6・(10)<br>7・(9)<br>8・(8)<br>8・(10)<br>9・(9)<br>12・(6)<br>14・(10) | 3字名 |

| 姓の画数 | 15・7 | 15・10 | 15・11 | 16 | 16・3 | 16・4 | 16・5 |
|---|---|---|---|---|---|---|---|
| 姓の代表例 | 潮来<br>駒形<br>駒沢<br>駒村<br>横尾<br>横沢 | 駒宮<br>横倉<br>横島<br>横浜<br>輪島 | 嬉野<br>駒野<br>権堂<br>諏訪<br>箱野<br>横野 | 橘<br>橋<br>壇<br>黛 | 鮎川<br>鴨川<br>鴨下<br>橘川<br>館山<br>築山 | 薄井<br>鴨井<br>薄木<br>橋爪<br>橋内<br>橋元 | 薄田<br>繁田<br>積田<br>橋田<br>橋立<br>橋本 |
| 1字名 | 10 | 6 7 14 | 5 6 7 | 5 7 8<br>15 16 17<br>21 23 | 4 5<br>12 14 | 4 12 17 | 10 12 16 |
| 2字名 | 4・9<br>6・9<br>6・17<br>8・3<br>8・9<br>9・2<br>9・6<br>9・8<br>10・3<br>14・9<br>17・6 | 3・3<br>5・1<br>5・3<br>6・10<br>7・1<br>7・9<br>8・8<br>13・3<br>14・2 | 2・3<br>4・9<br>5・8<br>6・1<br>6・9<br>7・6<br>7・8<br>10・3<br>12・9 | 1・4<br>1・14<br>1・15<br>2・14<br>2・23<br>9・6<br>9・7<br>9・14<br>9・16<br>19・4<br>19・6<br>21・4 | 4・9<br>5・1<br>5・8<br>8・5<br>8・8<br>10・8<br>13・5<br>14・2 | 2・9<br>3・8<br>4・9<br>7・8<br>9・8<br>9・16<br>12・9<br>13・8<br>14・7 | 1・15<br>2・9<br>3・8<br>3・15<br>6・5<br>8・8<br>10・8<br>11・7<br>13・5 |
| 3字名 | 4・(7)<br>4・(9)<br>4・(19)<br>6・(5)<br>6・(7)<br>6・(17)<br>8・(5)<br>8・(15) | 3・(29)<br>6・(17)<br>7・(9)<br>8・(8)<br>11・(21)<br>13・(19)<br>14・(9)<br>15・(8) | 2・(5)<br>4・(2)<br>4・(7)<br>4・(9)<br>5・(8)<br>6・(9)<br>7・(8) | 1・(4)<br>1・(14)<br>1・(15)<br>2・(3)<br>2・(13)<br>2・(14)<br>2・(23)<br>9・(6)<br>9・(14)<br>9・(16) | 2・(4)<br>3・(15)<br>4・(14)<br>5・(8)<br>8・(8)<br>10・(6)<br>10・(8)<br>12・(6) | 2・(15)<br>3・(8)<br>3・(14)<br>4・(7)<br>7・(8)<br>9・(6)<br>9・(16)<br>11・(14) | 2・(14)<br>3・(8)<br>6・(18)<br>8・(8)<br>10・(6)<br>10・(14)<br>11・(7)<br>12・(6) |

| 姓の画数 | 16・7 | 16・10 | 17・5 | 17・7 | 17・10 | 17・11 | 18・4 |
|---|---|---|---|---|---|---|---|
| 姓の代表例 | 鮎沢<br>壁谷<br>樽見<br>橋村<br>築沢 | 橘高<br>鴨原<br>樽原 | 磯田<br>磯辺<br>輿石<br>霜田<br>鍋田 | 磯貝<br>磯村<br>磯谷<br>篠沢 | 鮫島<br>鍋島<br>篠原 | 磯崎<br>磯野<br>磯部<br>鴻巣<br>霜鳥 | 藤井<br>藤木<br>藤戸<br>藤元<br>藪内 |
| 1字名 | 14 | 5　6<br>7　15 | 2　10 | 17 | 5　6　14 | 4　5<br>7　20 | なし |
| 2字名 | 4・21<br>8・8<br>8・16<br>8・17<br>9・7<br>9・15<br>9・16<br>14・2<br>16・8<br>17・7<br>18・7 | 1・5<br>3・2<br>3・8<br>5・8<br>6・5<br>6・7<br>8・5<br>11・2 | 2・1<br>3・8<br>3・14<br>6・7<br>8・7<br>10・1<br>10・7<br>11・6<br>13・4<br>16・1 | 1・7<br>1・14<br>4・7<br>6・7<br>8・7<br>8・15<br>9・4<br>9・6<br>9・8<br>10・7<br>11・4 | 1・7<br>3・15<br>5・1<br>5・16<br>6・15<br>7・14<br>11・7<br>13・8<br>14・7 | 2・1<br>4・1<br>4・7<br>5・6<br>5・8<br>7・4<br>10・7<br>13・4 | 1・14<br>3・14<br>4・7<br>4・13<br>7・6<br>9・6<br>9・14<br>11・6<br>12・5<br>12・13<br>14・3<br>17・6 |
| 3字名 | 4・(20)<br>6・(18)<br>8・(8)<br>8・(16)<br>9・(7)<br>9・(15)<br>9・(16)<br>16・(8) | 1・(6)<br>3・(8)<br>3・(18)<br>5・(6)<br>6・(15)<br>7・(6)<br>8・(7)<br>13・(8) | 1・(14)<br>2・(13)<br>3・(14)<br>6・(7)<br>8・(5)<br>8・(7)<br>10・(7)<br>11・(6) | 1・(6)<br>4・(7)<br>6・(7)<br>8・(13)<br>9・(6)<br>10・(7)<br>11・(13)<br>14・(7) | 3・(15)<br>5・(13)<br>6・(15)<br>7・(14)<br>8・(13)<br>8・(17)<br>11・(7)<br>11・(14) | 2・(3)<br>2・(5)<br>4・(3)<br>4・(13)<br>5・(6)<br>6・(7)<br>7・(6)<br>10・(7) | 2・(13)<br>3・(12)<br>3・(14)<br>4・(13)<br>7・(16)<br>7・(18)<br>9・(6)<br>11・(12) |

| 姓の画数 | 18·5 | 18·7 | 18·8 | 18·9 | 18·10 | 18·11 | 18·12 |
|---|---|---|---|---|---|---|---|
| 姓の代表例 | 織田<br>鎌田<br>藤代<br>藤田<br>藤永<br>藤本 | 鵜沢<br>鎌形<br>藤尾<br>藤沢<br>藤谷<br>藤村 | 鯉沼<br>難波<br>藤枝<br>藤岡<br>藤沼<br>藤林 | 藤咲<br>藤城<br>藤巻<br>藤屋 | 藍原<br>鎌倉<br>藤浦<br>藤倉<br>藤島<br>藤原 | 鵜野<br>藤堂<br>藤掛<br>藤崎<br>藤野<br>藪崎 | 鯉淵<br>額賀<br>藤塚<br>藤間<br>藤森<br>藪塚 |
| 1字名 | なし | なし | なし | なし | なし | なし | なし |
| 2字名 | 1・7<br>3・5<br>3・13<br>10・6<br>10・14<br>11・5<br>11・13<br>12・6<br>12・13<br>13・3<br>13・5<br>18・6 | 1・5<br>1・6<br>1・7<br>1・15<br>4・19<br>6・17<br>8・15<br>9・7<br>9・14<br>10・6<br>11・5<br>16・7 | 3・3<br>5・6<br>7・6<br>7・14<br>8・3<br>8・5<br>8・7<br>9・6<br>10・3<br>10・5<br>15・6<br>16・5 | 2・3<br>2・6<br>2・19<br>4・14<br>4・17<br>6・15<br>7・14<br>8・13<br>12・6<br>14・7<br>15・3<br>16・5 | 1・6<br>3・14<br>3・21<br>5・6<br>6・5<br>6・7<br>7・6<br>8・3<br>8・5<br>11・6<br>11・13<br>14・3 | 2・6<br>2・14<br>4・14<br>4・19<br>5・3<br>5・13<br>6・17<br>10・6<br>10・13<br>12・6<br>13・3<br>13・5 | 1・6<br>1・14<br>3・14<br>4・3<br>4・7<br>5・6<br>6・5<br>9・6<br>11・6<br>12・3<br>12・5<br>13・5 |
| 3字名 | 2・(6)<br>2・(14)<br>3・(13)<br>6・(12)<br>8・(16)<br>10・(6)<br>11・(13)<br>12・(6) | 1・(5)<br>1・(6)<br>4・(28)<br>6・(26)<br>9・(14)<br>10・(6)<br>14・(18)<br>16・(16) | 3・(2)<br>3・(12)<br>5・(6)<br>7・(4)<br>7・(6)<br>8・(5)<br>9・(6)<br>10・(5) | 2・(6)<br>2・(16)<br>4・(2)<br>4・(14)<br>6・(12)<br>7・(14)<br>9・(12)<br>12・(6) | 1・(4)<br>3・(2)<br>3・(14)<br>5・(6)<br>5・(12)<br>6・(18)<br>7・(6)<br>8・(16) | 2・(4)<br>2・(14)<br>4・(12)<br>5・(13)<br>5・(18)<br>6・(12)<br>10・(6)<br>10・(13) | 1・(4)<br>3・(4)<br>3・(12)<br>4・(13)<br>5・(6)<br>6・(5)<br>9・(6)<br>11・(6) |

| 姓の画数 | 19 | 19・4 | 19・7 | 21・4 |
|---|---|---|---|---|
| 姓の代表例 | 鏡 | 鏑木<br>鯨井<br>瀬戸 | 瀬尾<br>瀬良 | 露木 |
| 1字名 | 5 6 13<br>16 18 | なし | なし | なし |
| 2字名 | 4・2<br>4・12<br>4・14<br>6・7<br>6・10<br>6・12<br>12・4<br>12・6<br>13・5<br>14・2<br>14・4<br>16・2 | 2・6<br>2・14<br>3・5<br>3・13<br>4・4<br>4・12<br>7・18<br>9・16<br>11・5<br>12・4<br>13・5<br>14・2 | 1・4<br>1・12<br>4・2<br>6・5<br>8・5<br>8・13<br>9・2<br>9・6<br>10・5<br>11・2<br>11・4<br>16・5 | 2・14<br>3・4<br>3・20<br>4・3<br>4・4<br>4・12<br>7・16<br>9・14<br>11・12<br>12・4<br>13・3<br>14・2 |
| 3字名 | 2・(11)<br>2・(14)<br>2・(16)<br>4・(9)<br>4・(14)<br>4・(29)<br>5・(11)<br>5・(13)<br>12・(21)<br>14・(19) | 1・(15)<br>3・(5)<br>3・(13)<br>4・(4)<br>4・(12)<br>7・(11)<br>9・(15)<br>11・(13) | 1・(5)<br>1・(12)<br>4・(3)<br>6・(5)<br>8・(5)<br>8・(13)<br>9・(12)<br>10・(5) | 1・(15)<br>3・(13)<br>4・(19)<br>7・(9)<br>7・(25)<br>9・(23)<br>12・(11)<br>13・(19) |

# 名前には使わないほうがいい漢字

たくさんの漢字のなかには、悪いイメージや暗い印象が強い漢字もあります。
赤ちゃんの明るい将来のためにも名前に使うのは避けてあげたいですね。

| | |
|---|---|
| あ行 | 哀悪暗胃違芋姻飲陰隠疫液煙鉛汚凹殴翁 |
| か行 | 化仮過嫁禍暇寡蚊餓灰戒怪拐悔塊壊劾害殻隔嚇喝渇割干汗陥患喚棺顔肌危忌飢鬼棄偽欺疑戯擬犠却逆虐旧吸朽泣糾窮去拒虚凶狂狭恐胸脅凝菌禁苦愚屈刑傾警撃欠穴血券嫌限減枯娯誤抗拘降慌絞溝拷酷獄骨困恨婚 |
| さ行 | 唆詐鎖災砕裁剤罪削酢搾錯殺擦皿蚕惨産散酸死刺肢脂歯失疾湿捨赦斜煮遮邪蛇借酌弱囚臭終醜襲汁渋獣縮殉除床消症訟焼焦硝傷障衝償礁冗蒸触辱辛侵唇娠浸寝刃衰酔睡遂牲逝斥責切拙窃舌絶栓戦阻粗疎訴争葬燥騒憎臓属賊損 |
| た行 | 打堕惰駄怠胎退逮滞濁奪嘆断遅恥痴畜窒嫡虫弔脹腸懲沈朕賃墜痛漬底泥滴敵迭吐怒逃倒討悼盗痘踏匿毒凸豚曇 |
| な行 | 難肉乳尿妊燃悩脳 |
| は行 | 破婆背肺排廃売賠縛爆髪伐罰閥抜犯煩蛮皮否卑疲被悲費碑罷避鼻匹泌病貧怖負腐膚侮封腹覆払仏紛墳憤閉弊癖片偏捕墓泡胞崩亡乏妨冒剖捧暴膨謀撲没 |
| ま行 | 魔埋膜抹漫眠迷毛妄耗匁 |
| や行 | 厄油癒幽憂溶腰抑 |
| ら行 | 裸落乱濫痢略虜療涙戻霊隷劣老労漏 |
| わ行 | 惑枠 |

姓に合った
名前が見つかる！

# 画数
# 組み合わせ
# リスト

姓別吉数リストで姓に合う画数がわかったら、
このリストで名前を探しましょう。

## このリストの見方

名前の1文字目の画数がインデックスになっています。まずはこのインデックスで、1文字目の画数を見つけます。次に、大きい色文字の部分「1-2」「1（4）」で、名前の画数の組み合わせを探します。（ ）内は、2文字目以降の画数を合計したものです。1字ごとの画数は、1字名と2字名の場合は、大きい色文字（「5」「1-2」など）をご覧ください。3字名の場合、文字のすぐ右にある小さい文字をご覧ください。

 ※ここでは「仮成数」を加えて吉数にする場合も考えて、画数としてそのままでは吉数ではない名前例も掲載しています

画数組み合わせリスト

# 女の子の名前

## 1文字目の画数 1画

**1·7**
- 一花《いちか》
- 一希《かずき》

**1·10**
- 一華《いちか》
- 乙華《おとか》
- 一姫《かずき》

**1·12**
- 乙葉《おとは》
- 一葉《かずは》

**1（6）**
- くるみ 1 3 3
- しおり 1 4 2

**1（7）**
- のどか 1 4 3
- しほり 1 5 2

**1（8）**
- のぞみ 1 5 3
- しずか 1 5 3

**1（9）**
- つばさ 1 6 3

## 1文字目の画数 2画

**2·1**
- りの
- うの

**2·2**
- めい
- りん

**2·3**
- りさ
- 七々《なな》
- とわ
- りか

**2·4**
- うた
- りお

**2·5**
- りな
- ひな
- 七未《ななみ》

**2·6**
- 乃衣《のい》
- 七帆《ななほ》

**2·9**
- 七海《ななみ》
- 七美《ななみ》
- 七音《ななね》
- 七香《ななか》
- 乃映《のえ》

**2·11**
- 七菜《なな》
- 七望《ななみ》
- 乃彩《のあ》

**2·13**
- 乃愛《のあ》
- 二瑚《にこ》
- 七聖《ななせ》

**2·14**
- 七緒《ななお》
- 七歌《ななか》

**2（3）**
- いのり 2 1 2
- ことの 2 2 1

**2（4）**
- このみ 2 1 3
- このか 2 1 3
- こころ 2 2 2

**2（5）**
- このは 2 1 4
- いつき 2 1 4
- ひより 2 3 2
- ひかり 2 3 2
- りょう 2 3 2

**2（6）**
- ことは 2 2 4

ここね 2 2 4
いろは 2 2 4
ひかる 2 3 3
うらら 2 3 3
ひまり 2 4 2
ひなの 2 5 1

**2(7)**

こゆき 2 3 4
こはる 2 4 3

**2(9)**

りり花《りりか》 2 2 7
ひなた 2 5 4

**2(11)**

乃々果《ののか》 2 3 8
七々実《ななみ》 2 3 8
十和子《とわこ》 2 8 3

**2(13)**

乃々華《ののか》 2 3 10
七々夏《ななか》 2 3 10

1文字目の画数

## 3画

**3・2**

ゆめ
にこ
ゆい
みう
わこ
千乃《ゆきの》

**3・3**

そら
もも
ゆあ
あみ
えみ
さら

**3・4**

さき
弓月《ゆづき》
みお

**3・5**

ゆず
かほ
万由《まゆ》
千加《ちか》

**3・7**

千花《ちか》
万里《まり》

**3・8**

千果《ちか》
夕奈《ゆうな》
万実《まみ》

**3・9**

小春《こはる》
千咲《ちさき》
久美《くみ》

**3・10**

千紘《ちひろ》
千紗《ちさ》
小梅《こうめ》
小夏《こなつ》

**3・11**

小雪《こゆき》
万理《まり》

**3・12**

千尋《ちひろ》
千晴《ちはる》
万結《まゆ》

**3・13**

小暖《こはる》
千聖《ちさと》
千歳《ちとせ》

**3・14**

万緒《まお》
千歌《ちか》

**3・15**

千穂《ちほ》
万穂《まほ》

**3・17**

万優《まゆ》
千優《ちひろ》

**3(3)**

みのり 3 1 2
かのん 3 1 2

**3(4)**

さくら 3 1 3
ゆうり 3 2 2
あいり 3 2 2
ちひろ 3 2 2

**3(5)**

さつき 3 1 4
あかり 3 3 2
あさひ 3 3 2
ゆかり 3 3 2
やよい 3 3 2
みさと 3 3 2

かれん 3 3 2

**3（6）**

すみれ 3 3 3
さやか 3 3 3
あおい 3 4 2
さおり 3 4 2
ちなつ 3 5 1

**3（7）**

かんな 3 2 5
みやび 3 3 4
あかね 3 3 4
ちはる 3 4 3

**3（8）**

あやな 3 3 5
みなみ 3 5 3
万由子《まゆこ》 3 5 3

**3（9）**

わかば 3 3 6
すずね 3 5 4

**3（10）**

もも花《ももか》 3 3 7
万里子《まりこ》 3 7 3

**3（12）**

万由花《まゆか》 3 5 7
すず花《すずか》 3 5 7
小百合《さゆり》 3 6 6
千咲子《ちさこ》 3 9 3

**3（13）**

万由佳《まゆか》 3 5 8
千紗子《ちさこ》 3 10 3

**3（14）**

千亜希《ちあき》 3 7 7
万梨子《まりこ》 3 11 3

**3（15）**

小羽音《こはね》 3 6 9
万結子《まゆこ》 3 12 3

## 1文字目の画数 4画

**4**

心《こころ》
文《あや》

**4・2**

きい
まい
文乃《ふみの》

**4・3**

はる
まゆ
まや
文子《あやこ》

**4・4**

まお
ねね

**4・5**

はな
まほ

**4・7**

心花《このか》
仁那《にな》
友里《ゆり》
文花《あやか》

**4・8**

日和《ひより》
文奈《あやな》
友佳《ゆうか》

**4・9**

心春《こはる》
心咲《みさき》
仁美《ひとみ》
天音《あまね》
友香《ともか》

**4・10**

心桜《みお》
文華《あやか》
友恵《ともえ》

**4・11**

心菜《ここな》
日菜《ひな》
友菜《ゆうな》
仁菜《にいな》

**4・12**

心結《みゆ》
心晴《こはる》
心遥《こはる》
双葉《ふたば》

**4・13**

心愛《ここあ》
心暖《こはる》

**4・14**

心寧《ここね》
友歌《ゆうか》
天寧《あまね》

**4・17**

心優《みゆ》
友優《ゆう》

## 4(4)

- まひろ 4 2 2
- ねいろ 4 2 2

## 4(5)

- まりあ 4 2 3
- まいか 4 2 3

## 4(6)

- はるか 4 3 3
- きよら 4 3 3

## 4(7)

- はんな 4 2 5
- まりな 4 2 5
- まどか 4 4 3
- 今日子《きょうこ》 4 4 3

## 4(8)

- はるな 4 3 5
- たまき 4 4 4

## 4(9)

- 日向子《ひなこ》 4 6 3
- 友希乃《ゆきの》 4 7 2

## 4(10)

- まゆ花《まゆか》 4 3 7
- 友里子《ゆりこ》 4 7 3

## 4(11)

- まり香《まりか》 4 2 9
- はる奈《はるな》 4 3 8
- 日奈子《ひなこ》 4 8 3

## 4(12)

- 友加里《ゆかり》 4 5 7
- 日南子《ひなこ》 4 9 3

## 4(13)

- 今日香《きょうか》 4 4 9
- 日夏子《ひなこ》 4 10 3
- 日菜乃《ひなの》 4 11 2

## 4(14)

- 仁衣奈《にいな》 4 6 8
- 友里亜《ゆりあ》 4 7 7
- 日奈多《ひなた》 4 8 6
- 日菜子《ひなこ》 4 11 3

## 4(15)

- 友里奈《ゆりな》 4 7 8
- 日茉里《ひまり》 4 8 7

## 4(16)

- ふた葉《ふたば》 4 4 12
- 友里香《ゆりか》 4 7 9

## 4(17)

- 仁衣菜《にいな》 4 6 11
- 友紀奈《ゆきな》 4 9 8
- 日真里《ひまり》 4 10 7
- 日菜多《ひなた》 4 11 6

## 4(18)

- 日茉莉《ひまり》 4 8 10
- 友梨花《ゆりか》 4 11 7

## 4(19)

- 日茉理《ひまり》 4 8 11
- 日茉梨《ひまり》 4 8 11
- 友梨奈《ゆりな》 4 11 8

## 4(20)

- 友里愛《ゆりあ》 4 7 13
- 日香梨《ひかり》 4 9 11

## 4(21)

- 友莉菜《ゆりな》 4 10 11
- 友理恵《ゆりえ》 4 11 10
- 友梨恵《ゆりえ》 4 11 10

# 1文字目の画数 5画

## 5

- 礼《れい》
- 史《ふみ》

## 5・2

- 由乃《よしの》
- 礼乃《あやの》
- 史乃《ふみの》

## 5・3

- 未久《みく》
- 由子《ゆうこ》

## 5・4

- 由月《ゆづき》
- なお

## 5・5

- 未央《みお》
- 由加《ゆか》

## 5・6

- 未羽《みう》
- 史帆《しほ》

## 5・7

- 未来《みく》
- 由花《ゆうか》

## 5・8

- 由芽《ゆめ》
- 史歩《しほ》
- 加奈《かな》

## 5・9

- 冬音《ふゆね》
- 由香《ゆか》

5・10
未桜《みお》
由莉《ゆり》

5・11
永麻《えま》
可梨《かりん》

5・12
未結《みゆ》
由貴《ゆうき》

5・13
由愛《ゆあ》
可蓮《かれん》

5・14
未緒《みお》

5・15
史穂《しほ》
可凜《かりん》

5・16
未樹《みき》
可憐《かれん》

5・17
未優《みゆ》

5・18
未織《みおり》
史織《しおり》

5・19
未麗《みれい》
由蘭《ゆら》

5（8）
ほの花《ほのか》 5 1 7
ななみ 5 5 3
由衣乃《ゆいの》 5 6 2

5（9）
由衣子《ゆいこ》 5 6 3
なぎさ 5 6 3

5（10）
由里子《ゆりこ》 5 7 3

5（11）
加奈子《かなこ》 5 8 3

5（12）
未乃莉《みのり》 5 2 10
可南子《かなこ》 5 9 3

5（13）
なな実《ななみ》 5 5 8
由衣花《ゆいか》 5 6 7

5（14）
由衣奈《ゆいな》 5 6 8
可菜子《かなこ》 5 11 3

5（15）
由佳里《ゆかり》 5 8 7

5（16）
由香里《ゆかり》 5 9 7

5（18）
可奈恵《かなえ》 5 8 10
由莉奈《ゆりな》 5 10 8

## 1文字目の画数 6画

6
灯《あかり》
凪《なぎ》
圭《けい》

6・2
帆乃《ほの》
羽乃《はの》

6・3
百々《もも》
圭子《けいこ》

6・5
羽叶《わかな》
百加《ももか》

6・6
羽衣《うい》
早妃《さき》

6・7
百花《ももか》
早希《さき》
汐里《しおり》

6・8
妃奈《ひな》
帆佳《ほのか》

6・9
朱音《あかね》
百香《ももか》
成美《なるみ》
羽奏《わかな》
帆南《ほなみ》

6・10
百華《ももか》
朱莉《あかり》
汐莉《しおり》
凪紗《なぎさ》
吏紗《りさ》
早姫《さき》

6・11
妃菜《ひな》

有彩 ありさ
朱梨 あかり

**6・12**
早智 さち
早瑛 さえ
有稀 ゆうき
百絵 ももえ

**6・13**
羽詩 うた
妃愛 ひな

**6・14**
朱寧 あかね
羽瑠 はる

**6・15**
朱璃 あかり
成穂 なるほ

**6・18**
伊織 いおり
妃織 ひおり

**6・19**
羽麗 うらら
早羅 さら

**6（9）**
帆乃花（6・2・7） ほのか
妃那乃（6・7・2） ひなの

**6（10）**
帆乃佳（6・2・8） ほのか
百々花（6・3・7） ももか
早也伽（6・3・7） さやか

**6（11）**
帆乃香（6・2・9） ほのか
百々佳（6・3・8） ももか

有紀乃（6・9・2） ゆきの

**6（12）**
帆乃華（6・2・10） ほのか
早也香（6・3・9） さやか
有加里（6・5・7） ゆかり

**6（13）**
百合花（6・6・7） ゆりか
妃菜乃（6・11・2） ひなの

**6（14）**
百々菜（6・3・11） ももな
妃菜子（6・11・3） ひなこ

**6（15）**
百々葉（6・3・12） ももは
有里奈（6・7・8） ゆりな

**6（16）**
向日葵（6・4・12） ひまり

百合夏（6・6・10） ゆりか

**6（17）**
早弥香（6・8・9） さやか
江玲奈（6・9・8） えれな
伊桜里（6・10・7） いおり

**6（18）**
妃茉莉（6・8・10） ひまり
有美香（6・9・9） ゆみか
江梨花（6・11・7） えりか

## 1文字目の画数 7画

**7**
杏 あん
花 はな
希 のぞみ

妙 たえ

**7・2**
志乃 しの
里乃 りの

**7・3**
希子 きこ
亜子 あこ
寿々 すず

**7・4**
希心 のぞみ
沙月 さつき

**7・5**
亜未 あみ
希未 のぞみ
沙世 さよ
里央 りお

**7・6**
花帆 かほ
志帆 しほ
希衣 きい
沙羽 さわ
里帆 りほ

**7・7**
花那 かな
杏花 きょうか
沙良 さら
芹那 せりな
亜希 あき
里花 りか

**7・8**
杏奈 あんな
希実 のぞみ

志歩 しほ
那奈 なな
里奈 りな
沙弥 さや
花奈 かな
杏実 あみ
沙季 さき
希和 きわ
亜依 あい
伶実 れみ
利佳 りか

7・9

花音 かのん
希美 のぞみ
亜美 あみ
里咲 りさ

寿音 ことね
杏南 あんな
佑香 ゆうか
初音 はつね
志保 しほ
沙紀 さき
沙耶 さや
冴香 さえか
伶美 れみ

7・10

里桜 りお
杏莉 あんり
花恋 かれん
希恵 きえ
杏珠 あんじゅ
里紗 りさ

佑莉 ゆうり
沙笑 さえ
亜純 あずみ
利紗 りさ

7・11

杏菜 あんな
里菜 りな
花菜 かな
那菜 なな
花梨 かりん
希望 のぞみ
杏理 あんり
里彩 りさ
志麻 しま

7・12

沙絵 さえ

沙稀 さき
沙葵 さき
里湖 りこ

7・13

花楓 かえで
杏慈 あんじ
花蓮 かれん
花鈴 かりん
亜瑚 あこ

7・14

李緒 りお
花寧 はなね
沙綾 さあや
那緒 なお

7・15

杏璃 あんり

沙輝 さき
希穂 きほ
花澄 かすみ

7・16

杏樹 あんじゅ
沙樹 さき
亜樹 あき
里穏 りおん

7・17

亜優 あゆ
里穂 りほ

7・18

志織 しおり
沙織 さおり

7・19

沙羅 さら

沙蘭 さら

7（8）

沙也加 7・3・5 さやか
亜由子 7・5・3 あゆこ

7（10）

希々花 7・3・7 ののか
沙也伽 7・3・7 さやか
里花子 7・7・3 りかこ

7（11）

沙也果 7・3・8 さやか
里佳子 7・8・3 りかこ
佐和子 7・8・3 さわこ

7（12）

寿々音 7・3・9 すずね
沙也香 7・3・9 さやか
里香子 7・9・3 りかこ

## 7（13）

- 寿々夏 7・3・10 すずか
- 亜由実 7・5・8 あゆみ

## 7（14）

- 亜矢香 7・5・9 あやか
- 杏里沙 7・7・7 ありさ

## 7（15）

- 亜衣香 7・6・9 あいか
- 沙弥花 7・8・7 さやか

## 7（16）

- 里央菜 7・5・11 りおな
- 沙弥佳 7・8・8 さやか
- 亜香里 7・9・7 あかり

## 7（17）

- 亜花莉 7・7・10 あかり
- 志桜里 7・10・7 しおり

## 7（18）

- 里依紗 7・8・10 りいさ
- 沙耶香 7・9・9 さやか
- 里梨花 7・11・7 りりか

## 7（19）

- 亜香莉 7・9・10 あかり
- 沙理奈 7・11・8 さりな

## 7（20）

- 亜香梨 7・9・11 あかり
- 那菜美 7・11・9 ななみ

## 7（21）

- 花菜恵 7・11・10 かなえ
- 亜梨紗 7・11・10 ありさ

## 7（22）

- 玖瑠実 7・14・8 くるみ
- 志穂里 7・15・7 しほり

# 1文字目の画数 8画

## 8

- 空 そら
- 和 あい
- 怜 れい
- 歩 あゆみ

## 8-2

- 幸乃 ゆきの
- 果乃 かの

## 8-3

- 奈々 なな
- 佳子 かこ
- 幸子 さちこ
- 怜子 れいこ
- 侑子 ゆうこ
- 茉弓 まゆみ

## 8-4

- 茉友 まゆ
- 奈月 なつき
- 実友 みゆ

## 8-5

- 芽生 めい
- 奈央 なお
- 弥生 やよい
- 怜可 れいか
- 京加 きょうか
- 茉由 まゆ
- 幸代 ゆきよ
- 実加 みか
- 朋世 ともよ
- 知代 ちよ
- 和加 わか

## 8-6

- 芽衣 めい
- 明衣 めい
- 怜衣 れい
- 果帆 かほ

## 8-7

- 明里 あかり
- 和花 わか
- 侑希 ゆうき
- 実玖 みく
- 奈那 なな
- 怜那 れな
- 知沙 ちさ
- 朋花 ともか
- 実沙 みさ
- 京花 きょうか
- 茉里 まり

## 8-8

- 芽依 めい
- 怜奈 れいな
- 明依 めい
- 果歩 かほ
- 若奈 わかな
- 侑奈 ゆうな
- 茉実 まみ
- 直佳 なおか
- 知佳 ともか

## 8-9

- 和奏 わかな
- 実咲 みさき

明音　あかね
奈南　なな
佳音　かのん
知香　ちか
弥紅　みく
怜香　れいか
直美　なおみ
京香　きょうか
侑香　ゆうか
奈海　なみ

**8・10**

明莉　あかり
奈桜　なお
知紗　ちさ
実夏　みか
明紗　めいさ

祈莉　いのり
京華　きょうか
和夏　わか

**8・11**

若菜　わかな
芽彩　めい
明梨　あかり
佳菜　かな
朋菜　ともな

**8・12**

若葉　わかば
芽結　めい
知尋　ちひろ
佳琳　かりん

**8・13**

果暖　かのん

実愛　みあ
知聖　ちさと
和瑚　わこ
弥鈴　みすず
佳蓮　かれん

**8・14**

実緒　みお
波瑠　はる
和歌　わか

**8・15**

果穂　かほ
茉穂　まほ
実璃　みのり
佳凜　かりん

**8・16**

実樹　みき

果穏　かのん

**8・17**

実優　みゆ
茉優　まゆ
佳穂　かほ

**8・18**

依織　いおり
佳織　かおり

**8（5）**

奈七子　8・2・3　ななこ
佳也乃　8・3・2　かやの

**8（6）**

奈々子　8・3・3　ななこ

**8（8）**

奈乃羽　8・2・6　なのは
茉由子　8・5・3　まゆこ

**8（9）**

明日加　8・4・5　あすか
芽衣子　8・6・3　めいこ

**8（10）**

歩乃佳　8・2・8　ほのか
英里子　8・7・3　えりこ
佳弥乃　8・8・2　かやの

**8（11）**

明日花　8・4・7　あすか
実和子　8・8・3　みわこ

**8（12）**

実乃莉　8・2・10　みのり
奈々香　8・3・9　ななか
和香子　8・9・3　わかこ

**8（13）**

明日香　8・4・9　あすか

茉由佳　8・5・8　まゆか

**8（14）**

明日夏　8・4・10　あすか
芽衣奈　8・6・8　めいな
佳菜子　8・11・3　かなこ

**8（15）**

茉里奈　8・7・8　まりな
明佳里　8・8・7　あかり

**8（16）**

佳央理　8・5・11　かおり
和佳奈　8・8・8　わかな
明香里　8・9・7　あかり

**8（17）**

奈々緒　8・3・14　ななお
明花莉　8・7・10　あかり
英玲奈　8・9・8　えれな

知(8)紗(10)希(7)　ちさき

**8(18)**

明(8)花(7)梨(11)　あかり
和(8)花(7)菜(11)　わかな
奈(8)津(9)美(9)　なつみ

**8(19)**

明(8)佳(8)理(11)　あかり
茉(8)莉(10)香(9)　まりか
佳(8)菜(11)実(8)　かなみ

**8(20)**

和(8)香(9)菜(11)　わかな
奈(8)菜(11)香(9)　ななか
茉(8)優(17)子(3)　まゆこ

**8(21)**

実(8)咲(9)稀(12)　みさき
佳(8)菜(11)恵(10)　かなえ

## 1文字目の画数 9画

**9**

咲　さき
柚　ゆず
茜　あかね
泉　いずみ
香　かおり
玲　れい
紅　べに

**9-2**

柚乃　ゆずの
星七　せいな

**9-3**

柚子　ゆず

奏子　かなこ
音々　ねね
美夕　みゆ

**9-4**

美月　みづき
柚月　ゆづき
咲月　さつき
美友　みゆ

**9-5**

美央　みお
美礼　みれい
玲加　れいか

**9-6**

美羽　みう
柚羽　ゆずは
咲妃　さき

音羽　おとは
咲帆　さきほ
玲衣　れい
美有　みゆう
南帆　みなほ
香名　かな

**9-7**

咲希　さき
柚希　ゆずき
咲良　さくら
柚花　ゆずか
春花　はるか
風花　ふうか
美玖　みく
柚那　ゆずな
美里　みさと
咲来　さくら
星那　せな
祐希　ゆうき
玲花　れいか
美伶　みれい
星良　せいら
柊花　しゅうか
美沙　みさ
美希　みき
紀花　のりか
娃李　あいり
俐花　りか
宥那　ゆうな
春那　はるな
映里　えり
柚良　ゆら
紅亜　くれあ
祐里　ゆり
美那　みな
奏那　かな
郁花　あやか

**9-8**

美空　みく
柚奈　ゆずな
玲奈　れな
咲空　さくら
咲奈　さきな
咲季　さき
咲幸　さゆき
星奈　せいな
美和　みわ
春佳　はるか

柚季 ゆずき
美怜 みれい
香奈 かな
星來 せいら
美波 みなみ
美奈 みな
奏弥 かなみ
香佳 きょうか
美苑 みその
美季 みき

### 9-9

美咲 みさき
奏音 かのん
美音 みお
咲南 さな
玲美 れみ
美春 みはる
咲耶 さや
春香 はるか
玲香 れいか
美玲 みれい
咲香 さきか
美紀 みき
美南 みなみ
映美 えみ
紀香 のりか
祐紀 ゆき
祢音 ねね
美香 みか
郁音 あやね

### 9-10

美桜 みお
胡桃 くるみ
咲恵 さえ
美莉 みり
咲姫 さき
香恋 かれん
柚華 ゆずか
香恵 かえ
香純 かすみ
祐夏 ゆか
美華 みか
美紗 みさ
美夏 みか

### 9-11

柑菜 かんな
玲菜 れな
柚菜 ゆずな
咲菜 さな
美悠 みゆう
娃菜 あいな
香梨 かりん
祐梨 ゆり
美菜 みな

### 9-12

美結 みゆ
美琴 みこと
柚葉 ゆずは
美晴 みはる
美遥 みはる
咲葵 さき
春陽 はるひ
柚稀 ゆずき
海琴 みこと
美尋 みひろ
美陽 みはる
咲絢 さあや
柚葵 ゆずき
美智 みち
咲貴 さき
奏絵 かなえ
香遥 こはる

### 9-13

紅愛 くれあ
奏楽 そら
咲楽 さくら
香鈴 かりん
美瑚 みこ
美鈴 みすず
香蓮 かれん

### 9-14

美緒 みお
咲綾 さあや
柚歌 ゆずか
春瑠 はる
俐緒 りお
美歌 みか
音寧 ねね

### 9-15

香穂 かほ
香澄 かすみ
柚穂 ゆずほ
美璃 みり
美慧 みさと
咲輝 さき
香凜 かりん

- 香凛 かりん
- 咲樂 さら

### 9・16
- 美穏 みおん
- 香憐 かれん
- 美樹 みき

### 9・17
- 美優 みゆ
- 美嶺 みれい

### 9・18
- 美織 みおり
- 香織 かおり
- 美藍 みらん

### 9・19
- 咲羅 さくら
- 咲蘭 さら

---

- 星羅 せいら
- 美麗 みれい

### 9（6）
- 美也子（9・3・3） みやこ
- 南々子（9・3・3） ななこ

### 9（9）
- 美乃里（9・2・7） みのり
- 美羽子（9・6・3） みわこ

### 9（10）
- 美花子（9・7・3） みかこ
- 咲希子（9・7・3） さきこ

### 9（11）
- 香奈子（9・8・3） かなこ
- 美佳子（9・8・3） みかこ

### 9（12）
- 玲央那（9・5・7） れおな

---

- 美央里（9・5・7） みおり
- 祐香子（9・9・3） ゆかこ

### 9（13）
- 玲央奈（9・5・8） れおな
- 美桜子（9・10・3） みおこ

### 9（14）
- 香乃葉（9・2・12） このは
- 玲衣奈（9・6・8） れいな
- 美沙希（9・7・7） みさき

### 9（15）
- 映里奈（9・7・8） えりな
- 香里奈（9・7・8） かりな
- 咲葉子（9・12・3） さよこ

### 9（16）
- 玲央菜（9・5・11） れおな
- 美咲希（9・9・7） みさき

---

### 9（17）
- 保奈美（9・8・9） ほなみ
- 美桜里（9・10・7） みおり
- 美紗希（9・10・7） みさき

### 9（18）
- 美沙都（9・7・11） みさと
- 香莉奈（9・10・8） かりな
- 美梨亜（9・11・7） みりあ

### 9（19）
- 美沙稀（9・7・12） みさき
- 美樹子（9・16・3） みきこ

### 9（20）
- 香菜美（9・11・9） かなみ
- 美彩紀（9・11・9） みさき

### 9（21）
- 美紗都（9・10・11） みさと

---

- 香緒里（9・14・7） かおり

### 9（22）
- 美知瑠（9・8・14） みちる
- 玲緒奈（9・14・8） れおな

## 1文字目の画数 10画

### 10
- 桜 さくら
- 栞 しおり
- 桃 もも
- 華 はな
- 恋 れん
- 夏 なつ

### 10・2
- 莉乃 りの

---

- 栞七 かんな
- 紘乃 ひろの
- 夏乃 なつの

### 10・3
- 莉子 りこ
- 桃子 ももこ
- 桜子 さくらこ
- 莉々 りり
- 恵子 けいこ
- 紗夕 さゆ
- 紗千 さち
- 恵万 えま
- 真弓 まゆみ
- 夏子 なつこ

### 10・4
- 莉心 りこ

夏月《なつき》
真友《まゆ》
紗月《さつき》

## 10-5

莉央《りお》
真央《まお》
真由《まゆ》
真白《ましろ》
莉世《りせ》
桃加《ももか》
珠央《たまお》
紗世《さよ》
真矢《まや》
眞央《まお》
倫世《ともよ》
夏未《なつみ》

## 10-6

真帆《まほ》
真衣《まい》
紗衣《さえ》
華帆《かほ》
紗江《さえ》
莉帆《りほ》
栞名《かんな》
珠羽《みう》
眞衣《まい》
夏帆《かほ》
真有《まゆ》
紗羽《さわ》
夏妃《なつき》

## 10-7

桃花《ももか》
紗良《さら》
紗希《さき》
桜希《さき》
紗那《さな》
莉杏《りあん》
栞里《しおり》
珠寿《すず》
姫花《ひめか》
桜来《さくら》
留里《るり》
珠希《たまき》
眞希《まき》
笑里《えみり》
莉沙《りさ》
莉亜《りあ》
恭花《きょうか》
恵那《えな》
晏里《あんり》
純花《じゅんか》
真里《まり》
夏希《なつき》

## 10-8

莉奈《りな》
紗弥《さや》
真奈《まな》
栞奈《かんな》
恵奈《えな》
桃佳《ももか》
桜來《さくら》
紗和《さわ》
桃果《ももか》
真依《まい》
紗英《さえ》
莉歩《りほ》
留奈《るな》
純怜《すみれ》
夏奈《かな》
真知《まち》

## 10-9

桃香《ももか》
莉音《りおん》
華音《かのん》
恵美《えみ》
莉胡《りこ》
真耶《まや》
珠美《たまみ》
紗南《さな》
莉香《りか》
莉美《りみ》

## 10-10

莉桜《りお》
莉紗《りさ》
紗恵《さえ》
桃夏《ももか》
真夏《まなつ》
夏姫《なつき》
莉恵《りえ》

## 10-11

紗菜《さな》
紗彩《さあや》
莉菜《りな》
桃菜《ももな》
紗雪《さゆき》
真悠《まゆ》

## 画数から選ぶ名づけ 女の子名 1文字目の画数 10〜11画

### 10画

| 名前 | 読み |
|---|---|
| 恵麻 | えま |
| 恵菜 | えな |
| 純菜 | じゅんな |
| 晏梨 | あんり |
| 真理 | まり |
| 10·12 | |
| 真結 | まゆ |
| 紗葵 | さき |
| 珠湖 | まこ |
| 珠葵 | たまき |
| 華琳 | かりん |
| 10·13 | |
| 莉愛 | りあ |
| 華蓮 | かれん |
| 栞愛 | かんな |

| 名前 | 読み |
|---|---|
| 純蓮 | すみれ |
| 華鈴 | かりん |
| 10·14 | |
| 真緒 | まお |
| 莉緒 | りお |
| 紗綾 | さあや |
| 桃寧 | ももね |
| 桃歌 | ももか |
| 珠緒 | たまお |
| 眞緒 | まお |
| 紗綺 | さき |
| 10·15 | |
| 栞璃 | しおり |
| 真穂 | まほ |
| 紗穂 | さほ |
| 夏凛 | かりん |

| 名前 | 読み |
|---|---|
| 10·16 | |
| 真樹 | まき |
| 夏樹 | なつき |
| 10·17 | |
| 真優 | まゆ |
| 珠優 | みゆ |
| 10·18 | |
| 姫織 | ひおり |
| 夏織 | かおり |
| 10·19 | |
| 紗羅 | さら |
| 純麗 | すみれ |
| 10(5) | |
| 夏乃子 | かのこ |
| 華乃子 | かのこ |
| 紗也乃 | さやの |

| 名前 | 読み |
|---|---|
| 10(8) | |
| 紗也加 | さやか |
| 真由子 | まゆこ |
| 10(10) | |
| 紗久良 | さくら |
| 莉々花 | りりか |
| 10(11) | |
| 紗友里 | さゆり |
| 紗和子 | さわこ |
| 真依子 | まいこ |
| 莉佳子 | りかこ |
| 10(12) | |
| 紗也香 | さやか |
| 真由花 | まゆか |
| 10(13) | |
| 紗也夏 | さやか |

| 名前 | 読み |
|---|---|
| 10(14) | |
| 莉衣奈 | りいな |
| 莉衣那 | りいな |
| 恵礼奈 | えれな |
| 恵里奈 | えりな |
| 恵里香 | えりか |
| 真由莉 | まゆり |
| 10(15) | |
| 真理子 | まりこ |
| 恵里花 | えりか |
| 10(16) | |
| 恵里奈 | えりな |
| 恵奈実 | まなみ |
| 紗耶花 | さやか |
| 真奈美 | まなみ |
| 10(17) | |
| 紗弥香 | さやか |

| 名前 | 読み |
|---|---|
| 10(18) | |
| 紗耶音 | さやね |
| 恵莉奈 | えりな |
| 真理亜 | まりあ |
| 10(19) | |
| 恵梨佳 | えりか |
| 10(20) | |
| 恵梨香 | えりか |
| 真梨美 | まなみ |

### 11画 1文字目の画数

| 名前 | 読み |
|---|---|
| 唯 | ゆい |
| 彩 | あや |

紬　つむぎ
悠　はるか
渚　なぎさ
菫　すみれ
雪　ゆき
梓　あずさ
望　のぞみ
都　みやこ

**11-2**

彩乃　あやの
梨乃　りの
雪乃　ゆきの
理乃　りの
悠乃　はるの
彩七　あやな
梨七　りな

**11-3**

菜々　なな
理子　りこ
彩子　あやこ
啓子　けいこ
梨子　りこ

**11-4**

菜月　なつき
悠月　ゆづき
麻友　まゆ
彩巴　いろは
皐月　さつき

**11-5**

理央　りお
麻央　まお
菜央　なお
萌生　めい
麻矢　まや
理世　りよ
彩禾　あやか
梨加　りか
理代　りよ

**11-6**

彩羽　いろは
萌衣　めい
麻衣　まい
菜名　なな
麻有　まゆ
梨帆　りほ

**11-7**

彩花　あやか
梨花　りんか
菜那　なな
唯花　ゆいか
琉那　るな
琉花　るか
萌花　もえか
悠花　ゆうか
彩良　さら
悠希　ゆうき
彩那　あやな
彩里　あやり
麻希　まき
理那　りな
麻那　まな
清花　さやか

**11-8**

彩芽　あやめ
彩佳　あやか
萌依　めい
悠奈　ゆうな
悠佳　ゆうか
理奈　りな
麻弥　まや
梨果　りか

**11-9**

彩音　あやね
梨音　りお
彩香　あやか
彩海　あやみ
理香　りか
彩映　さえ
悠香　ゆうか
梨砂　りさ

**11-10**

理桜　りお
菜桜　なお
唯華　ゆいか
彩華　あやか
彩恵　さえ
理紗　りさ
梨紗　りさ
麻姫　まき

**11-11**

彩菜　あやな
悠菜　ゆうな
唯菜　ゆいな
絆菜　はんな
麻理　まり
理彩　りさ

菜都 なつ

11・12
彩葉 いろは
望結 みゆ
萌絵 もえ
彩貴 さき
麻結 まゆ
梨絵 りえ

11・13
彩愛 さえ
梨愛 りあ
麻鈴 まりん
爽楽 そら

11・14
梨緒 りお
菜緒 なお

彩寧 あやね
理緒 りお
彩歌 あやか
唯歌 ゆいか
雪寧 ゆきね

11・15
菜穂 なほ
麻穂 まほ
麻凛 まりん
涼穂 すずほ

11・16
麻樹 まき
梨薗 りおん

11・17
望優 みゆ
麻優 まゆ

11・18
彩織 さおり
麻織 まお

11・19
彩蘭 さら
梨羅 りら

11（6）
菜々子 11 3 3 ななこ
梨々子 11 3 3 りりこ

11（7）
菜々巴 11 3 4 ななは
麻友子 11 4 3 まゆこ

11（9）
野乃花 11 2 7 ののか
菜乃花 11 2 7 なのか
麻衣子 11 6 3 まいこ

11（10）
萌々花 11 3 7 ももか
菜々花 11 3 7 ななか
菜那子 11 7 3 ななこ
麻里子 11 7 3 まりこ

11（11）
菜々実 11 3 8 ななみ
梨佳子 11 8 3 りかこ

11（12）
菜々美 11 3 9 ななみ
麻由花 11 5 7 まゆか
彩央里 11 5 7 さおり
梨香子 11 9 3 りかこ
理咲子 11 9 3 りさこ

11（13）
萌々華 11 3 10 ももか
菜々華 11 3 10 ななか
麻由佳 11 5 8 まゆか
麻衣花 11 6 7 まいか

11（14）
麻由香 11 5 9 まゆか
梨里花 11 7 7 りりか
菜都子 11 11 3 なつこ

11（15）
菜々葉 11 3 12 ななは
麻里奈 11 7 8 まりな
菜奈花 11 8 7 ななか

11（16）
理衣紗 11 6 10 りいさ
麻里香 11 7 9 まりか

11（17）
麻奈美 11 8 9 まなみ
菜津実 11 9 8 なつみ

11（18）
梨桜奈 11 10 8 りおな
理穂子 11 15 3 りほこ

## 1文字目の画数 12画

12
葵 あおい
遥 はるか
結 ゆい
陽 はる
琳 りん
絢 あや
恵 めぐみ
景 けい

晶 あき
葉 よう

**12-2**

琴乃 ことの
陽乃 はるの
絢乃 あやの
晴乃 はるの

**12-3**

琴子 ことこ
結子 ゆうこ
葵子 きこ
景子 けいこ
智子 ともこ

**12-4**

結月 ゆづき
琴心 ことみ
晴日 はるひ
琴巴 ことは
葉月 はづき

**12-5**

琴未 ことみ
智代 ともよ
結加 ゆうか

**12-6**

結衣 ゆい
琴羽 ことは
葵衣 あおい
結羽 ゆう
結妃 ゆき
結名 ゆいな
紫帆 しほ
絢羽 あやは

**12-7**

結花 ゆいか
結那 ゆいな
陽花 はるか
智花 ともか
智沙 ちさ
温花 はるか
瑛那 えな
瑛里 えり
琳花 りんか
琴那 ことな
結里 ゆうり
結亜 ゆあ
絵里 えり

**12-8**

結奈 ゆな
陽奈 ひな
陽依 ひより
結佳 ゆうか
琴実 ことみ
結実 ゆみ
遥奈 はるな

**12-9**

琴音 ことね
結香 ゆいか
陽咲 ひなた
絢音 あやね
陽香 はるか
智咲 ちさき
晴香 はるか
琴美 ことみ
智香 ちか
結音 ゆいね
結南 ゆな
絢美 あやみ
裕美 ひろみ
智美 ともみ
琳香 りんか

**12-10**

結華 ゆいか
陽莉 ひまり
結珠 ゆず
智紗 ちさ

**12-11**

陽菜 ひな
結菜 ゆうな
陽彩 ひいろ
絢菜 あやな
結唯 ゆい
結梨 ゆり
結理 ゆり
結彩 ゆい
惺菜 せいな
晴菜 はるな
景都 けいと
絵麻 えま
結椰 ゆうな
裕梨 ゆうり

**12-12**

陽葵 ひまり
琴葉 ことは
遥陽 はるひ
朝陽 あさひ
絢葉 あやは

結喜 ゆき
結稀 ゆき
結葵 ゆうき
結貴 ゆうき
智遥 ちはる

## 12-13

結愛 ゆあ
陽愛 ひより
陽詩 ひなた
結夢 ゆめ
智愛 ちえ
結楽 ゆら
裕愛 ゆあ
智聖 ちさと
琴瑚 ことこ
絵蓮 えれん

葉瑚 はこ

## 12-14

琴寧 ことね
絢寧 あやね
晴歌 はるか
結歌 ゆいか
葉瑠 はる

## 12-15

結舞 ゆま
貴穂 きほ
紫穂 しほ

## 12-17

結優 ゆう
智優 ちひろ

## 12-21

智鶴 ちづる

結鶴 ゆづ

## 12(9)

結衣子 (12・6・3) ゆいこ
陽向子 (12・6・3) ひなこ

## 12(10)

瑛里子 (12・7・3) えりこ
陽奈乃 (12・8・2) ひなの

## 12(12)

琳々香 (12・3・9) りりか
陽央里 (12・5・7) ひおり
詠美子 (12・9・3) えみこ

## 12(13)

陽万莉 (12・3・10) ひまり
結衣花 (12・6・7) ゆいか
陽菜乃 (12・11・2) ひなの
結唯乃 (12・11・2) ゆいの

## 12(14)

絵里花 (12・7・7) えりか
陽菜子 (12・11・3) ひなこ

## 12(15)

満里奈 (12・7・8) まりな
陽依里 (12・8・7) ひより

## 12(16)

絵里香 (12・7・9) えりか
瑛美里 (12・9・7) えみり

## 12(17)

結衣梨 (12・6・11) ゆいり
智奈美 (12・8・9) ちなみ

## 12(18)

陽茉莉 (12・8・10) ひまり
陽菜花 (12・11・7) ひなか
絵梨花 (12・11・7) えりか

## 12(19)

陽茉梨 (12・8・11) ひまり
絵梨奈 (12・11・8) えりな

## 12(20)

陽菜香 (12・11・9) ひなか
絵梨香 (12・11・9) えりか

## 12(21)

陽真理 (12・10・11) ひまり
智紗都 (12・10・11) ちさと

# 1文字目の画数 13画

## 13

楓 かえで
愛 あい
詩 うた
夢 ゆめ
稟 りん
椿 つばき
鈴 りん
雅 みやび
暖 はる
睦 むつみ
楽 らく
稜 りょう
聖 せい

## 13-2

詩乃 しの
夢乃 ゆめの
愛乃 あいの
愛七 あいな
聖七 せいな

凜乃 りの

### 13-3

愛子 あいこ
瑚子 ここ
愛巳 まなみ
愛弓 あゆみ
詩子 うたこ

### 13-4

愛心 まなみ
瑞月 みづき

### 13-5

夢叶 ゆめか
愛生 めい
愛未 まなみ
愛央 まお
瑞生 みずき

### 13-6

愛衣 あい
詩帆 しほ
瑞帆 みずほ

### 13-7

愛花 あいか
楓花 ふうか
瑞希 みずき
聖那 せいな
鈴花 すずか

### 13-8

蒼空 そら
愛奈 あいな
愛実 まなみ
愛來 あいく
聖奈 せな
瑞季 みずき
暖佳 はるか
楓佳 ふうか
瑞歩 みずほ
聖來 せいら
蒼依 あおい
蓮奈 れんな
暖奈 はるな
鈴佳 すずか

### 13-9

詩音 しおん
愛美 まなみ
愛香 まなか
鈴音 すずね
夢香 ゆめか
瑞紀 みずき
聖香 せいか

### 13-10

愛莉 あいり
愛華 あいか
楓華 ふうか
愛珠 まなみ
瑞桜 みお
瑞姫 みずき
愛夏 あいか
愛紗 あいさ
暖華 はるか
瑞恵 みずえ

### 13-11

愛梨 あいり
愛菜 あいな
愛理 あいり
楓菜 ふうな
聖菜 せな
新菜 にいな
瑚都 こと
鈴菜 すずな

### 13-12

愛結 あゆ
瑞葉 みずは
瑞葵 みずき

### 13-14

愛瑠 あいる
楓歌 ふうか
鈴歌 すずか

### 13-15

愛穂 まなほ
瑞穂 みずほ

### 13-16

詩穏 しおん
瑞樹 みずき

### 13-18

詩織 しおり

### 13-19

聖羅 せいら
聖蘭 せいら

### 13(12)

詩央里（13・5・7） しおり
愛加里（13・5・7） あかり

### 13(14)

瑚々菜（13・3・11） ここな
詩衣奈（13・6・8） しいな

### 13(19)

愛依菜（13・8・11） あいな

愛 13 結 12 里 7 あゆり

13（20）

詩 13 桜 10 莉 10 しおり

愛 13 菜 11 美 9 まなみ

13（22）

詩 13 穂 15 里 7 しほり

1文字目の画数

## 14画

14

碧 あおい

翠 みどり

歌 うた

静 しずか

14-2

綾乃 あやの

碧乃 あおの

歌乃 うたの

14-3

寧々 ねね

歌子 うたこ

14-4

颯月 さつき

維月 いつき

14-5

綾禾 あやか

瑠加 るか

14-6

瑠衣 るい

綾羽 あやは

14-7

瑠花 るか

綾花 あやか

緋那 ひな

颯良 そら

綾那 あやな

14-8

瑠奈 るな

緋奈 ひな

碧依 あおい

綾芽 あやめ

14-9

寧音 ねね

綾美 あやみ

綾音 あやね

聡美 さとみ

瑠香 るか

歌音 かのん

瑠美 るみ

静香 しずか

綾香 あやか

14-10

瑠華 るか

瑠莉 るり

歌純 かすみ

颯姫 さつき

14-11

瑠菜 るな

寧彩 ねいろ

緋菜 ひな

綾菜 あやな

瑠梨 るり

14-12

碧葉 あおば

颯葵 さつき

14-15

瑠璃 るり

歌凛 かりん

1文字目の画数

## 15画

15

凜 りん

舞 まい

慧 けい

凛 りん

15-2

璃乃 りの

穂乃 ほの

凛乃 りの

15-3

璃子 りこ

璃々 りり

舞子 まいこ

凛子 りこ

15-6

璃帆 りほ

舞衣 まい

15-7

穂花 ほのか

舞花 まいか

凛花 りんか

15-8

穂佳 ほのか

璃奈 りな

舞依 まい

## 15・9
穂香《ほのか》
璃音《りおん》
舞香《まいか》
璃咲《りさ》
璃海《りみ》
摩耶《まや》
澄香《すみか》

## 15・10
舞桜《まお》
璃桜《りお》
舞華《まいか》
凛華《りんか》

## 15・11
舞彩《まや》
凛菜《りんな》

## 15・13
璃愛《りあ》
澄鈴《すみれ》
璃瑚《りこ》

## 15（6）
璃々子《りりこ》（15・3・3）
凛々子《りりこ》（15・3・3）

## 15（9）
穂乃花《ほのか》（15・2・7）
舞衣子《まいこ》（15・6・3）

## 15（10）
穂乃佳《ほのか》（15・2・8）
璃々花《りりか》（15・3・7）

## 15（11）
穂乃香《ほのか》（15・2・9）
舞依子《まいこ》（15・8・3）

1文字目の画数

# 16画

## 16
澪《みお》
薫《かおる》
樹《いつき》

## 16・3
橙子《とうこ》
薫子《かおるこ》

## 16・7
樹里《じゅり》
澪那《みおな》

## 16・8
樹季《いつき》
澪奈《みおな》

## 16・11
樹菜《じゅな》
樹梨《じゅり》

1文字目の画数

# 17画

## 17
優《ゆう》
瞳《ひとみ》
翼《つばさ》

## 17・2
優乃《ゆうの》

## 17・3
優子《ゆうこ》

## 17・4
優月《ゆづき》
優心《ゆうみ》

## 17・5
優未《ゆうみ》
優加《ゆうか》

## 17・6
優衣《ゆい》
優羽《ゆう》
優帆《ゆうほ》

## 17・7
優花《ゆうか》
優希《ゆき》
優那《ゆうな》
優里《ゆり》
環那《かんな》

## 17・8
優奈《ゆうな》
優芽《ゆめ》
優佳《ゆうか》
優依《ゆい》
環奈《かんな》

## 17・9
優香《ゆうか》
優海《ゆみ》
瞳美《ひとみ》

## 17・10
優華《ゆか》
優真《ゆま》
優姫《ゆうき》

## 17・11
優菜《ゆうな》
環菜《かんな》
優梨《ゆり》

17-12
優陽《ゆうひ》
優稀《ゆうき》

17-13
優愛《ゆあ》
優楽《ゆら》

17-14
優維《ゆい》
優歌《ゆうか》

17-15
優舞《ゆま》
優璃《ゆうり》

17(10)
優芽乃《ゆめの》 17 8 2

17(14)
優衣奈《ゆいな》 17 6 8
優里那《ゆりな》 17 7 7

17(15)
優衣香《ゆいか》 17 6 9
優里奈《ゆりな》 17 7 8

17(18)
優希菜《ゆきな》 17 7 11
優里菜《ゆりな》 17 7 11

## 1文字目の画数 18画

18
藍《らん》
繭《まゆ》
雛《ひな》

18-2
雛乃《ひなの》

18-3
雛子《ひなこ》
藍子《あいこ》

18-6
藍衣《あい》
織羽《おりは》

18-7
藍里《あいり》
藍那《あいな》
藍花《あいか》

## 1文字目の画数 19画

19
蘭《らん》
麗《うらら》

19-2
麗乃《れの》
蘭乃《らんの》

19-3
麗子《れいこ》
蘭子《らんこ》

19-5
麗加《れいか》
麗未《れみ》

19-7
瀬里《せり》
麗那《れな》
麗花《れいか》

19-8
麗奈《れいな》
蘭奈《らんな》
麗佳《れいか》
瀬奈《せな》

19-9
麗香《れいか》
麗美《れいみ》

19-10
麗華《れいか》
瀬莉《せり》

19-11
麗菜《れな》
瀬梨《せり》

## 1文字目の画数 20画

20
馨《かおり》
耀《あき》
響《ひびき》

20-3
馨子《かおるこ》
耀子《ようこ》
響子《きょうこ》

20-7
響希《ひびき》
響花《きょうか》

## 1文字目の画数 21画

21
櫻《さくら》

21-3
櫻子《さくらこ》

画数組み合わせリスト

# 男の子の名前

## 1文字目の画数 1画

### 1

一　はじめ

### 1・3

一也　かずや
一久　かずひさ

### 1・4

一心　いっしん
一太　いった
一仁　かずひと

### 1・5

一平　いっぺい
一生　いっせい
一史　かずし

### 1・6

一成　かずなり
一帆　かずほ

### 1・7

一希　かずき
一汰　いちた
一沙　いっさ

### 1・8

一弥　かずや
一幸　かずゆき

### 1・9

一星　いっせい
一郎　いちろう
一紀　かずのり

### 1・10

一真　かずま
一馬　かずま
一晃　かずあき

### 1・11

一隆　かずたか
一清　いっせい

### 1・12

一翔　かずと
一稀　かずき

### 1・13

一聖　いっせい
一誠　いっせい

### 1・14

一綺　かずき
一徳　かずのり

### 1・15

一輝　かずき
一慶　かずよし

### 1・16

一樹　いっき
一磨　かずま

### 1・20

一護　いちご
一耀　かずあき

## 1文字目の画数 2画

### 2

力　りき
了　りょう

### 2・3

力丸　りきまる
力也　りきや

### 2・4

力斗　りきと
了介　りょうすけ

### 2・9

七海　ななみ
力哉　りきや

### 2・13

七聖　ななせ
十夢　とむ

### 2・14

力駆　りく

### 2・15

力輝　りき
七輝　ななき

### 2・16

七樹　ななき

**3画** 1文字目の画数

| 3 | 3 | 3-3 | 3-4 | 3-4 | 3-5 |
|---|---|---|---|---|---|
| 丈 じょう | 大 だい | 丈士 たけし | 大也 ひろや | 大斗 ひろと | 久斗 ひさと | 大介 だいすけ | 大生 だいき | 千弘 ちひろ |

| 3-6 | 3-7 | 3-7 | 3-8 | 3-8 | 3-9 |
|---|---|---|---|---|---|
| 大地 だいち | 大成 たいせい | 大志 たいし | 千希 かずき | 千里 せんり | 大和 やまと | 大空 そら | 大河 たいが | 久典 ひさのり | 千明 ちあき | 丈哉 ひろや | 大海 ひろみ |

| 3-10 | 3-11 | 3-12 |
|---|---|---|
| 千秋 ちあき | 大悟 だいご | 大晟 たいせい | 万馬 かずま | 千紘 ちひろ | 丈琉 たける | 大都 ひろと | 大翔 ひろと | 大智 だいち | 大貴 だいき | 千尋 ちひろ | 千翔 ゆきと | 夕陽 ゆうひ |

| 3-13 | 3-14 |
|---|---|
| 丈陽 たけはる | 丈裕 たけひろ | 千博 ちひろ | 士道 しどう | 大雅 たいが | 大夢 ひろむ | 大誠 たいせい | 久遠 くおん | 丈慈 じょうじ | 千聖 ちさと | 千寛 ちひろ | 大輔 だいすけ | 丈瑠 たける | 千彰 ちあき |

| 3-15 | 3-16 | 3-17 | 3-18 |
|---|---|---|---|
| 久徳 ひさのり | 大輝 ひろき | 千慧 ちさと | 大毅 ゆうき | 夕輝 ゆうき | 大樹 だいき | 士龍 しりゅう | 士穏 しおん | 千優 ちひろ | 大翼 だいすけ | 大騎 だいき | 千騎 かずき |

| 3-20 | 3-10 | 3-13 | 3-14 |
|---|---|---|---|
| 大耀 たいよう | 大護 だいご | 千耀 ちあき | 丈一郎 じょういちろう | 小太郎 こたろう | 丈太朗 じょうたろう |

**4画** 1文字目の画数

| 4 | 4 |
|---|---|
| 仁 じん | 心 しん |

- 友《とも》
- 元《はじめ》

### 4・1

- 太一《たいち》
- 公一《こういち》
- 友一《ゆういち》

### 4・2

- 心人《しんと》
- 文人《あやと》

### 4・3

- 友也《ゆうや》
- 文也《ふみや》
- 友之《ともゆき》

### 4・4

- 文太《ぶんた》
- 仁太《じんた》
- 天斗《たかと》
- 元太《げんた》
- 友介《ゆうすけ》
- 友斗《ゆうと》

### 4・5

- 心平《しんぺい》
- 斗矢《とうや》
- 公平《こうへい》

### 4・6

- 天成《てんせい》
- 日向《ひなた》
- 元気《げんき》
- 仁成《じんせい》

### 4・7

- 太志《たいし》
- 友希《ともき》
- 斗亜《とぁ》
- 友吾《ゆうご》
- 友宏《ともひろ》

### 4・8

- 斗弥《とうや》
- 友幸《ともゆき》
- 文弥《ふみや》
- 友和《ともかず》

### 4・9

- 友哉《ともや》
- 友亮《ゆうすけ》
- 太郎《たろう》
- 元春《もとはる》
- 文彦《ふみひこ》

### 4・10

- 斗真《とうま》
- 天馬《てんま》
- 太晟《たいせい》
- 太朗《たろう》
- 斗馬《とうま》
- 友朗《ともろう》

### 4・11

- 友都《ゆうと》
- 友悠《ともはる》
- 公基《こうき》
- 元規《もとき》

### 4・12

- 太陽《たいよう》
- 太智《たいち》
- 友翔《ゆうと》
- 友貴《ともき》
- 仁稀《ひとき》
- 元貴《もとき》
- 友晴《ともはる》
- 友博《ともひろ》

### 4・13

- 友聖《ゆうせい》
- 友寛《ともひろ》
- 仁嗣《ひとし》

### 4・14

- 公輔《こうすけ》
- 友彰《ともあき》

### 4・15

- 友輝《ともき》
- 天舞《てんま》
- 斗輝《とき》

### 4・16

- 友樹《ともき》
- 太樹《たいじゅ》
- 斗磨《とうま》

### 4・17

- 心優《みゆう》
- 元彌《もとや》

### 4・20

- 太耀《たいよう》
- 心護《しんご》

### 4（7）

- 心之介《しんのすけ》（4・3・4）
- 仁之介《じんのすけ》（4・3・4）

### 4（10）

- 心之助《しんのすけ》（4・3・7）
- 日向太《ひなた》（4・6・4）

### 4（13）

- 心太郎《しんたろう》（4・4・9）

仁4太4郎9　じんたろう
日4南9太4　ひなた

4（14）

心4太4朗10　しんたろう
日4那7汰7　ひなた

1文字目の画数

## 5画

5

司　つかさ
巧　たくみ
弘　ひろし
玄　げん
功　こう

5・1

弘一　こういち
功一　こういち

5・2

正人　まさと
弘人　ひろと
由人　ゆうと
史人　ふみと

5・3

広大　こうだい
弘也　ひろや
弘己　ひろき
巧也　たくや

5・4

正太　しょうた
功太　こうた
功介　こうすけ
弘斗　ひろと

5・5

正弘　まさひろ
礼央　れお
功平　こうへい

5・6

正成　まさなり
史行　ふみゆき
弘行　ひろゆき

5・7

弘希　こうき
正孝　まさたか
由伸　よしのぶ
功志　こうし

5・8

未來　みらい
叶芽　かなめ
弘英　こうえい
弘明　ひろあき
正明　まさあき
主弥　かずや
弘季　ひろき
巧弥　たくや
史明　ふみあき

5・9

正哉　せいや
史哉　ふみや
巧海　たくみ
正俊　まさとし

5・10

冬真　とうま
冬馬　とうま
巧真　たくま
正悟　しょうご
司恩　しおん

5・11

巧望　たくみ
広都　ひろと
弘隆　ひろたか
正基　まさき
史都　ふみと

5・12

永翔　えいと
叶翔　かなと
正貴　まさき
由晴　よしはる
冬偉　とうい
正裕　まさひろ
功貴　こうき

5・13

広夢　ひろむ
弘誠　こうせい
永慈　えいじ
功誠　こうせい

5・14

央輔　おうすけ
正徳　まさのり

5・15

弘輝　ひろき
正輝　まさき

5・16

正樹　まさき
広樹　ひろき
冬磨　とうま
史穏　しおん

巧磨 たくま

### 5・17

正優 まさひろ

### 5・19

世羅 せら
由羅 ゆら

### 5・20

正護 しょうご

### 5（10）

正一郎 5 1 9 しょういちろう
未来也 5 7 3 みきや

### 5（11）

正一朗 5 1 10 しょういちろう
由希斗 5 7 4 ゆきと

### 5（13）

正太郎 5 4 9 しょうたろう
弘太郎 5 4 9 こうたろう
由太郎 5 4 9 ゆうたろう

### 5（14）

正太朗 5 4 10 しょうたろう
功太朗 5 4 10 こうたろう

## 1文字目の画数 6画

### 6

匠 たくみ
旭 あさひ
迅 じん
旬 しゅん
圭 けい
有 ゆう
守 まもる
凪 なぎ
光 ひかる
亘 わたる
匡 まさし
成 なる
至 いたる
充 みつる
壮 そう

### 6・1

光一 こういち
圭一 けいいち

### 6・2

凪人 なぎと
圭人 けいと

### 6・3

成也 せいや
壮大 そうた

### 6・4

圭太 けいた
成仁 なりひと
匠斗 たくと

### 6・5

光生 こうき
吉平 きっぺい
光弘 みつひろ
圭史 けいし

### 6・6

光成 こうせい
朱羽 しゅう

### 6・7

光希 こうき
圭吾 けいご
光佑 こうすけ
伊吹 いぶき
壮志 そうし
光志 こうし
成希 なるき
光寿 みつとし
充希 あつき
壮良 そら
羽玖 はく

### 6・8

羽空 わく
成明 なりあき
壮弥 そうや

### 6・9

圭祐 けいすけ
匠海 たくみ
匠音 たくと
匡亮 きょうすけ

### 6・10

圭悟 けいご
壮真 そうま
光峨 こうが
壮馬 そうま
有悟 ゆうご

### 6・11

羽琉 はる
圭梧 けいご
圭都 けいと
成基 なるき

### 6・12

光稀 みつき
旭陽 あさひ

- 光喜　こうき

## 6・13
- 好誠　こうせい
- 光雅　こうが

## 6・14
- 羽瑠　はる
- 圭輔　けいすけ
- 光瑠　ひかる
- 壮輔　そうすけ

## 6・15
- 光輝　こうき
- 有毅　ゆうき
- 匡輝　まさき

## 6・16
- 成樹　なるき
- 充樹　みつき

- 壮磨　そうま

## 6・18
- 伊織　いおり
- 光騎　こうき

## 6（10）
- 光一郎（6・1・9）　こういちろう
- 圭一郎（6・1・9）　けいいちろう

## 6（13）
- 光太郎（6・4・9）　こうたろう
- 壮太郎（6・4・9）　そうたろう

## 6（14）
- 圭太朗（6・4・10）　けいたろう
- 伊吹希（6・7・7）　いぶき

## 6（15）
- 壮史朗（6・5・10）　そうしろう
- 羽琉斗（6・11・4）　はると

## 6（17）
- 光汰朗（6・7・10）　こうたろう
- 伊桜里（6・10・7）　いおり

# 1文字目の画数 7画

## 7
- 希　のぞむ
- 快　かい
- 秀　しゅう
- 佑　ゆう
- 孝　たかし
- 寿　ひさし
- 亨　とおる

## 7・1
- 汰一　たいち
- 希一　きいち
- 宏一　こういち
- 伸一　しんいち

## 7・2
- 快人　かいと
- 秀人　しゅうと
- 孝人　たかと

## 7・3
- 佑大　ゆうだい
- 秀也　しゅうや
- 良之　よしゆき
- 克也　かつや

## 7・4
- 快斗　かいと
- 孝太　こうた
- 宏太　こうた
- 佑太　ゆうた
- 佑介　ゆうすけ
- 佑斗　ゆうと
- 孝介　こうすけ
- 秀太　しゅうた
- 良介　りょうすけ

## 7・5
- 芯平　しんぺい
- 秀司　しゅうじ
- 良平　りょうへい
- 孝弘　たかひろ
- 那生　なお

## 7・6
- 佑成　ゆうせい
- 秀行　ひでゆき
- 克成　かつなり
- 孝多　こうた

## 7・7
- 秀寿　ひでとし
- 佑汰　ゆうた
- 良希　よしき
- 孝宏　たかひろ

## 7・8
- 杜和　とわ
- 秀虎　ひでとら
- 秀弥　しゅうや
- 良弥　りょうや
- 克弥　かつや

## 7・9
- 志音　しおん
- 秀哉　しゅうや
- 克哉　かつや

**画数から選ぶ名づけ　男の子名　1文字目の画数　7〜8画**

**7-10**
良亮 りょうすけ／佑真 ゆうま／快晟 かいせい／秀真 しゅうま／良馬 りょうま

**7-11**
孝浩 たかひろ／希望 のぞみ／芭琉 はる／快理 かいり／秀都 しゅうと

**7-12**
佑都 ゆうと／快晴 かいせい／志温 しおん

**7-13**
宏貴 ひろき／孝裕 たかひろ／汰雅 たいが／孝誠 こうせい／宏夢 ひろむ

**7-14**
孝寛 たかひろ／那緒 なお

**7-15**
良輔 りょうすけ／快輝 かいき

**7-16**
秀蔵 しゅうぞう／宏樹 ひろき／孝樹 こうき

**7-20**
辰樹 たつき／寿樹 としき／佑樹 ゆうき

**7-7**
壱護 いちご／佑護 ゆうご

**7-10**
利久斗 りくと／伸之介 しんのすけ／佑一郎 ゆういちろう／伸之助 しんのすけ

**7-11**
伸一朗 しんいちろう／里玖斗 りくと

**7-13**
孝太郎 こうたろう

**7-14**
佑太郎 ゆうたろう／孝太朗 こうたろう

**7-17**
伸太朗 しんたろう／伸之輔 しんのすけ／孝志朗 こうしろう

---

**1文字目の画数　8画**

怜 れい／岳 がく／歩 あゆむ

**8-1**
昊 こう／空 そら／明 あきら／周 しゅう／直 すなお／弦 げん／昇 のぼる／武 たけし／拓 たく／実 みのる／卓 たく／宗一 そういち／幸一 こういち／征一 せいいち／侑一 ゆういち

**8-2**
幸人 ゆきと／岳人 がくと／明人 あきと／直人 なおと

**8-4**
幸太 こうた／明仁 あきひと／旺介 おうすけ／旺太 おうた／岳太 がくと／明斗 あきと／和仁 かずひと／弦太 げんた／怜太 れいた／武文 たけふみ

京介 きょうすけ

**8・5**

怜央 れお
直生 なおき
幸平 こうへい
周平 しゅうへい
知広 ともひろ
和史 かずふみ
卓矢 たくや

**8・6**

幸成 ゆきなり
尚行 なおゆき
佳光 よしみつ
和成 かずなり

**8・7**

和希 かずき
幸希 こうき
空良 そら
英汰 えいた
和玖 わく
幸助 こうすけ
朋希 ともき
英寿 ひでとし
怜汰 れいた
尚孝 なおたか
尚吾 しょうご
明希 はるき
京吾 きょうご
周作 しゅうさく

**8・8**

拓実 たくみ
歩武 あゆむ
和弥 かずや
宗治 むねはる
昊空 そら
和季 かずき
拓弥 たくや
朋佳 ともよし
直季 なおき
英治 えいじ
知明 ともあき

**8・9**

拓海 たくみ
旺祐 おうすけ
怜音 れおん
知紀 ともき
和哉 かずや
歩音 あゆと
幸俊 ゆきとし
直政 なおまさ
宗則 むねのり
忠信 ただのぶ
直哉 なおや

**8・10**

和真 かずま
拓真 たくま
拓馬 たくま
侑真 ゆうま
明真 はるま
侑馬 ゆうま
拓朗 たくろう
和馬 かずま
和浩 かずひろ
和晃 かずあき

**8・11**

武琉 たける
拓都 たくと
和隆 かずたか

**8・12**

幸翔 ゆきと
尚貴 なおき
武陽 たけはる
佳裕 よしひろ

**8・13**

歩夢 あゆむ
拓夢 たくむ
幸誠 こうせい
知聖 ちさと
忠寛 ただひろ
和雅 かずまさ

**8・14**

波瑠 はる
幸輔 こうすけ
知徳 とものり

**8・15**

幸輝 こうき
朋輝 ともき
直輝 なおき
武蔵 むさし
知慧 ちさと

**8・16**

拓磨 たくま
直樹 なおき
和樹 かずき
朋樹 ともき
英樹 えいき

# 画数から選ぶ名づけ 男の子名

## 1文字目の画数 8〜9画

### 8-17
- 和優 かずまさ
- 幸優 ゆきまさ
- 和駿 かずとし
- 和騎 かずき

### 8-18
- 依織 いおり

### 8(7)
- 虎之介 とらのすけ

### 8(10)
- 直央人 なおと
- 宗一郎 そういちろう
- 幸之助 こうのすけ

### 8(11)
- 昊一朗 こういちろう
- 京一朗 きょういちろう

### 8(12)
- 宗士郎 そうしろう

### 8(13)
- 幸之亮 こうのすけ
- 幸乃進 ゆきのしん
- 幸士朗 こうしろう
- 虎太郎 こたろう
- 直太郎 なおたろう

### 8(14)
- 宗太朗 そうたろう
- 幸太朗 こうたろう
- 明日真 あすま
- 直太朗 なおたろう

### 8(15)
- 幸史朗 こうしろう
- 幸司朗 こうしろう

### 8(16)
- 幸多朗 こうたろう

### 8(17)
- 旺志郎 おうしろう
- 昊之輔 こうのすけ
- 旺志朗 おうしろう

- 直次郎 なおじろう

## 1文字目の画数 9画

- 奏 そう
- 柊 しゅう
- 海 かい
- 洸 こう
- 昴 すばる

### 9画
- 亮 りょう
- 祐 ゆう
- 宥 ゆう
- 恒 こう
- 信 しん
- 柊一 しゅういち

### 9-1
- 勇一 ゆういち
- 亮一 りょういち
- 咲人 さくと
- 勇人 ゆうと
- 祐人 ゆうと
- 春人 はると
- 柊二 しゅうじ
- 海人 かいと

### 9-2

- 研人 けんと
- 俊人 あきと
- 奏人 かなと
- 洸大 こうた
- 奏大 かなた
- 虹大 しゅうや
- 柊也 こうや
- 亮也 りょうや
- 奏太 そうた
- 海斗 かいと
- 春斗 はると
- 勇太 ゆうた
- 柊太 しゅうた
- 洋太 ようた

### 9-3

### 9-4

- 奏介 そうすけ
- 俊太 しゅんた
- 亮太 りょうた
- 春仁 はると
- 祐介 しゅんすけ
- 俊介 しゅんすけ
- 虹太 こうた
- 郁斗 いくと
- 洸生 こうき
- 玲央 れお
- 俊平 しゅんぺい
- 奏多 かなた
- 勇成 ゆうせい
- 亮成 りょうせい

### 9-5

### 9-6

柊羽《しゅう》
祐丞《ゆうすけ》
祐成《ゆうせい》
亮多《りょうた》

## 9・7

柚希《ゆずき》
奏汰《かなた》
春希《はるき》
奏志《そうし》
洸希《こうき》
俐玖《りく》
亮佑《りょうすけ》
奏良《そら》
勇志《ゆうじ》
栄作《えいさく》
洋希《ひろき》

## 9・8

柊弥《しゅうや》
俐空《りく》
音弥《おとや》
春弥《しゅんや》
政宗《まさむね》
俊弥《しゅんや》
咲弥《さくや》

## 9・9

柊哉《しゅうや》
奏音《かなと》
海音《かいと》
星哉《せいや》
玲音《れおん》
春哉《はるや》
咲哉《さくや》
春紀《はるき》
亮祐《りょうすけ》
勇祐《ゆうすけ》
音哉《おとや》

## 9・10

春馬《はるま》
柊真《しゅうま》
春真《はるま》
勇悟《ゆうご》
春眞《はるま》
勇馬《ゆうま》

## 9・11

咲都《さくと》
春琉《はる》
玲凰《れお》
飛鳥《あすか》

## 9・12

海翔《かいと》
春翔《はると》
柚稀《ゆずき》
春陽《はるひ》
奏翔《かなと》
海晴《かいせい》
律貴《りつき》
春喜《はるき》
春稀《はるき》
政博《まさひろ》

## 9・13

奏詩《そうた》
恒雅《こうが》
亮雅《りょうが》
勇聖《ゆうせい》

## 9・14

俊輔《しゅんすけ》
春瑠《はる》
亮輔《りょうすけ》

## 9・15

春輝《はるき》
柚輝《ゆずき》
勇輝《ゆうき》
海璃《かいり》
祐輝《ゆうき》

## 9・16

春樹《はるき》
柊磨《しゅうま》
柚樹《ゆずき》
春磨《はるま》
勇樹《ゆうき》

## 9（13）

咲(9)太(4)郎(9)《さくたろう》
春(9)太(4)郎(9)《しゅんたろう》
海(9)南(9)斗(4)《みなと》

## 9（14）

咲(9)太(4)朗(10)《さくたろう》
亮(9)太(4)朗(10)《りょうたろう》
奏(9)太(4)朗(10)《そうたろう》

## 9（15）

奏(9)史(5)朗(10)《そうしろう》
海(9)唯(11)斗(4)《かいと》

# 1文字目の画数 10画

## 10

朔《さく》

眞 まこと　朗 あきら　晋 しん　透 とおる　剛 つよし　修 しゅう　竜 りゅう　真 まこと　祥 しょう　凌 りょう　峻 しゅん　将 しょう　悟 さとる　晃 あきら　航 こう　隼 しゅん

**画数から選ぶ名づけ　男の子名　1文字目の画数 10〜10画**

### 10・1
- 泰一 たいち
- 恵一 けいいち
- 修一 しゅういち
- 凌一 りょういち
- 真一 しんいち
- 竜一 りゅういち
- 航一 こういち

### 10・2
- 隼人 はやと
- 将人 まさと
- 真人 まさと
- 竜人 りゅうと
- 紘人 ひろと
- 浩二 こうじ

### 10・3
- 朔也 さくや
- 航大 こうた
- 凌大 りょうた
- 将大 まさひろ
- 凌久 りく
- 眞大 まひろ
- 透也 とうや
- 隼也 しゅんや
- 隼士 はやと
- 竜大 りゅうた
- 恵大 けいた
- 泰千 たいち
- 航也 こうや
- 竜也 たつや
- 修士 しゅうと

### 10・4
- 修也 しゅうや
- 哲也 てつや
- 航太 こうた
- 隼斗 はやと
- 桜介 おうすけ
- 凌太 りょうた
- 桜太 おうた
- 晃太 こうた
- 真斗 まなと
- 恵太 けいた
- 将斗 まさと
- 恵介 けいすけ
- 祥太 しょうた

### 10・5
- 航平 こうへい

### （10・5〜）
- 真矢 まさや
- 泰史 たいし
- 時生 ときお
- 晃弘 あきひろ
- 恵司 けいじ
- 将生 まさき
- 修平 しゅうへい
- 恭平 きょうへい
- 隼平 しゅんぺい
- 莉生 りお
- 晃生 こうき
- 純平 じゅんぺい
- 泰生 たいき
- 竜生 たつき
- 哲平 てっぺい
- 桔平 きっぺい

### 10・6
- 倫弘 ともひろ
- 竜成 りゅうせい
- 将伍 しょうご
- 恭伍 きょうご
- 泰成 たいせい
- 修伍 しゅうご

### 10・7
- 航希 こうき
- 莉玖 りく
- 隼汰 しゅんた
- 凌佑 りょうすけ
- 息吹 いぶき
- 恭佑 きょうすけ
- 桜佑 おうすけ
- 晃希 こうき

10・8 continued

泰我《たいが》
航汰《こうた》
倖希《こうき》
将吾《しょうご》

**10・8**

泰知《たいち》
朔弥《さくや》
真幸《まさき》
莉空《りく》
将明《まさあき》
桜弥《おうや》
竜弥《りゅうや》

**10・9**

将紀《まさき》
晃紀《こうき》
時哉《ときや》
泰祐《たいすけ》
竜哉《たつや》
竜星《りゅうせい》
純哉《じゅんや》

**10・10**

将真《しょうま》
透真《とうま》
祥真《しょうま》
修真《しゅうま》
朔馬《さくま》
泰晟《たいせい》
竜真《たつま》
竜馬《りょうま》
凌真《りょうま》

**10・11**

将隆《まさたか》
恵梧《けいご》
恵都《けいと》
晃都《あきと》
耕基《こうき》
泰隆《やすたか》

**10・12**

真翔《まなと》
恵翔《けいと》
航晴《こうせい》
将博《まさひろ》
将貴《まさたか》

**10・13**

竜聖《りゅうせい》
桜雅《おうが》
泰誠《たいせい》
晃暉《こうき》
晃誠《こうせい》
竜誠《りゅうせい》
将誠《しょうせい》
将暉《まさき》
晃聖《こうせい》
紘夢《ひろむ》

**10・14**

恭輔《きょうすけ》
桜輔《おうすけ》
浩輔《こうすけ》
高徳《たかのり》
真彰《まさあき》
泰輔《たいすけ》
耕輔《こうすけ》

**10・15**

泰蔵《たいぞう》
竜輝《たつき》
凌駕《りょうが》
将輝《まさき》
恵蔵《けいぞう》
晃輝《こうき》
紘輝《ひろき》
真慶《まさよし》

**10・16**

将磨《しょうま》
泰樹《たいき》
竜樹《たつき》
航樹《こうき》
夏樹《なつき》

**10・18**

竜騎《りゅうき》
将騎《まさき》

**10・20**

将護《しょうご》
真護《しんご》

**10（6）**

真10七2斗4《まなと》
竜10乃2介4《りゅうのすけ》

**10（7）**

竜10之3介4《りゅうのすけ》
真10之3介4《しんのすけ》
晋10之3介4《しんのすけ》
晃10之3介4《こうのすけ》
航10之3介4《こうのすけ》
真10央5人2《まおと》

**10（9）**

真10希7人2《まきと》
真10那7人2《まなと》

10（10）

恵一郎《けいいちろう》 10 1 9
竜一郎《りゅういちろう》 10 1 9
純一郎《じゅんいちろう》 10 1 9
真之助《しんのすけ》 10 3 7
純之助《じゅんのすけ》 10 3 7
竜之助《りゅうのすけ》 10 3 7

10（11）

恵一朗《けいいちろう》 10 1 10
晃一朗《こういちろう》 10 1 10
眞那斗《まなと》 10 7 4
莉玖斗《りくと》 10 7 4

10（12）

晃士郎《こうしろう》 10 3 9
真之亮《しんのすけ》 10 3 9
航士郎《こうしろう》 10 3 9

10（13）

晃士朗《こうしろう》 10 3 10
朔太郎《さくたろう》 10 4 9
航太郎《こうたろう》 10 4 9
倫太郎《りんたろう》 10 4 9
真太郎《しんたろう》 10 4 9
祥太郎《しょうたろう》 10 4 9
竜太郎《りゅうたろう》 10 4 9

10（14）

航太朗《こうたろう》 10 4 10
将太朗《しょうたろう》 10 4 10
恵太朗《けいたろう》 10 4 10
朔太朗《さくたろう》 10 4 10
桜太朗《おうたろう》 10 4 10
航史郎《こうしろう》 10 5 9
真稀人《まきと》 10 12 2

1文字目の画数

## 11画

11

陸《りく》
悠《ゆう》
健《たける》
渉《わたる》
琉《りゅう》
絆《きずな》
爽《そう》
涼《りょう》
望《のぞむ》
理《おさむ》
淳《じゅん》
羚《れい》
啓《けい》
陵《りょう》
進《すすむ》
康《こう》
脩《しゅう》
隆《たかし》
雫《しずく》

11-1

悠一《ゆういち》
理一《りいち》
康一《こういち》
淳一《じゅんいち》
啓一《けいいち》

11-2

悠人《ゆうと》
陸人《りくと》
唯人《ゆいと》
理人《りひと》
健人《けんと》
隆人《りゅうと》
彩人《あやと》
琉人《りゅうと》
章人《あきと》
啓人《ひろと》
悠二《ゆうじ》

11-3

悠大《ゆうだい》
理久《りく》
陸也《りくや》
康己《こうき》
悠士《ゆうし》
隆之《たかゆき》

11-4

悠斗《ゆうと》
陸斗《りくと》
悠仁《ゆうと》
悠太《ゆうた》
琉斗《りゅうと》
健心《けんしん》
啓太《けいた》
康太《こうた》
悠月《ゆづき》
悠介《ゆうすけ》
健斗《けんと》
涼介《りょうすけ》
健太《けんた》
彩斗《あやと》
康介《こうすけ》

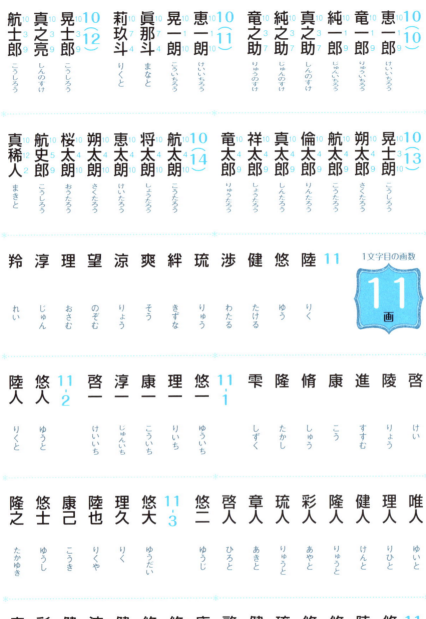

**11·4**

理仁 りひと ／ 涼太 りょうた ／ 貫太 かんた ／ 脩斗 しゅうと ／ 悠天 はるたか ／ 章斗 あきと ／ 勘太 かんた ／ 隆太 りゅうた ／ 爽太 そうた ／ 琉仁 りゅうと ／ 健介 けんすけ ／ 啓介 けいすけ ／ 唯斗 ゆいと ／ 進太 しんた ／ 隆文 たかふみ ／ 雪斗 ゆきと

**11·5**

陵介 りょうすけ ／ 琉生 るい ／ 悠生 はるき ／ 理央 りお ／ 理功 りく ／ 康平 こうへい ／ 隆広 たかひろ ／ 康生 こうせい ／ 悠史 ゆうし ／ 悠平 ゆうへい ／ 悠世 ゆうせい ／ 彩生 あやき ／ 琉矢 りゅうや

**11·6**

琉衣 るい

**11·6**

隆成 りゅうせい ／ 康成 こうせい ／ 康有 ゆう ／ 基成 もとなり

**11·7**

悠希 はるき ／ 悠吾 ゆうご ／ 健吾 けんご ／ 悠佑 ゆうすけ ／ 悠里 ゆうり ／ 健汰 けんた ／ 隆汰 りゅうた ／ 悠杜 はると ／ 惟吹 いぶき ／ 理玖 りく ／ 康希 こうき

**11·8**

爽良 そら ／ 琉玖 りく ／ 章吾 しょうご ／ 啓吾 けいご ／ 悠河 ゆうが ／ 梨空 りく ／ 清弥 せいや ／ 健治 けんじ

**11·9**

琉星 りゅうせい ／ 康祐 こうすけ ／ 悠音 ゆうと ／ 唯音 ゆいと ／ 悠星 ゆうせい ／ 清春 きよはる

**11·10**

悠真 ゆうま ／ 悠馬 ゆうま ／ 悠悟 ゆうご ／ 琉真 りゅうま ／ 悠晟 ゆうせい ／ 隆真 りゅうせい ／ 琉晟 りゅうせい ／ 脩真 しゅうま ／ 琉馬 りゅうま ／ 涼真 りょうま ／ 康晃 やすあき ／ 隆晃 たかあき ／ 隆浩 たかひろ

**11·11**

琉唯 るい

**11·12**

健琉 たける ／ 悠都 ゆうと ／ 康基 こうき ／ 悠翔 ゆうと ／ 琉翔 りゅうと ／ 琉惺 りゅうせい ／ 悠貴 ゆうき ／ 悠陽 ゆうひ ／ 悠登 ゆうと ／ 琉偉 るい ／ 琉晴 りゅうせい ／ 涼晴 りょうせい ／ 悠稀 ゆうき ／ 麻陽 あさひ ／ 康晴 こうせい

画数から選ぶ名づけ　男の子名　1文字目の画数　11〜12画

| 清貴 きよたか | 健登 けんと | 隆晴 たかはる | 彩登 あやと | **11-13** | 悠聖 ゆうせい | 悠雅 ゆうが | 琉雅 りゅうが | 琉聖 りゅうせい | 康誠 こうせい | 理夢 りむ | 涼雅 りょうが | 隆誠 りゅうせい | 悠慎 ゆうしん | 悠嗣 ゆうし | 悠誠 ゆうせい |

| 琉暉 りゅうき | 啓夢 ひろむ | 望夢 のぞむ | **11-14** | 悠輔 ゆうすけ | 爽輔 そうすけ | 理駆 りく | 健輔 けんすけ | 啓輔 けいすけ | 隆徳 たかのり | **11-15** | 悠輝 ゆうき | 琉輝 りゅうき | 理輝 りき | **11-16** | 悠樹 ゆうき |

| 悠磨 ゆうま | 琢磨 たくま | 理樹 りき | 隆樹 りゅうき | **11-18** | 唯織 いおり | 琉騎 りゅうき | 隆騎 りゅうき | **11-(7)** | 隆之介 りゅうのすけ | 悠之介 ゆうのすけ | 淳之介 じゅんのすけ | 理久斗 りくと | 理央人 りおと | **11-(10)** | 悠一郎 ゆういちろう |

| 康一郎 こういちろう | 隆之助 りゅうのすけ | **11-13** | 悠之真 ゆうのしん | 悠太郎 ゆうたろう | 健太郎 けんたろう | 隆太郎 りゅうたろう | 章太郎 しょうたろう | 啓太郎 けいたろう | **11-14** | 琉太朗 りゅうたろう | 健太朗 けんたろう | 清史郎 せいしろう | **11-16** | 清志郎 きよしろう | 康志郎 こうしろう |

## 1文字目の画数 12画

| 尋 ひろ | 温 はる | 然 ぜん | 暁 あきら | 善 ぜん | 遥 はる | 葵 あおい | 尊 たける | 晴 はる | 陽 はる | 翔 しょう | 湊 みなと |

| 貴一 きいち **12-1** | 裕 ひろ | 敢 かん | 智 さとし | 順 じゅん | 雄 ゆう | 創 そう | 塁 るい | 竣 しゅん | 瑛 あきら | 敦 あつし | 敬 けい | 晶 あきら | 惺 さとる | 開 かい |

皓一　こういち
翔一　しょういち
智一　ともかず

### 12-2

結人　ゆいと
湊人　みなと
陽人　はると
遥人　はると
瑛人　えいと
晴人　はると
裕人　ひろと
温人　はると
絢人　あやと
博人　ひろと
智人　ともひと
裕二　ゆうじ

### 12-3

翔大　しょうた
陽大　はると
遥大　はると
雄大　ゆうだい
瑛大　えいた
湊士　みなと
達也　たつや
瑛士　えいじ
智也　ともや
遥也　はるや
遥士　はると
絢士　あやと
結大　ゆいと
創士　そうし
雄士　ゆうし

智士　さとし
結也　ゆうや
翔也　しょうや
凱士　かいと
智大　ともひろ
晴也　せいや
陽久　はるひさ
晴久　はるひさ
敦士　あつし
湊也　そうや
智久　ともひさ
晴之　はるゆき
敬之　たかゆき
裕己　ゆうき
裕之　ひろゆき
裕也　ゆうや

雄也　ゆうや
貴久　たかひさ

### 12-4

陽斗　はると
翔太　しょうた
遥斗　はると
瑛太　えいた
結斗　ゆいと
陽太　ひなた
晴斗　はると
陽仁　はるひと
瑛斗　えいと
晴太　せいた
湊斗　みなと
結仁　ゆいと
絢斗　けんと

創太　そうた
晴仁　はるひと
敬太　けいた
陽介　ようすけ
雄斗　ゆうと
遥太　はるた
暁斗　あきと
竣太　しゅんた
裕太　ゆうた
結太　ゆうた
博斗　ひろと
敢太　かんた
智仁　ともひと
晴天　はるたか
琳太　りんた
瑛仁　えいと

湊太　そうた
創介　そうすけ
勝太　しょうた
裕斗　ゆうと
裕介　ゆうすけ
雄太　ゆうた
絢太　けんた
惠太　けいた
惺太　せいた
瑛介　えいすけ
絢心　けんしん
絢介　けんすけ
葵斗　あおと
智文　ともふみ
景介　けいすけ
敬介　けいすけ

雄介　ゆうすけ

### 12-5

陽生　はるき
翔生　しょう
結生　ゆうせい
創史　そうし
陽平　ようへい
結叶　ゆいと
惺矢　せいや
尊弘　たかひろ
智史　さとし
晴矢　はるや
智弘　ともひろ
智生　ともき
敦弘　あつひろ
敦司　あつし
椋平　りょうへい
敦史　あつし
皓生　こうき
翔平　しょうへい
達矢　たつや

### 12-6

陽向　ひなた
葵羽　あおば
晴成　はるなり
瑛次　えいじ
琥羽　こう
翔成　しょうせい
翔伍　しょうご
雄成　ゆうせい
陽成　ようせい
貴行　たかゆき
智行　ともゆき

### 12-7

陽希　はるき
晴希　はるき
翔汰　しょうた
遥希　はるき
智希　ともき
翔吾　しょうご
翔希　しょうき
惺吾　せいご
智宏　ともひろ
敬吾　けいご
敬汰　けいた
瑛志　えいし
瑛汰　えいた
絢汰　けんた

### 12-8

翔和　とわ
晴空　はるく
智英　ともひで
智明　ともあき
景虎　かげとら
翔弥　しょうや
翔英　しょうえい
結弦　ゆづる
雄河　ゆうが
智和　ともかず

### 12-9

智哉　ともや
琥珀　こはく
陽音　はると
裕哉　ゆうや
朝飛　あさひ
晴哉　はるや
雄飛　ゆうひ
湊音　みなと
竣星　しゅんせい
翔哉　しょうや
陽祐　ようすけ
遥音　はると
結音　ゆうと
尊哉　たかや
晴海　はるみ
晴紀　はるき
晴信　はるのぶ
遥紀　はるき
晴彦　はるひこ
雄星　ゆうせい
達哉　たつや

### 12-10

翔真　しょうま
翔馬　しょうま
陽真　はるま
晴真　はるま
晴馬　はるま
遥馬　はるま
結真　ゆうま
智朗　ともろう
瑛真　えいしん
陽眞　はるま
智晃　ともあき
景悟　けいご

### 12-11

翔琉　かける

瑛都《えいと》
陽都《はると》
尊琉《たける》
智基《ともき》
湊都《みなと》
結都《ゆいと》
遥都《はると》
晴悠《はるひさ》
晴彬《はるあき》
晴規《はるき》
皓基《こうき》
裕基《ゆうき》

**12-12**

陽翔《はると》
朝陽《あさひ》
結翔《ゆいと》

晴翔《はると》
遥翔《はると》
晴貴《はるき》
晴登《はると》
瑛翔《えいと》
陽葵《はるき》
陽登《はると》
陽貴《はるき》
裕翔《ゆうと》
遥稀《はるき》
晴道《はるみち》
晴喜《はるき》
晴渡《はると》
湊翔《みなと》
結陽《ゆうひ》
裕貴《ひろき》

陽稀《はるき》
遥貴《はるき》
智博《ともひろ》
晴陽《はるあき》
智裕《ちひろ》
翔稀《しょうき》
結登《ゆうと》
裕登《ゆうと》
智尋《ともひろ》
智晴《ともはる》
智稀《ともき》
博貴《ひろき》

**12-13**

陽詩《ひなた》
翔夢《しょうむ》
雄聖《ゆうせい》

智寛《ともひろ》

**12-14**

瑛輔《えいすけ》
陽瑠《はる》
裕輔《ゆうすけ》

**12-15**

陽輝《はるき》
晴輝《はるき》
裕輝《ゆうき》
智輝《ともき》
智慧《ちさと》
敬蔵《けいぞう》

**12-16**

陽樹《はるき》
晴樹《はるき》
智樹《ともき》

晴磨《はるま》

**12(11)**

陽12 一1 朗10《よういちろう》
結12 希7 斗4《ゆきと》

**12(12)**

瑛12 二2 朗10《えいじろう》
湊12 士3 郎9《そうしろう》
琥12 大3 郎9《こたろう》

**12(13)**

琥12 太4 郎9《こたろう》
翔12 太4 郎9《しょうたろう》
晴12 太4 郎9《せいたろう》
瑛12 太4 郎9《えいたろう》

**12(14)**

琥12 太4 朗10《こたろう》
瑛12 太4 朗10《えいたろう》

敬12 太4 朗10《けいたろう》

## 1文字目の画数 13画

**13**

蓮《れん》
蒼《あおい》
新《あらた》
楓《かえで》
暖《はる》
廉《れん》
煌《こう》
舜《しゅん》
誠《まこと》
慎《しん》
聖《ひじり》

想　そう
雅　みやび
楽　がく
楷　かい
滉　こう
禅　ぜん
幹　かん
寛　ひろし
稜　りょう
稔　みのる

### 13-1

慎一　しんいち
誠一　せいいち

### 13-2

暖人　はると
蓮人　れんと
蒼人　あおと
寛人　ひろと
睦人　むつと
聖人　まさと
義人　よしと
雅人　まさと
幹人　みきと
廉人　れんと
楽人　がくと
誠二　せいじ

### 13-3

蒼大　そうた
煌大　こうた
寛大　かんた
聖也　せいや
蒼也　そうや
雅久　がく
雅也　まさや
幹大　かんた
慎也　しんや
滉大　こうだい
奨也　しょうや
義久　よしひさ

### 13-4

蒼太　そうた
蓮斗　れんと
寛太　かんた
幹太　かんた
煌太　こうた
蒼斗　あおと
蒼介　そうすけ
愛斗　まなと
煌介　こうすけ
新太　あらた
想太　そうた
楓太　ふうた
楓斗　ふうと
暖斗　はると
聖斗　まさと
稜太　りょうた
蓮介　れんすけ
蓮太　れんた
鉄心　てっしん
義仁　よしと
想介　そうすけ
寛仁　ひろと
源斗　げんと
聖太　せいた
鉄太　てった
雅斗　まさと
幹仁　みきひと

### 13-5

煌生　こうせい
蒼生　あおい
煌平　こうへい
瑞生　みずき
聖矢　せいや
蒼矢　そうや
蒼史　そうし
鉄生　てっしょう
誠矢　せいや
慎平　しんぺい
寛生　ひろき
暖生　はるき
新平　しんぺい
稜平　りょうへい
鉄平　てっぺい
雅生　まさき
蓮生　れん

### 13-6

煌成　こうせい
寛多　かんた

### 13-7

蒼汰　そうた
新汰　あらた
蒼佑　そうすけ
蒼志　そうし
想佑　そうすけ
暖希　はるき
瑞希　みずき

## 画数から選ぶ名づけ 男の子名 1文字目の画数 13〜14画

### 13画

雅希 まさき
蒼空 そら
煌明 こうめい
聖弥 せいや
誠治 せいじ
蒼弥 そうや
想弥 そうや
慎治 しんじ
義明 よしあき
義知 よしとも
蒼典 そうすけ
靖弥 せいや
寛幸 ひろゆき
寛明 ひろあき
雅弥 まさや

### 13-8

### 13-9
蒼祐 そうすけ
蓮音 れんと
詩音 しおん
寛紀 ひろき
雅紀 まさき
雅哉 まさや
慎哉 しんや
蒼真 そうま
楓真 ふうま
暖真 はるま
蒼馬 そうま
想真 そうま
楓馬 ふうま
獅恩 しおん

### 13-10

### 13-11
稜真 りょうま
蒼眞 そうま
瑞記 みずき
煌真 こうま
寛記 ひろき
義朗 よしろう
蒼唯 あおい
義基 よしき
雅基 まさき
雅隆 まさたか
愛翔 まなと
蓮翔 れんと
煌貴 こうき
瑞貴 みずき

### 13-12

### 13-13
蒼偉 あおい
寛貴 ひろき
獅童 しどう
義智 よしとも
雅貴 まさき
楓雅 ふうが
煌雅 こうが
煌聖 こうせい
雅義 まさよし
稜輔 りょうすけ
蒼輔 そうすけ
瑞輝 みずき
雅毅 まさき

### 13-14

### 13-15

### 13-16
煌樹 こうき
瑞樹 みずき
雅樹 まさき
慎一郎 しんいちろう
蒼一郎 そういちろう
慎之助 しんのすけ
誠之助 せいのすけ
煌一朗 こういちろう
慎一朗 しんいちろう
煌太郎 こうたろう
蒼太郎 そうたろう
慎太郎 しんたろう

### 13-10
### 13-(11)
### 13-9
### 13-4 1
### 13-9
### 13-(13)

### 14
颯 そう
碧 あおい
聡 さとし
魁 かい
肇 はじめ
豪 ごう
彰 あきら
嘉一 かいち

### 14-1

### 13-(14)
蓮太朗 れんたろう
誠史郎 せいしろう

1文字目の画数 **14画**

## 14画

| 漢字 | 読み |
|---|---|
| 聡一 | そういち |
| 颯一 | そういち |
| 14・2 颯一 | はやと |
| 綾人 | あやと |
| 彰人 | あきと |
| 碧人 | あおと |
| 嘉人 | よしと |
| 魁人 | かいと |
| 14・3 颯大 | そうた |
| 颯士 | そうし |
| 聡也 | そうや |
| 彰久 | あきひさ |
| 14・4 颯太 | そうた |

| 漢字 | 読み |
|---|---|
| 颯介 | そうすけ |
| 碧斗 | あおと |
| 聡太 | そうた |
| 聡介 | そうすけ |
| 綾太 | りょうた |
| 綾斗 | あやと |
| 彰太 | しょうた |
| 豪太 | ごうた |
| 14・5 総司 | そうし |
| 碧生 | あおい |
| 聡史 | さとし |
| 聡司 | さとし |
| 14・6 瑠衣 | るい |
| 碧羽 | あおば |

| 漢字 | 読み |
|---|---|
| 颯汰 | そうた |
| 颯志 | そうし |
| 維吹 | いぶき |
| 颯佑 | そうすけ |
| 颯希 | そうき |
| 颯助 | そうすけ |
| 聡佑 | そうすけ |
| 颯良 | そら |
| 彰吾 | しょうご |
| 彰宏 | あきひろ |
| 嘉孝 | よしたか |
| 14・8 颯弥 | そうや |
| 颯空 | そら |
| 銀河 | ぎんが |

| 漢字 | 読み |
|---|---|
| 14・9 聡祐 | そうすけ |
| 颯祐 | そうすけ |
| 瑠星 | りゅうせい |
| 颯亮 | そうすけ |
| 彰則 | あきのり |
| 彰哉 | しょうや |
| 14・10 颯真 | そうま |
| 聡真 | そうま |
| 颯馬 | そうま |
| 聡馬 | そうま |
| 碧真 | あおま |
| 徳晃 | のりあき |
| 14・11 瑠唯 | るい |

| 漢字 | 読み |
|---|---|
| 駆琉 | かける |
| 14・12 颯貴 | そうき |
| 碧偉 | あおい |
| 瑠偉 | るい |
| 14・14 颯輔 | そうすけ |
| 聡輔 | そうすけ |
| 14・15 瑠輝 | るき |
| 銀蔵 | ぎんぞう |
| 14・16 颯磨 | そうま |
| 遙樹 | はるき |
| 14(7) 颯之介 | そうのすけ |

1文字目の画数
## 15画

| 漢字 | 読み |
|---|---|
| 彰之介 14・3 | しょうのすけ |
| 総一郎 14・10 | そういちろう |
| 聡一郎 14 | そういちろう |
| 総一朗 14・11 | そういちろう |
| 聡一朗 14 | そういちろう |
| 颯太郎 14(13) | そうたろう |
| 聡太郎 14 | そうたろう |
| 諒 | りょう |
| 輝 | ひかる |

画数から選ぶ名づけ　男の子名　1文字目の画数 14〜15画

遼 りょう
慧 さとし
潤 じゅん
慶 けい
駈 かける
徹 とおる
毅 たけし

**15-1**

輝一 きいち
慶一 けいいち
潤一 じゅんいち
諒一 りょういち

**15-2**

璃人 りひと
慧人 けいと
遼人 はると
諒人 あきと
慶二 けいじ

**15-3**

璃久 りく
遼大 りょうた
遼也 りょうや
慶久 よしひさ
輝之 てるゆき

**15-4**

慧太 けいた
慶太 けいた
諒太 りょうた
慧斗 けいと
遼介 りょうすけ

**15-5**

潤矢 じゅんや
遼央 りょう
諒平 りょうへい

**15-6**

慶次 けいじ
慧伍 けいご
諒成 りょうせい

**15-7**

慶汰 けいた
慶吾 けいご
遼佑 りょうすけ
慶志 けいじ

**15-8**

璃空 りく
輝幸 てるゆき
慧典 けいすけ
凜空 りく

**15-9**

慶祐 けいすけ
璃音 りおん
慶彦 よしひこ
潤哉 じゅんや

**15-10**

慶悟 けいご
穂高 ほだか
遼馬 りょうま
諒真 りょうま
慶真 けいしん

**15-11**

慶都 けいと
毅琉 たける

**15-12**

慧翔 けいと
輝道 てるみち
慶晴 よしはる

**15(10)**

慶一郎 15 1 9 けいいちろう
潤之助 15 3 7 じゅんのすけ
蔵之助 15 3 7 くらのすけ

**15(11)**

慶一朗 15 1 10 けいいちろう
璃玖斗 15 7 4 りくと

**15(13)**

遼太郎 15 4 9 りょうたろう
慶太郎 15 4 9 けいたろう
凜太郎 15 4 9 りんたろう

**15(14)**

遼太朗 15 4 10 りょうたろう
凜太朗 15 4 10 りんたろう

## 1文字目の画数 16画

**16**

樹 いつき
龍 りゅう
薫 かおる
澪 れい
衛 まもる
篤 あつし
錬 れん
諧 かい
賢 けん

**16-1**

龍一 りゅういち
樹一 きいち

賢一 けんいち

**16-2**　龍人 りゅうと／篤人 あっと／賢人 けんと

**16-3**　龍己 りゅうき／龍也 たつや

**16-4**　篤士 あつし／龍斗 りゅうと／龍太 りゅうた／龍心 りゅうしん／賢太 けんた／篤斗 あっと／憲太 けんた

**16-5**　龍生 りゅうせい／樹生 いつき／龍平 りゅうへい／龍司 りゅうじ／龍矢 りゅうや／篤弘 あつひろ／賢司 けんじ／龍広 たつひろ／篤史 あつし／篤司 あつし

**16-6**　龍成 りゅうせい／龍羽 りゅう／橙伍 とうご／篤成 あつなり

**16-7**　龍希 りゅうき／龍志 りゅうじ／樹希 いつき／龍我 りゅうが／龍汰 りょうた／龍臣 たつおみ／篤志 あつし／賢志 けんし／賢吾 けんご／憲吾 けんご／篤宏 あつひろ

**16-8**　龍希 りゅうき／龍治 りゅうじ／橙弥 とうや／龍青 りゅうせい／憲明 のりあき／賢治 けんじ
*（※右端列は龍空 りゅうく）*

**16-9**　龍星 りゅうせい／龍彦 たつひこ／篤紀 あつき／賢祐 けんすけ／篤郎 あつろう

**16-10**　龍馬 りょうま／橙馬 とうま／賢悟 けんご／龍眞 りゅうま

**16-12**　龍翔 りゅうと／龍惺 りゅうせい／篤貴 あつき／賢登 けんと

**16-13**　龍聖 りゅうせい／龍誠 りゅうせい／龍雅 りゅうが

**16-14**　賢輔 けんすけ／龍輔 りゅうすけ

**16-15**　龍輝 りゅうき／篤毅 あつき／憲蔵 けんぞう／賢蔵 けんぞう

**16-16**　龍樹 たつき／篤樹 あつき／龍磨 りゅうま

**16-6**　龍乃介 りゅうのすけ

**16-7**　龍之介 りゅうのすけ

**16-9**　龍乃助 りゅうのすけ

**16-10**　龍一郎 りゅういちろう／龍之助 りゅうのすけ

**16-13**　龍太郎 りゅうたろう／賢太郎 けんたろう

### 16（14）

龍之進（16・3・11） りゅうのしん
憲太朗（16・4・10） けんたろう

## 1文字目の画数 17画

### 17

翼 つばさ
駿 しゅん
優 ゆう
謙 けん
嶺 りょう

### 17・1

優一 ゆういち
謙一 けんいち
駿一 しゅんいち

### 17・2

優人 ゆうと
謙人 けんと

### 17・3

優大 ゆうだい
優士 ゆうと
優也 ゆうや
駿也 しゅんや

### 17・4

優斗 ゆうと
優太 ゆうた
駿太 しゅんた
優介 ゆうすけ
優心 ゆうしん
駿斗 しゅんと
優月 ゆづき
駿介 しゅんすけ
優仁 ゆうと
謙心 けんしん
應介 おうすけ
謙太 けんた
謙介 けんすけ

### 17・5

駿平 しゅんぺい
優矢 ゆうや
優司 ゆうじ

### 17・6

優成 ゆうせい
優羽 ゆうわ
駿多 しゅんた

### 17・7

優希 ゆうき
優吾 ゆうご
優杜 ゆうと
優志 ゆうし
駿希 しゅんき
謙吾 けんご

### 17・8

鴻明 こうめい
駿弥 しゅんや
優季 ゆうき

### 17・9

優音 ゆうと
駿祐 しゅんすけ

### 17・10

優真 ゆうま
優晟 ゆうせい
優眞 ゆうま
優悟 ゆうご
謙真 けんしん
優馬 ゆうま
謙悟 けんご

### 17・11

謙進 けんしん
優都 ゆうと

### 17・12

優翔 ゆうと
優貴 ゆうき
優陽 ゆうひ
優晴 ゆうせい
駿貴 しゅんき

### 17・13

優聖 ゆうせい
優雅 ゆうが
優誠 ゆうせい

### 17・14

駿輔 しゅんすけ
優輔 ゆうすけ

### 17・15

優輝 ゆうき
謙蔵 けんぞう

### 17・16

優樹 ゆうき
駿樹 としき
優磨 ゆうま

### 17・20

優護 ゆうご

### 17（7）

駿之介（17・3・4） しゅんのすけ
優之介（17・3・4） ゆうのすけ

**17（10）**

優一郎（17・1・9） ゆういちろう

**17（13）**

駿之助（17・3・7） しゅんのすけ

駿太郎（17・4・9） しゅんたろう

謙太郎（17・4・9） けんたろう

優太郎（17・4・9） ゆうたろう

**17（14）**

駿太朗（17・4・10） しゅんたろう

謙太朗（17・4・10） けんたろう

## 1文字目の画数 18画

**18**

瞬 しゅん

櫂 かい

燿 よう

類 るい

**18・2**

織人 おりと

藍人 あいと

**18・4**

藍斗 あいと

瞬介 しゅんすけ

藍介 あいすけ

**18・5**

櫂叶 かいと

藍生 あおい

燿平 ようへい

顕司 けんじ

**18・7**

藍希 あいき

藤吾 とうご

**18・11**

藍琉 あいる

櫂都 かいと

藍都 あいと

## 1文字目の画数 19画

**19・3**

蘭丸 らんまる

**19・4**

麗斗 れいと

麗太 れいた

**19・5**

麗矢 れいや

麗央 れお

**19・7**

麗志 れいじ

瀬那 せな

**19・9**

麗音 れおん

## 1文字目の画数 20画

**20**

響 ひびき

護 まもる

耀 てる

馨 かおる

譲 じょう

**20・1**

耀一 よういち

響一 きょういち

**20・3**

耀大 ようた

響己 ひびき

響也 きょうや

**20・4**

響介 きょうすけ

耀斗 あきと

響太 きょうた

**20・5**

響平 きょうへい

耀司 ようじ

譲司 じょうじ

**20・7**

響希 ひびき

耀汰 ようた

**20・9**

耀星 ようせい

響哉 きょうや

**20・10**

響起 ひびき

響真 きょうま

**20・12**

耀登 あきと

響稀 ひびき

**20（10）**

譲一郎（20・1・9） じょういちろう

響一郎（20・1・9） きょういちろう

**20（11）**

耀一朗（20・1・10） よういちろう

**20（13）**

響太郎（20・4・9） きょうたろう

第4章

# おすすめ漢字から選ぶ名づけ

この章では、名前に使えるおすすめ漢字の読みや画数、意味、
そしてその漢字に込めたいママやパパの願い、
イメージのふくらませ方などを紹介しています。
「音の響き」や「イメージ」で名前を決めかねているときや、
最初から漢字にこだわった名づけをするときに活用してください。

## 【このリストの見方】

名づけで使うおすすめ漢字を画数順に570字掲載しました。「画数と主な読み」「主な意味と(その漢字に)込めたい願い」、そして「名前例」を紹介しています。「主な意味と込めたい願い」では、漢字の意味の中でもよいイメージをふくらませて、ポジティブな印象となるように記述しました。なお、漢字は辞書によって意味が異なることもあるので、必ずほかの辞書も参考にしながら最終的に判断することをおすすめします。

 ※ここでは「仮成数」を加えて吉数にする場合も考えて、画数としてそのままでは吉数ではない名前例も掲載しています

| 画数・漢字 | 主な読み | 主な意味と込めたい願い | 女の子の名前例 | 男の子の名前例 |
|---|---|---|---|---|
| 一 1画 | イチ・イツ・おさむ・かず・かつ・はじめ・ひ・ひで・ひと | 意味 ①いち。ひとつ。数の名。②はじめ。最初。③最上のもの。④まとめる。⑤同じ。等しい。⑥すべて。⑦あるひとつの。⑧わずか。⑨まじりけがない。<br>願い トップをめざし、物事を一つにまとめられるリーダーシップを発揮できる人にと願って。また、ママとパパにとってかけがえのない大切な子という思いも込めて。 | 一[1]花[7]《いちか》<br>一[1]葉[12]《かずは》<br>一[1]姫[10]《かずき》 | 太[4]一[1]《たいち》<br>一[1]真[10]《かずま》<br>一[1]樹[16]《いっき》 |
| 乙 1画 | イツ・オツ・お・おと・き・たか・つぎ・と・とどむ | 意味 ①きのと。十干の二番目。物事の二番目。②気がきいている。③みょうだ。変だ。④「幼い」「美しい」「愛らしい」などの意味を表す接頭語。<br>願い 響きと字体に古風な魅力が感じられる字。みんなから愛される人に成長するようにとの願いを込めて。 | 乙[1]葉[12]《おとは》<br>乙[1]音[9]《おとね》<br>梨[11]乙[1]《りお》 | 乙[1]樹[16]《いつき》<br>駿[17]乙[1]《しゅんと》<br>乙[1]輝[15]《いつき》 |
| 七 2画 | シチ・シツ・かず・な・なな・なの | 意味 ①しち。なな。なつ。数の名。②数の多いようす。③ななつ。むかしの時刻のよび名。現在の午前四時または午後四時ごろ。<br>願い たくさんの数を表す縁起のよい数字であり、「ラッキーセブン」という言葉で知られるように、多くの幸運が訪れる人生を送れますようにとの願いを込めて。 | 七[2]海[9]《ななみ》<br>七[2]菜[11]《なな》<br>七[2]緒[14]《ななお》 | 星[9]七[2]《せな》<br>海[9]七[2]斗[4]《みなと》<br>七[2]斗[4]《ななと》 |
| 人 2画 | ジン・ニン・きよ・さね・たみ・と・ひと・ひとし・ふと・め | 意味 ①ひと。人間。②他人。③りっぱな人物。④官位の低い役人。職人。⑤人民。⑥人数をかぞえることば。<br>願い 人間の行動や状態、人柄も表すことから個性的な名の止め字に人気。人望が厚く、立派な人になってほしい、人の見本となるような、優れた人格を持った人になってほしいという気持ちを込めて使われる。 | | 悠[11]人[2]《ゆうと》<br>隼[10]人[2]《はやと》<br>暖[13]人[2]《はると》 |
| 二 2画 | ジ・ニ・かず・さ・すすむ・つぎ・つぐ・ふ・ぶ・ふた | 意味 ①ふたつ。に。数の名。②ふたたび。③二番目。つぎ。④別の。異なる。⑤並ぶ。匹敵する。<br>願い つぎという意味があることから、人生の扉を次々に開けて幸せをつかんでほしいと願って。また、二番目の子によく使う文字。上の子と手と手を取り合って仲よく育ってほしいという思いも込めて。 | 二[2]瑚[13]《にこ》<br>二[2]葉[12]《ふたば》<br>二[2]千[3]翔[12]《にちか》 | 柊[9]二[2]《しゅうじ》<br>瑛[12]二[2]朗[10]《えいじろう》<br>誠[13]二[2]《せいじ》 |
| 乃 2画 | ダイ・ナイ・いまし・おさむ・の | 意味 ①すなわち。接続詞。②そこで。そして。順接を表す。③そうではあるが。それなのに。逆接を表す。④なんじ。あなた。おまえ。二人称の代名詞。⑤格助詞の「の」に当てる。⑥平仮名の「の」は「乃」の草書体からできた字。<br>願い 古風なイメージを持つことから、内に秘めた強さを持つ人に。 | 彩[11]乃[2]《あやの》<br>梨[11]乃[2]《りの》<br>雪[11]乃[2]《ゆきの》 | 晴[12]乃[2]介[4]《はるのすけ》<br>竜[10]乃[2]介[4]《りゅうのすけ》<br>洸[9]乃[2]介[4]《こうのすけ》 |

| 画数・漢字 | 主な読み | 主な意味と込めたい願い | 女の子の名前例 | 男の子の名前例 |
| --- | --- | --- | --- | --- |
| 八<br>2画 | ハチ・ハツ・かず・や・やつ・やっ・よう・わ・わかつ | 意味 ①やつ。やっつ。や。数の名。②数の多いこと。③ひじょうに長い年月。④やつ。むかしの時刻のよび名。現在の午前二時または午後二時ごろ。<br>願い 末広がりで縁起のよい字とされることから、素晴らしい未来が広がるようにと願って。人と人との結びつきを広げていける人にという祈りを込めて。 | 八重（2・9）やえ | 八尋（2・12）やひろ<br>八紘（2・10）やひろ<br>八雲（2・12）やくも |
| 了<br>2画 | リョウ・あき・あきら・さとる | 意味 ①おわる。すむ。始末をつける。②あきらか。はっきりする。よくわかる。<br>願い よくわかるなどの意味にも使われることから、人の気持ちを思いやり、理解して行動できる人になることを願って。 | | 了太（2・4）りょうた<br>了介（2・4）りょうすけ<br>了（2）りょう |
| 力<br>2画 | リキ・リョク・いさお・いさむ・か・ちか・ちから・つとむ・よし | 意味 ①ちから。②働き。作用。能力。③いきおい。④つとめる。精を出す。はげむ。⑤りきむ。ちからをこめる。⑥力の分量を表すことば。<br>願い 生命力、精神力などあらゆる強さや勢いを感じさせる漢字。頑張り屋で、体も心も力強くたくましく、優しさも併せ持った人に育ってほしいとの願いを込めて。 | | 力輝（2・15）りき<br>力斗（2・4）りきと<br>力（2）りき |
| 久<br>3画 | キュウ・ク・つね・なが・ひこ・ひさ・ひさし | 意味 ①ひさしい。長い間。ずっと変わらない。②以前からの。古い。<br>願い 先が長いという意味を持つことから、健康と長寿への祈りと、繁栄がいつまでも続くようにと願って。また、自分の決めた道に向かってあきらめずに進み続ける持久力のある人にという気持ちも込めて。 | 実久（8・3）みく<br>未久（5・3）みく<br>久子（3・3）ひさこ | 璃久（15・3）りく<br>久遠（3・13）くおん<br>久典（3・8）ひさのり |
| 弓<br>3画 | キュウ・ゆみ | 意味 ①ゆみ。つるをはり、矢をつがえて射る武器。②ゆみなり。ゆみの形に曲がったもの。③弓のまとまでの距離をはかる単位。一弓は一・三五メートル。<br>願い 弓がしなる様子から、強さとしなやかさの両面を持つイメージ。何事にもくじけず、常に明るさを持って困難に立ち向かっていける人に成長することを期待して。 | 愛弓（13・3）あいみ<br>弓花（3・7）ゆみか<br>弓月（3・4）ゆづき | 弓弦（3・8）ゆづる<br>弓槻（3・15）ゆづき |
| 己<br>3画 | キ・コ・おと・おのれ・な | 意味 ①自分。私。②相手をののしってよぶことば。③つちのと。十干の六番目。<br>願い 自分の道を突き進む探究心と可能性にあふれた人に。また、自分を大切にし、まわりの人たちも大切にできる人になってほしいと願って。 | 亜己（7・3）あこ<br>栞己（10・3）かんな<br>夏己（10・3）なつき | 直己（8・3）なおき<br>知己（8・3）ともき<br>侑己（8・3）ゆうき |

| 画数・漢字 | 主な読み | 主な意味と込めたい願い | 女の子の名前例 | 男の子の名前例 |
|---|---|---|---|---|
| 三 3画 | サン・かず・さぶ・さむ・そう・ぞう・ただ・なお・み・みつ | 意味 ①さん。みっつ。みっつ。数の名。②数の多いようす。回数の多いようす。しばしば。何度も。<br>願い 数の多いようすを表すことから、多くの幸運を引き寄せる人生を送れますようにという願いを込めて。また、子孫繁栄や家の繁栄の祈りも込めて。 | 三3奈8 みな<br>三3結12 みゆ<br>三3千3花7 みちか | 拓8三3 たくみ<br>泰10三3 たいぞう<br>三3郎9 さぶろう |
| 士 3画 | シ・ジ・あき・あきら・お・おさむ・ただ・つかさ・と・ひと | 意味 ①おとこ。成年の男子。りっぱな男子。②さむらい。むかしの四民（士・農・工・商）の一つ。③役人。周代、諸侯・大夫につぐ位のもの。④一定の資格のある人。<br>願い きりりとしたイメージがある漢字。技能や才能のある人などを表すことから、高い志を持ち、しんの通った才能あふれるりりしい子になるように願って。 | | 蒼13士3 そうし<br>湊12士3 みなと<br>瑛12士3 えいじ |
| 子 3画 | シ・ス・こ・しげ・たか・ただ・ちか・つぐ・とし・ね・み・やす | 意味 ①こども。②女子の名にそえる語。③男子の敬称。④あなた。きみ。⑤実。たね。たまご。⑥小さいものや道具の名に用いる接尾語。⑦爵位の第四位。⑧ね。十二支の一番目。動物ではねずみ、時刻では午前零時または午後十一時から午前一時ごろまで。方位では北。<br>願い わが子を慈しむ親の思いを込めて。 | 莉10子3 りこ<br>桃10子3 ももこ<br>桜10子3 さくらこ | 子3龍16 しりゅう |
| 小 3画 | ショウ・お・こ・さ・ささ・ちい・ちいさ | 意味 ①ちいさい。こまかい。形、規模が小さい。②少ない。わずか。ちょっとした。③身分が低い。④若い。幼い。⑤自分に関係することがらにつけてへりくだる意味を表すことば。⑥「ちいさい」「すこし」の意味を表す接頭語。⑦ほぼ。おおよそ。<br>願い 小さくかわいらしいイメージ。多くの人に愛される人にと願って。 | 小3春9 こはる<br>小3雪11 こゆき<br>小3百6合6 さゆり | 小3太4郎9 こたろう<br>小3次6郎9 こじろう |
| 丈 3画 | ジョウ・たけ・ひろ・ます | 意味 ①尺貫法の長さの単位。一丈は約三・〇三メートル。②身のたけ。③一人前の男子。④歌舞伎役者などの芸名につける敬称。⑤だけ。ものの分量や程度などの限定を示す語。<br>願い 健康で丈夫、強く、たくましく、明るく、がっちりとしたというイメージを持つ漢字。健やかにたくましく育つよう期待を込めて。 | | 丈3 じょう<br>丈3哉9 ひろや<br>丈3瑠14 たける |
| 千 3画 | セン・かず・ち・ゆき | 意味 ①数の単位。百の十倍。②数の多いこと。たくさん。<br>願い 数の多いことを表すことから、豊かで実り多い人生を歩み、大きな愛ですべてを包み込む人になってほしいという祈りを込めて。 | 千3尋12 ちひろ<br>千3穂15 ちほ<br>千3紗10 ちさ | 泰10千3 たいち<br>千3翔12 ゆきと<br>千3裕12 ちひろ |

| 画数・漢字 | 主な読み | 主な意味と込めたい願い | 女の子の名前例 | 男の子の名前例 |
|---|---|---|---|---|
| 大 3画 | タイ・ダイ・お・おお・たかし・たけし・はる・ひろ・ひろし | 意味 ①おおきい。広い。②強い。③多い。④重要な。たいせつな。⑤おおいに。はなはだ。⑥すぐれている。りっぱな。最高位を示すことば。⑦いばる。⑧おおよそ。<br>願い 末広がりで、のびのびとした印象を与える字。大きな広い心を持ち、地位や人格などが立派で、優れた人になってほしいという願いを込めて。 | | 大3翔12 ひろと<br>大3和8 やまと<br>大3地6 だいち |
| 之 3画 | シ・いたる・これ・の・ひで・ゆき・よし | 意味 ①これ。この。指示代名詞。また、語調を整えたり、強調したりすることば。②ゆく。おもむく。至る。③…の。主語や所有を示すことば。④平仮名の「し」は、「之」の草書体からできた字。<br>願い 自らの意思で積極的に物事を進める人にと願って。 | | 龍16之3介4 りゅうのすけ<br>慎13之3助7 しんのすけ<br>淳11之3介4 じゅんのすけ |
| 万 3画 | バン・マン・かず・かつ・すすむ・たか・つもる・ま・よろず | 意味 ①数の単位。千の十倍。②数の多いようす。いろいろの。③決して。必ず。<br>願い 数がとても多い、かならずといった意味を持つことから、さまざまな才能にあふれた輝く人になってほしい、また、あふれるほどの幸せを手にしてほしいという願いを込めて。 | 万3結12 まゆ<br>万3優17 まひろ<br>万3里7子3 まりこ | 晴12万3 はるま<br>万3里7 ばんり<br>将10万3 しょうま |
| 巳 3画 | シ・み | 意味 み。十二支の六番目。動物ではへび。時刻では午前十時。または、午前九時から十一時ごろまで。方位では南南東。<br>願い 動物なら蛇、五行なら火を表すとともに、水や知性の神に通じている漢字。内面に情熱的な心を持ちながらも物事にスマートに対処できる、神秘的な人に成長することを期待して。 | 愛13巳3 まなみ<br>巳3琴12 みこと<br>真10巳3 まみ | 拓8巳3 たくみ<br>竜10巳3 たつみ<br>和8巳3 かずみ |
| 也 3画 | ヤ・あり・ただ・なり | 意味 ①…である。文末に用いて、断定の意味を表す。②や。か。文末に用いて、疑問・反語などの意味を表す。③…は。句末に用いて、強調・提示の意味を表す。④平仮名の「や」は「也」の草書体からできた字。<br>願い 断定や強調を表すことから、毅然と、かつさわやかで気持ちのよい人にと願って。 | 彩11也3香9 さやか<br>紗10也3 さや<br>美9也3子3 みやこ | 朔10也3 さくや<br>達12也3 たつや<br>智12也3 ともや |
| 夕 3画 | セキ・ゆ・ゆう | 意味 ゆうべ。日ぐれ。<br>願い 夕焼けで赤く大きく見える太陽のように、一つのことに心を燃やせる情熱的な人になってほしい。そして、その道を極めてほしい。また、夕暮れの太陽のような大きな心を持ち、人の心を癒やすことができる人になってほしいという祈りを込めて。 | 夕3奈8 ゆうな<br>真10夕3 まゆ<br>夕3茉8 ゆま | 夕3真10 ゆうま<br>夕3陽12 ゆうひ<br>夕3稀12 ゆうき |

| 画数・漢字 | 主な読み | 主な意味と込めたい願い | 女の子の名前例 | 男の子の名前例 |
|---|---|---|---|---|
| 円 4画 | エン・オン・つぶら・のぶ・まど・まどか・まる・みつ | 意味 ①まるい。まる。②まるい形。輪の形。③まるい板状のもの。④まるくて立体的なもの。⑤なめらか。⑥満ちている。⑦欠けたところがない。あたり。一帯。⑧日本の貨幣の単位。一銭の百倍。 願い すべてにおいて満ち足りた、豊かな人生が送れるようにとの願いを込めて。 | 円4花7 まどか<br>円4香9 まどか<br>円4 まどか | |
| 王 4画 | オウ・きみ・たか・み・わ・わか | 意味 ①かしら。おさ。②きみ。天子。諸侯。③皇族の男子の称。④将棋の駒の一つ。王将のこと。⑤礼によって天下を治める人。⑥第一人者。 願い 何か一つでも、最高位まで上り詰め、まわりの人から尊敬や信頼を得られる人になるよう願って。 | | 俐9王4 りお<br>怜8王4 れお |
| 介 4画 | カイ・ケ・あき・かたし・すけ・たすく | 意味 ①はさまる。②間にはいってなかだちをする。なかだち。③助ける。④すけ。むかしの役人の階級で、国司の四等官のうちの二番目の地位。⑤貝がら。 願い 心身共に強くたくましく、人を助ける勇気と優しさを持つ人になることを願って。 | | 龍16之3介4 りゅうのすけ<br>悠11介4 ゆうすけ<br>蒼13介4 そうすけ |
| 月 4画 | ガツ・ゲツ・つき | 意味 ①つき。②一か月。③七曜の一つ。 願い 月の光のように、優しく穏やかな魅力を放つ人に育ってほしいと願って。止め字としても使うことができ、幸運の多い人生が送れるようにという祈りも込めて。 | 優17月4 ゆづき<br>美9月4 みづき<br>菜11月4 なつき | 悠11月4 ゆづき<br>維14月4 いつき<br>偉12月4 いつき |
| 元 4画 | ガン・ゲン・つかさ・なが・はじめ・はる・もと・ゆき・よし | 意味 ①もと。おおもと。②はじめ。最初。③おさ。かしら。④あたま。こうべ。⑤年号。年号のはじめの年。⑥もとになるものが二つ以上、またはたくさんあること。⑦げん。中国の王朝名。 願い 始まりを表すことから、チャレンジ精神旺盛で、物事の本質を見極めることができる人に。先駆者や革新者と呼ばれるような人にと願って。 | 元4子3 もとこ<br>元4香9 もとか<br>元4乃2 ゆきの | 元4気6 げんき<br>元4貴12 はるき<br>元4春9 もとはる |
| 公 4画 | コウ・きみ・きん・ただ・ただし・とおる・とも・ひろ・まさ | 意味 ①国家。政府。②社会一般。③共有の。④かたよらない。⑤天子。諸侯。⑥五段階に分けた爵位（公侯伯子男）の最上位。⑦年長者や同輩を敬ってつけることば。⑧親しみを込めてつけることば。 願い 公平で正義感を持った人にと願って。また、バランス感覚に優れ、多くの人に尊敬される人にという気持ちも込めて。 | 公4香9 きみか<br>公4子3 きみこ | 公4輝15 こうき<br>公4貴12 きみたか<br>公4一1 こういち |

| 画数・漢字 | 主な読み | 主な意味と込めたい願い | 女の子の名前例 | 男の子の名前例 |
| --- | --- | --- | --- | --- |
| 孔 4画 | ク・コウ・ただ・みち・よし | 意味 ①あな。つきぬけたあな。すきま。②「孔子」のこと。<br>願い 中国の偉大な思想家・孔子（こうし）にちなんで、知性や風格を連想させる字。また、深い穴という意味から、思慮深く何事にも熱心に取り組む人になってほしいという願いを込めて。 | | 孔4太4 こうた<br>成6孔4 なるよし<br>璃15孔4 りく |
| 心 4画 | シン・きよ・こころ・さね・なか・み・むね・もと | 意味 ①精神。胸のうち。②考え。意志。③思いやり。なさけ。④おもむき。ふぜい。⑤おもむきを解するこころ。⑥しんぞう。⑦まんなか。たいせつなところ。<br>願い 思いやりに満ちあふれ、相手の身になって考えることのできる優しい人にと願って。また、物事の中心となる人物になれるようにという期待も込めて。 | 心4春9 こはる<br>心4結12 みゆ<br>心4菜11 ここな | 健11心4 けんしん<br>心4 しん<br>心4太4郎9 しんたろう |
| 仁 4画 | ジン・ニ・きみ・ただし・と・ひさし・ひと・ひとし・ひろし | 意味 ①いつくしみ。いつくしむ。②親しみ。親しむ。③思いやり。あわれみ。④儒教で、人道のもととする徳。また、徳の高い人。⑤ひと。⑥果実の核のなかみ。<br>願い 人をいつくしむ心や、他人を思いやることのできる仁徳のある人に。また、人生の困難に立ち向かい、それを自分の徳にできる度量の大きな人にと願って。 | 仁4美9 ひとみ<br>仁4菜11 にいな<br>仁4香9 にこ | 仁4 じん<br>悠11仁4 ゆうと<br>陽12仁4 はるひと |
| 水 4画 | スイ・たいら・な・なか・み・みず・ゆ・ゆく | 意味 ①酸素と水素の化合物。②相撲が長びいたときの中休み。③間にはいってじゃまをするもの。④さそい。⑤かわ。水のあるところ。⑥五行（木・火・土・金・水）の一つ。時節では冬、方位では北。⑦七曜の一つ。⑧液体。水のようなもの。<br>願い 人の心や社会に潤いを与えられる人になってほしいと願って。 | 水4希7 みずき<br>泉9水4 いずみ | 主5水4 もんど<br>水4稀12 みずき |
| 太 4画 | タ・タイ・おお・しろ・たか・と・ひろ・ふと・ふとし・み・もと | 意味 ①ふとい。豊かである。②ふとる。肥える。③ひじょうに大きい。④はなはだしい。⑤始め。起こり。⑥尊んで言うときにそえることば。<br>願い 大きくたくましく、明朗な印象があり、気が強い、いちばん尊いなどの意味もある。男の子の止め字にも人気。明朗活発で、勇気があり、豊かでおおらかな人になるように願って。 | | 颯14太4 そうた<br>太4一1 たいち<br>太4陽12 たいよう |
| 丹 4画 | タン・あかし・あきら・に・まこと | 意味 ①あか。あかい。に。朱。②たん。丹砂と薬物をねりまぜた薬。とくに、不老不死の薬。③まごころ。<br>願い 「丹精」「丹念」など、まごころを込めて念入りに行うことを表す言葉に使用される漢字。周囲の人に思いやりを持って接することができる、気持ちの温かな人に育ってほしいという祈りを込めて。 | 丹4菜11 にな<br>丹4衣6菜11 にいな | |

| 画数・漢字 | 主な読み | 主な意味と込めたい願い | 女の子の名前例 | 男の子の名前例 |
| --- | --- | --- | --- | --- |
| 天 4画 | テン・あま・あめ・たか・たかし | 意味 ①あめ。そら。②天の神。③自然。自然の道。また、その力。④めぐりあわせ。運命。⑤自然の。生まれつきの。⑥神の国。⑦いただき。てっぺん。⑧天子や天皇に関することがらにつけることば。<br>願い 広がる空のように、心の広い人に。また、てっぺんを表すことから、どの道に進んでも頂点に立つ人にと願って。 | 天音 4 9 あまね<br>天祢 4 9 あまね<br>天香 4 9 てんか | 晴天 12 4 はるたか<br>天馬 4 10 てんま<br>天斗 4 4 たかと |
| 斗 4画 | ト・トウ・け・はかる・ます | 意味 ①ます。物の量をはかるうつわの総称。②ひしゃく。ひしゃくの形をしたもの。③容量の単位。酒・油・穀物をはかるのに使う。一斗は十升で、約一八リットル。④ひしゃく形の星座の名。⑤小さい。わずか。<br>願い 止め字として人気の漢字。星空のように壮大で、広い心を持つ人になることを願って。 | 千咲斗 3 9 4 ちさと | 悠斗 11 4 ゆうと<br>陸斗 11 4 りくと<br>斗真 4 10 とうま |
| 日 4画 | ジツ・ニチ・あき・か・はる・ひ・ひる | 意味 ①ひ。太陽。②昼。昼間。③一日。一昼夜。④七曜の一つ。⑤日々。日ましに。⑥「日本」の略。⑦日数をかぞえることば。<br>願い 朝日が昇っていくような勢いよく進む人生であるようにと願って。また、周囲の人を明るく照らすことのできる温かい心を持った人に育ってほしいという気持ちも込めて。 | 日和 4 8 ひより<br>向日葵 6 4 12 ひまり<br>日菜 4 11 ひな | 日向 4 6 ひなた<br>日奈太 4 8 4 ひなた<br>明日真 8 4 10 あすま |
| 巴 4画 | ハ・とも・ともえ | 意味 ①うずまき。②うずまき形のもよう。<br>願い うずまきのように、周囲の人たちがいつのまにか引き込まれてしまうほどの魅力を持った人になってほしい。まわりの人と力を合わせ、大きなことを成し遂げることのできる素晴らしい人に育ってほしいという願いを込めて。 | 巴菜 4 11 はな<br>彩巴 11 4 いろは<br>琴巴 12 4 ことは | 巴瑠 4 14 はる<br>巴樹 4 16 ともき<br>巴哉 4 9 ともや |
| 比 4画 | ヒ・くら・たか・たすく・ちか・とも・なみ・ひさ | 意味 ①くらべる。並べて検討する。②並べる。並ぶ。③親しむ。近づく。④なかま。同類のもの。⑤同類のものをくらべたときの割合。<br>願い だれからも愛されて、親しい友人にも恵まれる豊かな人生を歩んでほしいと願って。人との関係を大切にできる人に育ってほしいという気持ちも込めて。 | 比奈乃 4 8 2 ひなの<br>比奈子 4 8 3 ひなこ<br>比菜 4 11 ひな | 比呂 4 7 ひろ<br>比呂斗 4 7 4 ひろと |
| 夫 4画 | フ・ブ・フウ・あき・お・おっと・すけ | 意味 ①おっと。②おとこ。成人の男子。③労働に従う男子。④それ。発語のことば。⑤かの。その。事物を指し示すことば。⑥かな。句末につけて詠嘆を表すことば。<br>願い 安心感を与える男の子の止め字として人気。優しく穏やかで、包み込むような優しさを持った人になることを願って。 |  | 貴夫 12 4 たかお<br>章夫 11 4 あきお<br>将夫 10 4 まさお |

| 画数・漢字 | 主な読み | 主な意味と込めたい願い | 女の子の名前例 | 男の子の名前例 |
|---|---|---|---|---|
| 文<br>4画 | ブン・モン・あき・あや・とき・のぶ・のり・ひとし・ふみ | 意味 ①あや。もよう。かざり。②文字。ことば。③ふみ。手紙。④本。記録。⑤学問や芸術。⑥いれずみ。⑦もん。むかしの貨幣の単位。⑧もん。たびやくつなどの大きさの単位。<br>願い 学問の道を究めていくような、知的で教養ある人に。精神の引き締まった品格ある人に育ってほしいという願いを込めて。 | 文乃（4・2） ふみの<br>文奈（4・8） あやな<br>文香（4・9） あやか | 文太（4・4） ぶんた<br>文人（4・2） あやと<br>文哉（4・9） ふみや |
| 木<br>4画 | ボク・モク・き・こ・しげ | 意味 ①き。立ち木。②物をつくる材料となる木。また、木でつくったもの。③五行（木・火・土・金・水）の一つ。時節では春、方位では東。④星の名。木星のこと。⑤七曜の一つ。⑥ありのまま。かざりけがない。<br>願い 空に向かって伸びる木のように、高みに向かい、心身共にすくすくと成長することを願って。 | 木春（4・9） こはる<br>木乃花（4・2・7） このか<br>木乃美（4・2・9） このみ | |
| 友<br>4画 | ユウ・すけ・とも | 意味 ①とも。仲間。②ともとする。親しむ。仲がよい。仲よく助けあう。③味方。<br>願い 困っている友がいたら救うことのできる優しい人に。また、困ったときには手を差し伸べてくれる友もいる、多くの友人に恵まれた人生を送ってほしいという気持ちを込めて。 | 麻友（11・4） まゆ<br>友菜（4・11） ゆうな<br>友香（4・9） ともか | 友輝（4・15） ともき<br>友樹（4・16） ともき<br>友亮（4・9） ゆうすけ |
| 以<br>5画 | イ・これ・さね・しげ・とも・もち・ゆき | 意味 ①…によって。…で。目的・手段・原因・対象を示すことば。②…から。…より。範囲や方向を示すことば。③もってする。用いる。④おもう。⑤ゆえ。理由。⑥率いる。⑦平仮名の「い」は「以」の草書体からできた字。<br>願い 明確な目的を持って取り組み、結果を残せる人に。また、責任感の強い人にと願って。 | 芽以（8・5） めい<br>結以（12・5） ゆい<br>留以（10・5） るい | 瑠以（14・5） るい<br>琉以（11・5） るい |
| 右<br>5画 | ウ・ユウ・あき・すけ・たか・たすく・みぎ | 意味 ①みぎ。みぎがわ。②かみ。上位。③考えが保守的なこと。④たっとぶ。重んじる。⑤助ける。<br>願い 尊ぶ、大事にする、助ける、穏健といった深い意味を持つ漢字。人やものを大切に思い、いつでも冷静に物事を判断することができる道徳心を持ち、人格的に優れた人になることを願って。 | | 圭右（6・5） けいすけ<br>右京（5・8） うきょう<br>悠右（11・5） ゆうすけ |
| 永<br>5画 | エイ・ヨウ・とお・なが・のり・はるか・ひさ・ひさし・ひら | 意味 ①距離が長い。遠い。はるか。②時間が長い。また、その時間。とこしえ。限りなく。<br>願い 川の流れが分かれている様子から形づくられた漢字。たくさんの人に恵みをもたらすような、社会に貢献できる人に育ってほしいと願って。長く限りなく続く幸福な人生であってほしいという祈りも込めて。 | 永愛（5・13） とあ<br>永茉（5・8） えま<br>彩永（11・5） さえ | 永翔（5・12） えいと<br>永真（5・10） はるま<br>永太（5・4） えいた |

| 画数・漢字 | 主な読み | 主な意味と込めたい願い | 女の子の名前例 | 男の子の名前例 |
| --- | --- | --- | --- | --- |
| 央 5画 | オウ・ヨウ・あきら・ちか・てる・なか・ひさ・ひさし・ひろし | 意味 ①なかば。まんなか。中心。②つきる。なくなる。<br>願い 世界の中央、表彰台の中央、舞台の中央など、どの道を選択しても、華々しい活躍ができるようにと願って。また、どこへ行っても注目されるような素晴らしい人に育ってほしいという期待も込めて。 | 莉10央5 りお<br>真10央5 まお<br>奈8央5 なお | 怜8央5 れお<br>尚8央5 なお<br>央5輔14 おうすけ |
| 加 5画 | カ・くわ・ます | 意味 ①くわえる。たす。増やす。②くわわる。増える。仲間にはいる。③たし算。④「加奈陀（カナダ）」の略。⑤平仮名の「か」は「加」の草書体からできた字。<br>願い 何事もプラスにできる明るく前向きな性格を持ち、だれからも愛される社交的な人にと願って。「か」の一音とシンプルな字形で、ほかの字と組み合わせやすい。 | 麗19加5 れいか<br>桃10加5 ももか<br>加5奈8子3 かなこ | 瑠14加5 るか<br>琉11加5 るか |
| 可 5画 | カ・コク・あり・とき・よし | 意味 ①よい。まあまあよい。②よいとする。③べし。…することができる。…するがよい。…してよろしい。…だろう。④気持ちを表す語につける接頭語。<br>願い 寛容で大きな心の持ち主になってほしいという気持ちを込めて。また、自分の実力や魅力を思う存分発揮することのできる人に成長してくれると信じて。 | 愛13可5 まなか<br>怜8可5 れいか<br>可5奈8子3 かなこ | 遥12可5 はるか<br>可5夢13偉12 かむい<br>可5偉12 かい |
| 禾 5画 | カ・いね・のぎ | 意味 ①稲。②イネ科の植物。または、穀物類の総称。③わら。穀物類のくき。④のぎ。稲や麦などの花の外側に生じる針のような突起。<br>願い 植物の穂の形からできており、豊かな実りを象徴する漢字。幸せで恵まれた人生を送ることができるようにとの願いを込めて。 | 愛13禾5 あいか<br>禾5蓮13 かれん<br>唯11禾5 ゆいか | |
| 叶 5画 | キョウ・かな | 意味 ①あう。あわせる。②願いどおりになる。③やわらぐ。<br>願い 大きな夢や目標を持ち、かならず望みをかなえる充実した人生を送ってほしいと願って。また、柔軟な心で、周囲の人たちと心を合わせることのできる協調性のある人に。バランス感覚の素晴らしい人に育ってほしいという気持ちも込めて。 | 夢13叶5 ゆめか<br>羽6叶5 わかな<br>叶5恵10 かなえ | 叶5芽8 かなめ<br>叶5翔12 かなと<br>叶5太4 かなた |
| 玄 5画 | ゲン・しず・しずか・つね・のり・はじめ・はる・はるか・ひろ | 意味 ①黒い。やや赤みをおびた黒。②奥深い。深遠な。③やしゃご。ひまごの子。<br>願い 糸の形からできた字であることから、織り上げてさまざまな形態になる糸のように、無限の可能性と柔軟性を持ってほしいと願って。また、物事を注意深く、十分に考えることのできる思慮深い人になってほしいという願いも込めて。 | | 玄5稀12 げんき<br>玄5真10 はるま<br>玄5 げん |

| 画数・漢字 | 主な読み | 主な意味と込めたい願い | 女の子の名前例 | 男の子の名前例 |
|---|---|---|---|---|
| 乎 5画 | コ・か・や | 意味 ①か。や。文末に用いて疑問・反語などの意味を表す。②や。名詞につけて呼びかけの意味を表す。③かな。文末に用いて詠嘆の意味を表す。④形容する語につけてその状態を強調する。⑤に。を。より。前置詞的に用いて場所・時間・比較などの意味を表す。 願い 個性が感じられる字。人々の印象に残るようにと願って。 | 乎5梅10 こうめ<br>乎5春9 こはる<br>乎5雪11 こゆき | 優17乎5 ゆうや<br>悠11乎5 ゆうや<br>乎5南9 こなん |
| 功 5画 | ク・コウ・いさ・いさお・かつ・こと・つとむ・なり・なる・のり | 意味 ①いさお。てがら。②仕事。つとめ。働き。できあがり。③ききめ。 願い 自分の選んだ道で努力を惜しまずに鍛練し、素晴らしい結果を残せる人になってほしい。その道で成功をおさめてほしいという願いを込めて。 | | 理11功5 りく<br>功5太4 こうた<br>功5介4 こうすけ |
| 巧 5画 | コウ・たえ・たく・たくみ・よし | 意味 ①たくみ。ひじょうに上手なこと。②わざ。腕前。手ぎわ。③うまくつくろう。口先がうまい。④かしこい。 願い 技術を磨くことに努力を惜しまず、常に修業を怠らない。いつも前向きで、向上心を持ち、創意工夫をするのが得意な、職人魂を持った人になるよう願って。 | | 巧5 たくみ<br>巧5真10 たくま<br>巧5斗4 たくと |
| 広 5画 | コウ・お・たけ・とう・ひろ・ひろし | 意味 ①面積や範囲などがひろい。②ひろまる。ひろめる。ひろがる。ひろげる。 願い 心の広いおおらかな人に。世界に広く知れ渡るような活躍をしてほしいという期待を込めて。また、大きな家を表す字でもあることから、家族をきちんと守れる人に育ってほしいという思いも込めて。 | 千3広5 ちひろ<br>広5果8 ひろか<br>広5美9 ひろみ | 広5大3 こうだい<br>広5夢13 ひろむ<br>広5樹16 ひろき |
| 弘 5画 | グ・コウ・お・ひろ・ひろし・ひろむ・みつ | 意味 ①ひろい。大きい。②ひろめる。いきわたらせる。ひろまる。 願い 世界に広く知れ渡るような活躍をしてほしいという期待を込めて。また、弓を引いて弦をいっぱいに張る様子を表すことから、何事にもくじけず、困難に立ち向かっていける強さとしなやかさの両面を持った人に育ってほしいと願って。 | 弘5奈8 ひろな<br>弘5子3 ひろこ<br>弘5佳8 ひろか | 弘5武8 ひろむ<br>弘5輝15 ひろき<br>弘5明8 こうめい |
| 甲 5画 | カン・コウ・か・かつ・き・きのえ・まさる | 意味 ①こうら。からだをおおう、かたいから。②きのえ。十干の一番目。③順序や等級の第一。はじめ。かしら。④よろい。⑤かぶと。⑥声の調子の高いようす。 願い 順位や成績の第一位の意味を持つ誇り高い漢字。何事に対しても常に高みをめざし、向上心を持って努力できる人になってほしいという期待を込めて。 | | 甲5樹16 こうき<br>甲5介4 こうすけ<br>甲5太4郎9 こうたろう |

| 画数・漢字 | 主な読み | 主な意味と込めたい願い | 女の子の名前例 | 男の子の名前例 |
|---|---|---|---|---|
| 司 5画 | シ・おさむ・かず・つかさ・つとむ・もと・もり | 意味 ①つかさどる。管理する。職務として行う。②つかさ。つとめ。役目。役所。役人。<br>願い 人の上に立つことのできる度量を持った人になってほしいと願って。また、面倒見がよく、多くの人に慕われる存在であってほしいという気持ちも込めて。 | 司5帆6 しほ | 司5 つかさ<br>龍16司5 りゅうじ<br>司5真10 かずま |
| 史 5画 | シ・ちか・ちかし・ふひと・ふみ・み | 意味 ①ふびと。天子の言行や国家の記録をつかさどる役人。②王朝や時代のできごとの移り変わりを記録した書物。③さかん。むかしの役人の階級で、太政官と神祇官の四等官のうちの四番目の地位。<br>願い 教養があり内面から輝く人に。また、文学の才能に恵まれ活躍できるようにと願って。歴史に残る活躍を期待して。 | 史5帆6 しほ<br>史5華10 ふみか<br>史5織18 しおり | 聡14史5 さとし<br>史5哉9 ふみや<br>史5温12 しおん |
| 市 5画 | シ・いち・ち・まち | 意味 ①いち。いちば。品物の売り買いをする所。②売り買い。取り引き。③まち。人家が多く、にぎやかなところ。④市制をしいている地方自治体。<br>願い 人が集まる場所を示すことから、明るく楽しい人柄で、多くの人を引きつける魅力ある存在にと願って。また、経済力や商才にも恵まれるようにという期待も込めて。 | 市5華10 いちか<br>市5佳8 いちか | 宗8市5 そういち<br>悠11市5 ゆういち<br>喜12市5 きいち |
| 主 5画 | シュ・ス・おも・かず・つかさ・ぬし・もり | 意味 ①ぬし。所有者。②古くから住んでいる者。③あるじ。神や客をもてなす側の長。④おもな。おもに。⑤中心となる人や物。<br>願い 火ともし台の上で燃える炎の形からきている。心の中に炎のような熱い闘志を持ち、何事にも一生懸命、率先して取り組み、リーダーシップのある人になることを願って。 | | 主5弥8 かずや<br>主5晴12 すばる<br>主5税12 ちから |
| 世 5画 | セ・セイ・つぎ・つぐ・とき・とし・よ | 意味 ①世の中。浮き世。社会。②時代。とき。③人の一生。一代（三十年）。④ひとりの君主が統治する期間。⑤血のつながりや相続の数を示す。<br>願い 自らの力で時代を築き上げる人に。また、先人から引き継いだものをさらに大きくしていくことのできる立派な人に育ってほしいという気持ちも込めて。 | 世5奈8 せな<br>莉10世5 りせ<br>紗10世5 さよ | 煌13世5 こうせい<br>琉11世5 りゅうせい<br>世5羅19 せら |
| 正 5画 | ショウ・セイ・あきら・きみ・ただ・ただし・まさ・まさし | 意味 ①まちがっていない。②ただす。ただしくする。③まさに。ちょうど。たしかに。④ほんもの。主となるもの。⑤長官。かみ。⑥年のはじめ。⑦ゼロより大きい数。<br>願い 善悪を見分けることのできる冷静な判断力を持った人に。本物を見る目を養ってほしいという気持ちを込めて。価値を見いだすことのできる人にと願って。 | 正5美9 まさみ | 正5太4 しょうた<br>正5太4郎9 しょうたろう<br>正5樹16 まさき |

| 画数・漢字 | 主な読み | 主な意味と込めたい願い | 女の子の名前例 | 男の子の名前例 |
| --- | --- | --- | --- | --- |
| 生 5画 | ショウ・セイ・い・いき・いく・う・お・おき・き・たか・なり | 意味 ①はえる。草木が芽を出す。②うむ。うまれる。③いきる。いかす。④じゅうぶんに熟さない。⑤とりたての。⑥うまれながら。⑦いのち。⑧暮らし。⑨いきいきしている。⑩純粋なこと。⑪ひと。たみ。⑫男子が自分をへりくだっていうことば。⑬ういういしい。<br>願い 純粋な心を持ち、日々をいきいきと過ごす人にと願って。 | 芽8生5 めい<br>弥8生5 やよい<br>結12生5 ゆい | 龍16生5 りゅうせい<br>琉11生5 るい<br>悠11生5 はるき |
| 代 5画 | タイ・ダイ・か・しろ・とし・のり・よ | 意味 ①入れかわる。②人のかわりに行う。③かわり。④かわるがわる。⑤歴史上のある時代・ある期間。⑥位をうけつぐ順位。⑦人の一生。⑧数や年齢のはばを表す。⑨材料。⑩田地。<br>願い 「時代」「世代」のように、脈々と引き継がれる時間の流れを感じさせる漢字。いつまでも若々しく、生命力にあふれる人に。 | 桃10代5 ももよ<br>幸8代5 さちよ<br>千3代5 ちよ | |
| 冬 5画 | トウ・かず・とし・ふゆ | 意味 四季の一つ。立冬から立春までの間。太陽暦では十二・一・二月。<br>願い 冬の澄みきった空気のような、透明感あふれる人に成長してほしいと願って。また、どんなに厳しい状況でも我慢強く、それを人生の糧にできる生命力あふれた人になってほしいという気持ちも込めて。 | 冬5音9 ふゆね<br>美9冬5 みふゆ<br>冬5香9 ふゆか | 冬5真10 とうま<br>冬5馬10 とうま<br>冬5希7 ふゆき |
| 白 5画 | ハク・ビャク・あき・あきら・きよ・きよし・し・しら・しろ | 意味 ①しろい色。②けがれがない。③しろくする。④明らか。⑤明るい。⑥はっきりしている。⑦申す。述べる。⑧何も書いてない。<br>願い 清く、正しく、いさぎよく、気品ある人になってほしいと願って。自分の考えを明確にはっきりと伝えることのできる快活な人に育ってほしいという期待も込めて。 | 真10白5 ましろ<br>瑚13白5 こはく<br>茉8白5 ましろ | |
| 平 5画 | ビョウ・ヘイ・おさむ・たいら・とし・なる・ひとし・ひら | 意味 ①たいら。ひらたい。②ふつう。なみ。③ひたすら。しきりに。④たいらげる。討ちしずめる。⑤おだやか。⑥等しい。かたよりがない。⑦やさしい。⑧平家のこと。<br>願い 活発で健康的な響きが人気。だれに対しても優しく穏やかに接し、人の意見を素直に聞くことができる、落ち着いた人に。波風が立たない平和な人生をと願って。 | | 航10平5 こうへい<br>桔10平5 きっぺい<br>平5蔵15 へいぞう |
| 未 5画 | ビ・ミ・ひつじ | 意味 ①まだ…しない。否定をあらわすことば。②ひつじ。十二支の八番目。動物では羊。時刻では午後二時。または、午後一時から三時まで。方位では南南西。<br>願い 木の枝葉をかたどり、枝葉が茂る意味を表す漢字であることから、のびやかに育ってほしいと願って。また、無限の可能性を秘めた人に。 | 未5来7 みく<br>未5羽6 みう<br>未5央5 みお | 未5來8 みらい<br>拓8未5 たくみ<br>未5来7哉9 みきや |

| 画数・漢字 | 主な読み | 主な意味と込めたい願い | 女の子の名前例 | 男の子の名前例 |
|---|---|---|---|---|
| 矢 5画 | シ・ただ・ちかう・なお・や | 意味 ①弓のつるにかけて射るもの。武具・狩猟具の一つ。②矢のようにはやい。③ちかう。約束を固く守る。<br>願い 正月の縁起物である破魔矢（はまや）のように、悪しきものを寄せつけない清く正しい人に。また、まっすぐに飛ぶ矢のように、勢いのある人生が送れるようにという祈りも込めて。 | 麻11矢5 まや<br>沙7矢5 さや<br>亜7矢5 あや | 聖13矢5 せいや<br>蒼13矢5 そうや<br>龍16矢5 りゅうや |
| 由 5画 | ユ・ユイ・ユウ・ただ・ゆき・よし・より | 意味 ①よりどころ。わけ。原因。②方法。手がかり。③人から伝え聞いたことを表すことば。④…から。動作・時間の起点を表す。⑤もとづく。⑥平仮名の「ゆ」は、「由」の草書体からできた字。<br>願い 人々の手本となるような人にと願って。また、原因や起点を表すことから、物事を論理的に考えることのできる人に。 | 由5芽8 ゆめ<br>由5莉10 ゆり<br>由5依8 ゆい | 由5飛9 ゆうひ<br>由5真10 ゆうま<br>由5晴12 よしはる |
| 立 5画 | リツ・リュウ・た・たか・たかし・たち・たつる | 意味 ①まっすぐに立つ。②起こる。起こす。③始まる。④たちどころに。ただちに。⑤リットル。容積の単位。<br>願い 独立心旺盛で行動力がある、頼もしい人に育ってほしいと願って。人生を地に足をつけて、しっかりと歩んでほしいという気持ちも込めて。 | 立5花7 りつか<br>立5夏10 りつか | 立5貴12 りつき<br>立5成6 りゅうせい<br>立5樹16 たつき |
| 令 5画 | リョウ・レイ・なり・のり・はる・よし | 意味 ①言いつける。言いつけ。②教え。いましめ。③法律。きまり。④長官。⑤よい。美しい。⑥他人の肉親を敬っていうことば。⑦…させる。使役の意味を表す。⑧もし。たとい。仮定の意味を表す。<br>願い まっすぐに生きて信頼を寄せられ、多くの人に慕われる人にと願って。また、清らかな心を持った人に。 | 令5菜11 れな<br>令5華10 れいか<br>令5奈8 れいな | 令5真10 りょうま<br>令 りょう<br>令 れい |
| 礼 5画 | ライ・レイ・あきら・あや・のり・ひろ・ひろし・まさ・まさし | 意味 ①のり。人のふみ行うべききまり。②生活上の儀式・作法。③敬意を表す動作。おじぎ。あいさつ。④感謝の気持ち。また、その品物。<br>願い 作法や礼儀を重んじる、気品ある人に。感謝の気持ちを忘れない謙虚な人になってほしいと願って。そして多くの人に感謝される心の優しい人になってほしいという気持ちも込めて。 | 美9礼5 みれい<br>礼5乃2 あやの<br>礼5 れい | 礼5人2 あやと<br>礼5央5 れお<br>礼5志7 れいじ |
| 旭 6画 | キョク・あき・あきら・あさ・あさひ・てる | 意味 ①朝日。②明らか。<br>願い 太陽が地平線から出て一気に上昇するイメージから、勢いのある人生に。大地を照らし、恵みをもたらす太陽のように、周囲の人たちを幸せにできる人になってほしいと願って。また、健康で生命力あふれるようにという気持ちも込めて。 | 旭6夏10 あさか<br>旭6陽12 あさひ<br>旭6妃6 あさひ | 旭6 あさひ<br>旭6陽12 あさひ<br>旭6 あきら |

| 画数・漢字 | 主な読み | 主な意味と込めたい願い | 女の子の名前例 | 男の子の名前例 |
| --- | --- | --- | --- | --- |
| 安 6画 | アン・あ・やす・やすし | 意味 ①やすい。やすらか。危険がない。②品物の価値が低い。③簡単にできる。たやすい。④やすめる。やすんじる。⑤楽しむ。甘んじる。⑥すえる。置く。⑦いずくんぞ。疑問や反語を表すことば。<br>願い 温和で穏やかな人柄に。安心感を与える器の大きな人にと願って。また、安定した人生であるようにと祈りを込めて。 | 安那 6・7 あんな<br>安純 6・10 あずみ<br>安莉 6・10 あんり | 安里 6・7 あさと<br>安慈 6・13 あんじ |
| 伊 6画 | イ・いざ・これ・ただ・よし | 意味 ①これ。この。②かれ。かの。③「伊太利（イタリア）」の略。<br>願い イタリアの略称として使われ、モダンでおしゃれなイメージから、服飾やクリエイティブな世界で活躍してほしい、創造力の豊かな人に育ってほしいという気持ちを込めて。 | 伊桜里 6・10・7 いおり<br>由伊 5・6 ゆい<br>伊万里 6・3・7 いまり | 伊織 6・18 いおり<br>伊吹 6・7 いぶき<br>琉伊 11・6 るい |
| 衣 6画 | イ・エ・きぬ・ころも・そ・みそ | 意味 ①着物。着るもの。②着る。着物を身につける。<br>願い 立派な着物を着られるような、富や財に恵まれるようにと祈って。衣服を表すことから、モダンでおしゃれな印象で、創造力に富み、服飾やデザインなどの芸術の世界で活躍できるようにという気持ちも込めて。経験という衣をたくさんまとった人にと願って。 | 結衣 12・6 ゆい<br>真衣 10・6 まい<br>紗衣 10・6 さえ | 琉衣 11・6 るい<br>瑠衣 14・6 るい<br>由衣斗 5・6・4 ゆいと |
| 宇 6画 | ウ・うま・たか・のき | 意味 ①ひさし。のきした。②屋根。③家。④建物をかぞえることば。⑤そら。天。⑥天下。天地四方。⑦たましい。⑧平仮名の「う」は「宇」の草書体からできた字。<br>願い 屋根や家のように、家族を守れる、芯のある人にと願って。天下、天地四方のすべての空間、事柄を表すことから、すべてを受け入れる広く大きな心を持った人に。 | 美宇 9・6 みう<br>由宇 5・6 ゆう<br>宇海 6・9 うみ | 悠宇 11・6 ゆう<br>弘宇 5・6 ひろたか<br>宇一郎 6・1・9 ういちろう |
| 羽 6画 | ウ・は・はね・わ・わね | 意味 ①鳥や虫のはね。②中国古代の音階を表す五音（宮・商・角・徴・羽）の一つ。③鳥などをかぞえることば。<br>願い 世界にはばたいて活躍できるような人になってほしいと願って。また、自由にのびのびと育ち、自分の個性を発揮してほしいという気持ちも込めて。 | 美羽 9・6 みう<br>彩羽 11・6 いろは<br>優羽 17・6 ゆう | 羽琉 6・11 はる<br>優羽 17・6 ゆうわ<br>悠羽 11・6 ゆう |
| 気 6画 | キ・ケ・おき | 意味 ①水蒸気。空気。ガス。②天地間の自然現象。③息。呼吸。④目に見えない力。勢い。⑤気だて。生まれつきの性質。⑥気持ち。心持ち。⑦一年を二十四等分したその一期間。<br>願い 生きていくことや目標を達成するパワーにあふれた人に。空気や天地の自然を表すことから、生命力にあふれ、健康に恵まれるように。 | | 元気 4・6 げんき<br>悠気 11・6 ゆうき<br>晴気 12・6 はるき |

| 画数・漢字 | 主な読み | 主な意味と込めたい願い | 女の子の名前例 | 男の子の名前例 |
|---|---|---|---|---|
| 匡 6画 | キョウ・たすく・ただ・ただし・ただす・まさ・まさし | 意味 ①ただす。正しくする。正しい。②救う。助ける。<br>願い 堅実で頼りがいがあり落ち着いた賢い人を思わせるイメージがある漢字。物事を落ち着いて判断することができ、正義感が強く、人から信頼される人になるように。まじめで堅実な人に育つように願って。 | | 匡亮（6・9）きょうすけ<br>匡志（6・7）まさし<br>匡貴（6・12）まさき |
| 圭 6画 | ケイ・か・かど・きよ・きよし・たま・よし | 意味 ①むかし中国で、天子が諸侯に領土を賜るしるしとして与えた玉。②かど。玉のとがった角。<br>願い 玉が積み重なっていくことをイメージして、喜びや財が拡大していくようにと願って。また、主君から領土を賜った臣下のように、切磋琢磨し、結果を残せる人になってほしいという願いも込めて。 | 圭織（6・18）かおり<br>圭子（6・3）けいこ<br>圭都（6・11）けいと | 圭吾（6・7）けいご<br>圭（6）けい<br>圭祐（6・9）けいすけ |
| 伍 6画 | ゴ・あつむ・いつ・くみ・ひとし | 意味 ①いつつ。②組み。五人、または五戸を一組みにした単位。③組む。仲間になる。④軍隊などの列。<br>願い 多くの友だち、よい仲間、親友に恵まれるようにと願って。学校生活、社会人になってからも豊かな人間関係に恵まれ、いつも人の輪の中にいるような人生になるように願って。 | | 将伍（10・6）しょうご<br>大伍（3・6）だいご<br>伍希（6・7）いつき |
| 光 6画 | コウ・あき・あきら・てる・ひかり・ひかる・ひろし・みつ | 意味 ①輝く。照らす。②ひかり。③つや。④ほまれ。名声。⑤けしき。⑥時間。<br>願い 周囲を明るく照らすことのできる活力にあふれた人に。どんなときでも向上心を持ち、輝きを失わない人に育ってほしいと願って。また、周囲の人たちの希望の光となる存在になってほしいという祈りの気持ちも込めて。 | 光希（6・7）みつき<br>光莉（6・10）ひかり<br>光穂（6・15）みつほ | 光佑（6・7）こうすけ<br>光輝（6・15）みつき<br>光（6）ひかる |
| 向 6画 | キョウ・コウ・ひさ・む・むか・むき・むけ | 意味 ①面する。その方にむく。②おもむき。傾き。③先。以前。④適する。<br>願い 夢や目標に向かって頑張る様子をイメージできることから、素直でひたむきで純粋な人に育つようにと願って。また、明るく前向きで、多くの人たちから慕われる人になってほしいという気持ちも込めて。 | 向日葵（6・4・12）ひまり<br>日向子（4・6・3）ひなこ<br>日向（4・6）ひなた | 陽向（12・6）ひなた<br>日向太（4・6・4）ひなた<br>向希（6・7）こうき |
| 好 6画 | コウ・この・このみ・す・たか・み・よし・よしみ | 意味 ①このむ。すく。すきだと思う。②このみ。すきなもの。③よい。このましい。④美しい。⑤仲よし。⑥うまく。たくみに。<br>願い だれからも好かれる人に育ってほしいと願って。また、世の中によい結果を残せるような人物になってほしいという気持ちを込めて。 | 好花（6・7）このか<br>好葉（6・12）このは<br>好乃（6・2）よしの | 好誠（6・13）こうせい<br>好輝（6・15）こうき<br>好生（6・5）よしき |

| 画数・漢字 | 主な読み | 主な意味と込めたい願い | 女の子の名前例 | 男の子の名前例 |
|---|---|---|---|---|
| 江 6画 | コウ・ゴウ・え・きみ・ただ・のぶ | 意味 ①中国の川の名。長江のこと。②大きな川。③いりえ。海や湖が陸地に入りこんだ部分。<br>願い ゆったりとした水の流れをイメージすることから、おおらかで穏やかな人に育つことを願って。以前は女の子の止め字として使われることが多かったが、すっきりとした字形は止め字以外に使ってもほかの字に合わせやすい。 | 紗江（10・6） さえ<br>江玲奈（6・9・8） えれな<br>江梨（6・11） えり | |
| 行 6画 | アン・ギョウ・コウ・き・つら・のり・ひら・みち・やす・ゆき | 意味 ①ゆく。歩く。進む。②おこなう。おこない。③心身をきたえるおこない。④旅。⑤並び。並んだもの。⑥漢字の書体の一つ。⑦めぐり動くもの。天地の成り立つもの。⑧店。問屋。商社。<br>願い 決めた方向にひたすら進んでいく意志の強さと行動力とを持ち、成功をつかむ人に育つよう願って。 | | 善行（12・6） よしゆき<br>行人（6・2） ゆきと<br>貴行（12・6） たかゆき |
| 合 6画 | カッ・ガッ・コウ・ゴウ・あ・あい・かい・はる・よし | 意味 ①あう。あわせる。②かなう。③集まる。集める。④容量の単位。一升の十分の一。⑤土地の面積の単位。一坪の十分の一。⑥山の高さを十に分けた一つ。<br>願い 一つにぴったり合う、集めるなどの意味を表すことから、人との出会いに恵まれるように。また、よい人間関係をつくることができるようにとの思いを込めて。 | 百合香（6・6・9） ゆりか<br>小百合（3・6・6） さゆり<br>百合（6・6） ゆり | |
| 至 6画 | シ・いた・いたる・ちか・のり・みち・ゆき・よし | 意味 ①いたる。届く。到着する。②いたり。きわみ。③いたって。この上なく。④時期の名。太陽が南北の極に達したとき。<br>願い 矢が到達したことを表し、至るという意味に。きわめる、最高の意味もある。常に高い目標とそれを成し遂げる向上心を持ち、成果にも恵まれる人になることを願って。 | | 至穏（6・16） しおん<br>康至（11・6） こうし<br>至（6） いたる |
| 次 6画 | シ・ジ・ちか・つ・つぎ・つぐ・やどる | 意味 ①つぐ。つぎ。二番目。②ついで。順番。順序。③回数を表すことば。④宿り。宿屋。<br>願い しばらく立ち止まって休息する、充電して始めるといった意味もある。壁にぶつかっても、自分できちんと立ち上がる強さを持ち、次々と夢をかなえていける人になってほしいと期待して。 | | 慶次（15・6） けいじ<br>瑛次（12・6） えいじ<br>幸次郎（8・6・9） こうじろう |
| 汐 6画 | セキ・きよ・しお | 意味 しお。うしお。夕方に起こるしおのみちひ。<br>願い きれいな夕日が水面に光るロマンチックな情景をイメージすることから、優しい人に育ってほしいという願いを込めて。海を連想する字の中でも、ひときわ繊細な印象の漢字。 | 汐里（6・7） しおり<br>汐莉（6・10） しおり<br>汐梨（6・11） しおり | 汐穏（6・16） しおん<br>汐恩（6・10） しおん |

| 画数・漢字 | 主な読み | 主な意味と込めたい願い | 女の子の名前例 | 男の子の名前例 |
|---|---|---|---|---|
| 朱 6画 | シュ・あけ・あけみ・あや | 意味 ①赤。②江戸時代の貨幣の単位。一両の十六分の一。③しゅずみ。赤い墨。<br>願い 鳥居や和食器などに使われる明るい赤色のことで、伝統を感じさせる落ち着いた人に。温かみのある色なので、人を癒やすことのできる包容力と豊かな心を持った人に育ってほしいという願いを込めて。 | 朱6莉10 あかり<br>朱6音9 あかね<br>朱6香9 あやか | 朱6里7 しゅり<br>朱6羽6 しゅう |
| 充 6画 | ジュウ・あ・あつ・たかし・まこと・み・みち・みつ・みつる | 意味 ①みちる。みたす。②あてる。あてがう。③ふさぐ。ふさがる。<br>願い 充実した人生を歩んでほしいと願って。また、子どもが育つことを表す字であることから、すくすくと健康に育ち、困難に打ち勝って、一人で立ち上がる強さを持った人にという気持ちも込めて。 | 充6結12 みゆ<br>充6希7 みつき<br>充6咲9 みさき | 充6孝7 みつたか<br>充6貴12 あつき<br>充6 みつる |
| 旬 6画 | シュン・ジュン・とき・ひとし | 意味 ①十日間。一か月を三分したうちの一つ。②十年。③満ちる。いっぱいになる。④しゅん。野菜や魚などのもっとも味のよい時期。<br>願い 物事の旬の時期、チャンスのときを見逃さず、夢や目標を実現できる実行力ある人にと願って。いつまでもフレッシュさを持ったさわやかな人に育ってほしいという気持ちも込めて。 | 旬6華10 しゅんか<br>旬6那7 じゅんな | 旬6 しゅん<br>旬6哉9 しゅんや<br>旬6平5 じゅんぺい |
| 匠 6画 | ショウ・たくみ | 意味 ①たくみ。職人。②先生。学問・芸術にすぐれた人。③趣向などをこらすこと。<br>願い 技術を身につけ、美しいものや、世の中の役に立つものをつくり出せる人に育ってほしいと願って。また、芸術的な才能にも恵まれるようにという思いを込めて。 | | 匠6 たくみ<br>匠6海9 たくみ<br>匠6平5 しょうへい |
| 丞 6画 | ショウ・ジョウ・すけ・すすむ | 意味 ①助ける。補佐する。②じょう。むかしの役人の階級で、八省の四等官のうちの三番目の地位。<br>願い 穴に落ちた人を救い上げる、助けるなどの意味を持つ漢字。正義感が強く、困っている人を見過ごせない優しさを持ち、常に人の立場に立って動ける人に。人から信頼される人になれるよう願って。 | | 心4之3丞6 しんのすけ<br>祐9丞6 ゆうすけ<br>丞6 じょう |
| 色 6画 | シキ・ショク・いろ・しこ | 意味 ①いろどり。②男女間の愛情。③愛人。④ひびき。調子。⑤おまけ。⑥顔かたち。表情。⑦ようす。おもむき。⑧仏教で、形あるものすべて。<br>願い 美しく愛情の深い人に成長することを願って。また、種類という意味もあることから、さまざまな可能性を持った人に育ってほしいという期待を込めて。 | 陽12色6 ひいろ<br>色6葉12 いろは<br>音9色6 ねいろ | |

| 画数・漢字 | 主な読み | 主な意味と込めたい願い | 女の子の名前例 | 男の子の名前例 |
| --- | --- | --- | --- | --- |
| 迅 6画 | シン・ジン・とき・はや | 意味 ①はやい。②激しい。<br>願い 「卂」の部分は鳥のハヤブサの飛ぶ形を表し、そこから速い、激しい、の意味になった。頭の回転のよさと機敏さ、能力の高い人をイメージさせる漢字。気持ちに爽快さや力強さを持った、元気で活発で行動力のある人になることを願って。 | | 迅(6) じん<br>迅(6)士(3) はやと<br>迅(6)哉(9) ときや |
| 成 6画 | ジョウ・セイ・おさむ・さだ・しげ・しげる・なり・なる | 意味 ①できあがる。実る。②なしとげる。しあげる。③まとまった形にしあげる。<br>願い どんな道を歩んでも、かならず成功するように、物事をあきらめずに成し遂げる立派な人になってほしいと願って。責任感のある落ち着いた雰囲気を持った人に育ってほしいという気持ちも込めて。 | 成(6)美(9) なるみ<br>成(6)実(8) なるみ<br>成(6)穂(15) なるほ | 龍(16)成(6) りゅうせい<br>成(6)也(3) せいや<br>成(6)希(7) しげき |
| 壮 6画 | ソウ・あき・お・さかり・さかん・たけ・たけし・まさ・もり | 意味 ①さかん。②元気のよい三十歳前後の男。③強い。勇ましい。④りっぱで大きい。<br>願い 身も心も健全で生命力にあふれ、意気揚々とした力がみなぎっているイメージ。勇気を持って前へ進んでいける志の高い人に育ってほしいと期待して。 | | 壮(6)真(10) そうま<br>壮(6)志(7) そうし<br>壮(6) たけし |
| 早 6画 | サッ・ソウ・はや | 意味 ①はやい。②すみやか。急ぐ。③若い。④年若い意味を表す接頭語。<br>願い 早朝、早春という言葉から連想するような、いつまでも若々しいフレッシュな人に。生命力あふれる人になってほしいという願いを込めて。 | 早(6)希(7) さき<br>早(6)智(12) さち<br>早(6)穂(15) さほ | 早(6)翔(12) はやと<br>早(6)汰(7) そうた<br>早(6)太(4) そうた |
| 多 6画 | タ・おお・おおし・かず・とみ・な・まさ・まさる | 意味 ①おおい。たくさん。②増す。増やす。③功績を認める。ほめる。④ありがたく思う。<br>願い 多くの功績を残せる人になってほしい。多くの人に幸福を与える人になってほしい。そして、多くの幸福を手にする人生を送ってほしいという気持ちも込めて。 | 多(6)恵(10) たえ<br>日(4)菜(11)多(6) ひなた<br>優(17)多(6) うた | 奏(9)多(6) かなた<br>駿(17)多(6) しゅんた<br>亮(9)多(6) りょうた |
| 地 6画 | ジ・チ・くに・ただ | 意味 ①土地。②国。③ところ。場所。④身分。⑤その土地。⑥本性。もと。⑦文章の中で会話以外の部分。<br>願い 度量と器の大きさを連想させることから、おおらかな心で人を受け止め、大地にしっかり足をつけて、すくすくと成長していくように願って。 | | 大(3)地(6) だいち<br>泰(10)地(6) たいち<br>海(9)地(6) かいち |

| 画数・漢字 | 主な読み | 主な意味と込めたい願い | 女の子の名前例 | 男の子の名前例 |
|---|---|---|---|---|
| 灯<br>6画 | テイ・チン・トウ・ひ | 意味 ひ。ともしび。<br>願い 元は、ろうそく立ての上の火を表したことから、優しく人を包んでくれる温かな光を連想させる字。人の心をホッと和ませるような、優しい人に成長してほしいと願って。 | 灯6 あかり<br>灯6里7 あかり<br>灯6子3 とうこ | 灯6真10 とうま |
| 凪<br>6画 | なぎ・なぐ | 意味 ①なぐ。海上の風や波が穏やかになる。②なぎ。波風がすこしもない状態。<br>願い 波風の立たない平穏な様子を表すことから、どんなときでも冷静であり、穏やかで落ち着いた度量の大きな人になってほしいと願って。また、平和で穏やかな人生を送ってほしいという気持ちも込めて。 | 凪6紗10 なぎさ<br>栞10凪6 かんな<br>彩11凪6 あやな | 凪6人2 なぎと<br>凪6 なぎ<br>世5凪6 せな |
| 帆<br>6画 | ハン・ほ | 意味 風を受けて船を進ませる布。ほかけ船。<br>願い 大海原を進む帆船をイメージすることから、活発で行動力ある人に。さわやかで快活な人柄で多くの人に親しまれる人に育ってほしいと願って。また、順風満帆な人生を歩んでほしいという祈りも込めて。 | 真10帆6 まほ<br>花7帆6 かほ<br>帆6南9 ほなみ | 和8帆6 かずほ<br>帆6貴12 ほだか<br>一1帆6 かずほ |
| 妃<br>6画 | ハイ・ヒ・き・ひめ | 意味 ①つれあい。妻。②きさき。皇后の次に位する女性。③皇太子や皇族の妻。<br>願い 「王妃」「后妃」などと使われるように、元はとくに天子の正妻・皇后を表す高貴で育ちのよさを感じさせる漢字。気品がただよう優美な人に育つようにとの願いを込めて。 | 妃6菜11 ひな<br>咲9妃6 さき<br>妃6織18 ひおり | |
| 百<br>6画 | ハク・ヒャク・お・と・はげむ・も・もも | 意味 ①十の十倍の数。②じゅうぶん。すべて。あますところなく。③もろもろ。多数の。さまざまの。あらゆる。<br>願い 数が多いことを意味する縁起のよい字。友だちや幸せ、才能などに恵まれるようにとの願いを込めて。「もも」の音の響きもかわいらしく、女性の名前に人気。 | 百6花7 ももか<br>百6華10 ももか<br>百6音9 もね | |
| 名<br>6画 | ミョウ・メイ・あきら・な・なづく | 意味 ①なまえ。呼び名。②なのる。自分のなまえを言う。名づける。③ほまれ。評判。なだかい。すぐれた。④人数をかぞえることば。<br>願い 自分の名を名乗って相手に知らせるという意味を持つことから、自分の考えを明確に表現できる人に。名声・名誉など、世界に名をはせる活躍ができる人にという期待も込めて。 | 菜11名6 なな<br>栞10名6 かんな<br>名6桜10 なお | 晴12名6 せな<br>星9名6 せな<br>世5名6 せな |

| 画数・漢字 | 主な読み | 主な意味と込めたい願い | 女の子の名前例 | 男の子の名前例 |
| --- | --- | --- | --- | --- |
| 有 6画 | ウ・ユウ・あ・あり・たもつ・なお・みち・もち・り | 意味 ①ある。存在する。②持つ。持ち続ける。③また。さらに。その上に。<br>願い 存在感があり、上をめざしていける向上心のある人に。才能、知力、体力、たくさんの能力に恵まれて、豊かな人生が歩めるようにという祈りを込めて。 | 有6紗10 ありさ<br>有6真10 ゆま<br>有6紀9 ゆき | 有6 ゆう<br>悠11有6 ゆう<br>有6悟10 ゆうご |
| 吏 6画 | り | 意味 役人。官吏。<br>願い 役人や仕事をする人の意味に用いることから、社会に貢献できる人に、平和な世にするために力を注げる人になってほしいと願って。また、安定した堅実な人生を歩んでほしいという気持ちも込めて。 | 吏6咲9 りさ<br>悠11吏6 ゆうり<br>吏6夏10 りか | 快7吏6 かいり<br>勇9吏6 ゆうり<br>吏6玖7 りく |
| 亘 6画 | コウ・セン・とおる・わたり・わたる | 意味 ①わたる。両端までおよぶ。②めぐる。めぐらす。<br>願い あちこちにわたるという広がりを示す漢字であることから、誠実で信念を持ち、多くの人に親しまれる人に。また多彩な分野で活躍の場を持ち、大きな視野で自分の世界をどんどん広げていける人になるよう期待して。 | | 亘6 わたる<br>亘6佑7 こうすけ<br>亘6稀12 こうき |
| 亜 7画 | ア・アツ・オウ・つぎ・つぐ | 意味 ①次ぐ。二番目。準じる。②亜細亜（アジア）の略。<br>願い 次ぐという意味から、親や先人を敬う人に、伝統を重んじる人になってほしいと願って。また、アジア全体をイメージして、大陸的でおおらかな人に育ってほしいという気持ちも込めて。 | 亜7美9 あみ<br>未5莉10亜7 みりあ<br>亜7子3 あこ | 瑠14亜7 るあ<br>颯14亜7 そうあ<br>斗4亜7 とあ |
| 杏 7画 | アン・キョウ・コウ・あんず | 意味 あんず。からもも。バラ科の落葉高木。<br>願い 杏は花は美しく実はおいしいことから、中身も容姿も素晴らしい人に育ってほしいとの願いを込めて。また、果実がたくさんなる豊かな木のように、実りある人生を送れるようにという気持ちも込めて。 | 杏7奈8 あんな<br>杏7 あん<br>杏7花7 きょうか | 杏7輔14 きょうすけ<br>杏7哉9 きょうや<br>杏7介4 きょうすけ |
| 壱 7画 | イチ・イツ・かず | 意味 ①ひとつ。②もっぱら。ひたすら。<br>願い ママとパパにとってのオンリーワン、かけがえのない大切な子という思いを込めて。ひとつのことにひたすらに取り組む強い精神力を持ち、夢をかならずかなえてほしいと願って。 | | 壱7樹16 いつき<br>壱7護20 いちご<br>龍16壱7 りゅういち |

画数・漢字 ／ 主な読み ／ 主な意味と込めたい願い ／ 女の子の名前例 ／ 男の子の名前例

## 伽 7画

主な読み：カ・ガ・キャ

意味 ①梵語「カ・ガ・キャ」の音訳に用いる。②人の退屈をまぎらわすこと。③病人の世話をすること。

願い おもしろみのあることを考える創造力を持った人に。エンターテインメントの世界で活躍できるようにと願って。また、人を楽しませて明るい笑顔を引き出せる心豊かな人になってほしいという気持ちを込めて。

女の子の名前例
- 桃[10]伽[7] ももか
- 彩[11]伽[7] あやか
- 伽[7]奈[8] かな

男の子の名前例
- 琉[11]伽[7] るか
- 瑠[14]伽[7] るか
- 伽[7]維[14] かい

## 花 7画

主な読み：カ・ケ・はな・はる

意味 ①草木の花。②奈良時代は梅の花、平安時代以降は桜の花をさす。③美しい。華やか。④芸人などに与える祝儀。⑤花の形をしたもの。⑥花のように美しいもの。

願い 華やかさや美しさを表すことができる漢字。組み合わせる字によっては、野山に咲く花の持つ素朴な愛らしさもイメージできる。可憐な人にとの願いを込めて。

女の子の名前例
- 花[7]音[9] かのん
- 優[17]花[7] ゆうか
- 花[7] はな

男の子の名前例
- 花[7]道[12] はなみち

## 我 7画

主な読み：ガ・わ・われ

意味 ①わたくし。われ。②わたしの。われわれの。③わがまま。自分勝手。④自分に執着する心。

願い 元は刃がギザギザの鋸を意味したが、自分自身を表す漢字に。強さや慎み深さなど多彩な意味に通じることから、強い信念を持ち、自分自身を大切にして、慎ましいながらも自分の存在を上手にアピールできる人に。

男の子の名前例
- 龍[16]我[7] りゅうが
- 泰[10]我[7] たいが
- 我[7]玖[7] がく

## 快 7画

主な読み：カイ・ケ・こころよ・はや・やす・よし

意味 ①気持ちがよい。すばらしい。②病気がなおる。③はやい。④よく切れる。

願い おもしろい、さっぱりする、充実感、晴れ晴れとした気持ちを表す漢字で、速い、鋭いの意味もある。さっぱりと晴れ上がった空に輝く、太陽のような明るい人に。魅力的な人柄で人気を集め、健康的で頭のよい人になるように願って。

男の子の名前例
- 快[7]斗[4] かいと
- 快[7]晴[12] かいせい
- 快[7]理[11] かいり

## 希 7画

主な読み：キ・ケ・まれ

意味 ①まれ。少ない。珍しい。②こいねがう。望む。③薄い。まばら。

願い 類いまれなきらめく才能を持った人に。夢や目標に向かって、希望に満ちて前向きに進める人に育ってほしいと願って。また、輝かしい未来を予感させるイメージがあるので、夢を実現できる素晴らしい人生を歩んでほしいという祈りも込めて。

女の子の名前例
- 咲[9]希[7] さき
- 柚[9]希[7] ゆずき
- 希[7]美[9] のぞみ

男の子の名前例
- 陽[12]希[7] はるき
- 和[8]希[7] かずき
- 悠[11]希[7] ゆうき

## 芹 7画

主な読み：キン・せり

意味 せり。セリ科の多年草。湿地や水辺に生え、葉によいかおりがあり、食用にする。春の七草の一つ。

願い せりは独特の芳香を持つ春の七草の一つ。早春のイメージと音の響きから、明るい人に育ってほしいという願いを込めて。

女の子の名前例
- 芹[7]菜[11] せりな
- 芹[7]奈[8] せりな
- 芹[7]夏[10] せりか

男の子の名前例
- 芹[7] せり

| 画数・漢字 | 主な読み | 主な意味と込めたい願い | 女の子の名前例 | 男の子の名前例 |
|---|---|---|---|---|
| 玖 7画 | キュウ・ク | 意味 ①黒色の美しい玉。②書類などで、数字の「九」の代わりに用いる。<br>願い 吸い込まれるように輝く玉のように、高貴な印象を与える人に。圧倒的な気高さを持った人に育ってほしいという願いを込めて。 | 美玖（9・7） みく<br>実玖（8・7） みく<br>理玖（11・7） りく | 莉玖（10・7） りく<br>和玖（8・7） わく<br>龍玖（16・7） りゅうく |
| 見 7画 | ケン・ゲン・あき・あきら・ちか・み | 意味 ①自然に目にふれる。②考える。思う。知る。③お目にかかる。会う。④隠れていたものが出てくる。<br>願い 目に留まる、考えるという意味を持つ漢字。周囲を幅広く見渡しながら、物事の本質をしっかりと見据えることができる賢い人、まわりの人に細やかな気配りができる人になることを願って。 | 彩見（11・7） あやみ<br>見優（7・17） みゆ<br>菜々見（11・3・7） ななみ | 拓見（8・7） たくみ<br>匠見（6・7） たくみ |
| 吾 7画 | ゴ・あ・ごろう・みち・わ・わが・われ | 意味 ①われ。わが。自分。自分の。②他人に対して親しみの気持ちを表すことば。<br>願い 自己を表すほか、守る、防ぐの意味もあり、どっしりと安定した印象がある漢字。他人に対して親しみの気持ちを表すことが上手で、だれからも好かれる人に。思いやりがあり、家族や友だちを大切に守っていける人になることを願って。 | | 圭吾（6・7） けいご<br>悠吾（11・7） ゆうご<br>吾郎（7・9） ごろう |
| 孝 7画 | キョウ・コウ・たか・たかし・のり・みち・ゆき・よし | 意味 ①父母や目上の人によく仕える。真心をもって仕える。②祖先に飲食物を供えてまつる。<br>願い 親や師などの目上の人に感謝の気持ちを忘れない道徳心をしっかり持った人に。思いやりにあふれ、多くの人に慕われ尊敬される人になってほしいという気持ちを込めて。 | 孝子（7・3） たかこ<br>孝美（7・9） たかみ | 孝太（7・4） こうた<br>孝樹（7・16） こうき<br>尚孝（8・7） なおたか |
| 宏 7画 | コウ・あつ・ひろ・ひろし | 意味 場所や規模、人物や物の度量が広くて大きい。りっぱである。<br>願い 音が響き渡るほどの大きな建物を表すことから、心にゆとりのある人になってほしいという願いを込めて。 | 弥宏（8・7） みひろ<br>宏佳（7・8） ひろか<br>千宏（3・7） ちひろ | 宏太（7・4） こうた<br>宏樹（7・16） ひろき<br>智宏（12・7） ともひろ |
| 更 7画 | コウ・さら・のぶ・ふ | 意味 ①改める。かえる。とりかえる。②かわるがわる。③むかしの時刻のよび名で、午後七時から午前五時までを五つに分けたもの。④ふける。夜遅くなる。⑤たけなわになる。⑥年をとる。⑦さらに。その上に。⑧生きかえる。<br>願い 未知の物事にも臆することなく立ち向かう、向上心にあふれた人にとの期待を込めて。 | 更紗（7・10） さらさ<br>更（7） さら<br>更彩（7・11） さらさ | |

| 画数・漢字 | 主な読み | 主な意味と込めたい願い | 女の子の名前例 | 男の子の名前例 |
|---|---|---|---|---|
| 克 7画 | コク・いそし・かつ・かつみ・すぐる・たえ・なり・まさる・よし | 意味 ①自分の欲望や苦しみにうちかつ。②むずかしい物事や敵にうちかつ。③乗り越える。④相手にうちかつ。⑤よくする。⑥たえる。たえしのぶ。<br>願い 能力がある、成し遂げる、勝つなどの意味があることから、強い意志を思わせる漢字。困難を乗り越え、運命を切り開いて最後までやり遂げる人に。 | | 克7哉9 かつや<br>克7佳8 かつよし<br>将10克7 まさかつ |
| 佐 7画 | サ・すけ・たすく・よし | 意味 ①助ける。助け。②助ける人。③すけ。むかしの役人の階級で、衛門府などの四等官のうちの二番目の地位。④軍人で将官につぐ階級。<br>願い 周囲の人に信頼されて、それにこたえて人を助けることのできる人に育ってほしいと願って。また、互いに助け合える友に恵まれるようにという祈りの気持ちも込めて。 | 佐7奈8 さな<br>梨11佐7 りさ<br>理11佐7子3 りさこ | 真10佐7樹16 まさき<br>佐7京8 さきょう<br>和8佐7 かずさ |
| 沙 7画 | サ・シャ・いさ・す・すな | 意味 ①砂。②物事のよしあしを定める。<br>願い 自由に形を変える砂のように、柔軟な心で対処できる人に。物事のよしあしや真偽を見極めることのできる洞察力、美意識を持った人になってほしいという期待を込めて。 | 沙7羅19 さら<br>沙7樹16 さき<br>沙7弥8 さや | 渚11沙7 なぎさ<br>真10沙7斗4 まさと<br>和8沙7 かずさ |
| 冴 7画 | コ・ゴ・さえ | 意味 ①さえる。冷える。澄みわたる。さえわたる。②凍る。寒い。<br>願い 知性と感性を兼ね備えた人に。研ぎ澄まされた感性により、芸術・技術・学問、あらゆる分野で才能を発揮して活躍できる人になってほしいと願って。 | 冴7香9 さえか<br>冴7子3 さえこ<br>冴7 さえ | 悠11冴7 ゆうご<br>翔12冴7 しょうご<br>琉11冴7 りゅうご |
| 作 7画 | サ・サク・つく・つくり・とも・なり | 意味 ①つくる。②書物などを書きあらわす。③こしらえたもの。④耕す。⑤成す。行う。⑥おこす。⑦おこる。盛んになる。ふるいたつ。⑧かまえ。構造。⑨よそおい。⑩働く。仕事。⑪働き。⑫振る舞い。<br>願い 地道に努力を積み上げていくことができる人に。 | | 栄9作7 えいさく<br>俊9作7 しゅんさく<br>幸8作7 こうさく |
| 志 7画 | シ・こころざ・こころざし・さね・しるす・むね・ゆき | 意味 ①心が目的に向かう。②ある目的への気持ち・意志・信念。③しるす。書きしるしたもの。<br>願い 夢や目的に向かって強い信念を持って進める人に育ってほしいと願って。また、筋の通ったすがすがしい人に育ってほしいという気持ちも込めて。 | 志7歩8 しほ<br>志7乃2 しの<br>志7織18 しおり | 颯14志7 そうし<br>太4志7 たいし<br>龍16志7 りゅうし |

| 画数・漢字 | 主な読み | 主な意味と込めたい願い | 女の子の名前例 | 男の子の名前例 |
| --- | --- | --- | --- | --- |
| 秀 7画 | シュウ・さかえ・しげる・ひで・ほ・ほず・みのる・よし | 意味 ①ひいでる。抜きん出てすぐれている。②ひじょうにすぐれた人や物。③美しさや高さの目立つもの。<br>願い 精神・容姿・知性・感性など、あらゆることに抜きんでているようにと願って。また、秀でた能力を持っていてもおごり高ぶらない人柄で、多くの人に慕われ、尊敬される人になってほしいという気持ちを込めて。 | 秀7美9 ひでみ<br>秀7香9 しゅうか<br>秀7華10 しゅうか | 秀7哉9 しゅうや<br>秀7虎8 ひでとら<br>秀7樹16 ひでき |
| 初 7画 | ショ・ソ・うい・そ・はじ・はじめ・はつ・もと | 意味 ①物事のおこりはじめ。②はじめて。③はじめてする。④うぶ。世間ずれしていないこと。<br>願い フレッシュさが連想できる漢字。いつまでも初心を忘れず物事に真剣に取り組む人、未来に向かって元気に明るく歩んでいく人に成長することを願って。 | 初7音9 はつね<br>初7華10 ういか<br>初7奈8 はつな | |
| 助 7画 | ショ・ジョ・すけ・たす・たすく | 意味 ①たすける。力を貸す。救う。②たすけ。主となる者を手伝う人。③たすかる。④すけ。むかしの役人の階級で、主殿寮の四等官のうちの二番目の地位。⑤手伝い。<br>願い 心が広く包容力があり、人のために努力を惜しまず、弱い者や困っている人に力を貸せる人になることを期待して。人から好かれる存在になることを願って。 | | 慎13之3助7 しんのすけ<br>颯14助7 そうすけ<br>幸8助7 こうすけ |
| 伸 7画 | シン・ただ・の・のぶ・のぶる・のぼる | 意味 ①のびをする。②長くなる。③まっすぐになる。④広くなる。⑤述べる。申し述べる。⑥のす。のばして広げる。⑦勢力が強くなる。<br>願い 素直な心を持った人に、夢や希望に向かってまっすぐに進んでいく向上心のある人にという願いを込めて。また、のびのびと健やかに成長できるようにという祈りの気持ちも込めて。 | 伸7子3 のぶこ<br>伸7枝8 のぶえ | 憲16伸7 けんしん<br>篤16伸7 あつのぶ<br>伸7一1朗10 しんいちろう |
| 臣 7画 | シン・ジン・お・おみ・おん・しげ・とみ・み・みつ | 意味 ①家来。主君に仕える人。②家来になる。また、家来としてのつとめ。③主君に対して臣下が使う自称のことば。④たみ。人民。<br>願い 人の考えをよく聞き、人のために尽くすことを忘れず、人の道を正しく歩むことを願って。 | | 龍16臣7 たつおみ<br>雅13臣7 まさおみ<br>臣7吾7 しんご |
| 吹 7画 | スイ・ふ・ふき・ふけ | 意味 ①息をはき出す。②管楽器をふき鳴らす。<br>願い 風が吹く、芽吹くということから連想されるように、力強い生命力とさわやかさの両面を持った人に育ってほしいという願いを込めて。 | 維14吹7 いぶき<br>芽8吹7 めぶき<br>美9吹7 みぶき | 勇9吹7 いぶき<br>惟11吹7 いぶき<br>息10吹7 いぶき |

| 画数・漢字 | 主な読み | 主な意味と込めたい願い | 女の子の名前例 | 男の子の名前例 |
| --- | --- | --- | --- | --- |
| 汰 7画 | タ・タイ | 意味 ①より分ける。細かいものを洗い分ける。よしあしをより分ける。②不用のものをのぞく。 願い 多い、豊か、勢いを示すこともあり、活気あふれる漢字。豊かさに恵まれ、幸多く、活発で前向きに生きていけることを願って。また、大切な子であるという気持ちを込めて。 | | 颯汰（14・7） そうた<br>奏汰（9・7） かなた<br>翔汰（12・7） しょうた |
| 辰 7画 | シン・ジン・たつ・とき・のぶ・のぶる | 意味 ①たつ。十二支の五番目。動物では竜、時刻では午前八時。または、午前七時から九時ごろまで。方位では東南東。②とき。時節。日。③天体。星。 願い 大空に向かって竜のようにどこまでも昇っていく、上昇志向の強い人になることを願って。 | | 辰樹（7・16） たつき<br>辰弥（7・8） たつや<br>辰成（7・6） たつなり |
| 杜 7画 | ズ・ト・ド・もり | 意味 ①やまなし。バラ科の落葉果樹。山野に自生する。②ふさぐ。閉じる。③神社のある森。 願い 自然の場所で実をつける木を表すことから、実りある豊かな人生をと願って。木木のそよぐようなさわやかさと透明感のある人に。また、神社の神聖な森をイメージして、高貴で気品ある人になってほしいという気持ちも込めて。 | 圭杜（6・7） けいと<br>美杜（9・7） みもり | 悠杜（11・7） はると<br>杜和（7・8） とわ<br>優杜（17・7） ゆうと |
| 那 7画 | ダ・ナ・とも・ふゆ・やす | 意味 ①西方の異民族の国の名。現在の中国の四川省にあった。②なんぞ。いかんぞ。いかん。疑問や反語を表すことば。③あの。あれ。④どこ。どれ。どのあたり。⑤梵語の「ナ」の音訳に用いる。 願い 疑問や反語を意味することから、自分の意見をはっきりと伝えることができる人に。 | 優那（17・7） ゆうな<br>莉那（10・7） りな<br>那奈（7・8） なな | 星那（9・7） せな<br>眞那斗（10・7・4） まなと<br>那緒（7・14） なお |
| 芙 7画 | フ・はす | 意味 はすの花。はちす。 願い 清らかで美しいはすの花のように、清純さと美しさを兼ね備えた人に成長することを願って。左右対称の落ち着いた字形からも、バランスのとれたしっとりとした雰囲気が感じられる。 | 美芙由（9・7・5） みふゆ<br>芙優（7・17） ふゆ<br>芙美（7・9） ふみ | |
| 芳 7画 | ホウ・か・かおる・かんば・みち・よし | 意味 ①かんばしい。かおりがよい。②評判がよい。名声が高い。てがら。③美しい。④他人の物事につけて敬意を表すことば。 願い 香りがよいことを表すことから、そばにいるだけで癒やされるようなすてきな人に。美しい容姿とたたずまいで評判もよく、多くの人の心をつかむ人になってほしいという気持ちを込めて。 | 彩芳（11・7） あやか<br>芳香（7・9） よしか<br>芳乃（7・2） よしの | 芳樹（7・16） よしき<br>芳紀（7・9） よしき<br>芳明（7・8） よしあき |

| 画数・漢字 | 主な読み | 主な意味と込めたい願い | 女の子の名前例 | 男の子の名前例 |
|---|---|---|---|---|
| 邦 7画 | ホウ・くに | 意味 ①領土。②わが国の。日本の。<br>願い 故郷や環境を愛しながらも、雄大な視野を持ち、感謝の気持ちを忘れない人になるように。国際人になることを願って。 | | 邦崇（7・11） くにたか<br>邦明（7・8） くにあき<br>邦仁（7・4） くにひと |
| 妙 7画 | ビョウ・ミョウ・たえ | 意味 ①たえなる。この上なく美しい。②言うに言われないおもむき。たくみな。③ふしぎな。④わかい。<br>願い 美しい心や姿を持ち、人の気持ちの機微を察する細やかな心づかいができる人に成長してほしいという思いを込めて。 | 妙華（7・10） たえか<br>妙子（7・3） たえこ<br>妙（7） たえ | |
| 佑 7画 | ウ・ユウ・すけ・たすく | 意味 ①助ける。助け。②じょう。むかしの役人の階級で、神官の四等官のうちの三番目の地位。<br>願い 人を助けることのできる思いやりや愛情にあふれた人に。助け合える友にも恵まれるように。大切なものを守れる強さと優しさの両面を併せ持った人に育ってほしいという願いも込めて。 | 佑香（7・9） ゆうか<br>実佑（8・7） みゆ<br>佑奈（7・8） ゆうな | 光佑（6・7） こうすけ<br>佑真（7・10） ゆうま<br>颯佑（14・7） そうすけ |
| 邑 7画 | オウ・ユウ・くに・さとし・すみ・むら | 意味 ①国都。領地。②さと。<br>願い 字形や音からも素朴で温かなイメージが伝わる字。故郷や両親をいつまでも大切に思ってほしいという願いを託して。また、素直で心優しい人に成長してほしいという思いを込めて。 | 邑（7） ゆう<br>邑佳（7・8） ゆうか | 幸邑（8・7） ゆきむら<br>邑眞（7・10） ゆうま |
| 来 7画 | ライ・き・きた・く・ゆき | 意味 ①こちらに近づく。②招く。③次の。これから先。④このかた。今まで。<br>願い 幸運を招き寄せる人生を送ってほしいと願って。わが子に明るく輝く未来が訪れるようにという思いを込めて。 | 未来（5・7） みく<br>来実（7・8） くるみ<br>咲来（9・7） さくら | 光来（6・7） みらい<br>春来（9・7） はるき<br>来夢（7・13） らいむ |
| 利 7画 | リ・き・さと・とおる・とし・まさ・みのる・よし | 意味 ①鋭い。よく切れる。②はやい。すばやい。③つごうがよい。役にたつ。④もうけ。収益。⑤りし。りそく。⑥勝つ。勝ち。⑦よく働く。⑧作用・効果があらわれる。<br>願い 物事をスムーズに運ぶことのできる、聡明で活発な人にと願って。また、気配り上手で商才に長け、富や財を築けるようにという期待も込めて。 | 利奈（7・8） りな<br>優利（17・7） ゆうり<br>恵利（10・7） えり | 利仁（7・4） としひと<br>利玖（7・7） りく<br>悠利（11・7） ゆうり |

| 画数・漢字 | 主な読み | 主な意味と込めたい願い | 女の子の名前例 | 男の子の名前例 |
|---|---|---|---|---|
| 李 7画 | リ・すもも・もも | 意味 ①すもも。中国原産のバラ科の落葉高木。春に白い花をつける。②おさめる。③姓の一つ。 願い 木と子の字からなり、子を生む意味を表すことから、子孫繁栄を願って。また、豊かで実りのある人生を送れるようにという気持ちも込めて。 | 李7果8 ももか<br>李7咲9 りさ<br>李7緒14 りお | 魁14李7 かいり<br>悠11李7 ゆうり<br>桃10李7 とうり |
| 里 7画 | リ・さと・さとし | 意味 ①むらざと。ふるさと。②育ち。また、自分の家。嫁の実家。③子どもの養育を依頼した家。④道のり。また、道のりをはかる単位。日本では、一里は三六町。約四キロメートル。 願い ふるさとを思い出させるような、寛容で温和な人に。また、長い道のりをあきらめることなく進む人にという気持ちも込めて。 | 里7桜10 りお<br>樹16里7 じゅり<br>朱6里7 あかり | 悠11里7 ゆうり<br>海9里7 かいり<br>里7來8 りく |
| 良 7画 | リョウ・あきら・お・かず・たか・つかさ・まこと・よ・よし・ら | 意味 ①できがよい。すぐれている。②穏やかな。③やや。しばらくして。④生まれつき正しい。⑤まことに。⑥妻が夫をよぶことば。 願い あらゆる面で優れた能力を発揮し、周囲の人たちのよきお手本になるような人になってほしいと願って。誠実で穏やかな人柄で、多くの人に好感を持たれるようにという願いも込めて。 | 咲9良7 さくら<br>紗10良7 さら<br>星9良7 せいら | 空8良7 そら<br>良7弥8 りょうや<br>良7仁4 よしひと |
| 伶 7画 | リョウ・レイ | 意味 ①演奏者。②俳優。③召し使い。④かしこい。利口。 願い 音楽の才能など、芸術的な才能に恵まれるようにと願って。知性と、人々を魅了する容姿を持った人に育ちますようにという気持ちも込めて。 | 美9伶7 みれい<br>伶7菜11 れな<br>伶7 れい | 伶7斗4 れいと<br>伶7汰7 りょうた<br>伶7介4 りょうすけ |
| 呂 7画 | リョ・ロ・とも・なが | 意味 ①中国の古代の音楽や雅楽の調子。②ことばの調子。③平仮名の「ろ」は「呂」の草書体からできた字。 願い 音楽や言語に関する才能に恵まれるように。また、背骨の意味もあり、しんの強さ、人を支える強い心を持った人に成長できるようにという祈りを込めて。 | | 比4呂7 ひろ<br>比4呂7斗4 ひろと |
| 阿 8画 | ア・あ・くま | 意味 ①山やおかの入りくんだところ。②大きなおか。③おもねる。④家のひさし。⑤梵語や外国語などの「ア」の音訳に用いる。⑥女子の名まえの上につける愛称。 願い 人生は、入り組んだ道や山や谷を歩いていくようなもの。柔軟な考えと健康な体で、しなやかに歩んでほしい、たくましい人に育ってほしいという思いを込めて。 | 阿8依8 あい<br>阿8香9里7 あかり<br>阿8紗10子3 あさこ | 阿8紋10 あもん<br>斗4阿8 とあ<br>阿8門8 あもん |

| 画数・漢字 | 主な読み | 主な意味と込めたい願い | 女の子の名前例 | 男の子の名前例 |
|---|---|---|---|---|
| 依 8画 | イ・エ・より | 意味 ①よりかかる。頼る。②従う。③もとづく。④もとのまま。⑤木のおいしげるようす。<br>願い 人に頼られる度量を持ち、一方では頼りになる存在にも恵まれ、豊かな愛情の中で生涯を送れるようにと願って。また、自然のままの飾らない人柄で多くの人に愛されるように。人の和を大切にするすてきな人にという願いも込めて。 | 芽8依8《めい》<br>陽12依8《ひより》<br>依8茉8《えま》 | 依8吹7《いぶき》<br>怜8依8《れい》<br>依8織18《いおり》 |
| 育 8画 | イク・そだ・なり・やす | 意味 ①そだてる。養う。②そだつ。成長する。③そだち。生まれた後の環境。<br>願い わが子の成長を見守り、あふれるほどの愛情を注ぐという親の気持ちをいっぱい込めて。また、すくすくと健康に育ち、元気で活発な、明るい人に成長するようにと願って。 | 育8海9《いくみ》<br>育8美9《いくみ》<br>育8歩8《いくほ》 | 育8真10《いくま》<br>育8人2《いくと》<br>育8哉9《いくや》 |
| 英 8画 | エイ・あや・すぐる・たけし・てる・とし・ひで・ふさ・よし | 意味 ①はなぶさ。実のならない花。②ひいでる。すぐれる。③英吉利（イギリス）の略。<br>願い 英知にあふれた、優れた人になってほしいという気持ちを込めて。人の心を癒やしてくれる花のように、人が自然と集まる求心力のある魅力あふれた人になってほしいと願って。 | 紗10英8《さえ》<br>英8里7子3《えりこ》<br>英8那7《えな》 | 英8汰7《えいた》<br>英8寿7《ひでとし》<br>翔12英8《しょうえい》 |
| 苑 8画 | エン・オン・その | 意味 ①庭。草木を植えた庭や畑。②まきば。囲いをもうけて、動物を放し飼いにするところ。③いろいろな物事の集まるところ。<br>願い 洗練された庭園のイメージから、品格が高く、多くの人に支持される人にと願って。また、人が集まる大きな舞台に立てる人に、華やかな世界で活躍できるようにという気持ちも込めて。 | 志7苑8《しおん》<br>苑8子3《そのこ》<br>苑8花7《そのか》 | 士3苑8《しおん》<br>怜8苑8《れおん》<br>璃15苑8《りおん》 |
| 於 8画 | ウ・オ | 意味 ①ああ。嘆息・感嘆のことば。②おいて。場所・時間などを表す。③に。を。より。前置詞的に用いて、場所・比較などの意味を表す。④平仮名の「お」は、「於」の草書体からできた字。<br>願い 感嘆を表すことから、表現力豊かな人に。ひいては、芸術やスポーツの分野で輝かしい活躍ができるようにという願いを込めて。 | 真10於8《まお》<br>奈8於8《なお》<br>莉10於8《りお》 | 怜8於8《れお》<br>伶7於8《れお》<br>音9於8《ねお》 |
| 旺 8画 | オウ | 意味 ①盛んなようす。②美しい光。<br>願い 元気で活動的で、多くの人の中にいても注目を集める存在感のある人になってほしいと願って。また、スポットライトを浴びるような、芸術やエンターテインメントの世界で活躍する人になってほしいという気持ちも込めて。 | 茉8旺8《まお》<br>美9旺8《みお》<br>莉10旺8《りお》 | 旺8佑7《おうすけ》<br>旺8志7朗10《おうしろう》<br>旺8太4《おうた》 |

| 画数・漢字 | 主な読み | 主な意味と込めたい願い | 女の子の名前例 | 男の子の名前例 |
|---|---|---|---|---|
| 佳 8画 | カ・カイ・ケ・よし | 意味 ①美しい。②すぐれている。③めでたい。④おいしい。<br>願い 内面もたたずまいも美しい聡明な人に成長し、だれからも愛されるような人になってほしいと願って。優れた能力を生かして成功し、幸せをつかんで喜びの多い人生を送ってほしいという願いも込めて。 | 優17佳8 ゆうか<br>佳8子3 かこ<br>佳8歩8 かほ | 佳8大3 けいた<br>佳8介4 けいすけ<br>佳8輝15 よしき |
| 果 8画 | カ・あきら・は・はた・まさる | 意味 ①くだもの。木の実。②はたす。しとげる。③善悪のむくい。④思い切りがよい。⑤はたして。思ったとおりに。⑥はてる。⑦はて。終わり。<br>願い 小さな木の実やフレッシュな果物のように、愛らしい人にという期待を込めて。また、成し遂げるという意味から、何かを成就させ、実り多き人生を送れるようにとの願いも託して。 | 果8歩8 かほ<br>愛13果8 まなか<br>桃10果8 ももか | |
| 河 8画 | カ・ガ・かわ | 意味 ①大きな川。②川に似たもの。③中国の川の名。黄河のこと。<br>願い 大河のように、ゆったりと落ち着きのある人になってほしいと願って。また、人々に恵みの水をもたらす川のように、多くの人に幸福をもたらすことのできる、社会に貢献できる人に育ってほしいという気持ちも込めて。 | 美9河8 みか | 大3河8 たいが<br>龍16河8 りょうが<br>悠11河8 ゆうが |
| 芽 8画 | ガ・ゲ・め・めい | 意味 ①草木のめ。②めばえる。物事の起こり。始まり。<br>願い 新しい感性を持った人になってほしいという気持ちを込めて。無からパワーを生み出す、未来の可能性を感じさせる人に。そして、目を見張るほどの活躍をする人に育ってほしいという願いを込めて。 | 芽8依8 めい<br>彩11芽8 あやめ<br>芽8咲9 めいさ | 叶5芽8 かなめ<br>幸8芽8 こうが<br>竜10芽8 りゅうが |
| 学 8画 | ガク・あきら・さと・さとる・たか・のり・まな・まなぶ・みち | 意味 ①習う。教えを受ける。勉強する。②まなびや。学校。③教育。④まなぶ者。研究する者。⑤知識の体系。<br>願い 指導者と弟子の交流という意味もある。あふれる探究心を象徴する、奥深さを持つ漢字。尊敬する師に出会い、常に謙虚な姿勢で教えを請い、生涯学び続けることを忘れない人になることを期待して。 | | 学8杜7 まなと<br>学8斗4 がくと<br>学8 まなぶ |
| 岳 8画 | ガク・おか・たか・たかし・たけ | 意味 ①大きくて高い山。②ごつごつしていかめしい。③妻の父のよび名に用いる。<br>願い 雄大で崇高な誇り高いイメージの漢字。雄大な風景や何事にも動じない堂々とした人物を連想させる。スケールの大きな夢を持ち、それに向かって一歩一歩頑張る人に。困難にも立ち向かっていく強さを持った人になるよう願って。 | | 岳8 がく<br>岳8大3 たけひろ<br>岳8斗4 がくと |

| 画数・漢字 | 主な読み | 主な意味と込めたい願い | 女の子の名前例 | 男の子の名前例 |
| --- | --- | --- | --- | --- |
| 祈 8画 | キ・いの | 意味 ①いのる。願う。神に願って幸いを求める。②いのり。<br>願い 人の幸せを祈ることのできる、あふれるほどの愛情を持った人に。めざすところに向かって努力を重ねていく意志の強い人に。謙虚で、平和と正義を愛する人に育ってほしいと願って。 | 実8祈8 みのり<br>祈8里7 いのり<br>美9祈8 みき | 晴12祈8 はるき<br>瑞13祈8 みずき<br>優17祈8 ゆうき |
| 季 8画 | キ・すえ・とき・とし・みのる | 意味 ①きょうだいの中でいちばん年下の者。末っ子。②四季の終わりの月。③とき。時節。一年を四つに分けた三か月。春夏秋冬。<br>願い 四季の美しさをいとおしむ感性の豊かな人に。また、年少者を気にかける優しさや、育てることのできる包容力のある人になってほしいという気持ちも込めて。 | 紗10季8 さき<br>柚9季8 ゆずき<br>瑞13季8 みずき | 樹16季8 いつき<br>佳8季8 よしき<br>佑7季8 ゆうき |
| 享 8画 | キョウ・すすむ・たか・つら・ゆき | 意味 ①うける。自分に与えられたものをすなおに受け入れる。授かる。②もてなす。供え物をして神をまつる。<br>願い どんな場所、どんな地位になっても、置かれたところで自分を輝かせることのできる人に。また、多くのものを授かることのできる幸運な人生を歩んでほしいという願いを込めて。 | 享8佳8 きょうか<br>享8華10 きょうか<br>享8子3 きょうこ | 享8介4 きょうすけ<br>享8平5 きょうへい<br>享8太4郎9 きょうたろう |
| 京 8画 | キョウ・ケイ・おさむ・たかし・ちか・ひろし | 意味 ①みやこ。首都。②京都のこと。③東京のこと。④数の単位。兆の一万倍。⑤大きい。高い。<br>願い 情報・流行・経済・政治など、あらゆる分野の最先端が集まる都のように、物事を発信する力を持って、社会の中心となれる人物をめざして。また、上品さが感じられる古風な一面を持った人に育ってほしいという願いも込めて。 | 京8果8 きょうか<br>京8子3 きょうこ<br>京8香9 きょうか | 佑7京8 うきょう<br>京8 けい<br>京8斗4 けいと |
| 空 8画 | ク・クウ・コウ・あ・から・そら | 意味 ①あな。②大空。③天候。④方向。方角。⑤落ち着かないこと。⑥文章などを暗記すること。⑦いつわり。⑧中身がない。⑨さびしい。人の気配がない。⑩役に立たない。⑪むなしく。むだに。⑫そらごと。いつわり。⑬からになる。⑭航空の略。<br>願い 大空にはばたくイメージから、世界で活躍してほしいと願って。 | 蒼13空8 そら<br>美9空8 みく<br>空8 そら | 蒼13空8 そら<br>璃15空8 りく<br>空8良7 そら |
| 弦 8画 | ゲン・いと・つる | 意味 ①弓に張る糸。ゆづる。②半月。半分ほど欠けた月。③バイオリン・ギター・琴などの糸。また、それらの楽器。④円周上の二点を結ぶ直線。また、直角三角形の斜辺。<br>願い 月と楽器を連想させ、弾力的でのびやかな強さが感じられる漢字。弓のように鋭く、弦のようにしなやかに、人生を闊歩（かっぽ）していける人にと願って。 | 小3弦8 こいと | 弦8汰7 げんた<br>弦8 げん<br>結12弦8 ゆづる |

| 画数・漢字 | 主な読み | 主な意味と込めたい願い | 女の子の名前例 | 男の子の名前例 |
| --- | --- | --- | --- | --- |
| 呼 8画 | コ・うん・よ | 意味 ①さけぶ。大声でよぶ。②名づける。③息をはく。④ああ。ため息の声。<br>願い 口から息をはく様子から、生命力を感じさせる漢字。物おじせず、自分の意思を伝えることができるハキハキした人に成長することを願って。 | 亜7呼8 あこ<br>呼8春9 こはる<br>璃15呼8 りこ | |
| 虎 8画 | コ・たけ・とら | 意味 ①とら。食肉目ネコ科の動物。鋭いきばと、黄色と黒色のしまがある。②よっぱらい。③強くおそろしいもののたとえ。④ひじょうに危険なものや場所のたとえ。<br>願い 美しい勇猛さを象徴する存在のとらにあやかってつけたい。強く、勇ましく威風堂々。どんな困難も俊敏さとしなやかさで切り抜ける、パワフルな人にと願って。 | | 虎8太4郎9 こたろう<br>秀7虎8 ひでとら<br>虎8之3介4 とらのすけ |
| 幸 8画 | コウ・さい・さき・さち・たか・ひで・みゆき・ゆき・よし | 意味 ①さいわい。しあわせ。②さち。恵み。自然界からとれたもの。③さいわいに。運よく。④かわいがる。気に入る。⑤みゆき。天子のおでまし。<br>願い 幸せになってほしいという親の愛情をいっぱいに込めて。幸運が次々にやってくる、笑顔の多い幸せな人生を送ってほしいという願いを込めて。 | 咲9幸8 さゆき<br>幸8希7 さき<br>幸8子3 さちこ | 幸8輝15 こうき<br>幸8平5 こうへい<br>幸8太4郎9 こうたろう |
| 昂 8画 | コウ・ゴウ・あき・あきら・たか・たかし・のぼる | 意味 ①あがる。のぼる。高くなる。②気がたかぶる。意気があがる。③たかい。<br>願い 高まる、上がるなどの勢いを感じさせることから、意欲的で上をめざしていく意志の強い人に成長してほしいと願って。また、豊かな感受性を持ち、いろいろな分野で活躍してほしいという思いも込めて。 | 昂8奈8 こうな | 昂8大3 こうだい<br>昂8汰7 こうた<br>昂8輝15 こうき |
| 采 8画 | サイ・あや・うね・こと | 意味 ①とる。つみとる。選びとる。②いろどり。あや。もよう。③すがた。ありさま。④知行所。領地。⑤仕事。つとめ。役職。⑥さいころ。<br>願い 音や字体に趣がある字。元は手を合わせて草木の芽や実を取るという意味があることから、多くの幸せを手に入れ、華やかな人生を送ることを願って。 | 采8音9 ことね<br>采8花7 あやか<br>采8芽8 あやめ | |
| 枝 8画 | キ・シ・え・えだ・しげ | 意味 ①木のえだ。②分かれ出たもの。<br>願い 細くても、しっかりと葉を茂らせて果実をつける枝のイメージから、しなやかさとたくましさを兼ね備えた、しんの強い人になってほしいとの期待を込めて。女の子の止め字として使われることが多いが、「え」の一音は、先頭字や中間字として使ってもほかの字とマッチしやすい。 | 紗10枝8 さえ<br>朋8枝8 ともえ<br>枝8里7子3 えりこ | |

| 画数・漢字 | 主な読み | 主な意味と込めたい願い | 女の子の名前例 | 男の子の名前例 |
| --- | --- | --- | --- | --- |
| 侍 8画 | シ・ジ・さむらい | **意味** ①武士。②目上の人や高貴な人のそば近くに仕える。また、仕える人。③「ある」「いる」の丁寧語。**願い** 忠誠、名誉、礼節などを重んじる「さむらい」の意味にも使うことから、武士道精神を期待して。文武両道で礼儀正しく、勇敢でまっすぐな誇り高い人になるようにと願って。 | | 龍16侍8 りゅうじ<br>銀14侍8 ぎんじ<br>勇9侍8 ゆうじ |
| 治 8画 | ジ・チ・おさ・おさむ・さだ・ただす・つぐ・なお・はる・よし | **意味** ①物事の乱れを整える。国をおさめる。②なおす。なおる。③いとなむ。管理する。**願い** 事業を営んだり、好きなことで身を立てることができる人に育ってほしいという気持ちを込めて。心や体を治す研究者や医療の道など、人の役に立てる人にという願いを込めて。 | 治8美9 はるみ | 治8希7 はるき<br>龍16治8 りゅうじ<br>誠13治8 せいじ |
| 実 8画 | シツ・ジツ・さね・なお・のり・まこと・み・みつ・みの・みのる | **意味** ①草や木の、み。くだもの。②みのり。草や木のみが熟す。③満ちる。満たす。なかみがじゅうぶんにある。④まこと。なかみがあってほんとうである。⑤ほんとうに。⑥まごころ。親切な。⑦生まれた。もとの。**願い** 努力が実を結ぶようにと願って。まごころのある人に出会い、豊かな家族をつくれるようにという祈りも込めて。 | 実8咲9 みさき<br>愛13実8 まなみ<br>実8香9 みか | 拓8実8 たくみ<br>実8樹16 みつき<br>実8 みのる |
| 若 8画 | ジャ・ジャク・ニャ・ニャク・も・より・わか・わく | **意味** ①わかい。幼い。②もし。仮定を表すことば。③もしくは。④ごとし。…のようだ。⑤状態を表すときにつけることば。⑥いくらか。すこし。⑦なんじ。二人称代名詞。**願い** 若さや幼さを意味することから、生命力を感じさせる漢字。いつまでも変わらない、みずみずしい気持ちや若々しい容姿を持ち続けることを願って。 | 若8菜11 わかな<br>若8奈8 わかな<br>若8葉12 わかば | |
| 周 8画 | シュウ・あまね・いたる・ただ・ちか・のり・ひろし・まこと | **意味** ①まわり。②めぐる。物のまわりをひとまわりしてくる。③あまねく。広く行きわたる。④しゅう。中国古代の王朝名。**願い** 素晴らしい気配りで、一緒にいる人が心休まる思いやりにあふれた人に。周囲を隅々まで見渡せる視野の広い人に。また、まわりに祝福されることの多い人生をという気持ちも込めて。 | 周8音9 あまね<br>周8子3 ちかこ<br>周8華10 しゅうか | 周8 しゅう<br>周8平5 しゅうへい<br>周8作7 しゅうさく |
| 宗 8画 | シュウ・ソウ・たかし・とき・むね・もと | **意味** ①おさ。かしら。その道の第一人者。②たっとぶ。むねとする。③神や仏の教え。④おたまや。祖先のたましいをまつるところ。⑤おおもと。祖先。本家。**願い** どの道を歩んでも、指導者や先駆者になれるような器の大きい人にと願って。また、祖先を敬い、家を大事にする優しい人であるようにという気持ちも込めて。 | | 宗8太4郎9 そうたろう<br>宗8志7 そうし<br>政9宗8 まさむね |

| 画数・漢字 | 主な読み | 主な意味と込めたい願い | 女の子の名前例 | 男の子の名前例 |
|---|---|---|---|---|
| 尚 8画 | ショウ・たか・たかし・なお・なか・なり・ひさ・ひさし・まさ | 意味 ①まだ。そのうえ。②たっとぶ。とうとぶ。重んじる。③好み。④高くする。高い。⑤加える。重ねる。⑥久しい。古い。<br>願い より高みをめざしていくことのできる、強い精神力を持った人になってほしいと願って。また、古いことを重んじ、人を敬い、品格に満ちあふれた人にという期待を込めて。 | 尚(8)香(9) なおか<br>尚(8)子(3) なおこ<br>尚(8)美(9) なおみ | 尚(8)央(5) なお<br>尚(8)也(3) なおや<br>尚(8)吾(7) しょうご |
| 昇 8画 | ショウ・すすむ・のぼ・のぼる・のり | 意味 ①上にあがる。②官位や序列があがる。③おだやか。<br>願い 繁栄や発展をイメージさせる力強い漢字。常に向上心を持ち、ひたむきな姿勢で、努力を惜しまず前進していける人になるようにと願って。 | | 昇(8)大(3) しょうた<br>昇(8)矢(5) しょうや<br>昇(8)平(5) しょうへい |
| 昌 8画 | ショウ・あき・あきら・さかえ・すけ・まさ・まさし・まさる | 意味 ①勢いが強い。②栄える。③よい。美しい。④明らか。<br>願い なんでも意欲的に取り組む活力あふれる人に育ってほしいと願って。また、太陽が昇ることから形づくられた字であることから、周囲を明るくする朗らかな人になってほしいという思いも込めて。 | 昌(8)奈(8) あきな<br>昌(8)美(9) まさみ | 昌(8)汰(7) しょうた<br>昌(8)悟(10) しょうご<br>昌(8)輝(15) まさき |
| 征 8画 | セイ・さち・そ・ただし・ただす・まさ・ゆき・ゆく | 意味 ①進んで行く。旅に出る。②うつ。あやまりや不正を武力でただす。<br>願い 人生の困難が目の前に立ちはだかっても、前に突き進むたくましさを持った芯の強い人に育ってほしいと願って。また、ひたむきに進んでいき、夢を実現してほしいという思いも込めて。 | | 龍(16)征(8) りゅうせい<br>征(8)樹(16) まさき<br>征(8)士(3) せいじ |
| 青 8画 | ショウ・セイ・チン・あお・きよ・はる | 意味 ①あお。あおい。②若い。年少の。③黒い毛の馬。また、馬の俗称。④未熟。<br>願い 澄みきった空の青や、深い海の青をイメージして、若々しいさわやかさと思慮深さの両面を持った人に育ってほしいという願いを込めて。また、けがれのない澄んだ心、広く大きな心を持った人に育ってほしいという気持ちを込めて。 | 青(8)依(8) あおい<br>玉(5)青(8) たまお<br>青(8)葉(12) あおば | 龍(16)青(8) りゅうせい<br>青(8)矢(5) せいや<br>悠(11)青(8) ゆうせい |
| 卓 8画 | タク・すぐる・たか・たかし・まこと・まさる | 意味 ①つくえ。台。テーブル。②すぐれる。ひときわすぐれている。<br>願い すっきりとした知的な印象を持つ漢字。いつでも高い志を持ち、抜群の才能を生かしながら成功をつかみとる人になることを願って。だれにも負けないひときわ優れていることを一つでも持ち、それを輝かせることができる人になることを期待して。 | | 卓(8)馬(10) たくま<br>卓(8)都(11) たくと<br>卓(8)矢(5) たくや |

| 画数・漢字 | 主な読み | 主な意味と込めたい願い | 女の子の名前例 | 男の子の名前例 |
|---|---|---|---|---|
| 拓 8画 | タク・ひらく・ひろ・ひろし | 意味 ①切り開く。広げる。②石碑の文字などを紙に刷りとる。石ずり。<br>願い 未知の分野でも積極的に挑んでいける心の強さを持ち、未来を自分で切り開くことのできる人に。たとえ困難にぶつかっても自分で解決できるパワーを持ったたくましい人に育つようにと願って。 | | 拓(8)海(9) たくみ<br>拓(8)真(10) たくま<br>拓(8)也(3) たくや |
| 知 8画 | チ・あき・あきら・さと・さとし・さとる・とし・とも・はる | 意味 ①感じとる。覚える。見分ける。②ちえ。さとい。かしこいこと。③しらせる。しらせ。④友人。⑤もてなし。あしらい。⑥治める。<br>願い 知性を感じさせ、学問の道に精進する優秀な人に。素晴らしい友人に恵まれるようにと願って。また、人よりも多くのことに気づく、豊かな感性を持った人にという気持ちも込めて。 | 知(8)咲(9) ちさ<br>知(8)香(9) ちか<br>知(8)美(9) ともみ | 泰(10)知(8) たいち<br>知(8)輝(15) ともき<br>知(8)広(5) ともひろ |
| 宙 8画 | チュウ・おき・ひろし・みち | 意味 ①空。大空。空間。②そらんじる。③空中。<br>願い 小さなことにこだわらない心の広い人に。包容力にあふれた人になってほしいと願って。また、自然科学の分野で、宇宙に飛び出すほどの活躍をしてほしいという期待も込めて。 | 真(10)宙(8) まひろ<br>美(9)宙(8) みひろ<br>千(3)宙(8) ちひろ | 宙(8) そら<br>宙(8)輝(15) ひろき<br>宙(8)士(3) ひろと |
| 直 8画 | ジキ・チョク・すぐ・すなお・ただ・ちか・なお・なおき・なおし | 意味 ①なおす。まっすぐにする。正しくする。②なおる。正しくなる。よくなる。③じか。直接。④やがて。まもなく。⑤まっすぐ。⑥つとめの番に当たる。とのい。⑦ただちに。すぐに。⑧ただ。それだけ。⑨あたい。値段。価値。⑩値うちがある。<br>願い 実直な人柄で、周囲の信頼を集める人に。 | 直(8)緒(14) なお<br>直(8)美(9) なおみ<br>直(8)子(3) なおこ | 直(8)樹(16) なおき<br>直(8)太(4)郎(9) なおたろう<br>直(8)人(2) なおと |
| 典 8画 | テン・おき・すけ・つかさ・つね・のり・ふみ・みち・よし | 意味 ①書物。手本となる書物。②規則。法律。手本となることがら。③儀式。作法。④しきたり。⑤つかさどる。⑥さかん。むかしの役人の階級で、大宰府の四等官のうちの四番目の地位。<br>願い 思慮深くて礼儀正しい人になってほしいと願って。物事に対してまじめに取り組み、努力を続けて成功するようにという気持ちを込めて。 | 典(8)華(10) のりか<br>美(9)典(8) みのり<br>典(8)子(3) のりこ | 弘(5)典(8) こうすけ<br>桜(10)典(8) おうすけ<br>典(8)之(3) のりゆき |
| 東 8画 | トウ・あきら・あずま・はじめ・はる・ひがし・ひで | 意味 ①ひがし。②東へ行く。③あずま。箱根より東の地方。京都から関東をさしていう。<br>願い 太陽が昇ってくる方角を指すことから、生命力や意欲に満ちあふれた人に育ってほしいと願って。 | 東(8)子(3) とうこ | 東(8)吾(7) とうご<br>東(8)真(10) とうま<br>東(8)磨(16) とうま |

| 画数・漢字 | 主な読み | 主な意味と込めたい願い | 女の子の名前例 | 男の子の名前例 |
|---|---|---|---|---|
| 奈 8画 | ダイ・ナ・ナイ・なに | 意味 ①いかん。いかにせん。いかんぞ。なに。疑問を表すことば。②平仮名の「な」は「奈」の草書体からできた字。<br>願い 大きい実のなる木を表す字であり、実り多き人生を送ってほしいという気持ちを込めて。また、疑問を表す意味であることから、意見をはっきりと伝えることのできる快活な人に育ってほしいと願って。 | 杏7奈8 あんな<br>奈8々3 なな<br>奈8央5 なお | 日4奈8太4 ひなた<br>真10奈8斗4 まなと<br>奈8吾7 だいご |
| 杷 8画 | ハ | 意味 ①さらい。穀物をかき集める農具。くまで。②ならし。土をならす農具。③〔枇杷（びわ）〕は、バラ科の常緑高木の果樹。<br>願い 穀物を集めたり土をならしたりする農具の意味。果物の枇杷にも使う漢字。穏やかで堅実な性格を備え、枇杷の実のような、かわいらしさをもった人に育つことを期待して。 | 杷8琉11 はる<br>杷8月4 はづき<br>杷8奈8 はな | |
| 波 8画 | ハ・ヒ・なみ | 意味 ①水の起伏。②波のようになっておしよせてくるもの。また、その動き。③物事の上がり下がり。④もめごと。乱れ。⑤まなざし。<br>願い 青く光り輝く波のように、さわやかな人に育ってほしいという気持ちを込めて。 | 美9波8 みなみ<br>帆6波8 ほなみ<br>波8奈8 はな | 波8瑠14 はる<br>波8音9 なみと<br>蒼13波8 あおは |
| 枇 8画 | ビ・ヒ | 意味 〔枇杷（びわ）〕は、バラ科の常緑高木の果樹。<br>願い 枇杷（びわ）が持つ淡い甘さとコロンとした温かみのある形を思い起こさせる漢字。素直で素朴な、かわいらしさを持った人に育ってほしいという願いを込めて。 | 枇8咲9 ひさ<br>枇8那7 ひな<br>枇8奈8 ひな | 枇8天4 ひだか<br>悠11枇8 ゆうび |
| 苗 8画 | ビョウ・ミョウ・え・たね・なえ・なり・なわ・みつ | 意味 ①種子からのび出たばかりの植物。②すじ。ちすじ。子孫。<br>願い 稲の苗のように、すくすくと太陽に向かって育ってほしいという思いを込めて。また、幸せな結婚をして、よき母として子宝に恵まれますようにと願って。 | 奈8苗8 ななえ<br>香9苗8 かなえ<br>早6苗8 さなえ | |
| 武 8画 | ブ・ム・いさ・いさむ・たけ・たけし・たける | 意味 ①強い。勇ましい。②いくさ。戦い。戦争。戦いの術。③兵器。④ひとまたぎ。半歩。<br>願い 武士や武士道など、勇ましく力強いイメージの漢字。前向きな強さ、精神的なたくましさを秘め、強くて勇敢な人になるように願って。文武両道でまじめな人になるよう期待して。 | | 歩8武8 あゆむ<br>武8蔵15 むさし<br>武8琉11 たける |

| 画数・漢字 | 主な読み | 主な意味と込めたい願い | 女の子の名前例 | 男の子の名前例 |
|---|---|---|---|---|
| 歩 8画 | フ・ブ・ホ・あゆ・あゆみ・ある・すすむ | 意味 ①あるく。②物事の進みぐあい。なりゆき。③足を出して歩くことをかぞえることば。④土地の面積の単位。一歩は約三・三平方メートル。⑤利率の単位。一歩は一割の十分の一。⑥手数料。⑦将棋の駒の名。<br>願い どんなときでも前に進んでいく明るい人に。最初の一歩を踏み出す勇気を持ち、夢をつかんでほしいと願って。 | 志7歩8 しほ<br>果8歩8 かほ<br>歩8実8 あゆみ | 歩8夢13 あゆむ<br>歩8武8 あゆむ<br>瑞13歩8 みずほ |
| 宝 8画 | ホウ・たか・たかし・たから・たけ・とみ・とも・みち・よし | 意味 ①たからもの。きわめて価値のあるもの。金・銀・珠玉の類。②貨幣。金銭。③たいせつにする。たっとぶ。④天子や仏に関することがらにそえることば。<br>願い 大切なかけがえのない子という思いを込めて。光り輝く存在となり、社会で活躍してほしいと願って。また、財や富にも恵まれますようにという気持ちも込めて。 | 李7宝8 りほ<br>咲9宝8 さほ<br>宝8来7 たから | 宝8 たから<br>宝8生5 ほうせい<br>宝8良7 たから |
| 朋 8画 | ホウ・とも | 意味 ①友だち。同じ先生につく学友。②仲間。<br>願い 心許せるよき友人に恵まれた、豊かな人生を送れるようにと願って。また、ひもでつないだ2つの貝の形からできた字で、古代の財貨を表すことから、富や財にも恵まれるようにという思いも込めて。 | 朋8美9 ともみ<br>朋8花7 ともか<br>真10朋8 まほ | 朋8輝15 ともき<br>朋8也3 ともや<br>朋8大3 ともひろ |
| 命 8画 | ミョウ・メイ・いのち・とし・なが・のぶ・のり・まこと・み・みこと・みち・よし | 意味 ①いのち。②おおせ。言いつけ。言いつける。③めぐり合わせ。④戸籍簿。⑤めあて。⑥人としてのつとめ。⑦みこと。むかし、神や貴人につけてよんだことば。<br>願い 健やかに長生きできるようにという願いをストレートに伝える字。また、自分のなすべきことを一途にやり遂げる強い気持ちを持った人にという願いを込めて。 | 美9命8 みこと | 命8 みこと |
| 明 8画 | ミョウ・メイ・あ・あか・あき・あきら・あけ・きよし・てる | 意味 ①あかるい。あきらか。あかるく光る。②はっきりしている。③目立ってあらわれる。④目がよく見える。⑤さとい。かしこい。⑥夜があける。夜をあかす。⑦あきらかにする。⑧あす。あした。⑨あかり。⑩始まる。⑪開く。⑫すきま。ひま。⑬みん。中国の王朝名。<br>願い 明朗快活で、だれからも好かれる人に。明るい未来を願って。 | 明8莉10 あかり<br>明8依8 めい<br>明8日4香9 あすか | 明8仁4 あきひと<br>明8真10 はるま<br>煌13明8 こうめい |
| 茂 8画 | モ・しげ・しげみ・しげる・とお・とよ・もち・もと・ゆたか | 意味 ①しげる。しげり。草木が盛んにのびる。②しげみ。草木の盛んに生えているところ。③さかんなありさま。④すぐれてりっぱである。<br>願い 草木が生い茂っているさまは、豊かさと成長の証し。健康に育ち、自分の能力を存分に発揮して夢をつかんでほしいという願いを込めて。 | 茂8果8 もか<br>茂8奈8 もな<br>茂8音9 もね | 正5茂8 まさしげ<br>一1茂8 かずしげ<br>茂8樹16 しげき |

| 画数・漢字 | 主な読み | 主な意味と込めたい願い | 女の子の名前例 | 男の子の名前例 |
|---|---|---|---|---|
| 夜 8画 | ヤ・よ・よる | 意味 ①日没から日の出までの暗い時間。②よふけ。よなか。<br>願い 星や月を想像させることから、自然を愛する情緒豊かな人に。考えが深く、気づかいのできる人になってほしいと願って。また、天文学などの自然科学の分野で活躍してほしいという思いも込めて。 | 桜夜(10・8)《さや》<br>小夜子(3・8・3)《さよこ》<br>沙夜(7・8)《さや》 | 龍夜(16・8)《りゅうや》<br>星夜(9・8)《せいや》 |
| 弥 8画 | ビ・ミ・いよ・ひさ・ひさし・ひろ・みつ・や・よし・わたる | 意味 ①いよいよ。ますます。②広くゆきわたる。③久しい。長い間。④つくろう。とじ合わせる。⑤いや。いよいよ、ますますの意味の接頭語。⑥梵語「ミ」の音訳に用いる。<br>願い 大きく広がっていく様子を表すことから、おおらかな人にと願って。また、周囲を広く見渡し、深い洞察力で人生を切り開いてほしいと願って。 | 紗弥(10・8)《さや》<br>弥生(8・5)《やよい》<br>弥咲(8・9)《みさき》 | 柊弥(9・8)《しゅうや》<br>聖弥(13・8)《せいや》<br>和弥(8・8)《かずや》 |
| 怜 8画 | リョウ・レイ・レン・さと・さとし・とき | 意味 さとい。かしこい。<br>願い 思慮深く理知的で、多くの人に尊敬されるようになってほしいと願って。また、人の心の痛みを察することのできる知性を持ち、思いやりにあふれた人になってほしいという気持ちも込めて。 | 怜奈(8・8)《れいな》<br>怜佳(8・8)《れいか》<br>美怜(9・8)《みれい》 | 怜(8)《れい》<br>怜央(8・5)《れお》<br>怜慈(8・13)《れいじ》 |
| 和 8画 | オ・ワ・かず・かつ・ちか・とも・な・なご・のどか・ひとし | 意味 ①声や調子を合わせる。②やわらぐ。なごむ。気が合い、親しむ。のどか。③なごやか。穏やか。④あえる。まぜ合わせる。⑤穏やかになる。⑥数学で、二つ以上の数を加えたもの。⑦日本。日本の。⑧なぐ。なぎ。風雨がなく海が穏やかなこと。<br>願い 人の和を大切にする人に。 | 和奏(8・9)《わかな》<br>日和(4・8)《ひより》<br>美和(9・8)《みわ》 | 大和(3・8)《やまと》<br>和真(8・10)《かずま》<br>和樹(8・16)《かずき》 |
| 侑 8画 | ウ・ユウ・あつむ・すすむ | 意味 ①すすめる。ごちそうをすすめる。②助ける。③むくいる。<br>願い 進んで人を助けたり、支えることのできる人に。また、感謝の気持ちを忘れない人間味豊かな人になってほしいという気持ちも込めて。 | 侑希(8・7)《ゆき》<br>侑莉(8・10)《ゆうり》<br>侑奈(8・8)《ゆうな》 | 侑輝(8・15)《ゆうき》<br>侑真(8・10)《ゆうま》<br>侑大(8・3)《ゆうだい》 |
| 來 8画 | ライ・き・きた・く・ゆき | 意味 （「来」の旧字体）①こちらに近づく。②招く。③次の。これから先。④このかた。今まで。<br>願い うれしいことがやってくる幸運な人生を祈って。そして、明日への喜びや期待を感じることのできる、明るく元気な人に育ってほしいという願いを込めて。 | 愛來(13・8)《あいく》<br>桜來(10・8)《さくら》<br>未來(5・8)《みく》 | 未來(5・8)《みらい》<br>龍來(16・8)《りゅうき》<br>來暉(8・13)《らいき》 |

| 画数・漢字 | 主な読み | 主な意味と込めたい願い | 女の子の名前例 | 男の子の名前例 |
| --- | --- | --- | --- | --- |
| 昊 8画 | コウ・あきら・そら・ひろ・ひろし | 意味 ①空。大空。②大きい。<br>願い 青く広がる大空のように、さわやかで周囲の人を笑顔にするすてきな人になってほしいと願って。大空にはばたくように、のびのびと健やかに育ってほしい、広く世界で活動できるようになってほしいという気持ちを込めて。 | 昊(8)良(7) そら<br>美(9)昊(8) みそら | 昊(8) そら<br>昊(8)輝(15) こうき<br>昊(8)汰(7) こうた |
| 苺 8画 | バイ・マイ・いちご | 意味 いちご。バラ科の多年草。実は食用となり赤くて甘い。きいちご。<br>願い 赤く小さないちごの実のように、かわいらしくだれからも愛される人に育ってほしいという思いを込めて。一文字の「いちご」の音のほか、「マイ」の音も人気。 | 苺(8)香(9) まいか<br>苺(8)花(7) いちか<br>苺(8)果(8) まいか | |
| 茉 8画 | バツ・マ・マツ | 意味 〔茉莉（まつり）〕は、モクセイ科の常緑低木。ジャスミンの一種。花は白く、かおりが高い。<br>願い 優しい芳香で人を癒やすようなイメージから、高貴なたたずまいである半面、心穏やかで人を受け入れることのできる包容力も併せ持った、素晴らしい人になってほしいと願って。 | 陽(12)茉(8)莉(10) ひまり<br>茉(8)優(17) まゆ<br>茉(8)奈(8) まな | 蒼(13)茉(8) そうま<br>悠(11)茉(8) ゆうま<br>茉(8)弘(5) まひろ |
| 茜 9画 | セン・あかね | 意味 ①あかね草。アカネ科の多年草。根から赤い染料をとる。②赤。あかね色。やや黒ずんだ赤。<br>願い 夕暮れどきの空の色にたとえられる落ち着いた赤色を表す字。穏やかで人を包み込むような温かい心を持った人になってほしいという祈りを込めて。 | 茜(9) あかね<br>茜(9)里(7) あかり<br>茜(9)音(9) あかね | |
| 威 9画 | イ・たか・たけ・たけし・たける・とし・なり | 意味 ①おそれさす。②いきおい。権力。③いかめしい。おごそかな。<br>願い 人を従わせる強さとおごそかな品格を感じさせる漢字。勢いがあり、堂々とした風格をイメージさせることから、自分を信じて、正しいことには自信を持って歩んでいく人になることを願って。 | | 瑠(14)威(9) るい<br>威(9)織(18) いおり<br>威(9) たける |
| 郁 9画 | イク・あや・か・かおる・たかし | 意味 ①文物や文化の盛んなようす。②香気の強いようす。<br>願い 文化が盛んである様子を表すことから、学問や芸術、精神など、さまざまな事柄に詳しい教養のある人になってほしいと願って。また、おしゃれでたたずまいも洗練された人になるようにという気持ちも込めて。 | 彩(11)郁(9) あやか<br>郁(9)子(3) いくこ<br>郁(9)香(9) あやか | 郁(9)斗(4) いくと<br>郁(9) かおる<br>郁(9)士(3) あやと |

| 画数・漢字 | 主な読み | 主な意味と込めたい願い | 女の子の名前例 | 男の子の名前例 |
| --- | --- | --- | --- | --- |
| 映<br>9画 | エイ・ヨウ・あき・あきら・うつ・てる・は・みつ | 意味 ①かげがうつる。②照り輝く。色があざやかに見える。<br>願い 日の光に照らされてきらきらと輝くように、きらめく才能に恵まれて注目される人になってほしいと願って。映像や色彩などの芸術的な才能に恵まれるように。また、勢いがあって陽気な性格で、周囲を明るく照らすことのできる人にという気持ちも込めて。 | 映里奈（9・7・8） えりな<br>佳映（8・9） かえ<br>早映（6・9） さえ | 映斗（9・4） えいと<br>映輝（9・15） えいき<br>映汰（9・7） えいた |
| 栄<br>9画 | エイ・さかえ・しげ・しげる・はる・ひさ・ひさし・ひで・ひろ | 意味 ①さかえる。②ほまれ。名誉。③盛んにするもの。④地位や名声があがる。<br>願い 栄える、繁栄するなど、愛情も富も得られるような豊かなイメージから、幸福に満ちあふれた人生を送ってほしいと願って。また、どの分野でも価値あることを成し遂げる人になってほしいと期待して。 | 紗栄（10・9） さえ<br>栄里（9・7） えり<br>栄美（9・9） えみ | 栄心（9・4） えいしん<br>栄輝（9・15） えいき<br>栄作（9・7） えいさく |
| 音<br>9画 | イン・オン・お・おと・と・ね | 意味 ①おと。ね。声。ひびき。②ねいろ。ふし。③おん。漢字の読み方の一つ。むかしの中国の発音にもとづいているもの。④おとずれ。たより。<br>願い 音楽の才能に恵まれるように。人を楽しませたり、癒やしたりできる人にと願って。また、文化・芸術全般にきらめく才能を発揮してほしいという気持ちも込めて。 | 花音（7・9） かのん<br>寧音（14・9） ねね<br>音羽（9・6） おとは | 陽音（12・9） はると<br>奏音（9・9） かなと<br>怜音（8・9） れおん |
| 架<br>9画 | カ・か | 意味 ①物をのせる台。②かける。かけわたす。<br>願い 元は橋をかけるという意味があり、物おじせず前に進むイメージ。自分の可能性を信じて、さまざまなことにチャレンジできる人に成長してほしいという期待を込めて。 | 優架（17・9） ゆうか<br>明日架（8・4・9） あすか<br>瑠架（14・9） るか | |
| 珂<br>9画 | カ | 意味 ①宝石の名。白めのう。②くつわ貝。③くつわ貝でつくった馬のくつわの飾り。<br>願い パワーストーンとしても知られる白めのうは、心が洗われるような輝きを放つ石。進んだ道に対して、純粋で誇り高くあってほしい。気品があって、落ち着きのある凜とした人になってほしいという願いを込めて。 | 珂織（9・18） かおり<br>亜珂里（7・9・7） あかり<br>珂穂（9・15） かほ | 瑠珂（14・9） るか<br>珂惟（9・11） かい<br>琉珂（11・9） るか |
| 海<br>9画 | カイ・あま・うな・うみ・み | 意味 ①うみ。地球の表面上の塩水をたたえた広い場所。②すずりの水をためるところ。③大きく広い。④ものが多く集まるところ。<br>願い 海のように大きな愛情がある人に成長してほしいと願って。また、波が動くように、元気で活発な、生命力にあふれる人になってほしいという気持ちも込めて。 | 七海（2・9） ななみ<br>美海（9・9） みう<br>海咲（9・9） みさき | 海翔（9・12） かいと<br>拓海（8・9） たくみ<br>海成（9・6） かいせい |

| 画数・漢字 | 主な読み | 主な意味と込めたい願い | 女の子の名前例 | 男の子の名前例 |
| --- | --- | --- | --- | --- |
| 柑 9画 | カン | 意味 みかん。こうじ。ミカン科の常緑樹。<br>願い みかんのようにみんなに愛される人に育ってほしいという祈りを込めて。また、みかんの甘酸っぱい香りから、さわやかで明るい人に成長してほしいという願いも。 | 柑9那7 かんな<br>柑9菜11 かんな<br>柑9奈8 かんな | 柑9司5 かんじ<br>柑9悟10 かんご<br>柑9吾7 かんご |
| 紀 9画 | キ・おさむ・かなめ・しるす・ただし・とし・のり・はじめ・もと | 意味 ①すじ道をたてて記録する。②のり。すじみち。③いとぐち。始まり。④小さなつな。細いつな。⑤とし。歳月。⑥「日本書紀」の略。<br>願い 人として正しい道を歩み、間違ったことを正せる人になってほしいと願って。また、文学の才能が花開くように。書物や歴史に記されるような活躍をしてほしいという気持ちも込めて。 | 有6紀9 ゆき<br>瑞13紀9 みずき<br>紀9花7 のりか | 知8紀9 ともき<br>将10紀9 まさき<br>紀9之3 のりゆき |
| 建 9画 | ケン・コン・た・たけ・たけし・たける・たつる・たて | 意味 ①たてる。たつ。つくる。②意見をさし出す。<br>願い 自分の意思をしっかり表明し、ゆるぎない人生を堂々と歩んでいく強さのある人に。新しいことにチャレンジし続けて、大きな仕事をなし遂げる人になることを願って。 | | 建9 たける<br>建9伸7 けんしん<br>建9人2 けんと |
| 研 9画 | ケン・ゲン・あき・きし・きよ・と | 意味 ①とぐ。すりみがく。②きわめる。物事を深く調べる。③墨をする。すずり。<br>願い 鋭い感性とシャープな頭のよさを感じさせる漢字。自分の感性を磨き、本質を追求する姿勢を常に持ち、物事を極めるための努力を惜しまない人になることを願って。 | | 研9人2 けんと<br>研9吾7 けんご<br>研9太4 けんた |
| 胡 9画 | ウ・コ・ゴ | 意味 ①えびす。古代中国の北方または西方に住んでいた民族。②なんぞ。どうして。疑問を示すことば。③でたらめ。いいかげんな。<br>願い 古代中国の異民族に由来する大陸的でエキゾチックな漢字。世界にはばたく個性的な人に成長することを期待して。 | 胡9桃10 くるみ<br>仁4胡9 にこ<br>莉10胡9 りこ | 胡9太4郎9 こたろう<br>胡9汰7郎9 こたろう<br>大3胡9 だいご |
| 厚 9画 | グ・コウ・あつ・あつし・ひろ・ひろし | 意味 ①ぶあつい。物の積み重なっているようす。②てあつい。ねんごろ。③豊かにする。④あつかましい。⑤たいそう。<br>願い 人の痛みを想像できる、人情味豊かな情の厚い人になってほしいと願って。物事をていねいに行える人に。また、ぶあついのイメージから、積み重なるなどの富を築けるようにという気持ちも込めて。 | | 厚9希7 あつき<br>厚9太4 こうた<br>厚9介4 こうすけ |

| 男の子の名前例 | 女の子の名前例 | 主な意味と込めたい願い | 主な読み | 画数・漢字 |
|---|---|---|---|---|
| 恒9輝15 こうき<br>恒9介4 こうすけ<br>恒9汰7 こうた | | 意味 ①いつまでも変わらない。久しい。②常に。いつも。<br>願い 長い時間を経ても変わらない安定感をイメージさせる漢字。常にピンと張りつめて、たゆまぬ強い意志を感じさせることから、初心を忘れることなく、自分の目標に向かって強い信念を貫き通せる人になることを願って。 | コウ・ゴウ・つね・ひさ・ひさし・ひとし | 恒 9画 |
| 皇9 こう<br>怜8皇9 れお<br>皇9輝15 こうき | | 意味 ①きみ。おおきみ。天子。②大きい。③王室や天子にかかわる事物にそえることば。④すめらぎ。天皇の古い言い方。<br>願い 崇高で気高いイメージに満ちた漢字。品があり、誇り高く、広い視野で物事を見ることのできる人に。スマートに人生を歩いていける人になることを願って。 | オウ・コウ・すべ・すめら | 皇 9画 |
| 璃15紅9 りく<br>紅9太4 こうた<br>紅9輝15 こうき | 紅9愛13 くれあ<br>美9紅9 みく<br>紅9音9 あかね | 意味 ①くれない。あざやかな赤色。②べに。べに花からとった赤い顔料や染料。③女性についていうことば。<br>願い 情熱の色をイメージし、熱意と使命感によって成功を収めてほしいと願って。また、紅色のように人を引きつける力があり、芸術や芸能の世界で活躍できるようにという願いを込めて。 | ク・コウ・あか・くれない・べに・もみ | 紅 9画 |
| 香9月4 かづき<br>香9輝15 こうき<br>香9介4 こうすけ | 桃10香9 ももか<br>香9穂15 かほ<br>香9 かおり | 意味 ①よいにおい。②かんばしい。においがよい。③たきもののかおりをかぎ分ける遊び。香合わせ。④「香車」の略。将棋の駒の一つ。<br>願い かぐわしいにおいのように、人を引きつける魅力がイメージされる字。自然に人が集まってくるチャーミングな人になることを願って。 | キョウ・コウ・か・かお・かおり・かおる・かが・たか・よし | 香 9画 |
| 智12哉9 ともや<br>哉9太4 かなた<br>晴12哉9 せいや | 沙7哉9 さや<br>美9哉9 みや<br>早6哉9香9 さやか | 意味 ①かな。詠嘆・感嘆を表すことば。②や。疑問・反語を表すことば。<br>願い 感嘆を表すことから、みずみずしい感性を持ち、豊かな表現力で注目を集める人になってほしいと願って。また、疑問や反対の気持ちをしっかりと相手に伝えることのできる、強い意志を持った人に育ってほしいという気持ちを込めて。 | サイ・えい・か・かな・き・すけ・ちか・とし・はじめ・や | 哉 9画 |
| 咲9人2 さくと<br>咲9太4郎9 さくたろう<br>真10咲9 まさき | 咲9希7 さき<br>美9咲9 みさき<br>咲9良7 さくら | 意味 ①花が開く。②笑う。<br>願い 笑うという意味を表し、周囲の人を笑顔にすることのできる朗らかな人になってほしいと願って。また、小さなことにこだわらないおおらかさと、花のような魅力的な笑顔で、人を引きつけることのできる人に育ってほしいという願いを込めて。 | ショウ・さ・さき | 咲 9画 |

| 画数・漢字 | 主な読み | 主な意味と込めたい願い | 女の子の名前例 | 男の子の名前例 |
|---|---|---|---|---|
| 思 9画 | シ・おも・こと | 意味 ①考える。心をはたらかせる。②したう。いとしい。<br>願い 相手の気持ちを思いやることのできる人になってほしいと願って。また、先を見通したり、慎重にじっくりと考えることができる、思慮深い人に育ってほしいという気持ちを込めて。 | 思緒俐 9・14・9 しおり<br>思乃 9・2 しの<br>美思 9・9 みこと | 蒼思 13・9 そうし<br>大思 3・9 たいし<br>思温 9・12 しおん |
| 秋 9画 | シュウ・あき・おさむ・とき・みのる | 意味 ①四季の一つ。立秋から立冬までの間。太陽暦では九・十・十一月。②穀物の実りの季節。③としつき。年月。④たいせつな時期。<br>願い 紅葉の美しい情緒に富んだ時期をイメージして、落ち着いた雰囲気の人に育ってほしいと願って。また、実り多い豊かな人生を歩んでほしいという祈りを込めて。 | 秋花 9・7 しゅうか<br>秋穂 9・15 あきほ<br>千秋 3・9 ちあき | 秋也 9・3 しゅうや<br>秋人 9・2 あきと<br>秋哉 9・9 しゅうや |
| 俊 9画 | シュン・すぐる・たかし・とし・まさる・よし | 意味 ①才能や知識がすぐれる。②すぐれた人。才能や知識が目立ってすぐれた人。③高い。大きい。<br>願い 何事に対しても、冷静かつ機敏な判断をできるような人に。心身共に抜きんでた才能を持つ賢い人になることを願って。頭の回転が速く、瞬発力と行動力のある人になることを期待して。 | | 俊輔 9・14 しゅんすけ<br>俊太 9・4 しゅんた<br>幸俊 8・9 ゆきとし |
| 春 9画 | シュン・あずま・かず・すす・とき・はじめ・はる | 意味 ①四季の一つ。立春から立夏までの間。太陽暦では三・四・五月。②年のはじめ。正月。③青年期。④とし。としつき。<br>願い 植物が芽吹いたり、生きものが誕生する春のイメージから、生命力に満ちあふれた人に。また、春の日ざしのように、人の心を温かくする人に育ってほしいという気持ちも込めて。 | 心春 4・9 こはる<br>春花 9・7 はるか<br>春奈 9・8 はるな | 春樹 9・16 はるき<br>春斗 9・4 はると<br>春馬 9・10 はるま |
| 昭 9画 | ショウ・あき・あきら・てる・はる | 意味 ①明らか。明るい。②明らかにする。<br>願い 周囲の人たちを明るく照らすことのできる、快活でおおらかな人に育ってほしいと願って。また、社会で輝かしい活躍をしてほしいという気持ちも込めて。 | 昭予 9・4 あきよ<br>昭香 9・9 はるか | 昭 9 あきら<br>昭太 9・4 しょうた<br>智昭 12・9 ともあき |
| 城 9画 | ジョウ・セイ・き・くに・しげ・しろ・なり・むら | 意味 ①しろ。城壁をめぐらした町。②大名の住居。とりで。<br>願い 綿密な計算のもとに築きあげた強固な城をイメージして、聡明な人になってほしいと願って。また、一国一城の主に。トップ・代表者・指導者になってほしいという気持ちも込めて。 | | 城司 9・5 じょうじ<br>陽城 12・9 はるき<br>瑞城 13・9 みずき |

| 画数・漢字 | 主な読み | 主な意味と込めたい願い | 女の子の名前例 | 男の子の名前例 |
| --- | --- | --- | --- | --- |
| 信 9画 | シン・あき・あきら・さだ・しげ・しの・のぶ・のぶる・まこと | 意味 ①誠実。うそいつわりのないこと。②しんじる。③しるし。あかし。証拠。④わりふ。手形。⑤伝達の合図。めじるし。⑥たより。手紙。<br>願い 誠実な人柄で、信頼を裏切らない人望の厚い人に育ってほしいと願って。互いに信頼し合える仲間に恵まれて、豊かな人生が送れるようにという気持ちも込めて。 | 信9歩8 しほ<br>信9保9 しほ<br>信9乃2 しの | 龍16信9 りゅうしん<br>晴12信9 はるのぶ<br>信9太4 しんた |
| 政 9画 | ショウ・セイ・おさ・ただ・ただし・ただす・のり・まさ・まさし | 意味 ①まつりごと。国を治めること。②ととのえおさめること。<br>願い まじめできちんとした印象を与える字。心がまっすぐで、まわりの意見に惑わされず、自分の意見をしっかり言える人に。統率力と行動力を兼ね備え、正しいこと、間違ったことの判断がきちんとできるようなリーダーシップを発揮できる人になることを願って。 | | 政9宗8 まさむね<br>政9博12 まさひろ<br>龍16政9 りゅうせい |
| 星 9画 | ショウ・セイ・とし・ほし | 意味 ①空に光るほし。②小さな点。ぽち。③思うつぼ。④犯人。⑤年月。時の流れ。⑥重要な人物のたとえ。<br>願い どの道に進んでも、輝く才能を発揮できるようにと願って。その名のとおり、スターや世の中の重要人物になってほしいという期待も込めて。 | 星9那7 せな<br>星9奈8 せいな<br>星9良7 せいら | 龍16星9 りゅうせい<br>星9哉9 せいや<br>竣12星9 しゅんせい |
| 泉 9画 | セン・い・いずみ・きよし・ずみ・み・みず・もと | 意味 ①いずみ。地中からわき出る水。②温泉・鉱泉のこと。③滝。④みなもと。⑤地下。冥土。あの世。<br>願い 尽きることなくわき上がってくる知恵やひらめき、才能に恵まれるようにと願って。生まれ持った魅力や能力を生かして、社会に貢献できる人にと期待して。 | 泉9 いずみ<br>七2泉9 ななみ<br>瑠14泉9 るい | 泉9吹7 いぶき<br>拓8泉9 たくみ<br>泉9里7 せんり |
| 奏 9画 | ソウ・かな | 意味 ①すすめる。さしあげる。②申す。君主に申し上げる。③かなでる。楽器を鳴らす。④なしとげる。<br>願い 音楽のように、楽しい気分にさせたり和ませたり、人を癒やすことのできる人にと願って。また、周囲の人たちと調和をとることができる、バランス力と統率力の両方を兼ね備えた人にという気持ちを込めて。 | 和8奏9 わかな<br>奏9音9 かのん<br>奏9 かなで | 奏9太4 そうた<br>奏9汰7 かなた<br>奏9介4 そうすけ |
| 則 9画 | ソク・つね・とき・のり | 意味 ①自然の道理。すじみち。②きまり。③のっとる。手本とする。④規定された条文。⑤すなわち。接続詞。<br>願い ルールを守り、周囲の手本となるような、まじめな人に。道理をわきまえて行動し、努力を惜しまない、立派な人になることを願って。 | | 宗8則9 むねのり<br>智12則9 とものり<br>孝7則9 たかのり |

| 男の子の名前例 | 女の子の名前例 | 主な意味と込めたい願い | 主な読み | 画数・漢字 |
|---|---|---|---|---|
| | 夢津美 むつみ<br>紗津季 さつき<br>奈津 なつ | 意味 ①港。渡し場。船着き場。②しみ出る。にじみあふれる。<br>願い 港や岸という意味を持つことから、人が集まってにぎわうイメージ。人から信頼され、たくさんの友人に囲まれて充実した人生を送ることができるようにという願いを託して。 | シン・つ | 津 9画 |
| 晴南 せな<br>日南汰 ひなた<br>南翔 みなと | 咲南 さな<br>杏南 あんな<br>南帆 みなほ | 意味 ①みなみ。②南の方向へ行く。<br>願い 南の国の豊富な果実と広がる花々のイメージから、すくすくと元気に成長し、実り多い豊かな人生を送ってほしいと願って。また、明るくおおらかな人に育ってほしいという気持ちも込めて。 | ダン・ナ・ナン・あけ・なみ・みな・みなみ・よし | 南 9画 |
| 虹太 こうた<br>虹輝 こうき<br>虹大 こうだい | 虹羽 こはね<br>杏虹 あこ<br>虹花 にじか | 意味 ①雨あがりなどに、空気中の水滴に日光があたって生じる現象。七色の弓形の光を放つ。②長い橋のたとえ。<br>願い 夢や栄光に向かっていくイメージがあり、努力を惜しまずに頑張れる人に。成功や栄光を手にしてほしいと願って。また、世の中に夢を与えられるような、国や人のかけ橋になってほしいという気持ちも込めて。 | コウ・にじ | 虹 9画 |
| | 朱祢 あかね<br>綾祢 あやね<br>祢音 ねね | 意味 ①父の霊をまつったところ。親の廟。②廟にまつった亡父のこと。③神職者のこと。④平仮名の「ね」は、「祢」の草書体。<br>願い 父のために建てた廟（びょう）を意味することから、祖先を敬い、伝統を重んじる子になるようにという願いを込めて。また、いつまでも変わらない父子の深い絆を願う気持ちを託して。 | ネ・デイ | 祢 9画 |
| 朝飛 あさひ<br>飛和 とわ<br>雄飛 ゆうひ | 飛奈 ひな<br>飛鳥 あすか<br>優飛 ゆうひ | 意味 ①空中をかけまわる。また、かけめぐらせる。②順序を経ずにぬかして進む。③とびあがる。④とぶように速い。すみやか。急な。⑤高い。そびえる。<br>願い 大空を自由自在に飛んでいく鳥のように、自由を愛し、輝く未来の希望へ向かって大きくはばたいていけるような人になることを願って。 | ヒ・と | 飛 9画 |
| 美孝 よしたか<br>達美 たつみ<br>拓美 たくみ | 美咲 みさき<br>美桜 みお<br>美結 みゆ | 意味 ①うつくしい。きれい。見た目がよい。②おいしい。③よい。りっぱな。正しい。④ほめる。<br>願い 好ましい意味をいくつも備えた人気の字。美しい容姿ときれいな心を併せ持った人に成長することを願って。字形も整っているので、止め字、先頭字、中間字のいずれに使っても収まりがよい。 | ビ・ミ・うつく・うま・うまし・きよし・とみ・はる・ふみ・よし | 美 9画 |

| 画数・漢字 | 主な読み | 主な意味と込めたい願い | 女の子の名前例 | 男の子の名前例 |
|---|---|---|---|---|
| 柊 9画 | シュウ・ひいらぎ | 意味 ひいらぎ。モクセイ科の常緑小高木。かたく光沢のある葉は、先にとげのようなふちがあり、節分の夜には魔よけとして用いる。<br>願い 柊の花は冬の季語なので、冬生まれの子の名前に使われる漢字。柊にあやかって、いつまでも強く優しく、健やかにすくすくと成長することを願って。 | 柊花 9 7 しゅうか<br>柊華 9 10 しゅうか<br>柊 9 ひいらぎ | 柊 9 しゅう<br>柊哉 9 9 しゅうや<br>柊真 9 10 しゅうま |
| 彦 9画 | ゲン・お・さと・ひこ・やす・よし | 意味 ①男子の美称。②才能やおこないのすぐれた男子。③美男子。<br>願い 美男子を意味することから、品を感じさせるイメージの漢字。容姿や学問、才徳に優れ、明るい未来をまっすぐに見つめて軽やかに歩んでいける人になることを願って。 | | 龍彦 16 9 たつひこ<br>彦太 9 4 げんた<br>和彦 8 9 かずひこ |
| 風 9画 | フ・フウ・かざ・かぜ | 意味 ①かぜ。②教え導く。③ならわし。習慣。④すがた。ようす。⑤けしき。⑥うわさ。⑦味わい。おもむきがある。⑧ほのめかす。遠まわしに言う。⑨うた。<br>願い 風のようにどこにでも行ける行動力と、のびのびとした人にと願って。風をイメージさせるさわやかな人に。 | 風花 9 7 ふうか<br>風香 9 9 ふうか<br>風子 9 3 ふうこ | 風真 9 10 ふうま<br>風雅 9 13 ふうが<br>風人 9 2 ふうと |
| 保 9画 | ホ・ホウ・お・たも・たもつ・まもる・もち・もり・やす・やすし | 意味 ①たもつ。もつ。②養い育てる。また、子守り役。つきそい。③かばい守る。弱いものを助け守る。④からだを休める。⑤平仮名の「ほ」は「保」の草書体からできた字。<br>願い 助ける、育てるなど、自分より弱いものを守ることを表す。慈愛に満ちた優しい人に育つようにとの思いを込めて。 | 志保 7 9 しほ<br>花保 7 9 かほ<br>美保 9 9 みほ | 保弘 9 5 やすひろ<br>保孝 9 7 やすたか<br>保 9 たもつ |
| 柾 9画 | まさ | 意味 まさ。まさめ。縦に切った材の木目が平行な直線でそろっているもの。<br>願い 木目が縦にまっすぐ並んでいるものを表すことから、まっすぐ素直にのびのびと育っていくようにと願って。曲がったことが嫌いで、一本筋の通った人になることを期待して。 | | 柾樹 9 16 まさき<br>柾貴 9 12 まさたか<br>柾人 9 2 まさと |
| 耶 9画 | ジャ・ヤ | 意味 ①や。か。句末につけて、疑問・反語・感嘆などの意味を示すことば。②父をよぶことば。<br>願い 疑問や反語を表すことから、意見や意志をきちんと伝えられる人になってほしい。自分を信じて個性を伸ばしていける人にと願って。また、感嘆を表す漢字でもあるので、豊かな感性を持った人間味あふれる人にという気持ちも込めて。 | 咲耶 9 9 さや<br>茉耶 8 9 まや<br>沙耶香 7 9 9 さやか | 誠耶 13 9 せいや<br>尚耶 8 9 なおや<br>智耶 12 9 ともや |

| 画数・漢字 | 主な読み | 主な意味と込めたい願い | 女の子の名前例 | 男の子の名前例 |
|---|---|---|---|---|
| 勇<br>9画 | ユウ・いさ・いさお・いさみ・いさむ・お・たけ・たけし・はや | 意味 ①いさむ。ふるいたつ。②いさましい。強い。③いさぎよい。④いきおいこむこと。⑤おとこだて。おとこぎ。<br>願い 周囲が躊躇するときでも、恐怖や不安な気持ちを抑えて気持ちを奮い立たせることのできる勇ましい人に。心身共にたくましく、自信を持ってわが道を進める人に成長してくれると信じて。 | | 勇9太4 ゆうた<br>勇9人2 はやと<br>勇9成6 ゆうせい |
| 宥<br>9画 | ユウ・すけ・ひろ | 意味 ①許す。大目にみる。②なだめる。やわらげしずめる。<br>願い 懐が深く、人を包み込むことのできる寛大な心を持った人に育ってほしいと願って。また、説得したり、なだめたり、おさめたりすることのできる人になってほしいという気持ちも込めて。 | 宥9那7 ゆうな<br>宥9里7 ゆうり<br>千3宥9 ちひろ | 宥9吾7 ゆうご<br>宥9 ゆう<br>宥9人2 ひろと |
| 柚<br>9画 | ジク・ユ・ユウ・ゆず | 意味 ①ゆず。ミカン科の常緑小高木。柑橘類の一種で、かおりのよい実は調味料として用いられる。②たてまき。織物の縦糸をまく道具。<br>願い ゆずの果実のように、いつまでもみずみずしい感覚を持った人に。また、自らの魅力を発揮しながら、まわりの人のよいところを引き出すことのできる、包容力のある人にと願って。 | 柚9希7 ゆずき<br>柚9花7 ゆずか<br>柚9 ゆず | 柚9稀12 ゆずき<br>柚9太4 ゆうた<br>柚9樹16 ゆずき |
| 祐<br>9画 | ユウ・さち・すけ・たすく・よし | 意味 ①助ける。天や神が助ける。人が助ける。②助け。さいわい。天や神の与える助け。また、幸福。<br>願い 大きな力に守られ、幸運やチャンスの多い恵まれた人生を歩んでほしいと願って。また、人を助け、人に助けられる徳のある人に育ってほしいという気持ちを込めて。 | 祐9希7 ゆうき<br>祐9菜11 ゆうな<br>祐9香9 ゆうか | 聡14祐9 そうすけ<br>祐9人2 ゆうと<br>圭6祐9 けいすけ |
| 洋<br>9画 | ヨウ・うみ・きよ・なみ・ひろ・ひろし・み | 意味 ①大海。そとうみ。②広々としたようす。③世界を大きく東西に分けたもの。④西洋の。<br>願い 海のように、広く大きな心を持った包容力のある人になってほしいと願って。また、世界を駆けめぐって活躍できるようにという願いも込めて。 | 洋9香9 ひろか<br>洋9子3 ようこ<br>千3洋9 ちひろ | 洋9太4 ようた<br>洋9希7 ひろき<br>洋9助7 ようすけ |
| 要<br>9画 | ヨウ・い・かなめ・とし・め・もとむ・やす | 意味 ①かんじんなところ。もっとも大切なところ。②扇のもとの部分。③しめくくる。しめくくり。文章などをかんたんにまとめたもの。あらまし。④望む。<br>願い どのような道を進んでも重要な人物に。物事の最も大切な部分を担う人になってほしいと願って。人をまとめることができるようにという気持ちを込めて。 | 要9央5里7 いおり<br>要9 かなめ | 要9太4 ようた<br>要9斗4 かなと<br>要9輔14 ようすけ |

| 画数・漢字 | 主な読み | 主な意味と込めたい願い | 女の子の名前例 | 男の子の名前例 |
|---|---|---|---|---|
| 律 9画 | リチ・リツ・ただし・ただす・のり | 意味 ①おきて。法令や刑罰に関するきまり。②のっとる。基準や法則に従う。③学問上などの法則。④僧が守るべきいましめ。⑤音楽の調子。音階。⑥漢詩の一形式。<br>願い 目標に向かって、自分を厳しく律することができる精神力の強い人にと願って。また、学問を究めたり、芸術的な才能にも恵まれるようにという願いも込めて。 | 律[9] りつ<br>律[9]子[3] りつこ | 律[9]貴[12] りつき<br>律[9]希[7] りつき<br>律[9]人[2] りつと |
| 亮 9画 | リョウ・あき・あきら・きよし・すけ・とおる・まこと・よし | 意味 ①明らか。はっきりしている。②すけ。むかしの役人の階級で、職・坊の四等官のうちの二番目の地位。<br>願い 自分の意見をはっきりと伝えることのできる積極性を持った人になってほしいと願って。また、明るく朗らかで、人を助ける思いやりにもあふれた人に育ってほしいという思いも込めて。 | 亮[9]子[3] りょうこ | 亮[9]太[4] りょうた<br>友[4]亮[9] ゆうすけ<br>亮[9]人[2] あきと |
| 玲 9画 | リョウ・レイ・たま | 意味 ①玉や金属がふれあって鳴る音。②透き通るように美しいようす。<br>願い 玉が触れ合ったときの美しい音をイメージして、涼やかで透明感のあるたたずまいの人に。純粋で清廉、実直な人になってほしいという願いを込めて。 | 玲[9]奈[8] れな<br>玲[9]花[7] れいか<br>美[9]玲[9] みれい | 玲[9]音[9] れおん<br>玲[9]生[5] れお<br>玲[9]太[4] りょうた |
| 郎 9画 | ロウ・お | 意味 ①若者。若い男子をよぶことば。②夫。妻が夫をよぶことば。③仕えている人。家来。④官職の名。⑤男子の名につけることば。<br>願い 清らかな男子という意味もあり、伝統的な男らしい響きの名前に。好感度が抜群で、いつまでも若々しいさわやかな人になることを願って。 | | 琥[12]太[4]郎[9] こたろう<br>遼[15]太[4]郎[9] りょうたろう<br>翔[12]太[4]郎[9] しょうたろう |
| 俐 9画 | リ・さと・さとし | 意味 かしこい。さかしい。<br>願い 知的で落ち着いた人に。素晴らしい洞察力と知恵で人生を切り開く、気品あふれる賢い人に育ってほしいと願って。 | 思[9]緒[14]俐[9] しおり<br>俐[9]央[5] りお<br>俐[9]奈[8] りな | 俐[9]空[8] りく<br>優[17]俐[9] ゆうり<br>俐[9]希[7] りき |
| 昴 9画 | ボウ・すばる | 意味 すばる。星座の名。二十八宿の一つ。牡牛座のプレアデス星団。<br>願い 古くは王者の象徴ともされた気高い印象がある、星の名前を表す漢字。王のように多くの人の支えとなり、まわりを明るく照らしながらも、ひときわ輝きを放つ人になることを願って。星のように輝き続ける人生を歩んでいけるように。 | | 昴[9] すばる<br>昴[9]瑠[14] すばる<br>昴[9]琉[11] すばる |

| 画数・漢字 | 主な読み | 主な意味と込めたい願い | 女の子の名前例 | 男の子の名前例 |
|---|---|---|---|---|
| 洸 9画 | コウ・たけし・ひろ・ひろし・ふかし | 意味 ①水がわきたつようす。②勇ましいようす。③水が深く広いようす。<br>願い わき立つ水が広がっていくように、勢いがあってエネルギーに満ちあふれた人に。また、透明感があってフレッシュで、まぶしい笑顔の人に育ってほしいという思いも込めて。 | 真10洸9 まひろ<br>美9洸9 みひろ<br>千3洸9 ちひろ | 洸9 こう<br>洸9希7 こうき<br>洸9斗4 ひろと |
| 洵 9画 | シュン・ジュン・のぶ・まこと | 意味 ①まことに。まこと。②ひとしい。③うずまく水。<br>願い 清らかな水の流れのように澄んだ心と穏やかな性格の人に育つようにとの思いを込めて。「シュン」や「ジュン」の音を持つ字としてはそれほど使われていないので、印象的な名前をつけることができる。 | 洵9子3 のぶこ | 洵9 しゅん<br>洵9哉9 じゅんや<br>洵9太4 じゅんた |
| 珈 9画 | カ | 意味 ①女性の髪飾り。玉をつけたかんざし。②〔珈琲（コーヒー）〕は、オランダ語koffieの音訳。<br>願い コーヒーのあて字〔珈琲〕にも使われる漢字。読みやすいが、一般的にはあまり使われない珍しさもポイント。古風でしゃれたイメージから、個性的でおしゃれな人になることを期待して。 | 珈9織18 かおり<br>亜7珈9里7 あかり<br>美9珈9 みか | 珈9伊6 かい<br>珈9惟11 かい |
| 珀 9画 | ハク | 意味 〔琥珀（こはく）〕は、樹脂が化石となったもの。黄色で、つやがある。<br>願い 古来から貴重なものとして大事にされ、長い月日をかけてできた宝石をイメージして、世の中の宝となるような人に育ってほしい。また、歴史に残るようなことを成し遂げてほしいという期待も込めて。 | 琥12珀9 こはく<br>小3珀9 こはく<br>瑚13珀9 こはく | 珀9斗4 はくと<br>珀9久3 はく<br>珀9仁4 はくと |
| 恩 10画 | オン・おき・めぐみ | 意味 ①恵む。恵み。②いつくしむ。いつくしみ。③情け。<br>願い 「オン」という優しい響きや字体から、愛情や思いやりを感じさせ、優しい人のイメージ。情に厚く、人から受けた恩を忘れず受け止め、その優しさをきちんと与えることができる人に。 | 理11恩10 りおん<br>詩13恩10 しおん<br>華10恩10 かのん | 獅13恩10 しおん<br>士3恩10 しおん<br>玖7恩10 くおん |
| 夏 10画 | カ・ゲ・なつ | 意味 ①四季の一つ。立夏から立秋までの間。太陽暦では六・七・八月。②か。中国最古の王朝名。③むかしの中国の自称。<br>願い 元気で躍動的なイメージがある漢字。夏は生命活動が最も活発な時期であることから、明るく活動的、いきいきと輝きながら人生を闊歩（かっぽ）していく人になることを願って。 | 小3夏10 こなつ<br>彩11夏10 あやか<br>夏10帆6 かほ | 琉11夏10 るか<br>夏10希7 なつき<br>夏10輝15 なつき |

## 華 10画

**主な読み** カ・ケ・ゲ・は・はな・はる

**意味** ①草木の花。②はなやか。にぎやか。③栄える。④すぐれている。⑤中国の美称。⑥おしろい。粉。

**願い** 美しく咲きほこった花を意味することから、ゴージャスなイメージがある字。人を引きつける魅力を持った、きらびやかな人に育ってほしいという期待を込めて。

**女の子の名前例**
- 百(6)華(10) ももか
- 華(10)音(9) かのん
- 華(10) はな

**男の子の名前例**
- 瑠(14)華(10) るか
- 華(10)威(9) かい
- 華(10)輝(15) はるき

## 浬 10画

**主な読み** リ・かいり

**意味** 海里。海上での距離の単位。一浬は一八五二メートル。

**願い** 航海上での距離の単位である「海里」を表す字。大海原を船が悠然と進むイメージから、自分のペースを守りながら、大きな夢に向かって人生を歩んでいけるようにという願いを込めて。

**女の子の名前例**
- 浬(10)緒(14) りお
- 万(3)浬(10) まり
- 優(17)浬(10) ゆり

**男の子の名前例**
- 浬(10) かいり
- 浬(10)恩(10) りおん
- 悠(11)浬(10) ゆうり

## 莞 10画

**主な読み** カン

**意味** ①カヤツリグサ科の多年草。むしろを織るのに用いる。②にっこり笑うようす。

**願い** 穏やかで素直、いつもニコニコしている人間味のあふれた人になれるように。優しくて、だれとでも円満な人間関係を築くことができる純粋な人になれるよう願って。

**女の子の名前例**
- 莞(10)奈(8) かんな
- 莞(10)菜(11) かんな

**男の子の名前例**
- 莞(10)太(4) かんた
- 莞(10)介(4) かんすけ
- 莞(10)太(4)朗(10) かんたろう

## 起 10画

**主な読み** キ・おき・かず・たつ

**意味** ①おき上がる。立つ。立ち上がる。②身をおこす。③始める。④よびおこす。気づかせる。⑤始まる。⑥盛んになる。⑦物事のはじめ。

**願い** 始めるという意味から、先見の明を持ち、行動力を発揮しながら先駆者、開拓者になっていける人に。新しいものを生み出すパワーを持ち、目標に向かって自ら行動を起こす人にと願って。

**女の子の名前例**
- 由(5)起(10)奈(8) ゆきな
- 真(10)起(10) まき
- 由(5)起(10) ゆき

**男の子の名前例**
- 悠(11)起(10) ゆうき
- 直(8)起(10) なおき
- 和(8)起(10) かずき

## 桔 10画

**主な読み** キツ・ケツ

**意味** 〔桔梗（ききょう）〕は、キキョウ科の多年草。白または紫色の花をつけ、根はせきどめの薬として用いる。日本では、秋の七草の一つ。

**願い** 桔梗は山野で白や紫のかわいらしい花を咲かせる日本古来の植物。その様子から、清楚でしんの強さを持った人に成長することを願って。

**女の子の名前例**
- 桔(10)花(7) きっか
- 桔(10)梗(11) ききょう
- 瑞(13)桔(10) みずき

**男の子の名前例**
- 桔(10)平(5) きっぺい
- 桔(10)兵(7) きっぺい

## 恭 10画

**主な読み** キョウ・たか・たかし・ただ・ただし・のり・やす・やすし・よし

**意味** ①うやうやしい。うやまいかしこまる。②つつしむ。つつしみ深い。

**願い** 謙虚な気持ちを忘れずに、冷静に自分を見つめることができるイメージ。真の自信を胸に秘め、礼儀正しく、まわりから愛され、信頼される人気者になることを願って。

**女の子の名前例**
- 恭(10)果(8) きょうか
- 恭(10)子(3) きょうこ
- 恭(10) きょう

**男の子の名前例**
- 恭(10)平(5) きょうへい
- 恭(10)佑(7) きょうすけ
- 恭(10)太(4)郎(9) きょうたろう

| 画数・漢字 | 主な読み | 主な意味と込めたい願い | 女の子の名前例 | 男の子の名前例 |
|---|---|---|---|---|
| 桐 10画 | トウ・ドウ・きり | 意味 きりの木。ゴマノハグサ科の落葉高木。材は軽く、木目も美しいので、家具・げた・琴などの材料に用いる。<br>願い まっすぐに伸びる桐の特徴や「きり」という響きから、りりしい印象の名前に。素直な人柄で、心身共にしなやかに、まっすぐのびのびと育つことを願って。 | 桐奈 10 8 きりな<br>桐花 10 7 きりか<br>桐子 10 3 とうこ | 桐也 10 3 とうや<br>桐真 10 10 とうま<br>桐斗 10 4 きりと |
| 恵 10画 | エ・ケイ・あや・さとし・しげ・とし・めぐ・めぐみ・やす・よし | 意味 ①めぐむ。ほどこす。あわれむ。②かしこい。<br>願い 穏やかさと温かさのイメージがある漢字。人間の本質的な優しさを持ち、だれに対しても分け隔てなく接することのできる人に。素直で賢く、思いやりに満ちた人生を歩めることを願って。 | 恵奈 10 8 えな<br>恵衣 10 6 けい<br>恵美 10 9 めぐみ | 恵人 10 2 けいと<br>恵太朗 10 4 10 けいたろう<br>恵介 10 4 けいすけ |
| 桂 10画 | ケイ・かつ・かつら・よし | 意味 ①にっけい・もくせいなど、かおりのよい木の総称。②中国の伝説で月に生えているという木。そこから「月」の別名。③カツラ科の落葉高木。良質の建材として建築・家具などに用いる。④「桂馬」の略。将棋の駒の一つ。<br>願い 月桂樹にあやかり、日々の努力が実り栄誉に輝く人に。人々をひきつける魅力がある人に。 | 桂 10 けい<br>桂奈 10 8 けいな<br>桂子 10 3 けいこ | 桂汰 10 7 けいた<br>桂吾 10 7 けいご<br>桂輔 10 14 けいすけ |
| 兼 10画 | ケン・か・かね・とも | 意味 ①合わせてもつ。合わせる。②遠慮する。③…しがたい。…できない。④かねて。前もって。<br>願い 二つのものを併せ持つことから、多くの才能に恵まれることを願って。たくさんの友人に恵まれるように。 | | 兼続 10 13 かねつぐ<br>兼伸 10 7 けんしん<br>兼大 10 3 けんた |
| 剣 10画 | ケン・あきら・つとむ・つるぎ・はや | 意味 ①つるぎ。両側から刃をつけた、まっすぐで先のとがった刀。②あいくち。③剣を用いるわざ。<br>願い 力強さとシャープさを併せ持つ漢字。剣のように重厚な輝きを胸に秘め、研ぎ澄まされた感性とひらめき、しんの強さを持った人になることを願って。 | | 剣心 10 4 けんしん<br>剣士 10 3 はやと<br>剣太 10 4 けんた |
| 悟 10画 | ゴ・さと・さとし・さとる | 意味 ①さとる。さとり。真理を知る。②さとす。心の迷いをさます。③さとい。かしこい。<br>願い 知的で落ち着いたイメージのある漢字。道理がわかる、会得するなどの意味から物事の本質を見極める力を持ち、自分の信じた道を迷わず進んでいけるように願いを込めて。 | | 圭悟 6 10 けいご<br>悟 10 さとる<br>大悟 3 10 だいご |

| 画数・漢字 | 主な読み | 主な意味と込めたい願い | 女の子の名前例 | 男の子の名前例 |
| --- | --- | --- | --- | --- |
| 倖 10画 | コウ・さいわい・さち | 意味 さいわい。思いがけないしあわせ。<br>願い 個性と古風な雰囲気を感じさせ、幸せがあふれるイメージの漢字。運が強く小さな幸せを大切にしながら、大きな幸せもつかむ人生を歩めるように。多くの愛情に恵まれ、その恵みをまわりの人にも分け与えられる人になることを願って。 | 倖10羽6 こはね<br>倖10良7 さら<br>倖10花7 さちか | 倖10希7 こうき<br>倖10士3朗10 こうしろう<br>倖10太4 こうた |
| 晃 10画 | コウ・あき・あきら・きら・そら・てる・ひかる・ひろ・ひろし・みつ | 意味 ①明らか。②輝く。③光。<br>願い 日光がまぶしく輝いている様子を表す。いつも陽気で朗らかで、だれからも愛される明るい性格になるようにという願いを込めて。まぶしいくらい輝かしい人生を自分でつかんで歩んでいけることを期待して。 | 晃10里7 ひかり<br>晃10子3 あきこ<br>千3晃10 ちあき | 晃10誠13 こうせい<br>晃10汰7 こうた<br>晃10 あきら |
| 浩 10画 | コウ・いさむ・おおい・きよし・はる・ひろ・ひろし・ゆたか | 意味 ①広く大きい。②豊か。分量が多い。<br>願い 広々と広がる水面を表すことから、広い心を持ち、人生が豊かにのびのびと広がっていくように、ゆったりとしたおおらかな心を持つ人に成長するよう願いを込めて。 | 浩10美9 ひろみ<br>浩10華10 ひろか<br>浩10菜11 ひろな | 浩10輝15 こうき<br>浩10太4 こうた<br>智12浩10 ともひろ |
| 紘 10画 | コウ・ひろ・ひろし | 意味 ①ひも。冠のひも。②つな。大づな。③はて。境界。④大きい。広い。<br>願い 鋼のように長く続くことを表すことから、縁起のよいイメージを持つ漢字。好きなことを長く続ける集中力や粘り強さを持ち、あきらめることのないスケールの大きい人になることを願って。 | 千3紘10 ちひろ<br>万3紘10 まひろ<br>麻11紘10 まひろ | 紘10夢13 ひろむ<br>紘10希7 こうき<br>紘10人2 ひろと |
| 耕 10画 | コウ・おさむ・たがや・つとむ・やす | 意味 ①田畑の土をすきで掘り起こす。農業をする。②働いて生計を立てる。<br>願い 物事の土台を大切に、一生懸命努力を重ねる意味もあることから、自分の夢や才能の種をまき、コツコツと育てていくことができる人に。自分の信じた道を切り開いていけるように。ひたむきに物事に取り組む人になることを願って。 | | 耕10基11 こうき<br>耕10太4朗10 こうたろう<br>耕10一1 こういち |
| 航 10画 | コウ・わたる | 意味 ①舟で水を渡る。②空中を飛ぶ。<br>願い スケールが大きくて前向きなイメージがある漢字。空を渡るという意味から、広い世界を知り、器の大きな人になることを願って。まっすぐ堂々と世界へはばたいていく国際人になるように願いを込めて。 | | 航10平5 こうへい<br>航10 わたる<br>航10太4郎9 こうたろう |

| 画数・漢字 | 主な読み | 主な意味と込めたい願い | 女の子の名前例 | 男の子の名前例 |
|---|---|---|---|---|
| 高 10画 | コウ・うえ・たか・たかし・たけ | 意味 ①たけが高い。②身分が高い。とうとい。③値段・音・価値などが高い。④りっぱ。すぐれている。気品がある。⑤人をほめることば。⑥たかぶる。おごる。⑦かさ・数量・程度などの意味を表す。<br>願い 優秀、気高いなどの意味から、人柄、腕前が優れた人になることを願って。前向きで誇り高く生きる人に。 | | 穂15高10 ほたか<br>高10弘5 たかひろ<br>高10太4郎9 こうたろう |
| 剛 10画 | ゴウ・たか・たかし・たけ・たけし・つよし・ひさ・まさ・よし | 意味 ①かたい。曲がらない。②意志が強い。③盛ん。たくましい。<br>願い 勇猛果敢、強い意志を象徴するような漢字。常に自分を鍛え上げる心身の強さを持ち、簡単にはくじけずに自分の道を突き進んでいくことができる人になることを願って。 | | 健11剛10 けんごう<br>剛10臣7 たけおみ<br>剛 つよし |
| 朔 10画 | サク・きた・はじめ・もと | 意味 ①ついたち。陰暦で、月の第一日。②こよみ。③北の方角。<br>願い 始まりを表すことから、スタートラインから、いちばんにスタートできる人になるよう願って。打たれ強く何度でもチャレンジする強さを持った人に。 | 朔10采8 さあや<br>朔10良7 さくら<br>朔10楽13 さくら | 朔10 さく<br>朔10弥8 さくや<br>朔10太4郎9 さくたろう |
| 桜 10画 | オウ・さくら | 意味 ①バラ科の落葉高木。日本の国花で、古くから観賞用として親しまれている。②しなみざくら。桜桃。バラ科の落葉低木。紅色の小さな実は食用となる。③馬肉。さくら肉。④露店などで客寄せの役をする人。<br>願い 古来から愛され、美しさと日本の情緒を感じさせる漢字。春の日ざしのように温かい心を持った人にと願って。 | 美9桜10 みお<br>里7桜10 りお<br>桜10子3 さくらこ | 桜10雅13 おうが<br>桜10介4 おうすけ<br>桜10太4 おうた |
| 紗 10画 | サ・シャ | 意味 うすぎぬ。地の薄い絹織物。<br>願い 軽やかで優しい印象の漢字。強さとしなやかさと繊細な感性を備えた気品を感じさせる漢字であることから、人生をしなやかに送る柔軟性を持った人に。 | 紗10弥8 さや<br>紗10季8 さき<br>有6紗10 ありさ | 一1紗10 いっさ<br>司5紗10 つかさ |
| 珠 10画 | シュ・ジュ・ズ・たま・み | 意味 ①貝の中にできるまるく美しいたま。真珠のこと。②まるいもの。③美しいもののたとえ。<br>願い 美しいもののたとえに使われる漢字。美しいものをきちんと見極めることができる、澄んだまなざしを持った人に。玉のように美しい、本物の輝きを放つ人になることを願って。 | 結12珠10 ゆず<br>杏7珠10 あんじゅ<br>珠10希7 たまき | 蓮13珠10 れんじゅ<br>珠10吏6 しゅり<br>珠10生5 しゅう |

| 画数・漢字 | 主な読み | 主な意味と込めたい願い | 女の子の名前例 | 男の子の名前例 |
| --- | --- | --- | --- | --- |
| 修 10画 | シュ・シュウ・あつむ・おさ・おさむ・なお・のぶ・のり・ひさ | 意味 ①清めおさめる。②学びおさめる。また、その人。③きたえおさめる。④つくろう。なおす。⑤辞典や書物をまとめる。編集する。⑥文章などを飾りととのえる。<br>願い 学問技芸を身につける意味で使われることから、文芸・芸術方面での成功を願って。常に向上心を持ち、目標に向かって努力する人になることを期待して。 | 修10加5 しゅうか | 修10真10 しゅうま<br>修10平5 しゅうへい<br>修10 おさむ |
| 峻 10画 | シュン・たか・たかし・とし・みね | 意味 ①山が高くてけわしい。②高い。③きびしい。<br>願い 崇高なイメージで圧倒的な迫力でそびえ立つ様子を表すことから、心身共に堂々として何事にもぶれない心を持つ力強い人になることを期待して。気高く、だれからも一目置かれる、頼りになる大人物になれるよう願って。 | | 峻10 しゅん<br>峻10弥8 しゅんや<br>峻10大3 たかひろ |
| 純 10画 | ジュン・あつ・あつし・あや・いたる・きよし・すなお・すみ | 意味 まじりけがない。自然のままでかざりけがない。けがれがない。<br>願い 誠実で、皆から愛される人に。澄んだ心の持ち主で穏やかな人柄、周囲に惑わされず、ありのままの自分の魅力を大切にできる人になることを願って。 | 純10玲9 すみれ<br>純10菜11 じゅんな<br>花7純10 かすみ | 純10平5 じゅんぺい<br>純10之3助7 じゅんのすけ<br>純10志7 あつし |
| 将 10画 | ショウ・すすむ・たすく・ただし・はた・ひとし・まさ・もち | 意味 ①従える。指揮する。また、その人。②いまにも…しようとする。これから…しようとする。③それとも。もしかすると。逆接や仮定の意味を表す。④むかしの役人の階級で、近衛府の官名。<br>願い りりしい武将をイメージさせる漢字。決断力や行動力を持ちながらも、困っている人に手を差し伸べる心のゆとりを持った人に。 | | 将10真10 しょうま<br>将10大3 まさひろ<br>将10人2 まさと |
| 祥 10画 | ショウ・あきら・さか・さき・さち・さむ・ただ・やす・よし | 意味 ①めでたいこと。喜ばしい。②きざし。しるし。めでたいことの前ぶれ。③喪明けの祭り。<br>願い 喜びのきざしを意味することから縁起のよいイメージの漢字。小さなきざしから大きなものまで運をしっかりキャッチできる感受性を持ち、幸運に満ちた人生を送れるようにと願って。 | 祥10子3 しょうこ<br>祥10季8 さき<br>祥10代5 さちよ | 祥10真10 しょうま<br>祥10 あきら<br>祥10大3 しょうた |
| 笑 10画 | ショウ・え・えみ・わら | 意味 ①わらう。えむ。②わらい。えみ。<br>願い 文字どおり、いつも笑顔で幸せな人生を送るようにという願いを込めて。また周囲の人を笑顔にできる、明るく朗らかな人に成長してほしいという思いも託して。 | 彩11笑10 さえ<br>笑10果8 えみか<br>笑10里7 えみり | 笑10太4 しょうた<br>笑10多6 しょうた<br>笑10平5 しょうへい |

| 画数・漢字 | 主な読み | 主な意味と込めたい願い | 女の子の名前例 | 男の子の名前例 |
| --- | --- | --- | --- | --- |
| 晋 10画 | シン・あき・くに・すすむ・ゆき | 意味 ①進みのぼる。②しん。中国の王朝名。 願い 前向きで力強い印象を与える漢字。積極的で活発、自分の目標に向かって、前へ前へと突き進んでいけるようにという願いを込めて。いつでも前向きに物事を考えることのできる人に。 | | 晋太郎 しんたろう<br>晋吾 しんご<br>晋司 しんじ |
| 真 10画 | シン・さな・さね・ただ・ただし・ま・まこと・まさ・まな・み | 意味 ①ほんとう。いつわりのない。②本来の姿。③まことの道。自然の道。④書法の一体。楷書。⑤「正しい・まじりけのない」などの意味を表す接頭語。 願い ポジティブで明るいイメージの漢字。誠実で飾りけのないありのままの自分を信じ、前向きに生きることのできる人に。純粋でまごころのある人にと願いを込めて。 | 真央 まお<br>真奈 まな<br>真由 まゆ | 真翔 まなと<br>真之介 しんのすけ<br>真之 まさゆき |
| 粋 10画 | スイ | 意味 ①まじりけがない。②もっともすぐれたもの。③くわしい。④いき。世の中や人情に通じてものわかりがよいこと。 願い 純粋さに加え、気が利いて洗練された「粋（いき）」の意味もあることから、風流でおしゃれのセンスも抜群。人情肌で芸術的、情緒的な一面も持ち併せ、きらりと光る優れた才能を持つ人になるように願って。 | 小粋 こいき<br>粋 すい | 心粋 こいき<br>由粋 ゆいき |
| 素 10画 | ス・ソ・しろ・しろし・すなお・はじめ・もと | 意味 ①白い。②ありのまま。かざりけのない。③根本となるもの。④もとから。ふだん。⑤本職でない。⑥身分が低い。位や肩書きがない。 願い 純粋なイメージがある字。素朴で清らかな心を持ち、本質を見失わず、信じたものをまっすぐに受け止めることのできる素直な人になることを願って。 | 素子 もとこ<br>素楽 そら | 素直 すなお<br>素良 そら<br>素晴 すばる |
| 泰 10画 | タイ・あきら・とおる・ひろ・ひろし・やす・やすし・ゆたか | 意味 ①安らか。穏やか。②広い。大きい。ゆったりとしている。③はなはだ。きわめて。 願い ゆったりと、何事にも動じないおおらかな心を持った人に。のびやかに育ち、穏やかで人の心を和ませる、包容力がある人になることを願って。波乱の少ない人生になることを祈って。 | 泰子 やすこ<br>泰葉 やすは | 泰知 たいち<br>泰誠 たいせい<br>泰宏 やすひろ |
| 哲 10画 | テツ・あき・あきら・さと・さとし・のり・よし | 意味 ①明らか。物の道理を明らかにする。②さとい。かしこい。物事の道理に明るく、見識の高い人。 願い 知性と才気を感じさせる聡明なイメージの漢字。物事を深く考え、豊かな教養を持ち、頭の回転の速さを生かして、人のために素早く動くことのできる人になることを願って。 | | 哲平 てっぺい<br>哲也 てつや<br>哲大 てった |

| 画数・漢字 | 主な読み | 主な意味と込めたい願い | 女の子の名前例 | 男の子の名前例 |
|---|---|---|---|---|
| 桃 10画 | トウ・もも | 意味 もも。ももの木。中国原産のバラ科の落葉小高木。春先に白色または淡紅色の花をつけ、夏に実をつける。実は食用となる。<br>願い 「桃」には古来から不老長寿を与え、邪気を払う力があるとされることから、元気に健やかな成長を願って。神秘的な雰囲気を持った人に。 | 桃花（10・7）ももか<br>桃子（10・3）ももこ<br>桃菜（10・11）ももな | 桃李（10・7）とうり<br>桃汰（10・7）とうた<br>桃真（10・10）とうま |
| 透 10画 | トウ・す・すき・とおる | 意味 ①とおる。とおす。物の中を抜けてとおる。②すく。すける。すきとおる。<br>願い さわやかな響きで、純粋でけがれのない心を持つ人に。すきとおるという意味もあることから、透明感にあふれて、頭脳明晰、頭の回転も速い才能あふれる人に育つように。 | 透子（10・3）とうこ<br>透羽（10・6）とわ<br>透花（10・7）とうか | 透也（10・3）とうや<br>透真（10・10）とうま<br>透（10）とおる |
| 馬 10画 | バ・マ・メ・うま・たけし・ま・むま | 意味 うま。家畜の一種。<br>願い サラブレッドの颯爽としたイメージから、生命力やたくましさを感じさせる漢字。自由で勇敢、いきいきとした快活な人になることを願って。足の速さやパワーを持ち、いつでも前向きに突き進んでいく人生を歩むことを願って。 | | 翔馬（12・10）しょうま<br>悠馬（11・10）ゆうま<br>春馬（9・10）はるま |
| 梅 10画 | バイ・うめ・め | 意味 ①うめ。うめの木。中国原産のバラ科の落葉高木。早春に白色または紅色の花をつけ、初夏に酸味の強い実をつける。果実は梅干しなどにして食用にする。②つゆ。梅の実が熟すころに降り続く長雨。<br>願い 安産や結婚を祝う縁起のよい字。春の日だまりのような温かい心を持ち、だれからも愛される人にと願って。 | 小梅（3・10）こうめ<br>梅乃（10・2）うめの<br>梅華（10・10）うめか | |
| 隼 10画 | シュン・ジュン・はや・はやと・はやぶさ | 意味 ①はやぶさ。ワシタカ科の鳥。鳥の仲間ではもっとも速いといわれ、むかし、たか狩りに使った。猛鳥。②勇猛な男子にたとえる。<br>願い 鋭さやスマートなイメージの漢字。物事に素早く対応できる機敏さや勇気がある人に。小惑星探査機「はやぶさ」にあやかって、一つの目標に向かってあきらめずにやり遂げる人に。 | 美隼（9・10）みはや<br>千隼（3・10）ちはや | 隼人（10・2）はやと<br>隼（10）しゅん<br>隼也（10・3）しゅんや |
| 桧 10画 | カイ・ひのき・ひ | 意味 （「檜」の略字）①いぶき。ヒノキ科の常緑高木。庭木やいけがきに植えられ、材は、床柱・器具・鉛筆などに用いられる。②ひのき。ヒノキ科の常緑高木。日本の特産で、材は耐水力が強く、良質の建築・器具材などになる。<br>願い ひのきは香りがよく建材として優れていることから、何事にもくじけない、しんの強い人に。 | 桧菜（10・11）ひな<br>桧李（10・7）かいり<br>桧依（10・8）ひより | 桧士（10・3）かいし<br>桧星（10・9）かいせい<br>桧人（10・2）かいと |

| 画数・漢字 | 主な読み | 主な意味と込めたい願い | 女の子の名前例 | 男の子の名前例 |
| --- | --- | --- | --- | --- |
| 姫 10画 | キ・ひめ | 意味 ①女子の美称。②身分の高い人のむすめ。③小さなものの意味を表す接頭語。④きさき。君主の妻。⑤そばめ。君主に愛される正妻以外の婦人。<br>願い 高貴な女性を意味する上品な漢字。愛らしさの中にも、毅然（きぜん）とした美しさを持った人に成長してほしいという願いを込めて。 | 姫10華10 ひめか<br>咲9姫10 さき<br>瑞13姫10 みずき | |
| 敏 10画 | ビン・さと・さとし・すすむ・つとむ・とし・はやし・はる・ゆき | 意味 ①はやい。すばやい。②さとい。かしこい。<br>願い 頭の回転が速く行動が機敏、フットワークが軽く、なんでも手際よくこなせる器用さを持ち併せた頼りになる人のイメージ。神経が細やかで何事にも敏感な、頭脳明晰な人になることを願って。 | | 将10敏10 まさとし<br>敏10之3 としゆき<br>敏10哉9 としや |
| 峰 10画 | フ・ホウ・お・たか・たかし・ね・みね | 意味 ①山のいただき。頂上。②やま。高い山。③刀の刃の背の部分。<br>願い 高くそびえる美しい山の頂のイメージから、堂々とした気品を感じさせる漢字。みんなから慕われ、尊敬される人に成長することを期待して。 | 峰10子3 みねこ<br>萌11峰10 もね<br>彩11峰10 あやね | 高10峰10 たかみね<br>峰10史5 たかふみ<br>一1峰10 かずたか |
| 峯 10画 | フ・ホウ・お・たか・たかし・ね・みね | 意味 「峰」の本字。<br>願い 峰と同じ意味を持つが、左右対称の字体が美しく、よりシャープなイメージ。名高い山の頂上をめざして多くの登山者が集まるように、人が自然に集まってくる魅力的で包容力のある人に成長することを願って。 | 彩11峯10 あやね<br>峯10里7 みねり<br>峯10花7 みねか | 峯10輔14 ほうすけ<br>峯10人2 みねと<br>峯10彦9 みねひこ |
| 哩 10画 | リ・まいる | 意味 マイル。ヤード・ポンド法の距離を表す単位。一哩は約一・六キロメートル。<br>願い どこまでも続く長い道を連想させる漢字。はるか遠くをめざして歩く旅人のように、未来に夢や希望を持ち続ける人になってほしいと願って。 | 愛13哩10 あいり<br>杏7哩10 あんり<br>哩10央5 りお | 海9哩10 かいり<br>有6哩10 ゆうり<br>哩10玖7 りく |
| 紋 10画 | ブン・モン・あや | 意味 ①あや。もよう。②家ごとに決められているるしるし。もんどころ。<br>願い 織物の模様の華やかさと、家紋のおごそかさのイメージを持つ漢字。美的センスあふれる艶やかな印象の名前に。伝統を大切にする心を持ち、豊かにていねいに毎日を大切に生きる人になることを願って。 | 紋10華10 あやか<br>紋10子3 あやこ<br>紋10乃2 あやの | 阿8紋10 あもん<br>亜7紋10 あもん<br>士3紋10 しもん |

| 画数・漢字 | 主な読み | 主な意味と込めたい願い | 女の子の名前例 | 男の子の名前例 |
|---|---|---|---|---|
| 流 10画 | リュウ・ル・しく・とも・なが・はる | 意味 ①水などが流れる。②形にならずに終わる。成立しない。③刑罰として遠くへ追いやる。④世間に広まる。⑤さすらう。⑥水・電気・空気などのながれ。⑦根拠のない。⑧学問や芸術などで、思想や手法の違いによって生じた系統。⑨等級。身分。⑩血すじ。⑪それる。はずれる。<br>願い 気配りができ、だれからも好かれる人に。 | 愛流（13・10）あいる<br>流歌（10・14）るか<br>流菜（10・11）るな | 武流（8・10）たける<br>駆流（14・10）かける<br>流聖（10・13）りゅうせい |
| 留 10画 | リュウ・ル・ため・と・とめ・ひさ | 意味 ①ひきとめる。つなぎとめる。心にとめる。②とまる。とどまる。同じところに長くいる。③とどこおる。<br>願い 穏やかな安定感を感じさせるイメージの漢字。とどまるという意味があることから、自分の故郷や居場所をしっかり持ち、その場所をいつまでも大切に思える人に。 | 留里（10・7）るり<br>留奈（10・8）るな<br>留佳（10・8）るか | 岳留（8・10）たける<br>成留（6・10）なる<br>留偉（10・12）るい |
| 竜 10画 | リュウ・リョウ・ロウ・きみ・しげみ・たつ・とおる・めぐむ | 意味 ①たつ。りゅう。想像上の動物。形は巨大なへびに似てかたいうろこと角をもち、雲をよび天にのぼるといわれる。②天子に関係する物事につけることば。③英雄や豪傑のこと。④名馬のこと。特別にすぐれているもの。<br>願い 勇気と優れた知性を持ち、運をも自分の力で引き寄せる縁起のよい名前に。 | | 竜之介（10・3・4）りゅうのすけ<br>竜聖（10・13）りゅうせい<br>竜輝（10・15）たつき |
| 凌 10画 | リョウ・しのぐ | 意味 ①しのぐ。相手を越える。おしのける。②別天地にのぼる。上に出る。③うち勝つ。④ひむろ。氷をたくわえておく部屋。⑤激しい。<br>願い 強さを感じさせる漢字。心身共に強靭で、ほかの人より抜きんでているものを持つ。どんな困難も乗り越える力を兼ね備え、自分で人生を切り開いていける人になることを願って。 | 凌花（10・7）りょうか<br>凌香（10・9）りょうか | 凌大（10・3）りょうた<br>凌佑（10・7）りょうすけ<br>凌（10）りょう |
| 倫 10画 | リン・おさむ・とし・とも・のり・ひと・ひとし・みち・もと | 意味 ①人としてふみ行うべきすじ道。②友。仲間。同類。③秩序。順序。<br>願い 人の守るべき道、道理の意味もあることから、困っている人を助ける正義感を持ち、道徳を重んじながら社会貢献できる人に。まじめで人を思いやる心を持ち、多くの人から信頼される。いつもよい仲間に囲まれた幸せな人生を送れることを願って。 | 倫子（10・3）りんこ<br>果倫（8・10）かりん<br>倫琉（10・11）みちる | 倫太郎（10・4・9）りんたろう<br>倫都（10・11）りんと<br>倫弘（10・5）ともひろ |
| 恋 10画 | レン・こ・こい | 意味 こう。こい。こいしい。心がひかれる。<br>願い 人を思う気持ちをストレートに表し、字形や音にかわいらしさが感じられる字。素直で一途な気持ちを持った人、周囲の人に愛される人に成長してほしいという祈りを込めて。 | 花恋（7・10）かれん<br>恋雪（10・11）こゆき<br>璃恋（15・10）りこ | 恋（10）れん |

| 画数・漢字 | 主な読み | 主な意味と込めたい願い | 女の子の名前例 | 男の子の名前例 |
|---|---|---|---|---|
| 連 10画 | レン・つ・つぎ・つら・まさ | 意味 ①つらねる。つらなる。続く。②ひき続いて。続けざまに。③ひきつれる。④つれ。仲間。 願い 人と人のつながりや、さまざまな物事の結びつきをイメージさせることから、多くの人との出会いや触れ合い、友人や仲間を大切にする人になるよう願って。幸せが永遠に続くようにとの祈りを込めて。 | 果8連10 かれん<br>花7連10 かれん<br>華10連10 かれん | 連10 れん<br>連10也3 れんや<br>連10人2 れんと |
| 朗 10画 | ロウ・あき・あきら・お・さえ・ほが・ほがら | 意味 ①ほがらか。快活なようす。②明らか。はっきりしたようす。清らかなようす。③高らか。声が澄んでいるようす。 願い フレッシュで明るくユーモアに富んだ人にピッタリの漢字。すっきりと晴れた空のようにさわやかで快活、健康で心豊かな人に育つように。 | | 凜15太4朗10 りんたろう<br>瑛12太4朗10 えいたろう<br>朗10 あきら |
| 倭 10画 | イ・ワ・かず・しず・まさ・やす・やまと | 意味 やまと。むかし中国人が、日本および日本人をさして呼んだことば。 願い 昔、日本が「倭（わ）」と呼ばれていたことから、ロマンあふれるイメージがある漢字。個性的な名に。故郷や自分のルーツを大切に生きる人に。謙虚な姿勢で物事を見つめ、いつも心に豊かさを持った人になることを願って。 | 倭10伽7那7 わかな<br>倭10子3 わこ | 倭10士3 やまと<br>琉11倭10 るい<br>倭10斗4 やまと |
| 凉 10画 | リョウ・すず | 意味 （「涼」の俗字）①すずしい。すずしさ。②ものさびしい。③すずむ。 願い 木陰を渡る風の心地よさを連想させる漢字。さわやかに軽やかに、風のように人生を渡っていける人になることを願って。洗練されたすがすがしい印象を与える名前にぴったり。 | 凉10香9 すずか<br>凉10 りょう<br>凉10音9 すずね | 凉10雅13 りょうが<br>凉10太4朗10 りょうたろう<br>凉10也3 りょうや |
| 晏 10画 | アン・はる・やす | 意味 ①遅い。②安らか。 願い 心がいつも安定し、頼りがいがあり、どんなときも落ち着いた行動がとれる、穏やかでだれからも好かれるような人に。曇りのない澄みきった空のような心を持った人になることを願って。 | 晏10朱6 あんじゅ<br>晏10奈8 はるな<br>晏10里7 あんり | 晏10大3 はると<br>晏10士3 あんじ<br>晏10輝15 はるき |
| 晄 10画 | コウ・あき・あきら・てる・ひかる・みつ | 意味 ①明らか。②輝く。③光。 願い 「日」と「光」が並んだとても明るい印象がある字。日の光が輝く様子を表すことから、いつも笑顔で周囲の人を幸せな気持ちにさせる、朗らかな人に育ってほしいという思いを込めて。 | 晄10夏10 こうか<br>晄10花7 こうか<br>晄10 あき | 晄10希7 こうき<br>晄10一1朗10 こういちろう<br>晄10良7 あきら |

| 画数・漢字 | 主な読み | 主な意味と込めたい願い | 女の子の名前例 | 男の子の名前例 |
| --- | --- | --- | --- | --- |
| 栞 10画 | カン・しおり | 意味 ①読みかけの本にはさんで目じるしとするもの。②案内書。手引き。③山道などを歩くときに、木の枝などを折って目じるしとするもの。<br>願い 文学的、芸術的な雰囲気が漂う漢字。道しるべという意味を持つことから、自分のセンスを磨きながら人の手本となり、高みをめざしていく人になることを願って。 | 栞[10] しおり<br>栞[10]奈[8] かんな<br>栞[10]里[7] しおり | 栞[10]汰[7] かんた<br>栞[10]多[6] かんた<br>栞[10]太[4]朗[10] かんたろう |
| 眞 10画 | シン・さな・さね・ただ・ただし・ま・まこと・まさ・まな・み | 意味 （「真」の旧字体）①ほんとう。いつわりのない。②本来の姿。③まことの道。自然の道。④書法の一体。楷書。⑤「正しい・まじりけのない」などの意味を表す接頭語。<br>願い ポジティブで明るいイメージの漢字。ありのままの自分を信じて、前向きに生きる人に。純粋でまごころのある人にとの願いを込めて。 | 眞[10]子[3] まこ<br>眞[10]彩[11] まあや<br>眞[10]希[7] まき | 眞[10]大[3] まひろ<br>蒼[13]眞[10] そうま<br>眞[10] まこと |
| 莉 10画 | リ・レイ・まり | 意味 〔茉莉（まつり）〕は、モクセイ科の常緑低木。ジャスミンの一種。<br>願い 癒やしのイメージがあり、芳香のように人を和ませ、リラックスさせるような温かい人に。愛らしくだれからも好かれる人気者になることを願って。 | 莉[10]子[3] りこ<br>莉[10]桜[10] りお<br>莉[10]奈[8] りな | 莉[10]玖[7] りく<br>莉[10]生[5] りお<br>莉[10]仁[4] りひと |
| 晟 10画 | ジョウ・セイ・あきら・てる・まさ | 意味 明らか。明るく輝く。<br>願い おおらかで心が広く、頭脳明晰な人に。壮大なスケールの大きな夢に向かって一歩一歩努力する人にぴったりの漢字。明るい未来を信じて輝くような人生を送ることができるように願って。 | | 悠[11]晟[10] ゆうせい<br>快[7]晟[10] かいせい<br>琉[11]晟[10] りゅうせい |
| 梓 11画 | シ・あずさ | 意味 ①とうきささげ。ノウゼンカズラ科の落葉高木。夏に淡黄色の花が咲く。②カバノキ科の落葉高木。弓や版木をつくるのに用いる。③版木。版木で印刷する。④木工。大工。木の器具をつくる人。<br>願い 出版することを「上梓」ということから も、本が好きな文才のある人に育ってほしいという期待を込めて。 | 梓[11] あずさ<br>梓[11]乃[2] しの<br>梓[11]実[8] あずみ | 梓[11]真[10] あずま<br>梓[11]月[4] しづき |
| 庵 11画 | アン・いおり・いお | 意味 ①いおり。隠者や僧侶の住む、質素で小さい草ぶきの住居。②風流人や文人などの雅号に用いることば。また、その住居。③料理店などの屋号に用いることば。<br>願い 和風で趣があり、日本情緒にあふれた個性的な名前に。落ち着いた雰囲気を持ち、文化、芸術などで才能が開花することを願って。 | 庵[11]珠[10] あんず<br>庵[11]那[7] あんな<br>庵[11]李[7] あんり | 庵[11]悟[10] あんご<br>庵[11]里[7] いおり<br>庵[11]司[5] あんじ |

| 画数・漢字 | 主な読み | 主な意味と込めたい願い | 女の子の名前例 | 男の子の名前例 |
|---|---|---|---|---|
| 惟 11画 | イ・ユイ・これ・ただ・たもつ・のぶ・よし | 意味 ①思う。よく考える。②限定を表すことば。③これ。この。発語のことば。<br>願い 思慮深いというイメージを持つ漢字。人を思いやる心を忘れずに、分別を持ち、自らの考えで行動できる人になることを願って。 | 結12惟11 ゆい<br>芽8惟11 めい<br>惟11奈8 ゆいな | 惟11吹7 いぶき<br>琉11惟11 るい<br>蒼13惟11 あおい |
| 逸 11画 | イチ・イツ・すぐる・とし・はつ・はや・まさ・やす | 意味 ①にげる。②いさむ。③はずれる。そびれる。④世間から身をかくす。⑤めずらしい。⑥すぐれている。ぬきんでる。⑦わがまま。⑧気楽に楽しむ。のんびりする。<br>願い すり抜けるという意味から、類いまれなセンスを持ち、枠を超えて自分の信じる道を歩いていける人に。常識にとらわれない自由で独想的な発想ができる人に。 | 逸11希7 いつき<br>逸11香9 いちか | 逸11冴7 いっさ<br>逸11平5 いっぺい<br>逸11 すぐる |
| 椛 11画 | かば・もみじ | 意味 ①もみじ。秋の終わりに落葉樹の葉が、赤や黄色などに変わること。また、その葉。紅葉。②カエデ科の落葉高木の通称。<br>願い 葉が花のように色づく、もみじを意味する漢字。和の趣を感じさせる名前にぴったり。紅葉した木々のように、美しく成長してほしいという願いを込めて。 | 百6椛11 ももか<br>結12椛11 ゆいか<br>椛11音9 かのん | |
| 貫 11画 | カン・つら・つらぬ・とおる・ぬき | 意味 ①つらぬく。連なる。つきとおす。②やりとおす。果たす。③銅銭一千枚の単位。千銭。④重量の単位。三・七五キログラム。⑤貨幣の単位。江戸時代の銭九百六十文。<br>願い 始めから終わりまで一筋に通ることから、困難に直面しても自分を貫いて進めるように、力強い願いを込めて。一貫した姿勢でやり通す真摯な人になることを願って。 | | 貫11太4 かんた<br>貫11 かん<br>貫11吾7 かんご |
| 基 11画 | キ・のり・はじむ・はじめ・もと | 意味 ①土台。②根本。③始め。起こり。④もとづく。⑤化学変化のときに、これ以上分解しない原子集団。根。<br>願い 土台という意味から、どっしりとした強さのある名前に。日々の積み重ねを大切にする堅実な努力家に。心身共にしっかりとした、しんの通った人になることを願って。 | | 祐9基11 ゆうき<br>基11成6 もとなり<br>基11晴12 もとはる |
| 規 11画 | キ・ただ・ただし・ただす・ちか・なり・のり・もと | 意味 ①ぶんまわし。コンパス。②おきて。手本。決まり。③ただす。正しくする。<br>願い 物事の基準を表すことから、規律を守り、人の手本になるような行いができる人に。優れた指導力を備えた、みんなから頼りにされるような人になることを願って。 | 真10規11 まき<br>亜7規11 あき<br>瑞13規11 みずき | 晴12規11 はるき<br>弘5規11 ひろき<br>智12規11 とものり |

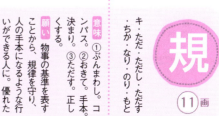

男の子の名前例 / 女の子の名前例 / 主な意味と込めたい願い / 主な読み / 画数・漢字

## 菊

11画

主な読み：キク

意味 キク科の多年草。品種がたくさんあり、秋に赤・黄・白などの花をさかせ、観賞用となる。

願い 菊は、色とりどりの花を咲かせ古くから人々に愛されている、日本の秋を代表する花。高貴で凜とした美しさを持つ人に成長してほしいという願いを込めて。

女の子の名前例：菊11恵10 きくえ／菊11乃2 きくの／菊11花7 きっか

## 啓

11画

主な読み：ケイ・あきら・さとし・たか・のぶ・ひろ・ひろし・ひろむ

意味 ①導く。教え導く。②あける。はい出る。③申し上げる。④先ばらいする。お出ましになる。

願い 視界がぱっと明るく開けていく前向きなイメージを持つ漢字。まわりから慕われる知性と人柄を持つ人に。知的な世界への扉を自らが先頭に立って開き、着々と前へ進んでいくことを願って。

女の子の名前例：啓11華10 けいか／啓11子3 けいこ／啓11乃2 ひろの

男の子の名前例：啓11太4 けいた／啓11 けい／啓11夢13 ひろむ

## 健

11画

主な読み：ケン・たけ・たけし・たける・たつ・つよ・つよし・とし・まさる

意味 ①すこやか。からだがじょうぶなこと。②強い。力が強く勇ましい。③はなはだしいこと。

願い 明るくはつらつとした印象を持ち、意味や響きも男の子に人気の漢字。朗らかで、心身共に健やかな成長を願って。丈夫で、病気知らずの人生を歩めるように。

男の子の名前例：健11 たける／健11斗4 けんと／健11太4郎9 けんたろう

## 絃

11画

主な読み：ゲン・いと・お・つる

意味 ①楽器に張る糸。②糸を張った楽器の総称。③弦楽器をひく。

願い 音楽の才能に恵まれることを願って。また、弦楽器の音色のように、優美で人を引きつける魅力ある人に成長するようにとの思いを込めて。弦楽器の中でも琴のような和楽器のイメージがあり、古風な雰囲気を添えられる漢字。

女の子の名前例：絃11葉12 いとは／千3絃11 ちづる／絃11 いと

男の子の名前例：真10絃11 まいと／絃11希7 げんき／絃11太4 げんた

## 梧

11画

主な読み：ゴ・あおぎり

意味 あおぎり。アオギリ科の落葉高木。夏に黄白色の花をつける。庭木や街路樹として植え、材は琴や家具などをつくるのに用いる。

願い 街路樹に使われる木の名を表すことから、大きな葉を茂らせ、どっしりと町を見守る安定したイメージを持つ。大きくたくましく育ち、壮大なスケールの心を持った人になることを願って。

男の子の名前例：圭6梧11 けいご／恭10梧11 きょうご／友4梧11 ゆうご

## 康

11画

主な読み：コウ・しず・しずか・みち・やす・やすし・よし

意味 ①安らか。心配ごとがない。②からだがしっかりとしてじょうぶである。③楽しい。

願い 体が丈夫で安定した精神力を持ち、健やかに成長していけることを願って。仲がよい、楽しいという意味もあることから、多くの友人に恵まれ、楽しく、支え合い、相手に安らぎを与えられる人になることを願って。

女の子の名前例：康11恵10 やすえ

男の子の名前例：康11太4 こうた／康11祐9 こうすけ／康11晴12 やすはる

| 画数・漢字 | 主な読み | 主な意味と込めたい願い | 女の子の名前例 | 男の子の名前例 |
|---|---|---|---|---|
| 梗 11画 | コウ・キョウ | **意味** ①やまにれ。ニレ科の落葉高木。山野に自生し、とげがある。②おおむね。あらまし。③ふさぐ。ふさがる。④強い。⑤［桔梗（ききょう）］は、キキョウ科の多年草。日本では、秋の七草の一つ。秋に紫色または白色の花をつける。<br>**願い** しんが通り、誠実さがある人にと願って。強い意志を持ち、信じた道を突き進む人に。 | 梗香 11 9 きょうか<br>梗子 11 3 きょうこ<br>桔梗 10 11 ききょう | 梗一郎 11 1 9 こういちろう<br>梗平 11 5 きょうへい<br>梗太 11 4 こうた |
| 彩 11画 | サイ・あや・いろど・たみ | **意味** ①飾りをつける。色をつける。②飾り。美しい色模様。あや。③姿。ようす。<br>**願い** 色彩豊かなイメージのある名前に。多くの才能に恵まれ、それを上手に生かしていくことができる人に。まわりの人をひきつける魅力的な人になることを願って。 | 彩乃 11 2 あやの<br>彩葉 11 12 いろは<br>陽彩 12 11 ひいろ | 彩斗 11 4 あやと<br>彩仁 11 4 あやと<br>彩太 11 4 あやた |
| 菜 11画 | サイ・な | **意味** ①なっぱ。あおもの。野菜。②あぶらな。③おかず。<br>**願い** あぶらな（菜の花）は、春のいぶきを感じさせる黄色い花。また、青々とした野菜のイメージから、飾らない健康的な魅力を持った人に育ってほしいという思いを込めて。 | 陽菜 12 11 ひな<br>菜々美 11 3 9 ななみ<br>菜月 11 4 なつき | 日菜多 4 11 6 ひなた<br>陽菜太 12 11 4 ひなた |
| 皐 11画 | コウ・すすむ・たか・たかし・さ | **意味** ①さわ。水辺の低地。②さつき。陰暦五月の別の名。<br>**願い** 旧暦の五月を表すことから、さわやかな季節を感じさせる字。明るい日ざしにあふれ、いきいきとした木々の葉のようにまわりの人を元気にさせるパワーを持った人に。のびのびと成長していく生命力を持った人になることを願って。 | 皐姫 11 10 さつき<br>皐希 11 7 さつき<br>皐月 11 4 さつき | 皐雅 11 13 こうが<br>皐平 11 5 こうへい |
| 雫 11画 | ダ・しずく | **意味** しずく。雨だれ。水のしたたり。<br>**願い** しずくが落ちるというイメージから、清涼感やみずみずしさを感じさせる人に。まわりにすぐになじむことができる、協調性や心の豊かさを持った人になることを願って。 | 雫奈 11 8 しずな<br>雫佳 11 8 しずか<br>雫玖 11 7 しずく | 雫空 11 8 しずく<br>雫久 11 3 しずく<br>雫 11 しずく |
| 淑 11画 | シュク・とし・よし | **意味** ①しとやか。上品。おもに女性の美徳についていうことば。②よい。善良。③よしとする。あこがれしたう。<br>**願い** しとやかで上品な女性を「淑女」というように、女性の美徳を表す漢字。女性らしい細やかな気配りや、美しい身のこなしができる人に成長してほしいとの思いを込めて。 | 淑乃 11 2 としの<br>淑乃 11 2 よしの | |

| 画数・漢字 | 主な読み | 主な意味と込めたい願い | 女の子の名前例 | 男の子の名前例 |
| --- | --- | --- | --- | --- |
| 淳 11画 | ジュン・あつ・あつし・きよ・きよし・すなお・ただし・まこと | 意味 ①人情がある。真心がある。②まじりけがない。すなお。かざりけがない。<br>願い まこと、素直などの意味を表すことから、純粋でまじめ、飾りけがなく、思いやりに満ちた素直な人に。情に厚く人に潤いを与えることができる人になるようにという願いを込めて。 | 淳11奈8 じゅんな<br>淳11美9 あつみ | 淳11之3介4 じゅんのすけ<br>淳11 じゅん<br>淳11史5 あつし |
| 渚 11画 | ショ・なぎさ | 意味 なぎさ。みぎわ。海辺。波打ちぎわ。<br>願い 河川や海などを表すことから、さわやかで、情緒的なイメージを与える。夏らしい印象もあることから、青い空や潮風が似合う元気で活発な人になることを願って。 | 渚11 なぎさ<br>渚11紗10 なぎさ<br>渚11沙7 なぎさ | 渚11生5 しょう<br>渚11斗4 なぎと<br>渚11太4 しょうた |
| 梢 11画 | ショウ・ソウ・こずえ・たか | 意味 ①木の枝の先。②はし。すえ。物事の終わり。<br>願い 細い小枝を意味することから、しなやかさを持った人に成長するように。周囲の人から愛される人になるようにとの思いを込めて。 | 梢11瑛12 こずえ<br>梢11 こずえ<br>梢11恵10 こずえ | 梢11太4 しょうた<br>梢11平5 しょうへい |
| 渉 11画 | ショウ・さだ・たか・ただ・わたり・わたる | 意味 ①水の中を歩いて渡る。②川を舟で渡る。③あずかる。かかわる。④あさる。広く目を通す。<br>願い 困難を乗り越えて進む、より遠くへ進むという漢字。一歩ずつ着実に見聞を広げて学びながら、広い世界にかかわる人になるように。 | | 渉11 わたる<br>渉11悟10 しょうご<br>渉11太4 しょうた |
| 章 11画 | ショウ・あき・あきら・あや・たか・とし・のり・ふみ・ゆき | 意味 ①もよう。②飾り。③明らかにする。あらわす。④ふみ。文書。⑤音楽や詩文のひと区切り。一段落。<br>願い 物事の秩序や節目ごとのけじめを重んじる意味もあることから、まじめで勤勉、規則正しい生活を送れる人に。努力を惜しまず成功していく人になることを願って。詩文の意味もあることから、文才が豊かな人に。 | 章11圭6 あきか<br>章11乃2 あきの<br>章11子3 あきこ | 章11斗4 あきと<br>章11吾7 しょうご<br>章11太4郎9 しょうたろう |
| 菖 11画 | ショウ | 意味 ①せきしょう。サトイモ科の多年草。水辺に生える草花の一種。②あやめ。花しょうぶ。<br>願い せきしょうは薬草として用いられ、しょうぶはその芳香が邪気をはらうと言い伝えられる植物。凛とした美しさを持ち、心身共に健康な人に育ってほしいという願いを込めて。 | 菖11 あやめ | 菖11太4郎9 しょうたろう<br>菖11太4 しょうた |

| 画数・漢字 | 主な読み | 主な意味と込めたい願い | 女の子の名前例 | 男の子の名前例 |
| --- | --- | --- | --- | --- |
| 深 11画 | シン・とお・ふか・ふみ・み | 意味 ①水がふかい。底がふかい。②おくぶかい。③夜がふけている。④色が濃い。⑤厚い。ねんごろな。⑥深いの意味を表す接頭語。<br>願い 物事をじっくりと緻密に考えることができる思慮深い人になってほしいという期待を込めて。また、上品で奥ゆかしい人に成長するようにとの願いも。 | 深(11)結(12) みゆう<br>深(11)優(17) みゆ<br>恵(10)深(11) めぐみ | 深(11) しん<br>深(11)月(4) みつき |
| 紳 11画 | シン | 意味 ①おおおび。身分の高い人が礼装に着用した帯。②身分の高い人。③教養や徳などの備わった人。<br>願い 教養や品格のある高貴な男性のイメージ。エチケットをわきまえたスマートで知的なジェントルマン、誠意を尽くして事にあたれる人になるようにと願って。 | | 瑛(12)紳(11) えいしん<br>紳(11)之(3)介(4) しんのすけ<br>紳(11)一(1)郎(9) しんいちろう |
| 進 11画 | シン・す・すす・すすむ・のぶ・みち・ゆき | 意味 ①すすむ。すすめる。②のぼる。階級や地位があがる。③向上する。④すすめて行わせる。⑤さしあげる。たてまつる。⑥状態がひどくなる。⑦じょう。むかしの役人の階級で、職・坊の四等官のうちの三番目の地位。<br>願い 自ら道を切り開く向上心と積極性を持ち、一歩ずつ確実に前進する人になることを期待して。 | | 龍(16)之(3)進(11) りゅうのしん<br>進(11)太(4) しんた<br>進(11) すすむ |
| 清 11画 | ショウ・シン・セイ・きよ・きよし | 意味 ①きよらか。澄む。②けがれがない。③すがすがしい。さっぱりとして気分がよい。④きれいにする。⑤俗でない。風流である。⑥しめくくる。⑦しん。中国の王朝名。<br>願い 清らかで清潔な印象がある漢字。澄んだ心を持ち穏やかな人柄、清涼感あふれるすがすがしい魅力を持った人になることを願って。 | 清(11)香(9) せいか<br>清(11)良(7) せいら<br>清(11)佳(8) きよか | 清(11)志(7)郎(9) きよしろう<br>清(11)貴(12) きよたか<br>清(11)弥(8) せいや |
| 雪 11画 | セチ・セツ・きよみ・きよむ・そそぐ・ゆき | 意味 ①ゆき。ゆきが降る。②白い色。雪のように白いようす。③清い。清らか。④洗い清める。ぬぐう。<br>願い 白く美しい様子から、純粋で清楚な心の持ち主に。すすぐ、清めるという意味もあることから、清潔感とクールさを併せ持つ、さわやかですてきな名前に。素直で真っ白な心の持ち主になることを願って。 | 雪(11)乃(2) ゆきの<br>小(3)雪(11) こゆき<br>紗(10)雪(11) さゆき | 雪(11)斗(4) ゆきと<br>雪(11)那(7) せつな<br>雪(11)都(11) ゆきと |
| 爽 11画 | ソウ・あきら・さ・さや・さわ | 意味 ①さわやか。さっぱりして気持ちのよいようす。②勢いがよい。③明らか。夜明けの明るさ。<br>願い すっきりして気持ちがよい様子を表すことから、明るくさっぱりした性格、さわやかで優しい人に。笑顔がすてきで、だれからも好かれる快活な雰囲気を持った人になることを願って。 | 爽(11)楽(13) さら<br>爽(11)歌(14) さやか<br>爽(11)良(7) そら | 爽(11) そう<br>爽(11)輔(14) そうすけ<br>爽(11)汰(7) そうた |

| 画数・漢字 | 主な読み | 主な意味と込めたい願い | 女の子の名前例 | 男の子の名前例 |
|---|---|---|---|---|
| 琢 11画 | タク・あや・たか・みがく | 意味 ①玉を美しくきざみみがく。②努力して学問や技術をみがく。<br>願い 努力して勉学や技術を磨くという意味を持つことから、人一倍努力を重ね、常に自分を磨き続けることができる人に。まじめで堅実、頭の回転が速い人になるよう願って。 | | 琢11磨16 たくま<br>琢11斗4 たくと<br>琢11海9 たくみ |
| 鳥 11画 | チョウ・とり | 意味 鳥類の総称。<br>願い 力強くはばたき、大空を舞う鳥のイメージから、自由にのびのびと育つようにとの願いを込めて。また将来、広い世界で活躍できるようにという期待を込めて。 | 美9鳥11 みどり | 飛9鳥11 あすか |
| 紬 11画 | チュウ・つむぎ | 意味 ①真綿をつむいだ糸で織った絹織物。②つむぐ。まゆから糸をひき出す。<br>願い 紬は、絹織物の中でも非常に丈夫で庶民に愛された織物。そのことから、素朴で健康的な人に育つようにとの願いを込めて。また糸から布を織るように、こつこつと自分の夢に向かって進むようにとの思いも託すことができる。 | 紬11 つむぎ<br>紬11稀12 つむぎ<br>紬11衣6 つむぎ | 紬11希7 つむぎ<br>紬11生5 つむぎ |
| 都 11画 | ツ・ト・いち・くに・さと・ひろ・みやこ | 意味 ①みやこ。②大きな町。③すべて。みな。④みやびやか。美しい。⑤行政区画の一つ。「東京都」の略。<br>願い みやびで華やかなイメージ。人が集まる華やかな場所でも自分の存在や意見を主張できる人に。人をまとめ統率することができる人になることを願って。洗練された雰囲気に。 | 瑚13都11 こと<br>景12都11 けいと<br>都11 みやこ | 瑛12都11 えいと<br>湊12都11 みなと<br>結12都11 ゆいと |
| 惇 11画 | ジュン・トン・あつ・あつし・すなお・とし・まこと | 意味 ①人情にあつい。②まごころ。てあつい。<br>願い 心が落ち着いている様子を表すことから、誠実で穏やか、まごころがある人に。実直な姿勢で物事に向かい、懐が深く、だれからも好かれる人になることを願って。 | | 惇11人2 あつと<br>惇11平5 じゅんぺい<br>惇11志7 あつし |
| 捺 11画 | ダツ・ナツ | 意味 おす。手でおさえつける。<br>願い やわらかな仕草ながらしっかりと押さえる様子を表す漢字。そのことから、やわらかな物腰でありながら、自分の意思をきちんと通すことができる人に成長するようにとの思いを込めて。 | 智12捺11 ちな<br>捺11希7 なつき<br>捺11美9 なつみ | 捺11貴12 なつき<br>捺11希7 なつき<br>捺11生5 なつき |

| 画数・漢字 | 主な読み | 主な意味と込めたい願い | 女の子の名前例 | 男の子の名前例 |
| --- | --- | --- | --- | --- |
| 埜 11画 | ショ・ヤ・ぬ・の・ひろ | 意味 ①のはら。広々としたところ。②畑。耕地。③未開。人知や文化が開けていないこと。④民間。⑤いなかびた。いやしい。⑥自然のまま。⑦分に過ぎる。だいそれた。⑧区域。範囲。（「野」の古字）<br>願い おおらかな人柄、素朴で飾らず自分の信じた道をしっかり歩いていける人に。健やかにのびのびとした成長を願って。 | 埜(11)乃(2)花(7) ののか<br>埜(11)愛(13) のあ<br>彩(11)埜(11) あやの | 和(8)埜(11) かずや<br>雅(13)埜(11) まさや<br>直(8)埜(11) なおや |
| 彬 11画 | ヒン・あき・あきら・あや・しげし・ひで・よし | 意味 〔彬彬（ひんぴん）〕は、文（かざり）と質（なかみ）とがよく調和しているようす。外形も内容もともにすぐれているようす。<br>願い 樹木の並んだような美しい字体。賢くて優しいイメージで、外見も内面も整った人になれることを願って。心の豊かさを持った人に。 | 彬(11)乃(2) あきの | 彬(11)仁(4) あきひと<br>晴(12)彬(11) はるあき<br>光(6)彬(11) みつあき |
| 萌 11画 | ホウ・ボウ・ミョウ・きざし・め・めぐみ・めみ・もえ | 意味 ①きざし。事の起こり。②草木が芽を出す。芽ばえ。<br>願い 新しいことのスタートや誕生を意味することから、いつもフレッシュな気持ちを抱き、明るく希望に満ちた人生を送れるようにという願いを込めて。 | 萌(11)々(3)花(7) ももか<br>萌(11)衣(6) めい<br>萌(11)絵(12) もえ | 萌(11)斗(4) もえと<br>萌(11)希(7) もえき<br>萌(11) きざし |
| 望 11画 | ボウ・モウ・のぞむ・み・もち | 意味 ①遠くを見る。②ねがう。③ほまれ。人気。④満月。陰暦十五日の月。<br>願い 人気や評判という意味もあることから、人望のある人になるように願って。ロマンに満ちて、努力して望みをかなえる強い意志を期待して。多くの可能性を力に、夢をかなえる人になるように。 | 望(11)結(12) みゆ<br>七(2)望(11) ななみ<br>望(11)美(9) のぞみ | 巧(5)望(11) たくみ<br>望(11) のぞみ<br>望(11)海(9) のぞみ |
| 麻 11画 | マ・あさ・お・ぬさ | 意味 ①あさ。クワ科の一年草。茎の皮から繊維をとり、糸・布をつくる。②あさいと。あさぬの。③しびれ。しびれる。<br>願い 自然の温かさを感じさせ、丈夫でしなやか、まわりを包み込むような優しさを持つ人になることを願って。 | 麻(11)央(5) まお<br>麻(11)衣(6) まい<br>恵(10)麻(11) えま | 麻(11)陽(12) あさひ<br>透(10)麻(11) とうま<br>麻(11)人(2) あさと |
| 野 11画 | ショ・ヤ・ぬ・の・ひろ | 意味 ①のはら。広々としたところ。②畑。耕地。③未開。人知や文化が開けていないこと。④民間。⑤いなかびた。いやしい。⑥自然のまま。⑦分に過ぎる。だいそれた。⑧区域。範囲。<br>願い 広い野原のイメージから、明るくて心の広いおおらかな人に。自然と親しみ、心身ともにのびのび成長する元気な人になることを願って。 | 野(11)乃(2)花(7) ののか<br>彩(11)野(11) あやの<br>志(7)野(11) しの | 颯(14)野(11) そうや<br>野(11)亜(7) のあ |

| 画数・漢字 | 主な読み | 主な意味と込めたい願い | 女の子の名前例 | 男の子の名前例 |
|---|---|---|---|---|
| 唯 11画 | イ・ユイ・ただ | 意味 ①ただ。それだけ。②はい。返事の声。<br>願い 大切な人という気持ちを込めて、唯一無二の存在であることを伝えるメッセージとしてつけたい漢字。素直でのびのびと成長していく人に。魅力的な個性と存在感を持ち、自分自身を大切にしながら生きてほしいという願いを込めて。 | 唯花（11・7）ゆいか<br>唯菜（11・11）ゆいな<br>葵唯（12・11）あおい | 唯人（11・2）ゆいと<br>唯織（11・18）いおり<br>斗唯（4・11）とうい |
| 悠 11画 | ユウ・ちか・はるか・ひさ・ひさし | 意味 ①はるか。遠い。久しい。②ゆったりしている。<br>願い 広大な風景や時の流れを表す。ゆったり落ち着いた印象で、スケールの大きさを感じられる漢字。いつも自然体でいられて、のびやかにマイペースで、笑顔がたえない人に。 | 悠月（11・4）ゆづき<br>悠（11）はるか<br>真悠（10・11）まゆ | 悠真（11・10）ゆうま<br>悠斗（11・4）ゆうと<br>悠希（11・7）はるき |
| 梨 11画 | リ・なし | 意味 なしの木。なしの実。中国原産のバラ科の落葉高木。春に白い花がさき、秋に水分の多い甘い実をつける。果実は食用。<br>願い 果樹がたわわに実っているイメージから、豊かな才能や感性を持ち、多くの人に優しさを分けることができる人になれることを願って。 | 梨乃（11・2）りの<br>梨緒（11・14）りお<br>梨花（11・7）りか | 梨功（11・5）りく<br>梨仁（11・4）りひと<br>梨音（11・9）りおん |
| 理 11画 | リ・おさむ・すけ・たか・ただ・ただし・とし・のり・まさ・みち | 意味 ①とりあつかう。②筋道。③分かる。さとる。④筋目。物の表面にあるもよう。⑤自然科学の称。<br>願い 知的なイメージがある漢字。知性豊かで、理性があり、理解力に優れ、義理人情を重んじる人になるよう願いを込めて。物事の道理を理解し、筋道を立てて考えることができる人に。 | 理央（11・5）りお<br>理子（11・3）りこ<br>理紗（11・10）りさ | 理仁（11・4）りひと<br>理玖（11・7）りく<br>理（11）おさむ |
| 陸 11画 | リク・ロク・あつし・たかし・ひとし・みち・む・むつ | 意味 ①水面より高く続く台地。②続くようす。③証書などに書く数字の「六」の代用字。<br>願い どこまでも続く大地に思いをはせるスケールの大きなイメージ。おおらかさや心の広さを感じさせる名前に。まっすぐきちんとしているなどの意味から、地にしっかりと足をつけた安定感のある人になることを願って。 | | 陸斗（11・4）りくと<br>陸也（11・3）りくや<br>陸玖（11・7）りく |
| 琉 11画 | リュウ・ル | 意味 ①〔琉璃（るり）〕は、宝石の名。七宝の一つ。紺青色の宝石。また、ガラスの古いよび名。②琉球のこと。沖縄県の古いよび名。<br>願い きれいな字体で、さわやかな南国のイメージの漢字。青い海や空をイメージして使われることも多い。青く深く澄んだ美しい海のような広い心を持ち、暖かい風のように優しい人にと願って。 | 愛琉（13・11）あいる<br>琉那（11・7）るな<br>琉花（11・7）るか | 琉生（11・5）るい<br>琉斗（11・4）りゅうと<br>羽琉（6・11）はる |

| 画数・漢字 | 主な読み | 主な意味と込めたい願い | 女の子の名前例 | 男の子の名前例 |
| --- | --- | --- | --- | --- |
| 隆 11画 | リュウ・お・しげ・たか・たかし・ゆたか | 意味 ①盛り上がって高い。高くなる。②身分や官職がとうとい。③盛んな。盛んにする。<br>願い 豊か、大きい、尊いなどの意味があることから、家業がますます豊かに栄えることを願って。勢いがあって上昇するエネルギーを表す縁起のよい漢字。人生のさまざまな場面で上昇できる人になることを願って。 | | 隆之介《りゅうのすけ》 11 3 4<br>隆成《りゅうせい》 11 6<br>隆広《たかひろ》 11 5 |
| 梁 11画 | リョウ・はり・やな・はし | 意味 ①川にかけ渡した木の橋。②屋根を支えるために二本の支柱の上に渡す横木。③水中に木や竹などを並べ立て、流れをせきとめて魚をとるしかけ。④りょう。中国の王朝名。<br>願い 川にかけた橋を表すことから、バランス感覚に優れ、国際社会で国や人をつなぐかけ橋になり活躍することを期待して。 | 梁佳《りょうか》 11 8<br>梁夏《りょうか》 11 10<br>梁奈《りょうな》 11 8 | 梁《りょう》 11<br>梁輔《りょうすけ》 11 14<br>梁太《りょうた》 11 4 |
| 涼 11画 | リョウ・すず | 意味 ①すずしい。すずしさ。②ものさびしい。③すずむ。<br>願い 木陰の涼しい風の心地よさを感じさせる字。清涼感のある響きで、さわやかな印象のある名前に。好感度が高く、優れた知性と表現力を持った、純粋な人になることを願って。 | 未涼《みすず》 5 11<br>涼夏《すずか》 11 10<br>涼子《りょうこ》 11 3 | 涼介《りょうすけ》 11 4<br>涼太《りょうた》 11 4<br>涼晴《りょうせい》 11 12 |
| 陵 11画 | リョウ・みささぎ | 意味 ①大きなおか。②みささぎ。天子や皇妃の墓。③しのぐ。のぼる。相手より上に出る。④しだいにおとろえる。<br>願い 越えるのが困難な様子を表すことから、だれにも越えられない高みに行けることを願って。また、ゆったりと大きくなだらかなイメージから、心の広さを感じさせる包容力のある人になれるように。 | | 陵《りょう》 11<br>陵介《りょうすけ》 11 4<br>陵雅《りょうが》 11 13 |
| 凰 11画 | オウ・おおとり | 意味 おおとり。くじゃくに似た想像上の霊鳥。凰はおおとりの雌、鳳はおおとりの雄。<br>願い めでたい鳥を表すことから、大きな翼を広げて天高く自由に飛ぶことのできる人生を願って。幸運を招く運を持っている人に。格調高く高貴な印象の名前に。 | 凰花《おうか》 11 7<br>凰佳《おうか》 11 8<br>莉凰《りお》 10 11 | 玲凰《れお》 9 11<br>眞凰《まお》 10 11<br>凰介《おうすけ》 11 4 |
| 彗 11画 | エ・ケイ・スイ | 意味 ①ほうき。②はく。はらう。③ほうき星。<br>願い 彗星（すいせい）のロマンに満ちたイメージと、スケールの大きさや神秘的な印象を感じさせる漢字。夜空に輝く星のようなきらめきと宇宙の広さを感じさせる器の大きさを持ち併せ、だれからも好かれる人になることを願って。 | 彗《すい》 11<br>彗玲奈《えれな》 11 9 8 | 彗《けい》 11<br>彗太《けいた》 11 4<br>彗斗《けいと》 11 4 |

| 画数・漢字 | 主な読み | 主な意味と込めたい願い | 女の子の名前例 | 男の子の名前例 |
|---|---|---|---|---|
| 徠 11画 | ライ・き・きた・く・ゆき | 意味 （「来」の古字）①こちらに近づく。②招く。③次の。これから先。④このかた。今まで。<br>願い 将来や未来をイメージさせる漢字。好奇心と柔軟な発想力を持ち、未来へ向かって着実に前へ進めるように。また、次の世代にきちんと伝承していけるものを身につけることを願って。 | 愛13徠11 あいら<br>未5徠11 みく<br>美9徠11 みらい | 徠11 らい<br>徠11夢13 らいむ<br>徠11希7 らいき |
| 梛 11画 | ダ・ナ・なぎ | 意味 なぎ。暖地に自生するマキ科の常緑高木。木目が細かく、家具などに用いられる。<br>願い なぎは神木とされ、よく神社の境内に植えられている。その神聖なイメージから、清らかで穏やかな性格の子に育ち、神様から守られた安寧な人生が送れるようにという祈りを込めて。 | 心4梛11 ここな<br>結12梛11 ゆな<br>愛13梛11 まな | 聖13梛11 せな<br>梛11音9 なおと<br>梛11 なぎ |
| 毬 11画 | キュウ | 意味 ①まり。②まりの形をしたもの。③いが。とげの密生している外皮。<br>願い 日本に古くからあるおもちゃの「まり」を表す漢字。色とりどりの糸で美しく模様がほどこされた手まりのイメージから、繊細で優しい人となることを願って。 | 毬11花7 まりか<br>毬11亜7 まりあ<br>日4毬11 ひまり | |
| 笙 11画 | ショウ・セイ | 意味 しょうのふえ。長短十七本の竹の管を立て並べた管楽器。雅楽に使う。<br>願い 日本古来の音楽にまつわる漢字で、和の心を伝える伝統的な印象の名前に。ゆったりした大河の流れを感じられるおおらかな人に。複数の竹管が響き合って澄んだ音を出すことから、協調性があり、高貴な心を持つ人にと願って。 | 笙11花7 しょうか<br>笙11子3 しょうこ<br>笙11 しょう | 笙11真10 しょうま<br>笙11汰7 しょうた<br>笙11吾7 しょうご |
| 絆 11画 | ハン・バン・きずな | 意味 ①ものをつなぎとめるもの。②強い結びつき。③つなぐ。つなぎとめる。<br>願い 人とのつながりを意味する漢字。人と人のつながり、縁を大切にして心と心のつながりを築ける人に。約束を守り、信頼にこたえられる人になることを願って。 | 絆11菜11 はんな<br>絆11那7 きずな<br>絆11奈8 はんな | 絆11希7 きずき<br>絆11 きずな<br>絆11人2 はんと |
| 羚 11画 | レイ・リョウ | 意味 かもしか。やぎに似た動物で、雌雄とも二本の短い角をもつ。<br>願い 独特の字形でインパクトのある個性的な名前にぴったり。かもしかは、軽やかで姿が美しいことから、俊敏でしなやかに何事もこなせる器用さを身につけた人に。クールで健康的な人になることを願って。 | 羚11蘭19 れいら<br>羚11夏10 れいか<br>羚11那7 れいな | 羚11 れい<br>羚11央5 れお<br>羚11司5 れいじ |

| 画数・漢字 | 主な読み | 主な意味と込めたい願い | 女の子の名前例 | 男の子の名前例 |
|---|---|---|---|---|
| 菫 11画 | キン・すみれ | 意味 ①すみれ。スミレ科の多年草。春、むらさきの花をつける。②とりかぶと。キンポウゲ科の多年草。毒草の一種。③むくげ。アオイ科の落葉低木。<br>願い 野山に咲く紫色の小さな菫（すみれ）の花のイメージから、素朴なかわいらしさを持ち、だれにでも愛される人に育ってほしいという願いを込めて。 | 菫11 すみれ<br>菫11礼5 すみれ<br>菫11玲9 すみれ | |
| 逞 11画 | テイ・たくま | 意味 ①たくましい。強い。②たくましくする。思いどおりにする。<br>願い たくましく、勢いがあるイメージの漢字。心身共に丈夫で、腕白だけど力強い精神力を持った人になるよう願って。快い、楽しいなどの意味もあることから、楽しく朗らかな明るい人生を歩めるように。 | | 逞11 たくま<br>逞11翔12 たくと<br>逞11真10 たくま |
| 葵 12画 | キ・あおい・まもる | 意味 ①あおい。アオイ科の多年草。観賞用の植物。②「向日葵（こうじつき）」は、ひまわり。<br>願い 落ち着いた品格があり、徳川家の家紋「三葉葵（みつばあおい）」でも知られる和をイメージする漢字。穏やかで気品のある人に成長してほしいという思いを込めて。 | 葵12 あおい<br>陽12葵12 ひまり<br>紗10葵12 さき | 陽12葵12 はるき<br>葵12羽6 あおば<br>瑞13葵12 みずき |
| 絢 12画 | ケン・あや | 意味 あや。いろどり。織物の美しいもよう。<br>願い 色を折り重ねた美しい柄のように、深みのある美しさが際立つ個性的な魅力を醸し出す人に。いろいろな体験を通して、彩りや深みのある人生を送れるように。華やかな人生が送れるようにという願いを込めて。 | 絢12音9 あやね<br>絢12香9 あやか<br>絢12乃2 あやの | 絢12斗4 けんと<br>絢12士3 あやと<br>絢12介4 けんすけ |
| 偉 12画 | イ・いさむ・えら・おおい・たけ | 意味 ①えらい。すぐれている。②りっぱ。③大きい。からだつきがりっぱ。<br>願い 非常に優れていて、大きくて立派なイメージの漢字。心身のスケールの大きさが感じられ、立身出世し、まわりから尊敬されるような人になるように願って。 | | 琉11偉12 るい<br>偉12月4 いつき<br>碧14偉12 あおい |
| 雲 12画 | ウン・くも・も | 意味 ①くも。②くものようなものの形容。ただよう、高い、多い、盛ん、遠いなどのようす。③身分の高いことのたとえ。④空。天。<br>願い さまざまに形を変えながら大空に浮かぶ雲の様子から、おおらかで想像力豊かな人に。また、のびのびと成長し、自分の好きなことに才能を発揮できるようにとの期待も込めて。 | 美9雲12 みく<br>美9雲12 みくも | 羽6雲12 わく<br>早6雲12 そううん<br>八2雲12 やくも |

## 瑛 12画

主な読み：エイ・あき・あきら・てる

**意味** ①美しい透明な玉。②玉の光。

**願い** 水晶のように透明で美しいイメージの漢字。純真無垢な心根とキラリと光る個性を兼ね備えた人になることを願って。幻想的で気品があり、優しい心でまわりの人に癒やしを与えられる人に。

| 女の子の名前例 | 画数 | 読み |
|---|---|---|
| 奏瑛 | 9・12 | かなえ |
| 彩瑛 | 11・12 | さえ |
| 瑛麻 | 12・11 | えま |

| 男の子の名前例 | 画数 | 読み |
|---|---|---|
| 瑛太 | 12・4 | えいた |
| 瑛斗 | 12・4 | えいと |
| 瑛士 | 12・3 | あきと |

## 詠 12画

主な読み：エイ・うた・よ

**意味** ①声を長くのばし、ふしをつけて漢詩や和歌をうたう。②漢詩や和歌をつくること。③感動などを声に出す。

**願い** 漢詩や和歌を吟じたり創作したりするという意味から、古風な印象の漢字。ゆったりと穏やかな性格で、文学や芸術に関心や才能がある人に育ってほしいという期待を込めて。

| 女の子の名前例 | 画数 | 読み |
|---|---|---|
| 詠美子 | 12・9・3 | えみこ |
| 詠 | 12 | うた |
| 詠梨 | 12・11 | えり |

| 男の子の名前例 | 画数 | 読み |
|---|---|---|
| 詠斗 | 12・4 | えいと |
| 詠介 | 12・4 | えいすけ |
| 詠太 | 12・4 | えいた |

## 温 12画

主な読み：オン・あつ・あつし・すなお・のどか・はる・みつ・ゆたか

**意味** ①あたたかい。あたためる。あたたかさ。②穏やか。なごやか。やさしい。すなお。③たいせつにする。④たずねる。習う。復習する。

**願い** 寛大さや優しさを表す漢字。穏やかで優しく温かい気持ちを持った人に。心の温かさで人を包み込んであげられるような、だれからも好かれる人になることを願って。

| 女の子の名前例 | 画数 | 読み |
|---|---|---|
| 心温 | 4・12 | しおん |
| 温香 | 12・9 | はるか |
| 千温 | 3・12 | ちはる |

| 男の子の名前例 | 画数 | 読み |
|---|---|---|
| 温大 | 12・3 | はると |
| 志温 | 7・12 | しおん |
| 温志 | 12・7 | あつし |

## 賀 12画

主な読み：カ・ガ・しげ・のり・ます・よし・より

**意味** ①よろこぶ。ことほぐ。祝う。祝い。②めでたいこと。よろこび。

**願い** 「賀正」「祝賀」「慶賀」など、めでたさを表す縁起のよい意味を持つ漢字。喜びに満ちた幸せな人生を送ってほしいという親の祈りを託して。

| 女の子の名前例 | 画数 | 読み |
|---|---|---|
| 千賀 | 3・12 | ちか |
| 彩賀 | 11・12 | あやか |
| 晴賀 | 12・12 | はるか |

| 男の子の名前例 | 画数 | 読み |
|---|---|---|
| 悠賀 | 11・12 | ゆうが |
| 亮賀 | 9・12 | りょうが |
| 大賀 | 3・12 | たいが |

## 絵 12画

主な読み：エ・カイ

**意味** ①え。物の姿・形・ありさまなどを描いたもの。②描く。

**願い** 美術や芸術を連想させる漢字。豊かな感性と美的センスを持った人に成長することを期待して。また、キャンバスに絵筆を走らせるように、自分の人生を自由にのびのびと描いてほしいという思いを託して。

| 女の子の名前例 | 画数 | 読み |
|---|---|---|
| 彩絵 | 11・12 | さえ |
| 絵麻 | 12・11 | えま |
| 絵里香 | 12・7・9 | えりか |

## 開 12画

主な読み：カイ・あ・さく・はる・はるき・ひら・ひらき

**意味** ①閉じているものを広げる。②文化が進む。③始める。始まる。④ひらく。⑤おひらき。閉会のことを忌みきらっていうことば。⑥へだたり。違い。⑦手足を広げて立つ。

**願い** 自分で未来を切り開いていける人に。光が差し込むように明るく開放的な魅力を持ち、前を向いて歩く開拓者、先駆者になることを願って。

| 男の子の名前例 | 画数 | 読み |
|---|---|---|
| 開斗 | 12・4 | かいと |
| 開 | 12 | かい |
| 開誠 | 12・13 | かいせい |

| 男の子の名前例 | 女の子の名前例 | 主な意味と込めたい願い | 主な読み | 画数・漢字 |
|---|---|---|---|---|
| 凱12士3 かいと<br>大3凱12 たいが<br>凱12也3 ときや | | 意味 ①かちどき。戦いに勝って喜ぶときの声や音楽。②かちいくさ。かち。戦勝。③やわらぐ。なごやか。<br>願い スケールの大きさを感じさせる漢字。人生を意気揚々と楽しみながら歩んでいける人に。喜びのイメージから、あらゆることの成功を願って歓喜に満ちあふれる人生になることを願って。 | カイ・ガイ・たのし・とき・よし | 凱 12画 |
| 敢12太4 かんた<br>敢12士3 かんじ<br>敢12 かん | | 意味 ①あえて。進んでする。②勇ましい。強い。③思いきりがよい。<br>願い 勇ましく思いきって行動を起こす人に。困難にも勇気を持って立ち向かう精神力と実力を持った人になることを願って。判断力や決断力の優れた人に。 | カン・あ・いさみ・いさむ | 敢 12画 |
| 晴12喜12 はるき<br>恒9喜12 こうき<br>喜12紀9 よしき | 結12喜12 ゆき<br>喜12衣6 きい<br>咲9喜12 さき | 意味 ①よろこぶ。うれしい。うれしがる。②おかしい。楽しい。<br>願い 人に喜びをもたらし、広い心で人に接することができ、うれしさや楽しみを分かち合える人に。喜びの多い人生を歩むことができるようにという願いを込めて。誕生の喜びと祝福の気持ちを込めてつけたい。 | キ・このむ・たのし・のぶ・はる・ひさ・ゆき・よし・よろこ | 喜 12画 |
| 幾12翔12 いくと<br>幾12也3 いくや<br>幾12斗4 いくと | 幾12帆6 いくほ | 意味 ①いくばく。いくら。どれほど。②ほとんど。ちかい。③きざし。けはい。④こいねがう。ねがう。<br>願い 数を問う意味を表すことから、探究心や向上心が旺盛な人に成長し、いつも前向きに人生を歩んでほしいという思いを込めて。 | キ・いく・おき・ちか・ちかし | 幾 12画 |
| 大3揮12 だいき<br>尚8揮12 なおき<br>悠11揮12 ゆうき | | 意味 ①ふるう。ふりまわす。ふるいおこす。②飛び散る。まき散らす。③さしずする。<br>願い 統率力に優れ、さまざまな分野のリーダーとして、実力を余すことなく発揮できる人に。指揮者のイメージから、人々に頼られ、多くのことを瞬時に判断できる力を持ち、大きな感動を与えることのできる人になることを願って。 | キ | 揮 12画 |
| 柚9稀12 ゆずき<br>遥12稀12 はるき<br>光6稀12 みつき | 由5稀12 ゆき<br>稀12衣6 きい<br>早6稀12 さき | 意味 ①めったにない。珍しいこと。②まばら。③薄い。<br>願い めったにない、貴重なことを表す。類いまれなる存在感があり、際立つ感性と個性がきらりと光る人に育つように願って。親にとってかけがえのない存在であることを伝えたい。 | キ・ケ・まれ | 稀 12画 |

| 画数・漢字 | 主な読み | 主な意味と込めたい願い | 女の子の名前例 | 男の子の名前例 |
|---|---|---|---|---|
| 貴 12画 | キ・あつ・あて・たか・たかし・たけ・たっと・とうと・よし | 意味 ①値段が高い。すぐれた値打ちがある。②身分が高い人。③うやまう。たいせつにする。④相手への尊敬の気持ちを表すことば。<br>願い 貴いもの、身分が高い人などを表す、誇り高く上品なイメージの漢字。落ち着いた気品のある振る舞いができる、賢い人に成長してほしいという期待を込めて。 | 彩11貴12 さき<br>結12貴12 ゆき<br>貴12穂15 きほ | 大3貴12 だいき<br>悠11貴12 ゆうき<br>貴12弘5 たかひろ |
| 暁 12画 | ギョウ・あき・あきら・あけ・さとし・さとる・とき・とし | 意味 ①あかつき。夜明け。②さとる。よく知る。<br>願い 夜明けの空を表すことから、すがすがしく、明るく希望にあふれる未来に向かって前向きに歩き出す人になれるようにという思いを込めて。目標を失わず、成功を重ねていけるような、しんの強い人になることを願って。 | 暁12音9 あかね<br>暁12美9 あけみ<br>暁12帆6 あきほ | 暁12斗4 あきと<br>暁12 さとる<br>暁12人2 あきと |
| 琴 12画 | キン・ゴン・こと | 意味 ①弦楽器の一種。箱形の胴の上に弦を張ったもの。日本では、十三弦の琴をさす。②琴に似た楽器。<br>願い 琴が奏でる、美しい音色のイメージから、しとやかで古風な趣のある人に育ってほしいという期待を込めて。 | 琴12音9 ことね<br>美9琴12 みこと<br>琴12羽6 ことは | 真10琴12 まこと<br>海9琴12 みこと |
| 敬 12画 | ケイ・あき・あつ・さとし・たか・たかし・とし・ひろ・ひろし | 意味 ①うやまう。たっとぶ。②つつしむ。つつしみ。<br>願い 礼儀正しくまじめで、謙虚な姿勢を忘れずに、誠実で、だれからも尊敬される人に。相手を敬い、相手からも敬われる存在になることを願って。 | 敬12子3 けいこ | 敬12太4 けいた<br>敬12吾7 けいご<br>敬12章11 たかあき |
| 景 12画 | エイ・ケイ・あきら・かげ・ひろ | 意味 ①光。日光。②かたち。ありさま。③けしき。④うやまう。⑤めでたい。大きい。⑥影。⑦売り物にそえて客におくる品。<br>願い 明るく雄大な風景を連想させることから、おおらかで広い心を持ち、すべてを包み込むような優しさが身についている人に。風情や落ち着きがある人になることを願って。 | 景12都11 けいと<br>景12子3 けいこ<br>千3景12 ちかげ | 景12太4郎9 けいたろう<br>景12太4 けいた<br>景12士3 けいし |
| 結 12画 | ケチ・ケツ・ひとし・むす・ゆ・ゆい・ゆう | 意味 ①むすぶ。つなぐ。糸やひもでつないで一つにまとめる。②集まる。③むすびつく。④終わる。しめくくる。<br>願い 日々の努力が実を結び、成功をつかみ取れる人になることを願って。人との結びつきを大切にし、優しく思いやりのある人間関係を築くことができるように願って。 | 結12愛13 ゆあ<br>結12衣6 ゆい<br>結12菜11 ゆいな | 結12斗4 ゆいと<br>結12人2 ゆうと<br>結12馬10 ゆうま |

| 画数・漢字 | 主な読み | 主な意味と込めたい願い | 女の子の名前例 | 男の子の名前例 |
| --- | --- | --- | --- | --- |
| 堅 12画 | ケン・かき・かた・たか・たかし・つよし・み・よし | 意味 ①かたくて強い。②しっかりしている。③かたく。しっかりと。<br>願い まじめで堅実、しっかりしている性格で、信用できる人物に。信念を持って物事にあたり、充実した成果を出すことができる人になれることを願って。心身共に丈夫で立派であるようにという祈りを込めて。 | | 堅心 12 4 けんしん<br>堅 12 けん<br>堅人 12 2 けんと |
| 湖 12画 | コ・みずうみ | 意味 ①みずうみ。②中国ではとくに洞庭湖（湖南省にある名勝）をさす。<br>願い 澄んだ水をたたえる大きな湖のように、心が広い豊かな人に育ってほしいという願いを込めて。静かな水面のイメージから神秘的で穏やかで優しい人に。湖のようなさわやかさや、心地よさにあふれた温厚な人に。 | 湖都 12 11 こと<br>美湖 9 12 みこ<br>湖晴 12 12 こはる | 湖太郎 12 4 9 こたろう |
| 紫 12画 | シ・むら・むらさき | 意味 ①むらさき。赤と青の間の色。②しょうゆのこと。<br>願い 紫色は古くより高貴な色とされていたことから、気品のある人に成長してほしいという願いを込めて。「シ」の音を持つ漢字の中でも、上品な印象を与える漢字。 | 紫音 12 9 しおん<br>紫帆 12 6 しほ<br>紫乃 12 2 しの | 蒼紫 13 12 あおし<br>紫恩 12 10 しおん<br>紫月 12 4 しづき |
| 詞 12画 | シ・ジ・こと・ふみ | 意味 ①ことばの総称。②中国の宋の時代にさかんになった韻文。③文法上のことば。<br>願い 単語や文章など「ことば」全般を意味することから、文学的な才能に恵まれた知的な人になってほしいという願いを込めて。 | 詞音 12 9 ことね<br>美詞 9 12 みこと<br>詞帆 12 6 しほ | 奏詞 9 12 そうし<br>詞音 12 9 しおん |
| 竣 12画 | シュン | 意味 ①終わる。仕事を完成する。②とどまる。とどめる。<br>願い しっかりと、地に足が着いた人生を送れるように。目標を成し遂げる強い意志を持ち、まじめで忍耐強い人になるように願って。 | | 竣太 12 4 しゅんた<br>竣星 12 9 しゅんせい<br>竣輔 12 14 しゅんすけ |
| 順 12画 | ジュン・すなお・とし・なお・のぶ・のり・はじめ・まさ・みち | 意味 ①従う。さからわない。すなお。おとなしい。②ことのしだい。道筋。並び。③物事が都合よく進行する。<br>願い 穏やかでだれにでも好かれる人になるように、またトラブルのない順調な人生を送れるようにという願いを込めて。「ジュン」の音を持つ漢字の中では、すっきりとした素直な印象の漢字。 | 順子 12 3 じゅんこ<br>順子 12 3 よりこ | 順平 12 5 じゅんぺい<br>順一 12 1 じゅんいち<br>順也 12 3 じゅんや |

| 画数・漢字 | 主な読み | 主な意味と込めたい願い | 女の子の名前例 | 男の子の名前例 |
| --- | --- | --- | --- | --- |
| 晶 12画 | ショウ・セイ・あき・あきら・まさ | 意味 ①明らか。明るくきらめく。②鉱石の名。③純粋な鉱物がもつ一定のかたち。<br>願い 星の光を三つ組み合わせた形で、明らかに、輝くという意味がある。澄んだ光が、まばゆくきらめく様子から清らかな魅力を思わせる漢字。クールな輝きを放つ人になることを願って。 | 晶$^{12}$子$^{3}$（あきこ）<br>晶$^{12}$菜$^{11}$（あきな）<br>晶$^{12}$絵$^{12}$（あきえ） | 晶$^{12}$（あきら）<br>晶$^{12}$斗$^{4}$（あきと）<br>晶$^{12}$太$^{4}$（しょうた） |
| 湘 12画 | ショウ | 意味 〔湘水（しょうすい）〕は、中国の川の名。<br>願い 地名の湘南のイメージから、太陽のように笑顔が輝き、海のように大きな懐を持つ、優しい人に。中国にある川のイメージから、さわやかで、豊かな心の持ち主になることを願って。 | 湘$^{12}$夏$^{10}$（しょうか）<br>湘$^{12}$佳$^{8}$（しょうか）<br>湘$^{12}$香$^{9}$（しょうか） | 湘$^{12}$太$^{4}$（しょうた）<br>湘$^{12}$吾$^{7}$（しょうご）<br>湘$^{12}$平$^{5}$（しょうへい） |
| 尋 12画 | ジン・たず・ひろ・ひろし | 意味 ①さがしもとめる。聞き出す。②つね。ふつう。③長さの単位。一尋は手を左右に広げた長さで、日本では六尺（約一・八メートル）にあたる。<br>願い 古典的で個性的な字体から印象に残る名前となる。とても深く長いという意味があることから、精神的に奥深く、気持ちが温かく、人に誠実な対応ができる人にと願って。 | 千$^{3}$尋$^{12}$（ちひろ）<br>美$^{9}$尋$^{12}$（みひろ）<br>麻$^{11}$尋$^{12}$（まひろ） | 尋$^{12}$（じん）<br>真$^{10}$尋$^{12}$（まひろ）<br>智$^{12}$尋$^{12}$（ともひろ） |
| 晴 12画 | セイ・きよし・てる・は・はる・はれ | 意味 ①はれる。②表向きの。③名誉。④はらす。はらいのぞく。<br>願い 澄んだ青空のように心が澄み渡り、相手を和ませるさわやかな明るさを持った人に。晴れやかで、のびのびとした笑顔の似合う人に。いつでも前向きな気持ちでどんなことも一生懸命頑張る人になることを願って。 | 心$^{4}$晴$^{12}$（こはる）<br>美$^{9}$晴$^{12}$（みはる）<br>晴$^{12}$香$^{9}$（はるか） | 晴$^{12}$斗$^{4}$（はると）<br>晴$^{12}$輝$^{15}$（はるき）<br>晴$^{12}$真$^{10}$（はるま） |
| 善 12画 | セン・ゼン・さ・ただし・たる・よ・よし | 意味 ①正しい。②うまく。じゅうぶんに。③親しくする。<br>願い 人としてよいところをたくさん持った子に育ってほしいという気持ちを、ストレートに託すことができる漢字。ほかの人を思いやる心を持った人に成長するように、みんなと楽しさを分かち合い、喜びに満ちた人生を送ることができるようにという思いを込めて。 | 善$^{12}$香$^{9}$（よしか）<br>善$^{12}$美$^{9}$（よしみ） | 善$^{12}$（ぜん）<br>善$^{12}$行$^{6}$（よしゆき）<br>善$^{12}$太$^{4}$（ぜんた） |
| 創 12画 | ソウ・はじむ | 意味 ①傷。傷つける。傷つく。②始める。始め。③つくる。<br>願い 柔軟な発想力や創造的な才能に恵まれ、先見の明を持った時代の先駆者となるように願って。未来をつくり出すパワーにあふれ、力強く前進していく人になれるように。 | | 創$^{12}$太$^{4}$（そうた）<br>創$^{12}$史$^{5}$（そうし）<br>創$^{12}$介$^{4}$（そうすけ） |

| 画数・漢字 | 主な読み | 主な意味と込めたい願い | 女の子の名前例 | 男の子の名前例 |
| --- | --- | --- | --- | --- |
| 尊 12画 | ソン・たか・たかし・たっと・とうと | 意味 ①たっとい。たっとぶ。②相手に関することがらを敬っていうことば。③神や皇族を敬ってよんだことば。<br>願い 神様などに使う漢字であることから、上品で厳かなイメージがある。人から尊敬されるような、存在感のある人になることを願って。勇ましい印象もあり、何事にも自分から立ち向かっていける勇気を持った人に。 | | 尊12琉11 たける<br>尊12哉9 たかや<br>尊12弘5 たかひろ |
| 達 12画 | タツ・いたる・さと・さとし・さとる・しげ・すすむ・とおる | 意味 ①通る。道がどこまでも通じる。②目的を果たす。③道理などに通じる。見抜く。④高い地位にのぼる。⑤すぐれている。技術などが高くなる。⑥すぐれた人。⑦通知。命令。⑧複数を表すことば。<br>願い 多くの分野での活躍を期待して。優れた見識や技能を持ち、やり遂げられる人にと願って。 | | 達12也3 たつや<br>達12真10 たつま<br>達12琉11 たつる |
| 智 12画 | チ・あきら・さと・さとし・さとる・とし・とも・のり・まさる | 意味 ①知恵。②かしこい。さとい。③物知り。④知る。さとる。<br>願い 本質的な賢さがあり、豊富な知識とあふれる好奇心、優れた判断力を兼ね備えた、頭のよい人に。傑出した思考や能力に恵まれることを願って。 | 智12香9 ともか<br>智12咲9 ちさ<br>智12春9 ちはる | 大3智12 だいち<br>智12哉9 ともや<br>智12士3 さとし |
| 朝 12画 | チョウ・あさ・あした・さ・つと・とき・とも・はじめ | 意味 ①あさ。②ひとたび。あるひととき。③天子が政治を行うところ。④ある天子が在位する期間。⑤ある王朝が継続する期間。⑥国。国家。<br>願い 澄んだ空気に満ち、明るい日さしが差し込むさわやかなイメージ。新しい一日の始まりにちなんで、いつでも何事にも新鮮な気持ちで向かい合うことができる人になることを願って。 | 朝12妃6 あさひ<br>朝12花7 あさか<br>朝12香9 ともか | 朝12陽12 あさひ<br>朝12輝15 ともき<br>朝12登12 あさと |
| 椎 12画 | スイ・ツイ・しい・つち | 意味 ①しい。ブナ科の常緑高木。実はどんぐり状で食用。材はかたく、建築・家具などの用材となる。②つち。物をたたくための工具。③打つ。たたく。つちで打つ。④のろま。にぶくてのろい。<br>願い 椎は木材として、また実のどんぐりは食用にもなり、生活に密着してきた樹木。自然の力に守られ、みんなに親しまれるように。 | 椎12菜11 しいな<br>椎12南9 しいな<br>椎12奈8 しいな | |
| 渡 12画 | ト・ド・わた・わたる | 意味 ①向こう岸へ行く。川や海をわたる。②暮らす。③交渉する。④わたし場。⑤手わたす。ゆずる。さずける。<br>願い 自由にあちこち渡り歩く行動力を持ち、自ら決めた人生の目標となる大海原をも無事に渡っていける前向きな人に。世間を上手に渡っていける要領のよさも持った積極的な人になることを願って。 | | 晴12渡12 はると<br>悠11渡12 ゆうと<br>渡12 わたる |

| 画数・漢字 | 主な読み | 主な意味と込めたい願い | 女の子の名前例 | 男の子の名前例 |
|---|---|---|---|---|
| 登 12画 | ト・トウ・たか・ちか・とみ・とも・なり・なる・のぼる・のり | 意味 ①高い所にのぼる。物の上にあがる。②行く。公式の場に参上する。出勤する。③高い地位につく。④試験に合格する。⑤人を登用する。⑥記録する。⑦たてまつる。<br>願い 向上心と行動力を持ち、たゆまぬ努力を続け目標に向かって着実に進む人に。自分のやるべきことを果たし、尊敬される人になることを願って。 | 美9登12 みと | 晴12登12 はると<br>悠11登12 ゆうと<br>登12真10 とうま |
| 塔 12画 | トウ | 意味 ①そとば。死者をとむらうために立てる木や石の細長いもの。また、仏骨をおさめるための高い建造物。②高い建造物。<br>願い 元は梵語の音訳で卒塔婆（そとば）を表す漢字だが、「高い建物＝タワー」の意味も。そのことから、高い理想に向かってこつこつと努力できる、向上心のある人にという期待を込めて。 | 塔12子3 とうこ | 塔12也3 とうや<br>塔12哉9 とうや |
| 統 12画 | トウ・おさ・おさむ・かね・すみ・つな・つね・のり・むね・もと | 意味 ①すべる。とりまとめる。治める。支配する。②ひと続きのつながり。すじ。<br>願い ひとつにまとめる、つながりなどを意味することから、頭脳明晰でリーダーに適した人格者になるよう願って。筋道を通す統率力のある人に。まわりから慕われ、よい仲間に恵まれた人生を送れるように。 | | 統12真10 とうま<br>統12悟10 とうご<br>統12偉12 とうい |
| 道 12画 | トウ・ドウ・おさむ・つな・つね・のり・まさ・みち・ゆき | 意味 ①通りみち。人や物の通るところ。②人の守り行うべきすじみち。③方法。わざ。④学問や技芸。⑤老子の教え。また、それを修める人。⑥語る。⑦導く。⑧行政区画の名。北海道の略。<br>願い 社会のルールや物事の道理を重んじながら、自分の夢に向かって努力するひたむきな心を持った人になることを願って。 | 道12世5 みちよ<br>道12香9 みちか<br>道12保9 みちほ | 晴12道12 はるみち<br>道12吾7 とうご<br>尚8道12 なおみち |
| 敦 12画 | タイ・トン・あつ・あつし・おさむ・たい・つとむ・つる | 意味 あつい。てあつい。人情があつい。<br>願い 人とのかかわりを大切にする気持ちや情の深さ、思いやりの心を持ち、誠実な人柄で相手に接することができる人に。社交性があり、だれとでもすぐに打ち解けて話ができる人になることを願って。 | 敦12子3 あつこ<br>敦12美9 あつみ | 敦12士3 あつし<br>敦12弘5 あつひろ<br>敦12登12 あつと |
| 博 12画 | ハク・バク・とおる・はか・ひろ・ひろし・ひろむ | 意味 ①広い。広める。広く行きわたる。広く。②得る。うける。③ばくち。かけごと。すごろく。<br>願い 知性と懐の深さを感じさせる漢字。世界を見渡す広い視野と豊富な知識、大きく豊かな心を持った賢い人になることを願って。勉強好きでコツコツと努力する人に。 | 美9博12 みひろ<br>博12美9 ひろみ | 博12斗4 はくと<br>智12博12 ともひろ<br>博12希7 ひろき |

| 画数・漢字 | 主な読み | 主な意味と込めたい願い | 女の子の名前例 | 男の子の名前例 |
|---|---|---|---|---|
| 媛 12画 | エン・ひめ | 意味 ①たおやめ。才能のある美しい女。②身分の高い女性を敬ってよぶことば。③たおやか。美しい。<br>願い 同じ「ひめ」の音を持つ字の中でも、かわいらしさをより強くイメージする「姫」に対し、「媛」は落ち着いた優美な印象。才色兼備の魅力ある人に成長することを願って。 | 媛12菜11 ひな<br>媛12乃2 ひめの<br>媛12佳8 ひめか | |
| 満 12画 | マン・ます・まろ・み・みつ・みつる | 意味 ①みちる。みたす。いっぱいになる。みちたりる。②ゆきわたる。全体。全部。すっかり。③一定の期限・標準に達する。④丸一年を一歳とする年齢のかぞえ方。<br>願い あらゆる豊かさや満ち足りた様子を表す漢字。多くの福徳に恵まれるように、精神的にも物質的にも豊かで満ち足りた人生を送れるようにと願って。 | 満12里7奈8 まりな<br>日4満12里7 ひまり<br>満12優17 みゆう | 満12希7 みつき<br>悠11満12 ゆうま<br>満12 みつる |
| 湊 12画 | ソウ・あつ・みなと | 意味 ①みなと。②多くのものが一か所に集まる。③皮膚のすじめ。<br>願い 多くのものが集まる活気がありながらも、落ち着いた風情が漂う漢字。社交的で多くの人を引きつける魅力にあふれた人になるように。大きな海原へ旅立つ国際人になるようにという願いを込めて。 | 湊12佳8 そうか<br>湊12花7 そうか<br>湊12美9 みなみ | 湊12 みなと<br>湊12斗4 みなと<br>湊12太4 そうた |
| 椋 12画 | リョウ・むく | 意味 ①ちしゃの木。ムラサキ科の落葉高木。材はかたく、車輪の用材となる。②むくの木。ニレ科の落葉高木。実は食用、葉は物をみがくのに用いる。③「椋鳥」の略。<br>願い むくの木のように、空に向かってまっすぐに育つように。素直で穏やか、人としても大きく育ち、社会に貢献できるようにとの願いを込めて。 | 椋12花7 りょうか<br>椋12 りょう<br>椋12子3 りょうこ | 椋12平5 りょうへい<br>椋12大3 りょうた<br>椋12矢5 りょうや |
| 裕 12画 | ユ・ユウ・すけ・ひろ・ひろし・まさ・みち・やす・ゆたか | 意味 ①豊か。ゆとり。②ゆったり。ゆるやか。のびやか。<br>願い 「裕福」「余裕」などの言葉に代表されるように、さまざまな物事が豊かであることを表す漢字。おおらかで広い心を持ち、物心共に恵まれた人生を送ることができるようにとの願いを込めて。 | 裕12美9 ひろみ<br>裕12菜11 ゆうな<br>裕12愛13 ゆあ | 裕12太4 ゆうた<br>裕12哉9 ゆうや<br>裕12輝15 ゆうき |
| 遊 12画 | ユ・ユウ・あそ | 意味 ①あそぶ。楽しむ。あそび。②酒や芸事などで楽しむ。③勉学などのため他国へ行く。各地を歩きまわる。④あちこちと自由に動きまわる。⑤さまよう。⑥ゆとり。余裕。<br>願い 子どもが遊びに夢中になるように、何事にも縛られることなく、自分の希望する道を軽やかに進んでいってほしいという思いを託して。 | 遊12那7 ゆうな<br>遊12唯11 ゆい<br>美9遊12 みゆ | 遊12斗4 ゆうと<br>遊12介4 ゆうすけ<br>遊12汰7 ゆうた |

| 画数・漢字 | 主な読み | 主な意味と込めたい願い | 女の子の名前例 | 男の子の名前例 |
|---|---|---|---|---|
| 雄 12画 | ユウ・お・かず・かつ・たか・たけ・たけし・のり・よし | 意味 ①おす。生物の男性の総称。②勇ましい。おおしい。③はたがしら。強い人。武力・知力にすぐれた者。<br>願い 雄大で活発で元気、たくましく威勢がよいスケールの大きな人をイメージして。力が強くて優れた才能を持つ人になることを願って。頼りになる人柄で、人の上に立つことができるように。 | | 雄12大3　ゆうだい<br>雄12斗4　ゆうと<br>雄12太4　ゆうた |
| 葉 12画 | ショウ・ヨウ・のぶ・は・ば | 意味 ①草木のは。②草木の葉のように薄いもの。③薄いものを数えることば。④すえ。わかれ。⑤世。時代。<br>願い 青々と茂る葉の生命力にあふれるイメージから、元気でいきいきとした人に育ってほしいという願いを込めて。自然を連想するさわやかな名前にぴったり。 | 彩11葉12　いろは<br>一1葉12　かずは<br>葉12月4　はづき | 碧14葉12　あおば<br>葉12琉11　はる<br>葉12介4　ようすけ |
| 遥 12画 | ヨウ・はる・はるか | 意味 ①はるか。遠い。へだたりが大きい。②長い。長く続いているようす。③さまよう。ぶらぶら歩く。<br>願い スケールの大きさを感じさせる漢字。さまざまな体験をしながら成長していく、自立心や好奇心を持った人に育つように。また、可能性ある未来が長く続くようにという願いを込めて。 | 遥12　はるか<br>心4遥12　こはる<br>美9遥12　みはる | 遥12斗4　はると<br>遥12希7　はるき<br>遥12也3　はるや |
| 陽 12画 | ヨウ・あき・あきら・お・きよ・きよし・たか・はる・ひ・や | 意味 ①日の光。太陽。②ひなた。日の当たる場所。山の南側。川の北側。③暖かい。明るい。④物事の積極的・動的な面。プラス。⑤うわべ。表面。⑥いつわる。ふりをする。<br>願い 太陽のように周囲を元気にできる、エネルギーに満ち、いきいきした人にと願いを込めて。明るく生命力あふれるイメージで人気の漢字。 | 陽12菜11　ひな<br>心4陽12　こはる<br>陽12香9　はるか | 陽12翔12　はると<br>朝12陽12　あさひ<br>陽12希7　はるき |
| 嵐 12画 | ラン・あらし | 意味 ①あらし。激しく吹く風。暴風雨。②山にたちこめる水蒸気。③澄みきった山の空気。<br>願い 激しい風が吹く嵐にも負けない、強さとすがすがしさ、情熱的な意思を持った人に。新しい風を起こすような華やかさや鮮烈なイメージも感じられ、相手の心を揺さぶるような印象を残す人になることを願って。 | 美9嵐12　みらん<br>咲9嵐12　さら | 嵐12丸3　らんまる<br>嵐12士3　あらし<br>嵐12　あらし |
| 琳 12画 | リン | 意味 ①美しい玉の名。②玉がふれあう音。<br>願い 玉が触れ合って鳴る音を表すことから、ルックス、スタイル、声共に優れた、華やかな人になることを願って。気品あふれた、純粋な精神を持った人になるという思いを込めて。 | 琳12　りん<br>香9琳12　かりん<br>佳8琳12　かりん | 琳12太4　りんた<br>琳12凰11　りお<br>琳12久3　りく |

| 画数・漢字 | 主な読み | 主な意味と込めたい願い | 女の子の名前例 | 男の子の名前例 |
|---|---|---|---|---|
| 塁 12画 | ルイ | 意味 ①とりで。石や土を重ねてつくった小さな陣地。②重ねる。重なる。③野球のベース。<br>願い 野球のベースを表すことから、ひたむきで堅実に努力する人になることを願って。コツコツと積み重ねていけば大きな成果を出すことができることを知っている人に。 | | 塁 12 生 5 るい<br>塁 12 るい<br>塁 12 斗 4 るいと |
| 惺 12画 | セイ・さと | 意味 ①さとい。かしこい。②さとる。<br>願い 澄みきった星を表すことから、純粋でまじめな人になるように。さえわたる星空のように、物静かで聡明な心を持った人になることを願って。星のように輝く未来に向かってまっすぐに歩いていける人に。 | 惺 12 菜 11 せいな<br>惺 12 羅 19 せいら<br>千 3 惺 12 ちさと | 琉 11 惺 12 りゅうせい<br>大 3 惺 12 たいせい<br>惺 12 矢 5 せいや |
| 琥 12画 | コ | 意味 ①「琥珀（こはく）」は、樹脂が化石となったもの。黄色でつやがある。②虎のもようを刻んだ玉の器。祭器の一種。<br>願い 優美で個性的な名前。琥珀（こはく）のように清らかで無欲な、美しい輝きを放つような人に。とらのように強く美しく、しなやかさを持った人になることを願って。 | 琥 12 珀 9 こはく<br>琥 12 乃 2 美 9 このみ<br>琥 12 白 5 こはく | 琥 12 太 4 郎 9 こたろう<br>琥 12 太 4 朗 10 こたろう<br>琥 12 南 9 こなん |
| 皓 12画 | コウ・あき・あきら・てる・ひろ・ひろし | 意味 ①色が白い。②髪が白い。老人。③明らか。明るい。白く輝く。④清い。いさぎよい。<br>願い 元は太陽が顔を出し、空が白む様子を表した字。澄みわたった清らかな心を持ち、希望に満ちた人生を歩んでほしいという祈りを託して。 | 千 3 皓 12 ちひろ<br>真 10 皓 12 まひろ | 皓 12 翔 12 ひろと<br>皓 12 生 5 こうき<br>皓 12 介 4 こうすけ |
| 翔 12画 | ショウ・かける | 意味 ①かける。飛びめぐる。②つまびらか。<br>願い 鳥が羽を広げて空を飛ぶ様子を表す、スケールの大きな漢字。自由にのびのびと成長するようにという願いを込めて。 | 夢 13 翔 12 ゆめか<br>彩 11 翔 12 あやか<br>翔 12 子 3 しょうこ | 大 3 翔 12 ひろと<br>翔 12 太 4 しょうた<br>翔 12 しょう |
| 萬 12画 | バン・マン・かず・かつ・すすむ・たか・つもる・ま・よろず | 意味 ①数の単位。千の十倍。②数の多いようす。いろいろの。③決して。かならず。<br>願い 非常に数が多いことを表す漢字。さまざまな分野に才能を持ち、可能性あふれる人生を送ることができるようにという思いを込めて。 | 萬 12 桜 10 まお<br>萬 12 莉 10 ばんり<br>萬 12 琴 12 まこと | |

| 画数・漢字 | 主な読み | 主な意味と込めたい願い | 女の子の名前例 | 男の子の名前例 |
|---|---|---|---|---|
| 愛 13画 | アイ・ちか・なり・なる・のり・ひで・まな・めぐむ・よし | 意味 ①あいする。かわいがる。いつくしむ。②異性を恋いしたう。③めでる。好む。④おしむ。⑤たいせつにする。⑥親しみ愛する意味を表すことば。<br>願い 優しさや思いやりのある子に成長するようにという願いを込めて。また、周囲の人からも、たくさんの愛情を注がれて育つようにという祈りを込めて。 | 結12愛13 ゆあ<br>愛13莉10 あいり<br>愛13子3 あいこ | 愛13翔12 まなと<br>愛13斗4 まなと<br>愛13之3介4 あいのすけ |
| 園 13画 | エン・オン・その | 意味 ①草木・花・果樹などを植えた庭や畑。②人が集まる場所。<br>願い 美しい花々やたくさんの果実でいっぱいの土地をイメージする漢字。そのことから、幸せな出来事や友人に恵まれた、実り多き人生を送れるようにという願いを込めて。 | 美9園13 みその<br>園13子3 そのこ<br>園13佳8 そのか | |
| 遠 13画 | エン・オン・とお | 意味 ①とおい。距離や時間がへだたっている。②うとい。③奥深い。④とおざける。とおざかる。<br>願い 物事をじっくりと落ち着いて考える思慮深さや、先のことまで見通す冷静さを持った人に成長してほしいという願いを込めて。 | 永5遠13 とわ<br>永5遠13子3 とわこ<br>永5遠13 はるか | 久3遠13 くおん<br>怜8遠13 れおん<br>志7遠13 しおん |
| 雅 13画 | ガ・ただし・のり・ひとし・まさ・まさし・まさる・みやび | 意味 ①みやびやか。上品。洗練された美しさ。②正しい。正統の。③相手に関することに対して敬ってそえることば。<br>願い 上品で風流な様子を意味する漢字。日本の伝統的な美徳を表す。落ち着いた高貴な雰囲気を持った人に成長してほしいという思いを込めて。 | 雅13 みやび<br>雅13姫10 みやび<br>雅13美9 まさみ | 大3雅13 たいが<br>悠11雅13 ゆうが<br>雅13人2 まさと |
| 楽 13画 | ガク・ラク・ささ・たの・たのし・もと・よし | 意味 ①おんがく。楽器をひく。②六芸（礼・楽・射・御・書・数）の一つ。③たのしい。たのしむ。④物事がたやすい。⑤興行の終わりの日。<br>願い 人生にたくさんの楽しみを見つけることができるようにという願いを込めて。音楽を意味することから、音楽の才能や豊かな感性を持った人に成長するようにという期待を託して。 | 奏9楽13 そら<br>咲9楽13 さくら<br>結12楽13 ゆら | 楽13 がく<br>楽13人2 がくと<br>颯14楽13 そら |
| 寛 13画 | カン・ちか・とみ・とも・のり・ひと・ひろ・ひろし・ゆたか | 意味 ①広々としてゆとりがある。心が広い。②ゆるやか。ゆったりしている。③くつろぐ。からだを休める。④大目にみる。許す。<br>願い 「寛大」「寛容」などに代表されるように、心が広いことを表す漢字。穏やかで、だれにでも優しく接することができる人に育ってほしいという願いを込めて。 | 千3寛13 ちひろ<br>寛13子3 ひろこ<br>寛13奈8 かんな | 寛13太4 かんた<br>寛13人2 ひろと<br>寛13紀9 ひろき |

| 画数・漢字 | 主な読み | 主な意味と込めたい願い | 女の子の名前例 | 男の子の名前例 |
|---|---|---|---|---|
| 幹 13画 | カン・き・たかし・つよし・とし・とも・み・みき・もと・もとき | 意味 ①木のみき。②もと。物事の主要な部分。中心。③からだ。骨組み。④腕前。わざ。<br>願い 木の幹や物事の中心を意味することから、しっかりとした性格をイメージできる漢字。みんなのまとめ役ができるような、リーダーシップのある子に育ってほしいという期待を込めて。 | 幹13子3 みきこ<br>幹13奈8 かんな | 幹13太4 かんた<br>幹13人2 みきと<br>大3幹13 たいき |
| 義 13画 | ギ・しげ・たけ・ただし・ちか・つとむ・のり・みち・よし・より | 意味 ①正しい筋道。人が当然行うべき道。②君臣の間の正しい道徳。③公共のためや正義のために行動すること。④わけ。意味。⑤血のつながっていない者が恩義や縁組みによって結ぶ親族関係。⑥仮。実物のかわり。<br>願い 人のために尽くし、人としての道を踏み外さず、規則を守り、正しい人生を歩いてほしいとの願いを込めて。 | | 義13人2 よしと<br>正5義13 まさよし<br>義13明8 よしあき |
| 絹 13画 | ケン・きぬ | 意味 ①きぬ糸。蚕のまゆからとった糸。②きぬ糸で織った布。絹織物。<br>願い 独特の光沢が人々を魅了する高価な絹糸や絹織物のように、上品な魅力を備えた、つややかで美しい人に成長するようにとの期待を込めて。 | 絹13花7 きぬか<br>絹13子3 きぬこ<br>絹13香9 きぬか | |
| 源 13画 | ゲン・はじめ・みなもと・もと・よし | 意味 ①水の流れるもと。②物事の起こり。③むかしの名家の姓の一つ。源氏のこと。<br>願い 物事を深く考えて本筋を見極める人に。生命力にあふれ、活気のある毎日を送り、目標に向かってまい進することのできる人になるように願いを込めて。 | | 源13斗4 げんと<br>源13也3 もとや<br>源13 げん |
| 瑚 13画 | コ・ゴ | 意味 〔珊瑚（さんご）〕は、海中でさんご虫が集積してできる石灰質の骨組み。加工して飾り物にする。<br>願い ダイナミックな自然を連想させる漢字。自然を愛するおおらかで健康的な人に成長してほしいという願いを込めて。 | 瑚13都11 こと<br>瑚13子3 ここ<br>梨11瑚13 りこ | 悠11瑚13 ゆうご<br>瑚13南9 こなん<br>翔12瑚13 しょうご |
| 嗣 13画 | シ・ジ・つぎ・つぐ | 意味 あとをつぐ。家系をつぐ。あとつぎ。<br>願い 家系や家業を受け継ぐという意味があることから、子孫が代々栄えることを願ってつけることが多い。また、伝統や文化などをしっかりと引き継いでほしいという願いを託すことも。 | 嗣13実8 つぐみ | 悠11嗣13 ゆうし<br>英8嗣13 えいじ<br>嗣13音9 しおん |

| 画数・漢字 | 主な読み | 主な意味と込めたい願い | 女の子の名前例 | 男の子の名前例 |
|---|---|---|---|---|
| 詩 13画 | シ・うた | 意味 ①うた。心に感じたことを、リズムにもとづいてことばに表したもの。②からうた。中国の韻文の一つ。五経の一つ。③「詩経」のこと。<br>願い 自分の心の動きを言葉にすることを表す、優しく繊細な雰囲気を持つ漢字。優れた感性や表現力を持つ人に成長することを願って。 | 詩13織18 しおり<br>詩13乃2 うたの<br>詩13穏16 しおん | 奏9詩13 そうた<br>詩13音9 しおん<br>悠11詩13 ゆうし |
| 慈 13画 | シ・ジ・いつく・しげ・しげる・ちか・なり | 意味 ①いつくしむ。かわいがる。恵む。②人々の苦しみを救う仏の広大な愛。<br>願い 親から子に注がれるような、見返りを求めない愛情を表す漢字。情け深く温かい心を持った人に成長してほしいという思いを込めて。 | 杏7慈13 あんじ<br>慈13 ちか<br>慈13乃2 しの | 怜8慈13 れいじ<br>慈13英8 じえい<br>修10慈13 しゅうじ |
| 蒔 13画 | シ・ジ | 意味 ①移し植える。②種をまく。③金銀の粉を散らして絵を描く。<br>願い 種をまくという意味から、生命力にあふれた人になってほしいという願いを込めて。また、漆器に金銀の粉を散らして絵を描く蒔絵のイメージから、華のある魅力的な人に育つようにという期待も。 | 小3蒔13 こまき<br>蒔13織18 しおり<br>蒔13乃2 しの | 蒔13人2 まきと<br>蒔13音9 しおん<br>蒔13斗4 まきと |
| 舜 13画 | シュン・きよ・とし・ひとし・みつ・よし | 意味 ①むくげ。アオイ科の落葉低木。②あさがお。③中国古代の伝説上の聖天子。<br>願い 美しい花を咲かせるむくげのイメージから、おおらかで明るい人に成長してほしいという願いを込めて。また、「舜」は、中国古代の伝説上の帝王の名前であることから、リーダーシップのある人になってほしいという期待も。 | 舜13華10 しゅんか | 舜13 しゅん<br>舜13悟10 しゅんご<br>舜13弥8 しゅんや |
| 奨 13画 | ショウ・ソウ・すすむ・つとむ | 意味 ①はげます。力づける。②推薦する。ほめる。③助ける。助成する。<br>願い 励ます、助けるという意味もあることから、だれに対しても親切に優しく、ほめて力づけてあげられるような人に。人々を統率し、長所を認めて育てるリーダーになることを願って。 | | 奨13也3 しょうや<br>奨13汰7 しょうた<br>奨13悟10 しょうご |
| 照 13画 | ショウ・あきら・て・てらし・てり | 意味 ①てらす。輝く。②天気が晴れる。③てり。太陽の光。④てらし合わせる。つき合わせて比べる。⑤あてる。ねらう。⑥てれる。気はずかしく思う。<br>願い 明るい日ざしのように、周囲の人を元気にするパワーと優しさを持った人に育ってほしいという願いを込めて。 | 照13美9 てるみ<br>照13香9 てるか<br>照13子3 てるこ | 照13真10 しょうま<br>照13太4 しょうた<br>照13基11 てるき |

| 画数・漢字 | 主な読み | 主な意味と込めたい願い | 女の子の名前例 | 男の子の名前例 |
|---|---|---|---|---|
| 慎 13画 | シン・ちか・つつし・のり・まこと・よし | 意味 細かに気を配る。<br>願い 誠実で周囲の人に細やかな配慮ができる人に育ってほしいという願いを込めて。また、謙虚な心を忘れないようにという思いも託して。「心」と「真」が並ぶことから、まじめできちんとした印象を持つ漢字。 | | 慎(13)之(3)助(7) しんのすけ<br>慎(13) しん<br>慎(13)一(1)郎(9) しんいちろう |
| 新 13画 | シン・あきら・あたら・あら・あらた・にい・はじめ・わか | 意味 ①あたらしい。あらた。②あらたにする。あたらしくする。③初めて。④新しいの意味の接頭語。<br>願い 新しい、初めてなどの意味を持つことから、わが子の豊かな可能性を信じる親の気持ちを託して。また、希望ある未来を願う祈りを込めて。 | 新(13)奈(8) にいな<br>新(13)菜(11) わかな<br>新(13)那(7) にいな | 新(13) あらた<br>新(13)太(4) あらた<br>新(13)平(5) しんぺい |
| 瑞 13画 | ズイ・たま・みず | 意味 ①みずみずしい。②めでたいしるし。③天子が諸侯を任命するときに与える玉。<br>願い 何かよいことが起きる前兆を意味する縁起がよい漢字。みずみずしいという意味もあることから、フレッシュでさわやかな雰囲気の人になるように。また、幸運に恵まれることを願って。 | 瑞(13)季(8) みずき<br>瑞(13)姫(10) みずき<br>瑞(13)穂(15) みずほ | 瑞(13)生(5) みずき<br>瑞(13)輝(15) みずき<br>瑞(13)貴(12) みずき |
| 嵩 13画 | シュウ・スウ・たか・たかし | 意味 ①高い。②かさ。分量。体積。③かさむ。多くなる。<br>願い 安定感のある字体で、高い山のどっしりとした雄大なイメージを持つ。人生の頂をめざす人に。大きく高く落ち着いた人柄でまわりから慕われ、仲間の中心にいるような人物になることを願って。 | | 嵩(13)琉(11) たける<br>智(12)嵩(13) ともたか<br>嵩(13)仁(4) たかひと |
| 聖 13画 | セイ・あきら・きよ・さと・さとし・さとる・ひじり・まさ | 意味 ①ひじり。知徳がすぐれ、すべての物事の道理に通じている人。②ひじり。高徳の僧。③奥義をきわめた、その道の第一人者。④宗教や、それを開いた人に関することにそえることば。⑤けがれがなく清らか。⑥英語の saint に漢字をあてたもの。<br>願い 気高く清廉な心を持った人に成長してほしいという思いを託して。 | 聖(13)奈(8) せな<br>千(3)聖(13) ちさと<br>聖(13)羅(19) せいら | 悠(11)聖(13) ゆうせい<br>琉(11)聖(13) りゅうせい<br>聖(13)也(3) せいや |
| 誠 13画 | セイ・あきら・しげ・たか・たかし・なり・なる・まこと | 意味 ①まごころ。いつわりがないこと。真実。②ほんとうに。思ったとおりに。<br>願い 言葉と心が一致している状態を表す漢字。うそがなく、寄せられた信頼にこたえられる誠実で心豊かな人になるようにと願って。 | 誠(13)子(3) せいこ | 大(3)誠(13) たいせい<br>誠(13) まこと<br>誠(13)之(3) まさゆき |

| 画数・漢字 | 主な読み | 主な意味と込めたい願い | 女の子の名前例 | 男の子の名前例 |
|---|---|---|---|---|
| 想 13画 | ソ・ソウ | 意味 思う。おしはかる。思い。<br>願い 心の中に形や姿を思い浮かべる様子を表すことから、人の気持ちを深く思いやる、温かく思慮深い人に育ってほしいという願いを込めて。「ソウ」の優しい音の響きと字形が人気。 | 想空 13 8 そら<br>想來 13 8 そら<br>想 13 そう | 想太 13 4 そうた<br>想真 13 10 そうま<br>想佑 13 7 そうすけ |
| 蒼 13画 | ソウ・あお・しげる | 意味 ①草の青い色。②茂る。草木が青々と茂るようす。③年老いたようす。古めかしいようす。④薄暗い。⑤白髪がまじっているようす。⑥あわてふためくようす。<br>願い 草木が青々と育つ様子を表す漢字。広々とした草原をイメージできることから、のびのびと健康に育ってほしいという願いを込めて。 | 蒼唯 13 11 あおい<br>乃蒼 2 13 のあ<br>蒼依 13 8 あおい | 蒼空 13 8 そら<br>蒼真 13 10 そうま<br>蒼太 13 4 そうた |
| 暖 13画 | ダン・ノン・あたた・はる | 意味 ①あたたかい。あたたか。②あたたまる。あたためる。<br>願い 人の心にふんわりとしたぬくもりを与える優しい心を持った人に成長するようにという祈りを込めて。また、愛情的にも金銭的にも恵まれた人生が送れるようにという願いを託して。 | 果暖 8 13 かのん<br>心暖 4 13 こはる<br>暖乃 13 2 はるの | 暖人 13 2 はると<br>暖真 13 10 はるま<br>暖斗 13 4 はると |
| 椿 13画 | チュン・チン・つばき | 意味 ①つばき。ツバキ科の常緑高木。暖地に自生し、早春に紅色や白色の花をつける。葉は厚くてつやがある。果実からはつばき油をとる。②不意のできごと。<br>願い 雪の中で美しい花を咲かせることから、忍耐強く控えめながら、しんの強さや凛とした美しさを備えた人にという思いを込めて。 | 椿 13 つばき<br>椿季 13 8 つばき<br>椿姫 13 10 つばき | 椿樹 13 16 つばき |
| 鉄 13画 | テチ・テツ・かね・きみ・とし・まがね | 意味 ①てつ。くろがね。金属元素の一つ。かたくてとけにくい。②鉄のようにかたい。③刃物。武器。④「鉄道」の略。<br>願い 強い意志を持ち、強靭な精神力を兼ね備えた人に。打って鍛えるほど丈夫になる鉄にあやかって、不屈の精神力を持った強い人になることを願って。 | | 鉄心 13 4 てっしん<br>虎鉄 8 13 こてつ<br>鉄平 13 5 てっぺい |
| 楠 13画 | ナン・くす・くすのき | 意味 クスノキ科の常緑高木。材はかたく、よいにおいがする。樟脳の原料となる。<br>願い 楠は、成長はゆっくりだが大きく丈夫な木に育ち、古くから船の材料としても重宝されている。そのことから、マイペースで進みながらいつか自分の目標を達成できる、努力や忍耐力のある人に育ってほしいという期待を込めて。 | 遥楠 12 13 はるな<br>可楠子 5 13 3 かなこ<br>真楠 10 13 まな | 佳楠 8 13 かなん<br>虎楠 8 13 こなん |

| 画数・漢字 | 主な読み | 主な意味と込めたい願い | 女の子の名前例 | 男の子の名前例 |
|---|---|---|---|---|
| 楓 13画 | フウ・かえで | 意味 ①かえで。カエデ科の落葉高木の総称。葉は、多くは手のひら形で、秋に美しく紅葉するものが多い。一般に、もみじとよばれる。②ふう。中国原産のマンサク科の落葉高木。樹脂によいかおりがあり、薬用になる。<br>願い 晩秋に美しく紅葉する楓のイメージから、人に鮮やかな印象を残す、気品ある人にという願いを込めて。 | 楓13 かえで<br>楓13花7 ふうか<br>楓13菜11 ふうな | 楓13真10 ふうま<br>楓13雅13 ふうが<br>楓13斗4 ふうと |
| 睦 13画 | ボク・モク・あつし・ちか・のぶ・まこと・む・むつ・むつみ | 意味 ①むつまじい。仲がよい。②むつむ。むつぶ。敬いあって仲よくする。<br>願い たくさんの仲間や友人に恵まれるように。また、将来、家族仲のよい温かな家庭が築けるようにという願いを込めて。 | 睦13実8 むつみ<br>睦13 むつみ<br>睦13美9 むつみ | 睦13人2 むつと<br>睦13月4 むつき<br>睦13樹16 むつき |
| 稔 13画 | ジン・ニン・ネン・とし・なり・なる・みのる | 意味 ①穀物がよく熟する。②植物が実を結ぶ。③穀物が一回実る期間。一年。④積み重なること。<br>願い 実りを意味することから、こつこつと努力したことが報われ、豊かで幸せな人生を送れるようにという願いを込めて。 | 稔13梨11 みのり<br>稔13莉10 みのり<br>稔13里7 みのり | 稔13樹16 としき<br>稔13和8 としかず<br>稔13 みのる |
| 夢 13画 | ボウ・ム・のぞむ・み・も・ち・ゆめ | 意味 ①眠っているときに見る心理現象。②理想。③ゆめみる。とりとめもなく思う。<br>願い 眠っているときに見る夢、希望などを意味することから、いつも希望や理想を持ち続ける人に成長することを祈って。また、将来、自分の夢を実現することができるようにという願いを込めて。 | 夢13 ゆめ<br>夢13乃2 ゆめの<br>夢13香9 ゆめか | 歩8夢13 あゆむ<br>大3夢13 ひろむ<br>拓8夢13 たくむ |
| 稜 13画 | リョウ・ロウ・いず・かど・たか | 意味 ①かど。すみ。多面体の二面が交わるところの直線。②おごそかな威光。<br>願い 整った印象の字形ときっちりとしたイメージの意味を併せ持つ漢字。何事にも毅然とした態度で取り組むことができる、まじめな人になることを期待して。 | 稜13花7 りょうか<br>稜13子3 りょうこ<br>稜13 りょう | 稜13真10 りょうま<br>稜13太4 りょうた<br>稜13司5 りょうじ |
| 鈴 13画 | リョウ・リン・レイ・すず | 意味 ①小さな球形で中に玉や石を入れて振り鳴らすもの。また、中に金属の舌をもった小さな鐘。②よびりん。<br>願い 振ると澄んだ音を奏でる鈴のイメージから、周囲の人の気持ちを穏やかにし、みんなに愛される人に育ってほしいという思いを込めて。 | 鈴13音9 すずね<br>香9鈴13 かりん<br>美9鈴13 みすず | 鈴13太4郎9 りんたろう<br>鈴13之3助7 すずのすけ<br>鈴13太4 りんた |

| 画数・漢字 | 主な読み | 主な意味と込めたい願い | 女の子の名前例 | 男の子の名前例 |
| --- | --- | --- | --- | --- |
| 蓮 13画 | レン・はす | 意味 はす。はちす。スイレン科の多年生水草。夏に淡紅色の花が咲く。種子と根茎は食用になる。 願い 水面に咲く蓮の花は、美しく清らかなイメージ。また、蓮は極楽浄土に咲く花とされ、仏像の台座である蓮華座の「蓮華」は、蓮の花の意味。すがすがしさと穏やかさを持った人に成長してほしいという願いを込めて。 | 華蓮《かれん》（10・13）<br>純蓮《すみれ》（10・13）<br>蓮花《れんか》（13・7） | 蓮《れん》（13）<br>蓮斗《れんと》（13・4）<br>蓮介《れんすけ》（13・4） |
| 暉 13画 | キ・あき・あきら・てる | 意味 ①光。日の光。②輝く。 願い 周囲の人を明るく照らすことができる、元気で朗らかな人になるようにという思いを込めて。また、明るく輝かしい未来への希望を託して。「キ」の音を持つ字の中では、新鮮な印象の名前に。 | 夏暉《なつき》（10・13）<br>咲暉子《さきこ》（9・13・3） | 晃暉《こうき》（10・13）<br>竜暉《りゅうき》（10・13）<br>将暉《まさき》（10・13） |
| 煌 13画 | コウ・きらめ | 意味 輝く。きらめく。きらきらと光り輝く様子を表す、華麗な印象の漢字。 願い きらめくような才能や、魅力的な個性を持った人に成長してほしいという期待を込めて。強さと華やかさをイメージさせる人気の漢字。 | 煌里《きらり》（13・7）<br>煌乃《こうの》（13・2）<br>煌莉《きらり》（13・10） | 煌太《こうた》（13・4）<br>煌生《こうせい》（13・5）<br>煌《こう》（13） |
| 綾 14画 | リョウ・あや | 意味 ①あやぎぬ。あや織りの絹織物。②あや。入り組んだ仕組みやたくみな言いまわし。 願い 人気の「あや」の音を持つ中でも、ひときわ繊細さを感じさせる漢字。優美な絹織物のように、洗練された身のこなしや細やかな心づかいを身につけた人に成長することを願って。 | 綾乃《あやの》（14・2）<br>綾美《あやみ》（14・9）<br>綾音《あやね》（14・9） | 綾人《あやと》（14・2）<br>綾太《りょうた》（14・4）<br>綾斗《あやと》（14・4） |
| 維 14画 | イ・これ・しげ・すみ・ただ・たもつ・つな・つなぐ・ふさ | 意味 ①つなぐ。つなぎとめる。②すじ。糸。③つな。道徳を支えるもと。④これ。次にくる語を強調するために用いることば。 願い 人とのつながりがずっと続くようにという思いを託すことができる漢字。友だちに恵まれ、友情や家族の結びつきを大切にする人に育つようにという願いを込めて。 | 優維《ゆい》（17・14）<br>維吹《いぶき》（14・7）<br>麻維《まい》（11・14） | 維吹《いぶき》（14・7）<br>維月《いつき》（14・4）<br>斗維《とうい》（4・14） |
| 嘉 14画 | カ・ひろ・よし・よしみ・よみし | 意味 ①よい。喜ばしい。めでたい。②うまい。③よいとする。ほめる。 願い よいこと、おめでたいこと全般を表すとても縁起がよい字。ほめられたりお祝いをされたりすることの多い、幸せな人生を送れるようにという願いを込めて。 | 嘉乃《かの》（14・2）<br>嘉菜《かな》（14・11）<br>嘉音《かのん》（14・9） | 嘉人《よしと》（14・2）<br>晃嘉《あきひろ》（10・14）<br>嘉紀《よしのり》（14・9） |

| 画数・漢字 | 主な読み | 主な意味と込めたい願い | 女の子の名前例 | 男の子の名前例 |
|---|---|---|---|---|
| 歌 14画 | カ・うた | 意味 ①節をつけてうたううた。②やまとうた。和歌。③うたう。<br>願い いつも歌を口ずさんでいるような、明るく朗らかな人に育ってほしいという願いを込めて。また、音楽や文学の分野で才能を発揮できるようにとの期待も託して。 | 彩11歌14 あやか<br>歌14純10 かすみ<br>歌14奏9 かなで | 歌14音9 かのん<br>歌14月4 かづき |
| 緒 14画 | ショ・チョ・お・つぐ | 意味 ①糸口。糸のはし。②物事のはじめ。起こり。③心。気分。④糸やひもなどの細長いもの。はきもののひもや弓に張る糸など。<br>願い 繊細な心の動きをイメージする字。人とのつながりを大切にし、人の心の機微がわかる優しい人に成長するようにという願いを込めて。 | 真10緒14 まお<br>美9緒14 みお<br>莉10緒14 りお | 那7緒14 なお<br>怜8緒14 れお<br>理11緒14 りお |
| 彰 14画 | ショウ・あき・あきら・ただ | 意味 ①明らか。②あや。美しいかざり。③あらわれる。あらわす。明らかにする。<br>願い 鮮やかな模様や、物事を明らかにするという意味から、知的な魅力を感じさせる漢字。頭脳明晰で自分の意見をはっきりと持った人に成長するようにという期待を込めて。 | 彰14花7 あやか<br>彰14子3 しょうこ | 彰14人2 あきと<br>彰14太4 しょうた<br>千3彰14 ちあき |
| 静 14画 | ジョウ・セイ・きよ・しず・しずか・やす・やすし・よし | 意味 ①しずか。ひっそりとしている。②活動しない。③安らか。落ち着いている。④しずめる。しずまる。<br>願い 穏やかで物静かだが、どんなときにも落ち着いて正しく対処できる、しんの強さを持った人に成長してほしいという思いを込めて。 | 静14香9 しずか<br>静14那7 しずな<br>静14花7 しずか | 静14希7 しずき<br>静14悟10 せいご<br>静14也3 せいや |
| 聡 14画 | ソウ・あき・あきら・さと・さとし・さとる・とき・とし・とみ | 意味 ①さとい。聞いてよく分かる。かしこい。②聞く。<br>願い 物事の理解や飲み込みが早く、明るく賢い人に育つようにという願いを込めて。また、学ぶことが好きな人になってほしいという期待も託して。人の話をしっかりと聞くという意味から、謙虚で落ち着いたイメージも。 | 聡14美9 さとみ<br>聡14香9 さとか<br>聡14子3 さとこ | 聡14太4 そうた<br>聡14 さとし<br>聡14真10 そうま |
| 寧 14画 | デイ・ニョウ・ネイ・しず・やす・やすし | 意味 ①安い。安らか。穏やか。②安んじる。安らかにする。③ねんごろにする。④むしろ。どちらかといえば。⑤なんぞ。いずくんぞ。疑問や反語を表すことば。<br>願い 穏やかで温かなイメージを持つ漢字。いるだけで周囲の人をホッと和ませるような、ぬくもりのある人に育ってほしいという願いを込めて。 | 寧14々3 ねね<br>彩11寧14 あやね<br>桃10寧14 ももね | 寧14央5 ねお<br>寧14彦9 やすひこ<br>寧14生5 ねお |

| 画数・漢字 | 主な読み | 主な意味と込めたい願い | 女の子の名前例 | 男の子の名前例 |
| --- | --- | --- | --- | --- |
| 碧 14画 | ヘキ・あお・きよし・みどり | 意味 ①緑。青。青緑。濃い青色。②青く美しい石。<br>願い 青色の美しい石という意味から、抜けるような青空や透き通った海がイメージできる漢字。曇りのない澄んだ心を持った人に育ってほしいという祈りを込めて。 | 碧14依8 あおい<br>碧14乃2 あおの<br>碧14唯11 あおい | 碧14 あおい<br>碧14斗4 あおと<br>碧14葉12 あおば |
| 輔 14画 | フ・ブ・ホ・すけ・たすく・たすけ | 意味 ①力をそえて助ける。②車のそえ木。③すけ。むかしの役人の階級で、省の四等官のうちの二番目の地位。<br>願い 人のためにそばに寄り添って尽力できる人になれることを願って。友人の意味もあることから、多くの友人に恵まれて、信頼し、助け合いながら生きていくことができるような人に。 | | 俊9輔14 しゅんすけ<br>大3輔14 だいすけ<br>龍16輔14 りゅうすけ |
| 鳳 14画 | ブ・ホウ・おおとり | 意味 ①おおとり。麒麟とともに、聖天子の治世にあらわれるといい伝えられる想像上のめでたい鳥。雄を鳳、雌を凰という。②天子や宮中に関する物事にそえることば。<br>願い 神秘的で気高い印象を与える漢字。大空を舞う鳥のようなおおらかさと、優れた才能を併せ持った人に成長するようにという期待を込めて。 | 真10鳳14 まほ<br>美9鳳14 みほ | 鳳14真10 ほうま |
| 瑠 14画 | リュウ・ル | 意味 〔瑠璃（るり）〕は、宝石の名。七宝の一つ。美しい青色の宝石。また、ガラスの古いよび名。<br>願い 深い青色の美しい宝石「瑠璃」をイメージすることから、わが子を宝石のように大切に思う気持ちを込めて。また、心も容姿も、瑠璃のように美しく成長してほしいという願いを込めて。 | 瑠14花7 るか<br>瑠14菜11 るな<br>愛13瑠14 あいる | 瑠14星9 りゅうせい<br>瑠14希7 るき<br>春9瑠14 はる |
| 颯 14画 | サツ・ソウ | 意味 ①はやて。疾風。急に吹く強い風。②風がさっと吹くようす。③きびきびしているようす。<br>願い 一陣の風のように、シャープで軽やかな雰囲気を持つ漢字。きびきびと行動する、明るくさわやかな人に成長してほしいという思いを込めて。 | 颯14空8 そら<br>颯14稀12 さつき<br>颯14貴12 さつき | 颯14太4 そうた<br>颯14真10 そうま<br>颯14介4 そうすけ |
| 遙 14画 | ヨウ・はる・はるか | 意味 （「遥」の旧字体）①はるか。遠い。へだたりが大きい。②長い。長く続いているようす。③さまよう。ぶらぶら歩く。<br>願い スケールの大きさを感じさせる漢字。さまざまな体験をしながらたくましい子に成長するように、可能性ある未来が長く続くようにという願いを込めて。 | 遙14乃2 はるの<br>遙14奈8 はるな<br>遙14花7 はるか | 遙14彦9 はるひこ<br>遙14貴12 はるき<br>遙14太4 ようた |

| 画数・漢字 | 主な読み | 主な意味と込めたい願い | 女の子の名前例 | 男の子の名前例 |
| --- | --- | --- | --- | --- |
| 駕 15画 | ガ・カ | 意味 ①車や馬に乗る。②乗り物。車や馬。③しのぐ。乗り越える。その上に出る。<br>願い 趣のある字体で個性的な名前に。困難を克服し、目標を達成する頑張り屋に。才能豊かで、人前でも堂々としている人になれるよう願って。 | 駕15奈8子3 かなこ<br>美9駕15 みか<br>由5駕15 ゆか | 凌10駕15 りょうが<br>竜10駕15 りゅうが<br>大3駕15 たいが |
| 輝 15画 | キ・あきら・かがや・てる・ひかる | 意味 ①輝く。輝き。光が四方に広がる。②輝かしい。りっぱな。<br>願い 華やかさの中に力強さを感じられることから、とくに男の子に人気の漢字。将来、輝かしい成功を収めることができるようにとの期待を込めて。また、魅力にあふれ、いつも輝いている人に成長することを願って。 | 明8輝15 あき<br>沙7輝15 さき<br>咲9輝15 さき | 優17輝15 ゆうき<br>陽12輝15 はるき<br>輝15 ひかる |
| 慶 15画 | キョウ・ケイ・のり・やす・よし | 意味 ①よろこぶ。よろこび。いわう。②めでたいこと。さいわい。③ほうび。たまもの。<br>願い さまざまなめでたいことを表す縁起のよい漢字。わが子の誕生を心から祝う気持ちと、喜びの多い幸せな人生を送ってほしいという願いを込めて。 | 慶15子3 けいこ<br>慶15花7 けいか<br>慶15乃2 よしの | 慶15太4 けいた<br>慶15悟10 けいご<br>慶15祐9 けいすけ |
| 慧 15画 | エ・ケイ・さと・さとし・さとる | 意味 ①さとい。かしこい。理解がはやい。②知恵。<br>願い 仏教では、物事をよく見極め、道理を正しく把握するという意味を持つ漢字。真実を察知する力に優れた、賢い人に成長してほしいという期待を込めて。 | 美9慧15 みさと<br>慧15奈8 えな<br>慧15子3 さとこ | 慧15太4 けいた<br>慧15人2 けいと<br>慧15 さとし |
| 潤 15画 | ジュン・うる・うるう・さかえ・ひろ・ひろし・まさる・みつ | 意味 ①うるおう。うるおす。水分をふくむ。②うるおい。しめり。恵み。③飾る。つやを出す。つやがあってりっぱに見える。④利益。<br>願い 物心共に恵まれた人生を送れるようにという願いを託して。また、ほかの人の心を和らげる優しい人に成長してほしいという思いを込めて。 | 潤15 じゅん<br>潤15奈8 じゅんな<br>千3潤15 ちひろ | 潤15也3 じゅんや<br>潤15平5 じゅんぺい<br>潤15弥8 じゅんや |
| 澄 15画 | チョウ・きよし・きよむ・す・すみ・すめる・とおる | 意味 ①水などに、にごりがない。すきとおる。②清らかにする。静める。③まじめな顔をする。気取る。<br>願い 水が澄んだ状態を表すことから、にごりのない純真な心を持った人に育ってほしいという思いを込めて。また、透明感のあるさわやかな人に成長することを期待して。 | 香9澄15 かすみ<br>澄15乃2 すみの<br>澄15良7 きよら | 澄15晴12 すばる<br>澄15人2 すみと<br>泉9澄15 いずみ |

| 画数・漢字 | 主な読み | 主な意味と込めたい願い | 女の子の名前例 | 男の子の名前例 |
| --- | --- | --- | --- | --- |
| 蔵<br>15画 | ソウ・ゾウ・おさむ・くら・ただ・とし・まさ・よし | 意味 ①おさめる。たくわえる。しまっておく。持っている。②かくす。かくれる。人目につかないようにする。③物をしまっておくところ。<br>願い 蔵は富の象徴。必要なものを備えて、管理することができる豊かな生活を送れる人に。豊かさと落ち着きを感じられる人になることを願って。 | | 武8蔵15 むさし<br>泰10蔵15 たいぞう<br>恵10蔵15 けいぞう |
| 潮<br>15画 | チョウ・うしお・しお | 意味 ①海水が満ちたり引いたりする現象。②海の水。③海水の流れ。④とき。おり。ころあい。⑤さす。あらわれ出る。色づく。⑥時世の傾向。事のなりゆき。<br>願い 潮の満ち引きを表す壮大な印象の漢字。大きな可能性を秘め、未来に向かって前向きに歩んでいける人にと願って。 | 潮15香9 しおか<br>潮15音9 しおね<br>美9潮15 みしお | 潮15音9 しおん<br>真10潮15 ましお<br>潮15 うしお |
| 舞<br>15画 | ブ・ム・ま・まい | 意味 ①まう。まい。足ぶみして踊る。また、その踊り。②はげます。<br>願い 元は、足を踏みならして踊ることを表す漢字。踊りを舞うような、洗練された雰囲気と力強さを併せ持つ人に成長し、周囲の人を明るく元気づける存在になってほしいという願いを込めて。 | 舞15 まい<br>舞15華10 まいか<br>結12舞15 ゆま | 龍16舞15 りゅうま<br>天4舞15 てんま<br>悠11舞15 ゆうま |
| 穂<br>15画 | スイ・お・ほ・みのる | 意味 ①稲や麦の茎の先に花や実がむらがりついたもの。②ほうきのような、ほの形をしたもの。筆の先。ろうそくなどのともしび。<br>願い 素朴で温かい印象を与える漢字。黄金色に輝く稲穂のように、実り豊かな人生を願って。 | 穂15香9 ほのか<br>千3穂15 ちほ<br>香9穂15 かほ | 穂15高10 ほたか<br>瑞13穂15 みずほ<br>穂15 みのる |
| 璃<br>15画 | リ・あき | 意味 ①〔琉璃（るり）・瑠璃（るり）〕は、宝石の名。七宝の一つ。紺青色の宝石。また、ガラスの古いよび名。②〔玻璃（はり）〕は、水晶の類。七宝の一つ。また、ガラスの古いよび名。<br>願い わが子を宝石のように大切に思う気持ちを込めて。また、透明感のある上品な雰囲気を持つ人にという願いを込めて。 | 璃15桜10 りお<br>璃15子3 りこ<br>璃15音9 りおん | 璃15空8 りく<br>璃15久3 りく<br>璃15人2 りひと |
| 諒<br>15画 | リョウ・あき・まこと・まさ | 意味 ①まこと。真実味がある。②思いやる。察する。③認める。<br>願い 「リョウ」の音がさわやかさを感じさせる漢字。物事の本質をしっかりと見極められる人に。また、相手の気持ちを思いやり、だれにでも優しい態度で接することができる人に成長してほしいという願いを込めて。 | 諒15花7 りょうか<br>諒15香9 りょうか<br>諒15子3 りょうこ | 諒15 りょう<br>諒15太4 りょうた<br>諒15真10 りょうま |

| 画数・漢字 | 主な読み | 主な意味と込めたい願い | 女の子の名前例 | 男の子の名前例 |
|---|---|---|---|---|
| 遼 15画 | リョウ・はるか | 意味 ①遠くへだたっている。②りょう。中国の王朝の名。<br>願い はるか彼方の天空や山河をイメージする、無限の広がりが感じられる漢字。心が広く、スケールの大きな人に成長してほしいという願いを込めて。 | 遼15子3 りょうこ<br>遼15奈8 はるな<br>遼15香9 はるか | 遼15太4郎9 りょうたろう<br>遼15也3 りょうや<br>遼15馬10 りょうま |
| 凛 15画 | リン | 意味 （「凜」の俗字）①身にしみて寒い。冷たい。寒さがきびしい。②きびしい。心がひきしまる。おそれつつしむ。りりしい。<br>願い 身も心もピリッと引き締まるイメージから、てきぱきとした明るい人に成長してほしいという思いを込めて。 | 香9凛15 かりん<br>凛15菜11 りんな<br>凛15 りん | 凛15都11 りんと<br>凛15人2 りんと<br>凛15太4郎9 りんたろう |
| 穏 16画 | オン・おだ・しず・とし・やす・やすき | 意味 おだやか。安らか。落ち着いて静か。<br>願い だれとでも仲よくできる、穏やかで優しい性格の人に育ってほしいという願いを込めて。また、波風の立たない平穏で幸せな人生を送ることができるようにという祈りを込めて。 | 花7穏16 かのん<br>美9穏16 みおん<br>里7穏16 りおん | 至6穏16 しおん<br>里7穏16 りおん<br>怜8穏16 れおん |
| 薫 16画 | クン・かお・かおる・しげ・つとむ・にお・ひで・ほう・ゆき | 意味 ①よいにおいがする。②よいにおい。③かおりぐさ。マメ科の多年草。らんの一種。④くすぶる。煙が出る。⑤感化する。善に導く。<br>願い もともとは、香りのよい草を意味したことからも、素朴で明るいイメージを持つ漢字。よい香りで人を包み込むような、穏やかな魅力と温かい心を持った人にという思いを込めて。 | 薫16子3 かおるこ<br>薫16里7 かおり<br>薫16花7 ゆきか | 薫16 かおる<br>薫16平5 くんぺい |
| 賢 16画 | ケン・さと・さとし・さとる・すぐる・たか・ただ・ただし・とし | 意味 ①かしこい。りこう。才知がすぐれている。②すぐれた人。徳行のすぐれた人。かしこい人。③まさる。すぐれる。よい。④とうとぶ。たっとぶ。⑤他人のことに対して敬いの気持ちを表してそえることば。<br>願い 知性があり、学業や仕事で能力を発揮できる人に。また、その能力が人のために役立ち、尊敬されるようにと願って。 | 智12賢16 ちさと<br>美9賢16 みさと | 賢16太4 けんた<br>賢16一1 けんいち<br>賢16志7 さとし |
| 樹 16画 | ジュ・いつき・き・しげ・たつ・たつき・みき・むら | 意味 ①立ち木。②植える。③たてる。置く。<br>願い 植える、立ち木などの意味から、天に向かって成長する樹木のように、素直でまっすぐな性格の人に成長してほしいという祈りを込めて。 | 樹16里7 じゅり<br>杏7樹16 あんじゅ<br>沙7樹16 さき | 樹16 いつき<br>春9樹16 はるき<br>直8樹16 なおき |

| 画数・漢字 | 主な読み | 主な意味と込めたい願い | 女の子の名前例 | 男の子の名前例 |
|---|---|---|---|---|
| 篤<br>16画 | トク・あつ・あつし・すみ | 意味 ①人情があつい。②もっぱら。熱心である。③病気が重い。<br>願い 人情に厚く、困った人をほうっておけない人に育ってほしいという期待を込めて。また、何事にも一生懸命に取り組む熱い心を持った人に成長することを願って。 | 篤16子3 あつこ<br>篤16美9 あつみ | 篤16志7 あつし<br>篤16人2 あつと<br>篤16樹16 あつき |
| 磨<br>16画 | マ・みが | 意味 ①玉や石などをすりみがく。②努めはげむ。③すりへる。<br>願い 玉や石を磨くという意味から、自分自身を高めるため、真摯（しんし）な努力ができるようにという願いを込めて。学業や習い事にまじめに取り組む努力家になってほしいという思いも込めて。 | 志7磨16 しま<br>磨16依8 まい<br>磨16耶9 まや | 拓8磨16 たくま<br>悠11磨16 ゆうま<br>颯14磨16 そうま |
| 頼<br>16画 | ライ・たの・たよ・のり・よ・よし・より | 意味 ①たよる。あてにする。②ねがう。ことづける。伝言する。まかせる。③たのもしい。たよりになる。③〔無頼（ぶらい）〕は、ごろつき。<br>願い 人から頼りにされる優れた能力やリーダーシップを持った、しっかりとした人に成長してほしいという期待を込めて。 | 聖13頼16 せら<br>一1頼16 ひより<br>頼16沙7 らいさ | 頼16希7 らいき<br>頼16人2 らいと<br>頼16 らい |
| 龍<br>16画 | リュウ・リョウ・ロウ・きみ・しげみ・たつ・とおる・めぐむ | 意味 （「竜」の旧字体）①たつ。りゅう。想像上の動物。形は巨大なへびに似てかたいうろこと角をもち、雲をよび天にのぼるといわれる。②天子に関係する物事につけることば。③英雄や豪傑のこと。④名馬のこと。特別にすぐれているもの。<br>願い 強さと躍動感を感じられる漢字。目標を次々と成し遂げていける人に。 | | 龍16之3介4 りゅうのすけ<br>龍16輝15 りゅうき<br>龍16生5 りゅうせい |
| 橙<br>16画 | トウ・だいだい | 意味 ①だいだい。ミカン科の常緑小高木。初夏、かおりのある白い花が咲き、果実は芳香があって酸味が強い。果汁は調理用に、果皮は薬用になる。縁起物として新年の飾りに使う。②赤みがかった黄色。だいだい色。<br>願い 柑橘類のさわやかさから、明るい性格とみずみずしい感性を持った人に成長してほしいという願いを込めて。 | 橙16子3 とうこ<br>橙16佳8 とうか<br>橙16花7 とうか | 橙16弥8 とうや<br>橙16馬10 とうま<br>橙16伍6 とうご |
| 澪<br>16画 | レイ・みお | 意味 みお。舟が通るための水路。<br>願い 海や川で船が安全に通れる深い水路を表すことから、安心感や落ち着きがイメージできる漢字。困った人を助ける優しくて面倒見のよい人になってほしいという祈りを込めて。 | 澪16 みお<br>澪16里7 みおり<br>澪16奈8 みおな | 澪16 れい<br>澪16斗4 みおと<br>澪16央5 れお |

| 画数・漢字 | 主な読み | 主な意味と込めたい願い | 女の子の名前例 | 男の子の名前例 |
|---|---|---|---|---|
| 謙 17画 | ケン・あき・かた・かね・しず・のり・ゆずる・よし | 意味 へりくだる。ゆずる。<br>願い 正しい言葉づかいをする、礼儀正しい人に。謙虚で聡明な印象があり、だれからも愛される人柄や素直さを感じさせる名前に。満ち足りる、快いという意味もあることから、すべてにおいて満ち足りた人生を歩むことができるよう願って。 | | 謙17心4 けんしん<br>謙17太4郎9 けんたろう<br>謙17吾7 けんご |
| 駿 17画 | シュン・スン・たかし・とし・はや・はやお・はやし | 意味 ①足の速いすぐれた馬。②すぐれた人。すぐれていること。③速い。すみやか。<br>願い サラブレッドのように、優美で軽やかな印象を与える漢字。さわやかでスピード感にあふれ、敏腕で、判断力に優れた人になることを願って。 | | 駿17太4 しゅんた<br>駿17斗4 しゅんと<br>駿17介4 しゅんすけ |
| 優 17画 | ユウ・かつ・すぐ・ひろ・まさ・まさる・やさ・ゆたか | 意味 ①すなおでおとなしい。②穏やか。ゆったりしている。③しとやか。上品。④ひいでている。⑤成績や程度の序列で、もっともすぐれていることを表すことば。⑥手厚い。⑦役者。<br>願い 優秀で、温かい心を持った穏やかな人に成長してほしいという期待を込めて。 | 優17衣6 ゆい<br>優17花7 ゆうか<br>美9優17 みゆ | 優17斗4 ゆうと<br>優17太4 ゆうた<br>優17真10 ゆうま |
| 翼 17画 | ヨク・すけ・たすく・つばさ | 意味 ①つばさ。鳥や虫、また飛行機などの羽。②助ける。かばう。③左右にあるもの。<br>願い 大空を舞うように、のびのびと自由に育ってほしいという祈りを込めて。また、「助ける」という意味もあることから、親鳥が翼でひなを守るように、人を守り助けることができる頼もしい人になるようにとの思いも込めて。 | 翼17紗10 つばさ<br>翼17沙7 つばさ | 翼17 つばさ<br>龍16翼17 りょうすけ<br>悠11翼17 ゆうすけ |
| 織 18画 | シ・シキ・ショク・お・おり・り | 意味 ①はたをおる。布をおる。②物を組み立てる。<br>願い 繊細さや奥深さをイメージさせる漢字。人に細やかな心づかいができる優しさや、物事をじっくり考える緻密さを持った人に成長してほしいという思いを込めて。少し古風な和の雰囲気を感じさせる名前に。 | 詩13織18 しおり<br>美9織18 みおり<br>妃6織18 ひおり | 伊6織18 いおり<br>織18人2 おりと<br>唯11織18 いおり |
| 藍 18画 | ラン・あい | 意味 ①あい。たであい。タデ科の一年草。葉から青色の染料をとる。②あいいろ。濃い青色。③ぼろ。ぼろきれ。<br>願い 鮮やかな濃い青色は、気高く落ち着いたイメージ。藍の字を使った故事「出藍の誉れ」は、弟子が師よりも優れた才能を発揮するたとえ。高い志を持ち、優れた才能を発揮できる人にと期待を込めて。 | 藍18里7 あいり<br>藍18 らん<br>藍18衣6 あい | 藍18斗4 あいと<br>藍18希7 あいき<br>藍18琉11 あいる |

| 画数・漢字 | 主な読み | 主な意味と込めたい願い | 女の子の名前例 | 男の子の名前例 |
|---|---|---|---|---|
| 羅 19画 | ラ・つら | 意味 ①鳥をつかまえる網。②網でつかまえる。③全部をくるむ。④連なる。⑤うすぎぬ。<br>願い 梵語の音訳にも使われることから、名前に神秘的な雰囲気を加えることができる漢字。一文字で「ラ」と読めるので、個性的な名前をつけたいときにも使いやすい。 | 沙7羅19 さら<br>咲9羅19 さくら<br>聖13羅19 せいら | 朱6羅19 しゅら<br>蒼13羅19 そら<br>平5羅19 たいら |
| 蘭 19画 | ラン | 意味 ①らん。ラン科植物の総称。美しく、よいかおりがあり、観賞用に栽培される。②ふじばかま。キク科の多年草。うすむらさきの花を咲かせる。秋の七草の一つ。③気品が高く、美しいもののたとえ。④「和蘭（オランダ）」の略。<br>願い 独特の美しさで人を魅了するらんの花のように、魅力的な人にと願いを込めて。 | 蘭19 らん<br>麗19蘭19 れいら<br>美9蘭19 みらん | 蘭19丸3 らんまる<br>亜7蘭19 あらん<br>蘭19馬10 らんま |
| 麗 19画 | レイ・あきら・うるわ・かず・よし | 意味 ①うるわしい。美しい。②うららか。のどか。③りっぱな。すぐれた。④華やかな。きらびやかな。<br>願い 元は、鹿が群れをなして走っているさまを表す漢字。女の子に多く使われるが、音も字形も美しく、男の子の名前としても人目を引く。華やかさと上品さを併せ持った人に成長してほしいという思いを託して。 | 麗19 れい<br>麗19加5 れいか<br>麗19菜11 れいな | 麗19音9 れおん<br>麗19矢5 れいや<br>麗19央5 れお |
| 響 20画 | キョウ・ひび・ひびき | 意味 ①音がひびきわたる。こだまする。ひびき。②他の物に変化をおよぼす。<br>願い 音が広がるイメージから、そこにいるだけでまわりの人が幸せな気持ちになるような、よい影響を与えられる人になってほしいという祈りを込めて。また、広い分野で活躍できる人になってほしいという期待も込めて。 | 響20香9 きょうか<br>響20子3 きょうこ<br>響20希7 ひびき | 響20 ひびき<br>響20介4 きょうすけ<br>響20平5 きょうへい |
| 護 20画 | コ・ゴ・まもる・もり | 意味 ①守る。かばう。②助ける。③守り。お守り。<br>願い 中のものを傷つけないように細工をしながら守るという意味から、自分のいちばん大事な家族や友だちを守る人になってほしいと願って。優しさと強さ、聡明さを兼ね備えた人に。 | | 一1護20 いちご<br>優17護20 ゆうご<br>護20 まもる |
| 耀 20画 | ヨウ・あき・あきら・てる | 意味 ①輝く。光る。②輝き。光。<br>願い 元は火の光を表し、勢いが感じられる漢字。いつも輝いて見える魅力あふれた人に成長してほしいという期待と、輝かしい未来への想いを託して。 | 耀20子3 ようこ<br>耀20 あき | 耀20大3 ようた<br>大3耀20 たいよう<br>耀20一1朗10 よういちろう |

第5章

# イメージから選ぶ名づけ

こんな雰囲気の名前にしたい、こんな子に育ってほしい…。
そんなイメージや願いから名前を考えたい人は
この章を活用しましょう。
さまざまなイメージや親の願いから連想される
名前例を挙げています。

# イメージから選ぶ名づけについて

**名前の持つイメージは印象的なことが多いもの。**
**生まれてくる赤ちゃんの輝かしい未来のためにも、**
**たっぷりの愛情と希望を、それぞれのイメージに託してあげましょう。**

＊漢字の右側の数字は画数、名前下の数字は「仮成数」を加えていない地格です。
＊漢字の意味はP327からの「おすすめ漢字から選ぶ名づけ」を参照してください。
＊名前例は実例ですので、あて字も含まれています。ご了承ください。
＊ここでは「仮成数」を加えて吉数にする場合も考えて、画数としてそのままでは吉数ではない名前例も掲載しています。

## 好きなことや希望から イメージを連想して

幸せ、健康、美しさ、やさしさ、強さ……。子どもに託したい願いは人それぞれです。まずは好きなこと、子どもに願うことを素直な気持ちでイメージし、次々と連想していきましょう。そしていくつかのイメージが固まったら、音の響きや漢字の意味から字を組み合わせていきます。

次のページからは、イメージと漢字の組み合わせのヒントがたくさん。名前はわが子への最初のプレゼントだからこそ、愛情をたっぷり託したイメージをふくらませて、すてきな名前を考えてあげましょう。

## （イメージから選ぶ名づけのコツ）

### 1 好きな漢字から考える

「陽」という漢字が好きなら「陽太」など、意味や音などが好きな漢字をメインに、ほかの字と組み合わせたりして名前を考えてみましょう。

### 2 好きなものから発想を広げる

夏の海が好きなら「夏海」、ピンクの花が好きなら「桃花」など、ママやパパの好きなものから発想を広げて名前を考えてみましょう。

### 3 名前に込めたい願いから考える

たとえば「おおらかな子に」の願いを込めて、「大」や「悠」を使った名前にするなど、漢字の持つ意味やイメージから考えてみましょう。

### 4 ママとパパのエピソードから発想する

2人が出会った春から「春菜」、旅先で見た美しい星から「悠星」など、想い出からイメージしてみてもいいですね。

### 5 実際にある名前にあやかる

坂本龍馬から「龍馬」など、歴史上の人物などにあやかるのも一つの方法。ただし、先入観をもって見られることもあるので、ひと工夫を。

①〜⑤をヒントに名前を考える
▼
漢字の意味を調べてチェック
▼
姓とのバランスをチェック
▼
気になる人は、画数を調べてチェック
▼
**イメージ名づけの完成！**

*Image Keyword*

# 春

新しい命の強さと
やわらかな春の日ざし
を併せ持つ人に

## イメージ漢字

陽12 爽11 華10 風9 花7
颯14 菫11 桜10 春9 芽8
麗19 萌11 菜11 桃10 若8

## 男の子

| | | |
|---|---|---|
| 陽12 | はる | 12 |
| 華10 丸3 | はなまる | 13 |
| 桜10 介4 | おうすけ | 14 |
| 桜10 太4 | おうた | 14 |
| 颯14 | はやて | 14 |
| 爽11 介4 | そうすけ | 15 |
| 爽11 太4 | そうた | 15 |
| 颯14 人2 | はやと | 16 |
| 春9 希7 | はるき | 16 |
| 陽12 斗4 | はると | 16 |
| 陽12 仁4 | はるひと | 16 |
| 陽12 太4 | ようた | 16 |
| 桃10 吾7 | とうご | 17 |
| 陽12 平5 | ようへい | 17 |
| 颯14 太4 | そうた | 18 |
| 爽11 良7 | そら | 18 |
| 爽11 真10 | そうま | 21 |
| 春9 翔12 | はると | 21 |
| 春9 陽12 | はるひ | 21 |
| 風9 稀12 | ふうき | 21 |
| 桜10 雅13 | おうが | 23 |
| 菫11 太4 郎9 | きんたろう | 24 |
| 颯14 真10 | そうま | 24 |
| 華10 樹16 | かずき | 26 |
| 麗19 弥8 | れいや | 27 |
| 麗19 音9 | れおん | 28 |

## 女の子

| | | |
|---|---|---|
| 花7 | はな | 7 |
| 桜10 | さくら | 10 |
| 菫11 | すみれ | 11 |
| 春9 乃2 | はるの | 11 |
| 風9 子3 | ふうこ | 12 |
| 花7 帆6 | かほ | 13 |
| 桜10 子3 | さくらこ | 13 |
| 芽8 生5 | めい | 13 |
| 桃10 子3 | ももこ | 13 |
| 花7 歩8 | かほ | 15 |
| 菜11 央5 | なお | 16 |
| 風9 花7 | ふうか | 16 |
| 若8 奈8 | わかな | 16 |
| 桜10 花7 | おうか | 17 |
| 菜11 々3 子3 | ななこ | 17 |
| 春9 奈8 | はるな | 17 |
| 萌11 衣6 | めい | 17 |
| 桃10 花7 | ももか | 17 |
| 花7 梨11 | かりん | 18 |
| 爽11 来7 | そら | 18 |
| 萌11 花7 | もえか | 18 |
| 麗19 | うらら | 19 |
| 若8 菜11 | わかな | 19 |
| 陽12 依8 | ひより | 20 |
| 若8 葉12 | わかば | 20 |
| 颯14 希7 | さつき | 21 |
| 桜10 彩11 | さや | 21 |
| 華10 凛15 | かりん | 25 |
| 菜11 摘14 | なつみ | 25 |
| 陽12 菜11 乃2 | ひなの | 25 |
| 麗19 良7 | れいら | 26 |
| 麗19 華10 | れいか | 29 |

## *Image Keyword*

# 夏

明るくすがすがしい
イメージの人に。
トロピカルな雰囲気も

### イメージ漢字

蓮13 涼11 航10 風9 帆6
雷13 陽12 夏10 海9 波8
榎14 葉12 蛍11 南9 虹9

### 男の子

| | | |
|---|---|---|
| 航10 | わたる | 10 |
| 海9 人2 | かいと | 11 |
| 虹9 太4 | こうた | 13 |
| 蓮13 | れん | 13 |
| 海9 生5 | かいせい | 14 |
| 陽12 人2 | はると | 14 |
| 蛍11 太4 | けいた | 15 |
| 航10 生5 | こうき | 15 |
| 虹9 成6 | こうせい | 15 |
| 航10 平5 | こうへい | 15 |
| 涼11 介4 | りょうすけ | 15 |
| 蓮13 人2 | れんと | 15 |
| 海9 里7 | かいり | 16 |
| 帆6 高10 | ほだか | 16 |
| 涼11 平5 | りょうへい | 16 |
| 波8 音9 | なおと | 17 |
| 陽12 生5 | はるき | 17 |
| 風9 河8 | ふうが | 17 |
| 雷13 斗4 | らいと | 17 |
| 榎14 月4 | かづき | 18 |
| 涼11 真10 | りょうま | 21 |
| 風9 雅13 | ふうが | 22 |
| 航10 太4 郎9 | こうたろう | 23 |
| 葉12 琉11 | はる | 23 |
| 蓮13 太4 郎9 | れんたろう | 26 |

### 女の子

| | | |
|---|---|---|
| 南9 | みなみ | 9 |
| 心4 海9 | ここみ | 13 |
| 虹9 心4 | こころ | 13 |
| 帆6 花7 | ほのか | 13 |
| 葉12 乃2 | はの | 14 |
| 帆6 南9 | ほなみ | 15 |
| 海9 羽6 | みう | 15 |
| 夏10 帆6 | かほ | 16 |
| 葉12 月4 | はづき | 16 |
| 海9 里7 | みさと | 16 |
| 夏10 希7 | なつき | 17 |
| 波8 音9 | なみね | 17 |
| 南9 佳8 | みか | 17 |
| 涼11 花7 | すずか | 18 |
| 虹9 香9 | にじか | 18 |
| 風9 香9 | ふうか | 18 |
| 海9 音9 | みおん | 18 |
| 海9 咲9 | みさき | 18 |
| 南9 風9 | みふう | 18 |
| 夏10 海9 | なつみ | 19 |
| 榎14 帆6 | かほ | 20 |
| 涼11 音9 | すずね | 20 |
| 陽12 奈8 | はるな | 20 |
| 風9 菜11 | ふうな | 20 |
| 蓮13 花7 | れんか | 20 |
| 葉12 南9 | はな | 21 |
| 蓮13 奈8 | れな | 21 |
| 虹9 愛13 | にいな | 22 |
| 陽12 夏10 | ひなつ | 22 |
| 涼11 葉12 | すずは | 23 |
| 蓮13 華10 | れんげ | 23 |
| 南9 穂15 | なほ | 24 |
| 蓮13 桜10 菜11 | れおな | 34 |

## Image Keyword

# 秋

実り多き人生に。
移りゆく自然の美しさも
イメージして

### イメージ漢字

豊(13) 萩(12) 菊(11) 実(8) 夕(3)
澄(15) 楓(13) 梨(11) 秋(9) 月(4)
穂(15) 稔(13) 椛(11) 紅(9) 天(4)

### 男の子

| 名前 | 読み | 画数 |
|---|---|---|
| 実(8) | みのる | 8 |
| 天(4)空(8) | そら | 12 |
| 月(4)虎(8) | つきと | 12 |
| 天(4)音(9) | あまね | 13 |
| 稔(13) | みのる | 13 |
| 豊(13) | ゆたか | 13 |
| 天(4)眞(10) | てんま | 14 |
| 夕(3)稀(12) | ゆうき | 15 |
| 夕(3)翔(12) | ゆうと | 15 |
| 天(4)翔(12) | たかと | 16 |
| 月(4)陽(12) | つきひ | 16 |
| 天(4)晴(12) | てんせい | 16 |
| 澄(15)人(2) | きよと | 17 |
| 豊(13)仁(4) | とよひと | 17 |
| 楓(13)太(4) | ふうた | 17 |
| 萩(12)成(6) | しゅうせい | 18 |
| 梨(11)玖(7) | りく | 18 |
| 秋(9)悟(10) | しゅうご | 19 |
| 秋(9)翔(12) | しゅうと | 21 |
| 楓(13)芽(8) | ふうが | 21 |
| 澄(15)空(8) | そら | 23 |
| 楓(13)真(10) | ふうま | 23 |
| 実(8)輝(15) | みつき | 23 |
| 澄(15)真(10) | とうま | 25 |
| 穂(15)敬(12) | ほだか | 27 |

### 女の子

| 名前 | 読み | 画数 |
|---|---|---|
| 月(4)乃(2) | つきの | 6 |
| 椛(11) | かえで | 11 |
| 夕(3)奈(8) | ゆな | 11 |
| 月(4)美(9) | つきみ | 13 |
| 実(8)央(5) | みお | 13 |
| 夕(3)真(10) | ゆま | 13 |
| 梨(11)乃(2) | りの | 13 |
| 月(4)華(10) | つきか | 14 |
| 実(8)希(7) | みき | 15 |
| 夕(3)葵(12) | ゆうき | 15 |
| 紅(9)花(7) | こはな | 16 |
| 月(4)葉(12) | つきは | 16 |
| 月(4)紫(12) | つくし | 16 |
| 楓(13)子(3) | ふうこ | 16 |
| 夕(3)愛(13) | ゆあ | 16 |
| 実(8)咲(9) | みさき | 17 |
| 紅(9)音(9) | あかね | 18 |
| 美(9)紅(9) | みく | 18 |
| 梨(11)奈(8) | りな | 19 |
| 紅(9)葉(12) | くれは | 21 |
| 澄(15)羽(6) | すみは | 21 |
| 実(8)乃(2)梨(11) | みのり | 21 |
| 梨(11)紗(10) | りさ | 21 |
| 澄(15)良(7) | きよら | 22 |
| 澄(15)花(7) | すみか | 22 |
| 穂(15)花(7) | ほのか | 22 |
| 楓(13)華(10) | ふうか | 23 |
| 香(9)澄(15) | かすみ | 24 |
| 楓(13)梨(11) | かりん | 24 |
| 椛(11)鈴(13) | かりん | 24 |
| 稔(13)琉(11) | みのる | 24 |
| 実(8)優(17) | みゆ | 25 |
| 穂(15)奈(8)美(9) | ほなみ | 32 |

*Image Keyword*

# 冬

**冬の空気のように澄みきったピュアな心を持つ人に**

イメージ漢字

凜15 雪11 透10 柊9 白5
温12 純10 星9 冬5
聖13 清11 玲9 冴7

## 男の子

| 名前（画数） | 読み | 総画 |
|---|---|---|
| 柊9 | しゅう | 9 |
| 柊9人2 | しゅうと | 11 |
| 星9七2 | せな | 11 |
| 純10也3 | じゅんや | 13 |
| 透10也3 | とうや | 13 |
| 星9矢5 | せいや | 14 |
| 温12人2 | はると | 14 |
| 玲9史5 | れいじ | 14 |
| 玲9央5 | れお | 14 |
| 純10平5 | じゅんぺい | 15 |
| 清11太4 | せいた | 15 |
| 冬5悟10 | とうご | 15 |
| 冬5真10 | とうま | 15 |
| 聖13人2 | まさと | 15 |
| 清11正5 | きよまさ | 16 |
| 冴7祐9 | さすけ | 16 |
| 柊9吾7 | しゅうご | 16 |
| 純10乃2介4 | じゅんのすけ | 16 |
| 冬5埜11 | とうや | 16 |
| 温12太4 | はるた | 16 |
| 星9空8 | そら | 17 |
| 白5瑛12 | はくえい | 17 |
| 柊9哉9 | しゅうや | 18 |
| 透10茉8 | とおま | 18 |
| 玲9音9 | れおん | 18 |
| 雪11之3丞6 | ゆきのじょう | 20 |
| 透10琉11 | とおる | 21 |
| 悠11聖13 | ゆうせい | 24 |
| 凜15太4朗10 | りんたろう | 29 |

## 女の子

| 名前（画数） | 読み | 総画 |
|---|---|---|
| 柊9子3 | とうこ | 12 |
| 雪11乃2 | ゆきの | 13 |
| 冬5香9 | ふゆか | 14 |
| 温12子3 | あつこ | 15 |
| 冴7弥8 | さや | 15 |
| 柊9花7 | しゅうか | 16 |
| 柊9里7 | しゅり | 16 |
| 深11冬5 | みふゆ | 16 |
| 玲9亜7 | れいあ | 16 |
| 星9空8 | せいら | 17 |
| 星9奈8 | せな | 17 |
| 透10花7 | とうか | 17 |
| 雪11衣6 | ゆい | 17 |
| 玲9奈8 | れいな | 17 |
| 純10奈8 | あやな | 18 |
| 清11良7 | きよら | 18 |
| 純10怜8 | すみれ | 18 |
| 雪11花7 | ゆきか | 18 |
| 凜15子3 | りこ | 18 |
| 玲9美9 | れみ | 18 |
| 温12花7 | はるか | 19 |
| 清11華10 | きよか | 21 |
| 純10菜11 | じゅんな | 21 |
| 聖13奈8 | せいな | 21 |
| 雪11菜11 | ゆきな | 22 |
| 聖13華10 | せいか | 23 |
| 聖13梨11 | ひじり | 24 |
| 凜15桜10 | りお | 25 |
| 凜15々3花7 | りりか | 25 |

*Image Keyword*

# 暦・干支《えと》

暦・干支を象徴。誕生の瞬間を忘れないで

### イメージ漢字

子3 巳3 文4 卯5 未5 申5 如6 辰7 弥8 葉12 閏12 睦13

### 男の子

| 名前（画数） | 読み | 総画 |
| --- | --- | --- |
| 文4 人2 | あやと | 6 |
| 文4 太4 | ぶんた | 8 |
| 子3 竜10 | しりゅう | 13 |
| 未5 來8 | みらい | 13 |
| 文4 梧11 | ぶんご | 15 |
| 睦13 人2 | むつと | 15 |
| 辰7 郎9 | たつろう | 16 |
| 弥8 空8 | みく | 16 |
| 葉12 太4 | ようた | 16 |
| 睦13 生5 | むつき | 18 |
| 閏12 弥8 | じゅんや | 20 |
| 葉12 瑠14 | はる | 26 |

### 女の子

| 名前（画数） | 読み | 総画 |
| --- | --- | --- |
| 文4 乃2 | あやの | 6 |
| 未5 希7 | みき | 12 |
| 文4 音9 | あやね | 13 |
| 未5 和8 | みわ | 13 |
| 睦13 | むつみ | 13 |
| 弥8 生5 | やよい | 13 |
| 睦13 月4 | むつき | 17 |
| 弥8 恩10 | みおん | 18 |
| 弥8 夏10 | みか | 18 |
| 未5 夢13 | みゆ | 18 |
| 葉12 音9 | はのん | 21 |
| 葉12 菜11 | はな | 23 |

### イメージヒント集

## 季語や月の異名から探す

季節のイメージは、季語や各月の異名（読み方）も大きなヒントとなります。左の各表を参考に、うまくイメージと結びつけてみましょう。

### ●季語

| 季節 | 季語 | 意味 |
| --- | --- | --- |
| 春 | 春暁《しゅんぎょう》 | 春の明け方 |
| 春 | 陽炎《かげろう》 | 透明なゆらゆら立ちのぼるゆらめき |
| 夏 | 百日紅《さるすべり》 | 盛夏に咲く赤い花 |
| 夏 | 薫風《くんぷう》 | 初夏の風 |
| 秋 | 芙蓉《ふよう》 | 初秋に咲く薄紅の花 |
| 秋 | 紫苑《しおん》 | 紫色の小さな花 |
| 冬 | 柊《ひいらぎ》 | 節分の魔よけに使われる木 |
| 冬 | 風花《かざはな》 | 風に舞う小雪 |

### ●月の異名

|  |  |  |
| --- | --- | --- |
| 1月 | 睦月 | むつき |
| 2月 | 如月 | きさらぎ |
| 3月 | 弥生 | やよい |
| 4月 | 卯月 | うづき |
| 5月 | 皐月 | さつき |
| 6月 | 水無月 | みなづき |
| 7月 | 文月 | ふづき |
| 8月 | 葉月 | はづき |
| 9月 | 長月 | ながつき |
| 10月 | 神無月 | かんなづき |
| 11月 | 霜月 | しもつき |
| 12月 | 師走 | しわす |

Image Keyword

# 大地

大地のように
おおらかな存在感を
持つ人に

## イメージ漢字

大3 実8 野11 陸11 壌16
広5 恵10 萌11 雄12 樹16
拓8 耕10 悠11 颯14 穣18

## 男の子

| | | | |
|---|---|---|---|
| 大 | 3 | だい | 3 |
| 大介 | 3・4 | だいすけ | 7 |
| 広大 | 5・3 | こうだい | 8 |
| 大地 | 3・6 | だいち | 9 |
| 大吾 | 3・7 | だいご | 10 |
| 拓人 | 8・2 | たくと | 10 |
| 陸 | 11 | りく | 11 |
| 知広 | 8・5 | ともひろ | 13 |
| 恵太 | 10・4 | けいた | 14 |
| 雄大 | 12・3 | ゆうだい | 15 |
| 陸斗 | 11・4 | りくと | 15 |
| 悠生 | 11・5 | ゆうせい | 16 |
| 耕佑 | 10・7 | こうすけ | 17 |
| 颯大 | 14・3 | そうた | 17 |
| 颯也 | 14・3 | そうや | 17 |
| 拓海 | 8・9 | たくみ | 17 |
| 智広 | 12・5 | ともひろ | 17 |
| 広翔 | 5・12 | ひろと | 17 |
| 拓真 | 8・10 | たくま | 18 |
| 大樹 | 3・16 | だいき | 19 |
| 樹生 | 16・5 | いつき | 21 |
| 恵都 | 10・11 | けいと | 21 |
| 颯志 | 14・7 | そうし | 21 |
| 悠一郎 | 11・1・9 | ゆういちろう | 21 |
| 雄飛 | 12・9 | ゆうひ | 21 |
| 悠真 | 11・10 | ゆうま | 21 |
| 雄悟 | 12・10 | ゆうご | 22 |
| 悠翔 | 11・12 | ゆうと | 23 |
| 耕太朗 | 10・4・10 | こうたろう | 24 |

## 女の子

| | | | |
|---|---|---|---|
| 悠 | 11 | はるか | 11 |
| 恵子 | 10・3 | けいこ | 13 |
| 野乃 | 11・2 | のの | 13 |
| 萌々 | 11・3 | もも | 14 |
| 悠月 | 11・4 | ゆづき | 15 |
| 夏実 | 10・8 | なつみ | 18 |
| 実桜 | 8・10 | みお | 18 |
| 陸花 | 11・7 | りっか | 18 |
| 萌依 | 11・8 | めい | 19 |
| 恵美 | 10・9 | めぐみ | 19 |
| 悠奈 | 11・8 | ゆうな | 19 |
| 恵真 | 10・10 | えま | 20 |
| 颯妃 | 14・6 | さつき | 20 |
| 野乃花 | 11・2・7 | ののか | 20 |
| 実結 | 8・12 | みゆ | 20 |
| 野恵 | 11・10 | のえ | 21 |
| 颯良 | 14・7 | そら | 21 |
| 悠莉 | 11・10 | ゆうり | 21 |
| 杏樹 | 7・16 | あんじゅ | 23 |
| 沙樹 | 7・16 | さき | 23 |
| 樹花 | 16・7 | じゅか | 23 |
| 樹里 | 16・7 | じゅり | 23 |
| 実穂 | 8・15 | みほ | 23 |
| 萌々香 | 11・3・9 | ももか | 23 |
| 詩野 | 13・11 | しの | 24 |
| 樹奈 | 16・8 | じゅな | 24 |
| 菜々恵 | 11・3・10 | ななえ | 24 |
| 萌愛 | 11・13 | もえ | 24 |
| 美樹 | 9・16 | みき | 25 |

*Image Keyword*

# 山・河

雄々しくそして悠々と
そんな人生を
送ってほしい

イメージ漢字

山(3) 岳(8) 林(8) 河(8) 峡(9) 高(10) 峰(10) 渓(11) 崇(11) 渉(11) 森(12) 稜(13) 嵩(13) 遼(15) 瀬(19)

## 男の子

| | | |
|---|---|---|
| 岳(8) | がく | 8 |
| 岳(8)人(2) | がくと | 10 |
| 大(3)河(8) | たいが | 11 |
| 渉(11) | わたる | 11 |
| 風(9)山(3) | ふうや | 12 |
| 岳(8)弘(5) | たかひろ | 13 |
| 崇(11)也(3) | たかなり | 14 |
| 渓(11)太(4) | けいた | 15 |
| 渓(11)斗(4) | けいと | 15 |
| 渉(11)太(4) | しょうた | 15 |
| 崇(11)太(4) | そうた | 15 |
| 崇(11)文(4) | たかふみ | 15 |
| 遼(15) | りょう | 15 |
| 稜(13)人(2) | りょうと | 15 |
| 高(10)汰(7) | こうた | 17 |
| 山(3)太(4)朗(10) | さんたろう | 17 |
| 崇(11)伍(6) | しゅうご | 17 |
| 星(9)河(8) | せいが | 17 |
| 高(10)志(7) | たかし | 17 |
| 遼(15)人(2) | はると | 17 |
| 稜(13)太(4) | りょうた | 17 |
| 稜(13)平(5) | りょうへい | 18 |
| 崇(11)虎(8) | たかとら | 19 |
| 岳(8)琉(11) | たける | 19 |
| 遼(15)太(4) | りょうた | 19 |
| 遼(15)生(5) | りょうせい | 20 |
| 清(11)高(10) | きよたか | 21 |
| 渓(11)一(1)郎(9) | けいいちろう | 21 |
| 嵩(13)明(8) | こうめい | 21 |
| 銀(14)河(8) | ぎんが | 22 |
| 渉(11)琉(11) | わたる | 22 |
| 諒(15)河(8) | りょうが | 23 |
| 稜(13)真(10) | りょうま | 23 |
| 高(10)輝(15) | こうき | 25 |
| 嵩(13)偉(12) | たかひで | 25 |
| 陽(12)嵩(13) | ひだか | 25 |
| 遼(15)真(10) | りょうま | 25 |
| 遼(15)太(4)郎(9) | りょうたろう | 28 |
| 森(12)羅(19) | しんら | 31 |

## 女の子

| | | |
|---|---|---|
| 遼(15) | はるか | 15 |
| 果(8)林(8) | かりん | 16 |
| 美(9)河(8) | みか | 17 |
| 稜(13)叶(5) | りょうか | 18 |
| 遼(15)子(3) | りょうこ | 18 |
| 七(2)瀬(19) | ななせ | 21 |
| 美(9)森(12) | みもり | 21 |
| 萌(11)峰(10) | もね | 21 |
| 千(3)瀬(19) | ちせ | 22 |
| 遼(15)佳(8) | はるか | 23 |
| 遼(15)奈(8) | はるな | 23 |
| 遼(15)華(10) | りょうか | 25 |
| 林(8)檎(17) | りんご | 25 |
| 瀬(19)里(7) | せり | 26 |
| 瀬(19)奈(8) | せな | 27 |
| 奈(8)々(3)瀬(19) | ななせ | 30 |
| 綾(14)瀬(19) | あやせ | 33 |
| 瀬(19)理(11)奈(8) | せりな | 38 |

*Image Keyword*

# 海・水

さわやかな
水辺のイメージを
持つ人に

イメージ漢字

澄15 港12 航10 沙7 水4
潤15 湘12 渚11 波8 汐6
潮15 湊12 清11 浬10 帆6

## 男の子

| 名前（画数） | 読み | 総画 |
|---|---|---|
| 巧(5)波(8) | こうは | 13 |
| 航(10)也(3) | こうや | 13 |
| 春(9)水(4) | しゅんすい | 13 |
| 千(3)浬(10) | せんり | 13 |
| 航(10)介(4) | こうすけ | 14 |
| 航(10)太(4) | こうた | 14 |
| 汐(6)弥(8) | しおや | 14 |
| 清(11)也(3) | せいや | 14 |
| 湊(12)人(2) | みなと | 14 |
| 潮(15) | うしお | 15 |
| 和(8)沙(7) | かずさ | 15 |
| 清(11)仁(4) | きよひと | 15 |
| 汐(6)音(9) | しおん | 15 |
| 潤(15) | じゅん | 15 |
| 帆(6)高(10) | ほだか | 16 |
| 航(10)成(6) | こうせい | 16 |
| 潤(15)一(1) | じゅんいち | 16 |
| 渚(11)生(5) | しょう | 16 |
| 湘(12)太(4) | しょうた | 16 |
| 世(5)渚(11) | せな | 16 |
| 陸(11)帆(6) | りくほ | 17 |
| 潤(15)也(3) | じゅんや | 18 |
| 浬(10)空(8) | りく | 18 |
| 波(8)琉(11) | なる | 19 |
| 琉(11)清(11) | りゅうせい | 22 |
| 青(8)澄(15) | あずみ | 23 |
| 空(8)澄(15) | あすむ | 23 |
| 真(10)渚(11)人(2) | まなと | 23 |
| 清(11)志(7)朗(10) | きよしろう | 28 |

## 女の子

| 名前（画数） | 読み | 総画 |
|---|---|---|
| 水(4)月(4) | みづき | 8 |
| 千(3)波(8) | ちなみ | 11 |
| 有(6)沙(7) | ありさ | 13 |
| 志(7)帆(6) | しほ | 13 |
| 水(4)音(9) | みお | 13 |
| 美(9)水(4) | みみ | 13 |
| 浬(10)子(3) | りこ | 13 |
| 佳(8)帆(6) | かほ | 14 |
| 心(4)渚(11) | ここな | 15 |
| 沙(7)季(8) | さき | 15 |
| 沙(7)弥(8) | さや | 15 |
| 汐(6)保(9) | しほ | 15 |
| 杜(7)波(8) | とわ | 15 |
| 帆(6)乃(2)花(7) | ほのか | 15 |
| 汐(6)音(9) | しおね | 15 |
| 汐(6)莉(10) | しおり | 16 |
| 汐(6)夏(10) | せな | 16 |
| 真(10)帆(6) | まほ | 16 |
| 美(9)波(8) | みなみ | 17 |
| 浬(10)花(7) | りな | 17 |
| 千(3)潤(15) | ちひろ | 18 |
| 清(11)音(9) | きよね | 20 |
| 智(12)波(8) | ちなみ | 20 |
| 渚(11)紗(10) | なぎさ | 21 |
| 花(7)澄(15) | かすみ | 22 |
| 愛(13)浬(10) | あいり | 23 |
| 依(8)澄(15) | いずみ | 23 |
| 遥(12)渚(11) | はるな | 23 |
| 湊(12)愛(13) | そあ | 25 |

*Image Keyword*

## 豊か

豊かで幸せな人生を送れるように

イメージ漢字

豊13 裕12 充6
福13 満12 宝8
潤15 富12 恵10

### 男の子

| 名前 | 読み | 画数 |
|---|---|---|
| 充(6)希(7) | みつき | 13 |
| 宝(8)良(7) | たから | 15 |
| 満(12)月(4) | みつき | 16 |
| 裕(12)介(4) | ゆうすけ | 16 |
| 裕(12)太(4) | ゆうた | 16 |
| 恵(10)吾(7) | けいご | 17 |
| 恵(10)汰(7) | けいた | 17 |
| 潤(15)月(4) | ひろき | 19 |
| 拓(8)豊(13) | たくと | 21 |
| 福(13)真(10) | ふくま | 23 |
| 潤(15)哉(9) | じゅんや | 24 |
| 富(12)太(4)郎(9) | とみたろう | 25 |

### 女の子

| 名前 | 読み | 画数 |
|---|---|---|
| 宝(8) | たから | 8 |
| 潤(15) | じゅん | 15 |
| 千(3)裕(12) | ちひろ | 15 |
| 充(6)咲(9) | みさき | 15 |
| 渚(11)央(5) | なお | 16 |
| 恵(10)茉(8) | えま | 18 |
| 富(12)士(3)子(3) | ふじこ | 18 |
| 裕(12)花(7) | ゆうか | 19 |
| 愛(13)恵(10) | まなえ | 23 |
| 美(9)豊(13)花(7) | みゆな | 29 |
| 優(17)満(12) | ゆま | 29 |
| 満(12)理(11)奈(8) | まりな | 31 |

*Image Keyword*

## 生命

生命の尊さ、すばらしさをいつまでも

イメージ漢字

営12 芽8 生5
喬12 進11 寿7
湧12 萌11 育8

### 男の子

| 名前 | 読み | 画数 |
|---|---|---|
| 大(3)芽(8) | たいが | 11 |
| 喬(12)士(3) | きょうじ | 15 |
| 康(11)生(5) | こうせい | 16 |
| 弥(8)育(8) | みつなり | 16 |
| 湧(12)太(4) | ゆうた | 16 |
| 琉(11)生(5) | るい | 16 |
| 飛(9)芽(8) | ひゅうが | 17 |
| 湧(12)生(5) | ゆうき | 17 |
| 寿(7)野(11) | としや | 18 |
| 英(8)進(11) | えいしん | 19 |
| 優(17)生(5) | ゆうき | 22 |
| 寿(7)磨(16) | かずま | 23 |

### 女の子

| 名前 | 読み | 画数 |
|---|---|---|
| 寿(7)々(3) | すず | 10 |
| 寿(7)美(9) | ことみ | 16 |
| 育(8)実(8) | はぐみ | 16 |
| 芽(8)依(8) | めい | 16 |
| 萌(11)生(5) | めい | 16 |
| 育(8)美(9) | いくみ | 17 |
| 百(6)萌(11) | もも | 17 |
| 愛(13)生(5) | あおい | 18 |
| 瑞(13)生(5) | みずき | 18 |
| 萌(11)菜(11) | もな | 22 |
| 結(12)萌(11) | ゆめ | 23 |
| 優(17)芽(8) | ゆめ | 25 |

*Image Keyword*

# 光・風

まわりを明るく
さわやかにしてくれる
ような人に

イメージ漢字

暉13 陽12 爽11 映9 光6
颯14 皓12 涼11 洸9 明8
輝15 煌13 晴12 晃10 風9

## 男の子

| | | |
|---|---|---|
| 光6 | ひかる | 6 |
| 孔4明8 | こうめい | 12 |
| 晴12 | はる | 12 |
| 煌13 | こう | 13 |
| 洸9介4 | こうすけ | 13 |
| 光6汰7 | こうた | 13 |
| 晃10生5 | こうせい | 15 |
| 晃10平5 | こうへい | 15 |
| 大3晴12 | たいせい | 15 |
| 涼11太4 | りょうた | 15 |
| 映9汰7 | えいた | 16 |
| 一1輝15 | かずき | 16 |
| 皓12太4 | こうた | 16 |
| 爽11平5 | そうへい | 16 |
| 大3暉13 | だいき | 16 |
| 太4陽12 | たいよう | 16 |
| 煌13斗4 | あきと | 17 |
| 颯14士3 | そうし | 17 |
| 光6琉11 | ひかる | 17 |
| 爽11汰7 | そうた | 18 |
| 隼10風9 | はやて | 19 |
| 智12明8 | ともあき | 20 |
| 直8皓12 | なおひろ | 20 |
| 颯14汰7 | そうた | 21 |
| 風9雅13 | ふうが | 22 |
| 洸9太4朗10 | こうたろう | 23 |
| 直8輝15 | なおき | 23 |
| 悠11陽12 | はるひ | 23 |
| 悠11晴12 | ゆうせい | 23 |
| 朝12陽12 | あさひ | 24 |
| 晃10輔14 | こうすけ | 24 |
| 颯14馬10 | そうま | 24 |
| 悠11暉13 | ゆうき | 24 |
| 涼11雅13 | りょうが | 24 |
| 煌13雅13 | こうが | 26 |

## 女の子

| | | |
|---|---|---|
| 爽11乃2 | さやの | 13 |
| 光6希7 | みつき | 13 |
| 明8里7 | あかり | 15 |
| 映9凪6 | えな | 15 |
| 心4晴12 | こはる | 16 |
| 光6莉10 | ひかり | 16 |
| 涼11帆6 | すずほ | 17 |
| 春9風9 | はるか | 18 |
| 風9夏10 | ふうか | 19 |
| 爽11香9 | さやか | 20 |
| 陽12和8 | ひより | 20 |
| 明8日4香9 | あすか | 21 |
| 涼11華10 | すずか | 21 |
| 晴12香9 | はるか | 21 |
| 春9陽12 | はるひ | 21 |
| 美9陽12 | みはる | 21 |
| 颯14季8 | さつき | 22 |
| 愛13洸9 | まひろ | 22 |
| 晴12菜11 | はるな | 23 |
| 美9颯14 | みはや | 23 |
| 煌13梨11 | きらり | 24 |
| 咲9輝15 | さき | 24 |
| 美9輝15 | みき | 24 |

*Image Keyword*

# 色・香

かぐわしさ、
繊細な色合いから
イメージ

**イメージ漢字**

緋14 紫12 紅9 朱6
碧14 蒼13 桃10 虹9
薫16 緑14 萌11 茜9

## 男の子

| 名前 | 画数 | 読み | 総画 |
| --- | --- | --- | --- |
| 朱里 | 6・7 | しゅり | 13 |
| 桃矢 | 10・5 | とうや | 15 |
| 碧人 | 14・2 | あおと | 16 |
| 薫 | 16 | かおる | 16 |
| 紫月 | 12・4 | しづき | 16 |
| 蒼太 | 13・4 | そうた | 17 |
| 元緋 | 4・14 | あさひ | 18 |
| 碧生 | 14・5 | あおい | 19 |
| 薫平 | 16・5 | くんぺい | 21 |
| 紫音 | 12・9 | しおん | 21 |
| 蒼空 | 13・8 | そら | 21 |
| 虹翔 | 9・12 | ななと | 21 |

## 女の子

| 名前 | 画数 | 読み | 総画 |
| --- | --- | --- | --- |
| 茜 | 9 | あかね | 9 |
| 七虹 | 2・9 | ななこ | 11 |
| 紫乃 | 12・2 | しの | 14 |
| 朱音 | 6・9 | あかね | 15 |
| 紅亜 | 9・7 | くれあ | 16 |
| 桃果 | 10・8 | ももか | 18 |
| 薫子 | 16・3 | かほるこ | 19 |
| 蒼依 | 13・8 | あおい | 21 |
| 萌々花 | 11・3・7 | ももか | 21 |
| 碧海 | 14・9 | あみ | 23 |
| 美緑 | 9・14 | みのり | 23 |
| 緋彩 | 14・11 | ひいろ | 25 |

**イメージヒント集**

## 日本の自然の色から探す

青や赤、といった単色ではなく、自然の淡い色合いを表現しているのが、日本ならではの伝統色。情緒的で和風のイメージを持つため、これも、イメージ名づけの大きなヒントになります。

**●赤系**
桜《さくら》色《いろ》・曙《あけぼの》・薄《うす》紅《くれない》
緋《ひ》色《いろ》・茜《あかね》色《いろ》・朱《しゅ》紫《し》
紅《こう》梅《ばい》・深《しん》紅《く》・紅《くれない》

**●青・紫系**
露《つゆ》草《くさ》色《いろ》・千《ち》草《ぐさ》色《いろ》・紺《こん》碧《べき》
桔《き》梗《きょう》色《いろ》・群《ぐん》青《じょう》色《いろ》・藤《ふじ》色《いろ》
杜《かきつばた》若色《いろ》・菫《すみれ》色《いろ》

**●緑系**
若《わか》苗《なえ》色《いろ》・萌《もえ》黄《ぎ》色《いろ》
若《わか》草《くさ》色《いろ》・青《あお》葉《ば》色《いろ》

**●黄・茶・橙系**
雄《ゆう》黄《おう》・雌《し》黄《おう》・利《り》休《きゅう》色《いろ》
亜《あ》麻《ま》色《いろ》・胡《くる》桃《み》色《いろ》

*Image Keyword*

# 宇宙

**はるかなる宇宙への あこがれ、 希望を持つ人に**

## イメージ漢字

輝15 昊8 来7 未5 月4
星9 空8 世5 天4
昴9 宙8 宇6 斗4

## 男の子

| 名前 | 読み | 総画 |
|---|---|---|
| 空8 | そら | 8 |
| 昴9 | すばる | 9 |
| 来7人2 | らいと | 9 |
| 昊8大3 | こうだい | 11 |
| 世5那7 | せな | 12 |
| 心4宙8 | みひろ | 12 |
| 天4飛9 | あまと | 13 |
| 拓8未5 | たくみ | 13 |
| 修10斗4 | しゅうと | 14 |
| 宇6宙8 | そら | 14 |
| 健11斗4 | けんと | 15 |
| 昊8希7 | こうき | 15 |
| 侑8来7 | ゆら | 15 |
| 凱12斗4 | かいと | 16 |
| 翔12天4 | しょうま | 16 |
| 天4翔12 | てんしょう | 16 |
| 未5希7斗4 | みきと | 16 |
| 悠11世5 | ゆうせい | 16 |
| 隆11世5 | りゅうせい | 16 |
| 蒼13月4 | あつき | 17 |
| 睦13月4 | むつき | 17 |
| 悠11宇6 | ゆう | 17 |
| 颯14天4 | そうま | 18 |
| 大3輝15 | だいき | 18 |
| 凌10空8 | りく | 18 |
| 宙8翔12 | ひろと | 20 |
| 悠11星9 | ゆうせい | 20 |
| 琉11星9 | りゅうせい | 20 |
| 優17斗4 | ゆうと | 21 |
| 優17月4 | ゆづき | 21 |
| 来7輝15 | らいき | 22 |
| 和8輝15 | かずき | 23 |
| 航10輝15 | こうき | 25 |
| 未5來8翔12 | みくと | 25 |
| 優17輝15 | ゆうき | 32 |

## 女の子

| 名前 | 読み | 総画 |
|---|---|---|
| 由5宇6 | ゆう | 11 |
| 希7未5 | のぞみ | 12 |
| 未5来7 | みく | 12 |
| 天4音9 | あまね | 13 |
| 世5奈8 | せな | 13 |
| 美9月4 | みづき | 13 |
| 未5宙8 | みひろ | 13 |
| 柚9月4 | ゆづき | 13 |
| 来7実8 | くるみ | 15 |
| 世5莉10 | せり | 15 |
| 菜11月4 | なつき | 15 |
| 希7空8 | のあ | 15 |
| 未5桜10 | みお | 15 |
| 咲9来7 | さくら | 16 |
| 星9来7 | せいら | 16 |
| 明8星9 | あかり | 17 |
| 美9空8 | みく | 17 |
| 美9昊8 | みそら | 17 |
| 碧14天4 | あおい | 18 |
| 愛13未5 | あみ | 18 |
| 真10宙8 | まひろ | 18 |
| 輝15紗10 | きさ | 25 |
| 優17空8 | ゆら | 25 |

*Image Keyword*

# 幻想

神秘的な魅力を
持つ人に

イメージ漢字

路 13 覚 12 伽 7
瑞 13 想 13 佳 8
夢 13 偲 11

## 男の子

| | | |
|---|---|---|
| 佳 8 大 3 | けいた | 11 |
| 覚 12 | さとる | 12 |
| 一 1 路 13 | いちろ | 14 |
| 大 3 夢 13 | ひろむ | 16 |
| 佳 8 明 8 | よしあき | 16 |
| 佳 8 祐 9 | けいすけ | 17 |
| 想 13 太 4 | そうた | 17 |
| 琉 11 伽 7 | るか | 18 |
| 想 13 良 7 | そら | 20 |
| 歩 8 夢 13 | あゆむ | 21 |
| 竜 10 偲 11 | りゅうじ | 21 |
| 瑞 13 樹 16 | みずき | 29 |

## 女の子

| | | |
|---|---|---|
| 佳 8 乃 2 | よしの | 10 |
| 夢 13 | ゆめ | 13 |
| 夢 13 七 2 | ゆめな | 15 |
| 夢 13 乃 2 | ゆめの | 15 |
| 伽 7 恋 10 | かれん | 17 |
| 彩 11 伽 7 | あやか | 18 |
| 桃 10 佳 8 | ももか | 18 |
| 瑞 13 希 7 | みずき | 20 |
| 愛 13 佳 8 | あいか | 21 |
| 路 13 真 10 | ろま | 23 |
| 瑞 13 葉 12 | みずは | 25 |
| 想 13 愛 13 | そあ | 26 |

*Image Keyword*

# 清潔

クリアで潔い人生を
送れるように

イメージ漢字

操 16 澄 15 清 11 怜 8
麗 19 凛 15 廉 13 純 10
衛 16 潔 15 透 10

## 男の子

| | | |
|---|---|---|
| 怜 8 央 5 | れお | 13 |
| 廉 13 | れん | 13 |
| 純 10 正 5 | じゅんせい | 15 |
| 光 6 透 10 | みつゆき | 16 |
| 光 6 清 11 | こうせい | 17 |
| 陸 11 透 10 | りくと | 21 |
| 凛 15 空 8 | りく | 23 |
| 怜 8 穏 16 | れおん | 24 |
| 純 10 輝 15 | じゅんき | 25 |
| 晴 12 澄 15 | はると | 27 |
| 龍 16 清 11 | りゅうせい | 27 |
| 麗 19 音 9 | れおん | 28 |

## 女の子

| | | |
|---|---|---|
| 花 7 怜 8 | かれん | 15 |
| 怜 8 奈 8 | れいな | 16 |
| 花 7 純 10 | かすみ | 17 |
| 美 9 怜 8 | みれい | 17 |
| 凛 15 乃 2 | りの | 17 |
| 花 7 凛 15 | かりん | 22 |
| 愛 13 純 10 | あすみ | 23 |
| 澄 15 佳 8 | すみか | 23 |
| 実 8 操 16 | みさ | 24 |
| 凛 15 音 9 | りおん | 24 |
| 麗 19 花 7 | れいか | 26 |
| 麗 19 羅 19 | れいら | 38 |

*Image Keyword*

# さわやか

さわやかで
すがすがしい印象を
与えてくれる人に

## イメージ漢字

輝15 晴12 爽11 直8 白5
澄15 颯14 涼11 風9 快7
駿17 緑14 健11 海9 青8

## 男の子

| | | |
|---|---|---|
| 直8人2 | なおと | 10 |
| 快7斗4 | かいと | 11 |
| 健11 | たける | 11 |
| 直8也3 | なおや | 11 |
| 海9斗4 | かいと | 13 |
| 健11人2 | けんと | 13 |
| 一1颯14 | いぶき | 15 |
| 海9吏6 | かいり | 15 |
| 健11心4 | けんしん | 15 |
| 健11介4 | けんすけ | 15 |
| 健11太4 | けんた | 15 |
| 匠6海9 | たくみ | 15 |
| 直8希7 | なおき | 15 |
| 一1輝15 | いっき | 16 |
| 克7海9 | かつみ | 16 |
| 青8波8 | せいは | 16 |
| 快7音9 | はやと | 16 |
| 晴12斗4 | はると | 16 |
| 琥12白5 | こはく | 17 |
| 駿17 | しゅん | 17 |
| 奏9風9 | かなた | 18 |
| 航10青8 | こうせい | 18 |
| 快7晴12 | かいせい | 19 |
| 元4輝15 | げんき | 19 |
| 爽11明8 | そうめい | 19 |
| 晴12希7 | はるき | 19 |
| 流10風9 | るか | 19 |
| 海9晴12 | かいせい | 21 |
| 駿17太4 | しゅんた | 21 |
| 光6輝15 | みつき | 21 |
| 勇9晴12 | ゆうせい | 21 |
| 涼11馬10 | りょうま | 21 |
| 直8太4朗10 | なおたろう | 22 |
| 颯14弥8 | そうや | 22 |
| 颯14音9 | はやと | 23 |
| 勇9輝15 | ゆうき | 24 |
| 涼11聖13 | りょうせい | 24 |

## 女の子

| | | |
|---|---|---|
| 七2海9 | ななみ | 11 |
| 青8衣6 | あおい | 14 |
| 緑14 | みどり | 14 |
| 快7和8 | ここな | 15 |
| 小3晴12 | こはる | 15 |
| 真10白5 | ましろ | 15 |
| 晴12月4 | はづき | 16 |
| 晴12日4 | はるひ | 16 |
| 爽11羽6 | さやは | 17 |
| 直8美9 | なおみ | 17 |
| 美9海9 | みう | 18 |
| 青8葉12 | あおば | 20 |
| 涼11風9 | すずか | 20 |
| 美9涼11 | みすず | 20 |
| 涼11香9 | りょうか | 20 |
| 直8緒14 | なお | 22 |
| 佳8澄15 | かすみ | 23 |
| 來8輝15 | らいき | 23 |
| 颯14夏10 | ふうか | 24 |
| 穂15風9 | ほのか | 24 |
| 優17海9 | ゆうみ | 26 |

*Image Keyword*

# 夢・希望

夢と希望をずっと持ち続けていてほしい

## イメージ漢字

創12 望11 歩8 志7 一1
夢13 進11 明8 拓8 叶5
誉13 開12 展10 育8 希7

## 男の子

| 名前 | 読み | 画数 |
|---|---|---|
| 太4 一1 | たいち | 5 |
| 一1 平5 | いっぺい | 6 |
| 一1 冴7 | いっさ | 8 |
| 大3 志7 | たいし | 10 |
| 一1 真10 | かずま | 11 |
| 拓8 也3 | たくや | 11 |
| 千3 明8 | ちあき | 11 |
| 友4 希7 | ともき | 11 |
| 開12 | かい | 12 |
| 拓8 斗4 | たくと | 12 |
| 光6 希7 | こうき | 13 |
| 和8 志7 | かずし | 15 |
| 創12 士3 | そうし | 15 |
| 夢13 人2 | ゆめと | 15 |
| 創12 太4 | そうた | 16 |
| 大3 誉13 | たいよう | 16 |
| 拓8 実8 | たくみ | 16 |
| 明8 彦9 | あきひこ | 17 |
| 一1 樹16 | かずき | 17 |
| 叶5 翔12 | かなと | 17 |
| 誉13 斗4 | たかと | 17 |
| 知8 展10 | あきひろ | 18 |
| 歩8 真10 | あゆま | 18 |
| 叶5 夢13 | かなむ | 18 |
| 進11 之3 介4 | しんのすけ | 18 |
| 悠11 希7 | はるき | 18 |
| 広5 夢13 | ひろむ | 18 |
| 志7 道12 | しどう | 19 |
| 創12 哉9 | そうや | 21 |
| 拓8 夢13 | たくむ | 21 |
| 拓8 磨16 | たくま | 24 |
| 望11 夢13 | のぞむ | 24 |
| 優17 希7 | ゆうき | 24 |
| 優17 志7 | ゆうし | 24 |

## 女の子

| 名前 | 読み | 画数 |
|---|---|---|
| 一1 花7 | いちか | 8 |
| 叶5 羽6 | かのは | 11 |
| 一1 葉12 | かずは | 13 |
| 望11 乃2 | のの | 13 |
| 有6 希7 | ゆき | 13 |
| 志7 歩8 | しほ | 15 |
| 希7 実8 | のぞみ | 15 |
| 咲9 希7 | さき | 16 |
| 明8 依8 | めい | 16 |
| 夢13 子3 | ゆめこ | 16 |
| 咲9 歩8 | さほ | 17 |
| 明8 莉10 | あかり | 18 |
| 叶5 夢13 | かのん | 18 |
| 真10 歩8 | まほ | 18 |
| 望11 来7 | みく | 18 |
| 夢13 叶5 | ゆめか | 18 |
| 明8 日4 花7 | あすか | 19 |
| 来7 夢13 | らいむ | 20 |
| 開12 耶9 | さくや | 21 |
| 実8 夢13 | みゆ | 21 |
| 夢13 奈8 | ゆな | 21 |
| 望11 愛13 | のあ | 24 |
| 愛13 望11 | まなみ | 24 |
| 優17 育8 | ゆい | 25 |

*Image Keyword*

# 未来

来るべき未来への
大きな夢
飛躍を託して

## イメージ漢字

千3 久3 元4
未5 永5 行6
来7 飛9 紀9
時10 将10 翔12
遥12 開12 翼17

## 男の子

| | | | |
|---|---|---|---|
| 元 | 4 | はじめ | 4 |
| 元気 | 4 6 | げんき | 10 |
| 千里 | 3 7 | せんり | 10 |
| 匠未 | 6 5 | たくみ | 11 |
| 千宙 | 3 8 | ちひろ | 11 |
| 来斗 | 7 4 | らいと | 11 |
| 未来 | 5 7 | みらい | 12 |
| 一翔 | 1 12 | かずと | 13 |
| 千隼 | 3 10 | ちはや | 13 |
| 時也 | 10 3 | ときや | 13 |
| 凌久 | 10 3 | りく | 13 |
| 将太 | 10 4 | しょうた | 14 |
| 遥人 | 12 2 | はると | 14 |
| 大遥 | 3 12 | たいよう | 15 |
| 智久 | 12 3 | ともひさ | 15 |
| 信行 | 9 6 | のぶゆき | 15 |
| 大翔 | 3 12 | ひろと | 15 |
| 真永 | 10 5 | まなと | 15 |
| 時成 | 10 6 | はるなり | 16 |
| 義久 | 13 3 | よしひさ | 16 |
| 将吾 | 10 7 | しょうご | 17 |
| 翼 | 17 | つばさ | 17 |
| 永遠 | 5 13 | とわ | 18 |
| 行雲 | 6 12 | ゆくも | 18 |
| 飛鳥 | 9 11 | あすか | 20 |
| 将真 | 10 10 | しょうま | 20 |
| 悠飛 | 11 9 | ゆうひ | 20 |
| 来夢 | 7 13 | らいむ | 20 |
| 智紀 | 12 9 | ともき | 21 |
| 陽紀 | 12 9 | はるき | 21 |
| 裕紀 | 12 9 | ゆうき | 21 |
| 光翼 | 6 17 | こうすけ | 23 |
| 悠翔 | 11 12 | はると | 23 |
| 開智 | 12 12 | かいち | 24 |
| 優翔 | 17 12 | ゆうと | 29 |

## 女の子

| | | | |
|---|---|---|---|
| 千乃 | 3 2 | ゆきの | 5 |
| 未羽 | 5 6 | みう | 11 |
| 遥 | 12 | はるか | 12 |
| 美久 | 9 3 | みく | 12 |
| 來未 | 8 5 | くるみ | 13 |
| 千夏 | 3 10 | ちなつ | 13 |
| 紗永 | 10 5 | さえ | 15 |
| 早紀 | 6 9 | さき | 15 |
| 幸来 | 8 7 | さら | 15 |
| 千尋 | 3 12 | ちひろ | 15 |
| 心遥 | 4 12 | こはる | 16 |
| 美紀 | 9 9 | みき | 18 |
| 柚紀 | 9 9 | ゆずき | 18 |
| 時音 | 10 9 | ときね | 19 |
| 翔音 | 12 9 | かのん | 21 |
| 希来里 | 7 7 7 | きらり | 21 |
| 未優 | 5 17 | みゆ | 22 |
| 遥菜 | 12 11 | はるな | 23 |
| 千鶴 | 3 21 | ちづる | 24 |
| 翼沙 | 17 7 | つばさ | 24 |
| 遥陽 | 12 12 | はるひ | 24 |
| 友紀菜 | 4 9 11 | ゆきな | 24 |
| 愛翔 | 13 12 | あいか | 25 |

*Image Keyword*

# 若さ

いつまでも若々しく
そして強く育って

イメージ漢字

新13 芽8 早6 生5
春9 初7 仔5
萌11 若8 成6

## 男の子

| | | |
|---|---|---|
| 春9人2 | はると | 11 |
| 直8生5 | なおき | 13 |
| 海9成6 | かいせい | 15 |
| 敦12生5 | あつき | 17 |
| 新13太4 | あらた | 17 |
| 初7途10 | ういと | 17 |
| 瑞13生5 | みずき | 18 |
| 早6太4郎9 | はやたろう | 19 |
| 若8葉12 | わかば | 20 |
| 優17成6 | ゆうせい | 23 |
| 春9樹16 | はるき | 25 |
| 優17芽8 | ゆうが | 25 |

## 女の子

| | | |
|---|---|---|
| 心4春9 | こはる | 13 |
| 早6希7 | さき | 13 |
| 初7花7 | ういか | 14 |
| 成6美9 | なるみ | 15 |
| 真10生5 | まお | 15 |
| 初7音9 | はつね | 16 |
| 葵12生5 | あおい | 17 |
| 萌11々3子3 | ももこ | 17 |
| 早6智12 | さち | 18 |
| 春9菜11 | はるな | 20 |
| 新13菜11 | にいな | 24 |
| 綾14萌11 | あやめ | 25 |

*Image Keyword*

# 自由

自由に自らの人生を
歩んでいってほしい

イメージ漢字

達12 逸11 由5
遥12 望11 希7
翼17 翔12 伸7

## 男の子

| | | |
|---|---|---|
| 大3希7 | たいき | 10 |
| 由5弥8 | ゆうや | 13 |
| 伸7弥8 | しんや | 15 |
| 達12也3 | たつや | 15 |
| 逸11平5 | いっぺい | 16 |
| 遥12斗4 | はると | 16 |
| 柚9希7 | ゆずき | 16 |
| 匠6望11 | たくみ | 17 |
| 由5樹16 | ゆうき | 21 |
| 勇9翔12 | ゆうと | 21 |
| 謙17伸7 | けんしん | 24 |
| 翼17冴7 | つばさ | 24 |

## 女の子

| | | |
|---|---|---|
| 由5依8 | ゆい | 13 |
| 由5奈8 | ゆな | 13 |
| 叶5望11 | かのん | 16 |
| 希7乃2花7 | ののか | 16 |
| 希7望11 | のぞみ | 18 |
| 翔12花7 | しょうか | 19 |
| 遥12奈8 | はるな | 20 |
| 逸11姫10 | いつき | 21 |
| 遥12香9 | はるか | 21 |
| 優17希7 | ゆうき | 24 |
| 夢13翔12 | ゆめか | 25 |

*Image Keyword*

# 超える

親を追い越して
立派な人になって

## イメージ漢字

遥12 琢11 梁11 卓8 己3
越12 逸11 乗9 右5
偉12 隆11 凌10 克7

## 男の子

| 名前 | 画数 | 読み | 総画 |
|---|---|---|---|
| 克己 | 7・3 | かつみ | 10 |
| 拓己 | 8・3 | たくみ | 11 |
| 卓也 | 8・3 | たくや | 11 |
| 知己 | 8・3 | ともき | 11 |
| 越 | 12 | えつ | 12 |
| 隆一 | 11・1 | りゅういち | 12 |
| 右京 | 5・8 | うきょう | 13 |
| 佳右 | 8・5 | けいすけ | 13 |
| 航己 | 10・3 | こうき | 13 |
| 逸人 | 11・2 | はやと | 13 |
| 侑右 | 8・5 | ゆう | 13 |
| 凌大 | 10・3 | りょうた | 13 |
| 越人 | 12・2 | えつと | 14 |
| 卓行 | 8・6 | たくゆき | 14 |
| 凌介 | 10・4 | りょうすけ | 14 |
| 克幸 | 7・8 | かつゆき | 15 |
| 智己 | 12・3 | ともき | 15 |
| 遥大 | 12・3 | はると | 15 |
| 隆介 | 11・4 | りゅうすけ | 15 |
| 隆太 | 11・4 | りゅうた | 15 |
| 凌央 | 10・5 | りょう | 15 |
| 凌生 | 10・5 | りょうせい | 15 |
| 卓武 | 8・8 | たくむ | 16 |
| 遥太 | 12・4 | はるた | 16 |
| 瑞己 | 13・3 | みずき | 16 |
| 遥生 | 12・5 | はるき | 17 |
| 泰克 | 10・7 | よしかつ | 17 |
| 隆成 | 11・6 | りゅうせい | 17 |
| 卓真 | 8・10 | たくま | 18 |
| 隆之介 | 11・3・4 | りゅうのすけ | 18 |
| 遥希 | 12・7 | はるき | 19 |
| 琢真 | 11・10 | たくま | 21 |
| 琢朗 | 11・10 | たくろう | 21 |
| 隆真 | 11・10 | りゅうま | 21 |
| 逸貴 | 11・12 | いつき | 23 |
| 克樹 | 7・16 | かつき | 23 |
| 偉琉 | 12・11 | たける | 23 |
| 凌雅 | 10・13 | りょうが | 23 |
| 遥陽 | 12・12 | はるひ | 24 |
| 義隆 | 13・11 | よしたか | 24 |
| 梁太郎 | 11・4・9 | りょうたろう | 24 |
| 蒼偉 | 13・12 | あおい | 25 |
| 幸琢朗 | 8・11・10 | こうたろう | 29 |
| 偉織 | 12・18 | いおり | 30 |

## 女の子

| 名前 | 画数 | 読み | 総画 |
|---|---|---|---|
| 凌 | 10 | りょう | 10 |
| 莉己 | 10・3 | りこ | 13 |
| 遥乃 | 12・2 | はるの | 14 |
| 椿己 | 13・3 | つばき | 16 |
| 愛己 | 13・3 | まこ | 16 |
| 遥羽 | 12・6 | とわ | 18 |
| 遥名 | 12・6 | はるな | 18 |
| 遥花 | 12・7 | はるか | 19 |
| 梁奈 | 11・8 | りょうな | 19 |
| 隆香 | 11・9 | りゅうか | 20 |
| 紗梁 | 10・11 | さやな | 21 |
| 遥音 | 12・9 | はるね | 21 |
| 梁華 | 11・10 | りょうか | 21 |
| 琉偉 | 11・12 | るい | 23 |

## Image Keyword 生物

実在、架空の生物からイメージをふくらませて

**イメージ漢字**

駿17 駒15 鳩13 馬10
繭18 蝶15 獅13 竜10
雛18 鴻17 鳳14 羚11

### 男の子

| 名前 | 画数 | 読み | 総画 |
| --- | --- | --- | --- |
| 竜也 | 10・3 | たつや | 13 |
| 竜之介 | 10・3・4 | りゅうのすけ | 17 |
| 鳳太 | 14・4 | ふうた | 18 |
| 竜弥 | 10・8 | りゅうや | 18 |
| 駿介 | 17・4 | しゅんすけ | 21 |
| 駿斗 | 17・4 | はやと | 21 |
| 悠馬 | 11・10 | ゆうま | 21 |
| 獅音 | 13・9 | しおん | 22 |
| 翔馬 | 12・10 | しょうま | 22 |
| 蒼馬 | 13・10 | そうま | 23 |
| 鴻志 | 17・7 | こうし | 24 |
| 獅堂 | 13・11 | しどう | 24 |
| 駿吾 | 17・7 | しゅんご | 24 |
| 羚雅 | 11・13 | りょうが | 24 |
| 夢獅 | 13・13 | ゆうし | 26 |

### 女の子

| 名前 | 画数 | 読み | 総画 |
| --- | --- | --- | --- |
| 雛 | 18 | ひな | 18 |
| 繭 | 18 | まゆ | 18 |
| 羚亜 | 11・7 | れあ | 18 |
| 羚来 | 11・7 | れいら | 18 |
| 羚那 | 11・7 | れな | 18 |
| 雛乃 | 18・2 | ひなの | 20 |
| 蝶羽 | 15・6 | あげは | 21 |
| 雛子 | 18・3 | ひなこ | 21 |
| 美鳳 | 9・14 | みほ | 23 |

## Image Keyword めでたい

神様や幸せの象徴に守られる人生に

**イメージ漢字**

誉13 喜12 幸8 天4
嘉14 瑞13 祥10 吉6
慶15 愛13 晴12 寿7

### 男の子

| 名前 | 画数 | 読み | 総画 |
| --- | --- | --- | --- |
| 天斗 | 4・4 | たかと | 8 |
| 大吉 | 3・6 | だいきち | 9 |
| 晴人 | 12・2 | はると | 14 |
| 寿哉 | 7・9 | としや | 16 |
| 大嘉 | 3・14 | たいが | 17 |
| 悠吉 | 11・6 | ゆうき | 17 |
| 慶太 | 15・4 | けいた | 19 |
| 幸輝 | 8・15 | こうき | 23 |
| 祥太郎 | 10・4・9 | しょうたろう | 23 |
| 雄喜 | 12・12 | ゆうき | 24 |
| 愛翔 | 13・12 | まなと | 25 |
| 瑞貴 | 13・12 | みずき | 25 |

### 女の子

| 名前 | 画数 | 読み | 総画 |
| --- | --- | --- | --- |
| 幸 | 8 | みゆき | 8 |
| 天花 | 4・7 | てんか | 11 |
| 祥子 | 10・3 | しょうこ | 13 |
| 乃愛 | 2・13 | のあ | 15 |
| 心愛 | 4・13 | ここあ | 17 |
| 咲幸 | 9・8 | さゆき | 17 |
| 美喜 | 9・12 | みき | 21 |
| 美晴 | 9・12 | みはる | 21 |
| 瑞姫 | 13・10 | みずき | 23 |
| 明寿香 | 8・7・9 | あすか | 24 |
| 慶香 | 15・9 | のりか | 24 |
| 悠嘉 | 11・14 | はるか | 25 |

*Image Keyword*

# 誠実

いつまでも誠実な気持ちを大切にしてほしいとの願いから

## イメージ漢字

憲16 義13 善12 信9 礼5
廉13 誠13 真10 正5
聡14 慎13 淑11 英8

## 男の子

| 名前 | 画数 | 読み | 総画 |
|---|---|---|---|
| 礼人 | 5・2 | あやと | 7 |
| 正人 | 5・2 | まさと | 7 |
| 礼央 | 5・5 | れお | 10 |
| 英之 | 8・3 | ひでゆき | 11 |
| 善 | 12 | ぜん | 12 |
| 正虎 | 5・8 | まさとら | 13 |
| 英汰 | 8・7 | えいた | 15 |
| 英利 | 8・7 | ひでとし | 15 |
| 礼恩 | 5・10 | れおん | 15 |
| 信之介 | 9・3・4 | しんのすけ | 16 |
| 壮真 | 6・10 | そうま | 16 |
| 大誠 | 3・13 | たいせい | 16 |
| 匠真 | 6・10 | たくま | 16 |
| 淑矢 | 11・5 | としや | 16 |
| 義士 | 13・3 | よしと | 16 |
| 廉士 | 13・3 | れんじ | 16 |
| 幸信 | 8・9 | ゆきのぶ | 17 |
| 和真 | 8・10 | かずま | 18 |
| 正太郎 | 5・4・9 | しょうたろう | 18 |
| 慎平 | 13・5 | しんぺい | 18 |
| 聡太 | 14・4 | そうた | 18 |
| 翔英 | 12・8 | しょうえい | 20 |
| 慎吾 | 13・7 | しんご | 20 |
| 慎之介 | 13・3・4 | しんのすけ | 20 |
| 智信 | 12・9 | とものぶ | 21 |
| 善哉 | 12・9 | よしや | 21 |
| 憲志 | 16・7 | けんし | 23 |
| 泰慎 | 10・13 | たいしん | 23 |
| 康誠 | 11・13 | こうせい | 24 |
| 聡真 | 14・10 | そうま | 24 |
| 憲哉 | 16・9 | けんや | 25 |
| 義晴 | 13・12 | よしはる | 25 |
| 謙信 | 17・9 | けんしん | 26 |
| 義誠 | 13・13 | よしなり | 26 |
| 廉太郎 | 13・4・9 | れんたろう | 26 |
| 優真 | 17・10 | ゆうま | 27 |

## 女の子

| 名前 | 画数 | 読み | 総画 |
|---|---|---|---|
| 信乃 | 9・2 | しの | 11 |
| 真乃 | 10・2 | まの | 12 |
| 礼良 | 5・7 | れいら | 12 |
| 淑乃 | 11・2 | よしの | 13 |
| 礼奈 | 5・8 | れいな | 13 |
| 美礼 | 9・5 | みれい | 14 |
| 英里 | 8・7 | えり | 15 |
| 純礼 | 10・5 | すみれ | 15 |
| 由真 | 5・10 | ゆま | 15 |
| 慎子 | 13・3 | のりこ | 16 |
| 礼菜 | 5・11 | れな | 16 |
| 英美 | 8・9 | えいみ | 17 |
| 聡子 | 14・3 | さとこ | 17 |
| 紗英 | 10・8 | さえ | 18 |
| 真依 | 10・8 | まい | 18 |
| 真佳 | 10・8 | まなか | 18 |
| 紗英子 | 10・8・3 | さえこ | 21 |
| 信愛 | 9・13 | のあ | 22 |
| 聡美 | 14・9 | さとみ | 23 |
| 美聡 | 9・14 | みさと | 23 |
| 英怜奈 | 8・8・8 | えれな | 24 |
| 真優 | 10・17 | まゆ | 27 |

Image Keyword

# 平和

この時代だからこそ
平和を願って

イメージ漢字

融16 等12 均7 太4
鳩13 和8 平5
寧14 泰10 安6

## 男の子

| 名前 | 画数 | 読み | 総画 |
| --- | --- | --- | --- |
| 安里 | 6・7 | あさと | 13 |
| 俊太 | 9・4 | しゅんた | 13 |
| 亮太 | 9・4 | りょうた | 13 |
| 泰斗 | 10・4 | たいと | 14 |
| 恭平 | 10・5 | きょうへい | 15 |
| 哲平 | 10・5 | てっぺい | 15 |
| 和弥 | 8・8 | かずや | 16 |
| 泰地 | 10・6 | たいち | 16 |
| 悠平 | 11・5 | ゆうへい | 16 |
| 寧杜 | 14・7 | ねいと | 21 |
| 優太 | 17・4 | ゆうた | 21 |
| 和樹 | 8・16 | かずき | 24 |

## 女の子

| 名前 | 画数 | 読み | 総画 |
| --- | --- | --- | --- |
| 和 | 8 | なごみ | 8 |
| 安希 | 6・7 | あき | 13 |
| 安那 | 6・7 | あんな | 13 |
| 泰子 | 10・3 | やすこ | 13 |
| 佐和 | 7・8 | さわ | 15 |
| 和花 | 8・7 | のどか | 15 |
| 安純 | 6・10 | あんじゅ | 16 |
| 寧々 | 14・3 | ねね | 17 |
| 和奏 | 8・9 | わかな | 17 |
| 心寧 | 4・14 | ここね | 18 |
| 紅寧 | 9・14 | あかね | 23 |
| 桃寧 | 10・14 | ももね | 24 |

Image Keyword

# 調和

だれとでも仲よく、
幸せな人生を

イメージ漢字

規11 律9 和8 友4
順12 修10 法8 正5
憲16 理11 則9 共6

## 男の子

| 名前 | 画数 | 読み | 総画 |
| --- | --- | --- | --- |
| 大和 | 3・8 | やまと | 11 |
| 修也 | 10・3 | しゅうや | 13 |
| 理久 | 11・3 | りく | 14 |
| 順大 | 12・3 | じゅんだい | 15 |
| 正真 | 5・10 | しょうま | 15 |
| 和季 | 8・8 | かずき | 16 |
| 直法 | 8・8 | なおのり | 16 |
| 友翔 | 4・12 | ゆうと | 16 |
| 律希 | 9・7 | りつき | 16 |
| 晃則 | 10・9 | あきのり | 19 |
| 友樹 | 4・16 | ゆうき | 20 |
| 憲吾 | 16・7 | けんご | 23 |
| 智規 | 12・11 | とものり | 23 |
| 共騎 | 6・18 | ともき | 24 |

## 女の子

| 名前 | 画数 | 読み | 総画 |
| --- | --- | --- | --- |
| 律 | 9 | りつ | 9 |
| 日和 | 4・8 | ひより | 12 |
| 理子 | 11・3 | りこ | 14 |
| 順子 | 12・3 | じゅんこ | 15 |
| 友唯 | 4・11 | ゆい | 15 |
| 友菜 | 4・11 | ゆな | 15 |
| 和花 | 8・7 | わか | 15 |
| 理央 | 11・5 | りお | 16 |
| 和音 | 8・9 | かずね | 17 |
| 愛理 | 13・11 | あいり | 24 |

*Image Keyword*

# 思いやり

やさしく思いやりのある人に育ってほしい。親の願いを込めて

## イメージ漢字

篤16 敦12 淳11 良7 仁4
優17 愛13 順12 和8 安6
輔14 温12 惇11 助7

## 男の子

| 名前（画数） | 読み | 総画 |
| --- | --- | --- |
| 仁4 | じん | 4 |
| 淳11 | じゅん | 11 |
| 良7介4 | りょうすけ | 11 |
| 斗4和8 | とわ | 12 |
| 一1順12 | いより | 13 |
| 敦12大3 | あつひろ | 15 |
| 空8良7 | そら | 15 |
| 温12大3 | はると | 15 |
| 惇11司5 | じゅんじ | 16 |
| 惇11生5 | じゅんせい | 16 |
| 順12斗4 | じゅんと | 16 |
| 奏9良7 | そら | 16 |
| 智12仁4 | ともひと | 16 |
| 敦12史5 | あつし | 17 |
| 大3輔14 | だいすけ | 17 |
| 愛13斗4 | まなと | 17 |
| 和8馬10 | かずま | 18 |
| 幸8之3助7 | こうのすけ | 18 |
| 淳11吾7 | じゅんご | 18 |
| 惇11之3介4 | じゅんのすけ | 18 |
| 虎8之3助7 | とらのすけ | 18 |
| 温12行6 | はるゆき | 18 |
| 悠11良7 | ゆら | 18 |
| 優17人2 | ゆうと | 19 |
| 和8貴12 | かずき | 20 |
| 優17大3 | ゆうだい | 20 |
| 優17仁4 | ゆうと | 21 |
| 篤16志7 | あつし | 23 |
| 俊9輔14 | しゅんすけ | 23 |
| 慎13之3助7 | しんのすけ | 23 |
| 祐9輔14 | ゆうすけ | 23 |
| 愛13琉11 | あいる | 24 |
| 篤16季8 | あつき | 24 |
| 篤16弥8 | あつや | 24 |
| 優17弥8 | ゆうや | 25 |
| 優17和8 | ゆうわ | 25 |
| 愛13夢13 | あゆむ | 26 |
| 優17音9 | ゆうと | 26 |
| 温12謙17 | はるのり | 29 |

## 女の子

| 名前（画数） | 読み | 総画 |
| --- | --- | --- |
| 和8心4 | なごみ | 12 |
| 愛13 | あい | 13 |
| 仁4美9 | ひとみ | 13 |
| 和8叶5 | わかな | 13 |
| 安6奈8 | あんな | 14 |
| 敦12子3 | あつこ | 15 |
| 仁4菜11 | にな | 15 |
| 心4温12 | こはる | 16 |
| 咲9良7 | さくら | 16 |
| 紗10良7 | さら | 17 |
| 優17 | ゆう | 17 |
| 桜10和8 | さわ | 18 |
| 優17子3 | ゆうこ | 20 |
| 優17月4 | ゆづき | 21 |
| 愛13美9 | まなみ | 22 |
| 優17花7 | ゆうか | 24 |
| 悠11愛13 | ゆうな | 24 |
| 詩13温12 | しおん | 25 |
| 優17奈8 | ゆうな | 25 |

*Image Keyword*

# 愛される

**だれからも愛され
そしてみんなに
愛をそそげる人に**

**イメージ漢字**

慈13 純10 真10 朋8 友4
誠13 博12 恋10 幸8 仁4
愛13 聖13 恵10 信9 好6

## 男の子

| 名前（画数） | 読み | 総画 |
| --- | --- | --- |
| 友4斗4 | ゆうと | 8 |
| 好6也3 | このや | 9 |
| 朋8也3 | ともや | 11 |
| 幸8太4 | こうた | 12 |
| 恵10大3 | けいた | 13 |
| 友4哉9 | ともや | 13 |
| 一1聖13 | いっせい | 14 |
| 純10太4 | じゅんた | 14 |
| 信9司5 | しんじ | 14 |
| 幸8佑7 | こうすけ | 15 |
| 巧5真10 | たくま | 15 |
| 悠11仁4 | ゆうと | 15 |
| 幸8村7 | ゆきむら | 15 |
| 大3聖13 | たいせい | 16 |
| 遥12仁4 | はると | 16 |
| 博12斗4 | ひろと | 16 |
| 慈13士3 | よしひと | 16 |
| 愛13介4 | あいすけ | 17 |
| 純10之3介4 | じゅんのすけ | 17 |
| 佑7真10 | ゆうま | 17 |
| 好6誠13 | こうせい | 19 |
| 信9勝12 | のぶかつ | 21 |
| 恒9慈13 | こうじ | 22 |
| 朋8輝15 | ともき | 23 |
| 恵10輔14 | けいすけ | 24 |
| 智12博12 | ともひろ | 24 |
| 悠11誠13 | ゆうせい | 24 |
| 琉11誠13 | りゅうせい | 24 |
| 恋10太4朗10 | れんたろう | 24 |

## 女の子

| 名前（画数） | 読み | 総画 |
| --- | --- | --- |
| 恵10 | めぐみ | 10 |
| 朋8子3 | ともこ | 11 |
| 友4里7 | ゆり | 11 |
| 仁4奈8 | にな | 12 |
| 好6花7 | このか | 13 |
| 真10子3 | まこ | 13 |
| 友4香9 | ゆうか | 13 |
| 朋8花7 | ともか | 15 |
| 真10央5 | まお | 15 |
| 友4彩11 | ゆい | 15 |
| 恋10羽6 | こはね | 16 |
| 幸8奈8 | ゆきな | 16 |
| 花7恋10 | かれん | 17 |
| 仁4瑚13 | にこ | 17 |
| 幸8音9 | ゆきね | 17 |
| 佳8純10 | かすみ | 18 |
| 真10奈8 | まな | 18 |
| 幸8姫10 | ゆき | 18 |
| 純10香9 | すみか | 19 |
| 恵10麻11 | えま | 21 |
| 実8愛13 | みあ | 21 |
| 絵12恋10 | えれん | 22 |
| 純10蓮13 | すみれ | 23 |
| 聖13夏10 | せな | 23 |
| 聖13恋10 | せれん | 23 |
| 愛13莉10 | あいり | 23 |
| 聖13菜11 | せいな | 24 |
| 慈13結12 | じゆう | 25 |
| 優17愛13 | ゆうあ | 30 |

*Image Keyword*

# 勇気

どんなときにも
勇気を持って
立ち向かっていく人に

## イメージ漢字

豪(14) 貫(11) 果(8) 志(7) 大(3)
徹(15) 雄(12) 勇(9) 克(7) 牙(4)
鉄(13) 猛(11) 武(8) 壮(6)

## 男の子

| 名前 | 読み | 画数 |
|---|---|---|
| 大(3)也(3) | だいや | 6 |
| 武(8) | たける | 8 |
| 克(7)之(3) | かつゆき | 10 |
| 壮(6)太(4) | そうた | 10 |
| 大(3)我(7) | たいが | 10 |
| 勇(9)一(1) | ゆういち | 10 |
| 孔(4)志(7) | こうし | 11 |
| 太(4)志(7) | たいし | 11 |
| 勇(9)人(2) | ゆうと | 11 |
| 壮(6)志(7) | そうし | 13 |
| 大(3)悟(10) | だいご | 13 |
| 勇(9)心(4) | ゆうしん | 13 |
| 勇(9)太(4) | ゆうた | 13 |
| 勇(9)仁(4) | ゆうと | 13 |
| 勇(9)斗(4) | ゆうと | 13 |
| 豪(14) | ごう | 14 |
| 貫(11)太(4) | かんた | 15 |
| 創(12)大(3) | そうだい | 15 |
| 壮(6)哉(9) | そうや | 15 |
| 大(3)智(12) | だいち | 15 |
| 善(12)大(3) | よしはる | 15 |
| 歩(8)武(8) | あゆむ | 16 |
| 果(8)門(8) | かもん | 16 |
| 小(3)鉄(13) | こてつ | 16 |
| 壮(6)一(1)郎(9) | そういちろう | 16 |
| 壮(6)馬(10) | そうま | 16 |
| 勇(9)希(7) | ゆうき | 16 |
| 雄(12)斗(4) | ゆうと | 16 |
| 剛(10)志(7) | つよし | 17 |
| 貫(11)汰(7) | かんた | 18 |
| 鉄(13)平(5) | てっぺい | 18 |
| 勇(9)紀(9) | ゆうき | 18 |
| 徹(15)平(5) | てっぺい | 20 |
| 貫(11)一(1)郎(9) | かんいちろう | 21 |
| 豪(14)志(7) | つよし | 21 |
| 勇(9)雲(12) | ゆくも | 21 |
| 雄(12)真(10) | ゆうま | 22 |
| 虎(8)徹(15) | こてつ | 23 |
| 志(7)穏(16) | しおん | 23 |
| 鉄(13)馬(10) | てつま | 23 |
| 徹(15)弥(8) | てつや | 23 |
| 武(8)蔵(15) | むさし | 23 |
| 雄(12)翔(12) | ゆうと | 24 |
| 徹(15)清(11) | てっしん | 26 |

## 女の子

| 名前 | 読み | 画数 |
|---|---|---|
| 志(7)乃(2) | しの | 9 |
| 希(7)果(8) | ののか | 15 |
| 果(8)歩(8) | かほ | 16 |
| 志(7)音(9) | しのん | 16 |
| 歩(8)果(8) | ほのか | 16 |
| 果(8)音(9) | かのん | 17 |
| 真(10)勇(9) | まゆ | 19 |
| 果(8)蓮(13) | かれん | 21 |
| 志(7)緒(14) | しお | 21 |
| 愛(13)果(8) | まなか | 21 |
| 志(7)穂(15) | しほ | 22 |
| 果(8)凛(15) | かりん | 23 |
| 志(7)織(18) | しおり | 25 |
| 優(17)果(8) | ゆうか | 25 |

*Image Keyword*

# かわいい

いつまでも
かわいさを
忘れない人に

## 男の子

| 名前 | 画数 | 読み | 総画 |
|---|---|---|---|
| 大珠 | 3・10 | たいじゅ | 13 |
| 悠月 | 11・4 | ゆづき | 15 |
| 嵐丸 | 12・3 | らんまる | 15 |
| 瑶大 | 13・3 | ようた | 16 |
| 綾斗 | 14・4 | あやと | 18 |
| 小次郎 | 3・6・9 | こじろう | 18 |
| 子龍 | 3・16 | しりゅう | 19 |

## 女の子

| 名前 | 画数 | 読み | 総画 |
|---|---|---|---|
| 亜子 | 7・3 | あこ | 10 |
| 小町 | 3・7 | こまち | 10 |
| 円花 | 4・7 | まどか | 11 |
| 小春 | 3・9 | こはる | 12 |
| 小雪 | 3・11 | こゆき | 14 |
| 苺花 | 8・7 | いちか | 15 |
| 綾乃 | 14・2 | あやの | 16 |
| 苺佳 | 8・8 | いちか | 16 |
| 結月 | 12・4 | ゆづき | 16 |
| 杏珠 | 7・10 | あんじゅ | 17 |
| 珠希 | 10・7 | たまき | 17 |
| 彩花 | 11・7 | あやか | 18 |
| 日菜子 | 4・11・3 | ひなこ | 18 |
| 唯花 | 11・7 | ゆいか | 18 |
| 綾音 | 14・9 | あやね | 23 |
| 花蘭 | 7・16 | かおん | 23 |
| 瑶菜 | 13・11 | たまな | 24 |

### イメージ漢字

小3　子3　丸3　月4　円4　花7　苺8　珠10　瑶13　綾14　蘭16

---

イメージヒント集

## 人気の俳優から探す

人気も実力も兼ね備えた俳優からも、すてきな名前が探せます。女優にはひらがな名が多いのが目立ちますね。

### 男性

|  |  |
|---|---|
| 生田斗真 | いくた とうま |
| 瑛太 | えいた |
| 小栗　旬 | おぐり しゅん |
| 竹内涼真 | たけうち りょうま |
| 妻夫木　聡 | つまぶき さとし |
| 福士蒼汰 | ふくし そうた |
| 松坂桃李 | まつざか とおり |
| 松田龍平 | まつだ りゅうへい |
| 三浦春馬 | みうら はるま |
| 向井　理 | むかい おさむ |

### 女性

|  |  |
|---|---|
| 綾瀬はるか | あやせ はるか |
| 新垣結衣 | あらがき ゆい |
| 有村架純 | ありむら かすみ |
| 桐谷美玲 | きりたに みれい |
| 柴咲コウ | しばさき こう |
| 長澤まさみ | ながさわ まさみ |
| 広瀬すず | ひろせ すず |
| 宮﨑あおい | みやざき あおい |

*Image Keyword*

# 幸福

**幸運に恵まれた幸せな人生を歩んでほしい**

**イメージ漢字**

裕12 祥10 泰10 寿7 平5
愛13 晏10 朗10 和8 多6
慶15 結12 恵10 幸8 安6

## 男の子

| | | | |
|---|---|---|---|
| 寿 | 7 | ひさし | 7 |
| 一晏 | 1・10 | いあん | 11 |
| 叶多 | 5・6 | かなた | 11 |
| 泰一 | 10・1 | たいち | 11 |
| 恵人 | 10・2 | けいと | 12 |
| 柊平 | 9・5 | しゅうへい | 14 |
| 祥太 | 10・4 | しょうた | 14 |
| 結人 | 12・2 | ゆいと | 14 |
| 幸希 | 8・7 | こうき | 15 |
| 結太 | 12・4 | ゆうた | 16 |
| 祥吾 | 10・7 | しょうご | 17 |
| 悠多 | 11・6 | ゆうた | 17 |
| 安慈 | 6・13 | あんじ | 19 |
| 慶次 | 15・6 | けいじ | 21 |
| 幸太郎 | 8・4・9 | こうたろう | 21 |
| 裕哉 | 12・9 | ゆうや | 21 |
| 龍平 | 16・5 | りゅうへい | 21 |
| 虎太朗 | 8・4・10 | こたろう | 22 |
| 泰雅 | 10・13 | たいが | 23 |
| 和磨 | 8・16 | かずま | 24 |
| 裕翔 | 12・12 | ゆうと | 24 |
| 倫太朗 | 10・4・10 | りんたろう | 24 |
| 慶悟 | 15・10 | けいご | 25 |
| 健太朗 | 11・4・10 | けんたろう | 25 |

## 女の子

| | | | |
|---|---|---|---|
| 結 | 12 | ゆい | 12 |
| 千祥 | 3・10 | ちさき | 13 |
| 慶 | 15 | けい | 15 |
| 知寿 | 8・7 | しず | 15 |
| 寿音 | 7・9 | かずね | 16 |
| 和佳 | 8・8 | のどか | 16 |
| 心結 | 4・12 | みゆ | 16 |
| 晏里 | 10・7 | あんり | 17 |
| 恵那 | 10・7 | えな | 17 |
| 沙恵 | 7・10 | さえ | 17 |
| 美幸 | 9・8 | みゆき | 17 |
| 晏奈 | 10・8 | あんな | 18 |
| 愛叶 | 13・5 | まなか | 18 |
| 日奈多 | 4・8・6 | ひなた | 18 |
| 幸恵 | 8・10 | ゆきえ | 18 |
| 和華 | 8・10 | わか | 18 |
| 愛奈 | 13・8 | あいな | 21 |
| 愛來 | 13・8 | あいら | 21 |
| 安璃 | 6・15 | あんり | 21 |
| 恵梨 | 10・11 | えり | 21 |
| 愛実 | 13・8 | まなみ | 21 |
| 美裕 | 9・12 | みひろ | 21 |
| 愛依 | 13・8 | めい | 21 |
| 裕香 | 12・9 | ゆうか | 21 |
| 安優 | 6・17 | あゆ | 23 |
| 慶波 | 15・8 | のりは | 23 |
| 結菜 | 12・11 | ゆいな | 23 |
| 幸穂 | 8・15 | ゆきほ | 23 |
| 裕菜 | 12・11 | ゆな | 23 |
| 愛結 | 13・12 | あゆ | 25 |
| 結愛 | 12・13 | ゆあ | 25 |
| 和香奈 | 8・9・8 | わかな | 25 |
| 恵美花 | 10・9・7 | えみか | 26 |
| 陽菜多 | 12・11・6 | ひなた | 29 |

*Image Keyword*

# おおらか

小さなことにこだわらず
広い視野を持った
人生を

## イメージ漢字

| | | | | |
|---|---|---|---|---|
| 寛13 | 裕12 | 淳11 | 安6 | 大3 |
| 寧14 | 敦12 | 康11 | 汎6 | 広5 |
| 樹16 | 靖13 | 悠11 | 泰10 | 平5 |

## 男の子

| 名前（画数） | 読み | 総画 |
|---|---|---|
| 大3 空8 | そら | 11 |
| 大3 知8 | だいち | 11 |
| 敦12 | あつし | 12 |
| 広5 英8 | こうえい | 13 |
| 広5 河8 | こうが | 13 |
| 周8 平5 | しゅうへい | 13 |
| 悠11 人2 | ゆうと | 13 |
| 悠11 也3 | ゆうや | 14 |
| 敦12 己3 | あつき | 15 |
| 康11 介4 | こうすけ | 15 |
| 康11 太4 | こうた | 15 |
| 峻10 平5 | しゅんぺい | 15 |
| 泰10 生5 | たいせい | 15 |
| 大3 翔12 | だいと | 15 |
| 寛13 人2 | ひろと | 15 |
| 悠11 介4 | ゆうすけ | 15 |
| 裕12 大3 | ゆうた | 15 |
| 裕12 也3 | ゆうや | 15 |
| 樹16 | いつき | 16 |
| 脩11 平5 | しゅうへい | 16 |
| 裕12 斗4 | ひろと | 16 |
| 寛13 太4 | かんた | 17 |
| 広5 暉13 | こうき | 18 |
| 淳11 之3 介4 | じゅんのすけ | 18 |
| 泰10 知8 | たいち | 18 |
| 悠11 利7 | ゆうり | 18 |
| 安6 澄15 | あずみ | 21 |
| 康11 晟10 | こうせい | 21 |
| 靖13 春9 | やすはる | 22 |
| 真10 寛13 | まひろ | 23 |
| 佑7 樹16 | ゆうき | 23 |
| 智12 裕12 | ともひろ | 24 |
| 直8 樹16 | なおき | 24 |
| 裕12 貴12 | ゆうき | 24 |
| 洸9 樹16 | こうき | 25 |
| 奏9 樹16 | そうじゅ | 25 |
| 泰10 輝15 | たいき | 25 |
| 靖13 貴12 | やすたか | 25 |
| 寛13 樹16 | ひろき | 29 |

## 女の子

| 名前（画数） | 読み | 総画 |
|---|---|---|
| 安6 寿7 | あんじゅ | 13 |
| 悠11 乃2 | ゆの | 13 |
| 安6 純10 | あずみ | 16 |
| 千3 寛13 | ちひろ | 16 |
| 悠11 加5 | はるか | 16 |
| 悠11 妃6 | ゆうひ | 17 |
| 悠11 花7 | ゆうか | 18 |
| 悠11 希7 | ゆうき | 18 |
| 茉8 寛13 | まひろ | 21 |
| 美9 裕12 | みゆう | 21 |
| 裕12 香9 | ゆうか | 21 |
| 音9 寧14 | おとね | 23 |
| 寧14 音9 | ねね | 23 |
| 裕12 理11 | ゆうり | 23 |
| 実8 樹16 | みつき | 24 |
| 咲9 樹16 | さき | 25 |
| 樹16 理11 | じゅり | 27 |
| 綾14 寧14 | あやね | 28 |
| 樹16 莉10 亜7 | じゅりあ | 33 |

*Image Keyword*

# 知的

知性に満ちあふれた人。そして人の気持ちがわかる人に

## イメージ漢字

賢16 理11 悟10 知8 冴7
諭16 智12 哲10 俐9 英8
優17 聡14 啓11 敏10 佳8

## 男の子

| 名前 | 読み | 画数 |
|---|---|---|
| 太4 冴7 | たいが | 11 |
| 知8 也3 | ともや | 11 |
| 佳8 太4 | けいた | 12 |
| 啓11 人2 | けいと | 13 |
| 朱6 冴7 | しゅうが | 13 |
| 英8 佑7 | えいすけ | 15 |
| 啓11 介4 | けいすけ | 15 |
| 啓11 太4 | けいた | 15 |
| 敏10 矢5 | としや | 15 |
| 知8 希7 | ともき | 15 |
| 知8 宏7 | ともひろ | 15 |
| 快7 俐9 | かいり | 16 |
| 圭6 悟10 | けいご | 16 |
| 知8 弥8 | ともや | 16 |
| 朋8 佳8 | ともよし | 16 |
| 英8 虎8 | ひでとら | 16 |
| 理11 央5 | りお | 16 |
| 俐9 希7 | りき | 16 |
| 理11 功5 | りく | 16 |
| 哲10 汰7 | てった | 17 |
| 哲10 兵7 | てっぺい | 17 |
| 敏10 幸8 | としゆき | 18 |
| 理11 玖7 | りく | 18 |
| 琉11 佳8 | るか | 19 |
| 将10 悟10 | しょうご | 20 |
| 英8 新13 | えいしん | 21 |
| 啓11 悟10 | けいご | 21 |
| 健11 悟10 | けんご | 21 |
| 誠13 佳8 | まさよし | 21 |
| 悠11 悟10 | ゆうご | 21 |
| 響20 冴7 | きょうが | 27 |

## 女の子

| 名前 | 読み | 画数 |
|---|---|---|
| 佳8 代5 | かよ | 13 |
| 啓11 乃2 | ひろの | 13 |
| 理11 乃2 | りの | 13 |
| 沙7 英8 | さえ | 15 |
| 知8 里7 | ちさと | 15 |
| 千3 智12 | ちさと | 15 |
| 佳8 奈8 | かな | 16 |
| 美9 冴7 | みさえ | 16 |
| 朱6 理11 | あかり | 17 |
| 千3 聡14 | ちさと | 17 |
| 理11 名6 | りな | 17 |
| 知8 紗10 | ちさ | 18 |
| 智12 花7 | ともか | 19 |
| 佳8 暖13 | かのん | 21 |
| 佳8 蓮13 | かれん | 21 |
| 美9 智12 | みさと | 21 |
| 俐9 琴12 | りこ | 21 |
| 愛13 俐9 | あいり | 22 |
| 優17 妃6 | ゆうひ | 23 |
| 知8 優17 | ちひろ | 25 |
| 優17 依8 | ゆい | 25 |
| 優17 佳8 | ゆうか | 25 |
| 優17 実8 | ゆうみ | 25 |
| 理11 緒14 | りお | 25 |
| 英8 里7 菜11 | えりな | 26 |
| 知8 英8 莉10 | ちえり | 26 |
| 優17 希7 菜11 | ゆきな | 35 |

*Image Keyword*

# 論理的

しっかりと
自分の信念を貫く
ことができる人に

### イメージ漢字

確15 堅12 信9 丈3
論15 義13 唱11 忍7
説14 理11 実8

## 男の子

| 名前 | 画数（各字） | 読み | 総画 |
|---|---|---|---|
| 忍 | 7 | しのぶ | 7 |
| 一信 | 1・9 | いっしん | 10 |
| 理人 | 11・2 | りひと | 13 |
| 堅人 | 12・2 | けんと | 14 |
| 丈翔 | 3・12 | たける | 15 |
| 初実 | 7・8 | はつみ | 15 |
| 理斗 | 11・4 | りと | 15 |
| 堅心 | 12・4 | けんしん | 16 |
| 丈太郎 | 3・4・9 | じょうたろう | 16 |
| 柊実 | 9・8 | しゅうま | 17 |
| 悠信 | 11・9 | ゆうしん | 20 |
| 理音 | 11・9 | りおん | 20 |
| 拓義 | 8・13 | たくよし | 21 |
| 義尚 | 13・8 | よしなお | 21 |
| 義信 | 13・9 | よしのぶ | 22 |
| 龍実 | 16・8 | たつみ | 24 |
| 理樹 | 11・16 | りき | 27 |

## 女の子

| 名前 | 画数（各字） | 読み | 総画 |
|---|---|---|---|
| 実佑 | 8・7 | みゆう | 15 |
| 理心 | 11・4 | りこ | 15 |
| 実和 | 8・8 | みわ | 16 |
| 愛実 | 13・8 | あみ | 21 |
| 理桜 | 11・10 | りお | 21 |
| 理紗 | 11・10 | りさ | 21 |
| 理愛 | 11・13 | りな | 24 |

*Image Keyword*

# リーダー

信頼を得、みんなを
まとめていく人に

### イメージ漢字

魁14 揮12 一1
総14 統12 将10
監15 督13 梁11

## 男の子

| 名前 | 画数（各字） | 読み | 総画 |
|---|---|---|---|
| 一太 | 1・4 | いちた | 5 |
| 一心 | 1・4 | いっしん | 5 |
| 一希 | 1・7 | いっき | 8 |
| 大将 | 3・10 | ひろまさ | 13 |
| 魁 | 14 | かい | 14 |
| 将斗 | 10・4 | まさと | 14 |
| 統士 | 12・3 | とうじ | 15 |
| 統也 | 12・3 | とうや | 15 |
| 光将 | 6・10 | こうすけ | 16 |
| 太揮 | 4・12 | たいき | 16 |
| 上総 | 3・14 | かずさ | 17 |
| 魁斗 | 14・4 | かいと | 18 |
| 総太 | 14・4 | そうた | 18 |
| 将弥 | 10・8 | まさみ | 18 |
| 統冴 | 12・7 | とうご | 19 |
| 将貴 | 10・12 | まさき | 22 |
| 魁晟 | 14・10 | かいせい | 24 |
| 晴揮 | 12・12 | はるき | 24 |

## 女の子

| 名前 | 画数（各字） | 読み | 総画 |
|---|---|---|---|
| 一乃 | 1・2 | いちの | 3 |
| 一姫 | 1・10 | かずき | 11 |
| 一紗 | 1・10 | かずさ | 11 |
| 一椛 | 1・11 | いちか | 12 |
| 一愛 | 1・13 | ちなり | 14 |
| 梁花 | 11・7 | りょうか | 18 |

*Image Keyword*

# 華やか

華やかで
人をひきつける魅力を
持った人に

## イメージ漢字

璃15 雅13 華10 珂9 花7
舞15 綺14 彩11 珈9 冴7
麗19 瑠14 琉11 珠10 咲9

## 男の子

| | | |
|---|---|---|
| 琉11 | りゅう | 11 |
| 彩11 人2 | あやと | 13 |
| 咲9 太4 | しょうた | 13 |
| 雅13 人2 | まさと | 15 |
| 珠10 羽6 | しゅう | 16 |
| 大3 雅13 | たいが | 16 |
| 咲9 弥8 | さくや | 17 |
| 啓11 冴7 | けいご | 18 |
| 瑠14 斗4 | りゅうと | 18 |
| 琉11 之3 介4 | りゅうのすけ | 18 |
| 綺14 良7 | きら | 21 |
| 空8 舞15 | くうま | 23 |
| 晴12 琉11 | はる | 23 |
| 陽12 彩11 | ひいろ | 23 |
| 璃15 空8 | りく | 23 |
| 瑠14 星9 | りゅうせい | 23 |
| 琉11 偉12 | るい | 23 |
| 瑠14 珂9 | るか | 23 |
| 蓮13 珠10 | れんじゅ | 23 |
| 海9 璃15 | かいり | 24 |
| 悠11 雅13 | ゆうが | 24 |
| 優17 冴7 | ゆうご | 24 |
| 璃15 音9 | りおん | 24 |
| 華10 輝15 | はるき | 25 |
| 竜10 舞15 | りゅうま | 25 |
| 麗19 臣7 | れおん | 26 |

## 女の子

| | | |
|---|---|---|
| 咲9 | さき | 9 |
| 彩11 | あや | 11 |
| 一1 華10 | いちか | 11 |
| 心4 花7 | ここな | 11 |
| 彩11 乃2 | あやの | 13 |
| 乃2 彩11 | のあ | 13 |
| 雅13 | みやび | 13 |
| 有6 咲9 | ありさ | 15 |
| 舞15 | まい | 15 |
| 珠10 由5 | みゆ | 15 |
| 百6 華10 | ももか | 16 |
| 姫10 花7 | ひめか | 17 |
| 琉11 衣6 | るい | 17 |
| 珈9 音9 | かのん | 18 |
| 美9 咲9 | みさき | 18 |
| 琉11 奈8 | るな | 19 |
| 愛13 花7 | あいか | 20 |
| 珠10 莉10 | じゅり | 20 |
| 日4 珂9 里7 | ひかり | 20 |
| 彩11 華10 | あやか | 21 |
| 綺14 那7 | あやな | 21 |
| 舞15 花7 | まいか | 22 |
| 蓮13 珈9 | れんか | 22 |
| 愛13 琉11 | あいる | 24 |
| 珂9 凜15 | かりん | 24 |
| 紗10 綺14 | さき | 24 |
| 舞15 桜10 | まお | 25 |
| 雅13 結12 | みゆ | 25 |
| 瑠14 菜11 | るな | 25 |
| 愛13 瑠14 | める | 27 |
| 麗19 奈8 | れいな | 27 |
| 麗19 梨11 | りな | 30 |

*Image Keyword*

# 芸術的

表現力・想像力に富む人になって

### イメージ漢字

楽13 絃11 奎9 吟7 鈴13 絵12 映9 音9 響20 琴12 笙11 奏9

## 男の子

| 名前 | 読み | 画数 |
| --- | --- | --- |
| 吟(7) | ぎん | 7 |
| 奏(9) | かなで | 9 |
| 映(9)人(2) | えいと | 11 |
| 奎(9)介(4) | けいすけ | 13 |
| 奏(9)太(4) | そうた | 13 |
| 楽(13)人(2) | がくと | 15 |
| 絃(11)太(4) | げんた | 15 |
| 笙(11)史(5) | そうすけ | 16 |
| 鈴(13)太(4) | りんた | 17 |
| 奏(9)音(9) | かなと | 18 |

## 女の子

| 名前 | 読み | 画数 |
| --- | --- | --- |
| 響(20) | ひびき | 20 |
| 麻(11)琴(12) | まこと | 23 |
| 奏(9)心(4) | かなみ | 13 |
| 心(4)音(9) | ここね | 13 |
| 奏(9)羽(6) | かなは | 15 |
| 由(5)楽(13) | ゆら | 18 |
| 彩(11)音(9) | あやね | 20 |
| 琴(12)音(9) | ことね | 21 |
| 鈴(13)音(9) | すずね | 22 |
| 絵(12)菜(11) | えな | 23 |
| 絵(12)麻(11) | えま | 23 |
| 絃(11)葉(12) | いとは | 23 |
| 映(9)里(7)奈(8) | えりな | 24 |
| 琴(12)葉(12) | ことは | 24 |

### イメージヒント集

## 芸術家から探す

世界的に高い評価を得ている日本の芸術家や作家、音楽家をピックアップしました。個性的な名前もたくさん。そのたぐいまれな才能にあやかりたいものです。

### 男性

|  |  |
| --- | --- |
| 大友克洋 | おおとも かつひろ |
| 小澤征爾 | おざわ せいじ |
| 宮崎 駿 | みやざき はやお |
| 黒澤 明 | くろさわ あきら |
| 五嶋 龍 | ごとう りゅう |
| 奈良美智 | なら よしとも |
| 荒木飛呂彦 | あらき ひろひこ |
| 村上春樹 | むらかみ はるき |
| 坂本龍一 | さかもと りゅういち |
| 村上 隆 | むらかみ たかし |

### 女性

|  |  |
| --- | --- |
| 草間彌生 | くさま やよい |
| 蜷川実花 | にながわ みか |
| 河瀬直美 | かわせ なおみ |
| 桐野夏生 | きりの なつお |
| 矢野顕子 | やの あきこ |
| 川久保 玲 | かわくぼ れい |
| 森 万里子 | もり まりこ |
| 内藤 礼 | ないとう れい |

*Image Keyword*

# 創造的

何かを生み出せる創造力のある人になってほしい

**イメージ漢字**

創12 建9 匠6 立5
新13 造10 成6 生5
織18 能10 作7 加5

## 男の子

| 名前（画数） | 読み | 総画数 |
|---|---|---|
| 匠6 | たくみ | 6 |
| 一1成6 | いっせい | 7 |
| 大3成6 | たいせい | 9 |
| 建9 | たける | 9 |
| 建9人2 | けんと | 11 |
| 創12 | そう | 12 |
| 新13 | あらた | 13 |
| 和8生5 | かずき | 13 |
| 侑8生5 | ゆうき | 13 |
| 立5空8 | りっくう | 13 |
| 俊9成6 | しゅんせい | 15 |
| 創12也3 | そうや | 15 |
| 匠6音9 | たくと | 15 |
| 亮9成6 | りょうせい | 15 |
| 新13士3 | あらし | 16 |
| 匠6馬10 | しょうま | 16 |
| 泰10成6 | たいせい | 16 |
| 倖10成6 | こうせい | 16 |
| 琉11生5 | りゅうせい | 16 |
| 立5崇11 | りゅうそう | 16 |
| 耕10作7 | こうさく | 17 |
| 峻10作7 | しゅんさく | 17 |
| 創12正5 | そうせい | 17 |
| 悠11成6 | ゆうせい | 17 |
| 蒼13生5 | あおい | 18 |
| 宗8能10 | かずたか | 18 |
| 健11作7 | けんさく | 18 |
| 新13平5 | しんぺい | 18 |
| 匠6太4朗10 | しょうたろう | 20 |
| 立5樹16 | たつき | 21 |
| 建9太4郎9 | けんたろう | 22 |
| 創12規11 | そうき | 23 |
| 駿17作7 | しゅんさく | 24 |
| 優17作7 | ゆうさく | 24 |
| 響20生5 | ひびき | 25 |
| 新13太4郎9 | しんたろう | 26 |
| 唯11織18 | いおり | 29 |

## 女の子

| 名前（画数） | 読み | 総画数 |
|---|---|---|
| 七2生5 | ななみ | 7 |
| 加5奈8 | かな | 13 |
| 成6実8 | なるみ | 14 |
| 美9生5 | みう | 14 |
| 紗10生5 | さき | 15 |
| 紘10加5 | ひろか | 15 |
| 桃10加5 | ももか | 15 |
| 彩11加5 | あやか | 16 |
| 菜11生5 | なお | 16 |
| 成6琉11 | なる | 17 |
| 愛13加5 | あいか | 18 |
| 詩13生5 | しき | 18 |
| 夢13成6 | ゆめな | 19 |
| 新13奈8 | にいな | 21 |
| 伊6織18 | いおり | 24 |
| 織18羽6 | おりは | 24 |
| 眞10成6果8 | まなか | 24 |
| 愛13加5里7 | あかり | 25 |
| 沙7織18 | さおり | 25 |
| 香9織18 | かおり | 27 |
| 詩13織18 | しおり | 31 |

*Image Keyword*

# 努力

どんなことにも
まじめにこつこつと
取り組める人に

**イメージ漢字**

達12 勉10 努7 己3
徹15 耕10 芯7 志7
磨16 脩11 励7 克7

**男の子**

| | | | |
|---|---|---|---|
| 芯 | 7 | しん | 7 |
| 励 | 7 | れい | 7 |
| 卓己 | 8・3 | たくみ | 11 |
| 耕平 | 10・5 | こうへい | 15 |
| 脩太 | 11・4 | しゅうた | 15 |
| 脩斗 | 11・4 | しゅうと | 15 |
| 陽己 | 12・3 | はるき | 15 |
| 克郎 | 7・9 | かつろう | 16 |
| 哉努 | 9・7 | かなと | 16 |
| 煌己 | 13・3 | こうき | 16 |
| 達矢 | 12・5 | たつや | 17 |
| 健志 | 11・7 | けんし | 18 |
| 達彦 | 12・9 | たつひこ | 21 |
| 耕太郎 | 10・4・9 | こうたろう | 23 |
| 志龍 | 7・16 | しりゅう | 23 |
| 侑磨 | 8・16 | ゆうま | 24 |
| 柊磨 | 9・16 | しゅうま | 25 |
| 琥徹 | 12・15 | こうてつ | 27 |

**女の子**

| | | | |
|---|---|---|---|
| 志希 | 7・7 | しき | 14 |
| 志苑 | 7・8 | しおん | 15 |
| 志保 | 7・9 | しほ | 16 |
| 志磨 | 7・16 | しま | 23 |
| 志桜里 | 7・10・7 | しおり | 24 |
| 磨理奈 | 16・11・8 | まりな | 35 |

*Image Keyword*

# 正直

正直で、
常に清廉潔白な人で
いてほしい

**イメージ漢字**

誠13 律9 忠8 公4
義13 真10 直8 正5
厳17 清11 実8 竹6

**男の子**

| | | | |
|---|---|---|---|
| 公平 | 4・5 | こうへい | 9 |
| 忠士 | 8・3 | ただし | 11 |
| 正宗 | 5・8 | まさむね | 13 |
| 一誠 | 1・13 | いっせい | 14 |
| 竹彪 | 6・11 | たけとら | 17 |
| 直哉 | 8・9 | なおや | 17 |
| 勇真 | 9・10 | ゆうま | 19 |
| 清翔 | 11・12 | きよと | 23 |
| 清裕 | 11・12 | きよひろ | 23 |
| 晃誠 | 10・13 | こうせい | 23 |
| 奨真 | 13・10 | しょうま | 23 |
| 律輝 | 9・15 | りつき | 24 |
| 義暉 | 13・13 | よしき | 26 |
| 実優哉 | 8・17・9 | みうや | 34 |

**女の子**

| | | | |
|---|---|---|---|
| 七実 | 2・8 | ななみ | 10 |
| 律子 | 9・3 | りつこ | 12 |
| 実来 | 8・7 | みく | 15 |
| 歩実 | 8・8 | あゆみ | 16 |
| 直佳 | 8・8 | なおか | 16 |
| 直歩 | 8・8 | なほ | 16 |
| 清花 | 11・7 | さやか | 18 |
| 真和 | 10・8 | まな | 18 |
| 実沙季 | 8・7・8 | みさき | 23 |
| 日真莉 | 4・10・10 | ひまり | 24 |

*Image Keyword*

# 行動的

バイタリティーにあふれ
信じた道を
まっすぐ進む人に

## イメージ漢字

陽12 進11 勇9 志7 大3
渡12 晴12 飛9 歩8 行6
輝15 翔12 夏10 海9 壮6

## 男の子

| 名前 | 読み | 画数 |
| --- | --- | --- |
| 歩8 | あゆむ | 8 |
| 夏10 | なつ | 10 |
| 幸8大3 | こうだい | 11 |
| 正5行6 | まさゆき | 11 |
| 侑8大3 | ゆうだい | 11 |
| 翔12 | しょう | 12 |
| 壮6汰7 | そうた | 13 |
| 壮6良7 | そら | 13 |
| 伸7行6 | のぶゆき | 13 |
| 友4海9 | ゆう | 13 |
| 巧5海9 | たくみ | 14 |
| 大3貴12 | だいき | 15 |
| 太4進11 | たいしん | 15 |
| 晴12久3 | はるひさ | 15 |
| 勇9気6 | ゆうき | 15 |
| 秀7飛9 | しゅうと | 16 |
| 隆11行6 | たかゆき | 17 |
| 広5渡12 | ひろと | 17 |
| 勇9飛9 | ゆうひ | 18 |
| 壮6瑚13 | そうご | 19 |
| 勇9悟10 | ゆうご | 19 |
| 雄12志7 | ゆうし | 19 |
| 歩8翔12 | あゆと | 20 |
| 海9翔12 | かいと | 21 |
| 海9渡12 | かいと | 21 |
| 銀14志7 | ぎんじ | 21 |
| 聡14志7 | さとし | 21 |
| 陽12飛9 | はるひ | 21 |
| 健11翔12 | けんと | 23 |
| 知8輝15 | ともき | 23 |
| 雄12進11 | ゆうしん | 23 |
| 來8輝15 | らいき | 23 |
| 琉11翔12 | りゅうと | 23 |
| 春9輝15 | はるき | 24 |
| 晴12翔12 | はると | 24 |
| 陽12翔12 | はると | 24 |
| 歩8積16 | ほづみ | 24 |
| 夏10輝15 | なつき | 25 |
| 晴12輝15 | はるき | 27 |

## 女の子

| 名前 | 読み | 画数 |
| --- | --- | --- |
| 志7央5 | しお | 12 |
| 小3夏10 | こなつ | 13 |
| 志7季8 | しき | 15 |
| 千3晴12 | ちはる | 15 |
| 希7歩8 | のあ | 15 |
| 来7海9 | くるみ | 16 |
| 心4陽12 | こはる | 16 |
| 歩8美9 | あゆみ | 17 |
| 歩8乃2花7 | ほのか | 17 |
| 志7菜11 | ここな | 18 |
| 美9海9 | みみ | 18 |
| 夏10美9 | なつみ | 19 |
| 飛9鳥11 | あすか | 20 |
| 夏10姫10 | なつき | 20 |
| 晴12奈8 | はるな | 20 |
| 春9翔12 | はるか | 21 |
| 晴12南9 | はるな | 21 |
| 愛13海9 | まなみ | 22 |
| 陽12彩11 | ひいろ | 23 |

*Image Keyword*

# 文学的

読書が好きで
教養豊かな人に

## 男の子

| 名前 | 読み方 | 画数 |
|---|---|---|
| 学(8)人(2) | まなと | 10 |
| 文(4)祐(9) | ふみひろ | 13 |
| 絢(12)斗(4) | あやと | 16 |
| 光(6)記(10) | こうき | 16 |
| 志(7)庵(11) | しあん | 18 |
| 詠(12)汰(7) | えいた | 19 |
| 詩(13)音(9) | しおん | 22 |
| 楓(13)華(10) | ふうが | 23 |
| 伊(6)織(18) | いおり | 24 |
| 知(8)樹(16) | ともき | 24 |
| 綾(14)太(4)郎(9) | りょうたろう | 27 |

## 女の子

| 名前 | 読み方 | 画数 |
|---|---|---|
| 文(4)香(9) | ふみか | 13 |
| 絢(12)子(3) | あやこ | 15 |
| 詩(13)乃(2) | しの | 15 |
| 美(9)知(8) | みさと | 17 |
| 沙(7)詠(12) | さえ | 19 |
| 姫(10)華(10) | ひめか | 20 |
| 絢(12)音(9) | あやね | 21 |
| 愛(13)華(10) | あいか | 23 |
| 綾(14)香(9) | あやか | 23 |
| 絢(12)菜(11) | あやな | 23 |
| 史(5)織(18) | しおり | 23 |
| 風(9)歌(14) | ふうか | 23 |
| 美(9)織(18) | みおり | 27 |

### イメージ漢字

歌(14) 詠(12) 記(10) 文(4)
綾(14) 絢(12) 華(10) 学(8)
織(18) 詩(13) 庵(11) 知(8)

## イメージヒント集

## 『源氏物語』から探す

平安時代に書かれた紫式部の『源氏物語』は、世界の文学史上でも燦然と輝く日本の古典文学の傑作です。ここから雅な名づけの参考に。

### 登場人物名から

| 名前 | 読み方 | 名前 | 読み方 |
|---|---|---|---|
| 葵上 | あおいのうえ | 光源氏 | ひかるげんじ |
| 紫上 | むらさきのうえ | 朱雀帝 | すざくてい |
| 夕顔 | ゆうがお | 夕霧 | ゆうぎり |
| 明石の君 | あかしのきみ | 柏木 | かしわぎ |
| 花散里 | はなちるさと | 薫 | かおる |
| 浮舟 | うきふね | 匂宮 | におうのみや |

### 巻名から

| 名前 | 読み方 | 名前 | 読み方 |
|---|---|---|---|
| 須磨 | すま | 常夏 | とこなつ |
| 若紫 | わかむらさき | 行幸 | みゆき |
| 若菜 | わかな | 早蕨 | さわらび |
| 澪標 | みおつくし | 蛍 | ほたる |
| 初音 | はつね | 胡蝶 | こちょう |

*Image Keyword*

# 無邪気

いつまでも子どもの
ころの純粋な気持ちを
忘れない人に

## イメージ漢字

醇15 素10 明8 良7 正5
清11 純10 実8 生5
潔15 真10 直8 至6

## 男の子

| 名前（画数） | 読み | 総画 |
|---|---|---|
| 明8 | あきら | 8 |
| 明8 也3 | あきなり | 11 |
| 心4 良7 | こころ | 11 |
| 良7 太4 | りょうた | 11 |
| 直8 斗4 | なおと | 12 |
| 昂8 生5 | こうせい | 13 |
| 直8 史5 | なおふみ | 13 |
| 正5 和8 | まさかず | 13 |
| 友4 真10 | ゆうま | 14 |
| 泰10 正5 | たいせい | 15 |
| 夏10 生5 | なつき | 15 |
| 明8 希7 | はるき | 15 |
| 至6 恩10 | しおん | 16 |
| 直8 季8 | なおき | 16 |
| 直8 弥8 | なおや | 16 |
| 真10 之3 介4 | しんのすけ | 17 |
| 正5 道12 | まさみち | 17 |
| 醇15 也3 | じゅんや | 18 |
| 暖13 生5 | はるき | 18 |
| 純10 星9 | じゅんせい | 19 |
| 奏9 真10 | そうま | 19 |
| 良7 太4 郎9 | りょうたろう | 20 |
| 純10 一1 朗10 | じゅんいちろう | 21 |
| 清11 一1 郎9 | せいいちろう | 21 |
| 聖13 直8 | せな | 21 |
| 颯14 良7 | そら | 21 |
| 正5 樹16 | まさき | 21 |
| 素10 晴12 | すばる | 22 |
| 暖13 真10 | はるま | 23 |
| 明8 日4 翔12 | あすと | 24 |
| 清11 照13 | きよてる | 24 |

## 女の子

| 名前（画数） | 読み | 総画 |
|---|---|---|
| 明8 子3 | あきこ | 11 |
| 心4 実8 | ここみ | 12 |
| 明8 李7 | あかり | 15 |
| 亜7 実8 | あみ | 15 |
| 実8 良7 | みら | 15 |
| 純10 名6 | じゅんな | 16 |
| 奈8 生5 子3 | なおこ | 16 |
| 実8 奈8 | みな | 16 |
| 悠11 生5 | ゆう | 16 |
| 柚9 良7 | ゆら | 16 |
| 明8 香9 | あすか | 17 |
| 純10 花7 | あやか | 17 |
| 杏7 純10 | あすみ | 17 |
| 直8 香9 | なおか | 17 |
| 彩11 良7 | さら | 18 |
| 純10 佳8 | すみか | 18 |
| 碧14 生5 | あおい | 19 |
| 香9 純10 | かすみ | 19 |
| 愛13 良7 | あいら | 20 |
| 明8 日4 佳8 | あすか | 20 |
| 明8 日4 美9 | あすみ | 21 |
| 真10 悠11 | まゆ | 21 |
| 菜11 々3 実8 | ななみ | 22 |
| 明8 璃15 | あかり | 23 |
| 清11 楓13 | さやか | 24 |
| 真10 奈8 美9 | まなみ | 27 |
| 優17 真10 | ゆま | 27 |

*Image Keyword*

# ユーモア

まわりを楽しませる
ことができる
機知に富んだ人に

## 男の子

| 名前 | 読み | 画数 |
|---|---|---|
| 爽(11)人(2) | あきと | 13 |
| 大(3)喜(12) | たいき | 15 |
| 明(8)郎(9) | あきお | 17 |
| 桜(10)良(7) | おうら | 17 |
| 知(8)真(10) | かずま | 18 |
| 壮(6)太(4)朗(10) | そうたろう | 20 |
| 明(8)煌(13) | あきら | 21 |
| 孝(7)太(4)朗(10) | こうたろう | 21 |
| 知(8)寛(13) | ともひろ | 21 |
| 煌(13)喜(12) | こうき | 25 |
| 勝(12)機(16) | かつき | 28 |
| 優(17)太(4)朗(10) | ゆうたろう | 31 |

## 女の子

| 名前 | 読み | 画数 |
|---|---|---|
| 妙(7) | たえ | 7 |
| 沙(7)良(7) | さら | 14 |
| 知(8)那(7) | ちな | 15 |
| 万(3)喜(12) | まき | 15 |
| 玲(9)良(7) | れいら | 16 |
| 知(8)美(9) | ともみ | 17 |
| 明(8)紗(10) | めいさ | 18 |
| 美(9)愉(12) | みゆ | 21 |
| 明(8)香(9)里(7) | あかり | 24 |
| 爽(11)楽(13) | そら | 24 |
| 睦(13)喜(12) | むつき | 25 |
| 悠(11)嬉(15)乃(2) | ゆきの | 28 |

### イメージ漢字

喜(12) 悦(10) 知(8) 壮(6)
嬉(15) 爽(11) 明(8) 妙(7)
機(16) 愉(12) 朗(10) 良(7)

*Image Keyword*

# 心

心優しく、
豊かな気持ちを
持つ人に

## 男の子

| 名前 | 読み | 画数 |
|---|---|---|
| 心(4) | しん | 4 |
| 恒(9)介(4) | こうすけ | 13 |
| 恒(9)太(4) | こうた | 13 |
| 誠(13) | まこと | 13 |
| 真(10)斗(4) | まなと | 14 |
| 圭(6)信(9) | けいしん | 15 |
| 考(6)星(9) | こうせい | 15 |
| 恭(10)吾(7) | きょうご | 17 |
| 惟(11)吹(7) | いぶき | 18 |
| 健(11)信(9) | けんしん | 20 |
| 悠(11)真(10) | はるま | 21 |
| 優(17)心(4) | ゆうしん | 21 |
| 海(9)誠(13) | かいせい | 22 |
| 想(13)真(10) | そうま | 23 |
| 恭(10)輔(14) | きょうすけ | 24 |
| 恒(9)樹(16) | こうき | 25 |

## 女の子

| 名前 | 読み | 画数 |
|---|---|---|
| 真(10)夕(3) | まゆ | 13 |
| 心(4)晴(12) | みはる | 16 |
| 恭(10)佳(8) | きょうか | 18 |
| 真(10)姫(10) | まき | 20 |
| 想(13)來(8) | そら | 21 |
| 真(10)唯(11) | まい | 21 |
| 心(4)優(17) | みゆ | 21 |
| 惟(11)愛(13) | ありあ | 24 |

### イメージ漢字

想(13) 恭(10) 恒(9) 心(4)
精(14) 惟(11) 真(10) 考(6)
誠(13) 悦(10) 信(9)

*Image Keyword*

# 明るい

いつも明るさを忘れず
いきいきと毎日を
過ごせるように

## イメージ漢字

喜12 晴12 夏10 明8 日4
彰14 陽12 笑10 春9 光6
輝15 晶12 朗10 晃10 旭6

## 男の子

| 名前 | 読み | 総画 |
|---|---|---|
| 日(4)向(6) | ひなた | 10 |
| 日(4)和(8) | ひより | 12 |
| 旭(6)希(7) | あさき | 13 |
| 光(6)佑(7) | こうすけ | 13 |
| 晃(10)太(4) | こうた | 14 |
| 旭(6)飛(9) | あさひ | 15 |
| 大(3)陽(12) | たいよう | 15 |
| 彰(14)人(2) | あきと | 16 |
| 朝(12)日(4) | あさひ | 16 |
| 晶(12)太(4) | しょうた | 16 |
| 知(8)明(8) | ともあき | 16 |
| 友(4)喜(12) | ともき | 16 |
| 晴(12)太(4) | はるた | 16 |
| 晴(12)仁(4) | はるひと | 16 |
| 夏(10)希(7) | なつき | 17 |
| 力(2)輝(15) | りき | 17 |
| 春(9)哉(9) | はるや | 18 |
| 宗(8)一(1)朗(10) | そういちろう | 19 |
| 光(6)輝(15) | こうき | 21 |
| 義(13)明(8) | よしあき | 21 |
| 海(9)輝(15) | かいき | 24 |
| 俊(9)輝(15) | しゅんき | 24 |
| 彰(14)真(10) | しょうま | 24 |
| 蒼(13)一(1)朗(10) | そういちろう | 24 |
| 陽(12)登(12) | はると | 24 |
| 晴(12)陽(12) | はるひ | 24 |
| 晶(12)翔(12) | まさと | 24 |
| 琉(11)輝(15) | りゅうき | 26 |
| 陽(12)輝(15) | はるき | 27 |
| 優(17)喜(12) | ゆうき | 29 |

## 女の子

| 名前 | 読み | 総画 |
|---|---|---|
| 千(3)春(9) | ちはる | 12 |
| 光(6)里(7) | ひかり | 13 |
| 小(3)陽(12) | こはる | 15 |
| 千(3)晶(12) | ちあき | 15 |
| 千(3)陽(12) | ちはる | 15 |
| 日(4)菜(11) | ひな | 15 |
| 光(6)咲(9) | みさき | 15 |
| 明(8)花(7) | めいか | 15 |
| 日(4)葵(12) | ひまり | 16 |
| 明(8)美(9) | あみ | 17 |
| 明(8)咲(9) | めいさ | 17 |
| 胡(9)春(9) | こはる | 18 |
| 光(6)結(12) | みゆ | 18 |
| 笑(10)美(9) | えみ | 19 |
| 夏(10)音(9) | かのん | 19 |
| 晴(12)花(7) | はるか | 19 |
| 春(9)姫(10) | はるひ | 19 |
| 笑(10)莉(10) | えみり | 20 |
| 彩(11)夏(10) | あやか | 21 |
| 萌(11)笑(10) | もえ | 21 |
| 晴(12)真(10) | はるま | 22 |
| 向(6)日(4)葵(12) | ひまり | 22 |
| 日(4)陽(12)里(7) | ひより | 23 |
| 光(6)優(17) | みゆう | 23 |
| 陽(12)愛(13) | ひな | 25 |
| 真(10)輝(15) | まき | 25 |
| 凜(15)夏(10) | りんか | 25 |
| 喜(12)璃(15) | きり | 27 |

*Image Keyword*

# 強い

どんなときも
強い意志力を
持った人に

### イメージ漢字

勝12 強11 烈10 力2
獅13 隆11 隼10 勇9
豪14 健11 将10 剛10

## 男の子

| 名前（画数） | 読み | 総画 |
| --- | --- | --- |
| 剛10 | つよし | 10 |
| 烈10 | れつ | 10 |
| 力2 哉9 | りきや | 11 |
| 隼10 人2 | はやと | 12 |
| 勇9 大3 | ゆうだい | 12 |
| 将10 也3 | まさや | 13 |
| 勝12 也3 | かつや | 15 |
| 隆11 斗4 | りゅうと | 15 |
| 烈10 生5 | れお | 15 |
| 勝12 斗4 | まさと | 16 |
| 勇9 佑7 | ゆうすけ | 16 |
| 力2 駆14 | りく | 16 |
| 将10 汰7 | しょうた | 17 |
| 将10 希7 | まさき | 17 |
| 健11 吾7 | けんご | 18 |
| 健11 汰7 | けんた | 18 |
| 志7 隆11 | しりゅう | 18 |
| 健11 真10 | けんしん | 21 |
| 剛10 琉11 | たける | 21 |
| 隼10 輔14 | しゅんすけ | 24 |
| 勝12 太4 郎9 | かつたろう | 25 |
| 獅13 童12 | しどう | 25 |
| 隆11 磨16 | りゅうま | 27 |
| 豪14 輝15 | ごうき | 29 |

*Image Keyword*

# 独立心

どんな時代でも、
しっかりとひとり立ち
できる人に

### イメージ漢字

耕10 歩8 志7 力2
展10 卓8 芯7 立5
創12 能10 拓8 行6

## 男の子

| 名前（画数） | 読み | 総画 |
| --- | --- | --- |
| 力2 | ちから | 2 |
| 力2 斗4 | りきと | 6 |
| 歩8 太4 | あゆた | 12 |
| 耕10 大3 | こうた | 13 |
| 寿7 行6 | ひでゆき | 13 |
| 耕10 介4 | こうすけ | 14 |
| 立5 真10 | たつま | 15 |
| 卓8 典8 | たくのり | 16 |
| 拓8 歩8 | たくほ | 16 |
| 真10 行6 | まゆき | 16 |
| 祐9 志7 | ゆうし | 16 |
| 航10 志7 | こうし | 17 |
| 芯7 之3 助7 | しんのすけ | 17 |
| 創12 史5 | そうし | 17 |
| 拓8 哉9 | たくや | 17 |
| 歩8 高10 | ほたか | 18 |
| 拓8 幹13 | たくみ | 21 |

## 女の子

| 名前（画数） | 読み | 総画 |
| --- | --- | --- |
| 歩8 | あゆみ | 8 |
| 歩8 花7 | ほのか | 15 |
| 志7 帆6 子3 | しほこ | 16 |
| 志7 姫10 | しき | 17 |
| 歩8 菜11 | あゆな | 19 |
| 志7 穏16 | しおん | 23 |
| 優17 歩8 | ゆうほ | 25 |

*Image Keyword*

# 気品

凛とした
気品のただよう
魅力的な人になって

**イメージ漢字**

優17 貴12 崇11 美9 秀7
麗19 敬12 尊12 格10 典8
雅13 喬12 高10 品9

## 男の子

| | | | |
|---|---|---|---|
| 秀一 | 7 1 | しゅういち | 8 |
| 格 | 10 | いたる | 10 |
| 秀太 | 7 4 | しゅうた | 11 |
| 秀斗 | 7 4 | しゅうと | 11 |
| 崇人 | 11 2 | たかと | 13 |
| 大高 | 3 10 | ひろたか | 13 |
| 貴之 | 12 3 | たかゆき | 15 |
| 佑典 | 7 8 | ゆうすけ | 15 |
| 喬介 | 12 4 | きょうすけ | 16 |
| 敬太 | 12 4 | けいた | 16 |
| 秀哉 | 7 9 | しゅうや | 16 |
| 貴斗 | 12 4 | たかと | 16 |
| 友貴 | 4 12 | ともき | 16 |
| 秀真 | 7 10 | しゅうま | 17 |
| 太雅 | 4 13 | たいが | 17 |
| 典真 | 8 10 | てんま | 18 |
| 敬利 | 12 7 | たかとし | 19 |
| 武尊 | 8 12 | たける | 20 |
| 空雅 | 8 13 | くうが | 21 |
| 優介 | 17 4 | ゆうすけ | 21 |
| 雅紀 | 13 9 | まさき | 22 |
| 美寛 | 9 13 | みひろ | 22 |
| 悠貴 | 11 12 | ゆうき | 23 |
| 麗王 | 19 4 | れお | 23 |
| 高輔 | 10 14 | こうすけ | 24 |
| 滋尊 | 12 12 | しげる | 24 |
| 晴貴 | 12 12 | はるき | 24 |
| 彪雅 | 11 13 | ひゅうが | 24 |
| 優吾 | 17 7 | ゆうご | 24 |
| 優汰 | 17 7 | ゆうた | 24 |
| 穂高 | 15 10 | ほだか | 25 |
| 美樹 | 9 16 | よしき | 25 |
| 優馬 | 17 10 | ゆうま | 27 |
| 優雅 | 17 13 | ゆうが | 30 |
| 優樹 | 17 16 | ゆうき | 33 |

## 女の子

| | | | |
|---|---|---|---|
| 心美 | 4 9 | ここみ | 13 |
| 貴子 | 12 3 | たかこ | 15 |
| 美羽 | 9 6 | みう | 15 |
| 亜美 | 7 9 | あみ | 16 |
| 千雅 | 3 13 | ちか | 16 |
| 希美 | 7 9 | のぞみ | 16 |
| 秀美 | 7 9 | ひでみ | 16 |
| 麗 | 19 | れい | 19 |
| 柚貴 | 9 12 | ゆずき | 21 |
| 愛美 | 13 9 | まなみ | 22 |
| 雅姫 | 13 10 | みやび | 23 |
| 優衣 | 17 6 | ゆい | 23 |
| 優羽 | 17 6 | ゆう | 23 |
| 結貴 | 12 12 | ゆき | 24 |
| 里優 | 7 17 | りゆ | 24 |
| 瑞貴 | 13 12 | みずき | 25 |
| 美優 | 9 17 | みゆう | 26 |
| 優香 | 17 9 | ゆうか | 26 |
| 麗那 | 19 7 | れな | 26 |
| 美麗 | 9 19 | みれい | 28 |
| 優菜 | 17 11 | ゆうな | 28 |
| 麗菜 | 19 11 | れいな | 30 |
| 麗美華 | 19 9 10 | れみか | 38 |

*Image Keyword*

# 学業優秀

研究心旺盛で頭のいい人に育ってほしい

イメージ漢字

| | | | |
|---|---|---|---|
| 勝 12 | 俐 9 | 秀 7 | 巧 5 |
| 徳 14 | 能 10 | 学 8 | 究 7 |
| 優 17 | 創 12 | 美 9 | 作 7 |

## 男の子

| 名前 | 読み | 画数 |
|---|---|---|
| 学 8 | がく | 8 |
| 学 8 士 3 | まなと | 11 |
| 俐 9 人 2 | りひと | 11 |
| 秀 7 汰 7 | しゅうた | 14 |
| 巧 5 馬 10 | たくま | 15 |
| 勇 9 作 7 | ゆうさく | 16 |
| 俐 9 玖 7 | りく | 16 |
| 優 17 | ゆう | 17 |
| 勝 12 重 9 | かつしげ | 21 |
| 創 12 思 9 | そうし | 21 |
| 徳 14 馬 10 | とくま | 24 |
| 創 12 太 4 郎 9 | そうたろう | 25 |
| 真 10 優 17 | まひろ | 27 |
| 優 17 陽 12 | ゆうひ | 29 |

## 女の子

| 名前 | 読み | 画数 |
|---|---|---|
| 秀 7 佳 8 | しゅうか | 15 |
| 杏 7 美 9 | あみ | 16 |
| 真 10 秀 7 | まほ | 17 |
| 奈 8 々 3 美 9 | ななみ | 20 |
| 徳 14 花 7 | のりか | 21 |
| 優 17 那 7 | ゆな | 24 |
| 咲 9 優 17 | さゆ | 26 |
| 優 17 美 9 | ゆみ | 26 |
| 菜 11 優 17 | なゆ | 28 |
| 美 9 優 17 菜 11 | みゆな | 37 |

*Image Keyword*

# 満足感

満たされ、充実した人生を送ってほしい

イメージ漢字

| | | | |
|---|---|---|---|
| 晏 10 | 栄 9 | 実 8 | 安 6 |
| 満 12 | 能 10 | 旺 8 | 充 6 |
| 温 12 | 悦 10 | 為 9 | 足 7 |

## 男の子

| 名前 | 読み | 画数 |
|---|---|---|
| 充 6 生 5 | あつき | 11 |
| 栄 9 太 4 | えいた | 13 |
| 晏 10 久 3 | はるひさ | 13 |
| 旺 8 佑 7 | おうすけ | 15 |
| 旺 8 汰 7 | おうた | 15 |
| 晏 10 立 5 | はると | 15 |
| 心 4 温 12 | しおん | 16 |
| 望 11 実 8 | のぞみ | 19 |
| 充 6 輝 15 | みつき | 21 |
| 栄 9 輔 14 | えいすけ | 23 |
| 蓮 13 温 12 | れん | 25 |
| 満 12 樹 16 | みつき | 28 |

## 女の子

| 名前 | 読み | 画数 |
|---|---|---|
| 温 12 | はる | 12 |
| 温 12 乃 2 | はるの | 14 |
| 安 6 珠 10 | あんじゅ | 16 |
| 安 6 菜 11 | あんな | 17 |
| 美 9 旺 8 | みお | 17 |
| 満 12 帆 6 | まほ | 18 |
| 実 8 悠 11 | みゆ | 19 |
| 弥 8 栄 9 子 3 | やえこ | 20 |
| 安 6 佳 8 里 7 | あかり | 21 |
| 奈 8 那 7 実 8 | ななみ | 23 |
| 紫 12 温 12 | しおん | 24 |
| 満 12 菜 11 実 8 | まなみ | 31 |

*Image Keyword*

# 情熱的

何事にも一生懸命
取り組める
情熱を持つ人に

## イメージ漢字

鋭15 温12 途10 専9 至6
勢13 夏10 勇9 利7
精14 盛11 真10 昇8

## 男の子

| | | |
|---|---|---|
| 昇8 | しょう | 8 |
| 真10 | しん | 10 |
| 昇8大3 | しょうだい | 11 |
| 温12 | おん | 12 |
| 大3途10 | だいと | 13 |
| 壮6利7 | たけと | 13 |
| 夏10也3 | なつや | 13 |
| 真10大3 | まひろ | 13 |
| 勇9司5 | ゆうじ | 14 |
| 久3温12 | くおん | 15 |
| 昇8吾7 | しょうご | 15 |
| 盛11心4 | せいご | 15 |
| 盛11太4 | せいた | 15 |
| 利7空8 | りく | 15 |
| 勇9吹7 | いぶき | 16 |
| 倖10至6 | こうし | 16 |
| 昇8英8 | しょうえい | 16 |
| 温12仁4 | はるひと | 16 |
| 悠11至6 | ゆうし | 17 |
| 盛11志7 | せいじ | 18 |
| 到8真10 | とうま | 18 |
| 至6温12 | しおん | 18 |
| 至6道12 | よしみち | 18 |
| 勝12利7 | かつとし | 19 |
| 柊9真10 | しゅうま | 19 |
| 勇9登12 | ゆうと | 21 |
| 翔12真10 | しょうま | 22 |
| 真10翔12 | まなと | 22 |
| 利7毅15 | りき | 22 |
| 隆11盛11 | りゅうせい | 22 |
| 義13途10 | あきと | 23 |
| 昇8輝15 | しょうき | 23 |
| 真10太4郎9 | しんたろう | 23 |
| 利7樹16 | としき | 23 |
| 温12基11 | はるき | 23 |
| 蒔13温12 | しおん | 25 |
| 勇9磨16 | ゆうま | 25 |
| 夏10樹16 | なつき | 26 |
| 藍18夏10 | あいか | 28 |

## 女の子

| | | |
|---|---|---|
| 真10由5 | まゆ | 15 |
| 利7奈8 | りな | 15 |
| 真10衣6 | まい | 16 |
| 真10花7 | まなか | 17 |
| 利7華10 | りか | 17 |
| 和8夏10 | のどか | 18 |
| 琴12利7 | ことり | 19 |
| 真10桜10 | まお | 20 |
| 真10彩11 | まあや | 21 |
| 真10菜11 | まな | 21 |
| 唯11夏10 | ゆいか | 21 |
| 利7緒14 | りお | 21 |
| 真10琴12 | まこと | 22 |
| 夏10蓮13 | かれん | 23 |
| 楓13夏10 | ふうか | 23 |
| 日4愛13利7 | ひなり | 24 |
| 夏10凛15 | かりん | 25 |
| 優17夏10 | ゆか | 27 |
| 優17利7杏7 | ゆりあ | 31 |

*Image Keyword*

# 日本的

日本の心、美しい伝統を忘れない人に

### イメージ漢字

琴12 庵11 京8 乃2
雅13 都11 桜10 之3
鶴21 梗11 姫10 介4

## 男の子

| 名前 | 画数 | 読み | 総画 |
|---|---|---|---|
| 庵 | 11 | いおり | 11 |
| 京介 | 8・4 | きょうすけ | 12 |
| 俊介 | 9・4 | しゅんすけ | 13 |
| 伸乃介 | 7・2・4 | しんのすけ | 13 |
| 智之 | 12・3 | ともゆき | 15 |
| 雅也 | 13・3 | まさや | 16 |
| 竜乃介 | 10・2・4 | りゅうのすけ | 16 |
| 桜亮 | 10・9 | おうすけ | 19 |
| 海都 | 9・11 | かいと | 20 |
| 龍之介 | 16・3・4 | りゅうのすけ | 23 |

## 女の子

| 名前 | 画数 | 読み | 総画 |
|---|---|---|---|
| 礼乃 | 5・2 | あやの | 7 |
| 琴乃 | 12・2 | ことの | 14 |
| 京香 | 8・9 | きょうか | 17 |
| 璃乃 | 15・2 | りの | 17 |
| 奈桜 | 8・10 | なお | 18 |
| 姫奈 | 10・8 | ひな | 18 |
| 美桜 | 9・10 | みお | 19 |
| 桔梗 | 10・11 | ききょう | 21 |
| 琴美 | 12・9 | ことみ | 21 |
| 彩姫 | 11・10 | さき | 21 |
| 莉都 | 10・11 | りと | 21 |
| 美雅 | 9・13 | みやび | 22 |
| 愛桜 | 13・10 | あいら | 23 |
| 穂乃花 | 15・2・7 | ほのか | 24 |

イメージヒント集

## 日本の地名や四字熟語から探す

歴史や伝統が息づいた地名や、深い意味を持つ四字熟語も名前のヒントになります。歴史あふれる漢字の奥深さを再認識できそうですね。

### 地名

|  |  |  |
|---|---|---|
| 空知 | そらち | 空知郡（北海道） |
| 留萌 | るもい | 留萌市（北海道） |
| 邑楽 | おうら | 邑楽郡（群馬県） |
| 三郷 | みさと | 三郷市（埼玉県） |
| 恵那 | えな | 恵那市（岐阜県） |
| 大和 | やまと | 大和郡山市（奈良県） |
| 世羅 | せら | 世羅郡（広島県） |
| 伊万里 | いまり | 伊万里市（佐賀県） |

### 四字熟語

| 四字熟語 | 読み | 意味 |
|---|---|---|
| 一望千里 | いちぼうせんり | 広く、見晴らしがよい |
| 真実一路 | しんじついちろ | 正直に真実を求めて生きる |
| 初志貫徹 | しょしかんてつ | 志を貫きとおす |
| 質実剛健 | しつじつごうけん | 飾りけがなくまじめ |

*Image Keyword*

# 名声

望み高く、
みんなに認められる人
になってほしい

イメージ漢字

響20 誉13 栄9 令5
耀20 暉13 高10 明8
輝15 望11 知8

## 男の子

| 名前 | 読み | 画数 |
|---|---|---|
| 栄9 一1 | えいいち | 10 |
| 望11 | のぞむ | 11 |
| 栄9 心4 | えいしん | 13 |
| 誉13 | ほまれ | 13 |
| 輝15 | ひかる | 15 |
| 令5 真10 | りょうま | 15 |
| 幸8 明8 | こうめい | 16 |
| 知8 季8 | ともき | 16 |
| 知8 典8 | とものり | 16 |

| 名前 | 読み | 画数 |
|---|---|---|
| 重9 明8 | しげあき | 17 |
| 晃10 明8 | こうめい | 18 |
| 知8 泰10 | ともやす | 18 |
| 望11 来7 | みらい | 18 |
| 一1 耀20 | かずあき | 21 |
| 和8 暉13 | かずき | 21 |
| 翔12 栄9 | しょうえい | 21 |
| 純10 誉13 | あつたか | 23 |
| 空8 輝15 | そら | 23 |
| 大3 耀20 | たいよう | 23 |

| 名前 | 読み | 画数 |
|---|---|---|
| 響20 己3 | ひびき | 23 |
| 望11 蒼13 | のあ | 24 |
| 耀20 介4 | ようすけ | 24 |
| 耀20 太4 | ようた | 24 |
| 響20 平5 | きょうへい | 25 |
| 智12 暉13 | ともき | 25 |
| 竜10 輝15 | りゅうき | 25 |
| 悠11 輝15 | ゆうき | 26 |
| 響20 真10 | きょうま | 30 |
| 響20 太4 郎9 | きょうたろう | 33 |

## 女の子

| 名前 | 読み | 画数 |
|---|---|---|
| 明8 | めい | 8 |
| 暉13 | ひかり | 13 |
| 令5 奈8 | れな | 13 |
| 明8 希7 | あき | 15 |
| 純10 令5 | すみれ | 15 |
| 知8 花7 | ちか | 15 |
| 知8 佳8 | ちか | 16 |
| 心4 々3 望11 | ここみ | 18 |
| 知8 華10 | ともか | 18 |

| 名前 | 読み | 画数 |
|---|---|---|
| 望11 亜7 | のあ | 18 |
| 明8 華10 | めいか | 18 |
| 耀20 | あき | 20 |
| 響20 | ひびき | 20 |
| 望11 華10 | もか | 21 |
| 令5 緯16 | れい | 21 |
| 明8 凜15 | あかり | 23 |
| 響20 子3 | きょうこ | 23 |
| 知8 穂15 | ちほ | 23 |
| 陽12 望11 | はるの | 23 |

| 名前 | 読み | 画数 |
|---|---|---|
| 耀20 子3 | ようこ | 23 |
| 明8 日4 翔12 | あすか | 24 |
| 心4 響20 | ここね | 24 |
| 響20 心4 | ことみ | 24 |
| 望11 夢13 | みゆ | 24 |
| 紗10 輝15 | さき | 25 |
| 夏10 輝15 | なつき | 25 |
| 栄9 美9 莉10 | えみり | 28 |
| 徠11 耀20 | くるみ | 31 |
| 美9 知8 瑠14 | みちる | 31 |

*Image Keyword*

# 歴史

時代を
リードしていける
立派な人に

## 男の子

| | | |
|---|---|---|
| 拓8史5 | たくみ | 13 |
| 史5弥8 | ふみや | 13 |
| 由5莉10 | ゆうり | 15 |
| 蒼13大3 | そうた | 16 |
| 蒼13介4 | そうすけ | 17 |
| 由5翔12 | ゆいと | 17 |
| 理11来7 | りく | 18 |
| 京8太4郎9 | きょうたろう | 21 |
| 蒼13真10 | そうま | 23 |
| 悠11統12 | ひさのり | 23 |
| 来7樹16 | らいき | 23 |
| 興16覇19 | こうは | 35 |

## 女の子

| | | |
|---|---|---|
| 京8 | みやこ | 8 |
| 由5衣6 | ゆい | 11 |
| 未5来7 | みらい | 12 |
| 蒼13 | あおい | 13 |
| 京8叶5 | きょうか | 13 |
| 史5奈8 | ふみな | 13 |
| 史5華10 | ふみか | 15 |
| 美9来7 | みく | 16 |
| 由5菜11 | ゆな | 16 |
| 京8美9 | みやび | 17 |
| 蒼13空8 | そら | 21 |
| 楓13霞17 | ふうか | 30 |

### イメージ漢字

霞17 街12 京8 史5
蒼13 記10 由5
興16 統12 来7

### イメージヒント集

## 歴史上の人物から探す

有名な歴史上の人物も、名づけのヒントに。インパクトが強いため、覚えやすい名前となります。また、名前から1文字もらったり、読みは同じでも別の漢字を当てはめたりと、アレンジも可能です。

### 男性

| | |
|---|---|
| 平　清盛 | たいらのきよもり |
| 源　義経 | みなもとのよしつね |
| 坂本龍馬 | さかもとりょうま |
| 勝　海舟 | かつかいしゅう |
| 野口英世 | のぐちひでよ |
| 高杉晋作 | たかすぎしんさく |
| 大伴旅人 | おおとものたびと |
| 上杉謙信 | うえすぎけんしん |
| 徳川吉宗 | とくがわよしむね |
| 西郷隆盛 | さいごうたかもり |
| 大久保利通 | おおくぼとしみち |
| 伊能忠敬 | いのうただたか |

### 女性

| | |
|---|---|
| 金子みすゞ | かねこみすず |
| 北条政子 | ほうじょうまさこ |
| 与謝野晶子 | よさのあきこ |
| 小野小町 | おののこまち |
| 樋口一葉 | ひぐちいちよう |
| 平塚雷鳥 | ひらつからいちょう |

*Image Keyword*

# 国際的

外国でも
呼びやすい名前。
国際的に活躍して

## 男の子

| 名前（画数） | 読み | 総画 |
|---|---|---|
| 快7 | かい | 7 |
| 莉10 生5 | りお | 15 |
| 怜8 旺8 | れお | 16 |
| 来7 飛9 | らいと | 16 |
| 海9 音9 | かいと | 18 |
| 瑠14 生5 | るい | 19 |
| 謙17 人2 | けんと | 19 |
| 蓮13 音9 | れおん | 22 |
| 琉11 翔12 | るか | 23 |
| 澄15 海9 | すかい | 24 |
| 翔12 夢13 | とむ | 25 |
| 璃15 澄15 | りずむ | 30 |

## 女の子

| 名前（画数） | 読み | 総画 |
|---|---|---|
| 芽8 衣6 | めい | 14 |
| 里7 咲9 | りさ | 16 |
| 茉8 莉10 | まり | 18 |
| 希7 愛13 | のあ | 20 |
| 紅9 愛13 | くれあ | 22 |
| 瑠14 奈8 | るな | 22 |
| 杏7 璃15 | あんり | 22 |
| 瑛12 麻11 | えま | 23 |
| 華10 蓮13 | かれん | 23 |
| 星9 羅19 | せいら | 28 |
| 真10 梨11 亜7 | まりあ | 28 |
| 慧15 橙16 | けいと | 31 |

! イメージヒント集

### 海外に行くと性別が逆転する名前

漢字や読みのイメージから、日本では男の子（または女の子）の名前と一般的には認識されるものでも、海外では性別が逆転してしまう名前もあります。「国際的に」を優先させるなら、要チェックですね。

**●性別が逆転してしまう名前●**

**女性名は男性名に**

いあん（依杏）
▼
Ian

くりす（来莉朱）
▼
Chris

**男性名は女性名に**

えま（瑛馬）
▼
Emma

けいと（圭人）
▼
Kate

# 名前に使える 漢字リスト

名づけに使える漢字は、常用漢字と人名用漢字です。
画数については『福武漢和辞典』『ベネッセ新修漢和辞典』と
監修者・栗原里央子先生の見解をもとにしています。

※P.471～480に記載された情報は2020年9月現在のものです。名前の届け出の前に、法務省のホームページ内「戸籍統一文字情報」で確認することをおすすめします。

## 1画

一乙

## 2画

丁七九了二人入八刀
力十卜又乃

## 3画

丈三上下丸久亡凡刃
勺千叉及口土士夕大
女子寸小山川工己已
巾干弓才万与之也巳
乞

## 4画

不中丹乏云屯互五井
仁仏今介元内公六冗
凶分切刈勾匂勿匁化
匹区升午廿厄友壬反
円天太夫尤孔少尺幻
弔引心戸手支収文斗
斤方日月木止比毛氏
水火爪父片牛牙犬王
欠予双丑允巴

## 5画

且世丘丙主乎付仕仔
仙他代令以兄冊冬凧
凹出凸刊功加包北半
占去古句召可史右司

囚四圧外央失奴写尼
左巧巨市布平幼広庁
必戊打払斥未末本札
正母民永氷汁犯玄玉
瓦甘生用田由甲申疋
白皮皿目矛矢石示礼
穴禾立台旧処号弁込
辺卯只叶弘旦汀叱尻
丼氾

## 6画

交仰仲件任企伏伐休
仮伝充兆先光全両共
再刑列劣匠印危叫各

---

合同吉名后吏吐向回
吸因団在地壮多夷好
如妃妄存字宅宇守安
寺尖州帆年式弛忙成
扱托收旨早曳旬曲会
有朱机朽朴次此死毎
気汚江汝池汎汗灰灯
牟争当百尽竹米糸缶
羊羽老考而耳肉肌肋
自至臼舌舟色芝芋虫
血行衣西辻弐巡迅丞
亘互亥亦伊伍伎凪匡
圭庄旭汐瓜

---

## 7画

串乱亜来伯伴伸伺似
位但低佃住佐何作佛
克児兎兵冷初判別利
劫助努労励即却卵君
呑否吻含呈呉吹告吟
困囲図坂均坐坊坑壱
壯寿妊妙妥妨妖孝孜
完宋対尾尿局岐希床
庇序廷弟形役忌忍志
忘快応我戒戻扶批技
抄抑投抗折抜択把改
攻更材杉村条杖束歩

毎求汲決汽沈沌没沖
沢灸災灼牡状狂男町
社秀私究系声肖肘肝
臣良芥芦花芳芸芯芭
見角言谷豆貝売赤足
走身車辛迂迄辿迎近
返邦医里阪防余体麦
亨伶伽佑冴冶吾呂宏
李杏杜汰沙玖甫芙芹
辰邑那酉沃弄巫

## 8画

乳事亞些享京佳使例
侍供依価侮併來免兒

---

其具典函到制刹刷券
刺刻効劾卒卓協卑卷
参叔取受周味呼命和
固国坦坪垂夜奄奉奇
奔妹妻姉始姓委季学
宛定宕宜宗官宙実宝
尚居屈届岩岸岳岬岡
帖幸庚底店府延弦往
彼征径怖忽忠性怪或
念房所承抱抵押拙拍
拒拓拘抽招拝担拡拠
拐披抹拔拂放斧昊昏
昇明易昔昆服杭杯東

---

杵松板析枕杷枇林枚
果枝枢枠欧歩武殴毒
沓河沸油治沼況泊泌
法波沿泣注泳泥泡沫
炊炎炉爭版牧物狀画
玩的盲直知祈祉社空
突竺並者肥肩肪肯育
肴肢舍苗若苦英茂茎
芽苔苺表迭迫述金長
門阜祁邸邪阻陀附雨
青非斉侃侑尭奈孟弥
怜於旺昂昌朋欣苑茉
茄茅虎迪采阿穹苛股

呪狙妬拉

## 9画

乗亭俄侠侯侵便係促
俗保信俊侮俣俐侶冠
則削前勅勃勇勉南卑
巻巷卸即厘厚単咲哀
品型城垣奏契娃姻姿
姪姥威孤客宣室封専
屋峠峡帝帥幽度廻建
弧待律後怒思怠急恒
恆恨悔恢恰按括挟拷
拶拾持指拭挑拝叙政
故施星映春昨昭是昼

冒昧枯柄架柑某染柔
査柵柿柘柱栃柏柳殆
栄段毘泉洋洗津活派
海浄浅洪洞洛炭為牲
狩狭独珍珈珂珊珀甚
畏界畑疫発皇皆盃盆
相盾省看砂研砕祖祢
祝神祈祇祉秋科秒窃
穿突竿籾紀約紅糾級
県美者耐肺胃背胎胞
胆臭茶草荒荘茨茸虐
衷要計訂変負貞赴軌
軍迷追退送迦逃逆郊

郎重臥限面革音頁風
飛食首香点亮勁哉奎
宥彦昴柊柚柾洲洵洸
玲眉祐耶胡胤茜虹衿
郁咽怨訃

## 10画

乘俺倶倦修俳俵倣倉
個倍倒候借値倫倹俸
兼冥凍准凄凉剖剛剤
剣勉匿原哨員哲唆唐
唇哩圃埋夏套娘姫娯
娠娩孫宮宰害宴家容
宵射将屑展峨峰峯峡

島差師席帯座庫庭弱
徐徒従恐恋恭悦恥恩
息悟恵悩悔扇挨振挽
挺捉捕捜挿挙敏料旅
既晄晒時書朕朗桧桔
校桁柴株栖核根格栽
桃案桑梅桜桟栓帰殉
殊残殺氣流浦浪浮浴
浸消涙浜泰海渉浬烏
烈特狼狭班珠畔留畜
畠畝疾病疲症益真眞
眠砥砧砲破祥祝神祖
祕秘租秩称秤窄笈笑

粉粋紋納純紙紛素紐
紡索翁耕耗耽胴胸脇
能脂脅脈臭致航般荻
莫荷華荘蚊蚕衰袖被
討訓託記訊豹財貢起
軒辱透逐途通速造連
逓逝郡郎配酒酎酌針
釘釜閃陛院陣除降陥
隻飢馬骨高鬼党竜倖
倭凌唄啄峻恕悌拳晃
晋晏晟朔栗栞桂桐浩
矩祐秦紗紘莉莞赳隼
挫恣脊捗剝哺

## 11画

乾偏停健側偶偽偵兜
冨凰剰副動勘務唯唱
商問啓喝圏國域執培
基埼堂堀埴堆埜婚婆
婦宿寂寄密尉將専崖
崇崩崎巣巢帳常帶庵
庶庸康張強彩彫得從
徠患悪惚悼情惜惨悉
悠戚捨掃掛措授排描
掘捲採探接控推掲据
捻捧掠掬教救敗敍敏
斜断旋族曹晦畫晩曽

望朗械條梳梛梗梯桶
梅梶梁欲殼液涼淑淡
深混清添渇渉渋済涯
渓浄淀淋涙牽猫猛猟
率現球理瓶産畢略異
盛盗眼眺砦票祭移窓
窒章笛符第粒粗粘笠
累紺細紹終組絆紳経
羚翌習粛脳脚脱舷舶
舵船菊菌菓菜著萱萄
菩萠菱莱虚蛍蛇術袋
袴規視祥訣訟訪設許
訳豚貧貨販貫責赦軟

転這逞逗逢逮週進逸
部郭郵都郷酔釈野釧
釣閉陪陰陳陵陶険陸
隆陥雀雫雪頃頂魚鳥
麻黄黒斎偲寅崚彗彪
彬惇惟捷捺晨梓梢梧
梨毬淳渚爽猪琢皐眸
笙笹紬絃脩菖菫萌袈
鹿亀琉祷萎淫惧痕斬
羞唾貪

## 12画

傍備偉傘割創剰勝募
勤博卿厨善喚喜喰喧

喪喫単喋圏堰堺堯堤
堵堪報堅場塔塁堕塀
塚奥婿媒富寓寒尊尋
就属帽幅幾廃廊弾御
復循悲惑惹愉慌惺惰
悪恵戟扉掌提揚換握
揮援揺搭掲揃敢散敬
斑斯晩普景晴暁晶暑
替最曽朝期椅棋棒森
棲棺植検極棚棟椀欺
款殖淵減渡測港湖湯
滋温湿湘湊湛満湾渦
渇焔焼焚無焦然煮営

爲犀猶琴琥琶琵甥番
畳疎疏痘痛痢登盜短
硯硝硫硬視税程童筈
筆等筋筒筑答策粥粧
粟結絶絡絞紫給統絵
着腔腕脹萱葺董萬葡
落葉葛葬著虛虜蛮衆
街裁裂裕補裡装覚評
訴詐診詔詞詠証註象
貴買貫貸費貯貼貿賀
超越距軸軽遂遇遊運
遍過道達遅逸都酢釉
量鈍開閑間閏陽隊階

随隅隈雄雁集雇雲雰
順項飲飯黄黒搜歯凱
喬媛嵐巽惣敦斐智椋
椎欽渚渥猪琢湧琳瑛
皓禄稀竣絢翔萩葵遥
須喉痩喩渾

## 13画

僅催傑債傷傾働僧傳
傭勢勧勤嗣嘆嘩園圓
塊塑塙塞塡塗墓夢奨
奧嫁嫌寝寛幌幕幹廉
廊微慎愼慨想愁意愚
愛感慈戦損搬携搾摂

搖数新暇暖暗暑業楽
棄楼楢楯楚楕歳殿溢
源準溶滅滑滞漢溜滝
溝漠溫煙煌照煎煤煉
煩献煮牒猿獅痴盟睡
督碁碎碓碑碗禍福禁
禽禅稚稟窟節絹継続
罪置署群義羨聖腹腰
腎腸艇蒸蓄葦蓋蓑蒐
蒲蒙虜虞蜂裏與裸褐
裾装解触該試詩詰詣
話詳詮詫誇誠誉豊賃
資賄賊跨跳跡践路載

較辞農遁遠遺違酪酬
鈴鉛鉄鉱鉢隔隙雅零
雷電靴預頒頓頑飼飾
飽馴馳塩鼎鼓嵩嵯暉
椰椿楊楓楠滉瑚瑞瑶
睦禎禄稔稜舜蒔蒼蓉
蓮裟詢靖頌鳩彙楷毀
嗅傲嫉腫腺溺慄賂

## 14画

像僚僕僞僧厩嘗嘆團
境増墨塾奨奪嫡察寡
實寧寢寛壽嶋層彰徳
徴慢態慕慣憎摑摺摘

斡旗暮暦榮構槍模概
槌様榎榊歌歴漁漆漸
滴漂漫漏演漬漢滯漕
漣獄疑盡磁碑禍福種
穀稲窪端管箇箕算箔
精粋維綱網綿緑綠緒
練総綴罰署聞腐膏膜
蔭蒋蔓蓬蜜複製裳語
誤誌誓説認誘読貌豪
賑賓踊遡遜遥遭適遮
酵酷酸豎銀銃銑銅銘
銭閣閥関閤際障隠雑
雌需静鞄領頗驅駅駄

髪魂鳶鳴鼻齊嘉暢榛
槙槇樺漱熊爾瑠瑳碧
碩綜綸綺禎綾緋翠聡
肇蔦輔颯魁鳳熙箋綻
瘍辣蔑

## 15画

億儀價儉凜劇劍劉勳
噴器囑噌噂墜墳增墨
審寮幡導履層幣廣廟
弊彈影徹徵德憤慰慮
慶憂憎戲撮撤撰撒撞
播撫摩撲擊敵敷暴暫
樋標横権樟槽樂樣歓

歎潔潤澄潮潜潟澁熟
熱畿瘦盤監確磐稿穂
稼稽穀稻窮窯箱節箸
範篇糊縁緣緩線編締
緊縄緒練罷膚舗舞蔵
蕎蕨蕃蕪蔽蝦衝褒課
諏請談調論誕諸誰諾
謁賓賜賠賦質賞賛賣
趣踏輪輩輝遷遺遵選
鄭醉鋭鋳鋒閲震霊鞍
養餓餅駐駕駈髪魅魯
黙凜嬉慧憧槻毅蕉蝶
誼諄諒遼醇駒黎璃潰

憬摯踪緻嘲罵膝餌

## 16画

儒凝勳器壇墾壁壊壌
奮嬢憲憶憾憩懐戰擁
操整曇曉曆樫樽橙機
橋樹橫歷激濁濃燕燃
燒燈獲獣磨積穏窺築
篤糖縛縦縫緯縞繁縣
膳膨興薪薦薄薫薬薗
薙蕾融衡衛衞親謂諮
謀諺諭謡謁諦諸賢頼
賴蹄輸輯還避醐醒醍
鋸鋼錯錘錆錐錠録錄

錫錬隣険隷靜鞘頬頭
館鴨默龍叡橘澪燎蕗
錦鮎黛憐諧骸錮賭麺

## 17画

償優徽厳嚇壕懇應戲
戴擬擦擢擊曖檜檢檎
濯濕濡燭燥爵犠環療
瞥矯礁禪穗篠縮績繊
縱繁瓢翼臆聴薰藁薩
螺覧謙講謝謹謎謠謄
購轄輿醜鍋鍵鍬鍛鍊
闇霜頻鮮齢嶺彌曙檀
燦瞭瞳磯霞鞠駿鴻

18画

儲叢壘懲曜櫂濫癖癒
瞬礎禮穫簡簞糧織繕
繭藥藝職蟬臨藩襖襟
覆観謹贈蹟轉醬鎧鎖
鎮鎭難雜鞭額顔題類
顕翻騎騒験闘燿穣藍
藤藏鎌雛鯉鵜麿韓顎
璧

19画

壞寵懷懲曝櫛櫓瀕瀬
瀨瀧爆獸璽禱禰簿簾
繰繫繡臓羅蘇藻蟹覇
識譜警贈蹴鏡難離顚
霧韻願類髄鯨鶏麒麗
麓艶蘭鯛鵬

20画

嚴孃懸欄競籍纂議護
譲醸鐘響騰騷巌耀馨

21画

攝櫻欄纏艦轟躍露蠟
顧飄魔鰯鷄鶴

22画

灘疊聽臟襲覽讃鑄響
饗驚驍穰鷗籠

23画

鑑顯驗巖纖鱒鷲

24画

讓釀鷹鷺麟鱗

25画

廳

29画

鬱

# 最終チェック10&メモ

名前の候補が決まったら、いろいろな視点からチェックしましょう。
子どもが大きくなってから名前で不便な思いをしないよう、
きちんと確認してから決定してあげたいですね。

## Check 1 名前に使える字?

名前に使える字は法律で決まっています。人名に使えない字は、出生届を受理してもらえないので、P.471～や漢和辞典で必ずチェックしましょう。

## Check 2 姓とのバランスは?

視覚的なバランスをチェックするため姓と名前を続けて書いてみましょう。同じ部首の重なりはないか、画数や姓名の文字のバランスはどうかをチェック。

## Check 3 読みやすい?

漢字の読み方は基本的に自由ですが、だれもが読めないようなあて字は子どもが将来、苦労することも。

## Check 4 聞き取りやすい?

姓と名を続けて声に出し、第三者が聞き取りやすいかを確認。相手が何度も聞き返すなら再検討したほうがいい場合も。

## Check 5 書きやすい?

姓名を実際に書き、漢字の数や画数の多さなどをもう一度チェック。画数が多いと書くのが大変で、子どもが将来、苦労する可能性もあります。

## Check 6 変換しやすい?

パソコンやスマホなどで名前を入力・変換してみましょう。すぐに変換できない場合、第三者からのメールや文書で、間違われる可能性が大です。

## Check 7 ローマ字&イニシャルは?

ローマ字やイニシャルも書いてみましょう。マイナスイメージの強い単語やイニシャルにならないかをチェック。W・CやN・Gなどは避けたいもの。

## Check 8 変な意味はない?

姓名を続けて読んだときに、たとえば「小田真理→おだまり→お黙り」のように別の意味にならないか確認しましょう。

## Check 9 説明のしやすさは?

名前の漢字を第三者に説明するときに、たとえば、太陽の「よう」に、平和の「へい」で陽平(ようへい)など、相手にわかりやすく説明できることも大切なポイント。

## Check 10 呼びやすさは?

同じ母音(アイウエオ)が続くなど、声に出して読んだときに呼びにくくないかも要チェック。「ともくん」「ゆうちゃん」など呼び名も考えてみましょう。

気になる人はここも!

## 「画数」を確認

候補名の画数が気になる人は、P.217の五格の考え方を参考にチェック。吉数になるように、候補名をアレンジすることも可能です。

# 候補名をチェック!

□ ローマ字&イニシャルは?

ローマ字

イニシャル

□・□

□ 変な意味はない?

□ 説明のしやすさは?

説明のしかた

□ 呼びやすさは?

ちゃん・くん

漢字

〈姓〉

画数

画

画

画

天格 画

人格 画

〈名〉

画

画

画

地格 画

総格 画　外格 画

✓Check

□ 名前に使える字?

□ 姓とのバランスは?

□ 読みやすい?

□ 聞き取りやすい?

□ 書きやすい?

□ 変換しやすい?

※このチェックリストは、姓3字、名前3字まで記入できる形ですが、五格の考え方は2字姓2字名が基本となります。姓と名の文字数が異なる場合、仮成数(その文字数の差にあたる数)を入れて計算する必要があります。詳しい画数の出し方については、P.217～を参考にしてください。

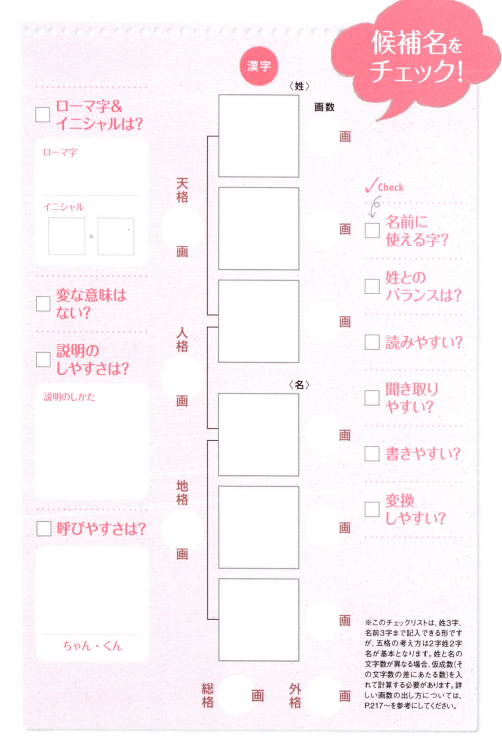

## 漢字

□ ローマ字&イニシャルは？

ローマ字

イニシャル

□・□

□ 変な意味はない？

□ 説明のしやすさは？

説明のしかた

□ 呼びやすさは？

ちゃん・くん

〈姓〉

画数

画

画

画

〈名〉

画

画

画

天格　画

人格　画

地格　画

総格　画

外格　画

✓Check

□ 名前に使える字？

□ 姓とのバランスは？

□ 読みやすい？

□ 聞き取りやすい？

□ 書きやすい？

□ 変換しやすい？

※このチェックリストは、姓3字、名前3字まで記入できる形ですが、五格の考え方は2字姓2字名が基本となります。姓と名の文字数が異なる場合、仮成数（その文字数の差にあたる数）を入れて計算する必要があります。詳しい画数の出し方については、P.217～を参考にしてください。

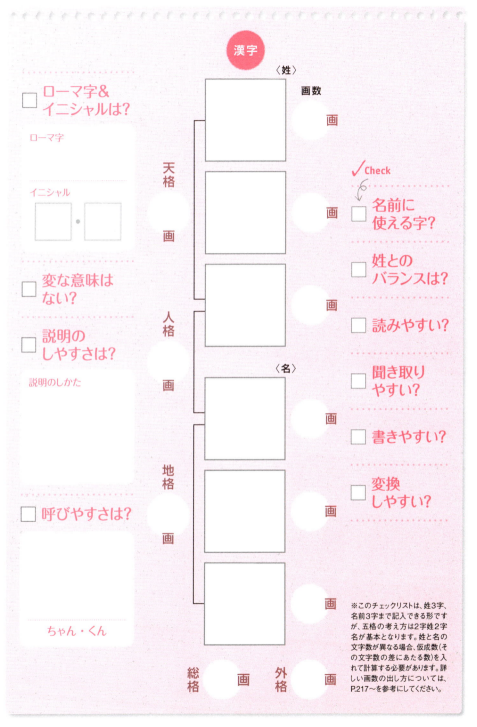

漢字

□ ローマ字&イニシャルは?

ローマ字

イニシャル

□・□

□ 変な意味はない?

□ 説明のしやすさは?

説明のしかた

□ 呼びやすさは?

ちゃん・くん

〈姓〉

画数

天格　　画

人格　　画

〈名〉

地格　　画

画

画

画

画

画

画

総格　　画

外格　　画

✓Check

□ 名前に使える字?

□ 姓とのバランスは?

□ 読みやすい?

□ 聞き取りやすい?

□ 書きやすい?

□ 変換しやすい?

※このチェックリストは、姓3字、名前3字まで記入できる形ですが、五格の考え方は2字姓2字名が基本となります。姓と名の文字数が異なる場合、仮成数(その文字数の差にあたる数)を入れて計算する必要があります。詳しい画数の出し方については、P.217〜を参考にしてください。

## 漢字

〈姓〉

画数

画

画

画

〈名〉

画

画

画

天格　画

人格　画

地格　画

総格　画

外格　画

- [ ] ローマ字&イニシャルは?

ローマ字

イニシャル

・

- [ ] 変な意味はない?
- [ ] 説明のしやすさは?

説明のしかた

- [ ] 呼びやすさは?

ちゃん・くん

✓Check

- [ ] 名前に使える字?
- [ ] 姓とのバランスは?
- [ ] 読みやすい?
- [ ] 聞き取りやすい?
- [ ] 書きやすい?
- [ ] 変換しやすい?

※このチェックリストは、姓3字、名前3字まで記入できる形ですが、五格の考え方は2字姓2字名が基本となります。姓と名の文字数が異なる場合、仮成数（その文字数の差にあたる数）を入れて計算する必要があります。詳しい画数の出し方については、P.217～を参考にしてください。

監修
**栗原　里央子**（くりはら　りおこ）

日本占術協会常任理事、日本作家クラブ会員。結婚を機に占術の不思議な魅力に惹かれ、故・大熊芽楊師に師事。易学をはじめ、人相・気学・風水学・手相・家相・姓名判断・生年月日によるバイオリズム周期などを合わせて、総合的に鑑定を行うほか、改名などの相談にも応じる。一般の方々から芸能人・プロスポーツ選手まで、幅広い支持を得ている。また、米国ハワイでは、ボランティアでラジオ出演や講演を行い、「ハワイフォーチュン友の会」を主宰するなど、精力的な活動を展開している。モットーは“初心を忘れず　謙虚な心で”。

<連絡先>
ホームページ　http://www.fortune-rioko.com/index.html

## たまひよ<br>赤ちゃんのしあわせ名前事典<br>2021～2022年版

発行日　2020年11月30日　第1刷発行

編者　たまごクラブ編
発行人　西村俊彦
編集人　伊久美亜紀

発行所　株式会社ベネッセコーポレーション
〒206-8686　東京都多摩市落合1-34
お問い合わせ　0120-68-0145

編集　株式会社ベネッセコーポレーション
株式会社風讃社

印刷所／製本所　大日本印刷株式会社


ISBN978-4-8288-7193-6 C2077



## 読者アンケート大募集

『たまひよ赤ちゃんのしあわせ名前事典　2021～2022年版』を読まれた感想などをぜひお寄せください！期間中にアンケートにお答えいただいた方の中から、抽選で10名様に図書カード2000円分をプレゼントいたします。

※当選者の発表は2021年7月下旬ごろのプレゼントの発送をもって代えさせていただきます。

パソコン・スマートフォンから

**https://st.benesse.ne.jp/cam**

たまひよ　プレゼント　検索

パスワード　**2012na**
(半角数字4ケタ、英小文字2字)

応募締め切り

**2021年6月14日**（月）
**午前9:00**（受付完了分まで）！

※スマートフォン以外の携帯電話およびハガキでのご応募はできません。
※パソコン・スマートフォンからの通信費はお客さまのご負担になります。
※一部のブラウザ・スマートフォンからは応募できない場合があります。

<個人情報の取り扱いについて>
ご提供いただく個人情報は、アンケートの集計・分析による商品評価、賞品発送の目的で利用します。

お客様の意思によりご提供いただけない部分がある場合、手続き・サービス等に支障が生じることがあります。また、商品発送等で個人情報の取り扱いを業務委託しますが、厳重に委託先を管理・指導します。個人情報に関するお問い合わせは、個人情報お問い合わせ窓口（0120-924721 通話料無料、年末年始を除く、9時～21時）にて承ります。

(株)ベネッセコーポレーション CPO(個人情報保護最高責任者)

上記を確認の上、ご承諾くださる方はご記入ください。

たいせつにしますプライバシー
10910035